Czigány Lór

AHOL ÁLL
AHOL MEG

CZIGÁNY LÓRÁNT

AHOL ÁLLOK, AHOL MEGYEK

Magyarországi tanulóéveim

KORTÁRS KIADÓ

A könyv megjelenését támogatták:
The „M" Club ∴
Magyar Alkotóművészeti Közalapítvány
Országos Játékalap
Az 1956-os Magyar Forradalom Története
Dokumentációs és Kutatóintézete Közalapítvány

Kortárs Kiadó, Budapest, 1998
Felelős kiadó Mátis Lívia

A kéziratot előkészítette Nyerges Judit
A borítót Horváth Péter tervezte
Korrektor Kiss István
Tipográfia Bácsi István
Tördelte a Windor Bt.
Készült az Argumentum Kiadó Nyomdájában
Felelős vezető Roznai Zoltán

ISBN 963 8464 70 4

A TE HANGYÁNYI ÉLETED
AZ ÉN HANGYÁNYI ÉLETEM
EGYÜTT: TÖRTÉNELEM

HORVÁTH ELEMÉR

Ismerd meg tenmagad

Gnóthi szeauton – ismerd meg tenmagad, hirdette a delphoi templom Thalésznek tulajdonított felirata. Valóban, a világra való kíváncsiságának kielégítése mellett mi más dolga volna is az embernek, mint önmagát megismerni? Ez a nehezebb, mert a világgal való ismerkedés születésünk pillanatától fogva szüntelenül folyik, önmagunk megismerésére viszont sokáig nem jut időnk. Ráadásul távlatra van szükségünk. Amikorra végre képesek vagyunk elfogadni, hogy azok vagyunk, akik lettünk, hogy más nem is történhetett velünk, mint ami történt, az adott génekkel (lelkialkattal?), családi háttérrel és történelmi körülmények között; azaz más szavakkal, az egy időben divatos, Taine által is emlegetett tényezők (*race, milieu, moment*) függvényeként.

A világra való kíváncsiság velünk születik, belső kényszer hajt bennünket attól a pillanattól kezdve, hogy érzékszerveink képesek a külvilág ingereit észlelni. Ezért is állíthatja Edmund Burke, hogy a kíváncsiság vágyaink között a legelső és a legegyszerűbb. Törekvésünket önmagunk megismerésére viszont védelmi mechanizmusok torzítják; gyakran elferdítik a tényeket, hogy a személyiséget megóvják az egó számára nehezen elviselhető felismerések káros következményeitől. Ez a hamis tudat, amiről Hegel is beszél.

Nem hiszek az elvonatkoztatott intelligenciában, a tiszta ész eszményében, mely függetlenülni képes hordozójától, mert az ész rendeltetése (talán még a mesterséges intelligenciáé is) az, hogy az életben maradást mostoha körülmények között is lehetővé tegye. Tehát nem az objektív megismerés eszköze (ha ez egyáltalán lehetséges), hanem a túlélésé. A világról alkotott képünket úgy magyarázza, hogy a lét terhét enyhítse, s ezáltal a túlélés stratégiáját szolgálja. Személyiségünkre vonatkozó kellemetlen igazságokat az ész csupán akk or képes „objektíve” felismerni, ha erről egyáltalán beszélhetünk, amikor ezek az igazságok, illetve felismerésük a túlélésért vívott harcban értelmüket vesztették, vagy idejüket múlták; végleg a befejezett múlt tartományába kerültek. Mert kétségtelen, hogy mindenkiben létezik törekvés az igazság megismerésére, ezt a törekvést azonban az ész ügyesen alárendeli a túlélés hétköznapi érdekeinek. Ez az ész igazi csele.

Ezek szerint a görög bölcs kívánalma elérhetetlen vágyálom marad? Hiába minden igyekezetünk, az ész kicselez bennünket, saját érdekünkben nem engedi, hogy a világ felé mutatott álorcánkat letépjük, a mások által láthatatlan embert leleplezzük? Hogy minden erőfeszítésünk, melyet önmagunk megismerésére fordítunk, eleve kudarcra van ítélve, hogy az emberi cselekedetek rugói végső soron kiismerhetetlenek? Vagy talán a hagymát hámozó, önmagát kereső Peer Gyntnek van igaza: minden réteg lefejtése után kisebb lesz a hagyma, s a végén semmi nem marad? Hogy a Szfinx rejtélye éppen az, hogy nincs rejtélye? Nem létezik a titok, északfok, idegenség?

Mindezek ellenére minden ember életében legalább egyszer feltámad a vágy, hogy önmagával szembenézzen, még akkor is, ha tudja, hogy ez a szembenézés csak tökéletlenül sikerülhet, mert a visszapillantó tükörben csupán a távolodó múlt egybemosódó lidércfényei ugrálnak.

I.

The child is father of the man
(William Wordsworth:
My heart leaps up when I behold)

Burokban születtem

Hogy burokban születtem, véletlenül tudtam meg már felnőtt koromban, s azt sem tudtam sokáig, hogy az Ikrek havában jöttem a világra. Ha hinnék az asztrológiában, mivel az Ikrek levegőjegy, úgy vélném, e szerencsés csillagzatnak köszönhetem, hogy életben maradtam. Eleinte azt hittem ugyanis, hogy burokban születni rendkívüli szerencsét jelent, hogy a burokban született megfogta az isten lábát, megüti a főnyereményt, milliomos lesz, netán világhírű tudós vagy államférfi, pedig csak annyiban szerencsés, hogy egyáltalán életben maradt. Ez a legnagyobb szerencse, ami halandót érhet. Esélyt kapott. Valahogy úgy, mint Párizs jelmondatában, *Fluctuat, nec mergitur* (szabadon fordítva: hányódik, de nem süllyed el). Otto Rank, a születési trauma *(Das Trauma der Geburt)* pszichológiai elméletének megalkotója szerint életünk első traumatikus élménye a világrajövetel ténye. Nem tudom, külön foglalkozott-e a burokban születettek traumájával, amely, ha elmélete igaz, minden bizonnyal fokozottabb, mint más halandóké, akik a minden egzisztenciális szorongás ősforrását jelentő első másodpercek után könnyűszerrel levegőhöz jutnak, nem úgy, mint azok, akiket előbb a fölöslegessé vált buroktól kell megszabadítani, hogy esélyük legyen a túlélésre. Hogy anyámnak mekkora fájdalmat okozott a szülés, nem is sejthetem, csak azt tudom, hogy „óriáscsecsemő" lehettem ötkilós súlyommal. (Naplója szerint egyéves koromban a mérleg nyelve már tizenegy kilót mutatott.)

1935. június 3-án születtem, éjfél előtt tíz perccel, Sátoraljaújhelyben, a Szabadság tér 31. szám alatti házban. A keresztségben Loránd György nevet kaptam. Báró Vécsey József Aurél pápai prelátus, tiszteletbeli kanonok, a család atyai jó barátja annak rendje-módja szerint kiállította a keresztlevelet, s néhány könyvvel ajándékozta meg a fiatal szülőket, ezekből hármat ma is gondosan őrzök, köztük Szekfű Gyula Széchenyi-válogatását, *A mai Széchenyi*t (1935). A dedikáció szerint: „Czigány Jánosnak – mint fiatal apának – a legnagyobb írásainak e kivonatát. S.A.Újhely, 1935. VI. 4. Vécsey József Aurél." A Loránd nevet romantikus hajlamú anyám Jókaitól kölcsönözte, sok Jókait olvasott, és a *Mire megvénülünk* Áronffy Lorándját különösen kedvelte. Ebből keletkezett első összeütközésem a mindenható állammal, mert az anyakönyvi hivatalban üldögélő tisztviselő megtagadta a bejegyzést azzal, hogy ilyen név nincs. Hiába érvelt anyám az akkoriban igen népszerű zeneszerző, Fráter Loránd nevével és Eötvös Lorándéval, a hivatalnok hajthatatlan maradt. Loránd nincs, Lóránt van, mondta ki a megfellebbezhetetlen szentenciát.

Az még csak hagyján, hogy botfüllel nem ismerte fel: a zöngés mássalhangzóra végződő Loráн*d* kellemesebb a fülnek, mint zöngétlen párja, a Lórán*t*, vagy hogy elrontotta az utónévben a jambust, mert a Lóránt spondeus, mely, igaz ugyan, hogy bizonyos esetekben jambus helyére léphet a nyugat-európai verselési szabályok szerint, de az már egyáltalán nincs rendben, hogy a háború után az efféle bürokratikus precedensek illetékességi körüket messze túllépték, amikor az Elbától nyugatra élőkre is alkalmazták.

Erre a legjobb példa Jimmy Carter esete a népi demokráciákkal. A második világban ugyanis hosszú ideig kizárólag James T. Carternek írták a nevét. Csak amikor harsány hahota köszöntötte a pedánskodást, akkor ébredt rá a kelet-európai közvélemény, hogy a név személyi tulajdon, nem a mindenható állam dolga eldönteni, miként használjuk. Az irodalomban e. e. cummings amerikai költő azzal, hogy kis kezdőbetűvel írta a nevét, polgárjogot szerzett a sorból való kilógásnak. Ezt az avantgarde-on edzett irodalmi közvélemény ma már nálunk is tudomásul veszi, bár a magyar származású angol írónő, Orczy *Emmuska* nevét – pedig ezen a néven lett hírneves – szigorú szemöldökkel megrendszabályozva ma is Orczy Emmának írják szülőházájában. (Nem tudom, Tersánszky *Józsi* Jenőnek hogyan sikerült a huncutkodást elkövetnie.)

Anyám megmakacsolta magát, élete végéig a Loránd nevet használta és írta a borítékra, ha levelet küldött. Ezért utólag nagyon becsülöm, kitartott a saját igaza mellett. Hiszen az államot képviselő hivatalnok azzal, hogy önhatalmúlag döntött egy állampolgár legszemélyesebb ügyében, tehát hogy milyen nevet adjon a fiának, az államhatalom kompetenciáját messze az állam érdekein túlra terjesztette.

A civil társadalom túlszabályozásának gyökerei és a (már) minimális hatalommal rendelkező hivatalnokok diszkrecionális hatalomgyakorlásának hagyományai az osztrák önkényuralom idejére, az 1850-es évekre nyúlnak vissza, amikor az idegen *beamter*ek civilizátori buzgósággal regulázták a rebelliskedő bennszülötteket. Ez a reguláző hajlam gyökeret vert a magyar hivatalnoki karban is, és 1945 után kitűnő táptalajt teremtett az *apparatcsik*ok basáskodó siserahadának az egyéni jogok további körülnyirbálásához, mellyel fokozatosan kiirtották a magyar társadalomban egyébként is vérszegényen jelentkező individualizmust. Az individualizmus végső soron nem annyira a különcködők kibúvója, sokkal inkább az egyéni felelősség végső forrása. (Ha *én* döntöm el, hogy mi helyes és mi nem, *én* vagyok felelős döntésem helyességéért.) A keleti társadalmakban régóta jelenlévő kollektivizmus a parancsuralmi rendszerben felerősödött és olyan torzulásokat okozott, melyekből nem tudom, hogyan és mikorra lábal ki a magyar társadalom. Ezek: a hatalommal való visszaélés minden szinten és az állampolgárokba nevelt szolgalelkű meghunyászkodás, a beletörődés abba, hogy az állampolgárnak nincs magánélete, annak minden vonatkozásában az állam dönt.

Ma már nagyon sajnálom, hogy sohasem kardoskodtam nevem anyám által óhajtott változata mellett. Igaz, erre nem is nagyon nyílt alkalmam, hiszen mire elgondolkodhattam volna rajta, a jóságos tanító bácsik fejembe verték, hogy az a helyes, csakis az a helyes, ami a születési anyakönyvi kivonatban áll, minden más érvénytelen. A másik nevem, György, apám családja kívánságát tükrözte, apai nagyapám élete végéig Gyurinak szólított, anyám nem kis bosszúságára. Hogy anyám ellenzése mellett is bekerült a keresztlevélbe, illetve a születési anyakönyvi kivonatba, annak az egyház kívánsága volt az oka: minden újszülöttnek legyen védőszentje. Az már csak bölcs belátás, illetve kompromisszumkészség eredménye, hogy az egyház megelégedett azzal is, ha az újszülött második névként vette fel egy szentnek a nevét.

Ez a fontoskodó akadékoskodás annak eldöntésére, hogy mi a helyes, a születési helyemmel kapcsolatban is felmerült. Ha arra a kérdésre, hogy hol születtem, miután elkerültem szülővárosomból, azt feleltem, Sátoraljaújhely*ben,* tapintatosan mindig kiigazítottak: Sátoraljaújhely*en.* Lehet, hogy a köznyelv így kívánná, de az újhelyiek (hogy ne mondjak *újhelit*) egyértelműen Újhely*ben* élnek. A múlt században a Czuczor–Fogarasi-szótár tartalmazta a helységneveket is, azon egyszerű oknál fogva, hogy a helyhatározói toldalékot minden esetben megadhassák, mert a szerzők tudták, minden helységben az ott élők illetékesek arra nézve, hogy Patak*on* (superessivus) vagy Újhely*ben* (inessivus) élnek-e. Az inessivus használatának kialakulásába nyilván belejátszott az „új hely” kétértelműsége is, hiszen Újhely*ben* is elkezdhet valaki új helyen dolgozni. (Ugyanezért lakunk Nagyszombat*ban;* a nagyszombat*on* már foglalt.) A központi döntés esetében a nyelv(rend)őrök lépik túl saját kompetenciájuk kereteit, hiszen a helyhatározórag kiválasztása nem nyelvhelyesség, hanem úzus kérdése, s abban a többség véleménye a mérvadó. Azt, hogy „Újhelyben”, nyilvánvalóan az odavalósiak mondják a leggyakrabban, bár a legutóbbi időkben helyi kiadványokban, gyakran ugyanazon az oldalon Újhely*ben*t és Újhely*en*t találunk; a nyelvrendőrök tevékenysége megingatta a korábban általánosan elfogadott úzust. Ennek ellenére ebben a kérdésben nem vagyok hajlandó engedni, számos olvasószerkesztővel és nyomdai korrektorral összeszólalkoztam miatta.

Újhely*ben* születtem tehát, és mióta végleg elkerültem onnan, egyre inkább erősödött bennem a lokálpatriotizmus. Már szegedi egyetemista koromban feltűnt, hogy társaim nagy része azt sem tudja, falu-e vagy város ez a hosszú nevű helység, s abban sem biztos, hogy pontosan hol is található. Hogy Újhely milyen csodálatos szépségű hegyek ölén fekszik, arra csak akkor döbbentem rá, amikor megismerkedtem a lapályokon fekvő, poros alföldi településekkel. Mert az újhelyi hegyekhez semmi sem hasonlítható. Ősszel bölcsen és barátságosan mosolyognak, mint a bortermő tájak általában, télen zordak és hallgatagok, nyáron kifürkészhetetlenek és jószagúak, mint az érett asszonyok, és tavasszal, édes Istenem, tavasszal kiszámíthatatlanul mámorosak, mindenre képesek, hogy örökre rabul ejtsék, aki a közelükbe kerül. Nemhiába kiáltott fel elragadtatással a „Mit nekem, te zordon Kárpátok” Petőfije is a „hasonlíthatlan szépségű Sátorhegyek” láttán, amikor Széphalomból Királyhelmec felé talpalva visszapillantott az újhelyi hegyekre. Újhelyben Kazinczy Gábort látogatta meg a Kerényi Frigyeshez írt úti levelek tanúsága szerint, s természetesen Széphalmot is, mely „szent hely az öreg miatt, kinek ott van a háza és a sírhalma”.

Kazinczy onnan járt be Újhelybe dolgozni a Cerkó utcán (mely 1859 óta az ő nevét viseli), a megyei levéltárat rendezte; Sátoraljaújhely ugyanis Zemplén vármegye székhelye volt az 1750-es évek óta (városi kiváltságot 1261-ben nyert). A piarista gimnázium 1789-ben nyitotta meg kapuit, nevezetes diákjai közé tartozik Kossuth Lajos (aki hat évig járt oda, 1810–1816), id. Andrássy Gyula miniszterelnök (1830–1832), a centralisták közül Trefort Ágost. Noha Kossuth „újhelyi magyar embernek” vallotta magát („Én Monokon születtem, de engem életem első emlékei Újhelyhez csatolnak a szülőföldhöz való ragaszkodás édességével.”), ha iskoláit emlegetik, még szaktörténészek is csak a sárospataki, rövidebb ideig tartó tanulmányairól tudnak. Pedig ügyvédi kinevezése után is Újhelybe tért vissza 1824-ben, s ott tartotta első nagyszabású politikai beszédét a megye közgyűlésén. A piarista gimnázium az államosítások után Kossuth Lajos nevét vette fel, jogosan, hiszen az különbözteti meg az ország több száz hasonnevű intézményétől, hogy az újhelyi gimnázium Kossuth Lajos *alma mater*e volt. (Még Oxfordban sem kellett szégyenkeznem egykori iskolám miatt, pedig ott számon tartották, hogy ki hova járt középiskolába. Alapítási éve, Kossuth és Andrássy nevének említése elismerő bólintást váltott ki; Oxfordban ugyanis a forradalom után ennyi jártasságot illett magyar ügyekben mutatni, a hagyományt pedig mindenek felett tisztelték.)

Újhely a XIX. század második felében gyors fejlődésnek indult, a lakosság fél évszázad alatt megháromszorozódott. Fényes Elek statisztikája szerint 1850-ben lakóinak száma alig emelkedik 6000 fölé, ez a szám az első világháború előtt 20 000-re növekszik, és 1920-ban tetőzik (22 000). Az én időmben alig 16 000 lakosa van a városnak, s évtizedekre megreked ezen a szinten. A fellendülést a gácsországi vasúthálózat kiépítésének köszönhette. Ez volt a magyar vasutak aranykora, Baross Gábor, a „vasminiszter" tevékenysége idején. A Sátoraljaújhely–Homonna–Przemyśl vonal 1872-re készült el, s ez fokozatosan megnyitotta a Kárpátokon túli területeket a Monarchia nyugati részei felé. A kiépült vonalak Újhelyben futottak össze Galícia minden részéből, köztük a legfontosabb a krakkói és a lembergi csatlakozás volt Lawoczne felől a Vereckei-hágón át. Innen Miskolc–Budapestig, illetve Pesttől Bécsig terjed az ország legkorábbi és legfontosabb kétvágányú vasútvonala, mely elképesztő nagyságrendű teherforgalmat bonyolított le. Jelentősége a Monarchia szerényebb viszonyai között csak a Pacific Railwayshez hasonlítható, mely kiépülése után Amerikában a keleti partot a nyugatival kötötte össze.

Újhely hanyatlása Trianon következménye, a határt a csehek által hajózhatónak nyilvánított, térdig sem érő Ronyva-patak partján húzták meg, s ezzel (ugyanúgy, mint Komárom esetében) a város egy kisebb részét – Slovenské Nové Mestónak elkeresztelve – Szlovenszkónak juttatták az antanthatalmak. Ezzel az élénk forgalmú, pezsgő szellemi életű (több napilap, folyóirat jelent meg Újhelyben, a Zempléni Kaszinót 1831-ben alapították), kozmopolita jellegű városból – melyet már Széchenyi István is kommentált, kissé ironikusan: „Zemplén megyében sok szellem, de talán még több beszéd" (1823. október 22.) – egyik napról a másikra istenhátamögötti kisváros lett, nagy forgalmú vasúti csomópontból végállomás. A Monarchia végnapjaiban

Franz Kafka fest kiábrándító pillanatképet naplójában (1915. április 25.) a városban uralkodó zűrzavarról, a háború alatti sokszínű kavargásról: „mocskos szálloda... a főtér elhanyagolt (Kossuth-emlékmű, cigányzenés kávéházak, cukrászda, elegáns cipőbolt, rikkancs árulja *Az Est*et, büszkén, eltúlzott mozdulatokkal sétálgató félkarú katona...). A külváros tisztább. Este a kávéházban, csupa civil, újhelyi lakosok, ... részben gyanús emberek... egy tábori lelkész újságot olvas. Délelőtt... fiatal német katona a vendéglőben. Sok mindenfélét hozat, vastag szivart szív, aztán ír."

Az már csupán a sors fintora, hogy a kulturális élet koronájának szánt új színház, melynek tervezője és kivitelezője a neves építészpáros, Tőry Emil és Pogány Móric volt, csak post festa, a húszas évek végére készült el, s nagyon hamar átalakult *film*színházzá. Nekem ez a 650 főt befogadó, gazdag ornamentikájú, hatalmas csillárokkal ékesített, vörösbársony páholyokkal szegélyezett, impozáns beltér jelentette a mozit, melynek arabeszk mintás tetőzetét a nyári hőség alatt zajtalanul működő gépezet vonta hátra, és ezzel szinte szabadtéri előadás hangulatát keltette. A központi légfűtéses rendszer nemcsak a nézőtéren, hanem a bálteremben is rezgésmentes légcsatornák által szolgáltatta télen az egyenletes meleget, nyáron pedig a friss levegőt. (Az Országházban hasonló rendszer működik mind a mai napig.) Csodálkoztam is a fővárosban a rosszul szellőztetett csőmozikon, mert az én fogalmaim szerint a mozi – fényűző palota volt. Elegánsabb moziba nem is jutottam el mindaddig, amíg Londonba nem kerültem, ahol ámulhattam az Odeon-láncolatnak a harmincas évek *Art Deco* stílusában 1500 férőhelyesre megépített, süppedős szőnyegekkel borított, márvánnyal gazdagon díszített mozgóképszínházain, melyek arányaikkal átmenetet képeztek a viktoriánus neobarokk paloták és a modern építészet hangárszerű belterei között.

Ismétlem, újhelyinek vallom magam, bár a családom mindkét ágon bevándorló. Nagyapám, ifjabb Czigány Péter (1886–1955) Nován született, Zala megyében. A népes Czigány család ezen a környéken élt, előnevét is a közeli Zágorhidáról és Mikefalváról kapta a család két ága. Innen indult el tehát Czigány nagyapa a társadalmi felemelkedés útján a fix fizetést és nyugdíjat kínáló Magyar Államvasutak segítségével. Sokan voltak testvérek, s hogy a család szénája nem túl jól állhatott, már az is bizonyítja, hogy apja, idősb Czigány Péter (1858–1951), tehát dédapám 23 éves korában vette feleségül a 32 éves Pap Rozáliát. Hagyományos társadalmakban ennek oka csak anyagi érdek lehet, bár gondolom, az így szerzett anyagi előnyöket lassan felélte a népes család felnevelése. A deklasszálódás tehát egy nemzedékkel korábban kezdődhetett, ükapámmal. Czigány Bertalan ugyanis 48-as honvédtiszt volt, s könnyen meglehet, hogy Világos után őt is, mint számos társát, vagyonelkobzásra ítélték; bár ez már csak találgatás részemről.

Nagyapám felesége, Marton Anna (1887–1951) Nemesviden született, Somogyban, de a családja szintén Zala megyében honos; bár nagyanyám az én emlékezetem szerint is „vazsmegyei" tájszólással beszélt, így emlegette a kapozsvári rokonokat is. Apai ágon tehát Zala megyéből származom, felmenőim mind római katolikus vallásúak voltak, s olyan falvakban (Szentpéterfölde–Nova; Komárváros–Szepetnek) születtek, melyekben idegen ajkú lakosság még mutatóba sem akadt. Ifj. Czigány Péter Feleden keresztül (erről csak onnan van tudomásom, hogy apám, Czigány János, 1910–1974, ebben a Gömör megyei faluban született, mely a MÁV tiszolci szárnyvonalán helyezkedett el) került Újhelybe, az első világháború végén. Az áthelyezés, vélném, előléptetést is jelentett, bár a nyugdíjas állásból nem lett semmi. Nagyapám ugyanis szerepet vállalt a kommünben, a sátoraljaújhelyi direktórium tagjaként, s ezért megfosztották az állásától, illetve kényszernyugdíjazták. Hogy ezek után miből nevelte fel négy gyermekét, rejtély, ámde tény, hogy mindkét fia leérettségizett a piarista gimnáziumban.

Anyám családja Gyöngyösről származott Újhelybe. Azaz pontosabban Gyöngyöspüspökiből. Az igen kiterjedt rokonságot nem érintette a múlt század végi népességmozgalom. Ragaszkodtak a szőlőjükhöz, nem mentek szerencsét próbálni. Igaz, nagyanyám, Takács Teréz (1887–1969) megszökött otthonról. Pesten ismerkedett meg a férjével, Riby Mihállyal (1882–1958). Ő volt az „idegen" a családban, mert Nagycétényben, Nyitra megyében született. Mikor meghalt az apjuk, a Riby fiúk abbahagyták a gazdálkodást, s vállalkozó kedvről tanúságot téve, eladták az örökölt földet, majd kivándoroltak Amerikába, a század elején. Pár év múlva mindketten visszatértek s vendéglőt nyitottak Pesten, de a vállalkozásba, mondanom sem kell, belebuktak. Ez a nagyapám is elindult tehát a Magyar Államvasutak által biztosított úton, a fix fizetéses és nyugdíj-igényjogosult jövő felé. A MÁV az 1910-es évek elején ezt a nagyapámat is Újhelybe helyezte: a terjeszkedés miatt ott állandó munkaerőhiány volt. Nagyanyám egész életében kesergett az „idegen" városban, mert minden fiatalkori kalandvágya ellenére is csak Gyöngyösön, a nagycsalád közelében tudta elképzelni élete hátralévő részét. A gyöngyösi rokonságból még ismertem dédanyámat (Takácsné Király Mária, 1857–1941), aki szigorú *mater familiae*ként tartott rendet a sok beházasodott idegen között.

Az U alaprajzú, még a reformkorban épített családi ház a benei Hóstyán, az Orczy-kastély mögött helyezkedett el. Az öttengelyes homlokzat közepén nyílt a szegmentíves dufartos kapu, melyen keresztül a lovas kocsik jártak ki és be. A falak vastagok, az utcára nyíló ablakokon fűzött pálcarács. A kertet az U alak nyitott oldalán magas kőfal oltalmazta a leselkedő tekintetektől. Az egész ház alá volt pincézve, ott tartotta Pista bácsi, nagyanyám fivére a borkészletét, s feleségével ők gondozták dédanyámat, akinek halála után három lakást alakítottak ki a házban, de a család kezén maradt. Noha az Országos Műemléki Felügyelőség műemléknek nyilvánította, amikor az egész Hóstyát szanálták a hetvenes évek végén, ennek az épületnek sem kegyelmeztek. Eltűnt a ház is a régi öregek után, ángyika nénik, szüreti mulatságok, jó hangulatú csurdítások emlékével.

Anyám családja tehát Gyöngyösről került Újhelybe, ők is bevándorlók voltak. Mivel mindkét család a Szabadság térnek nevezett Hecske keleti oldalán lakott (a 7., illetve 31. szám alatt), s mivel apám öccse anyám öccsével egy osztályba járt a gimnáziumban, könnyű elképzelni, hogyan ismerkedtek össze a szüleim, s azt is, hogy ebből házasság lett. Apám magas, szöghajú, kék szemű, (a korabeli fényképek szerint is) „fess" fiatalember lehetett, sportolt, és felsős korában hittanból rendszeresen megbukott. (Máig sem értem, hogy lehetett a „hittan" olyan nehéz tárgy! Az érettségit is csupán második nekifutásra tette le, ahogy ezt az Ady Lajos, tankerületi főigazgató úr által hitelesített bizonyítvány tanúsítja.) A városi aranyifjúsághoz tartozott, (anyám szerint) keménykalapban és szivarozva korzózott, és a gimnázium zenekarának egyik erőssége volt. Jogot szeretett volna hallgatni az egyetemen, hogy legalább „mezei" jogász legyen, de amikor terve meghiúsult, zokszó nélkül bevonult karpaszományos önkéntesnek, s katonaideje leteltével, 24 éves korában megnősült. Szerelmi házasság volt, annak minden vadregényes fordulatával.

Anyámat (Riby Mária, 1908–1982) ugyanis szigorúan nevelték, zárdába járt, az Irgalmas Nővérek által fenntartott *Carolineum*ba. Sokat olvasott, tűrhetően zongorázott és tehetségesen festegetett. Nagyanyám hallani sem akart arról – talán éppen saját pesti *escapade*-jára emlékezve –, hogy Pesten folytassa képzőművészeti tanulmányait, bár iskolája ösztöndíjat helyezett kilátásba. Anyám a vakbuzgóságig vallásos volt, s nem rendelkezett a szülői akarat elleni lázadáshoz szükséges bátorsággal. Beletörődött sorsába. Azaz, mégsem. Apám mint udvarló, persona non gratának számított szülei előtt. Hogy ez az idegenkedés Czigány nagyapa kommün alatti szereplésének volt-e betudható, hiszen anyai nagyapám, saját bevallása szerint is, a fehérek oldalán harcolt, vagy valami más családi titok lappangott az animozitás mögött, soha nem tudtam meg. Tény az, hogy apám túljárt leendő anyósa eszén. Mielőtt bevonult volna, elvitte anyámat a nagytemplomba, letérdeltek az oltár elé, s ünnepélyes arccal megeskette, hogy feleségül megy hozzá, miután leszerelt. Így is történt. Anyám komolyan vette a fogadalmát, és 1934-ben, István királykor megtartották a lakodalmat. Talán az esküvőről készült kép az egyetlen, amelyen a két család teljes létszámban valaha is együtt mutatkozott.

Apám nem tudhatta, hogy csak taktikai győzelmet aratott. Nagyanyámnak maradt ugyanis aduja. Nagyapám kérte nyugdíjazását, eladták a házukat, ahol születtem, s 1935 szeptemberében visszaköltöztek Gyöngyösre. Vitték a lányukat és vele a három hónapos unokát, engem. Így történt, hogy majdnem *nem* újhelyi lettem. Anyám megint nem lázadt, engedelmesen követte szüleit. Döntéséhez talán az is hozzájárult, hogy apám pályafutását a harmincas évek kilátástalanságában szellemi ínségmunkásként kezdte (bár a hivatalos iratok „magántisztviselőnek" titulálták) egy visszanyesett kisvárosban, feleségét és fiát nem bírta volna az elvárásoknak megfelelően eltartani. Nem volt tehát jó parti. Hogy ez a vakvágányos kezdet milyen nyomot hagyott apám lelkében, soha nem tudtam meg. A megaláztatás biztosan megkeserítette. Anyám két malomkő közt őrlődött. Következményeitől egész életében szenvedett.

Kezdetben volt az Édenkert

A gyerekkor mindig napsugaras. Az enyém is az volt. Nem jól kezdem. Nem jól mondom. *Mal vu, mal dit,* ahogy Beckett mondaná. A gyerekkort a visszaemlékezés aranyozza be. Az enyémet is. Anyám naplójából tudom, hogy életem első két évében sokat betegeskedtem, minden gyerekbetegségen átestem, magas lázzal, sokszor alig remélték, hogy megmaradok. Gagyogni gagyogtam, és a napló tanúsága szerint csodálatosan értelmes voltam (melyik anya melyik gyermeke nem tesz tanúbizonyságot csodálatos értelmi képességekről?). Az első két szótagos szót, amit mondogattam: „nimbó!" „nimbó!", senki sem tudta megfejteni. Mikor nagyobb koromban megkérdezték, hogy emlékszem-e rá, és hogy mit jelent, csodálkozva válaszoltam: „Hogyne: nem baj! nem baj!". Képtelen voltam felfogni, mit nem lehetett érteni, mikor világosan mondtam: „nem baj!". Akaratos gyerek voltam. Anyám egyik sokat idézett története szerint egyszer kapkodva öltöztetett, mert valahova készültünk, s attól tartott, elkésünk. Nem vette figyelembe kérésem, amit egyre nagyobb hangerővel hajtogattam: a rám adott inget magam akartam begombolni, mert azzal már egyedül is megbirkóztam volna, s nagyon élveztem, ahogy bíbelődöm vele. Már be volt gombolva az ing, de anyámnak elfogyott a türelme, s vissza-kigombolta: „tessék, itt van, csináld!". Lett is ebből égszakadás, földindulás. Elkékülve, fuldokolva a földhöz vertem magamat és úgy bömböltem: „de én *akkor* akartam, *akkor* akartam! nem most!" Szegény anyám nem értette meg, hogy a megtörténtet nem lehet visszacsinálni, nem lehet meg nem történtté tenni. Mint ahogy a házasságát sem. Mint ahogy nekem is akkor kellett volna megkövetnem önfejűségemért, amikor nagykamasz koromban szemrehányással illetett érte. Most már késő, *akkor* kellett volna.

De mondom, kezdetben volt a kert. Ami, nekem legalábbis, Édenkert volt. Házhelyet Gyöngyös déli részén vettek nagyszüleim, az utcai ablakokból a hat kilométerre fekvő Gyöngyöshalászig nyílt kilátás. A kertre néző teraszról pedig a Kékes tető vibráló fényeit láttuk, ha nyáreste ott üldögélt a család. A helyrajzilag Gyöngyöspüspökiben lévő utca már régen egybeépült Gyöngyössel, és 1923 óta közigazgatásilag is odatartozott. Nagyanyám visszakerült tehát szűkebb pátriájába. A harmincas években a környéken egymás után épültek a kertes családi házak, ma már onnan délre fekszik az új városközpont, és még délebbre az autópálya dübörgését hallgathatják az ottlakók. A Mérges-patak a föld alá került, kanális lett belőle, nevét a „Mérges utca" őrzi a fölötte épült új lakótelepen. (Egyszer, kíváncsiságot mímelve megkérdeztem, honnan a név. „Itt nagyon sok mérges ember lakik. Isznak, verekednek" – hangzott a szakszerű válasz. Így keletkezik a népetimológia.)

A házat anyám tervei szerint építették, tágas, nagy szobákkal, a legnagyobb sarokszobára toronyszobát is tervezett, a kispolgári ízlésficamnak ezt a korabeli státusszimbólumát. Egy lazacszínű ülőgarnitúra került a toronyszobába, éppen belefért a dohányzóasztalkával, de használni nem lehetett, teljesen kitöltötte a rendelkezésre álló teret. Volt még egy fenn az ernyő, nincsen kas tartozéka a háznak: a ciklonkő kapubálványon nyugvó, kovácsoltvas lándzsákkal díszített, méregzöldre festett kétszárnyú kertkapu úgy volt kiképezve, hogy azon kényelmesen be lehessen hajtani a terasz mögé épült garázsba. Már tudniillik autóval. Mondanom se kell, soha nem állt benne autó. Anyám rózsaszín leányálmainak lett a temetője. Fekvése miatt anyám úgy gondolta, hogy átmenetileg műteremnek használhatja, bár egyre kevesebbet volt kedve festegetni. Megmaradt festményeinek nagy része német romantikus festők ügyes másolata, néhány holland stílusú csendélet, francia rokokó kismester stílusában készített, gáláns mulatságokat ábrázoló sokfigurás olajfestmény és egy-két befejezetlen portré rólam. A garázs-műteremből egy idő után aztán afféle lomtár lett, műhely és fáskamra, ahogy nagyapám hívta: fatartó.

A kert szintén anyám tervei szerint készült. A ház mögé mélyen benyúló díszkertet sűrű növésű jázminbokrok választották el a hátul lévő gyümölcsös- és veteményeskerttől, ahol mértani szigorral meghúzott ösvények, nagyapám szavával borozdák osztották fel az ágyásokat, melyekben paprika, paradicsom, retek, saláta, tök, mák, sárgarépa, torma, kapor termett. A gyümölcsösben barack, eper, piszke, ribizli, alma, körte, szilva, cseresznye, meggy, birsalma. Leghátul, szabadon burjánzó málnabokrok mögött diszkréten elrejtve: disznóól és baromfiudvar.

A díszkertet balról három sudár jegenyefa szegélyezte, alattuk fehér- és lilaorgona bokrok, legalul ágyások árvácskákkal. A terasz után jobbra kanyarodó, bevezető utat mindkét oldalon szögletesre nyírt, alacsony pompadur szegélyezte. Jobb oldalán hosszúkás grupp, a ház fala mellett a járda. A grupp két végén rutafák, benne rózsabokrok, a karókon aranysárga, méregzöld, böjtilila üveggömbökkel. A teraszra lépcső vezetett fel, mellette gömb alakúra nyírt, örökzöld puszpáng. Korlátjára repkény, a tetőszerkezetet tartó öt oszlopra rózsa volt felfuttatva. A terasz alatt, az út másik oldalán gondosan nyírt angol gyep, benne szomorúakác, máshol ezüstlevelű törpefenyő. Anyám a kedvemért készített egy kerti törpét is, agyagból mintázta, ma is látom mesébe illő titokzatos alakjával, sötét tónusú színeivel, s levehető, roggyant süvegével; valójában egy büszt volt, jól kidolgozott vonásokkal, nem pedig a vásári *Vorgartenzwerg.* Volt mindennek helye, öt szomszéddal érintkezett a telek.

Volt nekem is helyem bőven barangolni, meg játszópajtásom is, Lord, egy fajtiszta farkaskutya. Eltűrte, hogy húzzam-nyúzzam, még lovagolni is megkíséreltem rajta, de idegenekkel szemben nagyon bizalmatlanul viselkedett, és elég nehezen szokta meg, hogy a virágokat nem szabad bántania és hogy a dolgát hátul, az ólak mellett végezze. Ezért aztán nagyapám elajándékozta, én pedig megsirattam.

Egyedül bolyongtam tehát a kertben, gyönyörködtem a színekben, élveztem az illatokat, tanultam a bokrok, fák, növények, madarak nevét, a földön hasalva figyeltem a hangyák, katicabogarak életét, kapkodtam a lepkék, szitakötők után, jelentettem nagyapámnak, ha nagy zöld hernyó araszolt a cseresznyefa törzsén. Ámultan füleltem, ha futó nyári záporok alatt megzendült az ég, csodáltam a szivárványt, amint föltűnt a Sárhegy fölött, fülemet a csatornára tapasztva hallgattam a lezúduló víz akadozva lüktető moraját. Egyszóval lázas figyelemmel ismerkedtem a világgal. Mégis hallottam egyszer, amint nagyanyám lehalkított hangon mondja nagyapámnak: „Te Miska, ez a gyerek búskomor lett." Nem volt okom rá, mindent megkaptam, kényeztettek: volt tiroli ruhám, matrózruhám, huszárruhám. De anyám gyakran eltűnt, nekem legalábbis hosszú időre. Egyszer nagyanyám áthívta anyám egyik unokanővérét, Marica nénit, rábeszélte, hogy öltözzék anyám ruhájába. Bevittek hozzá a leeresztett redőnyű nappaliba, de hamar észrevettem a *pia fraus*t, a kegyes csalást, alig bírtak megvigasztalni. Hogyan is gondolhatták, hogy anyámat összetévesztem valakivel?

Más alkalommal korán felébredtem s kimentem a konyhába, hogy vizet kérjek. Senkit sem találtam, végigjártam az egész házat, sehol egy lélek. Anyám nincs sehol, nagyszüleim hálószobájában senki. Hol lehetnek? Remegve visszabújtam az ágyamba, s reménykedtem, talán mégsem hagytak el örökre. A paplan alól kikandikálva a falat néztem, a képléc helyén lévő ismétlődő mintát. Az elnyújtott, sötét pettyekre emlékeztető, felső végükkel előre, alul hátrafelé mutató díszítőmotívumok egy idő után megelevenedtek. Kámzsás, csuklyás alakok, szörnyetegek léptek elő belőlük, s megindultak felém, hogy felfaljanak. Amikor nagyanyám hazajött anyámmal, hisztériás sírógörcsben találtak. Akkor tudtam meg, hogy nagyanyám minden reggel hatra misére megy, utána a piacra bevásárolni, s ha sikerül, anyámat is magával viszi. (Ez az élesen előtörő emlékkép értette meg velem, miért gyakorolt olyan döbbenetes hatást rám Ady *Jó Csönd-hercege*: „Egy jajgatás, egy roppanás, / Jó Csönd-herceg / Nagyot lépne és eltiporna". Micsoda primordiális, megmagyarázhatatlan félelmet sikerült Adynak megfogalmaznia!)

Megint máskor, zsávolyruhás, karcsú, magas, idegen férfi érkezett hozzánk, anyám kitörő örömmel sürgött-forgott körülötte. Az ajándék, amit hozott, nagyon tetszett, kisvasút volt, sínekkel, kocsikkal, felhúzható mozdonnyal. Az idegen férfi lehasalt hozzám, izgatottan raktuk össze a szerelvényt, végül égő cigarettáját a mozdony kéményébe dugta, a mozdony élethűen füstölt. „No, tetszik madának a vonat? Madácskának hoztam" – érdeklődött színpadias selypítéssel. „Nem vagyok mada! Magától nem kell semmi!" – belerúgtam a körbe-körbe szaladgáló vonatba, s elrohantam zokogva. Nem ismertem meg az apámat. Elég soká tartott, míg hozzászoktam a gondolathoz, hogy apám is van.

Czigány János végre szerény állást kapott. Kinevezték malomellenőrnek Gesztelybe. Jött, hogy vigye a családját. Gesztely egy poros falu a Hernád partján, albérletben laktunk egy özvegynél, Gollandnénak hívták, ott láttam először földes szobát. *Szag* volt benne. Volt most már anyám is, apám is, de én az elveszített Édent sirattam. Szüleim itt találtak egymásra a viszontagságos kezdet után, jártunk a Hernádba fürdeni, a jegyzővel vadászni, a helyi intelligencia többi tagjával kártyáztak, varjúpörköltet készítettek (meg nem kóstoltam volna a világ minden kincséért!), szólt a gramofon, táncoltak, ma is fülembe cseng a sláger: „Arany országút csillogó gyémántporán, repülünk a szívünk tavaszán..." Nem sokáig repülhettek a szívük tavaszán, mert apámat megint behívták, most Kárpátaljára kellett bevonulnia. Gesztelyben kezdtem ismerkedni az ábécével, az újságok szalagcímeit elég hamar megtanultam elolvasni. Fitogtattam is tudásomat fűnek-fának.

Elképesztő történetet hallottam egy nagyobb kamasztól, aki a szárnya alá vett, s hogy kedvemben járjon, megkérdezte: „Akarsz-e abesszin háborút játszani?". Fogalmam sem volt, miről beszél, de engedelmesen figyeltem. „Azt úgy kell játszani, hogy itt menetelnek az abesszin katonák, de nincs bakancsuk. Jönnek Mussolini repülői, s teleszórják a sivatagot rajzszöggel. A mezítlábas abesszin katonák belelépnek a rajzszögekbe, nem bírnak harcolni, megadják magukat, az olaszok győznek, s elfoglalják Abesszíniát." Ezen az abszurd drámára emlékeztető történeten azóta is gondolkodom, s ma sem értem jobban, mint négyéves koromban. (Az olasz–abesszin háború 1936-ban tört ki. Íme a *gesunkenes Kulturgut* bizarr példája egy Hernád-parti faluban.)

Mentünk tehát anyámmal vissza Gyöngyösre. Boldogan, hiszen visszanyertem az Édenkertet. Ekkoriban lett a kertből igazi Édenkert. Tele rejtett zugokkal. Ebben a délutáni verőfény által megvilágított, a külvilágtól elzárt világban mindig háborítatlan derű honolt, a zajok nem hatoltak be, boldog békességre emlékszem. Nagyapám kevés szavú, hallgatag ember volt. Nagyanyám szerint a férje áldott jó ember, istenfélő, nem káromkodik, nem iszik, nem dohányzik, és galambepéje van. Ha unszoltam, hogy meséljen, vonogatta a vállát, nem tud ő meséket. Hosszú ódzkodás után mégiscsak előrukkolt egy mesével, „de ez igaz történet" – mondta, és szúrósan nézett. A mese arról szólt, hogy mikor még kicsik voltak, egy zimankós téli délután az udvaron játszottak az öccsével, a baromfiólak közelében. Egyszer csak azt veszik észre, hogy egy lompos farkú fenevad néz velük farkasszemet. Ijedtükben bebújtak egy hordozható nagyobbacska ketrecbe (amiben csirkéket szoktak vinni a piacra). Magukra zárták az ajtót, de a farkas nem tágított, hol az orrával, hol a farkával igyekezett a lécek közötti réseken a közelükbe férkőzni. Megragadták a lompos farkát, mire a megijedt farkas nyüszítve menekülni kezdett, s húzta őket, mintha szánkóznának, ők pedig teli torokból segítségért kiabáltak. A falu főutcáján (gondolom, Nagycétényben, ha tényleg megtörtént), száguldás közben a farkas kiszabadította magát és rémülten elinalt, ők pedig ott maradtak. A kiáltozásra előjött emberek alaposan összeszidták őket, miért nem ülnek benn a jó melegben, ne lódítsanak, a farkasok egyébként se jöttek még le a hegyekből. Hitetlenkedve hallgattam én is, bár többször elmeséltettem. Pedig nagyapám nem mesélte szívesen. Inkább Amerikáról beszélt, meg arról, hogy milyen a tenger, meg az óceánjáró hajók. Meg hogy ha nagyobb leszek, kellene angolul tanulnom. Egy-két kifejezést meg is jegyeztem: *hodujudu,* amire a válasz: *hodujudu,* és hogy mindent meg kell köszönni: *tenkju.* És várakozva nézett rám, értem-e a csalafinta tanmesét.

Imádta az erős paprikát, nagyanyám külön kistányéron helyezte az asztalra a gondosan megtörölgetett, méregerős cseresznyepaprikát, hozzá rövid, hegyes, borotvaéles késsel. Ha nem volt jókedvében, kivillantotta egészséges fogsorát (mind a harminckét foga megvolt), csemcsegve leharapta az egészet a csutkáról már a húsleveshez, s fitymálva megjegyezte: „olyan, mint a fű!" Nagyanyám ilyenkor sápadtan hallgatott, tudta, hogy baj van, de még nem tudta, hogy mi. Hogy a paprika nem volt „olyan, mint a fű", mindig kiderült, mikor nagyapám nagyon hamar lehajtotta rá a gömbölyített fenekű, metszett, *achteles* borospohár egész tartalmát. Majd meghaltam, hogy egyszer legalább hozzányúlhassak én is a csípős paprikához és a különleges, paprikavágó késhez. Mikor ez sikerült, nagyapám rám mordult: „kés, villa, olló, gyerek kezébe nem való"! Magam is megtanultam ezt, mikor órákig kellett a szememet öblögetni: a kezemről a szemembe vittem a paprika késen lévő levét. Az asztalnál szigorú rendet tartott, evés közben nem volt szabad innom. „A magyar ember először eszik, s csak utána iszik" – mondta ki az ellentmondást nem tűrő szentenciát. Levesre sem volt szabad innom: „Ki hallott már ilyet?" (Nagyanyám a hascsikarástól óvott, nehogy vizet igyak gyümölcsre. „Békák nőnek a hasadba" – ijesztgetett.) Nagyapa egyébként is rendkívül izgalmas dolgokat művelt, legjobban azt szerettem, amikor a borotválkozáshoz készült, és figyelmét összpontosítva fente a kilincsre kifeszített nadrágszíján az előlem gondosan elzárt borotvát. Ha megvágta magát, égnek emelt tekintettel a kaporszakállas Atyaúristenhez fohászkodott.

Nagyanyám rábeszélhette, hogy vegyenek szőlőt, nyilván volt megtakarított pénzük, s nagyanyámnak a családi jövőről megvolt a határozott elképzelése. Férjét erős kézzel nemcsak visszakormányozta szűkebb pátriájába, de arra is rávette, hogy az ő fölmenőinek ősi foglalkozására, a szőlőművelésre térjen. Meg hát milyen ember az, akinek nincs saját termésű bora? Nemcsak a mellékjövedelem miatt; a pince kincse egyszerre drága élvezeti cikk és a jólét jelképe.

Nagyanyám felmenői mind borterveléssel foglalkoztak, a keresztlevelekben: *vinicultor*. Nagyapám nem rendelkezett kellő szakértelemmel, de nagyanyám erre is tudott orvosságot, a család fejét, Takács Istvánt kell kifaggatni a szőlészet csínja-bínjáról, neki ugyanis díjat nyert borai is voltak. Alkalmat sem kellett külön keresni, hiszen a rokonok között dívott a vendégjárás, szívesen láttak bennünket a Hóstyán. Majdnem az egész rokonság ott lakott, az Orczy-kastély mögötti utcákban. Az 1880-as években kezdődő országos belső migráció még az 1940-es évekre sem szórta szét a nagycsaládot, nyilván nem volt meg a gazdasági indok. A szétszóródás csupán az előttem járó nemzedékkel indult meg, de a nősülések és férjhezmenések még mindig a városon belül történtek. Dédnagyapám volt felvégi, azaz hóstyai, s ő nagyon régen meghalt. A feleségét, nagyanyám anyját hozta az alvégről, tehát Gyöngyöspüspökiből, ezért tekintette nagyanyám Gyöngyöspüspökit szűkebb hazájának, hiába élt az anyja a felvégi családi házban.

A népes rokonságból Pista bácsit és Ilonka nénit kedveltem a legjobban. Gyermektelenek maradtak, de szerették testvéreik gyerekeit és onokáit (így mondták), és vendéglátás alkalmával mindig előkerült féltve őrzött, legfinomabb boraikból is, Pista bácsi szívesen töltött az obligát, achteles pohárba. A magas, szikár arcú, őszbe csavarodott, még egyáltalán nem rozoga öregembernek egy-egy pohár után megoldódott a nyelve, és emlékeiről mesélt. Legfőképpen az orosz hadifogságról. Még a háború elején esett fogságba, ma is őrzök tőle egy ismeretlen rendeltetésű, aprócska, lapos fadobozt, melybe egy hadifogoly-bicska belevéste: „SZIBÉRIAI EMLÉK 1915". Ezt egy ellágyult pillanatában nekem adta, már gimnazista koromban; éreztem, felbecsülhetetlen értékű kincstől válik meg. De hát, ahogy mondogatta rólam a rokonságban: „a Lajkó az fajin gyerek". Szavait én tudtam a legodaadóbban hallgatni, s nemcsak azért, mert gimnazista koromban minden látogatás alkalmával legalább egy százas kijárt olvasnivalóra. Ilonka néni (kortársainak: Ilka) alacsony, igencsak termetes asszonyság volt, kitűnő süteményeket sütött, de az arcán látszott: bűnösnek érzi magát, hogy meddő maradt.

Az oroszoknak és kommunistáknak rossz híre volt a családban, nemcsak Pista bácsi szibériai élményei miatt; nagyanyám nővérének a férjét a kommün alatt a vörösök agyonlőtték. Amikor rekvirálni indultak a házba, vasvillával állta útjukat. Özvegye, Erzsi néni keservesen nevelte öt gyerekét. A legidősebbet (nekem: Jani bácsi) Pista bácsi bevette a gazdaságba, ő volt tehát kiszemelve a gyerektelen pár örökösének. A következő két lány, a már említett Marica néni és Bözsi néni jól ment férjhez, a két kisebb fiú, Ferkó és „Kölyökpista" szintén a legnagyobb munkaadó, a MÁV szolgálatában hagyták ott a földet.

Így utólag, érdekes a rokoni viszonyokat megnevező szavak használata, meg az azonos nevű családtagok megkülönböztetése. „Kölyökpista" Pista bácsihoz képest volt „kölyök". Az anyja, nagyanyám és a családfő testvére Erzsi néni volt, a lánya pedig Bözsi, illetve nekünk már Bözsi néni. Jani bácsinak is volt egy Erzsébet nevű lánya, így az már csak „Kisbözsi" lehetett. Jani bácsi felesége is a rokoni megkülönböztetés miatt lett „Menymari". Ilonka néni pedig a férje testvéreinek volt „ángyom", s egy nemzedékkel lejjebb már „ángyika néni". Csak a legfiatalabbaknak, nekünk lett Ilonka néni. A nálam idősebb Oti, Erzsi néni unokája kísérletezett az idősebbektől hallott „ángyika nénivel", de Ilonka néni szemmel láthatólag nem vette jó néven az impertinenskedést.

Ebben a kiterjedt rokonságban nagyapám volt az idegen, hiszen Nyitra megyéből származott (voltak persze még jövevények a családban, a Csibák és a Beszék, de ők még elfogadható távolságból, a szomszédos Jászságból költöztek be a városba a múlt század elején). Nagyapám rokonságából egyedül öccsét, Józsi bácsit láttam egyszer-kétszer, amikor testvérét jött meglátogatni. A kertes ház és nyugdíjas szőlőművelés a vidéki magyar társadalomban még ma sem múlta divatját, ismerek nyugdíjas értelmiségieket, akik nagy hévvel vetették bele magukat a természetközeli életformába. Nagyapámnak nem lehetett ínyére, bár az évi 2-3 hektoliter bor jól jött a háznál. Ennyi maradt meg átlagban. Először a csemegeszőlőt adták el, majd ha pénz kellett, a mustból is, nem várták meg, hogy kiforrjon. Nem sejthette nagyapám, hogy a szőlő kapóra jön majd a háború utáni ínséges években: fizetőeszköz lesz belőle.

A szőlő nagy termelési kockázattal járó, munkaigényes növény, és kellő szakértelmet kíván, enélkül csak novát lehet termelni és vinkót produkálni. Tavasszal nyitni kell és trágyázni, majd metszeni, oltani, karózni, kötözni, többször horolni, rézgáliccal permetezni a peronoszpóra ellen, isten tudja, s még szüret után sincs vége a munkának, mert akkor meg fedni kell. Bennem is maradt nosztalgia a szőlő iránt, bár főként csak a szüreti mulatságokon vettem részt. De ha Közép–Franciaországban, a Chablis főterén elfogyasztott tucat csigára iszom (az ott eléggé olcsó) klasszikus chablis-t, megindultan nézem a környék manikűrözött szőlőit, tudom, hogy mi munka fekszik bennük. És azt is, hogy ezt az iszonyú mennyiségű munkát az időjárás bármikor tönkreteheti. Nálunk ebbe még az állam is besegített a háború után.

Mindez persze akkoriban engem nem érintett. Csak örültem, hogy visszakerültem birodalmamba, a kertbe. A világ központjában nagyanyám állt, akit anyám „anyukának" szólított, én pedig „mamának". Mama mindenhez értett, illetve mindenre tudott szentenciát, és nagyon szerettem a főztjét. Az édességeket. Rizskochot borsodóval. Ma is orromban érzem az *akkori* vanília (mama vanillának mondta) illatát. A madártejet ugyanezért. Merengve emlékszem délutáni ozsonnákra, haboskávékra, házilag készített fagylaltra és más nyalánkságokra. A sós ételekből a rántott hal (a ponty akkor még nem volt iszapízű és kövér), de főként a rántott csirke lett a kedvencem. Ezek az ízletes folyami halak azonban elúsztak örökre, s csirkét az utóbbi harminc évben csupán

Bourg-en-Bresse-ben szoktam enni, Franciaországban. Ez Európa egyetlen vidéke, ahol a csirke nincs genetikusan deformálva, agyontápszerezve. Megmaradt az íze, csakhogy a franciák, sajnos, nem ismerik a rántott csirkét. De hát nem csak én sóhajtozom nosztalgikusan, volt ami már nagymama idejében helyrehozhatatlanul kiveszett. Néha felsóhajtott: „De megenném egy kis csíkos káposztát!" Annak idején el sem tudtam képzelni, mire vágyott. A sekélyes, gyors folyású patakokban élő kövi csík hordós káposztában eltéve valamikor ínyencségnek számított. Csikászok házaltak vele. Herman Ottó írta le az ősi mesterség csínját-bínját.

Mama nem nevelt, időnként, ha rosszalkodtam, megfenyegetett a *kókó*val. „Majd jön a kókó és megesz!", „jön a kókó és elvisz!" – mondogatta. Ebből is nevetés lett, mert egyszer beöltözött kókónak, és a zongora mögé bújva várt. Amikor előugrott, hogy megijesszen, rögtön megismertem és felkiáltottam: „Jaj, megesz a mama!". Ettől kezdve a kókó tekintélye megingott, és nagymama, kissé talán apprehendálva, nem bánta, hogy a kókóból házi használatra minden helyzetre alkalmas, általános tréfamester lett. Sokáig azt hittem, a kókó nagyanyám találmánya, de már Ipolyi Arnold is említi, és a szakirodalomból (Hoppál Mihály) kiderült, a Cserhát és a Mátra alján szerves része a népi hiedelemvilágnak. Nagyanyám nyelvezete egyébként sem szűkölködött tájszavakban, ízes fordulatokban. Ha túl sokat ugráltam, rám szólt: „Ne táncolj itt, mint a Cicelle!", ha koraérettségem jeleit vélte felfedezni, így nyugtázta: „Jól van no, okos vagy, mint a Brilla fia!", ha valami különöset csináltam, lehalkított hangon mondta anyámnak: „Te Manci, ez a gyerek nem tiszta szer!". Ha feleseltem, így korholt: „Már megint botra beszélsz!" Ha anyám „bócérosan" került elő reggel, epésen megjegyezte: „Olyan vagy, mint a bűdi boszorkány". Ha tőlünk messze lakó ismerősről esett szó, kijelentette: „A Ráczék kint laknak a juhszélen". Önmagát is kritikusan szemlélte, ha megkóstolta a süteményt, s rágósra sikerült, szomorkásan megjegyezte: „Olyan lett, mint a patkadarab". Ha főzés közben dühbe gurult, átkozódott: „Az íz egye meg!" „Hol az ízben van a merőkanál?". Ha a tűzhely körül ólálkodott a macska, azzal fenyegette, hogy a brumáncánál (= grabanc?) fogva penderíti ki a konyhából. Sok mondókát tudott. Egyre emlékszem élesen: „Hétfő hetiben, kedd kedviben, szerda szeriben, csütörtök csűriben, péntek pitvarában, szombat szobájában – itt rövid szünetet tartott, és nagyon komolyan nézett rám –: vasárnap az Isten házában!" Gyerekkorában még látta a tüzes szekeret Püspökiben, bár a kókó megszégyenülése után nem szívesen emlegette. Pedig nagyon babonás volt. Ha asztalra kerülő kés élével véletlenül az égre mutatott, gyorsan elfordította és keresztet vetett. Nem akarta megmondani, miért.

Számos hasonló kifejezést hordok a fejemben több mint ötven éve, s ha éjjelente előbukkan egy-egy a régmúlt távolából, lázas igyekezettel ellenőrzöm a bennem élő népnyelvi adatot, s legtöbbször szótárak segítségével meg is fejtem őket. A „Brilla fiával" sohasem boldogultam. Ha nem félrehallás, a szó hangteste nem ad támpontot az értelmezéshez. Ezért egyetlen helyen előforduló adatnak, *hapax legomenon*nak tekintem. A többi legalább törzskönyvezett rézpeták, amit nézegetni lehet csak, modern használatra alkalmatlan. Örülök, hogy nem csak emlékezetem, de a táj- és etimológiai szótárak is megőrizték. Szerintem ezek a megkövült szavak és kifejezések a nyelv archaikus rétegéből, ezek a gyökerek, a hajszálgyökerek, kötik a legerősebben a beszélőt az anyanyelvhez. Amikor Márai Arany János egy ritkább vagy nehezen értelmezhető tájszaván gyötrődik naplója szerint, nekem se a szándék, se az erőlködés nem tűnik hitelesnek. Valami olyat keres, ami minden bizonnyal hiányzott egy kassai patríciuscsalád fogalmi készletéből, így tehát nem is felejthette el az illusztris író.

De már kezdek eltérni a tárgytól, kezdek összevissza cikázni (nagymama szavával: kavillázni). Fiatal koromban rejtegettem ezeket a szavakat, kifejezéseket, főként gimnazista koromban, amikor magyartanárom vasvillával üldözte a bizalmas, családi nyelv egy-egy váratlanul előbukkanó darabját. Amikor értesültem róla, hogy Puskin is nagyanyjától ismerte meg az orosz nyelv mélyebb rétegeit, megnyugodtam. Nekünk, magyaroknak ambivalens a nyelvhez való viszonyunk. Egyrészt lélegzet-visszafojtva csodáljuk az erdélyi magyarok (sajnos, gyakran a román nyelvtan és fonetika hatása alá került) beszédét, mert ez az igazi, a hiteles, az ősi, másrészt a városi ember fölényeskedésével biggyesztjük ajkunkat, ha ismeretlen, vagy furcsán hangzó tájszavakat kever valaki a beszédébe, kivéve, ha nem éppen a „népnyelvet" tanulmányozzuk. Hogy nyelvünkből mennyi kincset herdáltunk el így, csak a Jóisten a megmondhatója. Ma már nehéz lenne egy új nyelvújítást végrehajtani, habár ma talán nagyobb szükség lenne rá, mint a XVIII. század végén, amikor számtalan népnyelvi szó került a köznyelvbe, szemantikailag mesterségesen kibővített tartalommal.

Habár nagyszüleim szeme fénye voltam mint (akkor még) az egyetlen unoka, és mindketten a kedvemben jártak, ha megbetegedtem, nagyanyám igen szigorú reglamákat vezetett be. Lázas megbetegedés esetén nem volt szabad innom. Iszonyúan gyötrő szomjúságérzetekre emlékszem, csak megnedvesíteni volt szabad láztól kicserepesedett ajkaimat egy kevés citronáddal, én pedig jeges vizet szerettem volna mohón habzsolni. Mikor a láz csillapodott, nagyanyám még napokig ágyban tartott, s ebbe se anyámnak, se a háziorvosnak nem volt beleszólása. Amit az orvos felírt, azt is bevehettem, bár csak legyintett: „Annyit ér, mint a kőrösi szentelt víz!". Leginkább a fülfájástól féltem; ilyenkor nagyanyám a Melius Juhász Péter által fülfűnek nevezett pikkelyleveles kövirózsából *(Sempervivum tectorum)* készített főzetet csöpögtette a fülembe; iszonyúan forró volt. Nem volt apelláta.

Legjobban a tüdőbajtól óvtak. Csak ki ne melegedjek, s főként hideget ne igyak, mert akkor megfázom, abból tüdőgyulladás lehet, s tüdőbajjal végzem, mint „bacis" Pista. „Bacis" Pista apai nagybátyám neve volt házi használatra. A legenda szerint annyira szeretett futballozni, hogy kitűnő érettségijét megünneplendő, nagyot futballoztak a Hecskén, s kihevült testtel megivott egy pohár jéghideg sört a kánikula kellős közepén, meghűlt, s azóta otthon kahácsol hektikásan a szüleinél, hőmérőzi magát, s mi lett belőle? Ettől féltett nagyanyám. A felhevültségtől és az apró örömök élvezetétől. Elég egyszer vétkezni, már attól is a pokolba juthatunk. Itt a földön. Legjobb tehát a bűnre vezető alkalmakat elkerülni. Az „élet féltett gyermeke" voltam (mint Hans Castorp Thomas Mann-nál), hiába néztem vágyakozva a sok egészséges, kiabálva szaladgáló kortársamat a kovácsoltvas kapun kívül elterülő izgalmas és számomra elérhetetlen világban.

Utólag visszatekintve nem nehéz megértenem nagyanyám rémuralmát. Vaskézzel akarta családja jövőjét szolgálni, ha már a lánya ilyen szerencsétlen házasságba keveredett. Anyám álmodozott, festett és zongorázott (sokszor, szerintem, eléggé nekikeseredve). Hogy is lehetett volna beleszólása a világ folyásába? Férjhez ment, s most mégis otthon ül. Vaskezű anyja vitathatatlan tekintély maradt előtte, haláláig. Szerettem hallgatni, ahogy zongorázott. A fényes, fekete Bösendorfer zongora teteje feltámasztva, s ömlöttek a hangok. Miből állt repertoárja? A romantikusok könnyebb, rövidebb darabjaiból. Kis kezek, nagy mesterek. Elsősorban Beethoven, Schubert, Schumann, Chopin, Liszt, és emlékszem még az akkoriban nagyon felkapott *Szűz imájá*ra, egy teljesen elfeledett XIX. század közepi lengyel komponistanő, Thecla Badarzewska egyetlen közismert szerzeményére. És hát persze operett-részleteket *(Bob herceg, Sybill),* magyar nótákat is játszott. Az utóbbiakat főként ha vendégek voltak. A legújabb slágerek kottáját a *Színházi Élet* mellékletében találta meg. Talán ebből ismerkedett meg a „Hiába van palotád Budán, Pestre jársz a boldogság után" kezdetű slágerrel is, melyről tudni vélte a fáma, hogy ifj. Horthy Miklósról szól, aki – legalábbis nagyanyám szerint – eléggé kicsapongó életet élt. Anyám repertoárjából nagyanyámat csupán két első világháborús katonadal érdekelte, az egyik egy Nápolyt hadifogolyként viszontlátó, sebesült tisztről szólt, a másikban „elesett katonák teste lesz a vánkosom". Ezeken jóleső könnyeket hullatott anyám társaságában, mert csalhatatlan ösztönnel, mint légy a légypapírra, tapadt mindenre, ami melodramatikus. Az irodalomból is csupán néhány verset ismert és kedvelt, Eötvös Józseftől *A megfagyott gyermek*et, Gyulai Páltól *Az éji látogatás*t (Három árva sír magában...) és Ábrányi Emil egy költeményét, melynek csak a kezdő soraira emlékszem: „A gálya reng... s a méla tengerész / Fáradt szemével a magasba néz;". A vers a vándormadárról szólt, melyet hiába csábít a méla tengerész, hogy pihenjen meg az árbocon, tovább igyekszik hazafelé (à la Tompa Mihály), s mikor „az édes honi földre" leereszkedik, boldogan meghal.

Közben megtanultam folyékonyan olvasni, nem csak a nagybetűs szavakat szótagolva kiókumlálni. Első könyvemet anyám gyerekkori könyvei közül örököltem, *Anyuka legszebb meséi* volt a címe, Andersen- vagy Grimm-mesék átdolgozása. Anyám legnagyobb bánatára (mivel neki is ez volt az első könyve) elég hamar tönkretettem, akkoriban ugyanis mindennek a szerkezete is érdekelt; a könyvet is meg kellett néznem, hogy van összerakva kötésgerince mögött. Még egy könyvre emlékszem akkoriból, Dr. Kunos Ignác *Boszporuszi tündérvilág* című török népmesegyűjteményére, ajándékba kaptam keresztapámtól, azaz anyai nagybátyámtól, akit akkor láttam először. Ez a méltán híres, eredeti meséket tartalmazó könyv (Angliában is kiadták) azonban nem kötötte le a figyelmemet, távolról sem volt olyan csodás, mint *Anyuka legszebb meséi*. Ráadásul nem volt benne színes illusztráció. A legnagyobb baja mégis az volt, hogy számos fordulatot, mely a török népmesékben szokványos, hitetlenkedve olvastam. Amikor például a csalfa leány/asszony úgy győződött meg arról, hogy kedvese/hitvese alszik-e már, hogy tűt szúrt a talpába, ezt képtelen voltam elhinni: ha valakinek tűt szúrnak a talpába, az biztosan felébred! Keresztapám révén még egy családi titok került elő. Keresztapám, aki Riby Istvánnak született, Király Istvánként jelent meg; megváltoztatta ugyanis a nevét, amikor apja elűzte otthonról, nem sokkal érettségi után. Talán mert ő viszont apám húgának, Czigány Rózsinak udvarolt? A titok nyitjára soha nem jöttem rá, éppen úgy, mint ahogy arra sem, mi szél hozta vissza látogatóba annyi év után a szülői házba. Kevés szavú, halk beszédű ember volt, mint az apja. Hogy tagadhatta ki ezt a légynek sem ártó embert egy másik csendes ember, nagyapám, máig se bírom megérteni.

Anyai nagyapámnak is baja volt a nevével, nemcsak nekem. Trianon után az 1921:XXXIII. tc. értelmében tisztáznia kellett állampolgárságát, mivel születési helye, Nagycétény, Szlovákiába került. Kapott tehát egy igazolást, hogy ő, felesége és gyermekei magyar állampolgárok. Ezzel egyidejűleg barátian megsúgták neki, hogy helyesebb lenne ha előnevét, a Rétfalvit használná családi névnek, s az „idegenes" hangzású Riby névtől ezáltal megszabadulna. Hiába magyarázkodott, hogy egyik egyenesági felmenője Riby Sebestyén trencséni várkapitány, iratokkal igazolhatóan magyar nemes, nem volt appelláta. Kapott egy (18.876/1934 sz. alatti) belügyminiszteri végzést, hogy „kérés*é*re családi nevét »Rétfalvira« változtat*om* át *(így!)*", melyet egy olvashatatlan nevű miniszteri tanácsos írt alá. Így lett Rétfalvi Riby Mihályból Rétfalvi Mihály. Emlékszem, néha percekig tűnődött, ha hivatalos iratot kellett aláírnia, mit is írjon tulajdonképpen.

Eseménytelen életembe változást hozott, mikor észrevettem, valaki bujkál a fatartóban. Ezt jelentettem nagyapámnak, mivel felségterületem megsértésének tekintettem. Nagyapám a szokásos „ne járjon a szád"-dal intézte el, s szigorúan meghagyta: a fatartóba tilos a bemenet. A bujkáló, fatartóban mocorgó idegen egy szép napon eltűnt. Hogy napokig, vagy hetekig volt-e a fatartó lakója, nem emlékszem. De biztos, hogy nem fantáziáltam, mert megtaláltam a bujdosó borjúját. A négyszögletes, katonazöld hátitáskának fakeret adta meg az alakját, alul fityegő szíjazattal, mellyel a feltekercselt pokrócot erősítik a borjúra. Évekig játszottam vele. Ez az ismeretlen férfi, akinek nagyanyám a legnagyobb titokban hordta ki az ennivalót, és akit sohasem láttam közelről, a németek elől menekülő lengyel katona volt, „a mi lengyelünk", hogy Jókait idézzem. Kár, hogy semmi közelebbit nem sikerült kiderítenem róla.

Egyszer újhelyi nagyapám is meglátogatott: fügét, datolyát, naspolyát, szentjánoskenyeret hozott nekem és Gyurinak szólított. Egyiknek sem örültem. Hogy a fiatalok dolgában jött-e, nem tudom, de nemsokára mentünk anyámmal Újhelybe. Előtte azonban anyám kihívatta a borbélyt, hogy levágja az addig viselt hosszú körhajamat. Nem akartam belenyugodni, napokig keseregtem miatta. Lassan megértettem, hogy életem egy korszakának vége. Anyám azzal vigasztalt, hogy az iskolában csúfolnának érte.

Hecskei betyár

Mire beírattak a katolikus plébánia barokk templomához tartozó róm. kat. elemi fiúiskola I. osztályába 1941 őszén, szüleim élete is egyenesbe jött. Apám a Pénzügyigazgatóságon kapott állást, munkahelye a pénzügyi palota impozáns épülete lett, melynek oromzatát Kisfaludi Stróbl Zsigmond dekoratív kompozíciója díszítette: két délceg honfoglaló harcos a magyar címert oltalmazza pajzzsal és kivont szablyával. (Az épületben Zemplén vármegye megszűnte után diákotthont alakítottak ki, egy időben arról is szó esett, hogy a „nacionalista" szobrot eltávolítják. Végül csak a címert verték le, már a hatvanas években, a megcsonkított szobor ma is ott meredezik: a címer helye barbár módon kicementezve.) Attól kezdve, hogy apám elvégezte a gazdasági tiszti tanfolyamot Kassán, zászlósként vonult be, egyre gyakrabban. Majd 1942-ben visszamenőleges hatállyal kinevezték hadnagynak.

Családját már előzőleg Újhelybe hozatta, el bírta tartani. Eleinte albérletben laktunk anyámmal, aki semmiféle házimunkát nem végzett az ideiglenes állapotban, nem is főzött, meleg ételt egy közeli vendéglőből hordatott. Nem ízlett nagymama főztje után. Anyám kijelentette, hogy háztartást csak saját lakásban hajlandó vezetni. Egyetlen engedményt tett: ő töltötte apámnak a dohányt Diadal hüvelybe, hogy monogramos, ezüst cigarettatárcáját színültig rakva mehessen hivatalba. Szívesen néztem, ahogy szorgoskodott a kopott, plüsshuzatú bútorokkal berendezett, bár egyébként eléggé kopár szobában, melynek egyetlen éke a Mányoki-féle Rákóczi-portré olcsó olajnyomata volt; szerettem a dohány illatát, elvette az áporodott levegő szagát. Egyszer megjegyezte: „Mi ízlik ebben a büdös vacakban a férfiaknak? Megkóstolom!" „Akkor én is" – mondtam villámgyorsan. Nevetve köhögtünk, fuldokoltunk, könnyeztünk tőle.

A saját háztartásra 1941 nyarán került sor. Most már bútorozatlan lakást vettek ki, amit anyám vadonatúj bútorokkal, kedve szerint rendezhetett be, a hajlított karfájú foteleken sötétkék, mintás bársonyhuzat. Nyilván abból telt mindenre, hogy amikor apám bevonult, a tartalékos tiszti fizetés mellett a teljes hivatali járandóságát is megkapta. Ide már meghívhatták a kollégákat; a herendi porcelán étkészlet a kombinált szekrénybe került. Vége lett a sátoros cigányéletnek, ahogy anyám mondogatta kihívóan; a harmincas éveik elején voltak.

Így kerültem vissza szülővárosomba, most kezdtem ismerkedni vele. A Hecske déli oldalára költöztünk. A Hecske enyhén lejtős, kiterjedt domboldal volt, amit lassan körbeépítettek. Végnapjait élte, néhány éven belül teljesen beépült, utcák szelték át. Valamikor országos vásárokat rendeztek itt, Trianon után megszűnt a jelentősége. Itt támadták meg vásár alkalmával Tokaji Ferkó kuruc szegénylegényei a vámoló császári katonákat, anno 1697. Mint a felvidéki kisvárosok nagy része, Újhely is elkerülte a huzamos török megszállást. Igen, Újhely felvidéki kisváros volt, amikor még volt Felvidék (csak akkor esett ki ez a tény a köztudatból, amikor a Felvidék már csak az elszakított északi területet jelentette), ugyanúgy, mint ahogy Erdély régen csak a Királyhágón túli részeket foglalta magában. Nagyszalonta az Alföldön van – csak Erdéllyel csatolták el. Újhely pedig már a Felvidékhez tartozik a Hegyközzel, de csak a Ronyván túli része veszett el, tehát végső soron, ami Szlovákiába került, csak az a Felvidék, ami Romániához, az viszont mind Erdély. Így tudja ma a politikai határokat a tájegységekkel összekeverő köztudat. Akárhogy volt is és van ma, Újhely elcsatolt része és a környező falvak, Királyhelmec, Borsi, a vezérlő fejedelem szülőföldje 1938-ban visszakerült a Szent Korona fennhatósága alá, ha csak történelmi múló pillanatra is.

A Hecskén laktunk tehát, gyönyörű kilátással a hegyek kékellő karéjára. Köztük legmagasabb a Magos-hegy; közvetlenül a Hecske fölött a Kopaszka, melyet akkoriban országzászlós hegyként emlegettek. Ormán impozáns talapzaton lobogott a háromszínű nemzeti zászló. A mögötte lévő kápolnát a Szent Korona terméskőből kifaragott és gondosan összeillesztett óriás hasonmása fedte. Ide vezetett az 1936. október 4-én felavatott Magyar Kálvária kígyózó útvonala. A tizennégy stáció szintén terméskőből épült várszerű őrtornyai az elszakított országrészek jelentősebb városait (Kassa, Kolozsvár) idézték. A gimnázium művészettörténész tanára, Harasztos Gyula (1894–1974), Edvi Illés Aladár tanítványa tervezte. Az ötvenes években lerombolták a soviniszta uszítás eme jelképét; a köveket széthordták. (1990-ben kissé átstilizálva helyreállították.) Délebbre a Várhegyen Koriátovics Tódor herceg várának már a nyoma sem látszott. Még délebbre a háttérbe már kékesen olvadó Koporsóhegyként emlegetett Sátorhegy.

A Hecske hivatalos etimológiáját nem ismerem, szerintem a kedveskedően humoros „Hegyecské"-ből keletkezett ejtéskönnyítő hangkivetéssel, amit a korábbi *Hecsketető* elnevezés valószínűsít. (Tehát: **Hegyecsketető* > *Hecsketető* > *Hecske.*) Ez volt szűkebb pátriám, hiszen a keleti oldalán születtem, nem messze Czigány nagyapámék házától; a nyugati oldalon, tehát már a hirtelen emelkedő Kopaszka (régi nevén: Szárhegy) alatt laktak nagynénémék, s mi pedig most a déli oldalára kerültünk, ahonnan azután igencsak elkezdett lejteni a Hecske, egészen a sebes folyású, zubogó patakig, mely talán azonos az Anonymus által emlegetett *Ketelpotacá*val. (Bár a kódexben *R*etel a neve, de a tudós textológusok megállapították, hogy ez tollhiba.) A Ketel név Kazinczy szerint *Kecel*nek ejtendő. Ugyancsak Anonymusnál szerepel Újhely régi neve: Sátorhalma *(Saturholmu)*; az új település csak a tatárjárás után épült fel.

Most kezdtem ismerkedni az újhelyi rokonsággal. Apám többször elvitt megmutatni dédnagyapámnak, aki minden alkalommal újra meg újra megismert, s a befelé néző kék szemek megteltek könnyel. A lugasban üldögélt legszívesebben, összeaszott testét pihentetve, a hosszú szárú pipa egy pillanatra sem került ki a szájából. Éltette Kossuthot, nedves szemekkel. Ízületi bántalmaktól meggörbült ujjainak selymes simaságára emlékszem, ahogy megcirógatott. 1951-ben halt meg. Leesett az ágyról, eltörte a medencecsontját. Szépen gyógyult 93 esztendeje ellenére. A mozdulatlan fekvéstől azonban tüdőgyulladást kapott, az végzett vele. Ha pipáját megkapta, zúgolódás nélkül viselte sorsát az utolsó pillanatig.

Nagyapám fejformája és vonásai fényképeken Kemény Zsigmondéra emlékeztetnek. Kék szemű, gyér hajú, „derék" ember volt, pirospozsgás arccal. Kurta szárú pipáit gyakran cserélgette, mind rosszul szelelt. Disznóhólyagból készült, sárgás dohányoszacskóból nagy körültekintéssel tömte meg őket. Ormótlan, nehéz sárgaréz öngyújtójával sokat bajlódott, pedig két irányból, két kovakőről is megcélozhatta a középen lévő kanócot. Mikor aztán sikerült a keserves tűzcsiholás, megnyugodva pöfékelt, és úgy tekingetett a világba. Bajlódott a vérnyomásával is, hiába piócázta magát. (Annak legalább mellékhatása nem volt, nem úgy, mint a ma divatos béta-blokkolóknak.) Ha anyám modernkedve a C-vitamint emlegette, kijelentette, hogy a hordós káposztában minden vitamin megtalálható, ami neki kell. Ebből készültek a felejthetetlen töltött káposzták. Szerettem nézni, ahogy nagy szakértelemmel tapossa a káposztát, s ügyet sem vet a világra.

Anyám megszállottan óvott apám öccsétől, „bacis" Pistától, de én minden alkalmat megragadtam, hogy vele legyek. Izgalmas dolgokat művelt maga eszkábálta kristálydetektoros rádiójával, amiből leggyakrabban csak recsegés hallatszott. Gyakran jártunk sétálni a Hecskére, s ilyenkor mesélt. A Hecske nyugati, emelkedő oldaláról kilátás nyílik Borsi felé, ott beszélt Rákócziról, és hogy messze a hazájától, idegen földön halt meg. Legkeserűbben a cseh megszállást emlegette. Újhelyt ugyanis 1919-ben rövid ideig (április 30.–június 5.) a csehek tartották megszállás alatt. Többször elmesélte, hogy a visszafoglaló harcok után egy járőr eltévedt cseh katonát fogott el, aki térdre vetette magát, úgy könyörgött, kíméljék meg az életét. Tárcájából előragadta felesége és kisfia képét: özvegy és árva lesz belőlük. A járőr elvette a puskáját, s hátat fordítva a zokogó embernek, elindult a Rotó-sarok felé. A kirakat üvegében vette észre, hogy bajonetjét, amit elfelejtett elvenni tőle, az ellenséges katona szúrásra emeli. A járőr megfordult és a puskatussal úgy vágta fejbe a cseh légionáriust, hogy kiloccsant az agyveleje. Minden alkalommal borzongva hallgattam a történetet. Ma sem tudnám megmondani, hogy a történet morálja az ellenség álnoksága és hitszegő volta, s az ezért kijáró, jogos önvédelemből elkövetett emberölés: a megérdemelt megtorlás lett volna-e, vagy inkább a magyar ember könnyelmű jószívűségének veszélyes következményét illusztrálta. Bacis Pistát legjobban a természettudományok újdonságai érdekelték, ezekről beszélt a legtöbbet. A repülésről szólót Daidalosz és Ikarosz intelmes történetével kezdte, hogy Ikarosz nem hallgatott az apjára, s mikor a hátára ragasztott szárnnyal közel repült a naphoz, felolvadt a ragasztószer, és a tengerbe zuhant. De a modern aeroplán legyőzi a távolságot, s milyen izgalmas lesz egy ilyen világban élni, amikor majd én felnövök. Czigány István (1912–1942) kerek arcú, hátrafésült hajú, értelmes szemű fiatalember volt, aki maga vigyázott a legjobban, nehogy fizikai érintkezésbe kerüljünk, vagy hogy olyan tárgyhoz érjek, mely még az ő testmelegét őrzi. Szegény feje tudta, hogy leprás, aszerint viselkedett.

Nagyanyámnak is kijutott, két beteget is ápolhatott, a fiát és az apósát. A lesimított hajú, szikár alkatú matróna megadóan viselte keresztjét, és enyhet csupán a buzgó vallásosságban keresett és talált. Fiatalkori fényképeiről játékos szemű, finom vonású nő tekint rám. Apám családjából őt ismertem a legjobban. Gyakran vigyázott rám, ha szüleim szórakozni vagy látogatóba mentek. Idegesen, gyorsan beszélt, kedves „vazsmegyei" tájszólásban, amiért gyakran pironkodott anyám előtt, de mindenben igyekezett egy szem unokájának kedvében járni. Az orvostudományról neki is megvolt a véleménye, ha lázas betegségbe estem, rontásról beszélt, hogy valaki megvert a szemével, s erre csak egy orvosság van, a szenes víz. A novai javasasszonytól hallott erről nagyon-nagyon régen. Mesélni ő sem mesélt, hanem ellenőrizte, hogy tudom-e az Üdvözlégy Máriát és a Miatyánkot.

Bacis Pista meghalt, mielőtt az Alexander Fleming felfedezte penicillin elterjedt volna, s nagyapó halála után nem sokkal nagyanyámat is sírba tették, rendetlenül kalimpáló szívére hiába hozatott apám Amerikából csodaszert, talán már a novai javasasszony sem tudott volna rajta segíteni. Halálára jól emlékszem, hiszen akkor, 1951-ben már nagy fiú voltam, 16 éves. Az egész házat gyászdrapériába vonták, a tükrök letakarva, siratóasszonyok jajveszékelő kórusa; a ravatal körül, a virrasztás alatt füstösen lobogó kandeláberek. Az enyhén édeskés szagok elegye. A rituálé megnyugtató, hagyományos rendje és a hiú remény, hogy a siratóasszonyok *felsírják* a halottat.

Nagyon vártam, hogy iskolába mehessek, hogy végre a saját kortársaim közé kerüljek, hiszen hatéves korom előtt csak a felnőttek társaságát ismertem. A családban sem Gyöngyösön, sem Újhelyben nem volt velem egykorú gyerek, s idegenek közé nem engedtek. Az iskola mégis csalódást okozott. Bár jókedvűen kocogtam egyedül a nagytemplomhoz közel eső iskolába. Úgy emlékszem, eleinte egyszer-kétszer anyám vagy a bejáró cselédlány elkísért. Mikor látták, hogy nem fogok eltévedni, elengedtek egyedül. Nagyon büszke voltam, hogy nem hátitáskám van, hanem aktatáskám, amivel egy-két év múlva kitűnően tudtam verekedni vagy magamat megvédeni, ha erre volt szükség. A forgalomtól nem kellett félteni, a Hecskén átvágtam, s utána a Tűzoltó téren keresztül egykettőre odaértem az iskolához. Igaz, a Tűzoltó téren volt a piac tenger sok izgalmas látnivalóval. Kecskelábakon átvetett deszkák mögött bekecses, fejkendős kofák. Kék kandliból mérték a tejet, lapulevélen árulták a vajat, zsákokból a tarkababot. A vágni való jércék ketrecben káráltak, a libák megkötve gágogtak, a kacsák izgatottan hápogtak. A bejáró cselédlány visszafelé bevásárolt; a friss tejet minden reggel magával hozta a Hegyközből, s délben hazament. Öccse, Haszara Géza velem járt egy osztályba. Reggelente incselkedve a fülembe súgta: „Ki hozza nektek a jó, finom tejcikét?" Anyámnak azért kellett legfőképp a segítség, mert húgom, Edit éppen akkor született, amikor elkezdtem iskolába járni.

Az iskolában legnagyobb bajom az olvasásból származott. Akkoriban ugyanis éppen a *phonomimiká*ra esküdtek, melyet germán szakemberek dolgoztak ki a mnemotechnikára kacsingatva. Magyar változatát egy kolozsvári tanítónőnek, Tomcsányiné Czukrász Klárának köszönhetjük. 1906-ban akadémiai díjat kapott érte, és az 1925. évi tanterv kötelezővé tette használatát az ország római katolikus elemi iskoláiban. Ennek a szerencsétlen módszernek az volt a lényege, hogy a kiolvasandó betűt asszociációs kapcsolatba hozza egy könnyen megjegyezhető vizuális jellel. Például az ingaóra sétálója ütemesen leng, és azt mondja: „tik-tak". A „t" betű emlékeztet a sétálóra és az óra hangjára. Hogy még könnyebb legyen emlékezni, a jóságos tanító bácsi (esetleg néni) jobb (esetleg bal) kezének mutatóujjával az ingaóra ingájának lengését utánzó mozdulatot tesz, amiről még a legbutább tanulónak is eszébe kell hogy jusson: most a „t" betűről van szó, mint a „tik-tak"-ban.

A túlbuzgó igyekezet azonban túllőtt a célon: egy helyett kettős terhet akasztott (éppen) a gyengébb tanulók nyakába, és nem vette figyelembe, hogy mit csináljon például az a pacalista, akinek az „i" betű hangértéke akkor is eszébe jut, illetve akkor is kitalálja az írásképből, ha nem teszi a tanító bácsi mutatóujját függőlegesen a szája mellé, vagy a „k" betűé is anélkül, hogy a tanító bácsi a kukorékoló kakas taréját utánozandó, nyitott tenyerét hüvelykujjánál fogva homlokának támasztaná. Ezeknek a fölösleges jeleknek a nagy részét képtelen voltam megjegyezni, hiszen már a betűt sem kellett megtanulnom, s nem értettem, hogy miért kell még mutogatnom is, ha egyébként folyékonyan olvasok.

Hiába olvastam ki tökéletesen például, hogy „a kecske mekeg", a tanító bácsi nem volt megelégedve, mert nem szótagolva olvastam: „a kecs-ke me-keg", s nem jutott eszembe, hogy kell a „g" betűt mutatni. Ráadásul majdnem egész évben halálra untam magam, untam, ahogy a kisegyszeregyet kellett óra előtt recitálni, nem figyeltem oda (egyedül a „zs" betű gyakorlására tanult mondókát – zsindely, zsámoly, zsalugáter – jegyeztem meg, tetszett, ahogy alliterált, és szívesen rajzoltam a színes sordíszítő mintákat), s a félévi bizonyítványomba, melyben három „tárgyból" osztályozták a nebulókat: magaviselet (akkoriban még nem találták fel a „magatartást"), szorgalom és előmenetel, ez utóbbiból bizony kettest kaptam egyes helyett, hiába mondta meg apám, hogy a bizonyítványomban „tiszta egyest" akar látni. Miután sikeresen kimagyarázkodtam otthon, apám be is ment az iskolába, beszélni az igazgatóval, Czirbusz Pállal. A beszélgetésnek meglett az eredménye, mert év végén és attól kezdve mindig „tiszta egyes" került a bizonyítványba.

A tanító, egy Karniss László nevű, eléggé alacsony homlokú, tohonya fiatalember csökönyösen ragaszkodott a tanterv előírásaihoz, bár mint visszaemlékszem, egy idő után a phonomimika a legtöbb kisiskolást gátolta a folyamatos olvasásban. Karniss tanító bácsit egyébként sem kedveltem, mert dicséretként kövérkés ujjaival, igaz, hogy a külső oldalukkal, túl gyakran símogatta meg az éppen felelő gyerek arcát, akit lovagló ülésben a térdére ültetett.

Az abból fakadó keserűségemet, hogy baj lehet az előmenetelemmel, noha tudom, amit tudni kell, csak nem a tanterv előírása szerint, soha nem bírtam lenyelni. (Megkönnyebbülés volt Angliában azt tapasztalnom, hogy itt nem az előírások szigorú betartása a mérvadó, ha valaki a tudnivalókat tudja, akkor minden további nélkül eggyel magasabb osztályba léphet – *streamlining* – mindaddig, amíg meg nem kapja azt a terhelést, amire szellemi fejlettsége és/vagy ismeretei miatt szüksége van.)

Európa keleti felében azonban, ha egy elmélet megfelel a német, majd később a szovjet, ma pedig az angol (és még inkább az amerikai) gyakorlatnak, azt mindig is kímélet nélkül alkalmazzák. Persze az éppen divatos külföldi elmélet érvényességéből semmit nem von le, ha magyar környezetben nem alkalmazható. A dyslexiáról beszélek. Ezt az írás- és olvasászavart leíró elméletet Angliában eszelték ki, bár jó ideje már nálunk is beszélnek róla a minden újra fogékony pedagógusok. Az angol elemisták sokkal nehezebben tanulnak olvasni, mert a legtöbb betűnek több hangértéke van (az u betűnek például 18!). Ezért nem a betűket tanítják, hanem betűcsoportok felismerését, mint a kínaiak az ideogrammát. Elég soká tart, amíg egy angol gyerek minden betűt képes felismerni külön-külön, s azt is tudja, hogy egy adott esetben hogyan ejtik. Például „said" (mondta) ejtése „szed", de ha betűzni kell, akkor „essz, é, áj, dí". A gyereknek nem könnyű megérteni, hogy az „é, áj" magánhangzókból együtt ejtve miért lesz itt „e", ha ráadásul egy másik szóban (pain) „éi"-nek hangzik. Tehát amikor leírja a szót, elbizonytalanodik és „said" helyett könnyen „siad"-ot ír. Ha ez a pszichés zavartság megmarad, az írás- és olvasáskészsége egy életen át megsínyli. Ez a dyslexia. Mivel a magyar többé-kevésbé fonetikus, egy betűnek majdnem mindig ugyanaz a hang felel meg, tehát dyslexiás állapot, ha nem is elképzelhetetlen, nehezen jön létre.

1963-ban hosszasan beszélgettem erről Illyés Flórával, aki férjét kísérve felhasználta az alkalmat, hogy gyógypedagógus lévén továbbképezze magát. Örült, hogy valami újdonságot vihet magával haza. Váltig állította, hogy „dyslexia" már nálunk *is* van. Szerintem nincs. Ha valaki „tolyást" ír tojás helyett, az nem dyslexia, hanem helyesírási bizonytalanság. Nagyon-nagyon ritka lehet az olyan magyar kisiskolás, aki például történelem helyett „tröténeml"-et, vagy könyvtár helyett

„vkönyár"-t ír. Ez lenne ugyanis a dyslexia. A hibás írásképek (pl. imátkozot, eggy) a kiejtést utánozzák, s csupán hiányos iskolázottságra utalnak. Mindennek semmi köze a dyslexiához. Nemcsak magyarul, de még németül sem lehetséges dyslexiára gyanakodni, ha helyesírási hibát találunk egy szövegben. Szerintem nálunk még a lakosság 0.01%-át sem érinti a dyslexia, Angliában viszont az alsóbb képesítést szerzettek 40%-át. (Éppen mostanában folyik Angliában a vita arról, hogy vissza kell térni a szó-, illetve a szótagfelismerésről a korábbi, betűfelismerésen alapuló oktatásra.) Mikor ezt fejtegettem Illyés Flórának, minden meggyőződés nélkül bólogatott, de a tekintetéből megértettem, hogy nem vehetem el tőle a gyógypedagógiának ezt az élenjáró elméletét, melyhez már a legfontosabb szakirodalmat is beszerezte.

Bosszantott még az is, hogy a nevemet minden tanító úgy írta, ahogy kedve tartotta, hiába ágáltam: „cézével tessék írni", „Cigánynak", „Zigánynak" „Czigánnak", másrészt az osztálytársaim gúnyoltak érte, „moré"-nak, „gádzsó"-nak szólítottak, ha „Cigus"-nak, az még istenes volt. Keserűen panaszkodtam apámnak miatta. Apám leültetett, s komoly hangon kezdett beszélni. Fel se vegyem a csúfolódást, mert ha történetesen tényleg cigányok lennénk is, az se lenne végzetes, csak az egészen primitív emberek gúnyolódnak olyasmi miatt, amiről a csúfolódás tárgya nem tehet, ezért nem szabad azt sem gúnyolni, akinek valami testi fogyatékossága van, például biceg. De hát erről szó sincs a mi esetünkben, mert a családi nevünk régi, szép magyar név, amire büszkének kell lennünk, s hogy a család egyik ága tényleg „Zigánynak" írja a nevét, s hogy az ő dédapja, nagyapó apja honvédtiszt volt Kossuth seregében, a magyar szabadságért harcolt. Nagyon megnyugtatott apám kissé ünnepélyes beszéde, aminek hatását emelte a magyar királyi honvédtiszti egyenruha; éppen szabadságon volt otthon.

A Czigány családnév eredete a nyelvtudomány vélekedése szerint korántsem tisztázott. Két vonatkozásában egyeznek meg a kutatók, például Wertner Mór (*Nyr* XLVI:146–149), illetve Pais Dezső (*MNy* XXXII:233–236), az egyik, hogy nem könnyű a cigány etnikum nevéből származtatni, mivel az első adatok, például Michael de Czigan (1393, *NySz*) korábbiak, mint a cigányság hazai betelepülésének első nyomai, a másik, hogy a korai írásos alakokat, például: Zygan, Cygan, Chygan, Scygan, *Szigán*nak ejtették, s ebből szabályos hangtani fejlődés után lett „cigán(y)". Pais Dezső felveti annak a lehetőségét is, hogy a török „sygan" szóra megy vissza a név. (Ami viszont kétségtelenül biztos, csupán annyi, hogy a közismert Ady-portrét festő Czigány Dezső Wimmerről magyarosított.) Ettől kezdve, noha a nyelvészek fenti vélekedését akkor még nem ismerhettem, többé nem bosszantott, ha osztálytársaim csúfoltak. Tudtam, amit tudtam. Az általános igazságot jegyeztem meg belőle: nem szabad senkit sem gúnyolni olyasmiért, amiről nem tehet. Ezt a szabályt egész életemben igyekeztem gondosan betartani.

II. osztályban új tanítót kaptunk, Soltész Ödönnek hívták. Bár Soltész tanító úr kemény kezű tanerő volt (s főként nem tanító *bácsi*), verte a gyerekeket, botozta, pofozta, elvégre leventeoktatóként is működött, mindezek ellenére vele nem gyűlt meg a bajom. Az iskolai testi fenyítésnek fokozatai voltak. A legenyhébbnek a *körmös* számított a tanító úr csattogtatójával, illetve a hajhúzás, leggyakrabban a halánték táján (gyakran egyszerre mind a két oldalon). Komolyabb volt a nádpálcával kiosztott *tenyeres.* Még szigorúbb az elfenekelés, szintén nádpálcával. Ha egy tanító igazán belelendült, alaposan felpofozta a delikvenst. (Egyszer valamelyik rossz tanuló anyja bejött az iskolába kékre-zöldre pofozott fiával. Rátámadt a tanítóra, az ő gyerekét csak az verheti meg, aki enni ad neki.) „Előmenetelem"-nek sem ártott semmi, kényelmesen unatkoztam. Olvasmányainkban szó esett egy „rossz kisfiúról" is, aki mindenféle elvetemült dolgokat cselekedett. Ha leesett az asztalról egy darab kenyér, elkezdte rugdosni, mintha labda lett volna. Földműves édesapja megfeddte, mert, mint mondta, becsületes munkával és arca verejtékével kereste meg a kenyerüket, hogy mindennap odakerüljön a család asztalára. A kenyér Isten áldása, s aki a kenyeret nem becsüli meg, abból rossz ember lesz. Édesanyját is elszomorította ezzel a cselekedetével, hogy milyen elvetemült kölyköt hozott a világra. Az elvetemült, rossz kisfiúnak azonban még ez sem volt elég, ha felcsendült az esti harangszó, kis pajtásai abbahagyták a játékot, lekapták a sapkájukat és imára kulcsolták a kezüket, hogy elmondják az Úr Imáját. Ő bezzeg tovább zajongott és rugdosta a rongylabdát, fittyet hányva kis pajtásai szemrehányó tekinteteire. Egy ideig szívdobogva lestem én is kis pajtásaimat, hogy mikor látok majd egy igazán vásott kisfiút, aki a kenyérdarabbal futballozik. De emlékezetem szerint ilyen züllött gyerekkel, én személy szerint, nem találkoztam a Hecskén.

Az egyetlen tárgy, amelyből új ismeretekre tettem szert, az a hittan volt, amit Densz Géza (1908–1986) tanított. Bár a kiskatekizmus bemagolása nem lelkesített túlságosan, ám volt egy *Képes kisbibliá*nk, melyből a bibliai történetekkel ismerkedtünk egyszerűsített formában, „ősszüleinktől" az Újszövetségig. A történeteket élveztem, s könnyen megjegyeztem. Densz tisztelendő úr nagyon szigorúan nézett ránk aranykeretes cvikkere mögül, s így készített elő bennünket az első áldozásra. Szorgalmasan és buzgón készültem én is. Az első áldozás előtti nap délutánján meggyóntatott bennünket; töredelmesen bevallottam minden bűnömet, és a penitenciát is gondosan elvégeztem. Ránk parancsolt, hogy nagyon vigyázzunk, nehogy vétkezzünk másnap reggelig, még bocsánatos bűnt se kövessünk el. Éjfél után nem ehetünk, reggel még egy korty vizet sem szabad inni! Ha valaki meggondolatlanságból mégis bűnt követne el, az a 7.30-kor kezdődő ünnepélyes szentmise előtt még újra gyónhat, de reméli, erre senkinek nem lesz szüksége – fejezte be az exhortációt. Nagyon vigyáztam magamra, nehogy bűnt kövessek el, rosszul aludtam, a gondolatok egymást kergették a fejemben.

Talán már éjfél is elmúlt forgolódás közben, s villámcsapásként hatolt belém a felismerés, hogy tegnap nem gyóntam meg mindent. A VI. parancs ellen is vétkeztem: szemérmetlent néztem és gondoltam! Teljesen megfeledkeztem arról, hogy Gyöngyösön, nagyanyáméknál kezembe került H. G. Wells műve, *A világtörténelem alapvonalai* című összefoglalás. Az illusztrációkat gyakran nézegettem benne, főként az elején, ahol egy-két meztelen ősembert is lerajzolt a derék illusztrátor. Hogy a cro-magnoni ősembert ábrázolta-e, vagy a willendorfi Vénuszt, nem tudnám megmondani, de kétségtelen, sokszor és szívesen lapoztam rá ezekre a képekre, sokkal szívesebben, mint a mükénéi női szobor másolatára, annak ugyanis csupán a melle volt fedetlen, furcsa szabású ruhájában. Izgalmamban teljesen kiszáradt a torkom, s gondolkodás nélkül kiosontam a konyhába egy pohár vizet inni. Megnyugodtam. Mégis kialvatlanul ébredtem, kábán mentem a misére. Anyám nem értette igyekezetemet, hogy miért akarok már negyed nyolcra menni, mikor a mise csak fél nyolckor kezdődik. Odaértem negyed nyolcra, amikor hitoktatónk a visszaeső bűnösöket várta. Senki sem készült gyónni. Inamba szállt a bátorság. Megszégyenülök osztálytársaim előtt, ráadásul én is megfogadtam, hogy „többé nem vétkezem s a bűnre vezető alkalmat elkerülöm". Tusakodás után betérdeltem a gyóntatószékbe.

Densz tisztelendő úr töviről hegyire kifaggatott, mint egy vizsgálóbíró, szemlátomást megkönnyebbülve. Elmagyarázta, hogy a művészetben gyakori a meztelenség ábrázolása, s annak szemlélése – ha nem támaszt a nézőben bűnös gerjedelmet – nem bűn. Hogy mi a bűnös gerjedelem, arról nem nyilatkozott, de gyanítottam, miről van szó: ha az ember jóleső érzéssel nézi a meztelenséget, és tekintetét *arra a bizonyos helyre* összpontosítja. De így sem voltam meggyőződve, hogy teljesen vétlen maradtam. Megkaptam a feloldozást, maradt időm mise előtt a penitenciát is elvégezni. Tudtam, hogy mégis csalok. Meg fogok áldozni, pedig nem lenne szabad, mert egy pohár vizet ittam, *lehet hogy éjfél után*. Ezt nem mertem bevallani, mert akkor nem áldozhattam volna meg, hiszen Densz tisztelendő úr világosan megmondta, ha valaki nem éhomra áldozik, az szentségtörést követ el. Egész mise alatt vacogtam. Ha nem megyek áldozni, magamra terelem a figyelmet, hiszen már pótgyónásra is szükségem volt, én lennék az egyetlen az osztályban, aki nem áldozik. Ekkor éreztem életemben először, anélkül, hogy tudtam volna róla, a morális dilemma súlyát. Mert mindenképpen meg kellett volna említenem a pohár vizet, s vállalnom a következményét. De ezt nem tettem. Vacogva, verejtékezve áldoztam meg. Szentségtörést követtem el inkább, mintsem hogy társaim előtt megszégyenüljek. Züllött fiú voltam, elbuktam, elkárhozom és a pokolra fogok jutni. Hiába sugdosta az ördög a fülembe, hogy a korty víz nem számít, mert lehet, hogy *éjfél előtt* ittam.

A szemérmetlenségből más bajom is támadt. Egyszer hittanóra előtt Densz tisztelendő úr magához rendelt. Kellemes várakozással néztem rá. Hosszas keresgélés után reverendájából előkotorta noteszát, egy cédulát vett ki belőle és elém tette. Egy szó volt felírva rá nagybetűkkel, a női szeméremtest durva neve. Egyik osztálytársam írta fel (hogy a kimondásával ne vétkezzen), s Densz tisztelendő úr szerint ezt a szót én torkom szakadtából ordítoztam széltében-hosszában a Hecskén. Nem tudom, hogy már akkor ismertem-e a szót, lehet, hogy igen, de valószínűbb hogy nem, a vádaskodás mindenesetre elképesztett. Az előre kigondolt rágalom képzete még nem tartozott a fogalmi készletembe. Feldúlva, megalázva védekeztem, s egy idő után Densz tisztelendő úr is alábbhagyott a vallatással, s mintha – bár nem egyértelműen – megenyhült volna irányomban. „Majd eldől a legközelebbi gyónás alkalmával, hogy vétkeztél-e vagy sem" – mondta ki a végső szentenciát, tehát ha most hazudnék is, a gyóntatószékben biztosan nem merek majd.

A rágalmat kiváltó irigység valószínű oka nem lehetett más, mint a megyés püspök (Újhely a kassai egyházmegyéhez tartozott), Madarász István (1884–1948) látogatása iskolánkban. Densz tisztelendő úr mint jeles ministránst, engem jelölt ki, hogy az osztályt képviseljem. Azóta se hatott meg ennyire megtiszteltetés, vagy ha teljesen őszinte akarok lenni, ahogy az évek teltek, egyre kevésbé hatott meg, s felnőtt korombban már minden alkalmat megragadtam, hogy kitérjek a hasonló megtiszteltetések elől. Densz tisztelendő úr a gondjaira bízott „képviselőket" alaposan felkészítette, a püspök úr jobb kezén lévő apostoli gyűrűre adandó csóktól egészen addig, hogy milyen lehetséges kérdésre milyen választ illik adni. A püspöki audiencia zökkenőmentesen zajlott le, hála a gondos felkészítésnek; kis védencei nem hoztak szégyent a fejére. Az audiencia után kakaóra és kalácsra voltunk hivatalosak a barokk parókia intarziás bútorokkal berendezett dísztermébe. Az első áldozásra kapott fehér Bocskai-ruhámat viseltem. Ösztönösen úgy éreztem, hogy ez az ünnepélyes epizód váltotta ki a nálam érettebben gondolkodó osztálytársam irigységét és a vele járó bosszúhadjáratot.

Volt még egy afférom a hitélettel, ezúttal teológiai. Egyik hittanóra elején jelentkeztem, hogy kérdésem lenne. Nem értem azt a bibliai mondást: „Ne félj, csak higgy". Hitoktatóm elképedve simította hátra őszülő kefehaját. „Hát ezt honnan veszed?" Elmondtam, hogy apám borbélyánál, ahová nekem is járnom kellett, láttam egy fekete táblát a falon, arra van kiírva arany betűkkel, s alatta: *Márk 5:36*. Densz tisztelendő úr apologetikai fejtegetéseire egyáltalán nem emlékszem, éretlen ésszel meg sem érthettem volna az isteni gondviselésben való föltétlen bizalom szükségességének doktrínáját. Hogyan is érthettem volna, hiszen a galileai halászok is az életükért remegtek a háborgó genezáreti tavon. Pedig 1956-ban egy illó pillanatra én is megtanultam a vízen járni. Nem féltem, mert vakhittel hittem. Erre soha többé nem voltam képes. Azóta elővigyázatosan méricskélem a szent ágostoni alázatos *credo, quia absurdum*ot, a feltétel nélküli hit éltető, gyógyító, hegyeket mozgató erejét.

Sok-sok év után egyszer, már Londonban Szabó Zoltán döbbentett rá, miért nem értem a Márktól vett idézetet. Valami éppen szőnyegen forgó bagatell irodalompolitikai terv megvalósíthatóságáról győzködött a tőle megszokott *charmant*-kodással. Csökönyös szamárként hajtogattam: szegény ember vízzel főz, mert akkoriban, a levert forradalom után már nem szerettem, ha az ember a vágyaiból, s nem a lehetőségekből kovácsol terveket. Zoltán egy kissé megorrolt rám, s Krassó Miklósnak panaszkodott: „Ezzel a Lóránttal az a baj, hogy kicsinyhitű. Az pedig a hét főbűn egyike." Krassó kajánkodva jelentette Szabó Zoltán elmarasztaló ítéletét, én pedig akkor ébredtem rá: amit én a józan ész, a pragmatizmus diadalának tartok, az egy más nézőpontból kicsinyhitűségnek tűnhet. Mert arra, hogy csak nagyon-nagyon kevesen rendelkeznek olyan hittel, mellyel legyőzik a halálfélelmet, már az 1944-es év is megtanított.

Affér ugyan nem lett belőle, de a hit kardinális dogmái közül a szentháromság doktrínáján képtelen voltam eligazodni. Pedig Densz atya mindent megtett, hogy megértsük. Példásan szemléltette egy pirosan mosolygó jonatánalmával. Felmutatta: „alma". Majd ezüstnyelű, elegáns penicilusával háromba vágta, s megint felmutatta a részeket: „alma, alma, alma". Zsebkendőjében gondosan megtörölte a kést, eltette. Felvette a három almadarabot, összeillesztette, felmutatta: „alma". Tehát az alma szubsztanciája nem változik meg azáltal, hogy feldarabolom. Egy Isten, három személyben. Szubsztanciálisan mindegyik személy Isten: atya, fiú, szentlélek. A sok kis lurkó mind értelmesen figyelt, szemük se rebbent. Nem mertem jelentkezni, mert magam sem tudtam, mit nem értek, csak azt tudtam, hogy a kétkedés ördöge motoszkál bennem. Az almadarab csak rész-alma, de az atya nem „rész-Isten", hanem Isten. Az eretnek antitrinitáriusok is ezen akadtak fenn. Szerencsére létükről akkor még nem tudhattam, de azt tudtam, hogy mi az eretnekség. A legszörnyűbb vétek. Ma inkább Wittgensteint átfogalmazva azt mondanám: ne akarjuk azt megérteni, ami felfoghatatlan. Kell, hogy legyen a mindenségnek olyan tartománya, ahová az ész nem hatolhat be. A magfizikában újabban uralomra jutó káoszelmélet is erre mutat. Eddig a Rendet kerestük, most tudomásul vettük a Káosz létét. Mert a káosz olyan rend, melynek törvényei a *homo sapiens* által felfoghatatlanok.

Mivel a házi feladatok megírása is gyorsan ment, iskola után elkezdtem csavarogni, csak sokkal később jártam haza, mint kellett volna. Emlékszem a nagy árvízre 1942 tavaszán, amikor a Ronyva kiöntött, s az árterületen lévő házakban a szuterénben napokig állt a víz. Bennünket nem fenyegetett, mert a Hecske magasan fekszik. Ma is tisztán látok egy félhomályos helyiséget, melyben derékmagasságig ért a piszkos, zavaros víz, s a tetején egy felfordult dívány lebegett. Tágra nyílt szemekkel néztem, mindaddig, míg egy fejkendős néni rám nem szólt, hogy ne bámuljam a más szerencsétlenségét. Sokszor eszembe jut a hangja, ha a világban bekövetkező katasztrófákat a televízió kamerája bámulja, s bámultatja velem is. A csavargásokhoz, melyek leggyakrabban a hegyekbe vezető Zsólyomkán végződtek, nem volt nehéz társat találni. Ezeket a sok meglepetést tartogató, izgalmas bolyongásokat az erdőben, ahol (akkoriban még csak) egy-két rejtőzködő ház állt, a zúgó patak hangja, a tiszta, éles levegő és a vadvirágok illata tette emlékezetessé. Májusi kaland volt a cserebogarak rajzását figyelni, olyan mennyiségben zümmögtek, mintha sáskajárás lett volna, hajamba, ingem alá kerültek, de azért rém muris volt. Máskor a virágba borult útmenti akácfákon legeltük az édes szirmokat, lett is belőle gyomorrontás. Egyszer egy Szappanos nevű osztálytársammal tértünk vissza, s mert nagyon félt, bementem hozzájuk, hogy megmondjam: nem az ő hibája, az én unszolásomra kóboroltunk el. Az anyja magából kikelve fogadott, hogy az egyetlen pár cipőjét teljesen tönkretette, miből fogják megtalpaltatni, nem lesz miben iskolába járnia. A szerencsétlen Szappanos szégyenében majd elsüllyedt előttem. Sietve eloldalogtam. A csavargásokkal aztán és is megjártam. Apám éppen itthon volt, s nagyon megszidott, hogy ha így folytatom, „hecskei betyár” lesz belőlem. Ettől nagyon megijedtem, bár én a Hecskén nem betyárokat, csak futballozó fiúkat láttam, s szívesen beálltam játszani, ha bevettek. Erről is hallgatnom kellett otthon, mert tudtam, hogy a futballozás és a kihevülés milyen végzetes szerepet játszott a családi legendáriumban.

Végül is a Nyirkos fiúkkal barátkoztam össze, Tibor velem járt, s bátyja, István eggyel vagy kettővel feljebb. Velük nagyokat cigarettáztam, s csak attól féltem, hogy otthon megérzik rajtam a Szimfónia vagy a Levente illatát. Volt egy 13-14 éves, zöld szemű nővérük, hazatértem előtt megkértem, hogy lehelhessek rá, érezni-e még a füst szagát. A zöld szemű lány nem bánta, ha rálehelek, s most utólag meg kell mondanom, hogy nem is tudom, mi volt a kellemesebb: az enyhén kóválygó gyomrot okozó cigarettát szívni, vagy a Nyirkos fiúk nővérére lehelni. Több mint ötven éve nem láttam őket. Tudomásom szerint Nyirkos Istvánból kiváló finnugor nyelvész lett, Helsinkiben tanított.

Az osztályban hamar rivalizálás állt be egy Dózsa György nevű osztálytársam és köztem. Ez akkor vált nyilvánvalóvá, amikor Soltész tanító úr tornaórán bejelentette, hogy most „adj király katonát” következik. Sokáig fürkészőn kémlelte az őt körülvevő gyerekarcokat, s azt mondta: „Dózsa, gyere ide!”, majd kis szünet után: „Czigány, te is!” Bennünket szemelt ki a két ellencsapat vezérének. Dózsa nagyon komolyan vette királyi méltóságát, én magát a játékot sem, ami úgy folyt le, hogy két, egymással szemben álló sorban, kezünkkel összekapaszkodva álltunk, s az egyik vezér elkiáltotta magát: „adj király katonát!”, mire az obligát válasz: „nem adok!”, s erre a retorzió: „ha nem adsz, szakítok!” Ezután egy kiválasztott, markosabb fiú nekifutott az arcvonalnak (ott, ahol a leggyengébbek álltak), s ha áttört rajta, magával vitte, akiket leszakított, ha nem, ő is beállt az arcvonalba. Nem sok fantáziát láttam a játékban, s az ördög incselkedett velem, hogy az obligát válasz helyett azt mondjam: „Hát jól van, vidd a Mischpál Ottót!” – ő volt a legvéznább.

Ez a Dózsa egyébként is harcias fiú volt, ők is Hecske keleti oldalán laktak, a szülőházam és nagyapámék háza között félúton, s nemrégiben kerültek Újhelybe. Egyszer (nyilván szülői utasításra) meghívott uzsonnára. Megnéztük ólomkatona-gyűjteményét, s az agyagból készült (ezért törékeny) hadseregét is. Miután mindent megcsodáltam, megkérdeztem: „Könyveidet is megnézhetem?” Hát bizony, csak egy-két összefirkált meséskönyet tudott mutatni. Mentő kérdésnek még feltettem: „Bélyeggyűjteményed van-e?" Voltak bélyegei, de nem volt albuma. S a legújabb, Széchenyis sorozatról sem hallott. Ezzel teljesen leszerepelt előttem. Én ugyanis már nem csak a borítékokról vágtam le a bélyegeket, hanem felfedeztem, hogy az egyik könyvkereskedésben és egy trafikban bélyegeket is árulnak, gyűjtőknek, s ezeket csavargásaim közben vágyakozva nézegettem a kirakatban. Mikor megkaptam a zsebpénzemet, gondos mérlegelés után költekeztem bélyegre, térképre meg (olykor) cigarettára. Tehát kizárólag izgalmas dolgokra. A trafikban a szalmasárgára festett hajú tulajdonosnő már megismert, mondta is egyszer az éppen ott tartózkodó (gondolom) udvarlójának: „A fiatalúr kuncsaftunk". (Csak tudtam volna, mit jelent a kuncsaft!)

A Dózsa szülők machinációja tehát nem sikerült, nem alakult ki a szobatiszta, szülőileg felügyelt barátság. Anyám ugyan hajtogatta, hogy vissza kell hívnunk, mert úgy illik. Én viszont megmakacsoltam magam: „Ide be nem teszi a lábát!" Nagyon lenéztem az ólomkatonák miatt, elvégre én hecskei betyár lettem. Anyám szünet nélkül hangoztatta: „Nem tudok ennek a gyereknek parancsolni!" Nem is tudott, ha apám nem volt otthon. Bár tettem engedményeket. Második elemista koromtól kezdve buzgón jártam ministrálni, minden reggel, s egy éven belül már szépen tudtam a papnak adandó latin válaszokat. Egy idő után megszerettem a formalizált mozgást, és éreztem, hogy valami felemelőnek vagyok a cselekvő részese. Ezzel leszereltem anyámat, aki, mikor hitbuzgalmi tevékenységemmel védekeztem, könnyes szemekkel mondogatta: „Remélem, megjavulsz és pap lesz belőled!" Nem szóltam semmit, mert tudtam, hogy apám a Ludovika Akadémiára szán, hogy hivatásos katonatiszt legyen belőlem. („Az a legszebb dolog, fiam, a hazát védeni!") Nekem nem voltak elképzeléseim ilyen távoli jövőről, legfőként az indiántörténetek érdekeltek, s aki nem ismerte Fehér Szarvast, azt nem vettem komolyan. Villámsugár, Winnetou, Fehér Szarvas voltak az eszményeim. A rézbőrű faj nemes védői. Tiszták, hősök, önfeláldozóak, önzetlenek.

Az indiánromantika az én nemzedékemnél is Cooperrel, tehát a *Bőrharisnya* és a *Vadölő* történetével kezdődött. Az igazi lázt May Károly *Winnetou*ja (*Winnetou, der rote Gentleman,* 1893) váltotta ki, s a rousseau-i *noble savage* e kései leszármazottjától vezetett az út Fehér Szarvashoz, aki magyar ifjúból indiánfőnök lett, s történetei az egzotikum romantikája és a kaland izgalma mellett bőven ontották a valós néprajzi és történeti ismereteket az indiánokról. May Károly hitelessége hamar megingott előttem, a nagyobbak szerint börtönben gyártotta kalandregényeit, és ráadásul sohasem járt Amerikában. (Nem hiszem, hogy valaki is tudta volna közülünk: Hitlernek is kedvenc írója volt!) Ráadásul nem is a teljes szöveget kaptam meg féltve őrzött könyvemben, bele volt írva: „Részleges kiadás. Az ifjúság számára átdolgozta: Faragó László”. Izgatott, mit hagytak ki belőle.

Akárhogy volt is, a magyar indiánromantika német eredetű, latens angolszászellenes éllel (irtották az indiánokat, nem vették emberszámba őket), szemben Cooper franciaellenes történeteivel. Hogy az indiánok irtása mennyire igaz volt, az a hatvanas évek végén derült ki, amikor Amerikában a radikális baloldali ifjúság emberjogi alapon felkarolta az indiánok ügyét. Könnyű ezt ma tudomásul venni, amikor a bennszülöttek sorsa a dél-amerikai indiánoktól az ausztráliai őslakókig élénken foglalkoztatja a világ közvéleményét. Akkoriban, tehát a harmincas évek végén, negyvenes évek elején az indiánok kegyetlenségük miatt voltak csupán nevezetesek, talán Attila hunjairól sem terjedt annyi rosszindulatú rágalom, mint az indiánokról, akiket a skalpolás feltalálóiként emlegettek. Egyik törzsük neve, az apacsoké – a francián keresztül, ugyanúgy, mint a vandáloké korábban – hozzánk is eljutott mint az alvilági verekedős vagányok beceneve. (Angliának alig van saját indiánromantikája, Karl Mayt sem importálták.) Doktori disszertációt érdemelne, hogy eszmetörténetileg miért éppen a németek ajándékoztak meg bennünket az indiánromantikával. (Hiszen más amerikai színesbőrűekről nem volt ilyen jó a véleményük, mint ezt éppen az 1936-os berlini olimpián a néger atléta, Jesse Owens esete bizonyította.) Hogyan fért össze a fehér faj felsőbbrendűségének gondolatával a rézbőrűek testvérünkké fogadása? Miért volt a közép-európai ifjúság olyannyira fogékony az indiánromantikára? Amikor a British Museumban dolgoztam a hatvanas évek közepén, megismerkedtem egy látogató német professzorral, akinek tízéves fia büszkén dicsekedett: ő nemcsak a londoni British Museumban járt már, de meglátogatta a Karl-May-Museumot is, Drezda mellett.

Fehér Szarvas érdeme nemcsak abban nyilvánult meg, hogy „magyar viszonyokra alkalmazta” a német elméletet, bár ezáltal is izgalmasabbá tette, hiszen most magyar fiú kalandjairól esett szó, hanem főként abban, hogy a kis népekben tudat alatt meglévő lovagiasságra apellált a méltánytalanul lenézett és megbélyegzett etnikum védelmében. (Hiszen mi is nyereg alatt puhítottuk a húst, ha talán nem skalpoltuk is meg a szentgalleni barátokat.) Ez a mozzanat fonódhatott össze a serdületlenebb ifjúságban meglévő nagyfokú idealizmussal. Persze nem Fehér Szarvas volt az első hazai „indián író”. Donászy Ferenc, a *Villámsugár* (1898) szerzője volt talán a legelső; az előttem járó nemzedék éppúgy rajongott érte, mint mi Fehér Szarvasért. Az ő indiántörténetei azonban nem teljesen hiteles forrásokból táplálkoztak; Fehér Szarvas könyve *(A Sziklás Hegyek varázslója,* 1940) viszont élményregény. Innen származik átütő ereje: el tudta hitetni, hogy „igazat" ír. Ráadásul a nyári táborozást, nyomolvasást, kenuzást propagálta, életet a szabadban, s ha nem a háborús években jelentkezik Borvendég-Deszkáss Sándor, mert ez volt Fehér Szarvas polgári neve, a cserkészettel rivalizáló, „hazai körülmények között" keletkezett ifjúsági szervezetet hozhatott volna létre, mint ahogy ez szándékában is állt. Persze, az én időmben létezett már „igazi" indián író (Szürke Bagoly), de a könyvei (pl. *Két kicsi hód*) nem elégítették ki a várakozást, unalmasnak találtuk. Az indiánromantika egyik késői lecsapódását képviselte a Londonban nemrég elhunyt Kutasi Kovács Lajos, aki maga is tiszteletbeli indiánfőnök lett, utazásai közben számos értékes tárgyi emléket gyűjtött az indián népéletből. Mivel ontotta az indián tárgyú könyveket a hazai piacra, az indiánromantika így tehát ma is él és virul.

Anyám egyre-másra ajándékozta nekem a hitbuzgalmi munkákat, s kérlelt, hogy azokat olvassam. Egyre emlékszem élesen. A nyolcadik születésnapomra kaptam, a könyv (Blaskó Mária: *Isten kertje,* 1942) a szentek legendáinak egyszerűsített feldolgozását tartalmazta. Átlapoztam. Volt benne kaland, volt benne hősiesség (hiszen a kis Tarzicius története az); de valami mindig hiányzott, vagy valamiből több volt benne a kelleténél. Jobban örültem a karórámnak, amit apám vett Menczer úrnál, szintén nyolcadik születésnapomra. Az osztályban senkinek sem volt karórája rajtam kívül, kérkedtem is vele módfelett. Láttam Dózsa arcán a sárga irigységet. Eleinte nem tudtam vigyázni rá, és a hajszálrugó vagy a lendkerék gyakran kiugrott. Mehettem vele Menczer úrhoz, aki miután megtudakolta, hogy melyik kezemmel szoktam inkább hadakozni, azt javasolta, hogy a másikra (az én esetemben a jobbra, mivel balkezes vagyok, csak írni tanultam meg jobb kézzel) csatoljam fel, a csuklóm belső oldalára. Ezzel valóban orvosolta a helyzetet. Még gimnazista koromban is büszkén viseltem a 15 köves vízhatlan *Chronometer*t, mert akkoriban csak a megbízhatatlan Pobjedák dívtak, s az enyém békebeli, svájci karóra volt.

Anyámat kislánya teljesen lekötötte, csak a rádiót hallgatta szívesen, a zongorája Gyöngyösön maradt, festeni nem volt kedve. A rádióban főként operaközvetítést szokott hallgatni; ha vékonyhangú nők énekeltek, menekültem még a környékről is (a német *Lied*ektől, még ha Schubert szerezte is a zenét, ma is menekülök). A rádió sem szórakoztatta mindig, egyre rosszabb hírek érkeztek. Egyszer arról adott hírt 1942-ben, hogy a kormányzó úr fia, Horthy István a harctéren lezuhant a repülőgépével, s szörnyethalt. Az egész nemzet gyászolta, mindenki a „nemzet árváját" sajnálta. A nemzet árvája, ifj. Horthy István, egy 2-3 év körüli kisfiú gyászkeretben tekintett ránk minden képeslap első oldaláról. Ott volt a *Magyar Úriasszonyok Lapja* címoldalán is, anyám ezt járatta, elsősorban a benne lévő horgolásminták miatt.

Korábban, még 1941-ben pedig arról beszélt a tudósító, hogy a Szovjetunió visszaszolgáltatta a 48-ban zsákmányolt zászlókat. „De nem ám ingyen – jegyezte meg anyám –, Rákosi kellett nekik érte!" A műsor után valami ünnepélyes zenét közvetítettek, dallamos volt és heroikus. „Ez az Internacionálé, a szovjet himnusz" – mondta anyám magyarázólag, lehalkított hangon. Nem tudtam mire vélni az egészet, de a jelenet élesen megmaradt bennem. Nem gondolhattam, hányszor fogjuk majd hatalmi szóra énekelni, bár addigra már nem ez volt a szovjet himnusz.

Ha otthon játszottam, abból rendszerint baj származott. 1943 telén (talán éppen akkoriban játszódott le a voronyezsi katasztrófa, amiről persze nem értesültünk, mert akkor anyám még többet sírhatott volna a férje miatt) a hó sokáig megmaradt, s az udvaron, mivel már több hóembert állítottunk, a méteres hóban barlangot építettem a szomszéd fiúkkal. Nekimelegedve lapátoltam a havat a hátam mögé kupacba, ebből lett volna a barlang teteje, s az ütemes mozgás közben nem vettem észre, hogy húgom, aki már totyogott, közeledik s egyszer csak ott állt lapáttávolságban. A lapát élével találtam el az orrtövében. Egy pillanat alatt vörös lett a hó, lüktetve szökellt a vér. Kórház és kapcsok lett belőle, de legalább a húgom szeme sértetlen maradt. Mondanom sem kell, a téli örömöknek befellegzett. A freudisták elemezhetnék az esetet: tudat alatt szándékos volt a tettem. Anyám, érthetően, elsősorban húgommal foglalkozott. Én mégiscsak ostoba, véletlen balesetnek tartom, ami történt. Nagyon belemelegedtem abba, amit csináltam és semmi másra nem ügyeltem. Ha valamire nagyon koncentrálok, ma is eltűnik számomra a környező világ. A forradás örökre megmaradt a húgom szeme között.

1944 hosszú nyara

Hogy háborús időket élünk, 1944-re lett világosan felfogható nyiladozó értelmem számára. Mivel másféle világot nem ismertem, az, hogy apám időnként katonaruhában jön haza, a világ természetes rendjébe tartozott, hiszen a félévi bizonyítványokat osztálytársaim közül is jó néhánynak gyakran az anyja írta alá, s ebből következett: más gyereknek is bevonult az apja. Nem hiszem, hogy akár csak tudomásom is lett volna arról, hogy Magyarország 1941 nyara óta hadiállapotban van a Szovjetunióval, s hogy a hadüzenet még az I. elemibe való beíratásom előtt történt, nem sokkal azután, hogy azt az emlékezetes közvetítést hallgattam anyámmal, melyből megtudtam, visszakaptuk a 48-as zászlókat az Internacionálé hangjai mellett. Igaz, azt jólesőn tudomásul vettem a moziban, ahová gyakran vittek bennünket, hogy a híradó elején a forgó földgömb mindig Magyarországot nagyította ki, Csonka-Magyarország határaival, mögötte az ezeréves határokkal, s hogy a visszatért részek besatírozása után jelentősen megnövekedett a terület. Mint egy társasjátékban, vártam, mikor kell megint nekünk lépni, hogy egyszer majd az egész történelmi Magyarország területe besatírozódjék, de hogy ez miért, vagy hogyan következhetne be, az meghaladta értelmi szintemet.

Háborús ismereteim marginálisak voltak, s mozaik jellegűek. Soltész tanító úr leventéi a közismert Lili Marleen-szám dallamára több szöveget is énekeltek: „Kívül a kaszárnyán, künn a kapunál", vagy ha kedvük úgy tartotta: „Szingapur is elvész, tavasz idején". Egyszer Euka, a gimnazista szomszéd fiú krétával a palánkra (micsoda szegényes, könnyen eltávolítható grafitto volt ez!) cilinderes fejet rajzolt, szájából kilógó óriási szivarral, s nagybetűkkel aláírta: CHURCHILL. Kérdően nézett rám. „Tudod, ki ez?" Mivel válasz nem érkezett, tudományos fejtegetésbe kezdett. „'Church' az angol szó, azt jelenti: templom. 'Hill' pedig azt jelenti: szolga. Tehát ez az ember csak egy templomszolga." Én is elmerülten tanulmányoztam az (egyébként téves) etimológiai eszmefuttatást. „Akkor miért nem két 'h'-val írják?" – vágtam vissza támáskodva, hogy tudatlanságom miatt megtépázott tekintélyem védelmezzem. Mivel erre Euka nem tudott válaszolni (először megpróbálta Churchhillre javítani a nevet), úgy éreztem, legalább döntetlent csikartam ki a nálam 2-3 évvel idősebb fiúval vívott szellemi összecsapásban. Háborús képeket gyakran láttam a *Tolnai Világlapjá*ban, de ezek közül csak az egzotikusak érdekeltek: „Borneói fejvadászok amerikai katonák társaságában". Minden tudnivalót elolvastam a lexikonban a dajakokról. Izgalmas volt, de nem annyira, mint az indiántörténetek. Eukát persze ezek ellenére szörnyen tiszteltem, mert gimnazista volt, egyensapkáján a piarista címerrel, s oldalt az osztályt jelölő ezüst zsinórral. (A felsősök arany zsinórt kaptak.) Neki már kettő volt, ha jól emlékszem. Jó ideje már én is azt vártam, hogy nekem is ilyen szép, sujtásos egyensapkám legyen, hogy gimnáziumba járjak, ahol az *igazi* dolgokat tanítják. A gimnazisták latint is tanulnak.

1944. március 15-én nagyszabású ünnepséget rendeztek, összevonták a helybeli iskolák tanulóifjúságát, s együttesen ünnepeltük a 96 évvel ezelőtti eseményeket. A mi iskolánkból Soltész tanító úr jeleskedett, nagyon örültem, hogy éppen a mi tanítónk élteti a szabadságot, hogy megszabadultunk a szolgaságtól. Sokszor elhangzott, hogy Kossuth éppen úgy újhelyi magyar ember volt, mint mi. Boldog és büszke voltam.

Pár nap múlva elszabadult a pokol. Vasárnap délután éppen cirkuszba készültem, hogy a szegényes Czája cirkusz helyett érkező négyárbocos Donner nagycirkusz előadását megnézzem. De hamar elterjedt a hír, hogy még a Donner nagycirkusz előadásánál is szenzációsabb események tanúi leszünk. „Bejöttek a németek!" Este már az egész város német egyenruhával volt tele. Rekvirálnak, mondogatták. A főutcán tipróláncos páncélosok állomásoztak, Tigris harckocsik. Az iskolákba katonákat szállásoltak. Gulyáságyúk füstje bodorgott. Izgalom, jövésmenés. A Donner cirkusz csomagolhatta világhírű árbocait, mert a Hecskére is szükségük volt a németeknek. Mindez persze nem egy nap alatt zajlott le. Állandóan újabb és újabb csapatok érkeztek, köztük fekete egyenruhás, halálfejes SS-alakulatok is. Hemzsegtek a városban. Anyámat ilyen állapotban még soha nem láttam. „Ki ne tedd a lábad a házból!" Egy-két napig még volt tanítás, egy ijedt szemű, megbízott tanítónő, Sulyovszky Éva írta alá a bizonyítványunkat, 1944. március 31-én. A felzúdult osztályban egyébként sem tudott rendet tartani, jól járt, hogy bezárták az iskolát. Lehet, hogy nem is tanítónő volt, hanem egy 16-17 év körüli tanítóképzős lány. Soltész tanító urat ugyanis közben behívták. Az L alakú házban rajtunk kívül még egy család lakott, s anyám hiába akaratoskodott, hogy a kaput kulcsra zárva kell tartani, a szomszéd fiúk, Euka és a bátyja mindig nyitva hagyták. A Hecskén nem lehetett többet futballozni.

Anyám hisztérikus ijedtsége nem bizonyult alaptalannak, mikor egyik délután váratlanul iszonyatos lövöldözés kerekedett, puskaropogás, géppisztolysorozatok. Az hittem, itt a világ vége. Estére tudtuk meg, hogy a törvényszék mögötti fegyházban fegyenclázadás tört ki, partizánok, kommunisták menekültek a hegyek felé vezető utcákon, a Zsólyomkán és a Hecskéről nyíló Májuskút utcán. A kitörő jugoszláv partizánokat hamar levadászták, s egy-két napig mintha kijárási tilalom lett volna, de azután minden elcsendesedett, s a kíváncsiság erőt vett rajtunk, elmentünk Euka vezérletével megnézni, van-e még nyoma a partizánoknak. Rengeteg puskatöltény üres hüvelyét találtuk meg, egy-két ki nem lőtt éles töltényt és különféle elejtett, apróbb tárgyat is. Mindez természetesen az idősebb hecskei betyárok zsákmánya lett. Egyszer a bozótban hullára bukkantunk. Nem ez volt az első halott, amit láttam. Egy Pandák Lacika nevű osztálytársam váratlanul, agyhártyagyulladásban elhunyt. Álltunk a ravatalnál, s néztük a sápadtan fehér, mozdulatlan, megbékélt arcot. Nem is olyan régen együtt szaladgáltunk és nevetgéltünk. Érthetetlen ügy volt: meghalni csak öregek szoktak. Most viszont a nyitott szemű halott megüvegesedett tekintetével *nézett*. A nagyobbak azt sem akarták engedni, hogy rápillantsak. Hogy mit kell tenni olyan esetben, ha csavargás közben hullát találunk, heves vitát váltott ki a főkolomposok között. Hozzányúlni senki nem mert. Végül is ketten elmentek a csendőrséget értesíteni, a (valószínűleg) elvérzett jugoszláv partizán ügyében.

Csak évtizedekkel később tudtam meg, itt Londonban egy beszélgetés véletlen kanyarulata következtében, hogy megbecsült írótársam, Határ Győző is a megyei börtönben raboskodott, de neki esze ágában sem volt a balul kiütő kitörésben részt venni. Nemcsak azért, mert nem vágyott ilyen hősies szerepre, hanem azért is, mert a bebörtönzött magyarok nagy része a kitörést a jugoszláv partizánok külön akciójának tekintette. A vaklárma persze hetekig tartotta magát a városban. Mindig akadt valaki, aki állig felfegyverzett, vérszomjas partizánt látott a hegyekben.

A rosszul időzített börtönlázadás történetét megírta az egyik résztvevő, Bazsik Renáta *(Mire az erdők kizöldülnek)*, s erre hivatkozik könyvében *(Kiált Patak vára)* a nálam másfél évvel idősebb Lázár István. Érdekes módon ő „heves ágyúzás” hangját is hallani vélte Patakon, amit azzal magyaráz, hogy a németek „a labdarúgópályán felállított légvédelmi üteget a hegynek fordították, és gépágyúkkal... vadásztak... a hegyoldalon felfelé botladozó menekülőkre”. A közvetlenül a fejünk fölött vijjogó gépágyúkat nekem is hallanom kellett volna a Hecskén, de erre nem emlékszem, arról nem is beszélve, hogy nyílt hegyoldalra nincs rálátás, s a partizánok, még ha fejveszetten menekültek és nem sok tájékozódási képességgel, akkor is csak a patakok medre melletti szurdokokban lévő ösvényeken nyomulhattak be a hegyek közé, s egyébként sem lehetett volna 2-3 kilométer távolságból egyesével kilőni őket a délutáni szürkületben. Határ Győző úgy vélte, hogy a „szőlőhegyen” menekültek volna a szerbek vezette kitörők. Nem hiszem, hogy Határ Győző a börtönön kívül sokat látott volna Újhelyből, mert akkor tudta volna, hogy a szőlők délre néznek, s nem keletre.

Ide tartozik még az újhelyi börtönlázadásnak két, személyemet érintő emléke. 1948-ban, mielőtt még végleg megromlott volna a magyar–jugoszláv viszony, a nagytemplom mögötti teret parkosították, s ennek a közepébe került Kerényi Jenő minden magyar művészettörténetben és lexikonban reprodukált partizánemlékműve. A talapzaton álló, mintegy háromméteres, szocialista-realista módra duzzadó izmoktól testes, jövőt kémlelő tekintetű bronzalakra ragadozó sas csap le. A bronztestében (ma már tudjuk) több háború előtti szobrot tartalmazó behemót alak nem nyerte el se a lakosság, se az elöljáróság tetszését, s így ünnepélyes leleplezését addig halogatták, míg Tito „leleplezése” után elég kínos lett volna a jugoszláv partizánoknak ünnepélyt rendezni. Ott állt tehát ponyvával letakartan. Kappannak becézett osztálytársam egyszer hosszadalmasan vizsgálta, s felsóhajtott: „milyen jó sátorponyva lenne belőle!” Később azt jelentette: „A kötelet csak egy helyen kellene átvágni, s egy rántással letéphetjük az egészet. Persze éjjel.” Nem szállt inunkba a bátorság, s csakhamar ott állt a szobor, leleplezve. Egy idő múlva új ponyva jelent meg a szobron. Nem szóltunk semmit, csak összenéztünk. Ez a ponyva is jól jött. Ezután már nem került többet ponyva a szoborra. 2:0-ra megnyertük a mérkőzést. Lehet, hogy nem is nagyon keresték a tettest, mert ha meggondolom, mindenki jól járt: lett egy sátorponyvánk, fontos felszerelési cikk kiránduláshoz a szűkös, háború utáni időkben. (Lett még belőle, persze Kappannak, mint az ötlet gazdájának és a kivitelezés koordinátorának egy kitűnő viharkabátja is, Ica nevű nővérének remekbe szabott alkotása.) A városi elöljáróság is jól járt, az ünnepséggel kapcsolatos kiadások, beleértve az alkotó művész meghívását és jóltartását, valamint egyéb díszvendégek költségeit, messze meghaladta volna két ponyva árát. Gondolom, mindenki belenyugodott, hogy az ügy ilyen ügyes huszárvágással megoldódott.

Második emlékezetes találkozásom az újhelyi börtönfelkeléssel (illetve harmadik, ha a Határ Győzővel történt beszélgetést is számítom) Torontóban zajlott le. 1978-ban arról volt szó, hogy megkapom a magyar tanszéket, s ezért meghívtak, hogy előadást tartsak és kötetlenül beszélgessek el jövendő kollégáimmal. Az ukránt tanító gyurmaarcú kollégajelölt arról faggatott, hogy mit tudok Széchenyi ukrán származásáról. Nem sokat tudtam. A bicskásképű jugoszláv (mondanom sem kell: szerb) professzor rákérdezett, egészen jó kiejtéssel, hogy tényleg sátoraljaújhelyi vagyok-e. Ettől kissé meglepődtem, mert a németek például soha nem tudták kiejteni szülővárosom nevét, mindig (már *akkor* is) általában bocsánatkérően azt mondták: *Schat... schat... und etwas.* Egy idő után belém hasított a felismerés, ez a szarajevói csillagos bicskás ott volt *annak idején.* Egyszerűbbnek tartottam kiugratni a nyulat a bokorból: „maga Újhelyben volt 1944-ben?” „Igen” – hangzott a rövid felelet. A részletekről nem beszéltünk, úgy nézett rám, mintha én is részt vettem volna abban a bizonyos hajtóvadászatban. A tanszéket nem kaptam meg, bár az igazsághoz az is hozzátartozik, hogy nem az ukrán–szerb ellenzék miatt, hanem azért, mert a torontói Széchenyi Társaság, mely a tanszék költségeinek a felét előteremtette, megvétózta jelölésemet, mivel túl sokat jártam Magyarországra. Ezért az állást a másik jelölt, Bisztray György kapta meg. Magyarországra ő is sokat járt később, de legalább nem született rossz helyen.

A börtönlázadás után nem sokkal apám megint itthon járt szabadságon, s lehalkított, ideges hangon mondta anyámnak: „Ha így haladnak a dolgok, Újhely is nagyon hamar hadműveleti terület lesz.” Megértettük, elveszítjük a háborút. Apám már régen tudhatta ezt, s már csak az izgatta, hogy a papok miért áldják meg a fegyvereket. A tábori misékről beszélt, amikor a tábori püspök ájtatosan megszenteli a gyilkolóeszközöket. Ez nem fért a fejébe egy tartalékos géhás hadnagynak. „Csak azt nem értem, Babykám – mondta anyámnak –, miért kell a gyilkos fegyverekre a szenteltvíz?” Felindultan ismételgette. Nem tudta magát túltenni rajta.

Megérkezése után nem sokkal valamit rajtam keresett, nem tudnám megmondani, mit, de valamit, ami az övé, s én eltulajdonítottam. Lehet, hogy a tintenkulija volt, vagy valami más. Tiszta szívvel tagadtam, de apám nem hitt nekem, és elkezdte a holmimat széttúrni, féltve őrzött bélyegalbumom is a földre került, s a még beragasztatlan, de a gondosan helyükre készített bélyegek egy része kirepült. Mivel tényleg ma született bárány voltam az ügyben, erre elfeketedett előttem a világ, szinte őrjöngve rávetettem magam az íróasztalára, kihúztam a középső fiókot, s tartalmát a földre öntöttem. Ettől nagyon lehűltem, de már késő volt. Apám először és utoljára alaposan eltángált, hiába próbált egy idő után anyám megvédeni: „Agyonvered a gyereket!".

Az egész ügyet a történelem simította el végleg. Egyik este békésen vacsorázunk, a család hangulata jó, csak én morcoskodtam, apám is oldódottan anekdotázott, mikor hirtelen egyre erősödő zümmögést hallottunk, majd a detonációk fülsértő zaját. Apám azonnal felpattant, s elkiáltotta magát: „hasra!", s már rántotta anyámat a húgommal az asztal alá, közben az abroszt a rajta lévő tányérokkal mindenestül a nyakunkba. Még arra is volt lélekjelenléte, hogy ugyanolyan gyorsan felpattanjon, s eloltsa az összes villanyt. Örökkévalóságnak tűnt az a néhány perc, amit az asztal alatt töltöttünk; apám karjával és testével is fedezte családját. Ez volt az első légitámadás Újhelyben, nem jelezték szirénák, készületlenül érte a várost, de a végén, eső után köpönyeg, lefújták. „Nem komoly – mondta apám –, csak légiaknákat szórtak az oroszok, nem volt bombájuk." Mivel mindenkinek a ruhájára is jutott a vacsorából bőven, ahogy ilyenkor történni szokott, az ijedtség, feszültség egyre nagyobb derültségben oldódott fel, könnyesen nevetgéltünk. „No, ezt megünnepeljük", s pezsgőt bontott, az üveget a hóna alá véve becélozta vele a csillárt. Anyám ezt már nem tartotta humorosnak, szerencsére a pezsgőnek nem volt annyi ereje, hogy a csillárig pattanjon a dugó.

Apám néhány nap után visszament a frontra, induláskor odasúgta anyámnak, nem hiszi, hogy a közeljövőben szabadságot kapjon. Mikor engem megölelt, volt a szemében egy kis szomorúság. „Bocsánatot kellett volna kérned apádtól, ki tudja, mikor látod" – mondta anyám, mikor hazaértünk az állomásról. Nem szóltam semmit, úgy éreztem, a valóban méltatlan viselkedésemért méltó büntetést kaptam, kvittek voltunk.

Egyre gyakrabban volt légiriadó, amit most már szabályosan, sziréna jelzett, hiszen Újhelyen szüntelenül német egységek vonultak át, mentek a keleti frontra. A civil lakosság egyre idegesebben viselkedett, ha légiriadót jeleztek, mi is a hegyekbe menekültünk, éjjelente többször maradtunk ismerősöknél, eldugott villákban, nappal pedig az egyik közeli borospincébe futottunk, ahol gyakran pánik tört ki, mikor a bezárt ajtók miatt fogyni kezdett a levegő. Egy ilyen alkalommal, az alkalomhoz alig illő vidám hangulatban érkezett meg Euka bátyja, aki halált megvető bátorsággal ment el érettségizni. „Jól jártunk – újságolta –, a piarista atyák a borospincéjükben érettségiztettek, s egy-két könnyű kérdés alapján megadták az év végi jegyet azzal, hogy az érettségi bizonyítványba ez kerül." „Hadiérettségi" – mondogatta nevetve.

Mióta megszoktuk, hogy kényszerkirándulásokra járunk a hegyekbe, egészen érdekesnek találtam a helyzetet. Örökös készenlét, s hirtelen, kevés cókmókkal, neki a hegyeknek. Közben összebarátkoztam Eukával. Euka valójában Ernő névre hallgatott, kiskorában selypítve állítólag csak annyit tudott mondani magáról, hogy „eu" (értsd: Ernő); így lett Euka. A Churchill-incidens megerősítette tekintélyemet, bár fölényét elismertem. Ő tudta a legizgalmasabb rémhíreket. Egyszer bejelentette, hogy angol ejtőernyősöket készülnek ledobni a hegyekbe. Mikor anyámnak említettem, észrevettem, hogy összerezdül, de összeszedte magát és nevetve azt mondta: „Hülyeségeket beszél az a gyerek". Ha a részletek után érdeklődtem Eukánál, rejtélyesen megjegyezte: „A pap se prédikál ingyen". Meg voltam rökönyödve. Hogyhogy a pap se prédikál ingyen? De mikor a nagy karaj szilvalekváros kenyeremre vetett pillantását elkaptam, tudomásul vettem, hogy az információnak ára van. Letörtem egy általam megfelelő nagyságúnak ítélt darabot, de kíváncsiságomat nem bírta kielégíteni, ötölt-hatolt. A papra vonatkozó szentencián fel voltam háborodva. Még hogy Densz tisztelendő úr pénzért prédikálna? Ki van zárva!

Már Angliában éltem, amikor megtudtam, az angol ejtőernyősök ügye korántsem olyan egyszerű; a nem zörög a haraszt iskolapéldája. A londoni egyetem magyarprofesszoráról, Cushingról derült ki, hogy igen, noha ő klasszika filológiát végzett Cambridge-ben, a háború alatt egy speciális feladattal megbízott csoportba osztották be, legelőször is magyarul kellett megtanulnia, mert arról volt szó, hogy néhány magyarul tudó tiszt vezetésével diverzánsegységet dobnak le a hátországban, de végül is nem lett belőle semmi. Persze arról nem esett szó, hol vetnék be az alakulatát. „Így tanultam meg magyarul" – mondta hamiskásan. Elképedve hallgattam a vallomását. Milyen cikornyásan tekergő hírcsatornákon érkezett meg ennek híre Eukához? Mivel Cushing professzor a történetet enyhén ironizálva adta elő, egy ideig arra is gondoltam, ugrat. Hogy mégsem, az akkor bizonyosodott be, mikor a hetvenes években egy másik, finnugrász előadóval, Dr. Coates-szal beszélgetve kiderült: ő is az ejtőernyős bevetésre készülő diverzánsegység tagja volt. Ma sem vagyok meggyőződve róla, hogy a német hírszerzés értesüléséből terjedt volna el a sztori, ha netán értesültek is róla, mert 1944-ben a németeknek kisebb dolguk is nagyobb lehetett annál, mintsem hogy ilyen embrionális formában létező angolszász tervekkel foglalkozzanak, s erről a magyar kémelhárítást értesítsék, mely azután pedig suttogópropagandával készíti fel a lakosságot az ejtőernyősök fogadására. Inkább analógiás vágyálomról lehetett szó, mivel szlovák partizánok állítólag tényleg rejtőztek a hegyekben, bár tudomásom szerint a környéken egyet se láttak, illetve fogtak el. Sokan a közelgő oroszok helyett inkább az angolokat várták, hiszen 1944-re mindazok száma, akik még hittek a német győzelemben, meglehetősen megcsappant, még vidéken is, azokban a rétegekben, melyek nem politizáltak, egyszerűen csupán állásukkal járó kötelezettségüket végezték, függetlenül attól, hogy mit gondoltak magukban a világ folyásáról.

Amennyire élveztem én a kényszerkirándulásokat, anyám annyira idegeskedett a kialakult helyzet miatt. Pedig az igazi bombázásokról még semmit sem tudtunk. Orosz harci repülők jártak bombázni, melyek inkább gyújtóbombával kedveskedtek; egy kétemeletes ház teljesen kiégett a főutcán (megmaradt külső falait „árkádosították", noha nagy tábla hirdette 1948-ban, hogy a hároméves terv keretében többemeletes, soklakásos házat épít helyére a párt, bár ez még a 25 éves érettségi találkozónkra sem készült el, 1979-ben). A bombázások alig követeltek halálos áldozatot, bár számos épület kapott találatot, és sebesült is akadt bőven. Mivel a tanév március végére befejeződött, s mivel apám visszament a frontra, s nem volt kilátás arra, hogy szabadságolják, anyám semmi értelmét nem látta, hogy ott maradjunk a már majdnem ostromlott városban. Egyébként is, minden tanév végén nyaralni szoktunk menni gyöngyösi nagyszüleimhez. Anyám egész életében Gyöngyösre vágyott, ott érezte magát otthon, Újhelyt nem szerette.

Összecsomagoltunk, bezártuk a lakást és elutaztunk. Most tudtuk meg, milyen egy háborús utazás és hogy milyen az igazi bombázás. A vonat többször rostokolt a nyílt pályán, mert légiriadó esetén nem engedték be egy állomásra sem. A gyöngyösi szárnyvonal Vámosgyörkről indul. Vámosgyörkön azonban átrohant a vonat, és csak Hort és Csány között állt meg. Elsötétült az ég a B–52-esektől, a légvédelem alig működött, kedvükre bombázták a pályaudvart, még nekünk is jutott a nyílt pályán. Pánik tört ki a vonatban, az emberek fejvesztve menekültek, amerre láttak. Az olaszországi támaszpontról érkező, kötelékben repülő gépek alapos munkát végeztek, belegéppuskáztak a kukoricásban menedéket kereső tömegbe, eléggé sikeresen. Volt halott bőven. Amikor lefújták a légiriadót, a fejvesztettség nem hagyott alább. Síró, kiabáló emberek keresték egymást, gyerekek a szüleiket, minden jármű sebesülteket szállított a gyöngyösi kórházba. Egy segélyvonat is érkezett Gyöngyösről. Mivel nem tudott bejutni a pályaudvarra, oda kellett kigyalogolni hozzá az utasoknak, ahol megállt, a gyöngyösi szárnyvonalon. A mozdonyban szorítottak helyet, de utaztak a szeneskocsi tetején is. Így érkeztünk haza, a már Vámosgyörkig is tetemes késést tetézve, valamikor az éjjeli órákban. Gyöngyösön minden békésnek mutatkozott, s anyám úgy érezte, megmenekültünk.

Nem tudnám megmondani, hogy mikor történt ez a nevezetes utazás, húsvét táján-e vagy később, már májusban, de az biztos, hogy a normandiai partraszállás idején, vagy valamivel előtte már Gyöngyösön voltunk. Az újságokban egyre gyakrabban olvastam a „második front"-ról és az „angolszász invázió"-ról. Cherbourg elfoglalásáról több tudósítást kivágtam. Hogy ez a környék mit szenvedett a háború alatt, elképzelni is lehetetlen. Évtizedek múlva, amikor gyakran megfordultam Normandiában, minden alkalommal megrázott a *vadonatúj* helységek képe, sok helyen szinte semmi nem maradt a háború előtti épületekből. Volt min merengeni kellemes nyárestéken, a helyi kisüsti almapálinkát, a Calvadost kortyolgatva (amit Pesten Erich Maria Remarque *Arc de Triomphe* című regényéből ismert meg a közönség).

Otthon első dolgom volt minden nyáron, hogy meggyőződjek, megvan-e mindenem a szobámban, a könyveim abban a rendben állnak-e, ahogy otthagytam őket. Mert hiába éltem most már szülővárosomban, Újhelyben, a biztonságot én csak itt, Gyöngyösön ismertem, ez volt nekem a *terra firma,* amiről Szent Ágoston is beszél. Itt tartottam aggodalmas alapossággal rendezett könyvtáramat, melyről 1943 óta apám táskaírógépén gondos leltárt is vezettem. Ha arra gondolok, hogy címleírásról fogalmam sem volt, könyvtárosi szempontból egészen használható gyarapodási jegyzéket készítettem: tételszám, szerző, cím, kiadó, megjelenés éve. Újhelyben jólesően gondoltam arra, hogy könyvtáram ott van Gyöngyösön, s készültem arra, milyen jó lesz újraolvasni némelyiket, vagy csak lapozgatni. Most azonban könyvtáramat, ha nem is feldúlva, de összezavart sorrendben találtam. Halálos izgalommal ellenőriztem a katalógust: minden megvolt. Szemrehányóan fordultam nagyanyámhoz, ki turkálta a könyveimet? Mosolyogva cirógatta meg az arcomat: „Ó, egy nagyon kedves, udvarias fiatalembert vettünk ide kosztos diáknak, mert nagyon egyedül éreztük magunkat, ha nem voltatok itt. Nagyon jó társalkodó volt vacsora alatt, és mindig azt mondta a főztömre: »néni kérem, fantasztikus«. Ha szokás szerint jöttök, tanév végén, nyomát sem találtátok volna. A holmija egy részéért még visszajön". Fel voltam háborodva, még nagyanyámban sem bízhatok meg. Nagyon-nagyon utáltam ezt a néni-kérem-fantasztikus-fiatalembert.

Soha nem láttam, de sikerült bosszút állnom galádsága miatt. Én is áttanulmányoztam hátrahagyott holmiját. Könyveiből megállapítottam, hogy mezőgazdasági iskolába járt, 16-17 éves lehetett. Egy könyve volt, ami felizgatott, a rovásírásról szólt. Ezt először el akartam lopni, de felülkerekedett bennem a józan ész, ha észreveszi, követelheti, s akkor megszégyenülve vissza kell adnom, s egyébként ő sem lopott el a könyveimből, tehát meg kell elégednem a turkálással. A rovásírás csak nem hagyott nyugton, a könyv valami leventekiadvány volt, s gondosan kimásoltam belőle a rovásírásos ábécét, és meg is tanultam. Attól kezdve ezt használtam titkosírásnak.

Volt még egy rendkívül izgalmas tárgya ennek a néni-kérem-fantasztikus-fiatalembernek. Egy szétszedett, gondosan bezsírozott leventepuska, ráadásul nem a szokványos, egylövetű modell, tárat lehetett illeszteni bele. A tár is ott lapult, töltényekkel együtt. Nem sikerült összeraknom, de egy töltényt azért elloptam. Ezt csak nem veszi észre. Másodunokabátyámat, Otit tájékoztattam a felfedezésemről, illetve a turkálás eredményéről. Alaposan letromfolt. „Te még a rovásírást se ismered?" A puska miatt még jobban: „A leventepuska egylövetű" – mondta ellentmondást nem tűrő hangon, pedig még nem volt leventeköteles, tehát neki sem lehettek első kézből származó ismeretei. Ezen jól összevesztünk, de igazamat nem tudtam bebizonyítani.

Egyszer távollétemben a néni-kérem-fantasztikus-fiatalembernek eltűnt a cókmókja, gondolom, nem voltam odahaza, mikor elvitte. Mindenesetre elhatároztam, hogy kellő jártasságra teszek szert a „haditudományokban". A repülőgépekkel kezdtem, mert a repülőgépeket hangjukról már korábban is felismertem, ugyanígy a különféle légvédelmi ágyúk hangját. Tudományom nagy részét a *Tartalékos Tisztek Lapjá*ból (ez apámnak járt) és a *Magyar Szárnyak*ból szereztem (ez viszont a nálam valamivel idősebb szomszéd fiú, Tibi kedvenc olvasmánya volt). Megtanultam, hogy milyen bombaterhet képes a B–52-es szállítani, mi a hatótávolsága, hány főből áll a legénysége, hol helyezkednek el rajta a géppuskatornyok, milyen a Lancaster vagy az orosz Rata vadászgép, a Junkers Ju–89-es zuhanóbombázó, vagy a Messerschmitt Me–109-es vadászgép.

Oti egyszer német nyelvű könyvet mutatott a katyni vérengzésről, amikor a GPU legyilkolta a lengyel hadsereg egész tisztikarát. Az illusztrációktól felfordult a gyomrom. Mivel a németek fedezték fel a tömegsírokat, a művelt nyugaton a legutóbbi időkig fasiszta propagandának tekintették az egészet. Az oroszok kegyetlenkedéséről egyébként is első kézből volt tudomásom. Apámék valahol Kolomea környékén tartózkodtak, ő mesélte, hogy a hadtápvonalakat biztosító, nyomaveszett járőrök helyett a keresésükre kiküldött „vállalkozás" (így nevezték az 5-6 géppisztolyos honvédből álló, golyószóróval és rádióval felszerelt és általában tiszti vezénylet alatt működő nagy tűzerejű harci egységet) legtöbbször csak iszonyatos kegyetlenséggel lemészárolt katonákat talált. Megtörtént, hogy az áldozatok még éltek, a partizánok nem ölték meg őket, hanem lehasogatták róluk az egyenruhát, a hasukon mindkét oldalon zsebet vágtak, s ebbe dugták a kezüket. Csak egy orvosság volt haláltusájukat megrövidíteni: saját bajtársaik golyót röpítettek a fejükbe, hiszen visszaszállításuk szóba se jöhetett, amelyik még mozdult, vagy nyöszörgött, az is elvérzett volna, mire visszaérnek vele a legközelebbi kötözőhelyre vagy tábori kórházba. A bennünket bombázó és géppuskázó angolszász pilóták jobban jártak, a csendőrök legtöbbször megmentették őket a vasvillás népharagtól, a „civilizált hadviselés" szabályait alkalmazták velük kapcsolatban, hadifoglyoknak tekintették őket.

A már igencsak emberközelbe került légi hadviselésnek időnként akadtak mulatságos fordulatai is. Egy forró nyári délután a tágas vásártéren játszottunk, hogy fejeltünk-e, vagy csak fogócskáztunk, nem emlékszem, de arra igen, hogy valamelyikünk sztentori hangon elkiáltja magát: „Nézzétek!". S valóban, kihagyó motorral, kissé billegve egy Gólya ereszkedett lefelé a vásártérre. Az egymotoros, fegyverzet nélküli, könnyű repülőgépet a németek futárgépnek használták. Az ereszkedő gép becélozta az alacsony, kevesebb mint egy méter magas kerítéssel vagy karámmal övezett térségek egyikét, de gyorsabban veszítette a magasságot, mint gondolta, vagy szerette volna a pilóta, s így a futómű ütközött a kerítéssel, egyik kereke megsérült, s igencsak ugrándozva, szökellve ért földet: azt hittük, már-már fejreáll. Alighogy megállt a kétüléses gép, a hátsó ülésről egy snájdig fiatal tiszt pattant ki sűrű donnervetterezés közben. A géptől néhány méterre szemrevételezte a kárt. Benne volt a tekintetében, hogy a további útnak mára befellegzett. Traktor vagy lovak vontatták el a sérült gépet egy közeli kovácsműhelyből átalakított javítóműhelybe, hogy ott valahogy megreparálják. Míg ez elintéződött, az előkerült csendőrök őrizték.

A történet végéről csak harminc év múlva értesültem Londonban. Feleségem a University College könyvtárában dolgozott, s egyik kollégájának osztrák férje földrajzot tanított az egyetemen. Valami egyetemi társas összejövetelen egymás mellé kerültünk, s Sinnhuber, hogy társalgási témát keressen, tudván, hogy magyarok vagyunk, így indított: „Tudja-e, hogy egyszer régen jártam Magyarországon? Egy kimondhatatlan nevű városban: Kienkies, Gjunges” – kísérletezett. „Talán Gyöngyöst akart mondani” – véltem érdeklődést mímelve. „Ez az – mondta felvillanyozva –, 1944 nyarán valami térségen kényszerleszállást kellett végrehajtanom, fogyóban volt az üzemanyag”. „Leszállás közben beverte a futóművet, ugye?” Most rajta volt a sor, hogy megdöbbenjen. „Honnan tudja?” „Mert láttam” – válaszoltam lakonikusan. Ezen a furcsa véletlenen nagyot nevettünk, és sokáig elevenítettük a részleteket. Herr Unterleutnant Karl Sinnhuber gyöngyösi kalandja ezután bejárta az egész University College-t. Nem tudom, hogy mi az esély a véletlenek ilyen fokú összejátszására, de szerintem egyenrangú egy hattalálatos lottószelvényével. Mert már annak is csekély valószínűsége volt, hogy találkozásunkkor a történet kipattanjon. Arthur Koestler éppen a véletlen meglepő tréfáiról szándékozott könyvet írni akkoriban, s furcsa koincidenciákat tartalmazó történeteket keresett nyersanyagnak. Egy ideig gondolkodtam, hogy talán a tudomására hozom, de ahogy ez történni szokott hasonló esetekben, a szándékot nem követte tett. Sinnhubert rég nem láttam. Úgy érezte, Angliában akadozik az előmenetele, s mikor a bécsi egyetem földrajz tanszéke megüresedett, megpályázta és megkapta a professzorságot, onnét ment nyugdíjba néhány éve.

Nagyapám volt a Gyöngyöshalász felé eső hegyközség hegybírója, nem mintha abban az irányban „hegyek” lettek volna, de az összefüggő szőlőket, ha történetesen lapályon helyezkedtek is el, „hegyközségnek” nevezték, melynek az élén „hegybíró” állt, akinek feladatai közé tartozott a csőszök alkalmazása a már érett szőlő őrzésére, a tűzrendészet és hasonló ügyek. Talán ezért is nevezték ki 1944 nyarán a környék légóparancsnokának, akinek a feladata volt a lakosságot előkészíteni a légitámadások alkalmával való viselkedésre, tűzoltásra. Eleinte hetente egyszer, később többször is eligazítást kellett tartania a környékbelieknek. Nagyapám nem nagyon örült a megtiszteltetésnek, főként az után, amikor a tudnivalókat tartalmazó füzetecskéhez megkapta a felszerelést is. Ezekre a kellékekre mind a mai napig élesen emlékszem: 1 db parancsnoki sisak „légópk” felirattal, 1 db gázálarc, 1 db széles öv, melyre egy tűzoltócsákány és kulacs akasztható. A kulacsra (űrtartalom: 1 liter) különösen emlékszem, mivelhogy a fekete, rücskösre sikeredett lakkfesték kívül-belül pergett róla. Ha valaki történetesen iszik belőle, a festékszemcséket is nyelhette volna. Kapott ezen kívül még egy elsősegélydobozt, benne leukoplaszt, géz, vatta és egy szemöblögető (!) pohár. A felszereléshez tartozott még egy tízliteres horganyzott vödör és 3 db, 1 méter hosszú és kb. 5 cm átmérőjű, alumíniumból készült, henger alakú kézifecskendő. A fecskendővel szerencsés körülmények összejátszása során (ha ti. mindhárom éppen meg van töltve vízzel) talán egy kisebb konyhai tüzet, rögtön a kitörése után, el lehetett volna oltani.

Élesen látom nagyapámat, amint légóparancsnoki sisakjában, derekán a csákányos övvel és kulaccsal, jobb karján egy széles piros-fehér-zöld karszalaggal éppen a kézifecskendők használatát demonstrálja. A fecskendőkben lévő tömítés már a második vagy harmadik használat után átázott (nyilván préselt keménypapírból készült, melyet valami vízhatlanító szerrel kezeltek), és így tökéletlen vákuum keletkezett, melyből kifolyólag a szerkentyű nem szívta fel az optimális mennyiségű vizet. Fecskendezés közben így nemcsak a hatótávolsága csökkent lényegesen, mivel a 45 fokos szögben tartott kézifecskendő tömítése részben visszaengedte a vizet, hanem a visszacsorgó víz óhatatlanul a használó kabátujjába került. A kiképzésre kirendelt állampolgárok tátott szájjal és tágra nyílt szemekkel figyelték nagyapámat, de a lényeg az volt, hogy kötelességét mindenki teljesítette: nagyapám oktatott, az állampolgárok pedig hasznos ismeretekre tettek szert, akkor, 1944 hosszú nyarán. Nagyapám nem ok nélkül rühellte a prófétaságot, hiszen az időrabló tevékenység hasznosságáról csak a hatóságok voltak meggyőződve: felkészítették a honpolgárokat minden eshetőségre. Minden alkalommal fogcsikorgatva tért vissza a kötelességteljesítés mezejéről, s engem többször figyelmeztetett, hogy oda ne álljak bámulni őket, ráadásul más kölykök társaságában. „Nincs szükség közönségre!" – mondogatta.

A család fő foglalatossága egyre inkább a sorban állás lett. A jegyrendszert már korábban bevezették, de érhetetlen módon eddig nem kellett sorban állni, s a fejadagok elengendőnek bizonyultak. Most viszont nagyanyám maga cukrozta meg a reggeli kávét, s hiába ágáltam, hogy nem elég édes, nem kaptam bele többet. Csak most látom be nagyanyám szorult helyzetét, az egész családot csak szigorú beosztással bírta ellátni. Persze, a kávé sem kávé volt, hanem cikória- vagy malátakávé. Egy idő után minden „pót" lett, citrompótló, tojáspótló, tejpor. Egyre nehezebben sikerült bármit is feketén beszerezni, hiszen a plakátok mindenütt hirdették, hogy a feketézőket rögtönítélő bíróság elé állítják. Nem tudom, hogy tényleg voltak-e pazarlók is, de azokat is fenyegették a falragaszok. Takarékoskodj, mert mindenre szükség van a háborús erőfeszítéshez. A vízre is. A vezetékes vizet tilos volt locsolásra használni, csak az locsolhatta a kertjét, akinek ásott kútja (is) volt. Több takarékossági segédeszköz került forgalomba (mind német találmány), egyre emlékszem: késre illeszthető, két végén tekercselt alumínium drót, mely megakadályozta, hogy hámozás közben a krumpli héját vastagon vágja le a háziasszony. Ez rendben is lett volna a szabályos alakú, nagyobb krumplikkal, de a férges, vagy rothadt rész kivágásához le kellett venni a hámozószerkentyűt, s ez nagyon lelassította az egyébként is időigényes munkát. Egy idő után nagyanyám eldobta a zseniális találmányt. „Nem mérgelődök vele." Mérgelődött egyébként is eleget, mert a jegyre kiszámított fejadag egyre csökkent. Ilyenekkel jött haza: „már csak 12 deka cukrot adtak a jegyre", „már csak 20 deka kenyeret", hetente voltak az újabb „márcsakos" bejelentések.

Egyszer halottsápadtan, a szokottnál is jobban kikelve magából érkezett haza: „Viszik a zsidókat. A főutcán hajtják őket az állomás felé. Láttam, amint egy német katona puskatussal mellbe vágott egy nőt." Nem tudott lecsillapodni. Én is tudtam, kik a zsidók. Akiknek sárga csillagot kell viselni. Amikor megérkeztünk Újhelyből, vagy nem sokkal utána, láttam járókelőket, mellükön nagy, sárga színű, hatágú csillaggal. Nagyapámat kérdeztem meg. „Azok zsidók" – mondta. „De miért van rajtuk sárga csillag?" „Hogy a hatóság tudja, ki a zsidó." „Eddig nem kellett tudni?" – kíváncsiskodtam tovább. „Ne járjon a szád!" – zárta le nagyapám a vitát a szokásos fordulattal. Amikor Otit látogattam meg, a környékükön különösen sok elhagyott villát láttam. Ott mindenhol zsidók laktak, világosított föl Oti. Most elvitték őket dolgozni, Németországba. Ezt sem értettem. Itthon nem tudtak dolgozni? Egyébként is, sok mindent nem értettem. Ha nagyapámék lehalkítva az angol rádiót hallgatják, akkor miért éppen az angolok bombáznak bennünket? Mit vétettünk mi nekik? Hiszen apám is az orosz fronton harcol. Anyám a kommunizmustól fél, amikor mindent elvesznek mindenkitől, bezárják a templomokat, és a gyerekeket elválasztják szüleiktől.

Egyelőre éltük világunkat, a szomszéd fiúval, Tibivel továbbra is hős indiánokként; esernyődrótból nyilat készítettünk és jaj volt a környék macskáinak. Ha Oti eljött, megváltozott a helyzet, s általában Tibi lett a sápadtarcú hadifogoly, aki abba még csak belenyugodott, hogy a bokájára hurkolt ruhaszárító kötéllel, mely korábban lasszóként szolgált, a kertben a megskalpolás színhelyére vonszoljuk. De a vörösbőrűek készülődését gyakran nem bírta idegekkel, s ilyenkor szégyenkezését félretéve, torkaszakadtából elkezdett nagyapámnak kiabálni: „Meg akarnak skalpolni! Meg akarnak skalpolni!" Persze, a mi hibánk volt Tibivel, hiszen nekünk kellett az indiánosdi, Oti inkább archeológiai ásatásokat készült végezni a kertben. Teljesen komolyan gondolta. Egyszer ugyanis azzal érkezett, hogy a római régiségtan könyve szerint ezen a környéken kelták laktak. Szerinte a kertünkben is találhatunk kelta sírokat. Kellene egy kutatóárkot nyitni (ilyeneket tudott: kutatóárok). Homályosan éreztem, ennek nem jó vége lesz, de végül is a bokrok mögött lopakodva a kert végében, közel az egyik birsalmafához, elkezdtünk árkot ásni. Talán fél méter mélyre sem jutottunk a biztosra vett kelta sír irányában, amikor nagyapám megjelent. „Mit csináltok? Elment az eszetek? Ha elvágjátok a birsalmafa gyökereit, kiszárad." A kelta archeológia szakértőjére, Otira tekintve hozzátette: „Legalább neked lehetne eszed!" Betemettük a kutatóárkot.

Oti abban a korban volt, amikor a felvillanó intellektuális kaland lehetősége még könnyen semlegesíti a józan ész diktálta hétköznapi felelősségérzést. Most elszégyellte magát. Egyébként is furcsa szerzet volt, a családi legendárium szerint miután pár hónaposan hazahoztak Gyöngyösre, egyik rokonlátogatás alkalmával alaposan megszemlélt drótkeretes szemüvege mögül. Még üveg sétapálcáját és fehér kesztyűjét is letette. Miután elég hosszú ideig tanulmányozta a közszemlére bocsátott csecsemőt, csupán egy megjegyzést tett: „De csepp sarka van!" Ezt az anatómiai részletmegfigyelést senki sem bírta megfejteni. Nem tudták eldönteni, hogy a felnőttekéhez képest találta-e kicsinek a sarkam, vagy pedig a hasonló korú csecsemőkhöz viszonyítva. Apja halála után még csendesebb lett, mint korábban; megvolt magának otthon a könyveivel. Osztálytársaival, tudomásom szerint, alig barátkozott, viszont nálunk jól érezte magát, mert Tibi és énelőttem elvitathatatlan tekintéllyel rendelkezett. Hiszen ő tudta, hogy a felsővárosi temető melyik zugában rejtőznek a kelta és az avar sírok.

Egy idő után óhatatlanul rajtunk is kitört a háborúsdi. Háborúsdit akartunk játszani. Tibi rögtön vállalkozott rá, hogy ő vezérli a diadalmas német csapatokat, s van titkos fegyvere is. Én szerényen beértem a magyar katonákkal. Csak jobb felszerelést kellett biztosítanom nekik, mert anélkül a háborús erőfeszítés kutyafülét sem ér. Várakozva néztünk Otira. Sokáig hallgatott szemüvege mögött, majd halkan megjegyezte, neki a finn hadsereg kellene. Ezt tátott szájjal hallgattuk, és nem értettük. Oti nagy nehezen bevallotta, hogy miért. „Kis nép, melyet megtámadtak, és hősiesen harcolt a túlerővel szemben." A finn–orosz háborúról semmit sem tudtunk, ez még a történelem előtti idők távolába veszett Tibinek és nekem is. Oti szenvedélyesen beszélt a fehérbe öltözött finn csapatokról, melyek zajtalanul siklottak síléceiken, és mindig váratlanul csaptak le a betolakodókra. „Kis nép, rokon nép és alig segítettek nekik" – fejezte be védőbeszédét. Nem tudtuk, mitévők legyünk: nincs ellenség. Mindnyájan egy oldalon voltunk. Nem lett semmi a háborúsdiból, legénység egyébként sem volt, csak tábornokok. (Tibi főként annak örült, hogy megszabadult a hadifogoly szerepétől.)

Oti a hadijátékot egyébként is hamar elintellektualizálta. Egyszer titokzatos arccal érkezett meg, s bejelentette, hogy tárgyalásokat kíván folytatni velem, s erre Tibit ne hívjuk meg. Előadásának lényege az volt, mivel hadvezérek vagyunk, a háborút is papíron kell folytatnunk, elméletileg. Teljesen izgalomba jöttünk, meglódult a képzeletünk. Latolgattuk a lehetőségeket, felmerült a német, az orosz, sőt még a japán birodalom birtokbavétele, de egyikünk sem lelkesedett kellően. Bár Oti ismerte a japán himnuszt is, csak a szövege nem tetszett neki, átírta „indián himnusznak" (Sápadtarc jött földünkre, / tiporja szent hazánk, / elveszi az életünk, / az arcunk mosolyát...), amit indián korunkban teli torokból üvöltöttünk. Végül is kijelentette, hogy ő az angol világbirodalom lesz, s nekem javasolta, legyek a francia. Első lépésként felmértük a lehetőségeinket. Elkezdtem bújni a *Tolnai világlexikonát*, s összesítéseket készítettem a francia birodalom területéről, lakosságáról, s hogy ebből hány százalékot tudok katonai állományba helyezni. Megtanultam a gyarmatok nevét, főbb termékeiket (hiszen a háborúsdihoz elsősorban nyersanyagra van szükség). Amikor készen lettünk az „adatok" összegyűjtésével (akkoriban az „adatok" szót tartottam a legizgalmasabbnak), összeültünk előzetes tárgyalásra. Kiderült, hogy az Oti által lajstromozott világbirodalom sokkal nagyobb, mint az enyém, s már a háború megkezdése előtt vereségre álltam. Ebbe nehéz volt belemennem.

Elkezdtem újból szorgalmasan tanulmányozni a lexikonokat, ahol további fontos adatokat találtam. A XVIII. században Franciaország India egy részére is igényt tartott, valamint Észak-Amerikában is jelentős területekkel rendelkezett. A következő tárgyaláson bejelentettem területi igényemet, hogy pontos számítások alapján hány négyzetkilométer és hány millió lakos kerül át a trikolór uralma alá. S hogy az annektált területekről hány hadtestet leszek képes felállítani. Oti ezt nem volt hajlandó tudomásul venni, a status quóra hivatkozott, s ez nála az 1939. szeptember 1-jei állapotokat jelentette. A status quo bevetése készületlenül ért, a szó jelentéséről fogalmam sem volt, tehát nem mertem vitatkozni. A történelemre viszont bátran hivatkoztam, hiszen mi is a „történeti elv" érvényesítésére hivatkozva foglaltuk vissza az elcsatolt területek egy részét. Ezért áll magyar honvéd a Kárpátokon (bélyegekről jegyeztem meg az őrálló honvéd markáns arcélét, aki feltűzött szuronnyal vigyázott ránk). Oti végül is engedett, vélném, főként azért, mert belátta, egyébként meghiúsul az izgalmasnak ígérkező játék.

A háború úgy zajlott volna le, hogy keménypapírból kinyírjuk a hadsereg egységeit, gyalogos hadosztályok, tüzérségi egységek, motorizált alakulatok. Az alakulatok állomáshelyét nagyapám Európa-térképén jelöltük ki, anélkül hogy erről az ellenfél tudott volna. (Leragasztott borítékban felsoroltuk az egységek állomáshelyeit, ennek alapján helyeztük a térképre az egységeket, s mindkét haderő készült a La Manche csatorna túloldalán partra szállni.) Otinak tudomásul kellett vennie, hogy Amerikára nem számíthat, mert az részben még mindig francia gyarmat. Nekem pedig azt kellett lenyelnem, hogy az angolok már a százéves háborúban megmutatták, hogy kell Franciaországot elfoglalni. A hadműveletek nem indultak meg, egyik előzetes tárgyalás közben igazi légiriadót jeleztek, illetve még csak légiveszélyt, s Oti gyorsan összecsomagolta az angol hadvezetőség legtitkosabb iratait, s bejelentette, hogy hazaszalad. Mi pedig mentünk le a pincébe. A légiveszélyt nagyon hamar légiriadó követte, s nemsokára a bombák tompa puffanása. Ezzel egyidejűleg megjelent Oti a pinceajtóban, mert amikor légiriadót jeleztek a szirénák, visszafordult; még félúton sem járt, meg se kísérelt hazajutni. „Gyáva coyote! – suttogtam neki a pince homályában, visszaváltva korábbi indián beszédmódunkra – szaladsz a tieidtől!”. Azt akkor már a nálam kisebbek is tudták, ha Eszék felől jeleznek légiveszélyt, azok csak a Pest ellen bevetett angolszász bombázók lehetnek, s ezekből mindig elkanyarodott néhány kötelék a Hatvan–Vámosgyörk–Miskolc fővonal felé, bennünket is veszélyeztetve, szemben a Rahó felől jelzett orosz légitámadással; Gyöngyös ugyanis az orosz légierő hatótávolságán kívül esett. Mikor lefújták a légiriadót, bár bombázást csak Vámosgyörk felől hallottunk, Oti sápadtan ment haza. Nem láttam többé 1944-ben, az anyja nyilván megtiltotta a veszélyes kirándulásokat.

Gimnazista koromban jöttem rá, „elméleti hadviselésem” alatt mennyi hasznos ismeretre tettem szert, volt mire építenem földrajzból és történelemből is. Még a parányi gyarmatoknak is hasznát láttam, bár a gimnáziumban ezek ismerete alig számított. Amikor az Oxford University Press eldöntötte a nyolcvanas évek elején, hogy magyar irodalomtörténetemet kiadja, olcsó nyomdát kerestek. Magyarországi nyomdát ajánlgattam nekik, árajánlatot kértek, de drágállották. Egyszer csak hív a főszerkesztő, s diadalmasan újságolja a telefonba: „Van nyomda! Fogalma se lehet róla, hogy hol! – s hogy töredelmes beismerésemet könnyebbé tegye, hozzátette –, én sem tudtam eddig, hogy hol van Pondicherry”. Az angolos kiejtés ellenére rögtön felismertem, hogy Pondichéryről van szó. „Ja – mondtam –, az a kis francia gyarmat

Madrastól délre." Süket csönd keletkezett a vonal másik végén. De egy oxfordi szerkesztő nem azért oxfordi szerkesztő, hogy ne tudja magát kivágni: „Ott van, ahol maga mondja, de nem francia gyarmat" – védte meg a Brit Birodalom megtépázott dicsőségét. „Tényleg nem tudom, hogy most a franciáké-e, vagy az is bennszülött kézre került 1947-ben, amikor India megszűnt angol gyarmat lenni. Öt ilyen tengerparti kereskedőváros volt francia kézen, és két aprócska portugál gyarmat is volt Indiában" – ismétlőpuskáztam rá. A szerkesztő beismerte a vereséget, másról kezdett beszélni. Győzelmemet előre sejtettem, hiszen nem csak Mikes György halhatatlan könyvéből *(How to be an Alien)* tanultam meg, hogy az angolok a (volt) gyarmatbirodalmukban még azon apró csendes-óceáni szigetek nevét is ismerik, melyeket atlaszokban nem, csak részletesebb térképeken lehet fellelni. A világ többi része viszont *terra incognita* számukra. Ez gyakran bebizonyosodott. Más alkalommal tanszékvezető professzor színesbőrű felesége mellé kerültem vacsorán. „Maga indiai, ugye?" – kockáztattam meg. Fagyosan válaszolt: „Nem, goai vagyok!". Nem bátortalanodtam el: „No, és tud portugálul?" Ettől a hölgy elképedt, s megoldódott. Még nem volt olyan társaságban Angliában, ahol tudták volna, hogy Goa hol van, hogy ott római katolikus vallású a lakosság és hogy 1961-ig portugál gyarmat volt. „Pedig Indiában van!" – és cinkosan összenevettünk. De nem árultam el a hölgynek, hogy csak azért tudok Goa létezéséről, mert 1944-ben, mivel az én „Francia-Indiámban" helyezkedett el földrajzilag, irgalmatlanul bekebeleztem.

Lassan eltelt a hosszú nyár. Közben hír érkezett apámtól, leszerelték és hazament Újhelybe a Pénzügyigazgatóságra dolgozni. Arról már szó sem lehetett, hogy családja is visszatérjen, hiszen a 4. Ukrán Front már az Erdős-Kárpátokban nyomult előre, s a román átállás következtében Újhelyt délről is fenyegette a szovjet hadsereg. Amikor szeptember elsejével újra behívták, családi okokra hivatkozva pár nap rendkívüli szabadságot kért és kapott, s meglátogatott bennünket. Az Árpád sínautóbuszon érkezett, mint katonatiszt nyílt paranccsal igénybe vehette a kényelmes, gyors járművet, mely elől a civil vonatokat mellékvágányra tolták. Megint egyenruhát viselt, zsebében a behívó. Mivel a szabadságból az egyik nap vasárnapra esett, anyámmal kirándulást terveztek Mátrafüredre, kisvasúttal, ami akkoriban még rendesen közlekedett, ha nem is mindig percnyi pontossággal. Rávettem anyámat, hogy vigyenek magukkal. Nagyanyám őrültségnek tartotta az ötletet. „Nincs probléma – mondta apám – vasárnap nem bombáznak."

Tényleg nem bombáztak, s a Mátrában békesség uralkodott, nyárvégi hangulat, kirándulók, a kertvendéglőben is sokaság. Csak hát... Mégsem volt azonban teljesen úgy, mint békében, a rendeléshez le kellett adni a jegyeket, hogy a pincér levághassa belőle a kenyér-, liszt-, hús-, cukorfogyasztásnak megfelelő mennyiséget. Mikor visszahozta, vita lett belőle, s apám megemelte a hangját. Legutoljára 11 hónapot és 2 napot volt egyfolytában a fronton, s úgy érezte, neki egy kicsivel több figyelmesség jár itthon, mint a civileknek. Anyám egyre sugdosta neki, ne csináljon jelenetet. „Bízd csak rám, Babykám" – intette le anyámat. De a megleckéztetett pincérnek is maradt még patronja. Meghozta az italokat, nekem málnaszörpöt szalmaszállal, apámnak korsó sört. Még nekem is feltűnt, hogy a korsó félig se volt, habbal is csak kétharmadig. A pincér legújabb kísérletétől apám hirtelen jókedvre derült. „Magas a gallér" – mondta, és a rangjelzésére mutatott. Mármint hogy a sörnek a habgallérja. (Apám viccét csak otthon, magyarázat után értettem meg. Azt akarta a pincér tudomására hozni, hogy ő csak hadnagy, s nem jár neki akkora magas „gallér", mint egy tábornoknak. Még a sör tetején sem.) A pincér viszont azonnal megértette a „finom" célzást, meg egyébként is megtanulta, hogy szabadságos katonatisztekkel nem tanácsos sokat vitatkozni, a borravaló sínyli majd meg, s visszahozta a korsót, tele, igaz, hogy sör most is csak kétharmadig volt benne. Ezzel lezárult az incidens. A rádióban Karády a „Csak egy nap a világ"-ot énekelte. A kertvendéglőben lassan mindenki a hatása alá került. Tényleg, hány nap volt is még a világ? Ebéd után elkéredzkedtem csavarogni kicsit. Oda sem figyelve engedtek el. Indián módra osontam a sétálók nyomába. Mivel semmi érdekeset nem tapasztaltam, visszaődöngtem szüleim asztalához. Észre sem vették, hogy megjöttem, elmerülten beszélgettek. Hosszú időre ez volt életem utolsó békebeli pillanata. Hazafelé vadvirágot szedtünk, botot faragtam.

Miután apám elutazott, anyám beíratott a sóházi elemi iskola IV. osztályába. Iskolában ugyan nem sok időt töltöttünk, s fogalmam sincs róla, hogy mivel foglalkoztunk, csak arra emlékszem határozottan, hogy kettesével beosztva, egy-egy óráig légóügyeletet teljesítettünk az igazgatói iroda rádiója mellett. Mihelyt a mi térségünkben is légiveszélyt jeleztek, mehettünk haza. Összefolynak a napok. A textiles Szvoboda kirakatában, meg más kirakatokban is még ott terpeszkedett, egyik sarkán nemzetiszínű szalaggal átkötve a kormányzó arcképe; nemrég ünnepeltük Horthy Miklós országlásának 25. évfordulóját. A városban egyre nagyobb fejetlenség uralkodott, katonák vonultak minden irányban. Egyszer látom, hogy az egyik német fogatolt egységben géppuskával felmálházott tevéket vezetnek kötőféken. Fogalmam sem lehetett arról, hogy Rommel *Afrikacorp*jának maradványai a Balkánon vonultak vissza. Tevét előtte csak az állatkertben láttam Pesten, de az nagyon mulatságos eset volt, mert az egyik teve nagyanyám parazolja után kapott, amikor rámutatott vele. Most tágra nyílt szemekkel bámultam a különös karavánt.

Anyámék idejük nagy részét templomban töltötték, loretói litánia, porcinkulai búcsú, avagy a rádiót hallgatták, egyre gyakrabban a külföldi adásokat, lehalkítva. Az Orion 444-es világvevőn a BBC is tisztán bejött. Ezt hallgattuk az után is, hogy Horthy rádiónyilatkozatát, melyben fegyverszünetet kért, beolvasta a Budapest I. Még magunkhoz sem tértünk a meglepetéstől, amikor másnap visszavonta. Nem sikerült a kiugrás. Ott ült mindenki letaglózva. Szerettem volna apám szavajárásával kommentálni az egészet: „Vége a dalnak! Passz". Üzenet érkezett apámtól, visszavonulnak a nyugati határra. (Az egész magyar I. hadsereget hátravitték.) „Ott kit fognak védeni?" – zsörtölődött nagyapám. Anyám nem tudott magával mit kezdeni, már kedden is böjtölt, csak hogy hamarabb vége legyen a háborúnak. Nekem is hangosan kellett vele imádkozni és templomba járni. Még Kaszap István boldoggá avatásáért is buzgón imádkoztunk. A ferencesek egyre keményebb hangon prédikáltak. Éreztük, hogy minden a mi bűnünk. Szaléz atya, a legkitűnőbb hitszónokok egyike azt fejtegette: ne úgy könyörögjünk Boldogasszony anyánkhoz, mint eddig: „Magyarországról, *édes* hazánkról / Ne feledkezzél meg szegény magyarokról", hanem: „Magyarországról, *romlott* hazánkról". Mennydörgött a hangja, ahogy a romlott r-jét ropogtatta. A kisírt szemű asszonyok, falfehér gyerekek összerezzentek, mintha korbácsot suhintottak volna fölöttük.

A templom előtt sűrűn gépelt papírlapokat osztogattak. Az apokalipszis négy lovasáról, a közelgő világvégéről szóltak az ijesztő jóslatok, országos pusztulásról megint mások, s ha valakinek ez nem lett volna elég, ott volt még Nostradamus jóslatainak értelmezése. Anyám lelkiállapota nem lehetett irigylésre méltó. Mindennek tetejébe egyszer, ahogy jövök haza iskolából, látom, az egész ház tele német katonákkal, talán egy tucatot szállásoltak be hozzánk. Igyekeztek illedelmesen viselkedni, de azért mindenhol beléjük ütköztünk, mert alapos céltudatossággal becserkészték az egész házat. A bezárt pinceajtó előtt pedig zavartan vigyorogtak. Nem volt mit tenni, nagyapám felhozott nekik egy demizson bort. Éppen ebből ivott az egyik, amikor megérkeztem, a szája mellett mind a két oldalon csorgott a bor, ahogy hatalmas kortyokkal hörpölte. Meg is jegyezte nagyanyám: „Megy bele, mint Lódánba a ménkű". Nem volt kedve nevetni senkinek. Nem maradtak csak két-három napig, mentek a frontra. Míg nálunk laktak, mindennap kerítettek (nagyanyám szerint ló)húst, ebből készült a nagy adag pörkölt, amit nagyanyám jól megpaprikázott. Szíszogtak tőle, az egyiknek még az orra hegye is izzadt. A lábasokat kitörölhettük volna, de még én se mertem, hátha tényleg lóhús.

Miután elmentek, mintha a tatárjárás múlt volna el. Kárt ugyan nem okoztak, de minden mocskos volt és szanaszét. Esténként a déli égbolt meg-megvilágosodott, a dörejt még nem hallottuk. „Szolnok alatt vannak az oroszok, mert ha a Jászságban lennének, onnan idehallatszana az ágyúdörgés" – állapította meg nagyapám. November első napjaiban lehettünk (Szolnok november 4-én esett el). Az iskolában megszűnt a tanítás. Anyám váratlanul bejelentette, hogy apám után megy a Dunántúlra, egy percig sem marad tovább. Nagyanyámék először megkísérelték lehűteni, a pince, ha nem bombabiztos is, de mégiscsak vasbetonból készült a teteje. Ott jobban átvészelhetjük az ostromot, mint valahol Isten szabad ege alatt. Anyám nem tágított, akkor ő egyedül megy a két gyerekkel. Végül is úgy döntött a családi tanács, hogy nagyanyám velünk jön, elkísér bennünket, nagyapám egyedül vigyáz a házra. Először is, az értékesebb ingóságokat, melyeknek magunkkal vitele szóba sem jöhetett, becsomagoltuk egy vaspántos hajókofferbe, ami a pince egyik sarkába került, s erre a fatartóból lehordtuk a szenet. Szép nagy kupac lett belőle. Hosszas vita után az ékszerek is a vaspántos ládába kerültek, anyámnál volt készpénz bőven, bár a legfontosabbat, élelmiszert nem adtak érte jegy nélkül. Nagyapám segített a két bőröndöt lecipelni a Csap utcába. Anyám abban reménykedett,hogy valamelyik járműre majd csak felengednek bennünket a pesti úton. Ez volt az egyetlen utazási lehetőség, vonatok már nem jártak, a miskolci fővonal szét volt bombázva, az autóbuszok is bevonultak csapat- és sebesültszállításra. Álltunk a november eleji sáros utcán, a szemerkélő, hideg esőben, sorsunkra várva.

Anabázis

A forgalmat egy sáros német katona irányította piros közepű tárcsával; az elhaladó járművek elöl-hátul felcsapták sárral, az arcára is jutott bőven. Mintha egy ország kelt volna útra, felbomlott rendben menetelő csapatok között állatokat szállító teherautók, de lábon is hajtottak szarvasmarhát, teherautók platóján ponyvával letakart gépek, műszaki cikkek; minden, ami képes volt mozdulni, vagy amit mozdítani lehetett, úton volt. Szekerek, gyalogosok csomagokkal. Lassan, rendezetlenül, akadozva haladt a végeláthatatlan áradat. Életemben először most éreztem át a létbizonytalanság rettenetét. Nem tudtam, hová megyünk, megyünk-e valahova egyáltalán, s hogy mikor. Mit fogunk enni, hol fogunk aludni?

A géppisztolyos német forgalmista a körülményekhez képest szakszerűen irányította a menekülők áradatát, ha valamelyik járművön helyet fedezett fel, leállította, és a várakozó gyalogosokból, nők és gyerekek előnyben, felengedett annyit, hogy az üres helyeket mind elfoglalják. Így kerültünk hosszas várakozás után többedmagunkkal mi is egy teherautó platójára. Még ponyva is került a fejünk fölé, ott álltunk átázva, kiizzadva, gőzölgő embertömeg. Kiderült, hogy a teherautó nem Pestre megy, mert egy idő után északra kanyarodott, Aszód után Vác felé tartott. Anyám ijedten tárgyalta nagyanyámmal az újabb fejleményt, de megnyugtatták. A pesti út veszélyes, sokat bombáznak, s azt sem lehet tudni, hogy az oroszok meddig nyomultak előre. Késő este érkeztünk Vácra, a németek egy hotel előtt tettek le, segítettek a csomagokkal, s bokacsattanással köszönték meg a százpengőst, amit anyámtól kaptak. A szállodában szerencsénkre kisebb huzavona után akadt hely, s még valami vacsoraszerűt is kaptunk; holtfáradtan feküdtünk le. Senki sem tudott arra gondolni, mit hoz a holnap. Új teherautón, kompon keltünk át a Dunán, a kompot túlterhelték, s pár centire mellettem hullámzott a piszkos víz. Megbűvölve néztem, belelógattam a kezem, vártam, mikor süllyedünk el. Megint összefolyik minden az emlékezetemben. Mivel a székesfehérvári pályaudvar szőnyegbombázására jól emlékszem, azt kell feltételeznem, hogy a teherautó bevitt bennünket a Déli pályaudvar környékére, s onnan vonattal indultunk tovább. Hogy az ördögbe kerültünk volna egyébként a pályaudvarra, hiszen a pályaudvarokat messze el kell kerülni, ha lehet, mivel azok bombatámadás esetén elsődleges célpontok. Innen (talán Veszprém érintésével) Pápáig jutottunk el, majd Szombathelyre.

Végül is, azt hiszem, Kőszegen találtuk meg apámat. Nem tudom, hány napig tartott az út Gyöngyösről Kőszegig, nem tudom, hogy sikerült ráakadni apámra, nem tudtuk, merre járnak az oroszok, mindenki úgy vélte, hogy a Duna vonalát tartani fogják a németek, s hogy ott vetik be újból a hátrarendelt magyar I. hadsereget is. Apám egyrészt örült nekünk, hogy megvagyunk, s ott vagyunk, másrészt aggódott, mihez kezd velünk, ha bevetik őket. Alakulatát állandóan helyezgették, Kőszegről – ahol aránylag kellemes volt a tartózkodás, kedves kisváros volt, nem bombázták – Szombathelyre, ahol viszont igencsak bombáztak. Kőszeg még ezekben a napokban is megőrzött valamit háború előtti, békés hangulatából, sokat sétáltam egyedül, szóba elegyedtem idegenekkel, főként nálam kissé idősebb fiúkkal. A katonaruhás fiúk lehettek leventék is. Egyre emlékszem élesen. Az egyik festett üvegablakos templomban kezdtünk beszélgetni, ahol egy teremtett lélek sem volt rajtunk kívül, csak a színesen világító ablakok alakjai. Sápadt, sovány fiú volt, azt állította, hogy tizenöt éves. Ebben semmi rendkívülit nem láttam, hiszen a falragaszok már 14 éves kortól 60 évig követelték a férfilakosság bevonulását. (Gyöngyösön, a történelem távolában, még csak 17-től 50-ig terjedt a hadkötelezettség.) Vajon hol esett el, melyik fogolytáborban halt meg vérhasban ez a lázban égő szemekkel beszélő, nagyon vékonydongájú honvéd? Szomorú sorsukra csak Rózsás János emlékezéseiből *(Keserű ifjúság)* tudtam következtetni, majd negyven évvel később.

A felnőttek társaságát egyre kevésbé szenvedhettem. Idegesen, konfúzusan viselkedtek, egymásnak teljesen ellentmondó dolgokat mondtak, és sokat veszekedtek. Csak már lennénk túl az egészen. Amikor tehettem, megszöktem otthonról, s magam barangoltam, hazafelé baktatva mondogattam magamban a Fehér Szarvas indiántörténetéből tanult verssorokat: „Egy szélviharos éjszaka / bujdosik egy harcos maga". Ilyenkor éreztem a legjobban magam. Semmi közöm nem volt a felnőttek világához.

Már egy ideje Szombathelyen tartózkodtunk, amikor egyik este apám feldúltan érkezett haza. Reggel díszszemle, parancskihirdetés. Apám is, mint a többi tiszttársa attól tartott, hogy a harctérre küldik őket most, a háború tizenkettedik órájában, amikor a német csodafegyverekbe vetett hit már azokban is megingott, akik nem is olyan régen még elvakultan bíztak a német hadigépezet felsőbbrendűségében. Apám a hosszú frontszolgálat alatt látta az összeomlás jeleit. Amikor szabadságon itthon járt, s az esélyeket latolgatta, anyámnak tartott előadásai majdnem mindig így fejeződtek be: „s akkor Babykám..., akkor vége a dalnak, passz!" Hogy október 15-e után hogy ítélte meg a helyzetet, nem tudhatom. Hiszen az egész magyar hadsereg olyan volt, mint a levágott fejű csirke, amelyik még fut, habár a porban a feje. Horthyval levágták a csirke fejét, nem volt Legfelsőbb Hadúr, megmaradt a tiszti kardbojt kétes értékű romantikája. Illetve a vakfegyelem diktálta beletörődés. Meg az akasztófahumorba való menekülés. Mikor apám Szombathelyen közvetlen fölötteséenél jelentkezett az ezred géháfőnökségen: „Czigány János, tartalékos hadnagy szolgálattételre jelentkezem!", a géháfőnök meghökkenve nyújtott kezet: „Sidó János őrnagy. Foglalj helyet, kérlek szépen." Egy ideig meredten nézték egymást, majd harsány röhögésben törtek ki. „Czigány... Sidó..., mondd kérlek, most mi magunktól megyünk, vagy tulajdonképpen bennünket is visznek?" „Nem mindegy, kérlek alássan, mindenképp baszhatjuk. Mindenképp."

A tétlenkedés véget ért. Annyi kiszivárgott a törzstől, hogy a parancsban nem a bevetésükről lesz szó, hanem további visszavonulásról, Németországba. Mert a bevetéssel még lehettek illúziók: menteni a veszett fejsze nyelét, a Duna vonalát tartani, amíg az angolszász csapatok elfoglalják Németországot, s vége a háborúnak. (Talán éppen ezekben a napokban, november 29-én Pécs már elesett.) A németországi visszavonulásról viszont már senkinek nem lehetett semmilyen illúziója, ha Magyarország elesik, ezek a külföldön lévő seregtestek csak mint a németek segédcsapatai kerülhetnek bevetésre, idegen földön vágóhídra. De lehetetlenné vált személyes helyzetünk is. Szombathelyen nem maradhatunk, hiszen rekvirált szobában laktunk. Ha apámék, illetve a hadsereg elmegy, éppen az a helyzet, mintha nem menekülünk el, Gyöngyösön maradtunk volna, ahová meg se kísérelhetjük a visszatérést, hiszen már a front mögött van. Apám több tiszttársa magával hozta a családját, s a rendkívüli helyzetre való tekintettel a parancsnokság engedélyezte, hogy a családos tisztek magukkal vigyék hozzátartozóikat Németországba is. Vita nem volt, maradt az esztelen menekvés.

Mégsem Németországba mentünk, hanem Szentgotthárdra, ahol éppen a gyárakat szerelték le. (Selyemfonó, óra- és kaszagyár működött a városban.) Szentgotthárdot is megnéztem magamnak, még egy kis útikalauzt is vettem. (Mind a mai napig megvan.) Egyszer anyámmal patikában jártam, a húgomnak kellett Zamakó, vagy valami orvosság, amit a doki (egy orvos százados) írt fel. Jövünk kifelé és anyám azt súgja: „Nézd, a Vaszary Piri!" Nem tudom, hogy akkor tudtam-e, ki volt Vaszary Piri, de anyám fiatal kora óta szenvedélyes mozirajongó volt, minden színészt, s fontosabb szerepeiket ismerte, nemcsak a magyarokat, hanem a német és amerikai filmcsillagokat is. Számos filmet később, filmmúzeumokban csupán csak azért néztem meg, mert tudtam róluk; anyám gyakran emlegette a régi idők moziját, amikor még Ramon Novarro, Putty Lia, Lilian Gish, Mary Pickford vagy Bánky Vilma tündöklött a mozivásznon, a némafilmekben. Vaszary Piri már anyám kortársa volt, s ami meglephette anyámat, a rémület, *ő is* menekül. Ez is hozzájárult anyám magán-világvégéjéhez.

Mivel már eléggé téliesre fordult, sokat volt rossz idő, nem volt kedvem barangolni, meg Kőszeghez képes Szentgotthárd eléggé érdektelen és jellegtelen helység volt. Inkább olvastam, az ideiglenes tiszti kaszinóból kölcsönzött illusztrált lapokat *(Signal, Magyar Futár)* vittem haza nézegetni, de vettem magamnak egy-két füzetes regényt (életemben először), s ezeket olvastam nem túl nagy lelkesedéssel. Volt köztük egy, melynek izgalmas borítója keltette fel a figyelmemet: autóbalesetet ábrázolt a fénykép (?); marcona férfi rohant egy fának és ott haldoklott a nagy teljesítményű túrakocsiból kizuhanva. Tényleg szerepelt a regény(ké)ben egy Milorád nevű marcona férfi. Egy Egérke nevű nővel sodródott össze, aki, hiszen már a neve is mutatta, alkalmatlan volt arra, hogy egy ilyen kisportolt testű, keménykötésű férfit boldoggá tegyen. A regényben nem esett szó a főhős életét kioltó, tragikus autóbalesetről. A könyvet csalódottan tettem le – egyébként is megszidott anyám, „mi az, te ponyvaregényeket olvasol?" –, a borító színes ábrája csalétkül szolgált.

Egyszer aztán, ha nem is violaszín pecsét alatt, de tényleg megjött a parancsolat: megyünk. Már senkit sem izgatott fel, egykedvűen készülődtünk. Vissza Szombathelyre, és Csajtánál 1944. december 20-án átléptük a határt. Nem túl messzire mentünk, Alsólövőre. Ott töltöttük a karácsonyt, a katonáknak még volt kedvük viccelődni: noha már Ausztriában vagyunk, de azért még nem hagytuk el Vas megyét. A parancsnokság Felsőőrön rendezkedett be. Egyszóval Burgenlandban voltunk. Mivel az idősebb tisztek közül többen a K.u.K. hadseregben kezdték pályafutásukat, a helységneveket csak magyarul használtuk akkor, s csak jóval később azonosítottam német megfelelőiket. A környéken magyar ajkú lakosság élt, vagy ha nem is, tudtak magyarul. Az volt az érzésem, nem szívesen szólalnak meg magyarul, meg vannak rettenve, összezavarodva, talán még kevésbé értették, mint mi, hogy valójában mi is történik. Lehet, azzal sem voltak tisztában, hogy ez a hadsereg szövetséges-e vagy megszálló.

Karácsonyeste behavazva ért bennünket, varázslatos csendesség uralkodott a tájon. Apám társaságot hívott össze, s legényének is meghagyta, hogy hívjon meg néhány „rendesebb" honvédet. Ezek a honvédek, meghatódva a megtiszteltetéstől, el is jöttek, de lélekben otthon voltak, Tolcsván, Szerencsen, Monokon, családjukkal, szeretteikkel, akikről azt sem tudták, élnek-e, vagy elpusztultak. Apámat kedvelték, mert emberséges volt, s mindig kiharcolta az egész élelmezési állománynak, ami járt nekik. Háta mögött csak „Maszmók hadnagy úrnak" hívták, mert addig „maszmókolt", amíg mindenki megkapta, ami dukált. S amellett összeszoktak a keleti fronton. A pripríjeti mocsarakban. Amikor leszerelték 1944 nyarán, versben búcsúztatta „egy békés, könnyes, öreg trubadúr", a hadosztály „poeta laureátusa":

[...]

„Én úgy szeretek részeg lenni – mondta –
Van-é ital még? Adjatok fiúk!
Már úgyis vége: minden elveszünk itt!
Fiúk! innen már nincs több kiút.

Alól, felül, elül, hátul orosz van
s sírunk lesz ez a bűzhödt mocsár.
Csak egy nyomás és aztán nincs tovább...
Igyunk fiúk! A dalnak vége már."

Igen. A dalnak vége. Isten áldja
Vé-Ká-Ef úr és Maszmók hadnagy úr...
s mondják meg otthon, hogy már haza vágyik
egy békés, könnyes, öreg trubadúr.

Megint együtt volt a banda. A harctéri trubadúr által is idézett korabeli, közismert sláger „én úgy szeretek részeg lenni" bandája. Csak ezer kilométerrel nyugatabbra. A Szenteste jól sikerült. Még karácsonyi ajándék is került a fa alá. Anyám (gondolom) Szombathelyen megvette az egyik fontos indiánkönyvet, amiért már egy ideje nyaggattam. Ezt a figyelmességet nem tudtam szívből megköszönni, bár azt kellett volna tennem. A szélviharos éjszaka egyedül bujdosó indián alakja a múlt távolába költözött, már nem volt velem. Itt csak behavazott táj volt, időtlen csendbe rejtőzve. Mégis hazudnék, ha az állítanám, hogy a Szenteste jól sikerült. Apám valami cinikus, de áttételesen lelkesítő „szózatot" akart intézni a „bandához". Meg el is volt érzékenyülve, hiszen ital jutott bőven, s ahogy kezdte, túlságosan érzelmesre (érzelgősre?) sikeredett a szónoklat. Anyámat feszélyezte az egész ügy, eleinte tapintatosan, később egyre félre nem érthetőbben kívánta leszerelni apámat, aki mindinkább rossz néven vette a zavaró közbeszólásokat. Anyám nem volt pszichológus, nem vette észre a lényeget: akárhogy sikerült is apám szónoklata, a „banda" itta a szavait, erre volt szükségük, hiába tűnt az egész jelenet a kívülállónak, anyám az volt, mesterkéltnek, nevetségesen elérzékenyültnek. Nem beszéltek róla utána, amikor a vendégek oldott hangulatban távoztak, hiszen azt az üdvözítő malasztot kapták, amit vártak. Apám csendben iszogatott és hangtalanul fütyörészett. Nem tett szemrehányást, anyám női érzékével észrevette, hogy hibázott, ő sem beszélt az ügyről, de megmaradt a feszültség.

Engem is nyomasztott valami malőr. A karácsonyfa nem a miénk volt, hanem a háziaké. Alatta, rajta nem a megszokott díszek. Egy kéményseprőre emlékeztető hóember felidegesített idegenségével, szokatlanságával. Valami megmagyarázhatatlan gyűlölet keletkezett bennnem, levettem a fáról és beletapostam a szőnyegbe, kiszámított dühvel, megbízható alapossággal. A háziak számon kérték rajtunk, anyám ötölt-hatolt, én pedig konokul hallgattam. Szenteste tehát lélekindító eseménynek indult, ám hamu alatt parázsló indulatokat lobbantott fel. A gyorsan pergő események elsodorták. 1945. január 17-én bevagonírozás, irány Bécsújhely.

Bécsújhelyben nem soká rostokoltunk a teherpályaudvaron, szerelvényünk a bombatámadások miatt sietve, mellékvonalakon továbbment Linz felé. Noha Bécsnek még a közelébe se jutottunk, mégis a legnagyobb szőnyegbombázást éltük át Linzben, szerencsés megérkezésünk másnapján, január 20-án. (A pontos dátumot zsebnaptáram őrzi, ahol lakonikus rövidséggel ez áll: „Légi riadó. Bombát dobtak ránk, de nem talált.") Nagyanyám szokta mondogatni anyámnak, mikor a nyári szünet után visszamentünk Újhelybe: „Írjatok, hogy szerencsésen megérkeztetek!" Ezen mindig nevettem, most viszont már nem, mert milyen jó lenne, ha nagyapám tudná, hogy felesége velünk együtt szerencsésen megérkezett Linzbe, s nem egy bombatámadás utáni ideiglenes sírban nyugszik. A kiüresedett nyelvi fordulat életre kelt, visszanyerte az értelmét.

Első éjszakánkat a teherpályaudvaron töltöttük, s a mozdonyt nem kapcsolták le, így éjjel nem fagyoskodtunk, mert a mozdony fűtötte a szerelvényt, legalábbis a személykocsikat, ahol a tisztek és a családok utaztak. (A legénységi állomány marhavagonokban utazott, ott nem volt fűtés.) Persze, mi is elgémberedett tagokkal ébredtünk a zsúfolásig megtelt pullmankocsiban. Ekkoriban már napirenden voltak a nappali légitámadások. Liberatorok kötelékben, vadászgépkíséret nélkül. Ez utóbbira nem is volt szükség, a szövetségesek uralták a légteret, még ilyen fontos forgalmi csomópontot és iparteIepeket is, mint Linz, csak légvédelmi tüzérség biztosított. A Boforsok nem sok kárt tettek a Liberatorokban. Színházi előadáshoz hasonlított az egész, részletekig kidolgozott forgatókönyv alapján. Néhány vállalkozó szellemű tisztfeleség éppen szervezkedett, hogy együtt bemenjen Linzbe, megnézni, esetleg szuvenírt vásárolni.

Váratlanul vijjogni kezdtek a szirénák, talán a legfélelemkeltőbb hangszer, amit ember valaha is kitalált. Hangja a gerincvelőben visszhangzik, rezonál hozzá a koponya, minden érzékszervével hallja a sziréna hangját az, akinek szól, nem csak a fülével. Lázas készülődés, rohangálás, bukdácsolás, mindenki a földbe bújni igyekszik, mint utolsó ítéletkor, akik hegyen vannak, azok völgybe, akik völgyben vannak, azok a hegyre... Lihegve előkerült apám legénye: „nagyságos asszony, nagys'asszony, találtunk egy bombabiztos hidat, viszem előre a gyerekeket". Anyám hallani sem akar róla: „Egy tapodtat sem mennek a gyerekek nélkülem! Egy tapodtat sem!" Apám legénye, Dajka Pista, egy monoki baka megszégyenülten elkullog, mozgásában benne van, hiszen ő csak jót akart.

Az előadás sokkal hamarabb kezdődik, mint gondoltuk volna, az ülések közé kuporodunk, vannak akik kiszálltak, s a sínek közé, a kerekek mögé lapulnak. A szirénák prelúdiuma után az egész zenekar bevetésével rögtön feldübörög a crescendo, betölti a legeldugottabb zugot is, nem is félelemkeltő, inkább alázatra int, *dies irae,* behódolásra, megadó, néma fejhajtásra. A távolból erősödik az üstdobok tompa döreje, közeledik, az egész zenekar fortissimóba csap át, tudom, tudom, már a környékünkre hullanak a bombák, a szerelvény is mozog, ide-oda lökődik, hajlanak, recsegnek, hasadnak a deszkák, üvegcsörömpölés, füst, por, törmelékeső, túl vagyunk a fortissimón, élünk, élünk, most már a belső zenekar hangja erősödik, az ujjongás, jubilante, hálaadás. Az egyik oldalon végig betörve az ablakok, néhány véres arc, de most erősödik a kiáltozás, mindenki közölni akarja a világgal, hogy életben maradt, hogy az ő fohászát meghallgatta a Seregek Ura. A végéhez közeledik a megismételhetetlen előadás, a láthatatlan zenekar elvonult, s csak a közönség marad, az énekli az életben maradtak kórusát, vegyes hangra.

A bódultan szaladgáló emberek lassan hasznos foglalatosságba kezdenek, hozzátartozóikat keresik, húzkodják a sebesülteket, fektetik a halottakat egymás mellé a sínek mellett. Parancsszó nélkül is elkezdődik az utójáték, egy idő után mentőautók érkeznek szirénázva, légoltalmi segédszemélyzet. A légitámadás abbamaradása utáni kóválygás ugyanaz, mint amikor autóbaleset után az életben maradtak és mozgásképességüket megőrzők egy ideig összevissza járkálnak, ideges, gyors léptekkel, amíg a felgyülemlett feszültséget feldolgozza a szervezet. Valami rajtam kívül álló hatalom engem is arra késztet, hogy összevissza szaladgáljak égnek meredő sínek közt, a mi szerelvényünk is telitalálatot kapott, óriási gödör az egyik marhavagon helyén, távolban tüzek, füstfelhők, fojtogató, nehéz szagok, valahol vegyianyag ég. Először apám kerül elő, valami dolga volt a legénységnél, ottrekedt. Aztán a legénye, megmerevedett tekintettel: akik odaértek a bombabiztosnak vélt hídhoz, mind ott maradtak alatta. Egy ideig ásták, kaparták a törmeléket, de nem boldogultak. Nagyanyám vértelen arccal hallgat. A húgom alvósbabáját csitítgatja, nem történt senkinek semmi baja, megvagyunk, együtt vagyunk. Az emberek szégyenlősen ülésüket és magukat porolgatják, óvatosan a kezükkel sepregetik az üvegtörmeléket, mintha ők csinálták volna a rendetlenséget, s most félnének a felelősségre vonástól. Télikabátot kell felvenni, noha a mozdony sértetlen és a fűtés sem szűnt meg, a bomba a szerelvény vége felé talált telibe egy vagont, de az üveg nélküli ablakokon beárad a dermesztő januári hideg. Egyelőre pokrócokat erősítenek a kitört ablakokra. Sírni nem sír senki, inkább a kiszakadt harisnyákat húzogatják, a sínek között bepiszkolódott ruhákat szégyenlik.

Ez volt az utolsó bombázás, a grand finálé, méltó zárótétele a Vámosgyörk, Székesfehérvár, Szombathely, Bécsújhely sorozatnak. Majdnem egy hetet rostokoltunk állandó halálfélelemben a teherpályaudvaron, míg végre január 25-én kijelölt körletünkbe költöztünk: Feldkirchen an der Donauba. A környező falvakba is magyar csapatok kerültek: Mühllacken, Bergheim, Ottensheim, Landshaag, Aschach – ahol a lebombázott Duna-híd roncsai meredeztek az ég felé – tartozott az egység szállásterületéhez. A hadtestparancsnokság Passauba települt.

Az úton végig kell menni

Feldkirchen Linztől 23 kilométerre, nyugat felé esik, közel a Dunához. A parányi falu talán 30-40 házból állt, s (mint a neve is mutatja) egy aprócska barokk templom köré épült, melyhez külön harangláb tartozott. Volt benne két Gasthaus, ahol almabort mértek. Egy idő után itt üldögéltek legszívesebben a katonák, s apám védnöksége alatt egy profi újságíró, Pipás Pista itt szerkesztette egy karpaszományos szakaszvezető társaságában a *Banda Hírlap*ot, ez volt a „banda" egyetlen szellemi tápláléka, de ezt viszont az utolsó betűig elolvasták, s izgatottan várták a következő számot. A kezdetleges módon sokszorosított kiadvány karikatúrákat is tartalmazott az intimpistáskodó hírek mellett, melyek élcelődő humorral természetesen elsősorban a tisztekről szóltak, nem pedig arról, hogy a decemberben nagy dérrel-dúrral beharangozott német offenzíva az Ardennekben kezdeti sikerei után elég gyorsan lelappadt, vagy hogy Budapest is elesett hatheti ostrom és óriási veszteségek után.

Igaz, Budapest elestéről, némi késéssel ugyan, de hivatalosan is értesültünk egy már-már tavaszias napon. Nem tudom, milyen adó sugározta a magyar nyelvű hírműsort, de a *Banda Hírlap* szerkesztőségi Gasthausának az ablakába hangszóró került, s köréje gyűlve hallgattuk a híreket. Elgyötört hangú bemondótól értesültünk a tényekről, s a kommentárból is hiányzott a meggyőző erő, amikor fogadkozott, hogy majd újjáépítjük Budapestet, hogy szebb legyen, mint valaha. A magyar királyi honvédség feldkircheni alakulatának ez a háború végét jelentette. Hirtelen minden céltalan lett, a fegyelem is fellazult, a tisztikar még csak kísérletet sem tett arra, hogy ezen a helyzeten változtasson. A német újságokban lévő híradások az áttörhetetlen *Alpenfestung*ról kézlegyintést sem érdemeltek. Lehetett volna a holdban is.

Feldkirchenben tényleg befejeződött a háború, bár a megszállók még várattak magukra. Amikor Liberatorok felhője húzott el fölöttünk, eleinte még lementünk a paplak pincéjébe; később, ha már meggyőződtünk róla, hogy csupán Linzet bombázzák, szabadtéri látványossággá alakultak a légitámadások, noha tudtuk, hogy vásárra vinnénk a bőrünket, ha valamelyik köteléknek menekülnie kell és leszórja a bombaterhet éppen fölöttünk. A bombákat bárhol kioldó repülők adták ugyanis a leghatásosabb propagandaeszközt a német hadvezetőség kezébe (azután, hogy a szövetségesek olaszországi előnyomulásuk során porig rombolták a Monte Cassinó-i bencés kolostort – mely egy ókori Apollo-templom helyére épült, s mely hosszú története során a kalandozó magyarok ostromát is kiállta –, bár német katonaság nem tartózkodott benne), magam is láttam a *Magyar Futár*ban rajzot két összehajló pilótáról, egyikük éppen lenézett, és ördögi kajánsággal azt mondta társának: „kezdhetjük a bombázást, Johnny, templomtornyot látok!". Mi csak a saját békaperspektívánkból láttuk a világot, fogalmunk sem volt arról, hogy a németek a nyugati közvélemény előtt esztelenül agresszív, kiszámítottan kegyetlenkedő hadviselő félnek számítottak; ezt kívánta ellensúlyozni a tengelyhatalmak háborús propagandája.

Egyre jobban megnyugodva élveztük a békés falusi életet a korán érkező tavaszban. Még arra is sor került, hogy március 15-ét megünnepeljük, katonai parádéval. A templomkert szolgált színterül, honvédségünk kitett magáért, ragyogtak a gombok, csillogtak a fegyverek, feszesre húzva a derékszíjak. A műsort az obligát beszédeken kívül Gyenes orvos százados (a doki) állította össze, ő vitte a prímhegedű szerepét is. A doki, mint a legtöbb orvos, művészi ambíciókat is melengetett keblében; széles taglejtésű, magas, kerek képű, fekete hajú ember, hatalmas adag orvosi áloptimizmussal kevert cinizmussal, és az elmaradhatatlan orvosi táskával. (A linzi bombatámadás után engem is megvizsgált, mert kicsit furcsán viselkedtem: „Kutya baja a gyereknek, Jánoskám, legfeljebb ha sokkja van, katonadolog!" – nyugtatta meg apámat.)

Nem emlékszem, volt-e zenekara a magyar királyi honvédség Feldkirchenbe került alakulatának, arra sem, hogy énekeltünk volna, bár gondolom, az ilyen alkalmakkor szokásos Himnuszra és/vagy Szózatra nyilván sor került, de élesen emlékszem a doki szavalatára. Az elején Kozma Andortól *A carthagói harangok*at szavalta, melyben tudós Bocsor István prelegál a pápai kollégiumban, negyvennyolcas honvédekből visszaavanzsált diákoknak arról, hogy hogyan készültek a punok a rómaiak elleni végső harcra: „Ezeréves múltját üti vala arcul, / hogyha lemond gyáván a rátukmált harcról.” A doki élete legnagyobb alakítása volt ez a vers, hogyne, hiszen mi is *a ránktukmált harc* miatt kerültünk ide, nem az a lényeg, kik tukmálták ránk, hanem hogy ránktukmálták, s mindent feláldoztunk, ha nem is olyan látványosan, mint a karthágói honleányok, akik lenyírták hajukat, hogy legyen mit az íjakra feszíteni... A doki játszott a hangjával, s mágikus hatalommal birtokolta a közönségét, lángtekintetek lövelltek felé, ahogy emelte, tagolta a szavakat a végső kifejlet felé haladva, mindezzel előkészítve a halkan is nagyon érthető záró mondatot: „S Carthagó – elesett.” Nem lehetett a hallgatóságban teremtett lélek, aki nem érti, hogy az alig egy hónapja elesett Budapestről beszél. A hatás leírhatatlan volt, bizonyította a sok kifényesedett szempár. Nem hiszem, hogy Kozma Andor versének annyira hatása alá kerültem volna, mint a felnőttek, de tagadhatatlanul ez volt az első irodalmi élményem, élet és irodalom tökéletes egybefonódása. Honnan is gondolhattam volna előtte, hogy a költészet varázsa valósabb lehet egy kis osztrák faluban, mint a tanteremben. Nemzeti tulajdonságunk, hogy szeretünk gyakran és hevesen gyászolni, imádjuk az elbukást, a mélypontot ünnepelni; erre való alkalom akkor is akadt, azóta is. Mennyivel más volt minden egy évvel (ezer évvel!) ezelőtt, amikor 1944. március 15-én Soltész tanító úr lelkesítő szavaival indultunk lélekben a magyar szabadságot kivívni.

Az ünnepélyt megint csak a doki fejezte be Gyóni Géza méltán híres, első világháborús versével: *Csak egy éjszakára küldjétek el őket...* Nem tudom, a felnőttek mit érezhettek, mire gondoltak, amikor a doki szárnyaló hangját hallgatták, bennem örökre megmaradt már a vers egyik első képe: „Mikor a halálgép muzsikál felettünk... mikor a halálgép muzsikál felettünk” – ismételgettem villámsújtottan. Hát, hogyne tudtam volna, milyen ez. Mert azok voltak a Liberatorok, halálgépek, és felejthetetlen muzsikájukat még évekkel később is hallottam, ha éjjel felriadtam. Gyakran, egymás után több éjjelen át hallottam, félve mentem lefeküdni, hiszen megint jönnek kérlelhetetlenül. Ugyanígy megmaradt a katonakeserveket számonkérő vers egy másik parabolája: „Gerendatöréskor szálka-keresőket”. Tudtam, milyen a gerendatörés hangja, utánozhatatlan recsegése-ropogása, amint pozdorjává roncsolja egy láthatatlan erő. Akkor nem bírtam volna még szabatosan beszélni arról, hogy rántja össze, hogy értelmezi újra Gyóni Géza az Újszövetségből közismert *(Máté 7,3)* más szemében lévő szálkát a sajátunkban lévő gerendával, hogy villámló haragot árasztó költői képet nyerjen:

Küldjétek el őket csak egy éjszakára,
Hogy emlékezzenek az anyjuk kínjára.
Csak egy éjszakára:
Hogy bújnának össze megrémülve, fázva;
Hogy fetrengne mind-mind, hogy meaculpázna;
Hogy tépné az ingét, hogy verné a mellét,
Hogy kiáltná bőgve: Krisztusom, mi kell még!

A felhevült doki verte a mellét, tépte a zubbonyát, rekedt, recsegő hangon, az erőfeszítéstől kivörösödve fejezte be:

Krisztusom, mi kell még! Véreim, mit adjak
Árjáért a vérnek, csak én megmaradjak!
Hogy esküdne mind-mind;
S hitetlen gőgjében, akit sosem ismert,
Hogy hívná a Krisztust, hogy hívná az Istent...

A fergeteges utolsó sorok után letaglózva hallgattak tisztek, legénység, családtagok egyaránt a taps nélküli süket csendben. Barátai, tiszttársai némán gratuláltak a bosszúálló nemezissé előlépett orvos századosnak. Leszegett fejjel, apám is sután ölelte meg barátját: „Nagy művész vagy, dokikám! Nagy művész". Csodáltam én is a dokit. Ez a művészet. Amikor valaki a legbensőbb bensőnkben ragad meg bennünket. Volt persze disszonáns hang is. Pár nap múlva hallom, amint Pipás Pista, a karpaszományos hírlapíró röhécselve mondja kenyeres pajtásának, Tóth tizedesnek: „Öregem, láttad, hogy a doki annyira tépte a zubbonyát, hogy egy gombja lerepült?" Hogy milyen tudósítás jelent meg a *Banda Hírlap*ban az ünnepélyről, nem emlékszem.

Akadtak szálkakeresők is. Igaz, már túl voltunk a gerendatörésen, csak nem tudtuk. A tisztek között terjengett a nyíltan ki nem mondott kérdés: kik azok, akiknek csak egy éjszakára kell eljönniök, hogy emlékezzenek az anyjuk kínjára? Kik azok, akiket a költő vádol, s vele a művészhajlamú orvos százados? Van-e köze Gyenes doktornak Kovács főtörzsőrmesterhez, aki egyívású bajtársaival az almabortól megrészegülve (más szeszes ital nem maradt Feldkirchenben) az Internacionálét énekelték? Kovács főtörzsőrmester tárgyalásakor a nyitott ablak alatt hallgatóztam. Kemény hangon beszéltek vele a kihallgató tisztek, egy-két pofon is elcsattant. Máig látom Kovács főtörzsőrmestert, amint vörös fülekkel elhagyja a Volksschule egyik tantermében összeült ideiglenes hadbíróságot, mely megelégedett azzal, hogy a tényállást jegyzőkönyvbe vegye, és majd Magyarországon állíttatja rendes hadbíróság elé az altiszti rendfokozatáról megfeledkező delikvenst, aki rossz példával szolgált az amúgy is demoralizálódott honvédeknek. De Gyenes doki ugye, az más. Gyenes doki éppen úgy, mint frontharcos tiszttársai, feleskűdött a Szent Koronára, hogy töretlen hűséggel szolgálja a mindenkori magyar államfőt. Ha nem is fegyverrel, de minden erejével törekednie kell, hogy alakulata minden egyes tagja testi épségét és lelki egyensúlyát megőrizze, semmi szükség a kedélyek izgatására a művészet leple alatt. A jobb érzésű tisztek tudták, hogy 1945 márciusának végén, idegen földön egy demoralizált seregtestnél nem lenne értelme kázust csinálni. Csak emlékeznék annak az ezredesnek a nevére, aki ezt az álláspontot képviselte, hiszen fényképe is megvan, 1944 nyarán apámmal együtt szerelték le mint alezredest, hogy aztán őt is behívják ismét, ezredesi rangban 1944. szeptember 1-jei hatállyal. (Az amerikai megszállás idején megszökhetett volna, de konokul mondogatta: hazaviszi a fiúkat, aratásra szükség lesz rájuk. Egy észtországi fogolytáborban halt meg vérhasban.) Az ügy elcsitult, a fásultság a legnagyobb úr.

Közben kitavaszodott, s a háborúnak nyoma veszett, nem jöttek a Liberatorok Linzet bombázni, megszűntek a terrorbombázások. A honvédek a napon sütkéreztek, legfeljebb Capitalyt játszottak. Már a tisztek sem hordtak derékszíjat. Egy-két kisebb izgalom mégis adódott. Egyszer szakasznyi német katona, nagyon öregek és nagyon fiatalok vonultak át a falun, minden meggyőződés nélkül énekeltek. A Duna-partra mennek beásni magukat, vélték egyesek, az együttérzés legkisebb jele nélkül. Máskor híre érkezett, hogy az oroszok nemsokára ideérnek. Erre pánik tört ki az osztrák parasztok közt, s követelték, a Burgermeister ossza ki az élelmiszerraktár tartalmát. Ott zsibongtak a paplak gazdasági udvarán, ott tartották hét lakat alatt a falu élelmiszerkészletét. A Burgermeister nem tudott mihez kezdeni a méhrajként zsongó népséggel. Odaállt a lakattal lezárt helyiség elé, kihúzta a pisztolyát és néhányszor a levegőbe lőtt. Az emberek elcsendesedtek. Kijelentette, hogy az oroszok jövetele rémhír, és aki terjeszteni fogja, azt statáriális bíróság elé állíttatja, másrészt az élelmiszert felsőbb utasítás hiányában nem oszthatja ki. Az emberek engedelmesen szétoszlottak.

Az egyetlen harci cselekmény Feldkirchen an der Donau térségében, egy légicsata, ezekben a napokban zajlott le. Egy tüzér százados velem egyidős lányával, Judittal éppen a környéken csatangoltunk, nagy vadvirágos rét közepén, amikor egy Messerschmitt Me–109-es vadászgép húzott el felettünk, bőgetve a motort, hogy magasságot nyerjen és felülről támadjon a sarkában nyargaló két Ratára. Azonnal a földre vágódtunk, s nem ok nélkül, mert a két üldöző orosz vadászgép felülkerekedett, s géppuskázták a német gépet, ott porzottak a lövedékek a mezőt átszelő úton, néhány méterre tőlünk. Megbabonázva néztem a becsapódó lövedékek apró porfelhőit, s hallgattam a rövid, sziszegő füttyöket. A Messerschmitt feladta a kilátástalan harcot, és a Duna felé igyekezett egérutat nyerni. (Pár nap múlva megtudtam, nem sikerült. Olyan alacsonyan szállt, hogy a Duna-parti magasfeszültségű vezetéknek ütközött, átfordult és belezuhant a folyóba.) Az egész légicsata másodpercekig tartott. Mikor feltápászkodtunk, Judit könnyesre nevette magát. Rajtam nevetett. Akkor vettem észre, hogy egy nagy tehéntrágya közepébe hasaltam, de azért segített, hogy rendbe szedjem magam, mielőtt hazamegyünk.

Nem tudtam, hogy hallottunk-e a háború végéről, a feltétlen fegyverletételről, de egyszer csak az a hír terjedt el: amerikai megszállók érkeznek. Ennek mindenki örült, mégse orosz fogságba esünk! A menekültek igazolva látták önmagukat, megmenekültek az oroszoktól. Ettől mindenki jókedvre derült. Május 4-én tényleg megérkezett egy amerikai egység (bár a zsebnaptáramban ez áll: „bevonultak az angolok"), talán négy-öt dzsipen, mert az elsuttogott rémhíreknek igaza lett, Patton egységei lerohantak a Duna-parton, ellenállásba már nem ütköztek. Mivel katonaruhás alakokat láttak, a parancsnokot követelték. A doki természetesen ott nyüzsgött, s mellét döngetve magyarázta az egykedvű megszállóknak, hogy mi magyarok vagyunk: „we Hungary", amit úgy értelmeztek: „we hungry", s ennek csokoládé- és rágógumi-osztogatás lett a vége. Hogy mit végeztek a parancsnokságon, nem tudom, de egy idő után eltávoztak, s minden maradt a régi, békés keretek között.

Korán érkezett a nyár. Anyám úgy gondolta, elég az iskolakerülésből, s mivel a helyi gyerekekkel úgyis együtt játszottam, ideje lenne a Volksschuléban tanulnom egy kicsit. Ebbe a tanító is beleegyezett, de a felszedett némettudásom nem volt elég, a gyerekek folyton nevettek megnyilvánulásaimon, néhány nap után, legnagyobb örömömre, abba lehetett hagyni a reménytelen küzdelmet. Helyette inkább kerékpározni tanultam meg, s ettől kezdve Judittal kerékpártúrákra indultunk.

A menekültekből turisták lettek, fiákeren jártunk kirándulni, emlékszem anyám izgalmára, amikor cseresznyézni mentünk. A bakák, akik most már végképp nem érezték a kötelező fegyelem súlyát, beálltak a parasztokhoz dolgozni élelmiszerért, ezért-azért. Egy idő után elmentek a hadifoglyok, két franciára emlékszem és Franekra, aki lengyel volt, s nem nagy hajlandóságot mutatott arra, hogy valahová is mozduljon. Egykedvűen végezte a munkáját, és néha engem is felengedett a szekérre, amikor ment ki a földekre. Mivel nagyjából egy szinten beszéltünk németül, jól megértettük egymást. Anyám nagyanyámmal üldögélt a paplak előtti hársfa alatt és olvastak. Nagyanyám szomorú volt, mert egyszer karikagyűrűjét, amely még a régi típusú volt – kétszer olyan széles, mint a következő nemzedéké –, letette a fürdőszobában, s kiöntötte a piszkos vízzel a vécé kagylójába. Hallotta, amint gurgulázik felelé, s tudta, hogy nincs mit tenni. „Rossz ómen – mondogatta, –, rossz ómen!" Tudtuk, hogy mire gondol, mi lehet nagyapával. Mi lett az otthoniakkal, élnek-e a rokonok, ismerősök. Mintha hosszú téli álomból ébredtünk volna. Mindenki egyszerre az otthonmaradtakra gondolt, szaporodtak a honvággyal terhes sóhajok.

Valamikor a nyár derekán váratlanul megjöttek az oroszok. Sokan voltak, s ők is örültek: „Vojna kaput! Vojna kaput!" – mondogatták. Első vagy második este nagy tábortüzet raktak, húst sütöttek, járták a guggolóst. Odasereglettek az osztrákok is, meg mi is. Ezek szerint nem esznek meg bennünket. A fraternizálás abbamaradt, mikor egyre gyakrabban sikoltoztak a lányok, eleinte incselkedve, később megrettenve. Vége volt a háború utáni önfeledt nyaralásnak, az oroszok meghozták a valóságot. Nem mertem többet a Dunára járni úszni és horgászni az egyik holtágban, nem jártak a katonák Aschachba feketézni; hogy honnan szereztek kávét, cukrot, vagy legalább melaszt, rejtély, de mindig hoztak valami luxuscikket. Cigaretta volt bőven egyébként is, én is a jó erős kincstári cigarettát szívtam egyre szívesebben és egyre gyakrabban. Bár még mindig a „hitlerszalonnának" becézett, főként hullott almából készült, késsel szeletelhető vegyes gyümölcsíz, vagyis inkább gyümölcssajt volt az egyik fő táplálékunk, konzervkenyérrel. Ez a tartósított kenyér a német hadiipar csodája volt, vastag héja védőpáncélként vette körül. Nem fogta a kés, szuronyt kellett beleverni, úgy „nyitottuk fel". Mivel a héja kőkemény volt, főként a belét ettük, abból viszont szeletet szelni nem lehetett: elmorzsálódott. Ez a korlátlan mennyiségben rendelkezésünkre álló kenyér évekig elállt, volt ugyan, amelyikben hajszálrepedések keletkeztek és belehatolt a penész. Akkor tanultam meg, hogy a penészes kenyér is ehető, csak a *nagyon* penészes részét kell kivágni. A téglára emlékeztető, gyakran többéves kenyér aljába bele volt égetve a gyártási év; az 1943-as évjárat legtöbbször ehető maradt, az 1944-es mindig.

Amikor sokkal később a konzervkenyeret emlegettem, csodálkozással vegyes hitetlenkedéssel hallgatták, s már-már én is kezdtem hinni, álmodtam az egészet. Nagy megkönnyebbülésemre szolgált, amikor Örkény Istvánnál *(Lágerek népe)* olvastam a „konzervkenyérről". Csak azt nem értem, Örkény miért fitymálta, hiszen ha morzsálódott is, jóízű és magas tápértékű ennivaló volt. (A gancás hazai kenyér még 1946-ban is alig volt ehető.) Annál kevésbé értem, mert Örkény orosz hadifogságban mindig éhes volt, én éhezésre nem emlékszem, mindaddig, amíg meg nem indultunk hazafelé, s erre bizonyítékom is van: apám egyszer valahol nagy adag lóhúst szerzett, s anyám kidobta, nem volt hajlandó semmit sem készíteni belőle. Persze, ehhez hozzájárulhatott az is, hogy a Dunán gyakran úsztak lefelé puffadt hasú lovak, Tóth tizedes szerint hullák is. Az apám által hozott lóhúsnak szép, sötétpiros színe volt, s nem volt szaga sem, hiába szagolgatta hosszasan nagyanyámmal együtt anyám. Az igazán éhes ember nem válogatós, Szolzsenyicinék a permafrostból kiásott őskori halakat is megették.

Hiába zengem most a konzervkenyér dicséretét, én is el tudtam volna képzelni ízletesebb falatokat. A munkába álló honvédek fizetségének része az volt, hogy együtt ehettek a paplak ebédlőjében a mezőgazdasági munkásokkal. S micsoda finomságokat! Az ismerős bakák között mindig akadt, aki titokban hozott nekem egy fél szelet finom házi kenyeret, jól megpúpozva friss tehéntúróval, s meghintve snidlinggel. Fönséges eledel volt, nem is sejtettem, hogy ilyen finomságok is léteznek. Ilyen fehér búzakenyérnek a létezéséről sem tudtam (ha ettem is valaha, az egyre több krumplival készített ragacsos, gyakran sületlen kenyér elmosta az emlékét), a túrót sem ettem „magában", csak mint a tejfeles túrós csusza alkatrészét ismertem az egyre valószínűtlenebb múltban. Volt ezenkívül még a kincstári, 500 grammos, hadizöldre festett konzervekben lévő marhahús, valamilyen íztelen, seszínű zselében. Ez viszont, ha nagyanyám feljavította pörköltnek paprikával és hagymával, nemcsak tápláló, hanem igen ízletes étellé változott. Ebből nem rendelkeztünk korlátlan készletekkel, mint a konzervkenyérből és a hitlerszalonnából, hetente (talán) kétszer került az asztalra.

Az oroszok bejövetele után persze minden megváltozott. Éjjelente gyakran durrogtak a fegyverek. A Vörös Hadsereg katonái karórát, írógépet, fényképezőgépet követeltek. Érdekes módon minden alkalommal előkerült a kívánt tárgyak közül egy-egy. Nem bánkódott érte senki, készültünk hazafelé. A tizenkettedik órában a tisztekből, legénységből meg-megszöktek, átmentek a nyugati zónába. Egy szép napon eltűntek Merschichék is, váratlanul, hiába kerestem Juditot, senki nem tudott róluk, soha többet nem láttam. Elszomorított, hogy játszópajtásomnak nyoma veszett.

Ekkoriban került a kezembe *Az ember tragédiája*, ezzel elbújtam a hatalmas szénapadláson, a jó illatú szénában heverve olvastam. A címe alapján tetszett meg. Ez olyan „igazi" könyvnek tűnt, hiába erősködött az ezred könyvtárát őrző tiszthelyettes, hogy ez nem nekem való, ez klasszikus. Lehet-e egy tízéves gyereknek izgatóbbat mondani, mint hogy nem neki való? Mert amiket a könyvtáros tiszthelyettes javasolt, azokat egy-két oldal után érdeklődésemet vesztve letettem és visszavittem. Anyámék főként Passuth-regényeket olvastak, a *Nápolyi Johannán* könnyeztek. A könyvtáros vékony, füzetes regényeket javasolt, ezek szerzői közül Csurka Péter nevére emlékszem vissza, bár nem hiszem, hogy valamelyik művét elolvastam volna.

Az ember tragédiája, az más volt. Nehéz erről írni, nehéz egy hatvanon felüli ember fejét, emlékezetét visszavinni több mint félszázaddal korábbra, és rekonstruálni, hogy mit értett meg egy kétségkívül nem tízéveseknek szánt munkából, amellyel azután többször foglalkozott: mint gimnazista, egyetemista és tanár. Már a nyelvezete is zavarta a megértést, tele volt furcsa alakú szavakkal, melyeknek a mai megfelelőjét csak egy idő után ismertem fel bennük, illetve nem is mindig. Azt megértettem, hogy az emberiség történetéről szól, Ádámról és Éváról, akiket a *Kisbibliá*ból jól ismertem. S ott volt az egész történelem, a fáraók, akik piramisokat építettek, a keresztes hadjáratok (azt már az élet könyvéből tudtam, hogy a legutóbbi, a bolsevizmus ellen elbukott), a francia forradalom, amikor az embereket lefejezik (nemhiába félt anyám a forradalomtól). Lexikon ugyan nem volt kéznél, hogy megnézzem, kicsoda pontosan Kepler, Danton, bár anyámtól megtudtam, hogy a széklábat faragó Michelangelo a legnagyobb művészek egyike volt. De így is megértettem, hogy az ember mindig akar valamit, nem sikerül neki, belebukik, s hogy mindig újrakezdi. Sokat gondolkodtam azon, miért kezdi újra, ha már én is tudom, hogy úgyis elbukik. Hogy már Ádámot is rettentő kételyek gyötrik, érdemes-e tovább küzdeni. Évát magával ránthatná a szakadékba, s akkor vége az egész nyomorúságnak. Néztem a Zichy-illusztrációt, s nem értettem a miértet.

Tudom, hogy ez a kérdés már akkor megfogalmazódott bennem, azóta is kísért, egész életemen át. Nyilván *buta* kérdés volt, s *buta* kérdésre nem lehet okos feleletet adni. Hiába érvelnék *most* azzal, Ádámnak nem adatott meg a választás lehetősége, a történelem elkezdődött, s ha a várandós Évával elpusztítja az emberiséget, nem lennénk itt, hogy olvassuk Madách művét. Mert tényleg zavarba hozó befejezés lenne arról értesülni, hogy az emberiség kihalt. Akkor kik vagyunk mi? Ádám tehát csak annyit tehet, mint amennyit Madáchnál tesz: beismeri a vereségét, beismeri, hogy nincs cselekvési szabadsága, minden az Úr rendelése szerint történik, másképp nem is történhet, mert már *így* történt. Szolgálhat-e Ádám álma a történelem pesszimista felfogásának keretéül? Távolról sem kívánok itt a Madách-problematikába belemerülni, mert csupán annyiban releváns a saját eszmélkedésemhez, amennyiben valamit megpendített bennem tízéves koromban, még akkor is, ha annak idején Feldkirchenben nem értettem, mert nem érthettem *Az ember tragédiáját*.

Nem értettem, mert nem érthettem, hogy az úton végig kell menni, nincs más választásunk. Az egyetlen kibúvó az öngyilkosság; többen hangsúlyozták, Émile Durkheimtől Illyés Gyuláig, hogy az egyetlen szabad emberi cselekedet, az egyedüli módja a világrenddel való szembehelyezkedésnek, talán azért is üldözte ennek gondolatát az egyház. Az Úr által odavetett konc, a *küzdj és bízva bízzál* igéje, inzultusa az értelemnek, miért adott az Úr értelmet, ha független használatát nem engedélyezi? Nagyfokú alázatra inti a kicsinyhitűeket, akik nem szívlelték meg a Márk-idézetet, mint ahogy én sem, hiába láttam apám borbélyánál az aranybetűs fekete táblácskát. Kicsinyhitű voltam már tízéves koromban, csak nem tudtam, hogy az vagyok. Most viszont az érdekelne leginkább, hogy a nem kicsinyhitűek honnan kapják a hitet, s hogy én miért nem részesültem a malasztból, hol tévelyeghettem, amikor osztogatták? Afféle cinizmustól hetyke megfogalmazásnak tűnhet a fenti kijelentés, pedig nem az. Rezignált belenyugvás a változhatatlanba, én is tudom ma már, hogy hittel könnyebb, mint hit nélkül. Mindig irigyeltem is azokat, akik csillogó szemmel, tántoríthatatlanul menetelnek akár az üdvözülés, akár a földi paradicsom felé.

Egyszer apám magához rendelt, hogy kísérjem el Landshaagba. Ez meglepett, mert korábban nem nagyon avatkozott bele az életembe, kedvemre csatangoltam a környéken, még az oroszok bejövetele után is, mert a faluban nem maradt közülük senki, forgalom nem nagyon volt, aggodalomra végső soron tényleg nem volt oka. Gyalog mentünk a rekkenő déli hőségben, apám kigombolta zubbonya felső gombjait, és gyakran törülgette izzadó homlokát. A családról beszélt, hogy az ember életében legfontosabb a család, s hogy őt is mennyire foglalkoztatja, mi lehet Újhelyben a szüleivel, a húgával és annak családjával. Hangjában nem volt szikrányi ünnepélyesség, elérzékenyültség sem, úgy beszélt, ahogy szokott. Aztán arról beszélt, hogy már nem vagyok gyerek, s ha vele valami történik, nekem kell vigyázni a családra, anyámra és testvéreimre, ígérjem meg neki, becsületszavamra, hogy gondoskodom róluk. Eleinte nem is figyeltem rendesen a szavaira, ahogy haladtunk a jól ismert úton a Duna felé, csak akkor kaptam fel a fejem, mikor azt mondta, *ha vele valami történik*.

Csak nem akar ő is megszökni nyugatra, és bennünket itthagyni? Arra kicsit büszke lettem, hogy *becsületszavamra,* hogy nekem már van becsületszavam. De a legjobban a testvéreim emlegetése lepett meg, hiszen nekem csak egy testvérem van, Edit. Apám nem bocsátkozott magyarázatokba, velünk marad, persze, csak úgy általában, minden eshetőségre mondta, amit mondott, hiszen már nagy fiú vagyok, maholnap gimnazista. Vajon gondolt-e arra, hogy fogságba kerülhet, de most mégsem szökhet meg, mert akkor otthagyná a családját? Mi lett volna velünk, ha anyám félelme a háború borzalmaitól nem készteti, hogy apám után menjünk, s ott legyünk a nyakán, amikor a legfőbb érdeke azt kívánta, hogy elmeneküljön a többéves hadifogság elől? Elmenekült volna-e apám, vagy esetleg már hamarabb otthagyja a hadsereget, civil ruhában megszökik még otthon akkoriban, amikor elterjedt a híre, hogy a Magyar Királyi I. Hadsereg főparancsnoka, Dálnoki Miklós Béla „fehér gatyát lobogtatva" átment az oroszokhoz, nem sokkal a Szálasi-hatalomátvétel után? Ez utóbbit alig hiszem, már a „fehér gatya lobogtatása" kifejezés is kellően jelzi, hogy a tisztek, s nem csak a hivatásosak, Dálnoki Miklós Béla tettét becstelenségnek tartották, hiszen a hadseregben, minden hadseregben a megadás becstelen cselekedet, az átállás az ellenséghez pedig hazaárulás. Ezt sulykolta beléjük a szolgálati szabályzat, s hazaárulásért főbelövés jár. Azt viszont, hogy „vége a dalnak, passz!", mindenki tudta szerintem, az osztrák határ átlépése után. Lendítette őket a tehetetlenségi nyomaték az előre sejthető végkifejlet irányába.

Persze, ha jobban meggondolom, a háború utáni megszökés gondolata sem valószínű apám életében, még akkor sem, ha történetesen nem vagyunk vele. Mert igaz, hogy az ezredparancsnok feloldotta a tisztikart esküjük alól, mindenkinek a kezébe adva egyéni sorsának irányítását, hogy legjobb belátása szerint cselekedhessék, s ezzel a joggal többen éltek is, apám, éppen családjához való kötődése miatt nem vállalkozott volna erre, már a „bandát" sem tudta volna otthagyni, s azt is természetesnek vette, hogy legénye azt mondja: „én oda megyek, ahová hadnagy úrék". Ugyanígy teljesen természetesnek tűnhet, ostobaságot súroló naivsága ellenére is, hogy az ezredparancsnok aratásra haza akarta vinni a fiúkat. A kapitány nem hagyja el a süllyedő hajót, míg beosztottairól nem gondoskodik.

Amit vártunk és amitől egy kicsit rettegtünk is, bekövetkezett. Megyünk haza! Izgatott készülődés, búcsúzkodás a helyiektől, sok copfos Mitzinek gyanúsan csillogott a szeme, én is összeölelkeztem a fiúkkal, akik annak idején kiközösítettek, mert nem akartam velük lövészárkot ásni azzal a kifogással, hogy a Burgermeister parancsa nem vonatkozik rám, velem mint családtaggal csupán a 21. gyalogezred parancsnoka rendelkezik. A jószívű Pfarrer kölcsönadta a paplak traktorát, két pótkocsival, ezekre kerültek a nők és a gyerekek, meg a málha. Vagyonunk a zászlóalj mentőautójában utazott: konzervek, konzervkenyerek, ajándékba kapott friss gyümölcs, krumpli. „Ezen megélünk hazáig" – mondta apám nevetve az élelmezési állománynak. Vidám nótával indultunk, Linz csak 23 kilométer, délutánra ott vagyunk. Egy szál orosz kísérőnk, egy fiatal kijevi orvostanhallgató szemlátomást meg volt elégedve, *haraso, haraso,* mondogatta.

Linzben teljes fejetlenség fogadott, vonatoknak se híre, se hamva. Iván, a kísérőnk elment eligazításra, s egy szakasz géppisztolyos katonával tért vissza. Tisztek, tiszthelyettesek, katonák, sorakozó. Civilek, nők, gyerekek külön; órákat, fényképezőgépeket, írógépeket leadni. Mire észbe kaptunk, a minden jóval megrakott mentőautónak már nyoma veszett, a kölcsöntraktor pótkocsistul visszafordult Feldkirchenbe, a katonákat minden különösebb teketória nélkül elvitték. Ott maradtunk kézipoggyászokkal, nők, gyerekek, egy-két öregember, körülöttünk ellenségesen tekingető, géppisztolyos orosz katonákkal. Nem tudom, hol aludtunk, de szalma volt a vackunk.

Másnap gyalog indultunk tovább. Az élelmesebbek kerítettek vagy vettek (csak azt tudnám, mit adtak érte) egy-két kordét, összeeszkábáltak alkalmatosságokat a csomagoknak. Nekünk is sikerült betársulni egy ilyen taligához, néha még a négyéves húgom is felülhetett rá. Sok pihenővel, késő este érkeztünk meg Mauthausenbe. A volt koncentrációs táborban szállásoltak el bennünket. Nem tudtuk, hova kerültünk. Durván ácsolt dobogók a barakkokban, szalmával lehintve. Enni nem hiszem, hogy ettünk, nem volt mit. Az oroszok egy ideig randalíroztak, de azután minden elcsendesült, ájultan mély álomba zuhantunk. Mindenki izomlázzal ébredt, nagyanyám lábára nem ment rá a cipő, annyira megdagadt; az egyik lópokrócunkat kellett felhasogatni, abba bugyoláltam a lábát, zsinegekkel összekötve. Először anyám kísérletezett vele, neki nem sikerült.

Megváltozott a hangulat, mindenki kiabált, veszekedett, egy csajkát sem lehetett őrizetlenül hagyni, mert azonnal lába kélt. Az oroszok rövid géppisztolysorozattal rendelték el a pihenőt, azzal jelezték a végét is. A napi teljesítményünk egyre csökkent, húsz kilométer alá esett. Amstetten, Pöchlarn után délnek kanyarodott a menet, Mankban és Kilbben táboroztunk le talán több mint egyhetes gyalogtúra után. Az oroszok is belátták, hosszabb pihenőre van szükség. Mi Kilbbe kerültünk, szénapajtába. Az egyik bőröndünket ellopták, abban volt az első hosszúnadrágom. Megharagudtam érte a világra, s most már magam előtt sem szégyenkeztem, ha sötétedés után sikerült valamelyik istállóba belopakodni, s tejet fejni a kulacsomba, vagy tojást, krumplit, gyümölcsöt lopni. Persze, az osztrák parasztok vigyáztak a tulajdonukra, s biztos vagyok benne, a pokolba kívánták egykori szövetségeseiket. Előfordult, hogy ha az oroszok nem védik meg, nagyon megverik az osonó tolvajokat. A legfőbb úti táplálékunk a marharépa volt, ehhez lehetett a legkönnyebben hozzájutni. Ma is emlékszem édeskés ízére, fás húsára. Megtörtént velem is, másokkal is, hogy a mohón befalt répa részben vagy teljesen visszajött, mint a Pilinszky által emlegetett francia fogolynak.

Ha nem voltunk is szívesen látott vendégek, valamennyire összebarátkoztam a velem egyidős helybéli fiúkkal, Tőlük kaptam ennivalót, törtek a zsíros kenyérből, adtak egy almát, engedték, hogy ingembe szilvát gyűjtsek. Az egyik, Joseph nevű fiúval egészen jól megértettem magam, meghívott, szóval be akart vinni a házukba, de az anyja söprűt ragadott és kizavart bennünket. Nevettünk rajta, s továbbra is jóban voltunk, felírtuk egymás címét, s hazakerülésem után egy ideig leveleztünk, bélyeget cseréltünk.

Talán egy hétig is táboroztunk Mankban és a környező falvakban. Mikor megint elindultunk, már majdnem mindenkinek volt valami járgányszerűsége. Legtöbbször szétlőtt járművekből kiszerelt golyóscsapágyak szolgáltak kerékként, ezeket cserekereskedelemmel szereztük. A környéken minden kilőtt jármű, harckocsi szét volt már szedve, s ami mozgatható, kiszerelve. Egy fényképezőgép kevesebbet ért, mint egy golyóscsapágy. Ahogy a menet haladt, mindig újabb és újabb dolgokat dobtak el az emberek, mint a süllyedő hajóról, hátha akkor nem süllyedünk el. Eddig kelet felé mentünk, Mank után délnek fordultunk, a Semmeringen fogunk átkelni.

Nem tudnám megmondani, miért kanyarodtunk délnek, hiszen minden megtett kilométer kínszenvedést okozott, s a Semmering felé nagyot kerültünk. Csak arra tudok gondolni, az oroszoknak megvolt a parancsuk, merre kell bennünket hazahajtani, illetve lehet, hogy Bécs felé katonai okokból tilos volt az út. A csapatunk mint kis patak indult Linzből, s állandóan dagadt, újabb karavánok csatlakoztak, nem sokkal a Semmering előtt ökrös szekerekkel csallóközi gazdák. Időnként könyörületből fel-felvettek kisgyerekeket, nagyon öregeket a saroglyába. Cserébe a többieknek segíteni kellett a szekeret tolni, ha hirtelen nagyon meredekké vált az út – a hágó majdnem olyan magasan van, mint a Kékes tető –, s a lestrapált ökrök nem bírták húzni.

Nem tudom, hogy jutottunk keresztül a Semmeringen. Sokszor kellett nekirugaszkodni a szekér küllőinek, hogy centizve haladjon felfelé. Egyszer nekizúdult a szekér, amit én is toltam, s hogy-hogy nem, átment a jobb kezem három ujján. Tényleg burokban születtem – bár nem készültem zongoraművésznek, a zongorázást féltucat lecke után abbahagytam –, mert szétroncsolhatta volna az ujjaimat, de csak belenyomta egy puha mélyedésbe, s még csak meg sem kékült, igaz, kicsit fájt. A felnőttek nem nagy részvétet mutattak irántam, inkább nevettek rajtam, hogy ilyen ügyetlenkedve segítettem. Hogy valakinek még annyi esze sincs, hogy vigyázzon saját magára. Nagyon szégyelltem magam, és nagyon utáltam a felnőtteket.

Gyakran szabad ég alatt háltunk, a csillaghullásos, sziporkázó augusztusi éjszakában, de már a legpesszimistább számítás szerint is megtettük az út nagy részét. Otthon aztán majd vonaton megyünk, biztattuk magunkat, hiszen anyámnál volt pénz bőven. Volt persze birodalmi márkánk is, de azt szinte sohasem fogadták el, olykor talán csak könyörületből, eladhatatlan, romlásnak indult gyümölcsért. Az utat jól bírtam, sokszor előrementem, vagy elmaradtam örökös cserkészés közben, hogy valami ehetőt találjak. Ezek a különtúrák legtöbbször eredménytelenül végződtek, de még így is megbabonázott az erdők jó illatú csendje, a helyenként élesen behasító napsugár. Egyszer felkapaszkodtam valami sziklacsúcsra a páratlan kilátást élvezni, s közben egy szélvédett mélyedésben csillag alakú, ezüstösen fehér szőrökkel borított virágot találtam. Megtetszett, s lepréseltem a zsebnaptáramba. Valaki mondta, hogy *Edelweiss,* havasi gyopár a ritka virág neve. (Első hazai látogatásom alkalmával, 1956 után megtaláltam gondosan elrakott mementóim között, s feleségemnek adtam megkésett, egyetlen nászajándékul; ma is megvan, bekeretezve.)

Lapult a zsebemben még egy másik virágkülönlegesség. Anyám a feldkircheni temetőben, ahová szívesen járt ki húgommal, fekete árvácskákat talált az egyik síron a sok lila és sárga árvácska között. Ennek a magjait őriztem papírba göngyölve pénztárcám egyik rekeszében, hogy majd otthon a kertben elültetjük. Lehet, hogy valamelyik alkudozás közben kirántottam a keveset érő birodalmi márkákkal, tény az, hogy otthon, mikor anyám kérte, nem találtam, szőrén-szálán eltűnt. Nagyon bánkódtam, hogy ilyen gondatlan voltam, anyám évekig emlegette, hogy nem sikerült fekete árvácskát ültetni a kertjébe.

De hát sok mindenre kellett ügyelnem. Ha anyám előreküldött a több kilométerre nyúló menetoszlopban, hogy megnézzem, megvan-e még az egyik kordén utazó bőröndünk, le-letértem az útról, kiégett járműveket nézegettem, van-e rajtuk valami használható. Kis tisztásokon nyírfakeresztek csoportját fedeztem fel, rajtuk a rohamsisak és a felírás legtöbbször: *Deutsche Soldat*, néha dátum is. Kíváncsi voltam, találok-e *Ungarische Soldat*ot is, de úgy látszik, ezen a környéken nem harcoltak, vagy jeltelen sírba kerültek. Nagy volt a kísértés, hogy lelopjak egy rohamsisakot a nyírfakeresztekről, hiszen tudtam, milyen kitűnően használható ennivaló, gyümölcsök szállítására, s mellette még alacsony ülőhelynek is alkalmas. De valami mindig visszatartott.

Jól bírtam az utat, bár gyakran nyargaltam előre-hátra, nagyon lassan haladtunk, gyakori pihenőkkel. A vége felé már nekünk is volt valami alkalmatosságunk, felváltva húztuk anyámmal, akit a reggeli rosszullét egyre inkább kínzott, nagyanyám pedig tolta, vagyis inkább halottsápadtan belekapaszkodott, s húztuk őt is. Esténként már nem számoltak meg bennünket – hiszen megtörtént, hogy a menet vége egy-két óra késéssel érkezett meg – a szálláshelyen, ahol az oroszoknak sikerült megértetni a helyiekkel, hogy nem omlik össze a világ, ha megengedik, hogy a pajtákban, csűrökben meghúzzuk magunkat éjjelre. Elpiszkolódtunk, lerongyolódtunk; sokan tetvészkedtek a szénában. Iszonyodva igyekeztünk távol tartani magunkat a tetvesektől, bár erre semmi okunk nem volt, mert én is rühes voltam, vakaródzva aludtam. Az oroszoktól kaptam rá karbolt, ők ezzel kezeltek minden bőrbetegséget. A bőrbajtól könnyen megszabadultam, de a bal lábamon egyre inkább kidagadó visszér megmaradt emléknek.

Az út végére nem emlékszem, bár volt egy Ausztria-térképem, amire minden este berajzoltam a megtett utat, s aláhúztam szálláshelyünket, ha a helységet feltüntette a térkép. Ez a térkép azonban elkallódott, s csak arra emlékszem, hogy naponta 15-20 kilométert haladtunk, s hogy az első nagyobb pihenő előtt, mely többnapos volt, Mank és Kilb előtt majdnem ötven kilométert tettünk meg, amit nem is értek, lehet, hogy elszámoltam a kilométereket.

Sajnos, soha senkivel nem beszélhettem meg emlékeimet. Nem korrigálhattam akaratlan tévedéseimet, nem volt kinél megtalálni a hiányzó láncszemeket. A családban nem beszéltünk róla. Apám legénye, Dajka Pista, miután mindketten hazakerültek a fogságból, apám haláláig hűségesen látogatott bennünket Újhelyben. Igaz, anyám tekintetét a bombabiztos híd óta kerülte, de erről sem beszéltek. Apám szótlanul töltött neki, s némán merengtek, vagy a családjáról mesélt Pista. Én is magamban hordtam emlékeimet, pedig évekig csak arra vágytam, megtudjam, mi történt a szöghajú, kedves hangú, már akkor is bájos, nyúlánk fruskával, Merschich Judittal. Irigylem azokat, akik életük sorsfordító élményeit megoszthatják sorstársaikkal, hiszen minden találkozás újabb apró, de a résztvevők számára pótolhatatlanul fontos részletekkel gazdagítja az emlékezés tárházát, hogy ezáltal maradéktalanul tisztázzák és megemésszék az el nem múló múltat. Panaszra, persze, nincs okom és jogom. Kelet-Európában a túlélők közül embermilliókat forgattak ki múltjukból, akkor is, azóta is. Hiszen végső soron, ha sorsfordító időket éltem is át (és túl), igazi, jóvátehetetlen tragédia nem történt se velem, se a családommal. Bár olyan cipőben járni egy életen át, melybe homok szóródott, s ez most már soha el nem távolítható, ha nem tragédia is, de több, mint alkalmi kellemetlenség.

Így azt sem tudom, hány nap gyaloglás után, egyszer csak hitetlenkedve ott álltunk a határon, Sopronnál. Szokatlan szabású egyenruhában sovány magyar katonák őrizték a határt. Csak néztem a puskájukat meglepődve, az oroszok ezt engedik? Miután átestünk a formaságokon, kaptunk ideiglenes igazolványt, s ingyen jegyet (Czigány Jánosné + három fő) a vasútra Gyöngyösig. Anyám elment, hogy ennivalót és friss gyümölcsöt vegyen, most már a régi, megszokott módon, pénzért. Rémülettel a szemében tért vissza: „Anyuka, Anyuka, egy kiló görögdinnye nyolcvan pengő, mi lesz velünk?"

Ezerkilencszáznegyvenöt augusztus huszadika volt: István király.

Szép új világ

Csupán jó fél évet voltunk távol, mégis nagyot változott a világ. Nemcsak a háború vészjelzései szűntek meg, de valahogy az emberek pesszimizmusa is elmúlt. A sok sovány ember szemében lázas bizakodás csillogott: hiszen rosszabb már nem jöhet, a jövő csak jobb lehet. Mindenkit ez sarkallt, mint egy rossz álomból felébredve, elmúlt a közvetlen veszély, elementáris erővel tört ki a cselekvési vágy. Tántorogtunk, kapkodtuk a fejünket, mint akik homályos, föld alatti kazamatákból hirtelen kiérnek a vakító napsütésbe.

Tényleg vonattal mehettünk haza. Nagy élvezet volt letekinteni az elsuhanó tájra ahelyett, hogy utolsó erőnket összeszedve araszolnánk előre a véget nem érő országúton. Pedig a vonaton való utazás sem számított kéjutazásnak. Sopronban óriási tömeg a pályaudvaron, időnként megbízhatatlan hírek, hogy Győr felé megy egy tehervonat, azon lesz hely, hogy Pápára, hogy Celldömölkre, hogy lesz közvetlen járat Pestre. Egy idő után mi is felkerültünk egy vonat tetejére, helyet szorítottak, csak nagyon kellett vigyáznunk. Nagymamát alig bírtuk feltuszkolni, egyre hajtogatta, hogy oda nem bír felmenni, szédül, leesik, inkább itt hal meg, de nem mozdul egy tapodtat sem. Nem tudnám megmondani, hányszori átszállással érkeztünk meg Pestre, vonat tetején, marhavagonban szorongva, étlen-szomjan (nem mertünk leszállni ennivalót, vizet venni, soha nem tudta senki pontosan, hogy mennyit áll a vonat). A vonat mellett alkalmi vállalkozók vizet árultak, tejeskandli tetejéből lehetett egy kortyot inni, közben mások kiabáltak, siessünk, nekik is kell, indul a vonat. Akadtak jótét lelkek is, akik ingyen merték a vizet, körülöttük néha majdnem verekedés tört ki. Valahogy mégis megérkeztünk, gondolom a Déli pályaudvarra. Izgalom volt átjutni a Dunán a szükséghídon. Villamoson is utaztunk, félig kiégett, ablaktalan kocsikban, és néztem a romhalmazokat, a nyüzsgő életet, a lökdösődést, mindenki óriási batyukkal, csomagokkal törtetett a maga célja felé. Pest látványa leverő volt. A háború előtt néhányszor jártunk a fővárosban, először talán az Eucharisztikus Kongresszusra vittek fel, 1938-ban. Voltunk még vásárolni a Divatcsarnokban, megfordultunk az állatkertben, az emlékek összefolynak, de közös nevezőjük elegancia, jólét, s az, hogy akkor is nagy volt a tolongás, de valahogy nem az a fejetlenség uralkodott, ami most; rendezettség, szervezettség mozgatta a város életét, az emberek jólöltözöttek; nevetés, vidámság, derű. Most a félelmetes kulisszák, a kibombázott házak égnek meredő tűzfalai, az utcai árusok zsibongása, ismeretlen egyenruhák, és mindenki mint a templom egere, szedett-vedett öltözékben, szürkeség, siralmasság.

De nem csak Pest látványa volt leverő, az első dolog, amit megtanultunk a gyakori igazoltatások alkalmával, hogy hallgatnunk kell majd arról, honnan jövünk. *Nyugatosok* voltunk. Bélpoklosok. Félnünk kellett valami olyasmi miatt, amiről ma sem tudnám megmondani, hogy miért vonatkozott ránk is. Nem az volt a lényeg, hogy miért, hanem az, hogy ránk *is* vonatkozik. Nem lenne értelme az utólagos elemzésnek sem a miértről. Nem csak bennünket, hanem mindenkit ért hasonló igazságtalanság, ha nem most az új világban, akkor a közelmúltban a háború alatt, ami hiába volt már évszázados távolságban, mégis befejezetlen múlt maradt.

Gyöngyösre ugyanúgy kecmeregtünk haza, vonat tetején, összeszorulva, de hazaértünk. Kimondhatatlan öröm volt látni a házat, mely épen maradt, bár a légnyomás kiverte az ablakokat, s a vakolaton is sorozatok nyomai. A kert teljesen szétdúlva, bár a fák nagy része állt, nyoma sem volt virágágyaknak, tervezett, gondosan nyírt gyepnek. Nagyapám nem akart hinni a szemének, amikor zörgettünk, nem is értette az egészet, de hát mindenki ott volt, szerencsésen megérkeztünk. Tőle tudtuk meg a történteket. Talán egy héttel azután, hogy elmentünk, bejöttek az oroszok. Aztán visszavonultak, a németek kiverték őket. Mikor újra elfoglalták a várost, a németek befészkelték magukat a Mátrába, s onnan ágyúzták az ellenséget, majd ők is visszafoglalták a várost. Gyöngyös többször gazdát cserélt, mielőtt végleg elesett november 18-án. A kertben német légelhárító gépágyú volt felállítva, a házat fedezéknek használva lőtték az alacsony támadásban hirtelen előtűnő orosz repülőgépeket. Mikor menekülniök kellett, a kert végén az északi szomszéd felé törtek ki. Utcai harcra nem került sor a környékünkön. Nagyapám a pincében élte át a front többszöri átvonulását, hozzászokott a gyertyafényhez, szakállas volt és nagyon-nagyon sovány. Nem hitte, hogy valaha is előkerülünk.

A front elvonulta után orosz tisztek laktak a házban, napirenden voltak a dínom-dánomok cigarettáért és élelemért mindenre kész nőkkel. Elvették a nagyapám dupla fedelű arany Doxáját, magukkal vitték a világvevő Orion rádiót, összetörték a zongora tetején álló Beethoven mellszobrot, néhány billentyűről lepattintották az elefántcsont lapocskákat, de a hajókoffert nem találták meg; nagyapám készségesen vállalta, hogy fűt és kihordja a hamut. Úgy rendezte a szenet, hogy a hajókoffer nem látszott ki, szerencsére bőven volt szén. A bort mind megitták (már amit a német légvédelmi tüzérek meghagytak). Nagyapám járt kint a szőlőben, de nem volt kedve hozzányúlni, helyenként kitaposva, megdézsmálva, bár valami termés így is ígérkezett. A kifagyott tőkéket meg a tüzelőnek ellopott karókat pótolni kellett volna. A rokonok éltek, Marica nénit megerőszakolták, férjének, aki meg akarta védeni, géppisztoly tusával kiverték a fogát. Pista bácsiéknak egy lova sem maradt, először a magyarok rekviráltak, aztán a németek, az utolsót az oroszok vitték el. Bor sem maradt, de még a hordókat is javítani kellett, mert részegen belelőttek, az átlőtt dongákhoz kádárra lett volna szükség. Pista bácsi öreg, összetört ember lett. Igavonó állat nélkül ekkora szőlészetnek befellegzett. Termésre alig számíthatott, a szőlők neki is nagyrészt megműveletlenül maradtak, felesbe leszedette, a félnek a fele pedig az igavonók bérére ment el. Nem tarthatta be többé a jó szőlősgazda aranyszabályát, akinek egyik évi termése pénzintézetben kamatozik, egy másik a pincében hordókban és a harmadik a tőkén.

De élni kell. Anyám hamar rájött, hogy engem először is be kell íratni a gimnáziumba, hiszen napokon belül *Veni Sancte.* A gimnáziumban szóba se álltak vele, hol a negyedikes bizonyítványa a fiának? Vissza a sóházi elemi iskolába. „Ha ide járt – mondták neki –, akkor kell lennie bizonyítványának!” (A front elvonulása után akik előkerültek, rövidített tanévben befejezték az iskolát és bizonyítványt kaptak.) Anyám nem merte bevallani az igazat, hogy elmenekültünk. „Hát, ha nincs bizonyítvány, akkor megbukott” – mondta a tanítónő, akivel tárgyalt. Beírt a IV. osztályba mint osztályismétlőst. Látta, hogy anyám nemcsak a szégyen, hanem az év elveszítése miatt is nagyon szomorú. „Nézze – mondta neki mosolyogva, hogy kissé jókedvre derítse, mikor a beíratási igazolást átadta –, 48. a sorszáma. Ez a fiú nem enged a negyvennyolcból!”. Szerintem a tanítónő teljesen tisztában volt a helyzettel, s talán emberségből, úgy gondolta, így a legkönnyebb eltussolni a kínos kérdéseket kiváltható ügyet.

„Nem engedek a negyvennyolcból!” – mondogattam én is, bár a gondolat, hogy még mindig elemista vagyok, lesújtott. De még ez sem volt minden. Anyám hiába vigasztalt, ne törődjek vele, jövőre Pannonhalmára megyek gimnáziumba, az az egyik legjobb az országban, s a ferences atyák segíteni fognak. A közvetlen jövő még tartogatott kellemetlenségeket. Az egyetlen megmaradt cipőm a gyalogtúrán teljesen szétment, megcsináltatni nem lehetett, nagyapám megpróbálta összedrótozni, de egyrészt eléggé kinőttem, másrészt nem segített azon már semmi, még Slameczka bácsi se bírt volna vele mit kezdeni a Hecskén, Újhelyben. Pedig Slameczka bácsi a cipők doktora volt, csodákat tudott művelni még Szappanos Jóska cipőjével is. Így történt, hogy *Veni Sanctéra* mezítláb jelentem meg. Igaz, nem én voltam az egyetlen mezítlábas, de nagyon-nagyon szégyelltem magam. Most értettem meg Szappanos Jóska anyjának az aggodalmát, hogy a fia csak annyit járjon egyetlen pár cipőjében, amennyit kell, és oda, ahova kell.

Arról, hogy új cipőt kapjak, egyelőre szó sem lehetett. Hiszen az élére rakott százpengősök már Sopron és Gyöngyös között eléggé megfogytak, s a maradékot az utcai szobák beüvegezése vitte el. Pénzre nem volt kilátás, s egy-kettőre nyakunkon a tél, megfagyunk, hiszen tüzelő is csak annyi volt, amennyi megmaradt a tavalyi készletből. „Majd ha eladjuk az újbort – vigasztalt nagyanyám –, nagyon szép új cipőt kapsz!" A cipőügy egy idő után valahogy megoldódott. Láttam, hogy osztálytársaim közül nem egy autógumiból készített szandálban jár. Valahogy sikerült egy negyvencentis autókülső-darabot kerítenem, sefteltem, csencseltem, nem tudom mivel. Nagyapám ebből kivágta a talpat, anyám pedig apám egyik nadrágszíjából pántokat szabott rá, úgy, hogy nem kellett végre az utcán vigyáznom, nehogy éles kőre vagy üvegtörmelékre lépjek. De így is baj lett belőle. Az otromba szíjazat több helyen feltörte a lábam, elfekélyesedett, fájt és gennyezett. Jobb volt tehát mezítláb a szép, aranyló szeptemberben.

Az iskolában nem éreztem jól magam. A tanulás nem érdekelt, s ráadásul vegyes osztályba kerültem; soha nem jártam még lányokkal. Osztálytársaimat nagyon kisgyerekeknek tartottam, s igyekeztem kihasználni őket. Rájöttem, hogy a házi feladatokat könnyen meg tudom csinálni óra előtt, főként az igen egyszerű számtanpéldákat, s ezért a tízóraiból követeltem egy adagot. Nem volt önérzetem, mindenre hajlandó voltam egy darab zsíros kenyérért. Volt, aki igazi zsírral megkent házikenyeret hozott tízórainak. Otthon se zsírt, se fehér kenyeret nem láttam, csak rossz szagú olajat, fűrészporízű, sületlen, gancás kenyérrel, amit akkor is jegyre adott még a Jeruzsálem utcai szatócs, s alig tudtuk megenni. Milyen jó lett volna a morzsolódó, ízletes konzervkenyér! Szerencsére a fűszeresnél hitelbe vásároltunk, beírta a kontóskönyvbe, s a hónap végén fizettünk. Nem a teljes összeget, de a nagyobbik részét kifizettük. A hitelt nagyapám tekintélyének köszönhettük, még a háború előtt oda jártunk vásárolni. Amikor a fűszeres már komoran pislogott a növekvő adósság miatt, nagyanyám elment egy nagyon szolgálatkész ékszerészhez, aki a hozott, vastag aranyláncból lecsípett egy darabot, s ezzel megint helyreállt a hitelképesség a fűszeresnél. Egyszer aztán ennek is vége lett. „Ez az utolsó tehén az ólból" – mondta nagyanyám komoran, mikor a legutolsó ékszert vitte. Állandó bevételként, azt hiszem, nagyapám nyugdíja szolgált csupán. (Nagyapám, távollétünk alatt, 1945. május 1-jén belépett a Magyar Vasutasok és Hajósok Országos Szabad Szakszervezetébe; talán nyugdíja folyósításához látta szükséges lépésnek.)

Anyámnak Újhelybe kellett elutaznia, hogy apám járandóságát tisztázza. A lakásunkban idegenek laktak, bútoraink, holmink apám szüleinél és nagynénémnél voltak lerakva. Hálásak lehettünk, hogy megmentették. Onnan hozott anyám ruha- és ágyneműt. Apám egy-két civil ruháját újraszabta és -varrta nekem, az ágyneműt pedig nagyapám hordta falura (MÁV szabadjeggyel) élelmiszerre cserélni. Főként kukoricát sikerült szereznie, ezen éltünk 1945 telén. Ha kis zsír és hagyma is került hozzá, nagyanyám fölséges ebédeket készített, de az igazság az, hogy erre ritkán került sor, legtöbbször vízben főzte meg a kukoricalisztet kásának, kis sóval. (Azóta sem szeretem a kukoricát semmilyen formában, még ha erdélyi recept szerint készül sem, és az olajban főtt ételt sem eszem meg, hacsak nem a legfinomabb olívaolajat használják, mint a mediterrán konyhában.) A szüretből sem lett aranybánya, a saszlát eladtuk csemegeszőlőnek, s maradt a végén 50-60 liter must, azt is el kellett adni. Legalább anyámnak kissé változatosabb táplálékra lett volna szüksége, már eléggé előrehaladott állapotban volt a legkisebb húgommal, aki, Marietta, 1946 februárjában született meg. Anyám az egyetlen újhelyi útja után nem vállalkozhatott cirkuszi mutatványnak beillő vasúti utazásra.

Én pedig éltem saját életemet. Iskola után bandákba verődve jártuk a földeket, s loptuk, ami ehető volt. Elkalandoztunk a szőlőkig, nagy szakértelemmel lopakodtunk, de nem sokáig volt értelme, 1945 őszén mindenhol korán szüreteltek. Piszkosak, rongyosak, éhesek és harcra készek voltunk, nem féltünk a felnőttektől sem, ott volt a csúzlink. A banda tagjainak egy része a Sóház utcai iskolába járt, a legtöbbjükről azonban nem tudtam, honnan kerültek elő. Akadt köztük olyan is, akinek mind a két lábát amputálták, maga fabrikálta tolókocsiban lökte magát, nem tudom, hogy aknára lépett-e, vagy kukoricagránátot szedett-e szét. Mert elhullajtott lőszert, kézigránátot gyakran találtunk, s a kiszedett ekrazittal kis tüzeket csináltunk szórakozásként. Ha megzavartak, szétszaladtunk, s csúzlival bírtuk jobb belátásra a felnőtteket. Csúzliba gyakran a géppisztolytöltény ólommagját használtuk. Emlékszem, egyszer egy elég termetes, fiatal bányászt combon lőttem, mert elkapott valakit a bandából, ma is hallom fájdalmas üvöltését, ahogy elengedi az áldozatot. Szétfutottunk a szélrózsa minden irányába. Egyszer engem is elkapott a gépszíj. Jóval sötétedés után talpaltam hazafelé. Hirtelen a szemembe világítottak zseblámpával. Csak ennyit hallottam: „Ez az!". Jól irányzott ökölcsapás érte a számat, mint a kovbojfilmekben. A tettesek azonmód kereket oldottak, ott maradtam felrepedt ajakkal, nyalogattam a sós vért. Soha nem tudtam meg, kik voltak a tettesek és mit akartak.

Nagyon élveztem kettős életem. Az iskolában nem volt gondom a tanulással, délután pedig következett az izgalom, a kaland. Akkoriban exhumálták az orosz katonákat, a gödrökből, ahová sebtiben temették őket, ott, ahol elestek, tereken, kukoricásban, még a kikövezetlen utcák félreeső részében is. A felnyitott, nem túl mély sírokban láttuk az oszlásnak indult hullákat és éreztük a hullabűzt. Napokig nyitva álltak a gödrök az émelyítő látvánnyal. Este megcsináltam a házi feladatokat és átnéztem a feladott leckét. Hiába ijesztgettek, hogy elzüllök, úgy éreztem, létemmel éppen azt bizonyítom, ha valaki csavarog, nem jár templomba, és mosdatlan szájú, attól még lehet jó tanuló. S aki jó tanuló, az viheti valamire. Egyébként is világvége van, a felnőttek is esztelenségeket tesznek. Még a tanév elején rendelet jött, hogy a régi, „reakciós" tankönyveket be kell szolgáltatni. Nagy ruháskosarakba raktuk a „reakciós" tankönyveket, s vittük a gyűjtőhelyre, hogy majd bezúzzák. Ketten cipeltünk egy-egy ruháskosarat, s mikor megálltunk pihenni, kiváncsian nézegettem, mi bennük a reakció? Szépen illusztrált, bekötött könyv volt a legtöbbje, az iskola tartalékpéldányai, a rászorulóknak adták kölcsön a tanévre. Nekem nem járt (apja foglalkozása: pénzügyi tanácsos), pedig emlékszem, anyámmal mit talpaltunk szeptember elején, hogy használt tankönyveket vegyünk, csak a legfontosabbakat. Egy nagyon szép, kötött példányt láttam a negyedikes földrajzkönyvből, az enyém enyhén zsírfoltos, agyonnyúzott példány volt, szerettem volna megmenteni, ellopni, az ingem alatt hazavinni. De nem mertem, féltem a kosár másik fülét fogó fiútól, beárul, hogy reakciós könyveket dugdosok. Akkor már tudtam, vigyáznom kell, a „reakció" emlegetése bajt jelent, pedig hát, mi is volt ebben a reakciós tankönyvben? Nagy-Magyarország földrajza, ebből kezdtük tanulni tavaly a Kárpátok karéját alkotó hegyek neveit a

Magyar–Morva Határhegységtől a Vaskapuig. A reakciós tankönyvek beszolgáltatása után sokáig nem jöttek meg az új, „haladó" tankönyvek, így a tanítónő lediktálta a megtanulnivalót. Nyilván a régi tankönyv alapján készített puskát használt. Végül is mégiscsak a történelmi Magyarország földrajzát tanultuk meg, aminek azóta is örülök, főként ha azt látom, a fiatalabbak örökre bizonytalanok maradtak az elcsatolt országrészek földrajzát, helységneveit illetően.

A tanítónő egy Demjanovich Margit nevű, megkeseredett vénkisasszony volt. Gyanakodva, kritikusan figyeltem a tevékenységét. Nem is az volt a fő ok, hogy otthon anyám is aggódott, az új világban csupa istentelenséget fogunk tanulni, hanem valahogy nem volt tekintélye előttem. Egyszer földrajzórán éppen Debrecenről volt szó, s hogy milyen hírességek éltek ott. Felírta a táblára a neveket: Csokonai Vitéz Mihály. Azonnal jelentkeztem: „Tanító néni! Nem *vitéz* Csokonai Mihálynak kell írni?" Elég türelmesen elmagyarázta tévedésem okát, de én továbbra sem hittem neki. Otthon aztán megnéztem a lexikonban, s nagyon elszégyelltem magam. Megfogadtam, nem jártatom a számat meggondolatlanul.

De az incidensek folytatódtak. Valakitől hozzájutottam a *Pesti Izé* néhány számához, s óra alatt ezt olvastam. A *Pesti Izé* 1945-ben indult humoros lap volt, tele sikamlós viccekkel és dúskeblű, fürdőruhás nőkkel. Színvonalára jellemző: az egyik rajzon az obligát nagymellű, fürdőruhás nő biciklizik, „Jenő, nincs meg a pumpám" – mondja, s rémülten néz lefelé a lába közé, éppen egy útjelzőtábla mellett, melyen az áll, hogy Mohács 9 kilométer. Mire a fürdőnadrágos Jenő így vigasztalja: „Oda se neki, Micike, nem gondolja, hogy több is veszett Mohácsnál?" Egy másikon, darázsderekú, nagyon hullámos hajú nő áll a mérlegen fürdőruhában a strandon. A szemüveges, kopasz úszómester a súlyokat igazgatja, s közben kiguvadt szemekkel nézi a fürdőruhás bűbájt: „91 font, Micike, de nem látom az *unciát*." Egyszer nagyon elmerülhettem a sok Micike csodálatába, mert ott állt fölöttem a tanügyi matróna, s oda kellett adnom a kincseket érő sajtóterméket. Büntetésből kiültetett egy székre a padok elé, hogy szem előtt legyek. Mikor beköszöntött a tél, ennek nagyon örültem, ott legalább meleg volt, a tanterem végében olykor látni lehetett a leheletet. De már volt magamhoz való eszem, senkinek nem mondtam, milyen jól jártam.

Karácsonyra színdarabot terveztek az apácák, Jókai *Melyiket a kilenc közül* című novellájának dramatizált változatára esett a választásuk. Hogy, hogy nem, a legidősebb fiú (mármint a kilenc között) szerepére engem szemeltek ki, gondolom, tanítónőnk nem árulta el pornográfiával átitatott múltamat, mert akkor kötve hiszem, hogy az apácák beengedtek volna a zárda területére, ahol az olvasópróbák folytak. Jókai meséje egy nagyon-nagyon szegény, megözvegyült suszterról szól, aki gyermekeinek a betevő falatot alig bírja megszerezni, de amikor egy gazdag, magányos úr elkér közülük egyet, hogy majd ő felneveli, kitaníttatja, az öreg cipésznek egyiket sincs szíve odaadni, s boldogan együtt töltik a karácsonyestét. Jókai novellája külföldön is sikert aratott, Angliában minden karácsonyi antológia standard darabja volt hosszú évekig, Dickens *Christmas Carol*jával egyenértékűnek tartották. Mi, háború utáni gyerekek átéreztük a novellafeldolgozás érzelmi töltetét, s megnyugodtunk üzenetében: a családi fészek melege mindennél többet ér, a szeretet értékesebb, mint a világ minden kincse.

Szívesen jártam az olvasópróbákra, annál inkább is, mert erre való hivatkozással egészen későn térhettem haza, koromsötétben, gyakran este nyolc után. A női „sztár" Hanák Magda volt, akit hazakísértem próba után, azzal az ügyetlen hazugsággal, hogy én is arra lakom. Hanák Magda tudhatta jól, hiszen osztálytársak voltunk, hogy egész más irányban lakom, de elfogadta magyarázatomat. Beszélgetni nem nagyon beszélgettünk, egyrészt attól tartottam, hogy megkérdezi, mi volt az az újság, amit a tanító néni elvett tőlem, másrészt fogalmam sem volt, miről kell beszélgetni egy lánnyal. Hiába volt ugyanis vegyes osztály, ahová mindketten jártunk, szünetekben nem keveredtünk, a lányok külön csoportban suttogtak és vihogtak. Kis, hamiskás mosolya és látszólagos zárkózottsága nagyon tetszett. Az idillnek az vetett véget, hogy megtudtam, Lóczy Béla is kísérgette a karácsonyi színdarab sztárját. Ezt nem lehetett elviselni. Számon kértem Lóczyt: „Hogyne, többször hazakísértem" – vallotta be hódítói büszkeséggel, s mivel a hatást fokozni akarta, szemrebbenés nélkül hozzátette: „Meg is csókoltam!" Erre nem számítottam, a vér kiment a fejemből. „Hogyhogy megcsókoltad?" – kérdeztem. „Igen, szájon csókoltam. Hosszú, szerelmes csók volt!" – mondta, és faképnél hagyott a világfi. Ott álltam, megkövülten. Ilyet még nem is hallottam. Hanák Magda ezzel a hitvány alakkal csókolódzik! A szende kis mosolyával. Mindennek vége.

Az előadás jól sikerült, tetszett a szülőknek, lám, lám, az apácák mindent megtettek, hogy az ifjúság valláserkölcsi neveléséről gondoskodjanak, egyetértésben a ferences atyákkal, akik a sanyarú időkre való tekintettel kiadták a jelszót: „Táncőrület helyett imahadjáratot!" Az előadás színhelye a legényegylet, a háború előtti KALOT-székház színpada volt, közel a ferencesek kolostorához, aztán mozi lett belőle, kivették a ferencesek felügyelete alól, de erre csak 1947-48 táján került sor.

Én tovább zuhantam a züllöttségbe. Igaz, nem csavarogtam annyit, mint az ősszel, nem is volt értelme a hidegben, de az ördög nem hagyott nyugodni. Egy reggel nagyon korán érkeztem meg az iskolába, én voltam az első az osztályban, unatkoztam. Elhatároztam, hogy megijesztem az elsőnek érkező osztálytársamat. Amikor lépéseket hallottam, elbújtam az ajtó mögé, s amikor belépett (éppen!) Lóczy Béla, fejére dobtam hátulról a télikabátomat és elagyabugyáltam. Persze nem komolyan, csak úgy heccből. Először ijedten szipogott, de amikor elmagyaráztam neki, hogy milyen jó vicc, felcsillant a szeme, s a következő áldozatot már ketten püföltük. A lányok sem voltak kivételek, s hogy, hogy nem, mindenki értette a tréfát, egyre többen leselkedtünk, s akik nem kívántak részt venni az agyabugyálásban, helyükön ültek, mint egy színházi előadáson, és várták a következő áldozatot. Minden mutatványt taps koszorúzott, s lassan becsengettek, nyolc óra lett. Demjanovich Margit nem tudta mire vélni, mi történt, por, felfordulás és a sok kibuggyanó nevetés. Elkezdődött a kihallgatás, s mivel a vége felé én már nem is vettem részt a püfölködésben, hanem a helyemről néztem az ingyencirkuszt, így eléggé hosszú ideig tartott, amíg kiderült, én vagyok a felfordulás értelmi szerzője. Akadtak persze, akik állították, teljesen jóhiszeműen, hogy nekem semmi közöm az egészhez, mert a helyemen ültem. A nyomozás sikerrel ért véget, amikor Lóczy Béla is töredelmes vallomást tett, hogyan szerveztem be elsőnek.

Anyámat is behívatták, neki mindent Lóczyra kentem (az aljas csókolódzóra), anyámon láttam, nem tudja, hihet-e hazugságomnak. Az ügy azzal zárult, hogy félévkor magaviseletből nem kaptam meg a kitűnőt, csak jelest, ami akkoriban a kettes (most négyes) megfelelője volt. Más tárgyakból is csak jelest kaptam (rajz, kézimunka, ének). Becsületére szolgál tanítónőnknek, hogy a komoly tárgyakból nem rontotta le a félévi bizonyítványomat, hiszen ez igazságtalanság lett volna. Év végére elfelejtődött az ügy, s az évzáró ünnepélyen nekem kellett mondanom a tanítónőt felköszöntő beszédet. Nagyon nem fűlt a fogam a feladathoz, nagy keservesen, anyám segítségével megírtam valahogy a bemagolandó szöveget. Ha őszintébb akarok lenni, be kell vallanom, hogy majdnem az egészet ő diktálta, a pedagógusok áldozatkész munkájáról, s az örök háláról, mely bennünket kötelez. Az ünnepély előtt szabályosan rosszul lettem, meghalok, ha nekem szónokolnom kell, belesülök, értelmetlenségeket mondok. Megmondtam anyámnak, nem tudom elmondani a bemagolt szöveget. Anyám mindent megértett arckifejezésemből, és beszélt a tanítónővel; ünnepi beszédem elmaradt, csupán a csokrot adtam át neki a megfelelő pillanatban, az évzáró ünnepély emelkedett aktusaként. Végre túl voltam elemi iskolai tanulmányaimon. Esküszöm, hogy semmi animozitás nem volt bennem tanítónőnk iránt, legalábbis tudatos. Félelemre emlékszem, a nyilvános szerepléstől való lámpalázas izgalomra, mely teljesen megbénított. Bezzeg, ha freudista lennék, könnyű lenne érdekes mozzanatokat kielemezni az egész eseménysorozatból. Ismételten kijelentem, hogy nem hiszek a mélylélektani elemzésekben. Sokkal inkább elfogadom Pascal alázatos aforizmáját arról, hogy a szívnek lehetnek olyan titkai, melyekről az ész nem tudhat. (Pontosabban: *Le coeur a ses raisons que la raison ne connaît pas.*)

Anyám 1945 őszén nagyon aggódott lelki épülésem miatt, nem szívesen jártam templomba, csavargásaim közben rossz társaságba keveredtem. Nyilván a ferences atyák tanácsára rábeszélt, hogy lépjek be a szívtestőrségbe, ott nemes örömökben lesz részem, és velem egykorú tisztességes fiúkat ismerek meg, egyszóval jó útra térek. Valóban beléptem a 44. sz. Szívtestőrgárdába, ahol a jóságos atyák vezérlete alatt tanultuk a hitbuzgalmi igazságokat, meg játszottunk is különféle, illedelmes társasjátékokat. Egy dolog tényleg felgyújtotta fantáziámat; karácsonyra mindenki készítsen névtelenül egy ajándékcsomagot, és azokat szétosztjuk egymás között, s akkor mindenki kap valamit. Így aztán nemcsak az önzetlen ajándékozás öröme lesz a miénk, hanem az ajándékvárás izgalma is. Mindenki úgy állítsa össze az ajándékcsomagját, hogy valami szívéhez közel álló kincsét tegye bele, olyasmit, amiről nem szívesen mondana le, s ezzel a lemondás erényét gyakoroljuk, tehát lélekben nemesedünk. Nagyon kevés féltve őrzött kincsem volt, néhány éles töltény, amit a Mérges-patakban találtam őszi csavargásaim közepette, de hát azt mégsem lehet karácsonyi ajándéknak adni, még névtelenül sem. Könyvtáramból esetleg egyik indiánregényt? Ezt az ötletet is elvetettem, honnan tudhatom, hogy a megajándékozott kedveli-e az indiántörténeteket? Ha meg kedveli, hátha neki is megvan éppen az a könyv, amelyet kiszemelek erre a célra? Töprengtem, gyötrődtem. Talán a bélyeggyűjteményemet, mely túlélte a bombázásokat, küzdelmes gyaloglást hazáig, hogy visszakerüljön a helyére az íróasztalfiókba? Ekkora áldozatot talán mégsem kívánhat tőlem karácsony szent ünnepe.

Volt még egy érdekes játékom, amit nagyon-nagyon régen, talán első vagy második elemista koromban kértem, hogy megbizonyosodjak, tényleg létezik-e a Jézuska. Úgy szólt a kívánságom, olyan játékot kérek, ami nincs a földön, tehát valóban a mennyországból kell hozni. Anyám vette a fáradságot és felhajtott valamit a Roto-féle, nagy játéküzletben. Egy zseblámpaelemmel működő szerkezet volt, kerek nagyítóval fedett sivatagi táj, s fölötte egy parányi repülőgép. Ha a készülék gombját megnyomtam, a repülőgép zümmögni kezdett és körberepülte a sivatagi tájat, melyet a gombnyomás következtében kigyulladó rejtett fényforrás világított meg. Szemhez közel tartva tényleg varázslatos hatást gyakorolt egy 6-7 éves kisfiúra. A baj akkor kezdődött, amikor az elem kimerült. Mert az elem bizony ugyanolyan volt, mint amit a zseblámpában használtunk, tehát evilági. De még nagyobb baj történt, amikor az elemet leszorító fedél belső oldalán észrevettem a felírást: MADE IN GERMANY. Mert tudtam, hogy Germany az Németország, tehát ez a játék is evilági. Nagy volt a csalódásom, a szüleim becsaptak. Nem a Jézuska hozta, hanem vették. Ez eloszlatta az utolsó kételyemet is, hiszen éppen azért rendeltem a földöntúli játékot, hogy végre bizonyosságot szerezzek a Jézuska-ügyben. Keserű íz maradt a számban, de nem szóltam semmit, ezzel véget ért a karácsonyi romantika.

Minden kisgyerek életében az az első csalódás, amikor meggyőződik róla, hogy a felnőttek szava sem szentírás. (A karácsonyi romantika a misztikától viszolygó Angliában is él, igaz, itt nem a Jézuska, illetve angyalai hordják szét a karácsonyi ajándékot, hanem a Télapó, rénszarvasok által vontatott szánján. De karácsony előtt így is 5-6 éves gyerekek százezrei írnak a Télapónak az Északi Sarkra, mert ott honol, s bizony a Télapó egy lappföldi, sarkkörön túli postahivatal bélyegzőjével hitelesítve válaszolni is szokott a gyerekeknek, akik ugyanúgy bizonyosságra várnak, mint én annak idején.) Nem tudnám eldönteni, hogy az európai társadalmak e hagyományos karácsonyi trükkjére szükség van-e, s nem ártalmas-e a kisgyerekek lelki fejlődésére, ha egyik első, talán legelső kritikus megfigyelésükkel éppen a szüleik által teremtett mítoszt leplezik le, azt, hogy áltatták őket, mert még gyerekek. Egyrészt a gyerekek is áltatják magukat abban a korban, amikor a valóság és a kitalált világ könnyedén összemosódik, vagy legalábbis érintkezik, másrészt viszont a keresztény hagyományon kívül felnövő gyerekek gyakran éppen ezért irigylik keresztény kortársaikat, a csodálatos ajándékozásért. Egy neves angol színész, Warren Mitchell ír erről visszaemlékezéseiben, megkapó őszinteséggel. Nagyon szigorú, óhitű zsidó családban nőtt fel a század elején az East Enden, s nagyon-nagyon irigyelte a nem zsidó gyerekeket a karácsonyfáért és Télapó ajándékaiért. Közép-Európában az erősebb vallási színezet miatt (Jézuska, angyalok) a jámbor csalás súlyosabb, hiszen óhatatlanul eljön Jézusnak az a születésnapja, amikor egy hatéves gyerekben megfogalmazódik a kétely: nincs Jézuska, mert nem az ő angyalai hozták az óhajtott ajándékot.

Mondom, ez a nehezen leírható játék valahogy túlélte a történelem forgószelét, de némi gondolkodás után rájöttem, nem okozhat különösebb örömet tíz éven felüli fiúknak, akik már géppisztoly dobtárával játszottak, s tudják, hogy kell a tojásgránátot kibiztosítani. Maradt tehát a nagyítóm. Nem lehetett tovább elodázni a választást, tudatom mélyén tisztában voltam vele már a töprengés legelején. A nagyítóval vizsgáltam meg a bélyegek perforációját, a fogazatot, hogy ép-e, de csak titokban, mert a nagyítót nagyapámtól csentem el réges-régen, még békében, s ez is túlélt mindent, az íróasztal fiókja mögé rejtve. Gondolom, az oroszoknak is megtetszett volna, s lehet, hogy azért nem kereste nagyapám, mert azt hitte, tényleg az oroszok vitték el. Szomorú szívvel lemondtam hát az elcsent, nikkelezett keretű nagyítóról; ez megfelelt a követelményeknek, nehéz volt lemondanom róla. Az ajándékból egy nagyon kecses, lapos csomagot készítettem, s anyám varrógépfiókjában rózsaszín pántlikát is találtam, átkötni.

Felvirradt a nevezetes nap, karácsony vigiliája, az atyák délelőttre hívták össze a szívgárdistákat, hogy a szeretet ünnepén egymást megajándékozzák. Dobogó szívvel igyekeztem én is az ünnepélyre, s tekintetem kerülte az akkor még az egész várost elborító falfirkákat, melyek ordító közvetlenséggel hirdették az élet kétségbevonhatatlan tényeit (pina, fasz, együtt basz), s inkább arra gondoltam, hogy a szeretet hatalma erősebb az útszéli trágárságnál, a szegénységnél, mindennél, s ha mi felnövünk, olyan világot teremtünk majd, ahol örök béke lesz, mindenkinek jut majd kenyér és cipő, nem kell félni az ellenséges katonáktól, ó *sancta simplicitas,* szent együgyűség, ne hagyj el!

A ferences rendház jól fűtött refektóriumában gyülekeztünk, a hatalmas, hosszú, tölgyfa ebédlőasztalra helyeztük az ajándékokat, majd a pillanathoz illő exhortáció után libasorba álltunk, s megkezdődött az ajándékok kiosztása. Torkomban dobogott a szívem, ahogy az izgalomteli várakozás után mindenki bontogatni kezdi az ajándékcsomagokat, tele minden földi jóval; mindegyikre egyformán vágytam. Végre rám került a sor, s boldogan ültem le, hogy nagyobbacska csomagomat én is kibontsam. Valami süteményféleség volt benne, egészen nagy darab, rögtön meg is kóstoltam, s akkor rájöttem, hogy szögletes alakúra sütött kukoricamálé, közepében lekvárra emlékeztető löttyel. Ahogy lenyeltem az első falatot, erősödött bennem a gyanú, valami nincs rendben ezzel a süteménnyel, mert iszonyúan sós volt, nem cukorral, sóval volt gazdagon meghintve. Eleinte nem akartam hinni ízlelőbimbóimnak, de a második falat után semmi kétségem nem maradt, éretlen kamaszok vaskos tréfájának áldozata lettem. Otthon lapítottam, hallgattam az ügyről, kerteltem, hogy mindenféle jobbnál jobb nyalánkságok rejtőztek az ajándékcsomagban. Anyám halkan megjegyezte, gondolhattam volna a kishúgomra is, félretehettem volna neki valamit, nem kellett volna torkosan az egészet egyedül megennem. Szégyenkezve lehajtottam a fejemet, s remegtem, megkérdezik, mit vittem én, s akkor mit mondok? De nem kérdezték meg, és én soha többet a szívgárdisták tájára se mentem.

Pedig épp akkoriban határoztam el, hogy jó útra térek, megjavulok, nem keresem a züllött fiúk társaságát. Elkezdtem újból rendesen templomba járni, s odafigyeltem a prédikációra is. Ittam Szaléz atya szavait, s nemcsak azért, mert a városban nagy tekintélyt vívott ki magának, szentbeszédei eseménynek számítottak. De tényleg érdekes dolgokról beszélt. Egyszer például arról, hogy egy szentéletű püspök remetét látogatott meg egy lakatlan szigeten, aki megkérdezte a nagy tudományú püspököt, hogyan imádkozzék, mert nem tud imádkozni, bár a bűnöket mind elkerüli. A püspök rövid gondolkodás után így szólt: „Elég, ha annyit imádkozol: legyen áldott az Isten”. A remete boldog volt, a megszentelő kegyelem állapotába jutott, s lelkesen hozsannázott: „Legyen áldott a nagy Isten! Legyen áldott a nagy Isten”. Egyszer csak észreveszi, hogy a szavak az ismétlés közben összezavarodnak, s már nem azzal dicséri az Urat, hogy áldott legyen az Isten, hanem azt kiabálja: *átkozott* legyen az Isten. *„Átkozott legyen az Isten”* – dörögte Szaléz atya a blaszfémiát, remegett a barokk templom levegője. Talán még a falakon lévő Lohr Ferenc-freskók ferences atyái, akik Kapisztrán Szent János szablyás keresztes vitézeit serkentik a török ellen, és a halaknak prédikáló, tonzúrás Szent Ferenc is összerezzent Szaléz atya istenkáromlásától. A szentéletű remete érezte, hogy valami nincs rendjén, nem azt kell kiáltoznia, hogy átkozott, de nem jutott eszébe, mire tanította a püspök. A látogató püspök hajója már útra kelt, s a remete szent önkívületében a távolodó hajó után szaladt a tengeren. Hallótávolságba érve, kérdezte a püspököt, mire tanította, mit kell mondania, hogyan dicsérje az Urat? A bölcs püspök látva, amit látott, így válaszolt: „Jól mondod fiam, úgy van jól, ahogy mondod!” Mert a püspök az ő bölcsességében tudta, hogy az Úr a szándékot tekinti, nem a gyarló megvalósítást – fejezte be Szaléz atya a szentbeszédet.

Egyszerűen, érthetően mondta el a történetet, mindenki értette a morált. S milyen szép gondolat: a szándék számít, mert Isten előtt nincs titkunk, belénk lát, látja a jámborkodó képmutatást, de a szívekben rejlő igaz szándékot is. Szaléz atya biztosan tudta, hogy a szándék mindenekfelettiségének szép példázata milyen régóta és gyakran fordul elő a magyar irodalomban. Vörösmarty *Szent ember*ét (1845) nyilván ismerhette még középiskolai tanulmányaiból. Vörösmarty feldolgozásánál pregnánsabb Mikes változata a 206. levélben, ez volt Vörösmarty forrása is. A Szent Ambrus (340–397) püspökről szóló történet már az ugyancsak ferences Temesvári Pelbárt példázatai között is szerepel, ahogy ezt a méltatlanul elfelejtett Katona Lajos megállapította valamikor még a század elején, a tőle megszokott filológiai alapossággal és világirodalmi háttérhálózattal.

Nem tudnám megmondani, hogy Szaléz atya (1904–1946) hattyúdalát hallottam-e akkor és ott a ferencesek templomában, de páter Kiss Szaléz híre túljutott imádkozó hívein, mert éppen ekkoriban (1946. április 18.) letartóztatták, illetve megindultak a letartóztatások egy nagyszabású összeesküvési vagy államellenes szervezkedés ügyében, melynek a ferences rendház tudós hitszónoka lett a fővádlottja. Az újságok kéjesen részletezték az ügyet, dörögtek a „klerikális reakció" ellen, krokodilkönnyeket hullattak a sok elbutított, megmételyezett fiatalért, akik hatalmába kerülve a nép ellen fordultak. Anyámék előttem lehalkított hangon beszéltek az ügyről, mindenki remegett. Nem engedték, hogy Halász Döncivel érintkezzem, mert az ő apja sem került elő a háború után, idősebb bátyja ráadásul Párizs mellett egy kertészetben dolgozott, s gyakran küldött az itthon maradtaknak csomagot. Persze nem abból éltek, házinyulakat tenyésztett az anyja, s Dönci olykor elcsalt csicsókát vágni a Nagypatak partjára, bár ezt nem tartottam eléggé izgalmasnak. Rémülten tudakolták anyámék, kikkel szoktam találkozni, s talán kicsit meg is nyugodtak, hogy a Szívtestőrgárdát otthagytam. A letartóztatások, kihallgatások kiterjedtek a gimnazistákra is, tudomásom szerint közülük is jó néhányat elvittek. A megfélemlített szülők nem mertek beszélni.

Oti viszont már abban a korban volt, hogy gyanúba foghatták volna, hiszen V. gimnáziumba járt. Zárkózottsága nem oldódott fel, anyja nem engedte sehova sem, s egyetlen kapcsolata a „klerikális reakcióval" kimerült abban, hogy ő is őrizte a kibombázott Szent Erzsébet-templomot, mely a Koháry gimnázium ifjúságának szolgált istentiszteleti helyül. A gimnázium is károkat szenvedett az ostrom alatt, a beomlott részeket ott is szemmel kellett tartani. Olykor-olykor felkerestem őrhelyén, egy Bogdány nevű osztálytársával vacogtak a csípős januári szélben. Bogdány Jóska meglehetősen foghegyről beszélt velem mint „kisiskolással", s talán Oti is szégyellte, hogy nálánál ennyivel fiatalabb barátai vannak. Kikérdezett, hogy „nőzök-e" már, s zavart hebegésemet kaján örömmel nyugtázta. Máig sem tudom, mi szükség volt az őrzésre, hiszen már minden mozdíthatót elhordtak a templomból, főként a faárut, tüzelni. Bokáig jártunk a lehullott és szétporladt vakolatban, a falakon freskómaradványok, a földön kőtörmelék. Meg sem kísérelték újjáépíteni a templomot, épp elég templom van Gyöngyösön egyébként is, mondogatták kárörömmel a „reakció" ellenségei. Végül is befalazták, egy ideig, mint hallom, raktárhelyiségként is szolgált, s csak nemrégiben, félszázaddal később építették újjá.

Páter Kiss Szaléz ügye hosszú ideig izgalomban tartotta a közvéleményt, s anyám korábbi aggodalma az istentelen kommunistákkal kapcsolatban beigazolódott. Egy papot letartóztatni! Milyen világ ez? A híveket persze Kiss Szaléz ügye nem tántorította el az egyháztól, a templom minden alkalommal zsúfoltságig telve, forró hangulat a szentbeszédek alatt, áhítatos tüntetés az új rend ellen. Én nem tudtam, hogy hányadán állok, egyrészt én is fel voltam háborodva, másrészt 1946. február 1-jén beírtam a zsebnaptáramba: „Kikiáltották a köztársaságot. Elnök: Tildy Zoltán." Elhatároztam, hogy ezentúl minden fontosabb politikai eseményt feljegyzek magamnak. Vízválasztónak tartottam a köztársaság kikiáltását. Nem tudnám okát adni, miért, de örültem neki. Igaz, elveszítettük a régi címert a Szent Koronával, de hát milyen királyság volt Magyarország? Nem volt királya, csak valamikor nagyon-nagyon régen. Most valami elrendeződött, rendbejött. Nem a kommunisták találták ki az új címert, hiszen szépapám is ez alatt harcolt a magyar szabadságért. Lelkesedtem, mert valamiért lelkesednem kellett.

A Kossuth-címert régi, meghitt ismerősként üdvözöltem 1956-ban a forradalom alatt. Szívderítő látványát az újságokban, tankok oldalán, mindenütt. Összekötött személyes múltammal. Visszakaptam valamit. Mert ma, negyven év után is azt kell mondanom, a dicstelenül kimúlt népköztársaság felségjelei közül talán még a magányos ötágú vörös csillagnál is kevésbé szenvedhettem a sarló-kalapácsos címert. Emlékszem, 1949-ben, már ismét Sátoraljaújhelyben, amikor egyik rajzórán a tanárnő – osztálytársam és barátom, Kégl Gáspár anyja, aki Kalmár Anna néven az Európai Iskola felé tájékozódó festőművésznek indult – bejelentette, hogy az új címert fogjuk lerajzolni és kifesteni. A feladat neki sem tetszhetett, de nem volt választása, hiszen az államosítások után a férje otthon ketrecbe zárt oroszlánként rótta a szobákat mint bélistázott bankigazgató; az ő pedagógusi tevékenysége volt minden bevételi forrásuk. Kalmár Anna örülhetett, hogy kenyérhez jutott, s késpenge vékonyságúra szorított ajakkal rajzoltathatja a gyerekekkel, amit éppen kell. Megszerezte a betevő falatot.

Nem szerettem a címert akkor sem, amikor a Kádár-rendszer engedményeként a nemzeti színek hangsúlyozásával elfogadhatóbbá tette;

bár akkor már nem éltem otthon, semmi közöm sem volt hozzá. Ha hazalátogatás alkalmával észrevettem valahol, elkaptam a tekintetem róla, egész múltunkat megcsúfoló, beszennyező obszcenitásnak tartottam. Amikor a Kossuth-címer visszaállításának lehetősége felmerült, megnyugodtam Antall József államférfiúi bölcsességében, a koronás címerrel az egész múltat vállaljuk, a történelmi folytonosságot. De tudatom legmélyén őrzöm a Kossuth-címert, ifjúságom szíveket dobogtató jelképe marad örökre. A papok gyalázatos üldözése valahová egy másik rekeszbe került az agyamba. „Nem szégyelli magát ez az ember, református lelkész létére beállt a kommunistákhoz." Ennyi volt anyám kommentárja Tildyről.

Hazudnék, ha azt állítanám, hogy a közjogi kérdések izgatták legjobban a családot. A külvilág minden eseménye háttérbe szorult, a lényeg az volt, hogy étel kerüljön az asztalra. Túlélni 1945/46 hosszú telét. Anyám betársult egy vállalkozásba. A bedolgozók szigorúan megmért súlyú gyapjút kaptak, ezt megfonták, s fizetségként talán az egyötöd részét megtarthatták. Nagyapám egy deszkába lyukat fúrt, s ebbe seprűnyelet illesztett, ez lett a guzsaly. Lehet persze, hogy nem mindig gyapjú volt a nyersanyag, hanem valami más, talán gyapot, len, vagy kender. Fáradságos munka volt, sokáig tartott, míg anyám beletanult. Orsónak ott volt a csigatészta készítéséhez való orsó. Könnyes szemekkel kínlódott, ha elszakadt a szál, de egy idő után ment a munka, szaporodott a haszon, a nagy gombolyag fonalak, amelyeket élelmiszerre, legtöbbször kukoricalisztre lehetett becserélni. Ősi mesterség volt ez, évezredes technika. Nagyapám házalt az áruval falun, egyszer pirosbetűs ünnep volt a hazatérte, egy fél oldalszalonna került elő a hátizsákból, igaz, kicsit avas volt, de nagyanyám biztatott bennünket, csodálatos feltét lesz belőle a kására, ha jól kisüti. Belaktunk belőle, bár megmaradt a szaga.

Mert a pénzzel nem sokra mentünk. Az infláció őrjöngve galoppozott. Egyszer anyám, amikor már folyósítottak valamit apám után az újhelyi pénzügyigazgatóságtól, magából kikelve jött haza a piacról, ahová a pénz felvétele után azonnal kiszaladt; a havi fizetésből egy fél kiló hagymát akart venni, de a kofa csak tíz dekát akart adni érte. Odadobta nekem a halom pénzt, 150 milliárdot vagy két billiót, csillagászati összeget: „nesze, menj el moziba, mindig nyafogsz, hogy moziba akarsz menni!" A moziban akkoriban krétával írták ki az árakat, mert megtörtént az is, hogy a délutáni előadás után letörölték, s az esti előadásra már új, magasabb árakat hirdetett az árjegyzék. Vagy ha aznap nem is, másnapra biztosan felemelték a belépti díjat.

Volt persze hasznunk is az inflációból, nem sokkal azután, hogy hazajöttünk, nagyapám bement a hitelintézetbe és kifizette a házon lévő jelzálogkölcsönt. „Farzsebből kifizettem", mondogatta többször is. Egyedül ekkor láttam nagyapám arcán mosolyt megjelenni, ahogy mondogatta: „farzsebből". Nemcsak mi, az állam is megszenvedte az inflációt. Micsoda primitív monetáris politika uralkodott az országban! A pénzgazdálkodás elemi ismereteinek a hiányáról tanúskodott. Hiszen a kölcsönt nyújtó intézmény nem veszíthet, erre való a mozgó kamatláb, ha a kamatlábat emelik az infláció mértéke szerint, dehogy fizette volna ki a kölcsönt nagyapám, inkább egyre nehezebb lett volna fizetnie a részleteket. Nyilván a szerződés fix kamatlábat írt elő. A kamatláb megállapításakor álmában sem gondolhatott pénzügyi szakember arra, hogy mi történhet egy elveszített háború után, hogy milyen léptékű infláció szabadulhat el. Nem tudom, Németországban ugyanez történt-e (hiszen a magyar infláció volt minden idők legnagyobb inflációja); hogy a német államháztartás megkísérelte-e, hogy pénzénél maradjon. (Ennek a merev gondolkodásnak a nyomát még nemrégiben is gyakran láttam. A könyvkereskedelemben például. Egy-két évvel ezelőtt, amikor az állami kiadók komoly és drága tudományos könyvek raktári készletét piacra dobták, a rányomtatott áron, tehát mondjuk 160 forintért adták, figyelmen kívül hagyva, hogy a hasonló, új kiadvány 2500 forintba került. Ugyanez vonatkozott az antikvár könyvek árkalkulációjára is. Használt könyvet sokáig csak az eredeti árnál olcsóbban lehetett áruba bocsátani. Csak a legújabb időkben ébredt rá a könyvkereskedelem, hogy az árakat a kereslet és kínálat vastörvénye határozza meg. Infláció idején nem az áru, hanem a pénz értéktelenedik el.)

Ma már elképzelni sem tudom, hogy éltük túl 1946 tavaszát. Már azt se hittük, hogy kitavaszodik, hiába mondogatta nagyanyám: „Január, február, itt a nyár!" De a befektetett munka kezdte meghozni a gyümölcsét. Boldogan nézegettük, ahogy kikeltek a vetemények, pirosodni kezdett a cseresznye a kertben. Nagyapám hajnalban indult a szőlőbe – elég messze volt gyalog, talán háromnegyed órányi járásra –, hatvannegyedik évét taposta. „Csak úgy lököm magam a bottal!" – szokta mondogatni humorosnak álcázott elkeseredéssel, ahogy sétapálcái között válogatott az útra. A reggeli házimunka elvégzése után nagyanyám utánament segíteni. Késő délután jöttek meg. Néha olyan fáradtan, hogy lefeküdtek anélkül, hogy ettek volna. Sokszor kimentem elibük, hogy hazahozzam az üres demizsont, amiben vizet vittek, meg a horolót, metszőollót, maradék rafiát.

Anyám legfőbb aggodalmát az okozta, hogy nem volt elég teje a kisbabának. Bűntudattal szégyenkeztem minden iskolában befalt zsíros kenyér miatt. Néha hír érkezett, UNRRA-csomag jött a városba, hosszú sorban állás után egy kis tojás- vagy tejpor jutott. A tejporból feltét lett a kukoricakására, a tojásporral még nagyanyám sem tudott mihez kezdeni. Általában olyasmit kaptunk, ha nem üres kézzel tértünk haza a hosszú sorban állás után, amit semmire sem használhattunk. Sokat regéltek a városban az UNRRA-csomagokban érkezett finomságokról, de mindennek akadt gazdája, mielőtt kiosztásra került volna. Kivéve egyszer, mert ellenőrök érkeztek, akik felügyelték a szállítmány szétosztását. Micsoda kincsekkel tért haza anyám! Cukor, tea, kakaó, rizs és még húskonzerv is. Soha nem gondoltam volna előtte, hogy a másodszor kifőzött teából is micsoda illatos, finom ital készülhet egy kiskanál cukorral! De hát egyszer volt Budán kutyavásár. (Mindenesetre az intézményes jótékonyság ellen örökre védőoltást kaptam. A befolyt összegek nagy része elmegy az adminisztrátorok siserahadára, a megmaradtat a helyi szervek vámolják, először Pesten, majd a disztribúciós központokban. Akik tényleg rászorulnak, azoknak már alig jut valami.)

Pedig helyzetünkről tudomásuk volt a nyugati országoknak, ezért jött az UNRRA-segély. 1946-ban Angliában sem kolbásszal fonták a gátat, de a szociális érzékenységgel megáldott írók kimondták, hogy a legyőzött országokban még rosszabb a helyzet. George Orwell a *Tribune*-ban szép cikket írt a magyarországi nyomorról *(The politics of starvation)*, arról, hogy az előrejelzések szerint Magyarországon 1946 tavaszán egymillió ember fog éhezni. Cikkét harminc évvel a megjelenése után olvastam, de akkor is megfogott ennek a tüdőbajos, volt burmai rendőrtisztnek az embersége, elfogulatlansága, és a csak hozzá hasonló szellemóriások empátiája.

Azután végre nyár lett, kikeltek a kiscsibék, egymás után értek be a zöldségek, gyümölcsök. Hej, de jó volt mondogatni az asztalnál: „Újság hasamba!" Csak nagyapám zúgolódott, el kellett volna adni a szőlőnek legalább a felét, vagy talán az egészet, mert belerokkan a megművelésébe. „Majd csak lesz valahogy – mondta nagyanyám –, a Jóisten csak megsegít bennünket!" Aratás után híre kelt, hogy lehet menni a tarlóra kalászt szedni. De nem ám rögtön, mert bandák között van felosztva a tarló, először ők szedik össze a kalászt, s csak az szabad préda, amit otthagynak. Éjjel egykor keltünk, s hajnalhasadás előtt tapogattuk végig a tarlót, ottfelejtett kalászokért. Egyetlen pár cipőmet nem vehettem fel, a tarló összekaristolta volna a felsőbőrt is, és akkor miben megyek ősszel gimnáziumba, oda tényleg nem lehet mezítláb járni. (Újhelyi gimnazista koromban, biológiaórán egyik fiatal tanárnő, Nagy Márta nosztalgikusan emlékezett vissza diákéveire: „Alaposan tisztára sikált lábbal, mezítláb, perkál szoknyában jártunk egyetemre. A fiúk nem bánták.") Elsőnek anyám ment haza a tarlóról – kendőben az addig összegyűjtött kalászokkal –, hogy szoptatásra hazaérjen, a két húgom otthon maradt bezárva.

Nem tudnám megmondani, hányszor mentünk ki, hány tarlóra, de egyszer csak nem volt érdemes többet, elfogyott a kalász, s nagyanyámmal elvittük a molnárhoz a házilag kivert magot becserélni lisztre. Öt kiló lisztet kaptunk az egészért, fitymálta a molnár, sok benne a pelyva. Nagyanyám mérgelődött, mert a molnár jól megszámította az őrlési díjat, s nem tiszta búzalisztet adott. Már hazafelé tervezte, mit csinál majd a lisztből, egy mázsa is kevés lett volna, annyi mindent tervezett. Végül is kenyeret sütött, bár nem volt kemencénk, a tűzhely sütőjében készült, fölséges illatok szálltak mindenfelé. Nagyon nehezen tudtuk megvárni, hogy kihűljön, ettük tördelve azon melegében, hiába figyelmeztetett, a meleg kenyértől megfájdul a hasam. A szakajtóban maradt vakarékot külön kinyújtotta, meghintette sóval és köménymaggal, bevagdalta, s ebből lett a legfinomabb rágcsálnivaló, azóta sem ettem hozzá hasonló finomságú kenyérféleséget. (Egyszer Észak-Olaszországban, talán Bolzanóban ettem *focacciát*, de nagyanyám vakarcsának az ízével az sem vetekedett.) Így zajlott le nálunk „az új kenyér ünnepe", de ha nyilvánosan emlegették, lesütöttem a szememet, mert féltem, tekintetem elárulja, hogy jutottunk kenyérhez. Emlékszem, még egy vagy két kenyérsütés volt, a maradék lisztet nagyanyám eldugta a spájzban, hogy legyen rántásnak, mert akkor lehet rántottlevest készíteni, s eddig csak zöldséglevest ettünk, bár nem tudom miféle, legtöbbször árokparton szedett növényeket kotyvasztott össze benne nagyanyám, bizony majdnem mindig ehetetlen volt. *Gezemice* levesnek hívtuk, szemben az igazi zöldséglevessel.

Gimnáziumpótló polgári

Anyám a nyáron elkezdett mesterkedni, hogy bekerüljek Pannonhalmára. A Ludovika Akadémiát megúsztam, a háború mindent megoldott, az új világban fel sem merülhetett, hogy belőlem katonatiszt legyen. Nem mintha vágytam volna rá valaha egy percig is. Az igazság az, hogy Pannonhalmára se vágytam, csak anyám vélte úgy, hogy ott majd jó útra térítenek, beadom a derekam, a gimnázium után szeminarista leszek, papnövendék. Még évekig semmiféle elképzelésem nem volt arról, hogy mi akarok lenni. Ha kérdeztek, vonogattam a vállam és hallgattam. Tanulni szerettem volna, mindent, nyelveket, tudományokat, sok adattal, mert csak az számít, az adatok. Példaképeim se voltak, se feltalálók, se Napóleon; a kertben szerettem volna olvasni, nagy szelet fehér zsíros kenyérrel, vastagon megkenve, pirospaprikával meghintve.

Nem tudom elképzelni, anyám hogy gondolta ezt a pannonhalmi kalandot. Ott nyilván tandíjat kell fizetni, meg a bennlakást, kosztot. Honnan vesszük rá a pénzt? Apám, valamikor még 1945 őszén talán Jászvásárból vagy Foksányból üzent, hogy életben van, s viszik valahova lágerbe a Szovjetunió belsejébe. A rövid levélkét egy katonaruhából civil ruhává átszabott öltözéket viselő, vele egykorú, sovány férfi hozta, szabadkozott, hogy csak ennyi idő után járt erre, de hát a jó hír sose késő. Várta, hogy kap valamit a jó hírért cserébe, de megkínálni se tudtuk. Anyám valahonnan előkerített egy tízes csomag Rotbart zsilettpengét, apámé volt, jó minőségú, háború előtti, nagy kincs akkoriban, azt adta a szabadkozó férfinak. (Nem volt szükség rá, nagyapám beretvát használt.) Örült neki, de egy kis szalonnának biztosan jobban örült volna. Ez volt az első életjel apámtól azóta, hogy egy évvel ezelőtt Linzből elindultak ismeretlen rendeltetésük felé. Megtudtuk, hogy ősszel még élt, valahol a Kárpátoktól keletre. Anyám lázasan kerestette a

Nemzetközi Vöröskereszt által, írta a szabvány lapokat és küldte a svájci címre, de válasz nem érkezett. Továbbra is böjtölt minden kedden (pénteken egész életében megtartotta a szigorú böjtöt), most már nem a háború végéért, hanem azért, hogy még egyszer életben lássa a férjét. Apám visszatérte egyelőre távoli álomnak tűnt. És tombolt az infláció.

Lehet, anyám arra számított, a ferences atyák beprotezsálnak ösztöndíjasnak. Nem tudom. De egyszer csak nagy izgalom keletkezett, meghívták Zsigmond atyát ebédre, hogy meghányják-vessék az ügyet. Nagymama levágott egy pár csirkét (már eléggé felcseperedett az állomány), s rántott csirkét készített, az aprólékból pedig csirkelevest. Négyen ebédeltek benn, az ebédlőasztalnál. Mikor anyám kihozta a tányérokat, rávetettem magam a konyhában. Először a letöredezett prézlit faltam fel, azután a csontokat rágtam le, majd megittam rá a saláta ecetes levét, s elmentem a padlásra elbújni. Mikor Zsigmond atya távozott, nagyapám mérgelődve oldotta le a keménygallért, nem lesz ebből a nagy traktából semmi se. Pár nap múlva levél érkezett anyámnak, melyben Zsigmond atya biztosította, hogy mindent megtesz a fiáért. Volt benne még egy lezárt boríték a pannonhalmi főapátnak címezve, rajta felkiáltójellel: bizalmas! Ebben volt az erkölcsi bizonyítvány, melyet a jelentkezéshez kellett volna csatolni. Anyám soha nem küldte el a jelentkezési iratokat, talán egy idő után megértette az egész ügy kilátástalanságát. Zsigmond atya bizalmas levelét egyszer, sok-sok évvel az emlékezetes ebéd után megtaláltam. Dobogó szívvel felbontottam. A semmitmondó, pár soros levél arról tudósított, hogy Czigány Lóránt buzgó katolikus szülők gyermeke, apja fogságban lévő tartalékos tiszt, s tekintettel a család nehéz anyagi körülményeire, megérdemelné a tandíjmentességet. Se több, se kevesebb. Lehet, hogy IV. Henriknek Párizs megért egy misét, de ez a levél nem érte meg a rántott csirkét.

Nem izgatott különösebben a pannonhalmi álom szertefoszlása; ahogy katonatiszti egyenruhára, ugyanúgy reverendára sem vágytam. Csak a gimnáziumba vágytam, itt, Gyöngyösön, az akkor még Koháry István nevét viselő gimnáziumba. Oda se kerültem be, hiába adta meg év végén Demjanovich Margit a tiszta kitűnőt. 1945 zűrzavaros őszén indult az utolsó I. osztály, amiről az évvesztés miatt lemaradtam. 1946-ban már csak V. általánosba mehettem. Igaz, a régi polgári iskola épülete, ahová járnom kellett, a gimnázium tőszomszédságában emelkedett. (Ott kapott helyet a két háború között a felső mezőgazdasági iskola is, ahová a néni-kérem-fantasztikus leventepuska-tulajdonos járt 1944-ben. Maga az épület 1761-ben épült a gimnázium névadója, gróf

Koháry István alapítványából ispotálynak, ahol a ferencesek gondozták a rászorulókat, majd a múlt század közepén emeletet húztak rá és katonai kórház lett belőle.) Azzal vigasztaltak, ami igaz is volt, hogy ez az V. általános iskola a régi gimnáziumi tanterv szerint működik; bár latint csak fakultatíve oktattak. És hát itt már minden tantárgyat más tanár tanított. Hamar rájöttem, vége a lazsálásnak, tanulni kell.

Az osztály két részre oszlott, németesekre és latinosokra. Az igazgatót Reisz Jakabnak hívták, ő tanította a németet, s hajlandó volt délutánonként hetente három alkalommal a latinosoknak németet tanítani. Természetesen németül is tanultam a délutáni csoportban. A szókincs nem okozott nehézséget, és megtanultam gót betűkkel írni, csak a nyelvtan ne lett volna, a *der, die, das.* Képtelen voltam a főnevek nemét megjegyezni, az igazság az, hogy ma is elbizonytalanodom, ha bármelyik főnév nemére rákérdeznek. Egyszerű mondatokban ösztönösen rátaláltam a helyesen ragozott névelőre, de ha rákérdeztek, felsültem találgatásaimmal. És a helyesírás. Számtalan közismert szónak az írásképe még ma is minden alkalommal meglep. Belenyugodtam, hogy az ausztriai, hallás után való tanulás örökre megrontotta a német nyelvhez való viszonyomat.

A latin, az teljesen más volt. Kiéhezetten vetettem rá magam. Ha nem lettem is gimnazista, tanulhattam latint. Nem tudnék számot adni, miért vágytam már évek óta annyira latinul tanulni. Talán primitív törzseknél fiatal fiúk várhatják ennyire a beavatás szertartását. Ezáltal lesznek tagjai a törzsnek, a közösségnek, *una et eademque nobilitas,* ahogy a régi jó táblabírás világban mondták. Vagy ösztönösen ráéreztem arra, hogy a latin ebben a szép új világban, ahová (akkor még) tudtunkon kívül igyekeztünk, a reakció jelképe lesz, melynek még az írmagját is irtani akarják a hatalom új birtokosai, mert a „nemesi nemzettudat" maradványának tartják, ami mindenképpen felszámolandó, s ez ellen minden porcikám tiltakozott.

Hiszen minden összeomlott, nemcsak épületek, hidak dőltek romba; most lett volna itt az ideje, hogy Szaléz atya buzdítsa híveit, *romlott* hazánkért könyörögjenek, de Szaléz atyát is elnémították, nem emelhette fel többé a szavát a barátok templomának szószékéről. Dehogy jelent meg mindez az akkori eszemben ennyire távlatosan, csak annyit vettem észre rémülten, hogy valamit el akarnak venni tőlem, hogy anyámmal lejártuk a lábunkat, amíg a tankönyveket összeszedtük, nagyapám felemelt ujját láttam: „ahány nyelvet beszélsz, annyi embert érsz", apámat hallottam, amint a feldkircheni paplak borospincéjében a helybeli *Pfarrer*rel tört latinsággal beszélget, hogy mások ne értsék, hogy nekem mondja, minden nyelvnek a latin az alapja, s nekünk rendkívül fontos, mert csak a latin segítségével tanulhatjuk meg az európai nyelveket.

Hosszú évek után tanultam meg, hogy Európához tartozásunknak e kétségtelen szimbóluma is mennyire ingatag alapokon nyugszik. Nemcsak azért, mert azt tapasztaltam, hogy külföldre került egyszerűbb emberek nem két embert érnek a két nyelvvel – mivel az egyiket tanulják, a másikat felejtik egy életen át –, hanem két *fél* ember lett belőlük, van amiről az egyik s van amiről a másik nyelven tudnak csak beszélni, hanem legfőképp azért, hogy a latinnal is baj van. Amikor a forradalom után az oxfordi egyetemen felvételiztem, a bizottság nagyon megörült nekem. Harmincan kerültünk egyetemre, válogatott legények, s mint kiderült, rajtam kívül talán egy-két diák akadt, aki latin nyelvi ismeretekkel büszkélkedett a kérdőíven. Kifaggattak, s nagyon elégedetten bólogattak, hogy összesen tíz évig tanultam latinul, s ebből egyetemen két évig a középkori latinsággal foglalkoztam. Igazolva látták magukat, nem sikerült a kommunistáknak teljesen kiirtani a klasszikus műveltséget. Mert Oxfordban e század közepén még a 19. századi curriculum járta, egy értelmes fiatalembernek klasszika filológiát kell végeznie, s akkor jó adminisztrátor lesz belőle Indiában vagy Szudánban, *gentleman,* aki nem égeti le magát és fölötteseit azzal, hogy a hivatalos nyelvben előforduló hosszabb, latin eredetű szavakat se leírni, se kimondani nem tudja. Ha viszont tudományos ambíciói lennének a fiatal *gentleman*nek, azokat is kielégítheti később, akár a bennszülöttek nyelvének leírásával, akár az ottani egzotikus flóra és fauna feltérképezésével. A legfontosabb tehát Oxfordban *the First* klasszika filológiában, vagy legalább Cambridge-ből ugyanez. (Mindezt Cambridge-ben természetesen fordítva állították.)

Ott álltam tehát (pontosabban ültem) a vizsgabizottság előtt, s kérdésükre, esetleg megpróbálnék-e talán valami rövidebb latin szöveget angolra fordítani, itt előttük, *ex abrupto,* élénken bólogattam. „Talán Vördzsilt" – javasolta az egyik tógás *don.* Amikor észrevette arcomon a megrökönyödést, gyorsan kijavította magát, akkor inkább Sziszrót vagy Horést? Csendben átkoztam magam, legalább egy-két angol krónikaíró nevével meg kellett volna ismerkednem a felvételi előtt, de hát ki az ördög gondolta, hogy ha itt a középkori latinsággal hetvenkedem, rögtön valamelyik középkori auktorukat akarják majd velem kapásból fordíttatni. A tógás tanár összenézett társaival, milyen latin lehet az, amit nem a klasszikus auktorok alapján tanítanak, talán Marxot olvassák ott latinra fordítva? Vagy füllentek, hiszen semmilyen igazolásom nem volt arra nézve, hogy egyetemre jártam. Végül is kezembe nyomták Vergilius *Aeneis*ének egy kiadását, s akkor világosodott meg előttem minden. Hiszen ezek a derék tanárok az alapszerzőket emlegették: Vergiliust, Cicerót és Horatiust, csak a felém dobott angol hangtestű szavakból nem ismertem fel a nevüket. Valamennyire aztán sikerült helyreütnöm a saját és a magyarországi latinság renoméját, mivel a kívánt szövegrésszel – amit hajdanában, szerencsémre, véletlenül memoriterként tanultam, tehát ismerős volt – megbirkóztam. Bár aki még nem próbált egy általa ismert idegen nyelvű szöveget egy másik, olyan idegen nyelvre fordítani, amellyel összesen fél évig ismerkedett, soha nem fogja megtudni, miről beszélek. Szeretném látni azt a 16 nyelven *perfektül* beszélő Lomb Katót, aki kapásból képes egy Lermontov-verset oroszból németre fordítani, hogy most az egzotikusabb nyelvekről ne is beszéljünk. Cushing professzor szerette emlegetni, hogy a háborús évek alatti legnehezebb pillanata az volt, amikor egy alkalommal törökről kellett kapásból franciára fordítania.

Küszködtem tehát a szöveggel, még olyan egyszerű idiómákkal is, mint például a *gerere bellum* (háborút visel), amelyet kisdiák koromban megtanultam, csak azt nem tudtam, hogy erre angolul is idióma van, *to wage a war,* és hogy az angol „wage" nem úgy „visel", mint ahogy mi a kabátot viseljük, s nekem hiába ugrik be azonnal ennek az angol megfelelője *(wear)*, azt a rém kedves donok megmosolyogják *(to wear a coat)*, mert ők nem úgy viselik a háborút, mint mi a kabátot. Baj volt a kiejtésemmel is, hiszen a latin „ae" betűt mi „e"-nek ejtjük, a fránya angol pedig „ej"-nek, tehát a latin mutató névmás nőnemű alakja, *haec,* magyarul *hek*nek hangzik, angolul *hejk*nek, de még inkább *hájk*nak. Miután felvettek, a kollégium faburkolatú refektóriumában vacsora előtt felváltva mondták a tógás diákok a rövid, latin asztali áldást. Úgy véltem, valami óangol szöveg (à la *Halotti Beszéd*). Miután rám került a sor, süket csöndben ültem vissza a helyemre. „Mi az, lefordítottad magyarra?" – kérdezte szarkasztikusan a mellettem ülő diáktársam.

Nem én voltam az első szenvedő áldozata az angol kiejtésnek, mindez megtörtént már több mint háromszáz évvel korábban, amikor a peregrinus Szepsi Csombor Márton járt itt a szigetországban. Cambridge-be (latinul: Cantabrigia) igyekezett és Canterburybe (Cantuaria) jutott. Munkájának kritikai kiadásában Kovács Sándor Iván (aki Szegeden, elsőéves korában tőlem mint megbízott előadótól kezdett latinul tanulni) azt állítja, hogy Szepsi Csombor Mártonnál a két helységnév összecserélése csupán irodalmi fordulat, a félrehallásra hivatkozva igyekszik kibeszélni magát abból a csávából, hogy nem járt az angol művelődés fellegvárában. A nagyon tetszetős és tudós elmélet csupán azért sántít, mert Márton diák egyébként is állandóan panaszkodik, hogy az angolok nem tudnak latinul, ami képtelenség. Végül éppen Canterburyben poharazgat majd egy lelkésszel, akivel megértik egymást, mert az *Németországban tanult.* Ez a nyitja az epizódnak, a mi peregrinusunkat nem értették meg – nem a köznép, mert az tényleg nem tudott latinul – kiejtése miatt, de ő sem értette pontosan az angol dikciót, kivéve a Németországban tanult lelkészét, aki ugyanazzal az erasmusi kiejtéssel beszélt, mint ő és mi.

Mindezt persze nem mondhattam el a felvételi alkalmával, noha a Szepsi Csombor-epizódot akkor már ismertem ugyan, csak a nyitja nem volt világos nekem sem, éppen úgy, mint Kovács Sándor Ivánnak, s bonyolult fejtegetéseimet egyébként is kifogásnak tartották volna, amihez oxfordi diákoktól is hozzászoktak. Bennem egy életre megmaradt az eset a megmagyarázhatatlan körülmények alappéldájaként. Azóta is enyhe káröröммel hallgatom hazai kollégáimat, amikor angol nyelvű előadásukban belesétálnak a nevek kiejtésének csapdájába. Hiszen ki gondolná, hogy Tiziano neve *Tísn*nek hangzik angolul, mivel a név francia alakját (Titien) elangolosították (Titian), s hogy az általunk „nemzetközinek" vélt szavak ejtése angolul legtöbbször érthetetlen. Az udvarias hallgatásból az illusztris vendég előadó soha nem tudja meg: hallgatóságának fogalma sem volt, kit emlegetett oly gyakran és magabiztosan.

De vissza a gyöngyösi róm. kat. általános fiúiskola V. osztályába, amely igaz, hogy korábban polgári iskolaként működött, most viszont afféle „gimnáziumpótló" iskolává lépett elő. A latint egy Varga Géza nevű fiatal tanár tanította, nemrég tért haza hadifogságból, élményeiről szívesen beszélt. Szigorú pedagógus volt, csattantak a pofonok, ha valaki nem készült. Egyszer én is kaptam egy nagy pofont, csengett a fülem tőle. A helyemen álmodoztam, vagy a pad alatt olvastam, mikor felszólított. „Kezdd el" – mondta. Fogalmam sem volt, miről lehet szó, nyilván már az új anyagról, hiszen éppen az előző órán remekeltem, kis előadást tartottam arról, hogy az autó*busz* második része a latin omni*bus* (mindenki részére) végződésből keletkezett, s erre teljesen magamtól jöttem rá. Az előttem ülő fiú ujjával mutatta a könyvben a kívánt szövegrészt. Mivel álltam, a messze levő szöveget nem láttam teljesen tisztán, csengő hangon mégis kiolvastam az új olvasmány címét: „De Mucio Scae*lova*", hogy azután remekelve fordítsam az osztály okulására. Varga tanár úr rákérdezett: „Hogy mondod, fiam?" Gondolkodás nélkül még egyszer rávágtam a rosszul kibetűzött nevet. Kihívott, s lekent egy hatalmas pofont: „Egy kitűnő tanuló ne blöfföljön, s ne legyen elbizakodott!" Örökre megjegyeztem Mucius Scae*vo*l*a* nevét, aki jobb kezét a tűzbe tette a saját igazáért. Nekem nem kellett volna.

Ketten versengtünk az elsőségért latinból Kabdebó Lóránt druszámmal, akiből avatott Szabó Lőrinc-kutató lett, s most a miskolci egyetem professzora. Ettől kezdve nagyon vigyáztam, nehogy hasonló kínos helyzetbe keveredjem. Nem engedhettem meg magamnak, hogy tekintélyem csorbulásával előnyt adjak neki. Csak akkor vigasztalódtam meg kissé, amikor Varga tanár úr egyre gyakrabban engem küldött óra alatt olvasmányaiért. A könyveket majdnem mindig villában lakó magános úriasszonyoktól hoztam, vagy nekik vittem vissza. Olykor behívtak és megkínáltak, de mindig csillogó szemekkel hallgatták meg a magas, jóarcú, halántékán elegánsan őszülő, ámbár nagyon fekete hajú latintanár kérését. A lektűröket kedvelte: Cronin, John Knittel (útnak indulásom előtt figyelmeztetett, hogy a szókezdő „K"-t nem ejtjük), Claire Kenneth neve maradt meg bennem a szerzők közül. Nem tudom, Varga tanár úr mit intézett a kölcsönkönyves úriasszonyokkal, de egy téli, havas hétfőn elterjedt a hír, hogy felsős gimnazista lányok (azokat is tanította) meglesték a Korona-ház átjáró udvarán és alaposan megmosdatták a hóban. Utána Varga tanár úr kissé tűnődve oktatta a latint.

Varga tanár úr mindenképpen a művészetek avatott értője volt, moziélményeiről is gyakran értesültünk. Egyszer belefeledkezve magyarázta Charles Boyer és Ingrid Bergman felejthetetlen alakítását a *Gázláng*ban. Milyen finom arcjátékkal, átélve játszották a szerepüket. Charles Boyer a ravasz, kiszámítottan cselekvő férjet, akinek megvannak a saját, alantas céljai, és Ingrid Bergman mennyire bájos és ártatlan arccal játszotta el a hősnő megtébolyodását férjének ördögi machinációi hatására. Varga tanár úr elemzései minden bizonnyal alaposabbak voltak, mint a legtöbb sebtiben írt színikritika az újságokban. Ezek az átélt rögtönzések (Varga tanár úrnak nagyon kifejező szemei voltak) egyébként is értek annyit, mint ha az *accusativus cum infinitivó*t kissé hosszabban magyarázza.

Bár erre is szükségünk lett volna. A Jámbor György–Kemenes Illés–Jirka Alajos szerzőhármas tankönyveit használtuk, a háború előtt nemzedékek nőttek fel rajtuk, évtizedek múlva is fújták, ha kellett, az első gimnazista tankönyv első olvasmányának első mondatait: *Agricola terram arat. Agricola semper laborat.* Gyakran nevettünk rajta még mi is, hiszen a betűvetést így kezdtük: „úr ír", amit „úr rí" követett az életben is, nem csak a tankönyvekben. Ezzel szemben a római földművesek a földet művelték, mindig dolgoztak, de nem ríttak. Emlékezetem szerint a latin olvasókönyvek kitűnően megírt és szerkesztett tankönyvek voltak. Ugyanezt nem mondhatom el a nyelvtankönyvről. Amikor Kaliforniában tanítottam, néha megkért a lányom, hogy egy-két nehezebb nyelvtani szerkezetet tisztázzak neki. Elámultan vettem kézbe az ő tankönyvüket, milyen könnyű volt abból a nyelvtant elsajátítani! Mert nálunk a latin nyelvtan tanítása magolásra volt alapozva, mechanikus ismeretekre, gyakran kis versikékbe foglalva, számtalan bebiflázandó szabállyal. Ember legyen a talpán, aki ebből a nyelvtan szerkezetét nemcsak megtanulta, de meg is értette.

Varga tanár úr mindent elkövetett, hogy megértsük a nyelvtani szerkezeteket, neki köszönhetem, hogy az alapokat biztos kézzel lerakta latinból, volt mire építkeznem, amikor elkerültem Gyöngyösről. Mi, latinosok lenéztük a németeseket, s a rivalizálás eldöntésére a délutáni labdarúgó-mérkőzések szolgáltak. Meg kell mondanom, legtöbbször a németesek győztek, s meccs után rendszeresen lepipogyáztak bennünket. Az egyik mérkőzésen olyan sípcsontrúgással szerelt az egyik fiú, hogy hetekig kékült, zöldült, sárgult a lábam, ráadásul még lapulnom is kellett vele otthon, nehogy észrevegyék. Ez az ügy elvette a kedvem a focizástól, maradt sportnak a fejelés.

Amennyire átszellemülten és odaadóan tanultam latinul, annyira felbosszantott első óráin magyartanárunk. Pedig Kecskés Péter (1898–1986) rendkívüli ember volt, már külseje is ezt mutatta. Élesre vasalt térdnadrágban járt, melyhez gondosan választott térdharisnyát viselt, s a barna cipők árnyalatait, a meggyvöröstől az okkersárgáig. Sportzakóit ehhez a színskálához igazította; még mutatóba sem akadt köztük rikító színű, ingei pedig a zakók színét követték, azok halványabb változatában, mindezt (sohasem babos!) csokornyakkendő egészítette ki, mely megegyezett a mindenkori zakó színével, csak sokkal sötétebb árnyalatban. Kecskés tanár úr „sportosan" öltözött, úgy, ahogy az amerikai campusokon a baloldali előadók szerettek volna, ha ízlésük is van, hogy ezzel is kifejezzék megvetésüket az *establishment* iránt, a sötét öltönyben járó, nyakkendős kollégákkal szemben. Csak hát ezek az amerikai kollégák nem vették észre, hogy „egyenfarmerjük" miatt ők is egyenruhában járnak, nemcsak konzervatív kollégáik. A lezser öltözék Oxfordban is dívott, ugyanazok a tompa színek gondosan összeválogatva, de ott a szakadt könyökű pulóver, a megroggyant térdű kordbársony nadrág, lehetőleg kifényesedett fenékkel, s a sportzakó, könyökén a kötelező bőrfolttal volt a hanyag elegancia fokmérője. Ez utóbbi összeállítás talán Kecskés tanár úr tetszését is elnyerte volna, de Közép-Európában a jólvasaltság egészen a legutóbbi időkig kötelező volt. Gondolom, Illyés Gyula volt az első, aki ezt az íratlan szabályt már a hatvanas évek derekán bátran megszegte. (Amikor azután a férfiszőrzet gondozatlan viselése divat lett, mindezek a finom különbségek értelmüket vesztették, emlékszem, egy akadémiai fogadáson Robert Austerlitz amerikai professzor rongyos farmernadrágban, nyakkendő nélkül és borotválatlanul jelent meg, pesti és német kollégái nem kis meglepetésére, bár szemrebbenés sem jelezte a jogos megrökönyödést.)

Kecskés tanár úr tehát sportosan öltözött; őszülő, gondosan hátrafésült haját talán festette is. Makulátlan simaságúra borotvált arcbőre ránctalan volt, és jellegzetes illatú arcszeszt használt. Mozdulatai hibátlanok, járása ruganyos, kisportolt, egész lénye azt sugallta, hogy minden mozdulatának ura, hangját nem emeli fel, fölösleges mozdulatot nem tesz, mondataiban mindig van alany és állítmány, hanglejtése hibátlan; egyénisége erélyt, meggondoltságot (de nem kimértséget!) sugárzott; lenyűgöző személyiség volt. Ez a tanárember, aki annyira elütött kollégáitól, tudomásunkra hozta: nem tudunk írni, mert összevissza hányjuk a betűket, nem tudjuk magunkat kifejezni, és lusták vagyunk. Ámultan hallgattuk, borzolódtak a kedélyek, ágaskodtak az önérzetek.

Tudomásunkra hozta továbbá, hogy együtt fogjuk gyakorolni a szépírást, ő szavatolja (nem használt idegen szavakat), hogy év végére megtanulunk szépen írni, azaz elsajátítjuk a szépírást (kalligráfiát). Hogy megtanuljuk gondolatainkat kifejezni, mindennap kapunk házi feladatot, rövid fogalmazást, mely egy-két sorral lehet több vagy kevesebb, mint vonalas füzetünkben egy oldal; kétujjnyi margót hagyunk, s írásművünk bevezetés–tárgyalás–befejezésből fog állni, a tárgyalás állhat több bekezdésből, a bevezetés és a befejezés soha. Állandóan edzenünk kell (nem tréningezni), hogy amit vesződséges munkával elsajátítunk, az a vérünkké váljon. *Nulla dies sine linea,* ahogy a klasszikusok mondták. Biztosított bennünket, hogy ő tudja, sokan azt gondoljuk, nem vagyunk képesek az általa felvázolt munkaterv (nem program) végrehajtására. Pedig erős akarattal nemcsak a lustaságot, még a betegséget is legyűrhetjük. Énekes István csenevész, tüdőbajos fiatalember volt, 1932-ben mégis aranyérmes ökölvívó lett belőle a Los Angeles-i olimpián. Nincs ok aggodalomra, mert még abban a korban vagyunk, amikor mindent, de mindent elérhetünk, ha akarjuk, mert csupán egy titka van a sikernek: akarni, akarni, s megint csak akarni.

Elszontyolodva hallgattuk az intelmeket és a munkatervet. Mi lesz velünk? Mindennap volt magyaróra, ez tehát heti hat házi feladatot jelent. Az első hónapokban az óra elején három-négy tanulónak két-három sort kellett felírni a táblára. Következtek a részletmegfigyelések: a betűk ne dülöngéljenek előre vagy hátra, mint a részegek, az ó-nak és á-nak kerek, egyforma nagyságú hasa legyen. A felfelé és lefelé meghosszabbított betűk szára ne legyen hosszabb vagy rövidebb, mint a betű teste. A g, j, y, alsó szárán lévő hurok ne legyen se túl nagy, se túl kicsi, az ékezetek a betűk fölé kerüljenek 45 fokos szögben, és így tovább; mértani pontosságú ábrák keletkeztek a betűkből; egy idő után nagy igyekezettel és odaadással munkálkodtunk, mert az írás célja, hogy mások erőlködés nélkül képesek legyenek elolvasni. Kecskés tanár úr tényleg csodát művelt, megjavult a kézírásunk, s néhány év múlva könnyen és fölénnyel megnyertem Újhelyben a szépírási versenyt. Más kérdés, hogy az évek során leromlott a kézírásom, bár szakavatott paleográfus talán még ma is felismerné benne Kecskés tanár úr elveinek töredékeit, noha gyorsan odavetett betűimet ma már én sem tudom mindig kiolvasni.

A fogalmazással eleinte nagyon sok gondom volt. Ültem az irkám előtt, felírtam: Házi feladat, egy sor üres, cím, egy sor üres, bekezdés, és semmi nem jut eszembe. Néztem a papírt, semmi. Nem jutott eszembe semmi! Azt hittem, szétpattan a fejem az erőlködéstől. Telik az idő, szent Isten, hiszen más tárgyból is készülnöm kell, a latin szószedet, mi lesz velem? Szégyenszemre odakullogtam anyámhoz, s töredelmes vallomást tettem. Anyám, sok dolga ellenére (akkoriban már felhagyott a fonással, és oltárterítőket festett nagy igyekezettel, csak hát drága olajfestékre nem telt, s így a beszáradt, háború előttieket használta, s volt olyan szín, amelyikkel nagyon kellett takarékoskodnia, kevés maradt a tubusban) megadóan segített eleinte – röstelkedtem is miatta éppen eleget –, lediktálta a fogalmazást, valamit alakítottam rajta, hogy olyan legyen, mintha az én elmeszüleményem lett volna. Én, aki szülői segítséget soha, de soha nem vettem igénybe, ide jutottam. Ez képtelenség. Lassan-lassan mégis belejöttem a fogalmazás művészetébe. Rájöttem, igenis vannak saját gondolataim is, s ha a bevezetésen túlvagyok, megy az egész, mint a karikacsapás.

Kecskés tanár úr minden óra előtt elolvasott minden házi feladatot. A legjobbakat felolvasta az osztály okulására. Megsérült önérzetem csak akkor kezdett gyógyulni, amikor az enyémre is sor került, nemcsak a Kabdebóéra. Egy idő után személyes sértésnek vettem, ha nem az enyémet olvasta föl. Volt ugyan még egy tiszta kitűnő tanuló az osztályban, Méray Károly, de a következő tanévben végleg a harmadik helyre szorult, én pedig vitathatatlanul első lettem. Kabdebó azzal vigasztalhatta magát, hogy ő meg elvitathatatlanul az első latinista. Ebbe én is belenyugodtam, nem berzenkedett nagyra nőtt önérzetem; felosztottuk a világot: övé a latin, enyém a magyar. Elvégre a latin mégiscsak holt nyelv! Hogy Kabdebó mennyire lovagias versenytárs volt, az csak ötven év múlva derült ki: semmi kétségem sincs, hogy a miskolci egyetemen az ő javaslatára avattak díszdoktorrá.

Ma sem tudnám megmondani, íráskészségem fejlesztésében milyen szerepe volt Kecskés tanár úrnak; ha a termékeny talaj az én tulajdonom volt is, az első magokat kétségtelenül ő vetette bele. Anyám szerepéről sem feledkezhetem meg, ha nem fogja a kezemet az első bukdácsoló lépéseknél, talán sohasem sikerül a saját lábamra állnom. Az osztály okulására felolvasott első házi feladatom egy Petőfi-vers (*Magyar vagyok,* 1847) nyomán készült. Azt kellett megírnunk, nekünk miért a legszebb ország hazánk. Akkoriban Rákosi Viktor volt a kedvenc íróm, a sztrecsnói piros virágokat szerettem volna látni én is, a Beszkidekben keresni a honvédek nyomát, Jávorka Ádámmal védeni az országot. Erről írtam a dolgozatban, meg arról, hogy bár *A korhadt fakeresztek* írója látta a norvég fjordokat, a sztrecsnói tető piros virágai mégis jobban tetszettek neki.

Kecskés tanár úr azonban nem engedte, hogy elbizakodjam. Volt ugyanis egy pepita fedelű füzete, mely egy korábbi eminens diák házi feladatait tartalmazta, s ha a tökélyt, a megismételhetetlen csúcsteljesítményt kívánta elénk idézni, ebből olvasott fel. Nehezen szenvedhettem ezt a névtelen polgaristát (polgarista lehetett, mert Kecskés Péter polgári iskolai tanárként kezdte), soha, egyetlenegyszer sem mondta senkinek a dolgozatára, hogy elérte ezt a fölülmúlhatatlan szintet, hogy nyomába léphet a nagy elődnek. (Egyszer a hetvenes évek elején látogatóban voltam itthon Amerikából, s abban a megtiszteltetésben részesültem, hogy volt tanárom meghívott borkóstolóra. Semmit nem változott, pedig már jócskán átlépte a nyugdíjkorhatárt, ugyanaz a ruganyos léptű, mindennap megtornáztatott szellemiségű tanárember volt, akinek 1946 őszén megismertem; erély és erő sugárzott belőle. Kitűnő borokkal kínált, nagy szakértelemmel „házasított össze” fehéret és vöröset, hogy ezáltal különleges *rosé*t nyerjen. Emlékeket elevenítettünk, akkor tudtam meg róla, hogy székely, megmutatta vendégkönyvét, mely szerint a fél magyar irodalom, Illyés Gyulától Tamási Áronig – akivel földik voltak – megfordult borospincéjében, tanúsították ezt a bejegyzett eulógiák. Én is megtanultam, hogy nemcsak kitűnő borai vannak, de lebilincselő *raconteur* is, fürge székely észjárással, elbűvölő házigazdaként. Nagyon föloldódott, s bizalmasan azt mondta: „Tudod, volt nekem egyszer egy mintadiákom." Veszi elő a pepita fedelű füzetet, melyet oly gyakran láttam hajdanában. Most kivételesen kezembe is vehettem, és lapozgathattam benne. De a mintadiák nevét most sem tudtam meg, csak azt, hogy ő maradt az egyetlen.)

Az „igazi" gimnáziumban az Eötvös-kollégiumot végzett Bán Imre tanította a magyar irodalmat a felsőbb osztályokban. A tekintélyes tudós Gyöngyösön kezdte tanári pályafutását a harmincas évek elején. Utólag elgondolkoztam, mi lett volna, ha én is a keze alá kerülök Kecskés tanár úr után. Tibi és osztálytársai (akik egy évvel voltak idősebbek, de az évvesztés miatt kettővel jártak fölöttem) 1948 őszén tisztelettel vegyes félelemmel beszéltek róla: „sokat követel", „nagyon szigorú". Vágyakozva hallgattam őket. Nekik egy tudós oktatja a magyar irodalmat. De hát semmiféleképpen nem kerülhettem volna a keze alá, mert ha nem veszítek is egy évet, az 1948/49-es tanévben már Újhelybe szólított a családi akarat.

Ha igaza van Németh Lászlónak, hogy egy jó pedagógus életműve felér egy írói életművel, illetve legalább annyi diákban hagy maradandó nyomot, mint ahány olvasóban egy ismert író, erre Kecskés tanár úr az iskolapélda. Nem tudom, hány száz vagy ezer diák került ki a keze alól, de meggyőződésem, nem csak rám gyakorolt kivételes hatást. Korai bosszankodásom nagyon hamar tiszteletté vált, s ma is szeretettel emlékszem tevékenységére a magyar művelődés háttérhálózatában, vidéken. Optimistább pillanataimban hiszem, mert hinni szeretném, nem veszett ki a hozzá hasonló pedagógusok fajtája, ők a magyar művelődés legfőbb letéteményesei. Kecskés Péter nemcsak a kisdiákok szellemi nyesegetésének, hanem a szőlőművelésnek is szakavatott mestere volt. Egyszer a híradóban is láttam, már egyetemista koromban, szőlőművelésre alkalmas, motorral működő talajmegmunkáló gépet talált fel, mely a munkaidőt jelentősen csökkentette. Találmánya további sorsáról nem hallottam, remélem, nem az történt vele, mint ami a magyar találmányok sorsa, hogy sutba dobják, majd külföldön újra feltalálják, s drága pénzen vásárolt licenc alapján azt használjuk országszerte.

A történelmet egy Sike Lajos nevű tanár tanította (háta mögött: Mackó bácsi) kellő lelkesedéssel. Mutatta a térképen az éppen divatos őshazákat (ha jól emlékszem, akkoriban öt darab volt belőlük), külön felhívta a figyelmünket minden Árpád-házi királyra, aki jó pénzt veretett. (Elkelt volna egy ilyen Árpád-házi király az inflációs években is!) Luftballonként imbolygó alakja ma is mosolyra fakaszt. A földrajzot és a természetrajzot az osztályfőnökünk, Boér Miklós tanította eléggé sótlanul. Jóeszű fiát, akivel egy osztályba jártam, mindig akkor hívta ki felelni, ha tudta róla, hogy nem készült, s ilyenkor, pártatlanságát látványosan bizonyítandó, alaposan felpofozta. Eleinte nevettünk rajta, de egy idő után, legalábbis én sajnáltam, hogy ennyire igazságos apát fogott ki tanárként. A következő évben a matematikatanárunk, Egyed Antal lett az osztályfőnökünk, emberségét becsültük, jó tanár volt. A mezőgazdasági középiskolából ránk háramlott „mezőgazdasági gyakorlatok" nevű tárgyat viszont senki nem vette komolyan. Huszár tanár úr vitt bennünket malmot, szőlőt, kertészetet látogatni. Kedvenc szavajárása is mezőgazdasági jellegű volt: „Te szaros tyúk, kirázlak a gatyádból!" – mondogatta, ha valaki kellő komolyság nélkül viselkedett óráin.

A rajz- és énekóra már akkor meggyőzött, hogy nem örököltem kézügyességet anyámtól, saját firkálmányaimmal és vízfestményeimmel magam sem voltam megelégedve. A hallásom sem volt valami rendkívüli, bár az *Énekes ABC*-ből tanult népdalokat nagy lelkesedéssel fújtam én is. Megtanultam Kodály nevét, és énekeltem teli torokból: „Énekelj magyar ifjúság, míg a nemzetek meghallják". Szép volt ez, hogy az ősz mester nyomán megmártóztunk zenei anyanyelvünkben, de csalfa reményeket nem lett volna szabad belénk plántálni. Egyrészt a nemzetek nem hallották a sok csengő hangot, nemcsak Gyöngyösről, de Budapestről vagy Debrecenből sem, másrészt ha hallották volna is, az 1947-es párizsi békeszerződés feltételeit ez sem módosította volna. A népi idelológiának ez a naivan hamis önérzetet (hogy ne mondjak önteltséget) serkentő megnyilvánulása ma is bosszant. Cinikusabb pillanataimban egyik történész barátomat, Péter Lászlót szoktam idézni, ha önérzetünket át nem gondolt tételekkel támogatjuk: „Kicsi a bors, de le van szarva". Helyesebb lett volna, ha azt énekeljük, amit a barátok templomának kórusán énekeltünk: „Ránk bűnösökre minden verés ráfér", akkor legalább tudjuk, hányadán állunk. (Egyszer, vagy harminc évvel később egy dél-angliai kirándulás alkalmával smaragd mezők közepén fekvő, előkelő magániskola mellett vitt el az utunk. Egyik tanterem nyitott ablakaiból ismerős dallamot hozott a szél, kristálytiszta szoprán hangon énekelték magyarul, akcentus nyoma nélkül: „Kinyílott a pitypang, kivirult a rét". Nem akartunk hinni a fülünknek. Összenéztem a feleségemmel, leállítottam a motort, s hallgattuk, ahogy száz torokból, tökéletes akusztikai viszonyok között úszik felénk az énekszó. Hazafelé azon tűnődtem, hogy Kodály mégiscsak meghódította, ha talán a világot nem is, de az iskolásokat igen. Nemcsak díszdoktorrá avatták Oxfordban, ami a díszdoktorátusok között igencsak előkelő helyet foglal el, de Kaliforniában voltak *senior* diákjaim, akik azért tanultak magyarul, hogy Kecskeméten a Kodály-módszert tanulmányozhassák.)

Noha a gyöngyösi polgáriból átvedlett gimnáziumpótló általános iskola egyelőre még egyházi kézen maradt, elvégre „róm. kat." fiúiskola volt, se a hittanórákat, se a hitoktató alakját nem bírom felidézni. Ha jobban belegondolok, egyetlen hitoktatóra sem emlékszem Densz tisztelendő úr óta; mintha nem is tanítottak volna hittant, már a Sóházi elemiben sem. Hiszen még az énektanáromra is élesen emlékszem, ahogy óriási lelkesedéssel énekeltet bennünket, bár csak a gúnyneve maradt meg bennem: „Tüdő Lajosnak" becéztük, gondolom, mert teli tüdővel kellett fújnunk a népdalokat.

Anyám heves ellenérzései közepette (írásbeli szülői engedélyre volt szükség!) beléptem az akkor még működő 783. sz. Körösi Csoma Sándor cserkészcsapatba, noha a belügyminiszter, Rajk László 1946. június 4-i hatállyal feloszlatta a cserkészetet is a többi „reakciós" ifjúsági szervezettel együtt. De hát nem csak isten malmai őrölnek olykor kedvezményesen, vidéken a kommunista párt sem rendelkezett még teljhatalommal, s ezért a protestánsokkal eleinte csínján bántak. Anyám ellenérzésének fő kiváltója az volt, hogy a cserkészcsapat a református egyház fennhatósága alatt működött. (A katolikusok megszeppentek a Páter Kiss Szaléz ügy után, a 99. sz. Mátra cs. cs. beszüntette működését.) Ennek ellenére lelkesen tanultam a cserkésztörvényeket, a morzeábécét, készültem a próbákra, s közben gyakran rágyújtottunk egy-egy népdalra, vagy humoros szövegű másféle nótára (Nóbel Alfréd nagy svéd kémikus, Száraz tónak nedves partján, Kiment a ház az ablakon és hasonlók) az őrsvezető, egy Laci bá'-nak titulált VIII. gimnazista irányítása mellett. Arra, hogy cserkészfelszereléssel (árvalányhajas kalap, nyakkendő a hozzá tartozó fonott bőrgyűrűvel, ing a Hungaria jelvénnyel, liliomos derékszíj) kérkedjem, nem is gondolhattam, örülnöm kellett, hogy végre az új cipőt megkaptam. Hogy lélekben nemesedtem-e cserkész pályafutásom alatt, nem tudnám megmondani, viszont Oti segítségével a már de facto is megszűnt 99. sz. Mátra cs. cs. otthonából sikerült kimentenem a *Magyar Cserkész* szanaszét heverő számait, s ezekben álmodozva olvashattam az igazi cserkészetről, izgalmas nyári táborozásokról, az 1933. évi gödöllői dzsemboriról, s gyönyörködhettem Márton Lajos illusztrációiban, melyek legtöbbször egyenes tekintetű, nyílt homlokú, ámde pisze orrú cserkészeket ábrázoltak. Komoly gyűjtőszenvedéllyel összeszedtem a *Magyar Cserkész* megjelent számainak nagy részét, 1920-tól 1944-ig, s a *Zászlónk*kal egy ideig kedvenc olvasmányom maradt.

Cserkész pályafutásom hónapokig tartott csupán, és dicstelenül ért véget. Egy télvégi hógolyózás alkalmával telitalálat érte a szememet, bedagadt és megkékült. Anyám elment a parancsnokhoz, bizonyos Bandi bá' nevű cserkésztiszthez – aki civilben mint borászati szakember működött –, és jól megmondta véleményét a cserkészkedésről. Ezek után beláttam, nem jelenhetek meg többé a református templom melletti cserkészotthonban. Nem a hógolyócsatában elszenvedett „sebesülésem" miatt, önérzetem nem engedte, hogy mutatkozzam, hiszen anyám kisgyerekként bánt velem, megszégyenített a cserkészek előtt, mint valami anyámasszony katonáját. Nyilván meg volt elégedve magával, hogy az incidens által sikerült kimentenie a protestánsok karmai közül. Azzal vigasztalhattam magam, hogy a cserkészcsapat egyébként is végnapjait élte, félig-meddig már így is illegalitásban működött, nem érte meg a tanév végét. (Mikor visszakerültem Újhelybe – mivel az még távolabb van Budapesttől –, ott még működött a csapat, bár emlékezetem szerint teljesen illegalitásban. Egyszer-kétszer elmentünk táborozó úttörőket riasztani; izgalmas és bátor cselekedetnek tartottuk. Amikor a tanév végén, már mindannyian úttörő-egyenruhában a faliújságról leszedtük a rárajzszögezett anyagot, az egyik sarkában kezet fogó cserkész és úttörő rajzát fedeztük fel. Mint valami förtelmes obszcenitásra tekintettünk az ábrára, még összenézni se mertünk, hanem gyorsan összegyűrtük előtüremkedő múltunk e tárgyi emlékét, s a szemétládába dobtuk. De ez már az 1948/49-es tanév végén történt, a gyors változások a távoli múltba helyezték a cserkészetet.)

Nem csoda, hogy az új rendszer ilyen hamar lecsapott a cserkészetre, hiszen a „klerikális reakció" befolyása alatt állott, és az angolszász imperialisták gyarmatosító háborúi közepette keletkezett. Lord Baden-Powell (nálunk: Bí Pi bá'), a mafekingi hős fiúk megszervezője és vezére 1899-ben, a 217 napos ostromzár idején, az angol–búr háborúban, azonban mégsem hátsó gondolattal kezdte meg a cserkészmozgalmat szervezni az első világháború előtt (1907), hanem éppen a szociális gondolattól áthatva, hogy a szegényebb sorban élő angol gyerekeket kiszabadítsa a nyomortanyákról a friss levegőre, egészségesebb életvitelt biztosítson nekik, s egyúttal az ifjúság természetes kalandvágyát keretek közé (s felügyelet alá) helyezze.

Gondolatának sikerét mi sem bizonyítja jobban, mint az, hogy a mozgalom nemcsak Amerikában, de a kontinensen is gyorsan terjedt. Noha a(z akkori) magyar külpolitika inkább a búrok oldalán állt (legalábbis az exportpolitika a búrokat előnyben részesítette), a cserkészet ellenállhatatlan varázsa következtében mégis megalakult a Magyar Cserkészszövetség már 1912-ben, s a mozgalom kiterebélyesedését az első világháború sem fojtotta meg (még Németországban sem!), bár a cserkészet igazán 1920 után kapott lábra nálunk. Ez is kapcsolat volt Nyugat felé, s elszigeteltségünkben szükség volt rá. Talán ezért is vállalta el gróf Teleki Pál a főcserkészi tisztet, politikai jelentőségét (bármennyire parányi is) kamatoztatni kívánta.

Ugyanakkor igaz, hogy nálunk az egyházak rátenyereltek egy szemléletében szekuláris intézményre; a mozgalom elsődleges célja az ifjúság valláserkölcsi nevelése lett. (Bár a gödöllői dzsemborin, főleg a skandináv országokból érkező, szabadabb szellemben nevelt leánycserkészek másra is mutattak hajlandóságot, ahogy erről nekem egyszer Tábori Pál – aki nemcsak termékeny író, de többszörös cserkésztiszt is volt – már itt Londonban, okulásomra, nosztalgikusan emlékezve beszámolt.)

Ekkoriban kezdtem el rendszeresen moziba járni. Kiskoromban anyám néha magával vitt, de rosszul viseltem magam, nyűgösködtem, gyakran neki is ott kellett hagynia az előadást. 1945 előtt iskolával voltam néhányszor, 1945 után csavargótársaimmal gyakrabban. 1946-tól rendszeres mozinaplót vezettem, melyben minden általam látott filmet feljegyeztem s leosztályoztam, mint Kecskés tanár úr a házi feladatokat. Mivel zsebpénzről nem is álmodhattam, szenvedélyemnek csak „belógással" hódolhattam. Az ehhez szükséges mesterfogásokat a bandában tanultam meg, egyikünknek összeadtuk a legolcsóbb jegy árát, s az beengedte a következőt a vészkijáraton keresztül, az pedig egy másikat, mindaddig, míg négyen-öten nem néztük az izgalmas Tarzan-filmeket. Mondanom se kell, gyakran lefüleltek bennünket, a jegyszedőnek könnyű dolga volt velünk, egy idő után mindőnket ismerte.

Legális moziba járás csak akkor következett be, amikor Tibinek a textiles apja minden filmre két szabadjegyet kapott az üzletük kirakatában elhelyezett hirdetésekért. Tibi anyja régen meghalt, apját nem érdekelték ilyen világi hívságok, mint a mozi. Felesége férjezett húgával laktak együtt, s a két családra a legkisebb testvér, egy nyomorék vénlány dolgozott, vezette a háztartást, végezte a házimunkát. Ő szeretett volna moziba járni, de egyedül nem volt kedve, meg nem is nagyon volt ideje, így a két szabadjegy Tibinek maradt, illetve nekünk, mert legszívesebben velem járt moziba. Nagyot változott a világ, az „ex-hadifogoly" Tibi az ingyenjegy miatt fontos személyiséggé lépett elő a szememben. Apjának nagyon jól ment az inflációs időkben, s Tibi mindent megkapott, amire vágyott. Volt 120 basszusos tangóharmonikája (leginkább a Nagykovácsi

Ilona által népszerűsített *Matrózdal*t szerette játszani, és Tabányi Mihály volt a példaképe), saját 8 mm-es házivetítője Walt Disney-filmekkel, hódolhatott szenvedélyének, a modellezésnek, a gombfocicsapata is sokkal jobb gombokból állott, mint az enyém. Sóvárogva csodáltam pupliningeit, finom anyagból készített ruháit, a nagy darab vajas-mézes kenyeret, amivel átjött; efféle luxuscikkekről nem is álmodhattam. Igyekeztem a kedvében járni; ki ne essek a kegyeiből, mert kívántam a mozit, mint a kábítószert. Menekülés a csodálatos kalandok világába a mindennapok nyomorúságából. A nincstelenség szociális érzékenységet plántált belém, most értettem meg, Szappanos Jóska miért szégyellte magát előttem a cipője miatt. Hogy az osztály harmadik eminens diákja, Méray Karesz miért bújik el a szakadt szalvétába csomagolt olajos kenyérrel. A szegénység nemcsak kellemetlen, de szégyellni is kell. Nincs tisztes szegénység, csak a népmesékben, meg az irodalomban. Kétszeresen sújtja azt, aki más körülményeket is ismert.

A szociális érzékenység, persze, sok magyar író munkájában is megnyilvánult, s nem csak azokéban, akik a mélyből jöttek, mint József Attila vagy Sinka István. Amikor Kosztolányi a „bús pesti népre" gondol, „mely a Külső-Józsefvárosba tépett ruhákban jár vasárnap délután", beismeri, hogy kívülálló: „Ki nézte meg, mit rejt szobájuk árnya? / Ki leste meg, van-e ágyukba párna?" A szándék dicséretes, a vers tökéletes, mégis az az olvasó érzése, olyan, mintha szűzlány értekezne a kurvák fifikájáról. A bűntudat íratja vele e sorokat: „...elhagyott vasárnap, / kis görbe közein a téli sárnak / vezeklőn járok az utcátokon". Érdemes lenne egyszer megvizsgálni, hogy a szociális gondolat az irodalomban (és hát, persze a szocializmus igényében is) milyen mértékben a bűntudatos, jómódú polgárság gyermekeinek a terméke, az apák harácsolása miatt, melyet a fiúk természetes lázadási vágya az apák ellen csak felerősít. Nem lepődnék meg, ha kiderülne, hogy a szociális gondolatot kizárólag polgári származású írók képviselték az irodalomban; köztük csupán elvétve néhány, a nyomorból kiemelkedő íróval, akinek szociális érzékenységét saját élményei alakították ki.

Ha mozinaplóm statisztikai feldolgozását nézem 1947 és 1956 között (az 1946-os év töredékes), a filmek megoszlását tekintve eleinte magasan vezet az amerikai filmipar, 1947-ben 70 filmből 59 amerikai volt, 1948-ban 69-ből 41. 1949-ben történik meg a váltás: 52 filmből 28 szovjet és csak 1 (!) amerikai. A szovjet filmek látogatottsága, a napló szerint, 1953-tól csökken, átadja helyét a magyar filmeknek, érthetően, hiszen az új szakasz alatt a magyar filmgyártás is kezdett talpra állni, és kilábalni a sematizmusból. A szovjet filmek eluralkodása pedig csalóka (mint minden statisztikai adat) a kívülálló számára, főként azért, mert az újhelyi mozi félhomályos proszcéniumpáholyában Kégl Gazsi barátommal és két, vállalkozó szellemű leányzóval kellemesebben tölthettük az időt, mint ha a szemerkélő esőben korzóztunk volna. Ez a nyitja az olyan rejtélyeknek, hogy miért láttam talán ötször is a *Hogyan lett Maximból forradalmár* c. szovjet bárgyúságot, ha minden alkalommal elégtelenre osztályoztam. A mozinapló csak 1953 után tükrözi ízlésemet, akkortól kezdve már csak olyan filmeket néztem meg, amelyeknek a tartalmára is kíváncsi voltam. Az első években pedig a hollywoodi filmipar azért vezet olyan fölényesen, mert Tibivel minden filmet megnéztem, amire meghívott, és a legtöbbet amerikai filmet játszottak. Utólag belegondolva, megérte a fáradságot, örök védőoltást kaptam a kovbojfilmek ellen (mi kovbojfilmnek hívtuk a westernt), a tejet ivó idegen ellen, aki mindenkit szitává lő, vagy legalább leüt; az igazságos seriff ellen, aki legtöbbször villámgyorsan lefüleli a banditákat, és a szempilláját rebegtető szőke szépség ellen, aki a végén a főhőssel ellovagol a lenyugvó nap irányába. Szirupos bárgyúságuk vetekedett a szovjet filmipar jövőbe néző szemű, traktorokon lovagló hőseivel. Érdekes módon az egzotikus kalandfilmek talmi csillogásán nem láttam át. A legkevésbé a *krimi* (ahogy ekkoriban neveztük: *gengszter*filmek) érdekelt. Teljesen egy kaptafára készültek: három kalapos férfi *premier plan*ban többször izgatottan beszélget, egyet-kettőt lőnek, majd autóval menekülnek, de viszik a platinaszőke nőt is. A rendőrség (mindig) lefüleli őket. Nagyokat nevettem, amikor pár évvel később Babits briliáns szatíráját olvastam (*Mozgófénykép,* 1906); ő előre látta, hová rohan a hollywoodi meseautó. A hollywoodi filmek közönségsikere vitathatatlan volt. Amikor bemutatták a *Milliomos úr szerelmes* (1949) című, eléggé döcögős cseh filmparódiát a hollyvoodi filmekről, az együgyűbb nézők nem látták át a szitán, és végigkönnyezték.

Problémát az angol–amerikai háborús filmek jelentettek. Eddig a háborút a másik oldalról láttam csak, olyan magyar filmekben, mint a *Zúgnak a szirénák, Egy gép nem tért vissza,* vagy *A gorodi fogoly.* Az egyik első amerikai film, amit megnéztem, mint címéből is kikövetkeztethető *(Amerikai sasok),* az amerikai légierő sikeres tevékenységéről szólt. Hullnak a bombák, a fiúk a jól végzett munka érzésével visszatérnek a támaszpontra, majd a jól megérdemelt szabadságukra kertes házukba vonulnak vissza, ahol szőke feleségek és jól nevelt gyerekek várják őket. Tágra nyílt szemekkel bámultam az apró füstpamacsokat, melyek a légifelvételeken olyan meggyőzően illusztrálták sikeres bombázásuk nyomait. Nem akartam emlékezni, s különben is, nekem nem térkép volt a táj. Tudtam, hogy a vasúti csomóponton a tehervonatok alatt emberek reszketnek az életükért, hiába néztem most én is a légifelvételek magasából az összezsugorodott tereptárgyakat.

Lassan hozzászoktam a háborús filmek özönéhez, a hős amerikaiakhoz, amint verik Rommel seregét a sivatagban *(Öt lépés Kairó felé)*, sikeresen harcolnak a német tengeralattjárókkal *(Az Óceán hősei)*, kiűzik a japánokat a Csendes-óceán térségéből *(Guadalcanar)*; most bontakozott ki előttem a háború teljes horizontja. Aztán feltárult előttem egy másik világ is, ebben viszont emberek éltek, akik ugyanúgy szenvedtek, mint mi, őket is bombázták *(Mrs. Miniver)*, be kellett vonulniok az életüket kockáztatva, mindent hátrahagyva *(Waterloo Bridge)*, menekülniök kellett *(Casablanca)*. Elfogadtam, a háború mindenkinek rossz. Izgultam, hogy Robert Taylor megtalálja újra Vivien Leight-t, hogy Humphrey Bogartnak sikerüljön megszöktetnie Ingrid Bergmant. Ez volt az érem másik oldalán.

1947. március 18-án láttam életemben először dokumentumfilmet *(A népek ítélőszéke)*, a nürnbergi perről szólt. Elégtelent adtam rá. A győztesek kielégíthetetlen bosszúszomját alig leplezte a kommentátor elfogulatlanságot mímelő hanghordozása. Az érdekelt felek ítélkeztek a legyőzöttek fölött. Akkor már tudtam Hirosimáról és Nagaszakiról. Mai eszemmel is így értelmezem a nürnbergi pert. Ha a háború után rögtön, minden teketória nélkül falhoz állítják az ellenség vezéreit, mára már senki sem emlegetné az ügyet. Mint ahogy Konrád császár kivégeztette 955-ben Lehelt és Bulcsút az augsburgi csatavesztés után. Vagy ahogy Napóleont száműzték Szent Ilonára az angolok, Vilmos császárt pedig Hollandiába. „A népek ítélőszéke" csupán akkor lenne jogosult, ha létezne az *Übermensch*ek faja, aki bennünket, egyszerű földi halandókat, megítélhetne. Napjainkban, az eltussolt My-Lai-i vérengzés után, még a szerb háborús bűnösök ügye is vitatható. Nem az atrocitásoké, ez Hitler esetében sem volt vitatható, hanem a vizsgálóbizottságok illetékessége.

Nem hiszem, hogy bonyolult és sokat vitatott etikai kérdések izgattak elsősorban. Mindent el akartam felejteni, de ezt a háborús filmek nem engedték. Összerezzentem a sötét nézőtéren, ha bomba csapott le, ha ropogtak a gépfegyversorozatok, ösztönösen lehúztam a fejem. Ha oldalra tekintettem, láttam, senki sem viselkedik úgy, mint én, felajzva nézik az izgalmas történetet, izgulnak, hogy a bátor főhős életben maradjon. (Általában életben is maradt.) A közönség viselkedését nem tudtam megérteni, hiszen mindenki ugyanazon ment át, mint én. Nagyon-nagyon lenéztem az emberiséget, élvezik a borzalmakat.

Akkoriban nem tudtam, hogy a világrend erkölcsi alapelveit csepegtetik belém a filmek. Egyszerű volt megtanulni. Van a Jó, és van a Gonosz. Mint a manicheusoknál, illetve a gnosztikusoknál. A Jó örökös harcban áll a Gonosszal, már-már veszít, de végül diadalmaskodik. A Jóért izgulunk, remegünk és vele érzünk, és a Gonoszt utáljuk, megvetjük. A Gonoszt azért utáljuk, mert olyan dolgokat csinál, amit mi nem tennénk: ártatlan nőket és gyerekeket gyilkol le, a hadviselésben pedig csalárd. Éppen ezért a Gonosz ellen minden módon küzdenünk kell: minden megengedett, mert a Gonosz ellen harcolunk. Ha mi bombázzuk az ő védtelen gyermekeit és asszonyait, az teljesen rendben van, mert a Gonosz fölött *mindenáron* diadalmaskodnunk kell.

Értettem is, meg nem is. De hozzászoktam. Így felnőtt koromban össze se rezdültem, amikor az egyik görög (vagy jugoszláv) partizánlány, akinek fellobbanó szerelmét az ejtőernyővel ledobott szövetséges katonatiszt már-már viszonozni készül, a következő filozofikus párbeszédbe keveredik leendő felszabadítójával, aki halált megvető bátorságával is imponál az egyre gyorsabban emelkedő keblű partizánlánynak: „Embert ölt-e már?" „Nem – válaszolja a perzselő tekintetű és egyenes beszédű lány –, csak németet." Egy másik filmben éppen Burmát készülnek felszabadítani a Gonosztól (*Objective, Burma!* 1945). Egy különleges akciócsoport dolga a radarállomás megsemmisítése. Rajtaütnek, és kész. „Így kell bánni a majmokkal!" – nézi végig az eredményes akció összevissza heverő eredményeit a kommandó parancsnoka. Utána azért még sokat kell izgulnunk a dzsungelben szenvedő különítmény miatt. Csak nehezen tudják repülőn eljuttatni hozzájuk a tábori postát, emiatt fölöslegesen aggódnak a családjukért, és nem kapják meg a cigaretta- és csokoládéfejadagjukat sem. A Jó is sokat szenvedett, de a Gonoszt alaposan elpusztították. Ez a tanulság.

A Gonosz, ha egyénenként jelenik meg, ugyanilyen elbánásmódban részesül. El kell pusztítanunk, s eszközeinkben sem válogathatunk, mert a Gonosztól minden kitelik, s akkor pórul járunk. A kétkedés hangján (ebben az esetben is, mint oly sok más alkalommal) Karinthy szólalt meg, az elvetemült rablógyilkosról szóló novellájával vagy karcolatával. A Jó és a Gonosz egyértelműségét és vegytiszta előfordulását firtatja. Az elvetemült rablógyilkos családjának a betevő falatját akarta megszerezni, s közben gyilkosságba keveredett. Írt hasonló novellát a századelő kismestere, Heltai Jenő is. *A tündérlaki lányok* arról szól, hogy a három Tündérlaki lány közül kettő tisztességes volt, egy pedig rossz útra tért. A két jó lánynak érdemes volt kitartani az erény útján, mert jól mentek férjhez. A harmadikat pedig mindenki megvetette, amiért kurválkodásra adta a fejét, és ezzel titokban előteremtette nővérei hozományát, ami ugyebár, a jó partihoz is szükségeltetik.

Bár én is az eszképizmus rabja lettem, belefeledkeztem Korda Sándor filmjeibe *(A bagdagi tolvaj, Négy toll), A dzsungel könyvé*be, és hát a déltengeri egzotikumba *(Aloma)*. A legtökéletesebb eszképizmust a James Hilton regényéből filmre vitt *Kék hold völgye* szolgáltatta. Tibetben, a Himalája egyik völgyében, titkos bejáraton keresztül közelíthető meg Shangri La, a buddhista paradicsom, ahol az emberek örök tavaszban élnek, nem ismerik a háborút, a civakodást, a dolgoknak értelmük van, és örökké fiatalok maradnak. Oda vágytam, álmodoztam. Kimondhatatlan örömöt szerzett, amikor a regényt is megtaláltam (Déry Tibor fordításában) keresztapám könyvei között.

Olvastam, faltam a ponyvaregényeket – olvasónaplóm tanúsága szerint. Nem tartott sokáig, míg rájöttem: ezek a füzetes regények egy kaptafára készülnek. Az ellenfelet mindig „jól irányzott ökölcsapással terítette le" a magas idegen, s azután „felugattak a coltok". A légiós regények mindig „kacagtató izgalmat" ígértek, a „nagy teljesítményű túrakocsi" mindig „száguldva falta a kilométereket". Hamar kiábrándultam belőlük. Akkor még nem tudhattam, hogy a hangzatos idegen nevek ellenére pesti kávéházi asztal mellett születtek e 32 oldalas remekművek, általában együltében írta meg a széptehetségű, élénk fantáziájú skribler az észveszejtő bárgyúságokat. Egyedül P. Howard maradt meg közülük morbid humora, bizarr történetei miatt. Rájöttem, hogy őrült vagyok, amiért a magán kölcsönkönyvtárban fizetek ezekért a kétes értékekért. A magán kölcsönkönyvtárból jó mellékbevételre tett szert egy sokgyűrűs, fülig kifestett úriasszony. Nem érdemes követ dobni rá ma, a *comics*ok korában, amikor nemzetközi nagyvállalatok ontják a hasonló színvonalú, bár más módszerekkel tálalt szemetet. Ma is élénken tudom felidézni mezítlábas kortársaimat, amint szinte kábítószertől csillogó szemekkel „olyan jó harcosat tessék adni"-val kérik a következő adagot.

Arra is hamar rájöttem, hogy a vastagabb, általában angol szerzőktől (Edgar Wallace, Agatha Christie) származó detektívregények (pláne Sir Arthur Conan Doyle *Sherlock Holmes*-történetei) nem ebben a primitív szférában mozognak; a szakma fortélyait ismerő becsületes kisiparosok termékei. Nagyon sok intelletuelt ismerek, akik felnőtt korukban is olvassák ezeket a könyveket, minden szégyenkezés nélkül. „Jó kikapcsolódás" – mondogatják. Nem tudom. Biztos vagyok benne, hogy én az összes ponyvaregényt, amire életemben szükségem lehet, elolvastam 1946 és 1948 között.

Olvasmányaimat Mezey Józseffel, akit, nem tudni miért, Bercinek kellett szólítani, tárgyaltam meg. Anyám nem sokkal visszaérkezésünk után ismerkedett meg az anyjával (természetesen a templomban), ő is buzgón imádkozott férje hazakerüléséért. Bercit sikerült bejuttatni Pannonhalmára, de csak néhány évig bírta fizetni érte a tandíjat, s Berci a legkritikusabb pillanatban, az iskolák államosítása után (1948:XXXIII. tc.) nem térhetett többé vissza a nagy hírű tanintézménybe. Ezzel Berci karrierjének befellegzett. Gyöngyösön nem vették fel a gimnáziumba „klerikális" múltja miatt. El kellett mennie dolgozni, a MÁV-hoz került, fiatalon megnősült, tehetsége elszürkült, beleöregedett a jelenbe. Tudom, mert évekig tartottam vele a kapcsolatot, siralmas volt nézni, ahogy robotoló léte egyre inkább kényszerzubbonyt húzott képzeletvilágára. Az apja nem került elő, soha nem tudták meg, hogy mi történt vele, elesett-e vagy a Gulágban pusztult el számos magyar katonához hasonlóan. Mindez akkoriban még nem vetítette előre árnyékát.

Berci tagadhatatlanul magasabb intellektuális szinten állt, mint én (két évvel volt idősebb nálam). Szikrázó szellemiségét még töltötték a pannonhalmi akkumulátorok. Izgalmas dolgokat tudott mondani. „Egy gombostűről is lehet háromkötetes monográfiát írni." Elgondolkoztam rajta, és igazat adtam neki. Szándék és szemszög kérdése az egész. „Minden izmus túlzás." Ez is igaz. Szocializmus, kommunizmus, fasizmus. Az ördög megint a fülembe sugdosta: „A katolicizmus nem?" De nem mertem visszájára fordítani a pannonhalmi atyák nemes igyekezetét, hogy iránytűt adjanak védenceik kezébe ezekben a nagyon nehéz években.

Egyszer, komolyságomat bizonyítandó – éppen az élet értelméről beszélgettünk –, azt kezdtem fejtegetni, hogy én legszívesebben a világtól elvonulva, valahol egy nagy könyvtárban szeretnék élni, *in angulo cum libello*, mint egy szerzetes. Ott olvasgatnék, hogy tudásszomjamat kielégítsem, szemlélődnék, és tűnődnék az élet dolgain. Berci elkomorodva hallgatott, majd felcsattant: „Nem szabad a tudást rejtegetni. Ha Isten megengedi, hogy tanult légy, ezzel kötelességet is ró rád. Tudásod meg kell osztani embertársaiddal. Hol lennénk, ha mindenki eltitkolta volna tudását, mint a hermetikusok! A tudás közkincs."

Berci fölényét azzal is növelte, hogy ismert *comme il faut* kalandregényeket is, Zaymus Gyulát és Török Gyulát emlegette, de legfőképpen az angol Chestertont ajánlgatta, akinek katolikus beállítottságú detektívnovelláit dicsérte, nemhiába volt anyám megelégedve Bercivel, mint az első olyan baráttal, akitől nem kellett féltenie. Bár áhítatosan hallgattam, amit mondott, de magamban mégis azt gondoltam, főként miután

Chesterton egy-két történetét elolvastam, hogy mint légy a tejbe, mindig beleesik az ájtatos manóság. S ez zavart, ugyanúgy, mint Blaskó Mária esetében korábban. Valahogy azt éreztem, félre akarnak vezetni, az izgalom csak csomagolás, a fő cél Chestertonnál is a lelki nemesedés. Angliában kellett élnem hosszabb ideig, hogy megértsem, Chesterton harcos katolicizmusa egy vallási kisebbség (már majdnem azt mondtam: szekta) önvédelmi mechanizmusa a mindent eluraló többség, az anglikán egyház ellen. Angliában katolikusnak lenni kihívás és paradox cselekedet. Nem akarok igazságtalan lenni Chestertonhoz, hiszen csupán a Brown atya detektívtörténeteket ismertem akkor, s azokból tényleg kilógott a vallásos lóláb, a legbonyolultabb bűnügyi rejtélyeket is a katolikus eszmék erejével oldotta meg. Ha ismertem volna a szót, azt mondtam volna, Chesterton a nemes cél érdekében manipulálni kívánja az olvasó tudatát.

Mindenki megvan

1947 nyarán váratlanul megérkezett keresztapám Máramarosszigetről, feleséggel és annak gyerekével. A Pénzügyőrségnél dolgozott, a sóbányászat tartozott a keze alá (Aknaszlatina, Aknasugatag, Rónaszék), s a pályaudvaron laktak minden holmijukkal, vagonlakásban. Nagyapám végül is befogadta az ismeretlen családdal, szobáink megteltek bútorhegyekkel, közlekedni alig lehetett, volt, ahova csak én fértem be, ha valamire szükség volt a bútorraktárból. Egyik sarokban kuckót alakítottunk ki, itt ultiztunk hármasban, bár nagyapám gyakran kijelentette: „ez a gyerek soha nem fogja megérteni az ultizás lényegét". Szerintem jól szórakoztak, éppen azáltal, hogy az én logikám kiszámíthatatlanul működött, váratlan meglepetéseket okoztam. Keresztapám családját tudomásul vették, senki nem emlegette többet Nusit, a fekete szemű székely leányzót, hímzett blúzaival és formáit feltáró, könnyű anyagból készült szoknyáival, akit keresztapám legutolsó látogatása alkalmával, néhány évvel korábban mint menyasszonyát mutatta be a családnak. A zsúfoltság csak akkor szűnt meg, amikor a velünk szemben már majdnem készen álló házba költöztek. Tibi nagynénjéék építették maguknak, de most, a különleges helyzetben rövid időre hajlandónak mutatkoztak kiadni. A végső tervek is kialakultak: anyám örökli majd a házat a kerttel és minden ingósággal, keresztapám pedig megkapja a szőlő árát, s abból házat építhet magának azon a telken, melyet nagyapám még a háború előtt vett.

Ezzel a telekkel is sok baj volt. Hiába volt közel és bekerítve, az ott termelt zöldséget, gyümölcsöt általában ellopkodták a közeli bányászházban lakók. A bányászházat mindenki csak juhhodálynak hívta. Meglepődve olvastam a *Heves megye műemlékei*ben, hogy a XVIII. század utolsó harmadában épült, és az egri érsekségnek szolgált magtárul

Püspöki beépülése előtt. Azt még nagyobb ámulattal vettem tudomásul, hogy a teljesen jellegtelen hodályt, melyben nyolc szoba-konyhás ínséglakást alakítottak ki az idők során, műemléknek nyilvánították, s túlélte a benei Hóstya szanálását is, csak a legutóbbi időkben tűnt el, hogy helyére kis park kerüljön. Szegény nagyanyám egész életében várta, hogy eltűnjék az a csúfság. Amikor megvették a házhelyet, a földhivatalban megnyugtatták, hogy hamarosan, tehát még az 1930-as évek végére lebontják az épületet városrendezés közben.

Lakott ott egy bányász, akit látásból ismertem, és aki nagyon szépen tárogatózott a kispadon, ha nem volt éppen részeg. Csodálatos hangulatot varázsolt a környékre vasárnap délutánonként. Ma már kevesen tudják, hogy a tárogató ősi hangszer, az osztrák önkényuralom idején üldözték mint a kuruckodás egyik szimbólumát, és sikeresen ki is pusztították. Amit mi tárogatónak ismerünk, azt a múlt század végén tervezte a Schunda hangszergyáros cég, a millenniumi idők hirtelen megnőtt keresletét kielégítendő. A mi bányászunk nagyon tremolózva játszotta a „Krasznahorka büszke várá"-t, szívesen hallgattam a kertben. Ilyenkor még nagyanyám is megbocsátotta a juhhodály létét. Egyébként csak a Tibiék bömbölő rádióját hallgathattuk a teraszon, mivel a miénket elvitték az oroszok. Még ennek is örültünk, „jó ebédhez szólt a nóta", teljesen ingyen.

A nyáron kitűzték a választásokat, augusztus 31-re. Az egész város tele volt plakátokkal, a Kisgazda Párt „bort, búzát, békességet" ígért, meg hogy „lesz még szőlő lágy kenyérrel". A szociáldemokraták vörös embere lecsapni készült pörölyével. „Egyes lista, győzni fog a kommunista" – hirdette a hatalomátvételre készülő párt. Élénken figyeltem a fejleményeket, hiszen már 1945. november 4-én is beírtam zsebnaptáromba: „ma szavazás", de arra nem emlékszem, hogy a család akkor részt vett-e a választásokon. Pista bácsiék a *Kis Újság*ot járatták, a kisgazdák lapját, innen tájékozódtak. Néha, mikor náluk voltunk látogatóban, én is átlapoztam egy-két számot, de nem találtam benne semmit, ami érdekelt volna. A lap profiljához a kulcsot csak az emigrációban találtam meg, egészen véletlenül. Egyszer Bécsben Sebestyén Györggyel üldögéltem az egyik, K.u.K. világból visszamaradt tükrös kávéházban – Franz Theodor Csokor trónolt az asztalfőn –, s éppen azt kérte rajtam számon, hogy az általam szerkesztendő novellaantológiából őt miért hagytam ki. „De hiszen te osztrák írónak vallod magad" – védekeztem meglepetten, s nem ok nélkül, hiszen Sebestyén Gyuri gyakran kijelentette ellentmondást nem tűrő hangon: „Én *már* osztrák író vagyok". Nem lett volna szabad komolyan vennem kijelentését. Csak kímélni akartam érzékenységét, ne kelljen visszautasítania egy emigráns antológiában való szereplést. Egy idő után tényleg főként csak németül publikált, és sokat tett a magyar irodalom ausztriai jelenlétéért. De akkoriban, tehát a hatvanas évek elején osztrák íróságára való hivatkozása neofita túlbuzgóságból táplálkozott, hiszen Klamár Gyulával a *Magyar Híradó* című hetilapot szerkesztette, ebből élt. Hogy kiengeszteljem, elismerő megjegyzést tettem a *Magyar Híradó*ra. Ez szemmel láthatólag jólesett neki, megpendített benne valamit. „Tudod – mondta közelebb hajolva –, Klamár szerkesztette a *Kis Újság*ot 1946 és 1948 között, s mi ugyanezt a szerkesztési elvet valljuk a *Magyar Híradó*ban." Vártam a revelációt. „A *Kis Újság* is és a *Magyar Híradó* is a *vidéki magyar kisúrnak* szól." Nehezen bírtam komolyságom megőrizni, hiszen vidéki magyar kisúr nemcsak az emigrációban, de már a negyvenes évek végén sem nagyon szaladgált az utcán. Ezt a lapot olvasták tehát Pista bácsiék, csak szegény feje nem tudta, hogy ő a „vidéki magyar kisúr".

Mi nem a *Kis Újság*ból szereztük az információkat, anyám és nagyanyám *A szív* újságot olvasták, de leginkább a szószékről értesültek az evilági tudnivalókról is. Ott nyakra-főre olvasták fel a főpásztori körleveleket, s ezekből kiviláglott, hogy a hívők csak a Kisgazda Pártra szavazhatnak. Ha mai eszemmel Mindszenty politikájára gondolok, óhatatlanul felmerül a kérdés bennem, mi történt volna, ha hajlandó engedményeket tenni, legalább a gesztuspolitika szintjén (nem akarta tudomásul venni, hogy a ki kit győz le lenini kérdése már eldőlt), ha Wyszyńskihez hasonlóan nem zárkózik el mereven. Igaz, 1953-ban Wyszyńskit is bebörtönözték, de magatartásával mintha fékezte volna a lengyel katolicizmus szétverését, ami nálunk már 1949-ben bekövetkezett.

Végül is, azt hiszem, az egész család a Kisgazda Pártra szavazott, beleértve a felvégi rokonságot is. A kivételt csupán Bözsi néni képviselte, aki VIII. gimnáziumba lépő fiát, Otit konzultálta, derítse ki, melyik párt ígéri a legreálisabb és -megvalósíthatóbb programot. Oti komolyan tanulmányozta az induló pártok programját, s a családi kupaktanács előtt, Pista bácsiéknál szerény, de magabiztos hangon, az öregek megrökönyödésére a szociáldemokrata pártra voksolt. „Az tűnik a legreálisabb politikának" – fejezte be expozéját, és tudományosan pislogott szemüvege mögül. Nem aratott sikert, Pista bácsiék csóválták a fejüket, bár Oti anyja megmakacsolta magát, és tényleg a szociáldemokratákra szavazott. Nagyanyám magából kikelve tért haza a szavazásról. Felháborodását az okozta, hogy amikor jött kifelé a szavazóhelyiségből, egy teherautónyi elmebeteg érkezett a városi tébolydából, s egyikük jó hangosan megkérdezte: „Mi az, itt is szavazni kell?" Tehát több helyen szavaztak. Tehát a kommunista párt csalt. Így festett a „kékcédulások" ügye emberközelből.

A kékcédulás üggyel a Kommunista Párt többet ártott, mint használt magának, főként vidéken, pedig 1947 nyarán jó termés ígérkezett, a szőlősgazdák bőséges szüretre számítottak. Nagyapám bizakodva mondta be a piros negyven-száz-ultimót, ha kártyáztunk, hiszen ő is nagy termésre számított, s ami a legfontosabb, megszabadul a szőlőtől, szüret után eladja, a sétapálcákat csak sétához fogja használni. (Nem emelte már fel aggodalmasan az ujját: „Ami egy tetű bőrénél többet ér, azt nem szabad eldobni." Inkább megkérdezte: „hogy hívják a kínai császár kutyáját? – s ő maga válaszolt is: – Kon-cin Csunk-csak". Jókedvűen koccintottunk.) Egy kiló foszlós, fehér kenyér egy forintba került, s rebesgették, hogy az újbor literjét három forintért lehet majd eladni. Munkaerőben sem volt hiány, keresztapámékkal a családból hat felnőtt, és az alkalmi rokoni segítséggel, gyerekekkel nyolcan-tízen szüreteltünk. A szüretelés, az bizony nem szüreti mulatság, a puttony már az első nap feltörte a vállam. A szomszédban sutultunk. (Gyöngyösön a szőlősgazdák nem préselik a szőlőt, hanem sutulják, esetleg satulják, kisajtolják a szőlő levét, ugyanakkor, emlékezetem szerint a Farkasmálon *prés*házak álltak a borospincék mögött.) Nagyapám poraiból megelevenedett főnixként sürgött-forgott. Egyszer olyan lendülettel vitte a szőlővel megpúpozott dézsát, hogy vigyázatlanul beütötte a fejét az alacsony szemöldökfába, és a homloka jó mélyen felrepedt. Dőlt belőle a vér. Tántorogva, s elfehéredve ült le. Nagyanyám megnézte, sót hozott és alaposan teleszórta a sebet. „Majd ettől eláll!" – mondta. Nagyapám meg se nyikkant, csak ült egy ideig falfehéren. Ez a barbár, de hatásos elsősegélynyújtás tényleg csillapította a vérzést. Egy idő után nagyapám felvette a dézsát, és most már a mustot hordta serényen a saját pincéjébe. Az utolsó szüret maradandó emléket hagyott maga után a homlokán.

A Kommunista Párt másik fontos szólama (mert a jó termést is saját érdemének tudta be) a hadifoglyokra vonatkozott. Július 4. és október 31. között 100 000 magyar hadifogoly tért haza, köztük apám is megérkezett. A Magyar Népjóléti Minisztérium Hadifogolygondozó Kirendeltsége által kiadott igazolvány szerint szeptember 30-án. Tudósít egyébként még ez a 92819/1947. számú igazolás arról is, hogy 20 forint gyorssegélyben részesült, valamint felsorolja a nála lévő köpönyeget, felsőruhát és alsóneműt, a rajta lévő csizmával (pokróc: nincs). „Ezek és egyéb hadifogságból hozott kincstári ruházat a 27.190/Eln. 1946.

H.M. sz. rendelet értelmében a hazatért személy tulajdona, tőle el nem vehető!" (Az idézetben szereplő felkiáltójel nem az én kiegészítésem.) Ugyanaznapi dátummal kapott még a 7287/5 valgai fogolytáborból megérkezett és 3121/23 sorszámmal ellátott hadifogoly egyén egy „Utalványt díjmentes utazásra" (E sorozat 093030 sz.) Debrecen–Gyöngyös között, melyet „az utazás befejezésekor a rendeltetési állomáson le kell adni". Ezt a hadifogoly egyén elmulasztotta, bár az útibárcát jól kiolvasható pecséttel lestemplizték október 5-én, amiből a szakképzett történész, aki járatos a primér források értékelésében, azt a kétségbevonhatatlan tényt állapítaná meg, hogy a szóban forgó hadifogoly 1947. október 5-én érkezett Gyöngyösre, minden más mesebeszéd, ellenőrizhetetlen fecsegés, rosszul működő emlékképek zűrzavaros egymásutánisága. Igen ám, csakhogy egy másik fennmaradt dokumentum hátlapján a Magyar Államrendőrség Gyöngyösi Kapitánysága azt állítja, hogy a fentebbi számokkal azonosítható hadifogoly: „Jelentkezett! 1947. X. 2. Tordai Béla r. ny. hdgy." (amit én „rendőr nyomozó hadnagy"-nak olvasok). Ennyit a primér forrásokról.

A valóságban mindez nem így zajlott le. Nem tudom, hogyan értesültünk apám érkezéséről, talán a 20 forintos gyorssegély egy részét táviratba fektette, de naponta kijártunk az állomásra minden olyan vonathoz, melynek Debrecen felől is volt csatlakozása. Anyám önkívületben töltötte napjait. Már-már feladtuk a reményt, amikor egy elnyűtt katonaruhát viselő, lesoványodott, beesett arcú, rosszul beretvált, középkorú, bajuszos férfi, idegességtől rekedt hangon a közvetlen közelünkben azt mondta: „Babykám! Nem ismersz meg?" A hangját rögtön megismertük a 37 éves és 54 kilogrammos férfinak. Egyetlen csomagja egy *háti zsák* volt, mögé fűzve a köpenye. Érdemes volt tehát anyámnak minden kedden böjtölnie, a Seregek Ura elvitte és épségben visszahozta a férjét.

Otthon apám leborotválta a bajuszát, többször megfürdött, és kipakolt a háti zsákból. A háti zsák, szemben a hátizsákkal, melyet csattal zárható zsebek ékesítenek, és a természetbarátok nélkülözhetetlen kelléke, ténylegesen zsák, melynek két csücskébe kisebb széndarabot illeszt a tulajdonos, s azt madzaggal rögzíti. A két szál madzag hosszabbikát a zsák száján elcsavarja és a másikkal masnira köti. Ez a háti zsák. Szegényes motyójából agyonmosott fehérnemű, kapca került elő, meg egy konzervdoboz, amelyből ügyes hadifogoly kéz jól zárható, fedeles dobozt eszkábált. Ebben voltak a kincsei. A sapkarózsa, a tiszti rendfokozat arany csillagja és a két arany vállpánt, melyek a m. kir. honvédség szolgálati szabályzata értelmében fogságba esés alkalmával azonnal levágandók és elrejtendők. Előkerült ezen kívül még anyám néhány levele, melyet a Svájcban székelő Nemzetközi Vöröskereszt továbbított, az oroszok perverz kéjjel csak a válaszokat sikkasztották el, mert mi soha egy sort sem kaptunk.

Apám Észtországban egy Valga (német nevén: Walk) nevű helységben töltötte napjait, a fővárostól, Tallinntól délre. Gyakran jártak a kikötőkbe rakodni. A tisztek, századosig bezárólag, legénységi ellátást kaptak és ennek megfelelő bánásmódban részesültek, ami nem zárta ki a testi fenyítés alkalmazását sem. A kikötői rakodás áldás volt az életükben, főként ha élelmiszert raktak ki. Mindig megtörtént, hogy előre megtervezett gondatlanság következtében egy-egy cukroszsák leesett a daruról – művészet volt kiszámítani, hogy ez ne a víz fölött történjék –, szétdurrant, és a sok kiéhezett plennyik rávetette magát és felnyalta a szétszóródott cukrot a földről, azt már az oroszok sem seperték össze. Éppen ezért darabáruért nem volt érdemes a darus mutatvány kockázatát vállalni, azt felszedették az oroszok, s így azzal csak többletmunkát szereztek volna maguknak. A foglyok közül a legtöbben idült diarrhoeában pusztultak el, a legyengült szervezetben a befalt cukor is ezt okozott.

Ennyit tudtunk meg fogságának körülményeiről az első napokban, később kérdéseimet kézlegyintéssel elintézte. Sokkal jobban izgatta, hogy mi van az állásával, hogy távollétében nem bélistázták-e. Pár napos pihenés után elutazott Újhelybe, szolgálattételre jelentkezni. Megbeszélte anyámmal, hogy ő és a két húgom, amint az állás ügye rendeződik, és talált lakást, utána mennek, én pedig Gyöngyösön fejezem be a tanévet. Ez valamikor október végén meg is történt, s mire észbe kaptam, egyedül maradtam a nagyszüleimmel. Kongott a ház az ürességtől. Apám szokása szerint a lelkemre kötötte, hogy az év végi bizonyítványban csak tiszta kitűnőt akar látni, és tanuljak meg rendesen beszélni, mert kezdem palócosan nyújtani a szavakat. Nem aggasztott túlságosan, hogy szülői felügyelet nélkül maradtam.

Nagyszüleim nem avatkoztak bele az életembe, csak azt nem szerették, ha este sokáig égetem a villanyt. „Drága az áram!" – mondta nagyapám mogorván, pedig az éjjeliszekrény-lámpámban 15-ös körte pislákolt, ennél vakoskodtam könyveimmel, igaz, gyakran éjfél utánig. Akkor még nem tudtam, hogy a magyar ember elsősorban a villanylámpák leoltogatásával szeret takarékoskodni, s hogy ez nem csak a vidéki társadalom nyugdíjasaira vonatkozik. Jellemző, hogy a pazarlásra magyarul a „fényűzés" szinonima. (Angolul nem!) Ma is minden alkalommal meglepődöm, ha intézetekben, sőt drága hotelekben motozva keresem a villanykapcsolót a mellékhelyiségekben, mert gondos kezek eloltották a villanyt. Hogy ez a tünet mit takar, akkor világosodott meg előttem, amikor már Londonban, egy éjjeli beszélgetés során Krassó Miklós keserűen panaszkodott, gyerekkorában mindig rászóltak, ha túl soká égette a villanyt. Bejött az apja és ellentmondást nem tűrve eloltotta. „Pedig csak 15-ös körte égett az éjjeliszekrény-lámpámban." Mielőtt elnevethettem volna magam, hozzátette keserényésen: „Bezzeg az Oltványi Ambrus! Neki 25-ös égőt engedélyezett az apja. De hát könnyű volt neki, mert az apja pénzügyminiszter volt!" Hát így álltunk, egy jól kereső belvárosi ügyvéd fia sem engedhette meg magának a 25-ös körtét, ahhoz pénzügyminiszter apa kellett. Eleinte azt hittem, hogy az előttem járó nemzedék zsigereibe még a petróleumlámpás világ evődött bele, ezért vigyáznak annyira az elektromosság fogyasztására. Nem így van. Budai lakásom ablaktalan konyhájában egész nap égetem a villanyt. Számos vendégem figyelmeztetett, tapintatosan ugyan, hogy a konyhában égve felejtettem a villanyt. A figyelmeztetésben benne van, hogy neki ehhez semmi köze ugyan, csak jót akar, ha már ilyen figyelmetlen vagyok, hogy nyakra-főre pazarlom az áramot.

Nagyapám eszén hamar túljártam. Elkezdtem zseblámpával olvasni, a takaró alatt. Így nem szűrődött ki az ajtókeret körül semmi fény a szobámból, nyugodtan olvashattam. Csak levegőt venni merültem fel időnként a paplan alól, s olvastam mindaddig, amíg a zseblámpa gyenge fénye engedte, s utána megmerevedett nyakkal aludtam reggelig; mindig kialvatlanul keltem. Igaz, hogy nagyapám eszén mégsem jártam túl, mert nem a hálózati áramot fogyasztottam, hanem a saját pénzemből vásárolt zseblámpaelemeket.

Egyszer unalmamban becserkésztem volt birodalmamat, bár már nem sok közöm volt hozzá. Nagyapám rendszeres kertészkedése rendbe hozta; virult a gyep, a gyümölcsfák megmetszve. A ház mögé kanyarodó úton, a(z ismét) szögletesre nyírt pompadur tőszomszédságában sárgás fémtárgy kandikált ki a földből. Egy légelhárító ágyú kilőtt lövedékének hüvelye volt. Ahogy izgatottan elkezdtem kiszabadítani, megjelent nagyapám, és szokatlanul durván félrelökött. Csodálkozó tekintetemre csak annyit mondott halk, de határozott hangon: „Annak ott kell maradnia. Ott a helye.", és elkezdte a múltnak a földből előtüremkedő tárgyi emlékét, figyelmét összpontosítva, visszataposni a helyére. Ha egyszer ott a helye.

Rengeteg időt töltöttem kutatással a házban. No, nem kincsek után kutattam, hanem tüzetesen átnéztem a házban lévő összes könyvet, s ami megnyerte a tetszésem, szép óvatosan átcsoportosítottam a saját könyvtáramba. Anyám fiatalkori könyvei a padláson álltak dobozokban. Ezek nagy része idegen nyelvről fordított lektűr volt, Courths-Mahler, vagy Tutsek Anna és Kosáryné Réz Lola, ezen kívül Jókai, Mikszáth, egy-két Márai. Kimazsoláztam a használhatókat a könyvtáramba. Vettem a fáradságot és elolvastam az *Elfújta a szél*t. Anyám folyton bizgatott, olvassam el, most már elég nagy vagyok, megértem. Belemerültem tehát a „déli úriemberek" világába, Rhett Butler és Scarlett O'Hara szerelmi viszontagságaiba. Egy dolgot tanultam belőle: miért emlegeti anyám olyan gyakran Tarát. Tarán volt Scarlett O'Hara családi fészke, oda vágyott mindig vissza. Hazajutni Tarára. Anyám is egy életen keresztül Gyöngyösre vágyott, s lám, a világégés után megint visszakerült Újhelybe. (Amikor meglátogatott bennünket Londonban, egy kéréssel állt elő csupán: tudta, hogy az *Elfújta a szél*t megfilmesítették, Vivien Leigh-vel Scarlett szerepében, s ezt a filmet szerette volna megnézni. Londonban akkoriban a mozi fénykorát élte, ezernél több mozi működött. Minden héten megvettem az összesített műsort, s bár korábban többször játszották, mi is láttuk, anyám itt-tartózkodása alatt, sajnos, szőrén-szálán eltűnt a film. Úgy jártam vele, mint a fekete árvácskákkal.)

Tankönyvei is ott sorjáztak gondosan elcsomagolva. Ezeket is átnéztem. Innen értesültem például, hogy az Osztrák–Magyar Monarchiának is volt gyarmata! Nem kell trópusi őserdőkben gazdag területekre gondolni, valójában egy Tien-cin-nevű város melletti 0,75 km^2 nagyságú területről van szó, melyet 1902 óta béreltünk kereskedelmi célokra ugyanúgy, mint az angolok Hong-Kongot. Hogy mikor járt le a bérleményről szóló szerződés, fogalmam sincs róla, s arról sem, mi történt vele az első világháború után. De mint kérdés a televízió vetélkedőjében (volt-e az Osztrák–Magyar Monarchiának gyarmata?), azt hiszem, csak a vonatkozó ismeretek hiányára vetne fényt.

Az öccse (tehát keresztapám) tankönyvei is a padláson porosodtak. Ezek közül a görög *chrestomatiá*t lapozgattam vágyakozva, de a szó szoros értelmében egy betűt sem értettem belőle. Ő is, mint apám, még érettségizett görögből, bár ebből semmi hasznuk nem volt sem a Pénzügyigazgatóságon, sem a Pénzügyőrségen. Talán ezért is vezették be a görögpótlót, gondolom, a harmincas évek elején, hogy akik kevés elhivatottságot éreztek a klasszikus műveltség elsajátítására, szabadon választhassanak helyette más stúdiumot, mint például görög-pótló rajzot, vagy művészettörténetet. A görögösök, mondanom sem kell, lenézték a görögpótlósokat. Ott a padlás poros levegőjében megfogadtam, hogy fogok görögül tanulni. Erre alkalmam csak az egyetemen nyílt, de alapok nélkül csak egy szemeszterig bírtam. Pedig Oxfordban hasznosabb lett volna, mint a „Bevezetés a dialektikus materializmusba". Riby István könyvei az ebédlőben álltak, üvegszekrényben. Főként modern külföldi írók, sorozatok. Mint kiderült, ama bizonyos H. G. Wells: *A világtörténet alapvonalai* is az ő tulajdonát képezte, vissza is követelte, amikor egyenesbe jöttek a saját házukban, az impozáns kötésű Hóman–Szekfű–Kerényi-féle *Egyetemes történet*tel együtt. Nagy kincs volt ez utóbbi, történelmi alapismereteimet ebből a megbízható forrásból szereztem. (Szegény, megboldogult Iványi-Grünwald Béla, a negyedik kötet, azaz a legújabb kor szerzője rögtön szárnyai alá is vett Londonban, amikor kiderült, hogy rövidnadrágos koromban tőle tanultam történelmet nyaranta, a vakációk alatt.)

A legkülönösebb összeállítás nagyanyáméké volt. Az obligát képes családi bibliával, melybe nagyapám szálkás betűkkel a családtagok adatait vezette be, ahogy ez szokás. Volt ezenkívül vagy kétpolcnyi az Erdélyi Szépmíves Céh kiadványaiból, egyforma, bár nem halinakötésben (úgy látszik, az ügynöknek csak az olcsóbb sorozatra sikerült kicsikarnia az előfizetést), inkább dísznek szolgált, senki sem olvasta őket, én sem. Még Nyírőbe és Tamásiba is beletört a(z akkori) bicskám, mindkettőt furcsának, modorosnak találtam. A legizgalmasabb olvasnivalót néhány folyóirat pirosba kötött évfolyama rejtegette. Irodalmi folyóirattal háború előtt csupán eggyel találkoztam. Egy ideig, talán 1943-ban járt anyámnak az *Ünnep* című, kéthetente megjelenő lap, gróf Bethlen Margit, a miniszterelnök Bethlen István felesége szerkesztette. Egy-két novellára emlékszem belőle, a legtöbb írás akkor, kilencéves koromban nem kötötte le a figyelmem.

A legvaskosabb a *Képes Folyóirat* volt, századvégi kötetek, gazdagon illusztrálva. Anyagát a *Vasárnapi Újság*ból válogatták, a kor nevezetes szépírói, Jókai, Gyulai, Arany János, Tompa Mihály, Vajda János mellett a századvégi kismesterek (Petelei, Vértesi, Gozsdu) is szerepeltek benne lebilincselő novellákkal, vártam is gimnazista koromban, mikor esik róluk szó. (Nem esett.) A nemzeti liberalizmus szellemében fogant írások mellett szerepelt benne Ferenc József és Kossuth Lajos is, természettudományos újdonságokról jeles szaktudósok értekeztek. Volt egy rovata „Mulattató természettani kísérletek" címmel, ebből ismerkedtem a fizika és a kémia alapelemeivel. Néhány kísérletet magam is kipróbáltam, csúfos eredménnyel, ráadásul olykor nagyapámék leleplezték mesterkedéseimet, és jól összeszidtak érte – mit csepegtetek az asztalra?, miért piszkoltam össze ezt a tányért?, felgyújtom a házat! és hasonló vádak értek.

Találtam még egy-két könyvet az első világháborúról és az *Érdekes Újság* 1914-es évfolyamát, tele képekkel a világháborúról. Ezek mind rettenetesen izgalmasak voltak. Kutakodásaim közben a hatalmas ebédlőszekrény polcára lerajzszögezett csomagolópapír alá is bekukucskáltam, és okmányjellegű papírokat húzkodtam ki. Részvények voltak, cári szénbányák, vagy ólombányák részvényei. Nagyapám bejött, és nagyon mérgesen vont felelősségre: „Mit turkálsz mindenhol, ezek értékpapírok, igaz, most nem érnek semmit, de még érhetnek". Jót mulattam magamban, méghogy az „Imperial Russia" által kibocsátott részvények sokat fognak érni! Hiszen özönvíz előtti korból valók. (Nagyapámnak mégis igaza lett, csak addigra a részvények már valamelyik szeméttelepen elhamvadtak. Az 1970-es évektől, ha a Szovjetunió kölcsönt vett fel angol vagy amerikai bankoktól, a kölcsön egyik előfeltételének azt szabták meg, hogy a rég megszűnt, cári időkbeli vállalatok részvényeit honorálják, azaz a névértéket kamatos kamatokkal fizessék vissza magánszemélyeknek. Angliában sokan turkáltak akkoriban a padlásokon, és sokan tettek szert jelentős összegre így, ha vagyont nem kaptak is érte.) A háború után nagyapámék nem vettek könyveket, igaz, nagyanyám lelkiismeretesen vásárolta a ferencesek templomában árusított *Missziós Füzetek*et, de ezt ő is inkább adakozásnak tekintette, mintsem bármi másnak.

Otival is meglazult a kapcsolatom, most kezdett megmutatkozni az igazi korkülönbség, Oti maturandus nagyfiú lett (bár mulya dalokat énekelt: „Én a téglagyárban lakom, ezért téglaporos a kalapom"), és összevont szemöldökkel hallgatta lelkendezéseimet a légiós regényekről. Egyszer, unszolásomra mégiscsak magával vitt egy halom P. Howardot. Amikor visszahozta, teleírt papírlapokat vett elő, felsorolta, hol használ azonos fordulatokat az író, tehát milyen nyelvi kliséket alkalmaz. Vigasztalásomra elővett egy másik listát, erre kijegyzett néhány mondást, ezek szerinte sem „olcsó szellemességek". „Az élet olyan, mint egy nyári öltöny mellénye: rövid és céltalan." Cinikus, de igaz – kommentálta. Az egyik szereplő megkérdezi a másikat: „Hová megy?" Válasz: „Sehova". Mire az előbbi: „Jó, akkor én is arra tartok". Ez is szellemes – vélekedett.

Érettségi után felvették a Színház- és Filmművészeti Főiskolára, operatőr szakra. Legközelebb életnagyságú plakátokon találkoztam vele, könyvnapon. Három olvasó fiatalt ábrázolt a transzparens: egy munkás, egy értelmiségi és egy dolgozó paraszt fiatal szorongatta hóna alatt a szocializmus építéséhez szükséges könyveket. Oti overallos munkásfiatalt alakított, s egyik oldalról ő karolt bele a fehér blúzos értelmiségi lányba. (Lám, lám! A szociáldemokrata párt családi szószólója végül is tényleg szocdem ifi lett!) A híradónál dolgozott, majd átkerült a televízióhoz.

Egyszer a hetvenes évek elején Kaliforniában érdeklődtem felőle az odalátogató Vitray Tamástól. „A Király Ottó? Öreg bútordarab a televíziónál" – nyilatkozta a csodariporter.

Nagyszüleim békésen öregedtek, bár nem jómódban, de mindig került főtt étel az asztalra. Minden nyáron ott töltöttük a vakációt, a könyvtáramat továbbra is ott tartottam. Nagyapámat, noha a szőlőbe már nem kellett járnia, egyre jobban kínozta hetvenhétféle nyavalya, a gyomrának is megártott a sok erős paprika. 1958-ban halt meg, egy nappal azután, hogy Londonban megszületett az első dédunokája. Anyámék akkor már Gyöngyösön laktak. 1955-ben apám, anyám állandó unszolására áthelyeztette magát Gyöngyösre, de életüknek ezt a szakaszát már nem ismerem. Nagyanyám a legvégére majdnem teljesen megvakult, és 81 éves korában halt meg, 1968-ban. Apám halála után, 1974-ben anyám egyedül maradt a házban, ahová mindig vágyott. 1979-ben mégis eladta, és kisebbik húgomhoz költözött, aki Gyöngyösön ment férjhez. Nem szívesen adta fel a függetlenségét, először egy garzonlakást akart venni, de meggondolta magát, egyenlően szétosztotta az örökséget a gyerekei között. Még három évet élt. Sem apám, sem anyám temetésén nem vettem részt. Apámat olyan gyorsan eltemették, halála után két nappal, hogy bár a vízumot azonnal megkaptam (ami akkoriban nem volt egyszerű dolog), s taxival mentem Ferihegyről Gyöngyösre (késett a MALÉV-járat), mire odaértem, a gyászolók már szétoszlottak. Anyám nagyon hideg télen halt meg, magam is infarktusból lábadoztam, az orvosok szerint nem lett volna tanácsos megkockáztatni az utazást.

A házat az új tulajdonos átépítette, majd eladta, most kacsalábon forgó, kétszintes posztmodern villa áll a helyén. Igaz, a valaha pompadurral szegélyezett bevezető út most egyenesen a garázsba vezet, amelyben, minden valószínűség szerint, autót tartanak.

II.

Vivere, mi Lucili, militare est
Seneca

II

Újra a kezdet

1948 őszén ismét visszakerültem Újhelybe, immár másodszor. A város úgyszólván semmit sem változott, a háború alig hagyott sebhelyeket, bár a megszálló csapatok, főként a románok kedvükre garázdálkodtak. A Hegyközt a Bodrogközzel összekötő kisvasút (BKGV) erőlködve, de megint vidáman pöfögött végig a város főutcáján: „Iss-ten, se-gííts Páál-háá-záá-ra, Is-ten, se-gíts Pálhá-zára!" Amikor túljutott a kaptatón, bodor füstfelleget eresztve nekilódult: „Ha nem segít Isten is, elmegyek én magam is!" Nem a Hecskén laktunk most, hanem a belvárosba költöztünk, közel a piarista gimnáziumhoz, a főposta mögött; innét másféle rálátás esett a csodálatos hegyekre. A háziúr csinos lányának, Ickónak a „húszforintos" udvarolt (értsd: a húszforintos bankjegy túloldalán látható Adonisz modellje). Hiába látogattam ide húsvétkor, reménytelenül idegennek tetszett a város. Igaz, apám borbélyát megtaláltam a régi helyén, átellenben a zsidó temetővel, ahol a csodarabbi, Teitelbaum Mózes (1759–1841), a magyarországi chasszidizmus megalapítója porladt. A borbélyüzletben a Máté-idézet helyére új felirat került: „Öntudatos dolgozó nem fogad el borravalót!" A keleti frontot megjárt mester (segéde sohasem volt) kérdő tekintetemre csak ennyit mondott: „Ki kellett tenni, de nem járnak ellenőrizni" – s szomorkásan kacsintott. Meg Pekárovics, a kántor, orgonált és énekelt a nagytemplomban, ugyanazon a fátyolos hangon, amit Feldkirchenben hallottam utoljára, mikor Bogárka kislányát temette: *Circumdederunt me...* Szóval, senkit sem ismertem.

Nevezetes látogatás volt a húsvéti. Hazatérte után apám belevetette magát az újhelyi közéletbe. Miután állását visszakapta, belépett a szakszervezetbe, majd áprilisban a kommunista pártba, majdnem az utolsó pillanatban, amikor a párt még tárt karokkal várta az új hitben üdvözülni vágyókat. Röviddel ezután a Volt Hadifoglyok Bajtársi Szövetségének Országos Központja megbízta a Zemplén megyei szervezet alelnöki teendőivel. Egyszóval apám is, mint sokan mások, megkísérelte az új világba való beilleszkedést. Opportunista lett, ahogy akkoriban nevezték a nyomasztó egzisztenciális kényszer okozta pálfordulásokat. Látogatásom alatt javában folytak a veszekedések. „Most kibújt a szög a zsákból!" – fakadt ki anyám, nyilván Czigány Péter kommün alatti múltjára utalva. Apám ezt nagyon rossz néven vette: „Akkor miből tartlak el, Babykám, téged és a gyerekeket?" Erre anyám nemigen tudott mit mondani, de akaratosan hajtogatta tovább: „Gyalázat!"

Apám mézeshetei a mozgalommal nem sokáig tartottak. A „volt bajtársak" főként inni jártak össze, s rekedtre énekelték magukat: „Állj félre, rokkant huszár, a te időd lejárt!" Le is járt. Kevesen tudják, hogy Aczél György politikai pályafutását Zemplén megyei titkárként kezdte. Ide küldte a párt, mert az 1945-ös választásokon a kommunisták itt kevesebb szavazatot kaptak, mint ahány hivatalosan bejegyzett párttagot tartottak nyilván a megyében. Aczél dolga volt rendet csinálni a területen, itt, az istenhátamögötti végeken. Ezt végre is hajtotta; drámai módon emelkedett a párttagok száma (amihez apámhoz hasonló „kétes elemekre" is szükség volt). Aczél utolsó feladatául a pártfúzió végrehajtását kapta 1948 nyarán, ezt kellett lebontania megyei szintre. A vidéki mintakáder remekelt. Az 1949 elején végrehajtott tagrevízió viszont már nem az ő nevéhez fűződik. Lépett egyet, Pécsre került, most oda rendelte a párt. Szellemét azonban a tűz nem égeté meg, ott maradt Újhelyben.

Apámat nem sokkal megérkezése után figyelmeztették, ne divatoljon, azaz, a munkahelyén ne viseljen nyakkendőt, nem oly idők járnak, hiszen Aczél elvtárs is, magyarázták suttogóra fogott hangon, kihajtott nyakú ingben jár. „Ez az új divat – mondta a készséges kolléga, és kacsintott –, mind prolik lettünk!" Apám megfogadta a tanácsot, követte a nájmódit, s a maga módján tökélyre fejlesztette. Később, mikor már ismét lehetett nyakkendőt viselni, egyforma ingeket és nyakkendőket vásárolt, mintha mindennap *ugyanazt* az inget viselte volna *ugyanazzal* a nyakkendővel. (Akadt olyan kollégája, akinek még a zoknijai is azonosak voltak, persze az akkori, bőségesnek nem mondható áruválaszték idején nem nagy kunszt volt az egyenruhásítást végrehajtani.) Aczél elvtárs szelleme tehát Zemplén vármegyében, illetve annak székhelyén meghonosította a mozgalmi divatot.

Atavisztikusan, magam is e recept szerint öltözöm, ma is van három egyforma *navy-blue blazer*em, hozzávaló *cavalry tweed* nadrággal. Farmernadrágom egyszer volt csupán életemben, amikor Pesten, az Irodalomtudományi Intézet egyik osztályvezetője elbiggyesztette a száját e státusszimbólum hiányán a hatvanas évek végén: „Mi az, neked még farmered sincs?” (Igaz persze, ez azután történt, hogy Gyurkó László, országgyűlési képviselői tekintélyét latba vetve kivívta a fiatalok jogát: farmerben is beléphettek az Ifjúsági Parkba, sőt, táncolhattak is benne.) Tehát gyorsan vettem két egyennadrágot, hiszen Kaliforniából jöttem. Ma is röstelkedem mesterségem címere miatt. Nyakkendőt viszont tizenhárom éves koromtól hordtam egészen addig, míg Kaliforniában rá nem kényszerültem, hogy levegyem, a mellénnyel együtt.

Némi elégtételt kaptam, amikor először és utoljára felkerestem Aczél Györgyöt a Társadalomtudományi Intézetben, a Benczúr utcában a nyolcvanas évek elején: Szabó Zoltán könyveinek kiadása ügyében házaltam nála, *plein pouvoir*t kaptam Zoltántól ügyei magyarországi képviseletére. Amikor bevezetett Aczél titkárnője az audienciára, látom, hogy a párt örökös szürke eminenciása gyors mozdulatokkal meghúzza a nyakkendőjét, és eléggé ügyetlenül bújik bele a zakójába, amit a nyári hőség miatt levetett. Tempót nyertem a hajdani nyitott ingessel szemben, tudomásul vette a protokollt, nem fogadhat félárbocra engedett nyakkendőben és ingujjban nyugati látogatót, aki a harmincfokos hőségben is veszi a fáradságot, hogy előírásosan jelenjék meg.

Az 1949 elején lezajlott tagrevíziót, mármint annak apámat érintő részét Riczu elvtárs vezényelte le. Noha csak járási párttitkárként működött, a nyitott ing nála természetes velejárója volt származásának; verespéteri kivagyisággal viselte, nem úgy, mint Aczél, aki csupán *echt* népfiségét kívánta hangsúlyozni. (Nem azt kell nézni, ki honnan jön, hanem, hogy merre tart, hirdette a direktívának is beillő korabeli pártbölcsesség, bár bőven akadt olyan eset, amikor elsősorban és egyedül azt nézték, hogy ki honnan jött.) Riczu elvtárs először is a 19-es veteránoktól tisztogatta meg a pártot. Ebbe a szórásba nagyapám is beleesett. „A 19-esek inkább ártottak a párt ügyének, mintsem használtak” – vélekedett, nyilván felsőbb utasításra. Apám úgy érezte, hogy ez több a soknál, annak idején nemcsak apját tették ki az állásából, de neki sem sikerült bejutnia az egyetemre, hiszen priusza volt. Bejelentés nélkül beállított Riczu elvtárshoz, s kendőzetlenül megmondta a véleményét. Riczu elvtárs meglepetésében eleinte ötölt-hatolt, arra hivatkozott, hogy nagyapám az illegális mozgalommal semmilyen formában nem tartotta a kapcsolatot, senki sem tanúsította még csak azt sem, hogy rokonszenvezett volna a mozgalommal, de amikor észrevette, hogy apám eléggé kapatos, hangot váltott. Fegyelmi lett az ügyből, amit kizárás követett. Ezzel apám kapcsolata megszűnt a párttal. (Anyám szemmel látható kárörömmel nyugtázta a tényállást: „Na látod, kellett ez neked?") Az alelnöki teendőkről is le kellett mondania a Volt Hadifoglyoknál. Szerintem örülhetett, hogy ennyivel megúszta.

A sok puszipajtás, ivócimbora közül, akikkel együtt járt vadászni (ekkoriban sokat ettünk nyulat vadasan, zsemlegombóccal), alig maradt barátja, pedig az összejövetelekről apám mindig jó történetekkel tért haza. Egyikük lakásátépítés közben befalazott pincebejáratot talált, s az alkóv tele pókhálós, palackozott tokaji borral; a múlt század ötvenes éveiben rejthette oda egykori tulajdonosa a fináncok elől. A bor, sajnos, nyúlós, kocsonyás lett, egyszóval ihatatlan volt. De így is híre ment. Egyszer apám magával vitt az egyik volt bajtárshoz. Ott lakott, ahol ma a 700 éves tér van. (1961-ben, Újhely várossá nyilvánításának 700. évfordulóján nevezték el így, eléggé szerencsétlen névadással, mert, gondolom, nemsokára át kell majd keresztelni 750 éves térnek.) Nem figyeltem oda, miről beszélgetnek, de hanghordozásukból úgy tűnt, apám adogat, és a volt bajtárs mindent kivéd. Indulni készültünk, apám, hogy valamiféle látszatot megőrizzen, segélykérően körbejártatta a szemét; témát akart váltani. A falon bekeretezve, üveg alatt cigaretták díszlettek, márkanevek szerint elrendezve, a paszpartún aranybetűs felírás: „A m. kir. dohányjövedék termékei. 1930." „No, lám! – jegyezte meg apám érdeklődést mímelve – minden fajtából van közte?" „Igen – válaszolt a volt bajtárs merev arccal –, de már nem jók szívni! Megdohosodtak." Apám már az utcán dobta el saját égő cigarettáját. Rosszul esett neki, hogy a semlegesítő labdát is kíméletlenül lecsapta a volt bajtárs.

Nagyapám metamorfózison esett át. Eleinte teljesen magába zárkózott, majd felesége halála után belépett valamelyik túlbuzgó (baptista, Jehova tanúi?) szektába, melyekből több is virult a Hegy-, illetve a Bodrogközben. Mint a városban rebesgették róla, hitsorsosai újrakeresztelték a Bodrogban, és 1952-ben ismét megnősült. Ettől kezdve nevének még csak az említése is anatéma lett anyám előtt. Néha láttam egy pillanatra az utcán, kedvesen mosolygott rám, de nem mertem szóba elegyedni vele, meg az igazat megvallva, egy kicsit magam is úgy vélekedtem róla, mint anyám, ami miatt ma már kár szégyenkeznem magam előtt. Mert akárhogy történt is, ami történt, mégiscsak a nagyapám volt.

A húsvéti látogatásra egyedül utaztam oda-vissza Gyöngyösről, elvégre egy komoly, nyakkendős nagyfiú tekintett rám a félárú jegy váltására jogosító arcképes igazolványból. Hasonmásomon magam döbbentem meg a legjobban, 1944 nyara óta még amatőr felvétel sem készült rólam, s mivel borotválkozótükörben még nem nézegettem az ábrázatomat, meglepett a fényképről velem farkasszemet néző, szokatlanul komoly fiatalember. Ezzel a komolykodó ábrázattal mentem korzózni, a csodálatosan üde, mámoros tavaszi levegőből nagyokat szippantva, bár egy teremtett lelket sem ismertem. A vasárnap délutáni újhelyi korzó megmaradt a társasélet mozgalmas intézményének. Jelen és múlt keveredett benne. Fiatalok, öregek. Ilyenkor végezte egészségügyi sétáját az a néhány helyi arisztokrata, aki nem menekült el 1944-ben, és még nem telepítették ki. Waldbott báró vaddisznósörtés vadászkalapban, térdnadrágban, ülésre is alkalmas, szétnyitható fogantyús sétapálcával, kastélyából még nem tették ki a szűrét, vagy Sennyey báró, akinek vadászlakjából nemsokára az új kiváltságosak üdülője lett. Amikor ősszel visszajöttem, már nem mertek a főutcán grasszálni, örültek, hogy lyuk van a fenekükön.

Főként, persze, a fiatalok hemzsegtek a vakító tavaszi napfényben, mint rajzó cserebogarak. Pezsgett az élet. Fiúk, lányok, együtt, külön, kacarászva, kipirulva, mintha nem is a túlélők karneválja hullámzana a korzón, mintha semmi említésre méltó esemény nem történt volna az elmúlt néhány évben, rá se rántva Aczél elvtárs jelenlétére a megyeházán. Miből következtethetett volna a látogatóba érkező marslakó mégis arra, hogy nagyot fordult a világ? Hogy további változások előszele fújdogál? A ponyvával borított partizánemlékmű alatt, félkaréjban elhelyezkedve, három-négy tangóharmonikás férfi, egymásnak tercelve, gyors ütemű, vidám partizánnótát (szerb népdalt?) énekelt: „Egyszer nyáron, hűs hajnalban, szomszéd kertbe néztem át, málnát szedni láttam én ott egy csodaszép barna lányt..." Mire mindenütt mozgalmi indulók harsogtak, megváltozott a világ.

Ám akkor tavasszal minden ígéretesnek tűnt, egyedüllétem ellenére is jókedvre hangolódtam, szívet bizsergető látvány volt az önfeledt forgatag kavargását nézni; röpködtek a szellemes bemondások és kiszólások, ugratások, a már lengén öltözött lányok méltányolták a csavarintásokkal is célba találó, burkoltan felpörgetett bókokat. Csodálkozva láttam, mennyi csinos lány él Újhelyben, s mind itt sétál a főposta és a nagytemplom között, közszemlére bocsátva az elektromossággal telített tavaszi légben. Hirtelen elkezdtem nagyon örülni annak, hogy ősszel visszatérhetek.

Mire visszakerültem Újhelybe, a nyáron lezajlott az egyházi iskolák államosítása (1948. jún. 16.). A piarista atyákat nemsokára szélnek eresztették, talán egy vagy két pap maradhatott mint káplán, hogy legyen, ki misét mondjon a templomban, s a rendházból leválasztottak nekik néhány helyiséget lakóhelyül, ezen kívül a sekrestye maradt egyházi kézen. A már meglévő konviktust kibővítették – diákotthon lett belőle. A gimnáziumot feltöltötték új tanerőkkel, csupán az a néhány világi tanár maradhatott, aki a piarista atyák alatt is tanított. Nem sokkal *Veni Sancte* előtt teherautók jelentek meg, s a kék inges SZIT-es fiatalok elkezdték lapátolni a rendház könyvtárát az egymás után érkező teherautók platójára. A sok régi, reakciós könyvet. A nemzedékek által fejlesztett könyvtárat. A pusztulás és a pusztítás látványa mindig elkeserített. Álltam és néztem a többi bámészkodóval, megjegyzést tenni nem mertünk, ezek a magabiztos SZIT-fiatalok eléggé harciasan tekingettek vissza a sok hívatlan tanúra. A „reakciós" tankönyveket is sajnáltam Gyöngyösön, az új kor hajnalán, de most teljesen dermedten néztem a barbár pusztítást.

(Csak húsz évvel később tudtam meg a British Museumban, milyen kincseket őrzött a piarista rendház könyvtára, amikor sikerült megszereznem a háborúban elpusztult *Adalékok Zemplén-vármegye történetéből* [1895–1916] című helytörténeti folyóirat teljes sorozatát. Ebből értesültem, hogy a piarista rendház könyvtárában unikumok is rejtőztek szép számmal, köztük néhány a Szabó Károly-féle *Régi Magyar Könyvtár* anyagát egészítette ki. A magyar művelődés tárgyi emlékeit pusztította az új rendszer jakobinus dühvel. Ez a kép jelent meg előttem mindig, amikor az új rendszer korifeusai arról papoltak a kulturális forradalom idején, hogy „Stendhalt adunk az unatkozó taxisofőrök kezébe, ne ponyvaregényt és lektűrt olvassanak!")

A könyvtárlapátolás legalább olyan elrettentő példát szolgáltatott, mint egy nyilvános akasztás. Mindenki dugdosni kezdte a „reakciós" könyveket; mindenki, talán nem alaptalanul, házkutatástól rettegett, lesz akkor nemulass! Eleinte mégis egyfajta önáltatás táplálta a lelkeket: „Guggolva is kibírjuk, Jánoskám, amíg bejönnek az amerikaiak!" – vélekedett háziorvosunk, dr. Gáll Barna. Alig bírtam elhinni, hogy egy több nyelven beszélő, világlátott ember, aki két háborúban teljesített frontszolgálatot és akinek mintaszerűen felszerelt, modern rendelőjében röntgenkészülék is található, honnan vesz ilyen naivságokat. Mentségére szolgáljon, nem ő volt az egyetlen naiv ember az országban. Szekfű Gyula, aki nem sokkal halála előtt szép esszében írta le a csalfa reményekkel kacérkodó akkori magyar társadalmat, keserűen utalt „a sok hiszékeny magyar ember szerencsétlenségére, aki a nyugati propagandának esett áldozatul". Rezignáltan tette hozzá, hogy a propaganda mögött „nyoma sem volt az illető angolszász kormányok bárminemű komoly szándékának, hogy a propagandából tényeket hozzon létre".

Dr. Gáll Barna szecessziós stílusban épített, többemeletes sarokházát is államosították. Ez mit sem zavarta. Jókedvűen csillogó, élénk szemei nem hazudtolták meg, amit mondott. Álltak apámmal a röntgengép túloldalán; egészségtől majdhogynem kicsattanó, pirospozsgás arccal nagyot szívott illatos szivarjából, majd kijelentette: „Kutya baja a gyerek tüdejének, Jánoskám, kár a Mancikának annyit aggodalmaskodnia!" (Most, hogy megnyúltam, s már apám engedélyével cigarettáztam, a tüdőbaj mumusa felerősödött anyámban, egy kis tavaszi influenza, s már űzte is apámat az orvoshoz, nem maradt-e vissza „beszűrődés".) Gáll Barna felgyújtotta a villanyt, s lehalkított hangon fordult apámhoz: „Megbízható helyről hallottam – kezdte, s a biztonság okáért hozzátette –, egy vasúti fékezőtől..." Majd következett a legfrissebb rémhír, vagy kacsa, mely újabb adalékot szolgáltatott az amerikaiak küszöbönálló beavatkozásáról. (Ha nem akadt friss rémhír, viccekkel igyekezett jó hangulatot teremteni: „Jánoskám, tudod, hogy olyan ez az ország, mint egy elektromos centrálé: kicsi az *ellenállás,* nagy a *feszültség* és minden csak *volt*".)

Aki a korhangulatot nem ismeri, nem értheti a kétes értékű forrásmegjelölést, miért megbízható hírnök éppen egy vasúti fékező. Ekkoriban kezdődött az információ-restrikció kora Magyarországon. Az ellenzéki lapokat elhallgattatták, a nyugati rádiók magyar adását (Vatikán, BBC) alig lehetett fogni. A Szabad Európa még nem alakult meg. Mit csinált a tájékozódni kívánó vidéki magyar ember? A hírközlés legősibb formája szerint értesülhetett a világ dolgairól: hallomásból. Egy vasúti fékező, foglalkozása miatt, sokfelé megfordul az országban, itt is hall valamit, ott is. S ezeket az ellenőrizhetetlenül terjedő híreket továbbadja. Mindegy, hogy mit, a hallgató úgyis saját reményei szerint alakítja át. Szegény Gáll Barna is azt hallotta folyton, hogy valami készül, valami történni fog, mert *ez* így nem mehet tovább. Lehet persze, hogy ő sem mindig hitte, amit mondott, hiszen már apám is némi ironikus felhanggal adta tovább, hogy „Gáll Barna vasúti fékezője szerint...", de jólesett önmagát és környezetét hitegetni. Évek múlva már ő maga is öniróniával emlegette a vasúti fékezőt. Én egy percig sem hittem ezekben a vasúti fékező által házhoz szállított badarságokban, ösztönösen ráéreztem Beckett pesszimista igazságára: a reménykedés egy kissé mindig nevetséges. Miért akarna bennünket most hirtelen megmenteni a Nyugat, hiszen nem is olyan régen még ellenségek voltunk...

Gimnáziumba kerültem végre. Azaz mégsem, mert a művelődés piarista fellegvára szertefoszlott előttem, mint a délibáb. Az igaz, hogy *de facto* bekerültem a patinás falak közé, *de jure* azonban mégsem; a tanügy radikális átszervezése következtében a „II. számú általános fiúiskola" VII. a. osztályos tanulója lett belőlem és osztálytársaimból is, akik az előző, 1947/48-as tanévben még a piarista gimnázium II. osztályos növendékei voltak. Nehezen nyelték le a szülők, a diákok és a tanárok egy része is, hogy általános iskolások lettünk. Folytak az utóvédharcok. A tanterem ajtaján lévő tábla azt hirdette csökönyösen, hogy a tanár és a látogató a III. a. osztályba lép. Mindnyájan azt mondtuk, hogy „harmadikosak" vagyunk. Pedig drasztikus változások történtek. A régi osztályt szétszórták a VII. a. és VII. b. osztályba, megszűnt az elitista jelleg, mindkét osztályt elözönlötték a „bejárók", a végardói bicskások, akik a környező falvakból jöttek autóbuszon, vonattal, hogy ők is részesüljenek a szellem napvilágának áldásaiból. A tanári kar is kicserélődött. Igazgatónak Karniss László (volt) tanító bácsi avanzsált. Mi pedig kísérleti nyulak lettünk, mindent rajtunk próbáltak ki, mert a IV. osztályt nem érintette az átszervezés, nem lett belőlük VIII. osztály, a régi tanterv szerint haladtak. A tanterv átszervezése egyelőre nem bolygatta a latin ügyét, megmaradt kötelező tárgynak, s az aggódó szülőket modern nyelvek (angol, francia, olasz, német) fakultatív oktatásával kecsegtették.

A gimnázium történetében az államosítás volt a legnagyobb megrázkódtatás 1789. szeptember 4-e óta, amikor II. József császár rendeletére megkezdte működését Újhelyben. A kalapos király feloszlatta az oktatással vagy betegápolással nem foglalkozó szerzetesrendeket, s ennek értelmében a pálos rend is megszűnt 1786-ban, bár a pálosok iskolát tartottak fenn Újhelyben, 1258-ban épült kolostoruk falai között a XVII. század közepe óta. Ennek a megszűnt intézménynek a helyére került Tokajból az 1737 óta ott működő „deákos oskola" (ezért kellett Nicolaus Lenaunak is ide járnia, amikor anyjával Pestről Tokajba került, az újhelyi volt a környék egyetlen piarista gimnáziuma, s Lenau a pesti piaristáknál kezdte meg tanulmányait). A kegyesrendi atyák 1891-re kifejlesztették a nyolcosztályos főgimnáziumot (melyben később magántanulóként lányok is érettségizhettek), kitűnően felszerelt könyvtárral, természettani szertárral (benne jelentős ásványgyűjteménnyel), fizikai és kémiai laboratóriummal, modern, tágas, szertornakellékekkel ellátott, tömörgumi-padlós tornateremmel és művészettörténeti segédeszközökkel (a klasszikus görög-római szoboranyag legjelentősebb darabjainak gipsz hasonmásaival). Nem utolsósorban pedig jó néhány országos hírű tanárral, köztük Kontraszty Dezső (1877–1937), a magyar gyorsírás egyik kiemelkedő tekintélye, akit apám sokat emlegetett, mint az egyik legkiválóbb tanárt, aki őt is tanította. Szerencsés volt közülük az, akinek sikerült eldugott falusi plébániákon meghúzni magát, s nem kellett elmennie segédmunkásnak, hogy a mindennapi betevő falatját megszerezze. Feleségem anyai nagybátyja, Szikra István (1906–1982) – néhai páter Jusztin, a ferences novíciusok gvárdiánja – is segédmunkásként ment nyugdíjba a MÁV-tól. Pohár kövidinka mellett, főként Temesvári Pelbártról beszélgettem vele Kalocsán a hetvenes évek elején. Keresztényi türelemmel viselte sorsát.

A magyar oktatásügynek a háború sem okozott nagyobb károkat, mint az egyházi iskolák államosítása. Kiművelt emberfők sokaságát, sokéves tanítási gyakorlattal rendelkező, elsőrangú szakembereket szélnek eresztettek a kulturális forradalom előestéjén. Még rablógazdálkodásnak sem nevezhető az eljárás. Pazarlás volt, esztelen pazarlás, amit a fölnövő nemzedékek megsínylettek.

A pártnak, saját szempontjából, végső soron igaza volt. Az egyházak, elsősorban a katolikus egyház hatalma és befolyása (legalábbis vidéken) megingathatatlannak tűnt; sikeresen helyezkedett szembe a szovjet hadsereg árnyékában saját hatalmának monopolizálására törő kommunista párttal. Az egyház rendelkezett tömegbázissal és karizmatikus vezetővel, Mindszenty személyében, nem a párt. A párt eleinte nem is mutatta ki a foga fehérjét, gesztuspolitikát folytatott Aczél elvtárs is Zemplén megye székhelyén – a helybeli papsággal tüntetően jó viszonyt alakított ki, bár ezt én csak az idősebbek előadásából tudom, hiszen a tanév kezdetén éppen eltávozófélben volt.

Így tehát abban sem lehetek biztos, hogy ő volt-e, vagy valamelyik másik helyi potentát, akinek a kérésére (mit kérésére, utasítására!) kihívattak az osztályból, s egy, a párhuzamos osztályba járó másik fiúval (nevére nem emlékszem) a pedellus, az örökké borostás Dargó bácsi lóhalálban átkísért bennünket a megyeházára. Ott kedves titkárnők egy pillanat alatt kistafíroztak bennünket úttörőnyakkendővel, úttörőjelvényes övvel és sapkával (útközben, otthon fehér inget kellett vennünk anyám legnagyobb csodálkozására és indokolatlan rémületére), s már ott is álltunk a vármegyeháza udvarán, a platánok alatt. Fényképész várt bennünket, állványon a kamera, izgalom, s a szorgoskodó titkárnők kezünkbe nyomtak egy vörös és egy nemzetiszínű zászlót. Még mindig nem tudtuk, mi történik velünk, talán még az úttörőmozgalom sem alakult meg végleges formában az iskolában (magamat még *kripto*cserkésznek tartottam, s arra sem emlékszem, hogyan kerültem/kerültünk az útörrőmozgalomba, csak arra, hogy a gimnázium épületében lévő cserkészotthont egy idő után, Dargó bácsi segítségével át kellett alakítanunk úttörőotthonná). Hosszas várakozás után előkerült a nyírottbajszú potentát pajtás, szintúgy szemébe húzott úttörősapkában és -nyakkendőben. Többféle pózba állítottak bennünket: középen Aczél (?) pajtás, mi pedig két oldalán lobogtattuk a zászlót. Csattogott a fényképezőgép, innen, onnan, még egyszer, s elkészült a szuvenír, melyet sohasem láttam. Kis susmusolás, s mehettünk vissza az iskolába. Nem tudom, milyen célból készült a felvétel, talán valamelyik helyi újságba. Otthon hallgattam, mint a sír, pedig nagyon fúrta az oldalamat, hogy ki lehetett az a fontos elvtárs, aki úttörők társaságában kívánta megörökíteni magát az utókornak, de nem mertem kérdezősködni, mert mi lesz, ha anyám meglát újdonsült úttörőként?

Az iskolában nem éreztem jól magam. Először is „új fiú" voltam, s meg kellett várnom, amíg befogadnak. A régi gimnazisták gyanakodva nézegettek, ki fia-borja lehetek. Apám hiába ismert mindenkit a városban, én „idegen" voltam. Nagyon idegen. Igaz, az osztályban előbukkant egy-két régi arc, melynek a tulajdonosát felismerni véltem mint elemista osztálytársat. De ezek bukdácsolással veszítettek évet, s annak idején sem barátkoztam velük különösképpen. Nyirkos Tibor nem veszített évet, ő tehát eggyel feljebb járt. Időnként láttam, de abban az életkorban voltunk, amikor fiúk „lefelé" nem barátkoznak. A többi régi osztálytársam nyomtalanul eltűnt. Nézegettem a padokba vésett neveket, és egyedül róttam az utcákat, főként esőben szerettem sétálni, hajadonfőtt.

A tanári kar sem derített jókedvre. Talán a legjobban még az osztályfőnökünket kedveltem meg, Lipusz Lajost, aki a magyart és (azt hiszem) a történelmet tanította. A maga módján jelenség volt, színes egyéniség. Ha valaki rendszeresen semmibe vette a helyesírás szabályait, gúnyosan idézte a fejére Shakespeare-t: „Mit neked Hekuba!, ugye, fiam?" Az egyáltalán nem homogén osztályban jó pedagógiai érzékkel igyekezett rendet tartani. Ha valaki indulatosan árulkodott, vagy izgága módon kezdte mondanivalóját, azonnal letorkolta: „Aki haragszik, annak nincs igaza!" Lassan megértették a hebehurgya kamaszok, hogy neki viszont igaza van; érzelmileg túlfűtött mondanivalóból nehéz kihámozni a tényeket. Ha az első, szavakkal való nyakonöntés után valaki tovább ágált: „De, tanár úr...", ráförmedt: „de-vel nem kezdünk mondatot!" (Dehogynem! – gondoltam gyakran, bár nem szóltam, elismertem, az adott helyzetben igaza van, az ész primátusát akarta meghonosítani.) A *Toldi*t elemeztük egész évben, alaposan és részletesen, közben pedig a stilisztika elemi fogalmait tisztáztuk, az allegóriától a tömörségig.

Az iskolai Toldi-elemzés története a múlt század végére nyúlik vissza. 1879-ben a *Toldi*t beiktatták a tananyagba, s a következő évben megjelent Lehr Albertnek az alaposan kidolgozott jegyzetanyagot tartalmazó *Toldi*-kiadása, mely részletezi a mű összes lehetséges mozzanatait (keletkezése, meséje, műfaja, szerkezete, hősei; jellemábrázolás, verszezet, nyelvezet és hatása), példásan leegyszerűsített és világosan érthető formában. A tizenvalahányadik kiadása 1944-ben jelent meg, s az új, „demokratikus" tankönyv is a Lehr-féle kiadás felhasználásával készült nekünk. Lehr Albert (1844–1924) nevét mára elfelejtette az irodalmi tudat, jóllehet az Arany-kultusz elsősorban az ő nevéhez (és kisebb mértékben Riedl Frigyes Arany-monográfiájához, 1887) fűződik, azáltal, hogy a *Toldi* stiláris fordulataival a tanulóifjúságot örökre beoltotta. Nemzedékek tanultak az ő példái nyomán elemezni, s ezért a legjobb stílusfordulatra mindig Arany-sor, vagy Aranytól vett kép ugrik be, nemcsak a művelt nagyközönségnek, hanem a szakképzett (idősebb) irodalmárok többségének is, bizonyítva, mennyire fontos, hogy irodalomból mivel ismerkedik meg legfogékonyabb korában a diákság. Így tehát én is a *Toldi* társaságában mártóztam meg a formális irodalmi képzettség azóta oly sok divatnak hódolva hullámzó tengerében, mert igaz ugyan, hogy Kecskés tanár úr Gyöngyösön nagy átéléssel vezetett be bennünket Ady költészetébe, az ő magyarázatait azonban inkább impresszionistának nevezném, mintsem formális verselemzésnek. Amiben szemernyi leszólás sincsen, mert vallom Ignotusszal, hogy a szenzibilitás, az érzékenység fontosabb szerepet játszik az irodalmi művek megértésében és megítélésében, mint a formális, iskolás elemzés. Ezért tartotta többre Ignotus az impresszionista kritikát a tudálékos, vaskalapos elemzésnél.

Lipusz tanár úrtól értesültem a szép stílus kellékeiről is. Akkor szép a stílusunk, ha világos, szabatos és magyaros – hangzott a nevezetes szentencia. Ezen a meghatározáson már akkor fennakadtam. Ha valami világos, akkor az szabatosan van megfogalmazva, és fordítva, ha valamit sikerül szabatosan megfogalmazni (azaz: ambiguitás nélkül, tömören és félre nem érthető módon), akkor világos, hogy mit akarunk mondani. Mindezektől persze nem lesz *szép* a stílusunk, csak *precíz.* Pontosabban nem szép lesz, hanem *jó.* Ami önmagában is nagy érték: sikerült azt mondanunk (írnunk), amit akartunk, se többet, se kevesebbet. Fölösleges mütyürkének tűnt (és tűnik, nekem legalábbis) a definíció harmadik tagja, mert a magyar stílus *per definitionem* magyaros. Mi más is lehetne?

A valóság azonban mindig bonyolultabb, mint a (gyakran) téves premisszák alapján kifundált szabály. A magyarosság túlhangsúlyozása tulajdonképpen a német nyelvi hatás ellen irányuló védelmi törekvést álcázta, a negatív kívánalom (a magyartalanságok kerülése) helyébe pozitív stílusideált (magyarosság) iktatott. Szarvas Gáborék óta lelkes nyelvművelők sora hadakozott a tükörfordítások, a németes szerkezetek ellen. Gyakran azonban bakot lőttek *(einen Bock schiessen)* buzgalmukban. Ma már magát valamire tartó újságíró állítmányi helyzetben is csak a múlt idejű melléknévi igenevet meri használni (*nem kizárt, hogy* stb.), mert a határozói igenév (*nincs kizárva, hogy* stb.) németes! (Sokáig az Arany János által idézett „el van utazva" szolgált elrettentő például.) Igaz, hogy az ok elhomályosult, csak annyi maradt meg, hogy a gerundiumos szerkezet kerülendő. Ugyanez lett a sorsa az igen hasznos szenvedő igealakoknak. (Szenvedő ige a magyarban *nem használtatik!*) A németességtől való félelem legalább annyi kárt okozott, mint amennyi hasznot hajtott a nyelvművelésnek. Mert minden igyekezet ellenére (vagy dacára = *trotzdem*) nemcsak nemkívánatos szerkezetek, de félrefordítások, leiterjakabok is meghonosodtak a magyar nyelvben. Egyrészt.

Másrészt viszont minden nyelvben egészséges védelmi mechanizmusok működnek, hárítják az elkorcsosulás veszélyét. Amit az átlagos beszélő nem ért, azt a fordulatot a nyelv kiveti magából mint idegen testet. Továbbá, a németek hiába találták fel a *Fernsprechert*, továbbra is telefonálnak (*telefonieren*). Nem korcsosult el tőle a német nyelv. A francia puristák is lángpallossal őrzik nyelvük tisztaságát, főként az angol hatástól őrizkednek. Az idegen nyelvekből bármit könnyen bekebelező angol nyelvet is oltalmazzák az „idegenes" hatástól a középiskolai tanárok. Nem is olyan régen még az a diktum járta, hogy ami rövid angolszász szóval kifejezhető, ahelyett ne használjunk (többnyire hosszú) francia vagy latin szót, bár a latin szó angol közegben, az angol fonetika szerint artikulálva távolról sem olyan „idegenes", mint ugyanaz a szó magyar szövegkörnyezetben. Mégsem a védekezéssel van a baj, az igyekezet minden túlbuzgósága ellenére sem. Mert az „idegenesség" elleni (sokszor reménytelen) küzdelem önvédelmi joga minden nyelvnek. A magyartalanság bizony tényleg kárhoztatható.

Az igazi bajt a magyartalanság pozitív konnotációjú ellentétpárja, a magyarosság szüli. Lelkes amatőr és hivatásos nyelvészek már a reformkor óta górcsővel vizsgálják a magyar nyelv magyarosságát. Mi az az illékony kvintesszencia, amitől magyaros a magyar stílus? Sok csacsiság került elő vizsgálódás közben. Édes Gergely például úgy vélte, hogy a magyar nyelv egyedülállóságát az azonos magánhangzók használatával kiizzadt versikék bizonyítják a legékesebben. Mind a mai napig nem bukkant elő az a lelkes alkimista, akinek sikerült volna a magyar nyelv „egyedülálló szellemét" tetten érni. Ebből persze nem következik, hogy a magyar (vagy bármelyik másik) nyelvnek nincs „szelleme", azaz nincsenek egyedülálló tulajdonságai, csupán az, hogy ha a magyar nyelv tulajdonságait egyenként leírjuk, nem jutunk hozzá a „magyarosság" könnyen utánozható receptjéhez. Fogalmi készletünk számtalan alapelemét nem tudjuk kielégítő módon meghatározni (mi az irodalom? mi a barokk? mi a posztmodern?), az általa jelölt jelenséget azonban mégis biztosan és azonnal felismerjük. A magyarosság (vélt vagy valós) ismertetőjegyeinek tudatos hajszolása és stílusideálként való megkövetelése nyelvi torzulásokat, modorosságokat eredményez, mert a magyarosság pszeudo-stíluskategória. Az iskolai oktatásban meg kellene elégednünk azzal, hogy a tanulókat megtanítjuk figyelmesen és feszesen fogalmazni, nem pedig ködbe burkolt és elvont eszményeket űzni.

A Lipusz tanár úr által meghirdetett tételhármas hosszú évekig foglalkoztatott. Vizsgálódásaim eredményét a Magyar Nyelvészek II. Nemzetközi Kongresszusa (Szeged, 1972) elé tártam. Nem arattam vele átütő sikert. Az elpusmogott véleménynyilvánításokból azt vettem ki, több nagyra becsült kollégám úgy vélte, olyan régóta élek külföldön, hogy már az is bosszant, ha a magyar nyelvű irományok magyarosra sikerednek. Pedig nem erről van szó. Hanem arról, hogy a magyarosság fel-felbukkanó csodaszarvasának űzése eltereli a figyelmet a lényegről, arról, hogy modern, precíz magyar nyelvre van szükségünk ahhoz, hogy Európában megmaradjunk *magyarul*. Hogy is mondta Bessenyei annak idején? „Minden nemzet a maga nyelvén lett tudós, de idegenen sohasem." (1778)

Újhelyi tanulóéveim jót tettek a Gyöngyösről hozott, diftongusba hajló magánhangzóimnak is, Újhelyben ugyanis nincs fonetikailag felismerhető tájszólás. Talán azért, mert a nyelvújítást irányító Kazinczy is e tájék nyelvét beszélte. Az újhelyi magyar nyelvben viszont bőven akad szlovák, illetve jiddis szó (Újhelyben jelentős számú zsidó élt). Az előbbi nyelvből inkább fonetikai variánsok kerültek be (pl. *g*aluska > *h*aluska), a jiddis főként a mindennapi élet szókincsét színesítette (csomesz, halef, mesüge, haver, hirigel), bár e szavak nagy része ma már a köznyelvben is megtalálható. Egyetlen nyelvtani szerkezetet fedeztem fel saját beszédemben egyetemista koromban, mely kétségtelenül tájjellegű variáns (idősebb vagyok Laci*tól*, a standard Laci*nál* helyett), és melynek használata Újhelyben általános.

A gimnázium eltörlése (mert a szülők az oktatás átszervezését, azt, hogy a négy elemi és nyolc gimnáziumból nyolc általános iskolai év és négy gimnázium lett, talán nem is alaptalanul a gimnázium részleges megszüntetésének fogták fel) egyelőre nem okozott a kelleténél nagyobb riadalmat, hiszen a latin megmaradt kötelező tantárgynak. Bábi tanította, polgári nevén Maross Gáborné, akinek a férje a keleti fronton esett el. A csinos, babaarcú fiatal özvegynek jól állt a szemüveg, de ha óra közben levette egy pillanatra, hogy megtörölje, és felnézett égszínkék szemeivel, az osztály megtelt elektromos feszültséggel. Amikor észrevette a hatást, riadtan visszamenekült a tekintélyt kölcsönző szemüveg mögé. Nélküle védtelen, kiszolgáltatott, oltalomra szoruló nő volt. A perzselő kamasztekinteteket bosszús fintorral nyugtázta, bár kissé elbizonytalanodott hangon folytatta az ablativusszal járó praepositiók ismertetését. Lazsálhattam, hála a Varga tanár úr által lerakott alapoknak. Hiszen az osztály egy része most hallott először a latin nyelvről.

Némileg kiengesztelte a szülőket, hogy csemetéik tobzódhattak a fakutative választható idegen nyelvekben (angol, francia, olasz, német). Én legszívesebben mindegyiket tanultam volna, anyám a német mellett tört lándzsát, de életemben először a sarkamra álltam, és angolra iratkoztam be. Egy fiatal tanár, Terényi József tanította, nem angol szakot végzett, és 1945-ben a frontról jött vissza tanítani a piarista gimnáziumba. Ott maradhatott az államosítások után is. „Blöki"-nek hívtuk, s igen szerényen haladtunk előre Shakespeare nyelvének megismerésében. A kiejtéssel nehezen birkóztunk (akkoriban még nem létezett nyelvi laboratórium); ma is irigylem azokat a szerencsés nemzedékeket, melyek anyanyelvű tanár segítségével teszik meg első, botladozó lépéseiket idegen nyelvi tanulmányaik során.

A legtöbb bosszúságot a történelem okozta, bár nem emlékszem biztosan, hogy ki is tanította. A XIX. századi magyar történelmet tanultuk, egy kis európai kitekintéssel. A monarchia történetét átabotában már ismertem Pethő Sándor, a *Magyar Nemzet* alapítójának könyvéből (*Világostól Trianonig,* 1925); apámtól vettem kölcsön, s most elkezdtem rendszeresen hozzáolvasni az iskolai anyaghoz. Egy idő után teljesen elbizonytalanodtam, hiszen Pethő könyvében a darabontkormányról, Wekerléről és Andrássy külpolitikájáról esett szó, az iskolában viszont Frankel Leó, szociáldemokrata tüntetések, aratósztrájk, munkásmozgalom. Ez nem lehet igaz! Itt valami félreértés van. Egy országnak nem lehet két, egymástól teljesen eltérő története. Természetesen Pethőnek hittem, nem a silány külsejű, kezdetleges rajzokkal ékesített tankönyvnek. Egyre gyakrabban hallottam belső fülemmel anyám sopánkodását már 1945-ben: az új tankönyvek hazugsággal vannak tele, a kommunisták ki akarnak forgatni bennünket még a múltunkból is. Most már semmi kétség nem maradt bennem, anyámnak igaza volt, csak tőle az igazságot nehezemre esett elfogadni. Eleinte, első felháborodásomban arra gondoltam, hogy számon kérem a tanáron az elsikkasztott tananyagot, de már volt bennem annyi érettség, hogy életveszélyes tervemet ösztönösen elejtsem. Iszonyatos haragot éreztem, most mindent kétszer kell tanulnom: az iskolának és magamnak külön-külön. Andrássy Gyuláról, akinek emléktáblája alatt léptem be mindennap a gimnázium épületébe, azt tanultam, hogy reakciós politikus, aki a feudális uralkodó osztály érdekeit szolgálta.

Sok-sok évvel később, egészen véletlenül tudtam meg, hogy tankönyvünk illusztris szerzője Pach Zsigmond Pál volt (a 65. születésnapjára készült bibliográfia árulta el). Mikor személyesen megismerkedtem vele, itt Londonban, a Történettudományi Intézet (fiatalabb kollégái szerint alkoholista és basáskodó) igazgatója már nem munkásmozgalmi témákban utazott, a kelet-európai fejlődés „elkanyarodási modell"-jének a feltalálójaként jegyeztette magát, s úgy viselkedett, mintha Szekfű Gyula legjobb magyar tanítványa lett volna. Tudományos munkásságát nem áll módomban megítélni, nincs is szándékomban, de ami tankönyvírói tevékenységét illeti pályája elején, azzal kétségtelenül hozzájárult a nemzeti önbecsülés lerombolásához, akadályokat gördítve nemzedékek eszmélkedése elé.

Volt egy nagyon „új" nevű tantárgyunk, „Az ember élete". Ma sem tudnám pontosan megmondani, melyik tudományos diszciplínának a serdülő ifjúság számára megfelelően felvizezett változata. Talán a biológia képezte az alapját, a darwinista evolúció szerint, némi kitekintéssel az élővilág törzsfejlődésére, a filogenezisre. Szó esett benne a társadalom fejlődéséről is, az ősközösségtől a kommunizmusig, valamint arról, hogy az élők világa a természet körforgása következtében egy ökológiai rendszert alkot, s az ember dolga, hogy ezt a rendszert a neki legkedvezőbb módon alakítsa. Példákkal arról, hogy a Szovjetunióban milyen gigantikus természetátalakító munka folyik, minek következtében, ha a kommunista társadalom felépítéséhez ez az előnyösebb, a folyók folyását is visszafordítja az ember. Ezen jókat mulattunk. Amikor kezembe került Iljin-Szegál könyve: *Hogyan lett az ember óriás?*, akkor értettem meg, ez a naivan dicsekvő hangvétel, a tudomány korlátlan haladásába vetett (akkor még) megingathatatlan hit a kommunista ideológia egyik kardinális tétele.

Nem mintha a nyugati civilizáció mentes lett volna ettől a beképzeltségtől, a különbség csupán a beképzeltség eredetében volt. A judeo-keresztény civilizáció Istentől eredezteti hatalmát a természet fölött („Legyetek termékenyek, szaporodjatok, töltsétek be a földet és vonjátok uralmatok alá. Uralkodjatok a tenger halai, az ég madarai és minden állat fölött, amely a földön mozog." *Ter.* I, 28), de arroganciában és agresszivitásban ott sem mutatkozott hiány, egészen a legutóbbi időkig. Elvégre az ember Istentől kapott *flepni*t a természet korlátlan kizsákmányolására. Nem akarok túlságosan soká sütkérezni utólagos bölcsességem fényében, hiszen az ökológiai veszélyre csak akkoriban, az ötvenes évek elején kezdtek felfigyelni a kutató vegyészek a moszkitó irtására használt DDT (diklór-difenil-triklóretán), a rovarölő méreg nemkívánatos mellékhatása következtében, s az erre vonatkozó kellemetlen adatok csak jóval később szivárogtak ki. Nekem akkoriban a hangvétel nem tetszett, melyből az önteltség, a beképzeltség sugárzott, a holnapra megforgatjuk a világot hurráoptimizmusa. Kissé talán hátrább az agarakkal, véltem, hiszen porszem az ember, akin legtöbbször az ima se segít.

Ezt a különös elnevezésű tárgyat Kiss László tanította, aki a tanév előtt érkezett, nem tudtuk, honnan. A magas, gondosan hátrafésült hajú, vastag fekete keretes szemüveget viselő tanár azzal kezdte oktatásunkat, hogy bejelentette: „Én meggyőződéses kommunista vagyok, és magukból is kommunistát fogok nevelni". Néztünk rá, mint borjú az új kapura. Egyrészt nem tegezett le bennünket, másrészt imponált őszintesége, nem árul zsákbamacskát, ő kommunista. A magázástól megtisztelt kamaszok között egy csapásra tekintélyt szerzett. Egy kissé talán azért is jobban figyeltünk rá, mint a legtöbb tanárra, mert nem emelte meg a hangját, az alkalmi rendbontásokról nem vett tudomást, egyszóval elérte, ami a legnehezebb: 13-14 éves kamaszok összpontosított figyelmét. Nem mondott nagyokat, szerényen fogalmazott, komolyan kellett venni. Egyébként is – őt a párt küldte.

Ugyanezt (mármint hogy komolyan kell venni) nem mondhattuk el a földrajztanárunkról, Tóth Istvánról. A tömött bajuszú, lófejű, öregedő tanerő nem sokat adott a külsejére, bár ő is öltönyt viselt, mint a többiek. Tekintélyének az ártott meg a legjobban, hogy aláírásához mindig odabiggyesztette: „szaktanár". Ezt mulatságosnak tartottuk, mert a többi tanár nem kívánta ily módon fitogtatni szakképesítését. Gyakran bakizott, egy idő után főként ezt figyeltük. Amikor Mexikó lakóiról esett szó, bejelentette: „Mexikó őslakosságát a misztékák és az aszkéták, akarom mondani az aszték*ák* alkotják." A miztékákról mindenki tudott May Károly regényéből, az azték*ok*ról sem először hallottunk. Politikailag naprakészen tanított. Miután 1949 januárjában megalakult a KGST, szinte minden földrajzóra előtt felírta a táblára: KGST és kétszer aláhúzta. Tudjuk-e, mit jelent? Kórusban fujtuk: Kölcsönös Gazdasági Segítség Tanácsa. Megnyugodva bólintott, majd hozzátette: fontos – olyan hanglejtéssel, hogy láttuk a három felkiáltójelet utána. A következő évben rásózták az orosz tanítását, vagy lehet, hogy ő vállalkozott buzgómócsingként arra, amire senki más nem vágyott. Nem sokkal többet tudott, mint mi, ami igazán nagy művészet volt, tekintve, hogy egyikünk sem volt járatos a szláv nyelvekben. Azt hiszem, neki sikerült a legkövetkezetesebben megvalósítani a Seneca által emlegetett „tanítás közben magunk is tanulunk" (docendo discimus) elvet.

Az osztály élesen elhatárolható módon két csoportra tagolódott: a régi gimnazisták, akik közé számítottam én is magamat, mert néhány hónap után befogadtak és életre szóló barátságok szövődtek köztünk, valamint a kollégisták és a bejárók, akik a közeli falvakból, hajnalban kelve jártak Újhelybe. Egy részük hangos és magabiztos volt, közülük kerültek ki a megbízható mozgalmi emberek, az úttörővezetők. Emlékszem egy Czető Ferenc nevű nyurga, rozvágyi fiúra, aki teli szájjal, állandóan káromkodott. Feszélyezett bennünket, mert igaz ugyan, hogy mi is szerettük néven nevezni, aminek neve van, de legtöbbünkben még erősen hatott a vallásos nevelés: Isten nevét nem kevertük bele. Egyik tízpercben rászóltam. Meghökkenve elgondolkodott, és kivágta magát: „Igazad van, szocializmust építő fiatalokhoz nem méltó a káromkodás".

A Mindszenty-per lezajlása után, 1949 nyarán megindult a frontális támadás a klerikális reakció ellen Újhelyben is. Ennek hangadója a majdani politbürótag, Berecz János lett, aki az utolsó évre, érettségi előtt a pataki „népi kollégiumból" került Újhelybe. Visszhangzott a város az ifjúsági vezérek csatakiáltásaitól. Berecz valami rejtélyes okból az igen jámbor apátplébánost, Homér Gyula esperest szemelte ki első számú közellenségnek. Hogy sikerült-e eltávolíttatnia, erre nem emlékszem. (Arra viszont igen, hogy Miskolczy Kálmánnak, aki még bennünket is tanított hittanra, 1949 nyarán nagyon hamar el kellett tűnnie. Annyira „ellenségnek" számított, hogy a fényképét is levakarták az 1948/49-ben végzettek tablójáról. Eltávolításának körülményeit emlékezéseiben (*Pap voltam Rákosi és Kádár alatt,* 1989) ő maga mondja el. Noha „jó kádernek" számított (munkáscsaládból származott), a Mindszenty-per idején megindult ellene a hajsza. A helyi sajtóban *Miskolczy páter üzelmei* címmel cikkeztek róla: „A demokratikus szülők megdöbbenve látták, hogy gyerekeik térden állva imádkoznak azért, aki a szocializmus egyik legádázabb ellensége". Azzal is vétett az új hatalom ellen, hogy Sosztakovics egyik mozgalmi dalát (Szép gyermekem, jöjj ki a rétre...) átírta vallásos szövegre (Jöjj, gyermekem, nézz fel az égre, / s zengjed a Lélek dalát, / hisz győzni fog szent hitünk újra, / és Krisztusé lesz a világ. / Indulj velünk stb.), és ezt énekeltette diákjaival. Egyszer aztán volt osztálytársa, Lánci

Iván, Újhely rendőrkapitánya magához rendelte. Négyszemközt voltak, s az Auschwitzot megjárt rendőrtiszt csak ennyit mondott neki: „Nézd, itt van a fiókomban a letartóztatási parancs ellened. Légy szíves, tűnj el!" A kéményseprőmester fia, akinek lehettek volna illúziói az új rendszerrel kapcsolatban, így jutott 28 éves korában az ország északkeleti csücskéből a délnyugatiba, *summa cum laude* teológiai doktorátussal a zsebében plébánosnak egy ötszáz lelket számláló faluba. 1965-ben sikerült elhagynia az országot, Amerikába került.)

Berecz János hasznos tapasztalatokat gyűjtött újhelyi *séjour*ja alatt, hosszú ideig az ifjúsági mozgalomban tevékenykedett, mielőtt az MSZMP Duna-parti székházába került volna. Patakról való eltávolításának az okáról minden álszerénység nélkül nyilatkozott évtizedekkel később: „... egy vezető pedagógussal támadt emberi-erkölcsi jellegű konfliktusom, melyből győztesen kerültem ki, s melytől azonmód hírem is lett Újhelyben. El is terjedt, hogy ennek a fiatalembernek ereje van..." Így igaz. Az egész gimnázium, beleértve a tanári kart, reszketett tőle és handabandázó, randalírozó elvbarátaitól. Bár ő maga más perspektívából látta saját szereplését az idézett interjúban: „Nem csináltunk felfordulást, melyért a városnak haragudnia kellett volna. Felvonulásainkat örömmel fogadták, március 15-én, április 4-én a mi dalárdánk énekelt... benne éltünk a város ifjúsági, társadalmi mozgalmában."

Valóban, a tanári kar nem tehetett mást, mint örömmel fogadta az új rendszer leghangosabb fiait is. Mindüknek vaj volt a fején. Dr. Neuhauser Frigyesnek, aki apám idejében is volt igazgató, az államosítás után azonnal távoznia kellett. Utódját, Bors Miklóst, aki régóta világi tanár volt a gimnáziumban (apámat is tanította), alig két hónap után menesztették 1948 végén, s helyébe Harasztos Gyula került, mint a legszeniorabb a világi tanárok között, az első világháború óta tanított a gimnáziumban. Neki jutottak a legnehezebb évek. Pedig neki is jócskán volt vaj a fején. Nemcsak hogy a város két háború közti ékességét, a Magyar Kálváriát ő tervezte, de korábban a kémelhárításnál dolgozott. Azt rebesgették, hogy szakállt azért növesztett: ne ismerjék fel a fényképeken, melyek tanáremberről óhatatlanul készülnek és terjednek széltében-hosszában, a tablók reprodukciói által.

Ám az ostor rajtunk csattant a legjobban, a legkisebbeken, bár *de jure* nem is voltunk gimnazisták, de bezzeg úttörők igen! Szabad időnket rabolták el. Meneteltünk, énekeltünk. „Szerb, orosz, kínai, francia, magyar, sok kicsi úttörő mind egyet akar!" Ha kerékbetöréssel fenyegetnének sem tudnám elmondani, hogyan alakult meg az úttörőmozgalom. Azt sem, hogyan lettem tagja. Csak arra emlékszem, egyre gyakrabban kellett fehér inget venni és úttörőnyakkendőt kötni. Hol a mozipalotába mentünk tiltakozó nagygyűlésre, hogy elítéljük az imperialisták láncos kutyáját, Titót. (Még Tito eposzi *epitheton ornans*a sem volt eredeti „költői" kép, Szabó Zoltán már a háború előtt úgy használja, mint közismert fordulatot: „Lassan saját hazánkban odajutunk, hogy... nem lesz 'nemzeti' az, aki nem hajlandó feltétel nélkül idegen érdek láncos kutyájául szegődtetni a magyart..." *Magyar Nemzet*, 1939. júl. 9.) Hol pedig Mindszenty ellen tüntettünk; éltettük a hazánkat „felszabadító" Vörös Hadsereget április 4-én, de főként énekeltünk és meneteltünk. Az ütemes tapsorgiák. A jövőbe néző tekintetek. Az intelmes történetek Rákosi pajtásról, aki 1947-ben a választások előtt itt járt, ha nem is Újhelyben, de legalább Patakon, és legendák maradtak bölcsességéről és kivételes tanultságáról. Az újságok is megírták. Mert Rákosi elvtárs Sárospatakon felkereste a kollégium nagyhírű könyvtárát, és szakszerű kérdéseket tett fel a könyvtár állományában rejtőző kincsekről. Az unikumokról. Mert Rákosi elvtárs nemcsak népünk bölcs vezetője volt, de a bibliofíliában is járatos ember. Arról nem szólt a fáma, milyen ideges előkészítés előzte meg a látogatást, hogy forgatókönyv-szerűen kidolgozzák minden mozzanatát, a helyi résztvevők koreográfiájával együtt. Izzadtak a presbiterek, mit találjanak ki, mit kérdezzen Rákosi elvtárs, amire majd somolyogva válaszolhat a gyűjtemény kurátora... Az előkészület nemcsak Patakon nem volt titok, de híre eljutott Újhelybe is. Dr. Gáll Barna kedvenc anekdotái közé tartozott.

Arcok a tömegben, ahogy menetelünk a dísztribün előtt. Józsa, egy hirtelen kiserkent bajuszú, pisze orrú osztálytársam énekli a szólót: „Amerika eltiporna, hogyha néki módja volna". Amikor a szólót énekelte, nem látszott rajta, hogy húsvétkor a Szent Sírt őrizte kopjafával, ő mindig kibírta a hatvanperces őrséget teljes mozdulatlanságban, még a szeme sem rebbent. Ezzel kivívta mindnyájunk elismerését. Aztán pár év múlva, amikor Amerikának tényleg nem volt módja, kivégezték mint ellenforradalmárt. És a többiek, a sok kicsi úttörő, mind ott menetel emlékezetemben ma is, most már az idők végezetéig. Ütemesen emeljük a lábunkat, ha kell, énekelünk, ha kell, tapsolunk, ha kell, az öklünket rázzuk, a tébolyba belefeledkezve. Visszük a bölcs vezetők arcképét, a transzparenseket a jelszavakkal. De ez sem volt elég. 1949 tavaszán megindult az MHK (Munkára Harcra Kész) mozgalom. Jártunk a sportpályára az előírt tornagyakorlatokat végezni. Hogy valóban élcsapat legyünk, ha üt az imperialistákkal való leszámolás órája. Edzett testtel. Acélos lélekkel, akarom mondani, tekintettel.

Ha a múltat...

De még ez sem volt minden. Az 1949/50-es tanévet már *de facto* sem a gimnáziumban töltöttük. Kitelepítették az osztályt a volt polgári iskolába, egy jellegtelen, kocka alakú, modern épületbe. Új igazgatót kaptunk, Karniss Lászlót menesztették. Lehet, hogy kiderült, a volt elemi iskolai tanító tényleg alkalmatlan a posztra, de az is lehet, mennie kellett, mert nem mutatott kellő lelkesedést az ifjúság átnevelése „terén". A kötelező tárgyak közül eltűnt a latin, Bábi nem jött velünk. Senki sem beszélt már fakultatív nyelvoktatásról. Az orosz nyelv ránk terpeszkedett, bár a legtöbben nem boldogultunk még a cirill betűk kiolvasásával sem az év végén. Az első félévben még folyt hitoktatás, természetesen fakultative. A szülők írásbeli kérelmére volt szükség hozzá, az órákat csak az utolsó óra után, 1-től 2-ig lehetett megtartani. Egy Kovács nevű, jó arcú fiatal pap oktatta, környékbeli parasztfiú volt. Tudta, hogy árral szemben nem úszhat. Leggyakrabban arról beszélt, Isten létét csak belülről közelíthetjük meg. Nincs szükség külső bizonyítékra, ha érettebbek leszünk, úgy harmincéves korunkban, magunktól is ráébredünk majd, hogy Isten nélkül nem létezhet a világ. Mert az abszurdum lenne. Egy-egy ilyen eszmefuttatás után merengve kinézett az ablakon, s talán arra gondolt ő is, mint mi, hogy ha van Isten, hogy tűrheti ezt. Hogyan tűrheti, hogy létét kétségbe vonják, hogy akik hittek benne, mindennap megtagadják? Óra után szomorkás mosollyal szívta cigarettáját, és ha körülálltuk, erőltetetten tréfálkozott. A második félévben nem került elő, soha többé nem láttuk, s a fakultatív hittanról sem beszélt már senki sem. Mintha sosem tanítottak volna hittant. Ezen akkor még megdöbbentem, de lassan megtanultam, egy diktatúrában az amnézia az egyetlen védekezési eszköz, ezáltal képesek az emberek belső egyensúlyukat megőrizni. Az elfojtás segít, a helyi érzéstelenítés. Amiről nem beszélünk, nem létezik. Mint a primitív társadalmakban. Tabuk keletkeznek így.

Az utóvédharcok azonban nem maradtak abba. A helyi érzéstelenítés még nem hatott mindenkire és minden esetben. A régmúlt távolából hirtelen előbukkant báró Vécsey József Aurél (1883–1957) pápai prelátus és tiszteletbeli kanonok, aki a keresztvíz alá tartott. Teológiai doktorátusát Rómában szerezte; előbb Gyulafehérváron, az első világháború után Budapesten volt teológiai tanár, majd Kassán 1945-ig rektor. Legfontosabb műve *A legújabb kor egyháztörténete* (1930). 1945 után haláláig Sátoraljaújhelyben tengette életét mint kisegítő lelkész. Zadravecz püspök titkos naplójából tudtam meg, a húszas években főként a protestánsokat igyekezett visszaterelni az Anyaszentegyház kebelébe; előadásokat tartott szerte az országban. Gondolkodását és indítékait jól jellemzi egy korabeli pamfletjének (*Elmaradottabbak-e a katolikus népek?* 1924) harcos argumentációja. Az általa felvetett kérdés valós, azóta is létező, bár nyíltan ritkán hangoztatott vádaskodást takar: a protestáns északi népek (elsősorban az angolok és az amerikaiak) magukat szorgalmasnak, törekvőnek, és erkölcsileg fejlettebbnek tartják, mint katolikus, déli szomszédaikat (franciák, olaszok, spanyolok), akik lusták, megbízhatatlanok, elmaradottak, és ezért inferioritással vádolják őket. Ezzel a nézettel vitatkozik Vécsey atya, impresszív argumentációs eszköztárral. A kulturálatlanság vádját Lutherig vezeti vissza. Mai szemmel nézve az a leghihetetlenebb, hogy egyáltalán ráérzett a protestáns angolszász felsőbbrendűségi tudatra, éppen Magyarországon, ahonnan ezt már nehéz volt érzékelni, és ahová a háború előtt egy *par excellence* felsőbbrendűségi doktrína hatolt be elsöprő erővel a közvetlen szomszédból. Már nem emlékszem, hogy a szüleimen keresztül, vagy valamelyik megbízható osztálytársammal üzent: a nagyobbaknak és érettebbeknek apologetikát kíván oktatni a piarista rendház sekrestyéjében. Óvatosan közelítsük meg a templomot, s lehetőleg ne egyszerre, ne együtt menjünk be, inkább várjunk, s a szentélyből is csak akkor lépjünk a sekrestyébe, ha rajtunk kívül senki más nincs a templomban. Ha vele találkozunk, ne köszönjünk a szokásos *Laudetur Jesus Christus*szal, inkább fordítsuk el a tekintetünket. Meg fogja érteni.

Titok! Összeesküvés! Izgalom! Hősnek képzeltem magam, nyilván a többiek is. Nem tudnám beárulni őket konspirációs tevékenységük miatt még az égi ÁVÓ-nak sem, harmadfokú vallatás közben sem. Talán tucatnyian látogattuk szabadelőadásait, mégis egyedül Damjanovich Öcsire emlékszem, rá is csak azért, mert görög katolikus létére részt vehetett a konspirációs hitoktatáson. Teljesen megbízhatónak számított, hiszen nagyapja görög katolikus esperes volt, s az apja, azt hiszem, az ő apja is ott maradt valahol a végtelen orosz hómezőkön. Bár erről soha nem beszéltünk. A hiányzó szülők tabutémának számítottak.

Báró Vécsey Aurél agyonhasznált és eléggé elpiszkolódott esőkabátban érkezett, ezt viselte pecsétes reverendáját és a bíborszínű cingulust eltakarandó. Vállán jobb napokat látott aktatáska, a vállszíjat zsineg helyettesítette. Kezében kifakult fekete esernyő, lábán ormótlan gumicsizma. Fejét lehorgasztva járt, csoszogó léptekkel. Vizenyős, seszínű szemei szelíden, már-már megadással tekintettek a világba az aranykeretes szemüveg mögül. Hatalmas, boltozatos koponyáján, hátul, a nyakában egy-két kunkori hajtincs. Beszéd közben sárgás, ritkuló fogai kivillantak, alig értettük, mit mond. Minden madárijesztősége ellenére mégis földöntúli jelenség volt, asztráltest. Az illuminációt vártuk tőle.

Elmagyarázta, hogy az apologetika a hit védelmének tudománya, s ezzel felfegyverezve ismereteink birtokában a materialisták gunyoros hangú kérdéseire magabiztosan válaszolhatunk. Régen a piarista gimnázium VIII. osztályában oktatták az apologetikát, és ő tudja, hogy mi fiatalabbak vagyunk, de más időket élünk, most azonnal szükségünk van rá. Az aktatáskából előkerült a *Vulgata* újságpapírból tépett könyvjelzőkkel, mert fő témának az *Újszövetség* látszólag érthetetlen helyeinek az értelmezését jelölte ki. Egyik első megvizsgálandó passzus a gazdagok mennybemeneteléről szólt, a szinoptikusoknál. „Könnyebb a tevének átmenni a tű fokán, mint a gazdagnak bejutni az Isten országába." (*Mt.* 20, 24; illetve *Mk.* 10, 25; és *Luk.* 18, 24) Vécsey tisztelendő úr elmagyarázta, hogy Krisztus nem lehetetlent kíván (mert a teve semmilyen körülmények között nem juthat át a tű fokán), hanem arra utalt a példabeszéd, hogy a városba vezető út egy szűk kapuba torkollt (Bab-el-Mandeb, ha emlékezetem nem hagy cserben), ahol a teherhordó tevét lemálházták, mert csak úgy bírták nagy keservesen áttuszkolni a szűk nyíláson. A gazdag embernek is le kell raknia evilági kincseit, ha a mennyországba kíván bejutni.

Egy idő után nem csak a Bibliára terjedt ki a megbeszélések tematikája: egyszer az evolúció tanával hadakozott Aurél atya, a sokat emlegetett „hiányzó láncszem" meglétét tagadta. Mert az ember „majomtól való származásának" bizonyítására nem elég az 1907-ben megtalált heidelbergi ősember alsó állkapcsa és néhány foga, mert ez nevetséges, kérem szépen; máskor arról prelegált, hogy nem igaz az a feltételezés, miszerint Petőfi ismer(het)te a *Kommunista Kiáltványt*, s ezért ő is kommunista lett volna 1848-ban. (Nem valamelyik pihent eszű mozgalmár centenáriumi túllihegésével vitatkozott a tiszteletbeli kanonok, hanem magával az atyaúristennel. Rákosi jelentette ki egyik beszédében 1948 júniusában, hogy „Petőfi mint kommunista agitátor bukott el a választáson". Már ti. a szabadszállási választáson, június 15-én.) Szabatosan, alapos felkészültséggel beszélt. Argumentációja részleteire nem emlékszem, de imponált a filológiai arzenál villogása, a felvonultatott, hatásos idézetek.

Amikor már összeszoktunk és összemelegedtünk a kialakult intellektuális légkörben, Aurél atya új témával hozakodott elő. Arról beszélt, hogy mi, magyarok kevesen vagyunk, ellenségekkel körülvéve, akiknek szemében puszta létünk is szálka. Két világháborúban pusztítottak bennünket, meg kell erősödnünk, ha fenn akarunk maradni. Első lépésnek azt javasolta, hogy ha felnövünk, mozgalmat kell indítanunk, hogy nyelvrokonaink hazánkba települjenek. Elsősorban a vogulokra és az osztjákokra gondolt, de távolabbi rokonainkat is, például a cseremiszeket, szintén hazánkba kell telepíteni. Nekik is jobb lenne, könnyen megtanulnák a rokon nyelvet, s nem kellene szovjet gyarmati létben sínylődniök. Apologetikai fejtegetései közben hazajáró téma lett a rokon népek betelepítése.

Sajnáltam ezt a nagy tudású őslényt, hiába teltek meg élettel vizenyős szemei, amikor a nyelvrokonok hazatelepítéséről beszélt, szelleme a rögeszmék birodalmába költözött, most már talán örökre, hiszen éveinek száma jóval hatvan fölött járt. Bár nagyon imponált rendszerellenességemnek a gólyakalifaság, hogy egyik nap felvonulok, s hatalmi szóra öklömet rázom az ugrásra kész imperialistákra, másik nap pedig katakombák mélyén, mint az őskeresztények, buzgón készítem elő magam a hit védelmére, *miles christianus* leszek, a hit védője. Valami mégis megingott bennem, a frissen szerzett természettudományos ismeretek, az evolúció tana disszonáns húrokat pendített meg a tudatomban, lelkem megtelt kételyekkel, melyekkel (egyelőre legalábbis) nem voltam hajlandó szembenézni.

Mert lábam alól kicsúszott a talaj. Védekeztem az új hit korifeusai ellen, akik szellemileg akartak megerőszakolni, elvenni mindent, ami számít. Nem szenvedhettem szavaikat. Amire rásütötték: „reakciós", pusztulásra volt ítélve. Amiről kijelentették, hogy „haladó", az mindenkire nézve kötelezővé vált. Biztos voltam benne, hogy nincs igazuk. Hogy a dolgok nem a mindenkori érdekek szerint fehérek és feketék. De éreztem, hogy nincs mit szembeszegeznem az új világ tanaival. Valami megingott bennem, megrepedezett, kezdtem el-elmaradozni az apologetikaórákról; ez nehezemre esett, hiszen tudtam, hogy Vécsey kanonok úr nem vonhat felelősségre, hiszen önszántamból látogattam előadásait. A többi konspirátorral nem beszéltem erről, így azt sem tudom, hogy és mikor maradt abba az oktatás, s kik voltak az utolsó mohikánok.

Az iskolában legjobban az értelmetlen változások bosszantottak. Még az előző tanévben megreformálták az osztályozást is. Most hét érdemjegyet adhattak a tanárok hetestől (kitűnő) egyesig (elégtelen). Mi volt az előző szisztéma (egyes = jeles, négyes = elégtelen) hibája? Akkoriban a tanárok úgy vélekedtek, hogy hét minősítéssel árnyaltabban lehet megítélni a tanulók teljesítményét (nincs szükség az 1/2, 2/3, 3/4-re). Mégsem vált be az új módszer, mert 1950 után áttértek a ma is érvényben lévő, ötöstől egyesig terjedő osztályzatok használatára. A lényeg tehát a mindenáron való változtatás igényének radikális kielégítése volt. Mindent megváltoztatni, hiszen ma is a fülembe cseng: „Ha a múltat végképp eltöröljük..." A „látszólagos gimnázium" jelleget nemcsak a latin és a modern idegen nyelvek oktatásának megszűnte jelezte, hanem a nem gimnáziumba illő tantárgyak bevezetése. Ilyen volt például a műhelygyakorlat. Az igaz, hogy némi kézügyességre szert tenni nem árthat meg senkinek, de a műhelygyakorlathoz szerszámok, felszerelés kell, s ezzel a volt polgári iskola nem rendelkezett. Végül is könyvkötészetet tanultam, s hiába ismerkedtem meg a munkafolyamat fortélyaival, a legnagyobb erőfeszítés mellett sem tudtam előállítani a vizsgadarabot úgy, ahogy szerettem volna. Nem volt vágóeszköz, a szétszedett ívek összevarrása után késsel igyekeztem a széleket újrametélni, nem volt prés, amibe beszorítsam kötés előtt a könyv testét, s nem volt megfelelő karton a táblák elkészítéséhez. Az eredmény siralmasan nevetséges volt. De hát a szocializmus (ellentmondásokkal teli) kezdeti szakaszában azt tanultuk meg, hogy igenis lehet szarból várat építeni. És ha nem lehet, akkor is abból kell.

Túlbuzgóságban nem volt hiány. Nem tudom, ki találta ki, talán leleményes új igazgatónk, hogy szabad időnk alatt is felügyelet alá kerüljünk; meg kell szervezni az önkéntes tűzoltóságot! Rajokba osztva jártunk hetente kétszer kiképzésre a közeli tűzoltólaktanyába. Újhelyben igen látványos méretű tűzoltólaktanya állt a Tűzoltó téren, melynek tornyából az egész környéket szemmel lehetett tartani. Újhely megyeszékhelyi voltának egyik státusszimbóluma volt a jól felszerelt tűzoltólaktanya, ahol mintegy húsz tűzoltó unatkozott, hiszen Újhelyben és környékén emberemlékezet óta nem pusztított tűzvész (nem úgy, mint Gyöngyösön, ahol a város többször leégett, s tűzoltóság hiányában a gazdák borral oltották a tüzet az 1917-es nagy tűzvész idején. A barokk nagytemplom tornyai is kiégtek, csapott, gúla alakú tető került a helyére ideiglenesen, mely mind a mai napig ott pompázik. Sokáig nem értettem, hogy a két, igen terebélyes toronynak hogy lehet ennyire semmitmondó, majdnem lapos teteje. Csak a XIX. századi metszetekről derül ki, milyen barokkosan cirádás tetőszerkezet pusztult el 1917-ben.). A XIX. században persze Újhely is gyakran leégett. A fiatal Kossuth kezdeményezte az első tűzoltótestület megalakítását 1827-ben, korábban ugyanis csak imádkozással oltották a tüzeket, s ha a Szent Flórián-szobor nem segített, minden a lángok martaléka lett.

Jártunk a tűzoltókiképzésre, mely abból állt, hogy a hivatásos tűzoltók basáskodási vágyuknak szabad teret engedhettek. Az elméleti képzéssel, melyet egy meglepett arcú hadnagy, a Zemplén megyei tűzoltóság főparancsnoka tartott, hamar megvoltunk. Hóban, esőben következett a gyakorlat: „Nyomótömlőt fektess! Vissza!" Összeszereltük a nyomótömlőket, szétszedtük, feltekercseltük a hivatásos tűzoltók felügyelete alatt. Nagyon jól szórakoztak, nagyokat nevettek ügyetlenségünk láttán, ahogy lihegve végrehajtottuk a szűnni nem akaróan záporozó parancsokat. Egy idő után rájöttek a szervezők, hogy valamivel kecsegtetni kellene az önkéntes ifi tűzoltókat. Az egyik ilyen kedvezmény (vagy jutalom?) azt jelentette, hogy mi is részt kérhetünk a hivatásos tűzoltók felelősségteljes munkájából; az őrtoronyból figyelhettük a környéket, hogy mikor bodorog elő valahonnan olyan füstfelhő, melynek forrása nem a tarlók égetéséből származik, hanem valódi tűzveszélyt jelez. Persze nem úgy, csak magunkra hagyva teljesítettük kötelességünket: az önkéntes tűzoltó egy hivatásos társaságában vigyázta a készülő tűzvészt. Ezt eleinte nagyon élveztem, a kristálytiszta levegőben messzire elláttam, gyönyörködhettem a varázslatos tájképben. A panoráma szemlélésének hamar befellegzett, a tűzoltóknak nem volt ínyükre, hogy békés szunyókálásukat jelenlétünkkel zavarjuk.

A másik kedvezménynek tényleg örültünk, ez tartotta a mozgalomban a lelket. Szolgálatot teljesíthettünk a moziban. Előadás előtt jelentkeztünk a laktanyában, nyílt parancsot, tűzoltósisakot és -övet kaptunk, s mehettünk szolgálattételre. Ingyen jártunk moziba! Pünkösdi királyságunk nem tartott soká, eléggé a tanév vége felé vezették be ezt a szórakozási lehetőséget. Önkéntes tűzoltói működésünk alatt hasznos ismeretekre tettünk szert. Megtanultuk például, mi a tűzoltófogás. Jobb kezemmel megmarkolom a bal csuklómat, bal kezemmel a velem szemben álló tűzoltó-bajtársam jobb csuklóját, a tűzoltótárs pedig a jobb kezével a bal csuklóját, bal kezével pedig az én jobb csuklómat. Ezáltal egy ülés keletkezik, s ezen, hordágy híján a sérültet, aki a két mentő nyakát öleli át, könnyűszerrel kimenekíthetjük a lángok közül.

Megtanultuk továbbá, hogy a tűzoltósisak fényes taréja nem dísznek készült, hajdanában a taréj éles volt, s ezzel megóvta a lángok közé merészkedő tűzoltót, ha például a fejére esett (volna) egy gerenda, a taréj elvágta, s ezáltal (talán) az életét is megmentette a sisak viselőjének.

De azt is megtanultam, hogy az egyenruha megváltoztatja az emberek jellemét. Pálinkás László, aki a piarista konviktusban (ekkoriban már diákotthonnak hívták) lakott mint szegényparaszti származású eminens diák, ha fejére tette a tűzoltósisakot és felcsatolta a széles övet a tűzoltócsákánnyal és a tűzoltólétrára beakasztható biztonsági kapoccsal, egyszerre hadapród őrmesterré vált, és öblös hangon kezdte rendszabályozni a kisebbeket, pofonokat ígérve nekik. Elkérte Csubák Robi játék pisztolyát, melyet egyedi kópiának készített fémmegmunkálással foglalkozó apja egy 6.35-ös Frommer-pisztoly után, csupán a gyúszeg hiányzott belőle, s ezzel Pálinkás Laci igen élethűen kezdett hadonászni és kivörösödve kiabálni. Az incidens után Csubák Robi, egy hirtelenszőke fiú jobbnak látta nem dicsekedni a stukkerével, félt, hogy valaki beárulja, s a tanárok elveszik, pedig igencsak szeretett büszkélkedni vele. Csubák is a konviktusban lakott, bár nem volt szegénysorsú, hanem illegálisan járt át Szlovákiából, azaz a város Szlovákiába eső részéből. Minden hétvégén hazament, s egyszer nem tért vissza. Ezen nem csodálkoztunk, mindenki tudta, hogy a kertek alján szokott lopakodni, átgázolva a bokáig érő Ronyván, mint a csempészek, talán a Drugeth utca valamelyik kertjéből. Névsorolvasás idején a tanárok megkérdezték, tud-e valaki róla, de nem nagyon tudtunk. A szülei akarták, hogy magyar iskolába járjon, ha egyszer már ott kezdte meg tanulmányait. Egy idő után igazolatlan hiányzás miatt kizárták. Egyesek tudni vélték, hogy többszöri tiltott határátlépés miatt a csehszlovák hatóságok letartóztatták, mások szerint családostul disszidáltak és már Ausztráliában vannak. Borzongva gondoltunk a világ másik részén lévő, nagyon-nagyon távoli kontinensre. Mihez kezdtek ott, járhat-e iskolába, vagy látástól vakulásig dolgoznia kell, ahogy a propaganda hajtogatta a kapitalista országokról? Arra viszont senki sem gondolt, hogy családja makacs magyarsága okozta a vesztét. Ezért gázolt át a Ronyván minden hétfő hajnalban, cipőjével a vállán hóban, fagyban. Soha többet nem kaptunk életjelt tőle.

Csubák Robi eltűnése csak jelezte a változásokat. A törvényszék épületébe zöld ávósok költöztek, határvadászok. Az újdonsült ávóslaktanya zavarta a kisváros nyugalmát. Masíroztak a városban, és már hajnalban nótára gyújtottak: „Menetelnek az ávósok rövidszárú csizmában..." Meneteltek is. Ha kerékpározni mentünk a széphalmi útra, hirtelen előugrott a bokrok közül két ávós, s hosszadalmas igazoltatás kezdődött, s jaj volt annak, aki otthon felejtette a bicikli-igazolványt. Bekísérték a szepegő delikvenst, jól megmosták a fejét, és a szüleiért küldtek. Az igaz, hogy a széphalmi úttól keletre helyenként csak száz méterre volt a határ, de azért a helyi ifjúságnak meg kellett volna kegyelmezni, még ha fiatalságuk meggondolatlanságában bicikli-igazolvány nélkül vágtak is neki a nagyvilágnak.

A kelet-európai állampolgárok életében ekkoriban kezdődött meg az igazolványok rémuralma. Igaz, Oroszországban már a XIX. században az a közmondás járta, hogy a muzsik három részből áll, úgymint testből, lélekből és passzportból. És az is igaz, hogy a békebeli K. u. K. világot sem kellett félteni, ha igazolványról volt szó. Könnyű dolog volt elhitetni velünk, hogy akinek nincs igazolványa, az csak gyanús egyén lehet, hiszen a háborús évek alatt mindenki hozzászokott a személyazonosságot igazoló papírok jelentőségéhez, még akkor is, ha a hamis papírok épp akkoriban szaporodtak el igazán, és sok ártatlan ember életét mentették meg velük. A társadalom szövedékébe beleivódott, hogy az igazolvány nélküli ember gyanús, minden kitelhet tőle. Ebből az ördögi körből csak akkor szabadultam ki, amikor Angliában papírok nélkül, csak úgy, bemondásra kerültem egyetemre. Igaz, tényleg volt köztünk egy negyedik gimnazista Oxfordban, de ő is megállta a helyét az egyetemen, elvégezte, s ma John Peter néven a *Sunday Times* jó nevű színikritikusa. A gondolkodásmód különbözősége lepett meg. „Mert hiába lett volna minden irata rendben – vélte egy angol barátom, akinek azt a 'csalást' nevetve meséltem –, ha alkalmatlan, előbb-utóbb kibukik az egyetemről." Ez az eset a forradalom szülte rendkívüli körülmények között zajlott le, s az angol sportszerűséget illusztrálta, *give him a chance*, esélyt adni az újrakezdéshez.

Egy más alkalommal, immár rendezett körülmények között Siklós István költő barátommal Párizsba igyekeztünk kocsival. Behajózás előtt az angol hivatalnok elmerülten tanulmányozta Siklós oroszlános brit útlevelét, majd behívta a fülkébe. Siklós bosszús arccal jelent meg egy idő után, s odacsapta az útlevelét. Elképedve néztem. „Tévedésből a feleségemét hoztam magammal, s ez a rém kedves hivatalnok arra figyelmeztetett, hogy ő ugyan kienged Angliából, sőt, vissza is enged, de nem tudja garantálni, hogy a franciák ugyanezt teszik. Most mitévő legyek? Visszaforduljak?" „Menjünk át, majd meglátjuk." A francia bürokrata is hosszasan tanulmányozta az útlevelet, nézegette a női fényképet és a szakállas, galambszürke öltönyben szivarozó urat.

Megvonta a vállát, és visszaadta. Tudta, hogy minden angol furcsa szerzet, s ha valakinek a felesége szakállt növeszt, neki ahhoz semmi köze. Ő nem hergeli fel magát különcködéseiken. A francia hivatalnok viselkedésének magyarázata önkényes, és csupán a helyzet abszurditása engedett tág teret fantáziámnak. Az angol belügyminisztériumi dolgozó viszont abból indult ki, hogy neki kutya kötelessége megakadályozni, hogy az adófizető állampolgár külföldön bajba kerüljön, ha ez egyszerű figyelmeztetés árán elkerülhető. Tehát nem a szabálytalanság ténye izgatta fel, nem móresre akarta tanítani a szabálytalankodót, mint hasonló helyzetben minden kollégája Németországtól (már ott is!) keletre.

Soha nem fogom elfelejteni azt a német *Zollbeamter*t, aki az egyik kis forgalmú határátkelőn leállított, ahelyett, hogy átintett volna. Elmerülten tanulmányozta a kocsi papírjait. Körbejárta a jobbkormányos, vadonatúj BMW-t (eddig rendben van, igaz, angol rendszámú, de a német ipar csodája). Megakadt a szeme a felségjelen, a „H" betűn. Az angol „GB"-t elfelejtettem kiragasztani. Kaliforniában a hatvanas évek végén jött divatba a kettős felségjel, az autópályákon holland-, görög-, német-, francia-amerikai kocsik szaladgáltak. A kettős identitás e látványos jelzése elterjedt Európában is, és mi, francia-magyarok, angol-magyarok, svájci-magyarok, svéd-magyarok villantva köszöntöttük egymást. Angliában számtalan skót, ír és walesi (sőt) breton felségjelű kocsi közlekedik. Mindenki játszotta, nemcsak mi.

Most viszont ott álltunk egy unatkozó határőrrel, aki ragaszkodott hozzá, hogy a szabálytalan felségjelet távolítsuk el, csak úgy enged be Németországba. (Pestről jöttünk.) Tanácstalanok voltunk a feleségemmel. Ha igazi angol lettem volna, rászántam volna a napot és bejutottunk volna, mert az angol szívós fajta; imád szívóskodni. De mi siettünk, és levakartam a „H" betűt. (Amit a magyar határon is nézegettek a vámosok, de ott mindig kivágtam magam azzal: azért kell, hogy tudjam hol a kocsi „H"átulja, és ezen még a legszőrösebb szívű határőr is elnevette magát.) Remélem, a *Zollbeamter* éberségét a Walhallában egy seggére égetett horogkereszttel fogja jutalmazni a Führer. Mert működött a *genius loci,* a hely szelleme, Braunaunál léptünk német földre. Hitler szülőfalujánál.

Nálunk a szabálytalankodó megrendszabályozása a legfőbb prioritás. Ezért dörgik az állampolgár cselekvési szabadságát korlátozó figyelmeztetések, hogy „A tóban fürödni / az ablakon kihajolni *tilos és veszélyes*". Ebben a sorrendben. Tehát elsősorban azért szívlelje meg az utasítást az állampolgár, mert a paternalista állam az ő végtelen bölcsességében megtiltotta, ő tudja, miért. Ha a rendre felügyelő közegek elcsípik szabálytalankodás közben az állampolgárt (ha például lelép a járdáról, s nem a kijelölt gyalogos-átkelőhelyen kockáztatja életét), megbüntetik. (Tanulja meg a marha! Mit szabálytalankodik!) Hosszasan lehetne elmélkedni a jogalkotások filozófiai indítékain, melyek mindig az adott társadalomban kialakult szokásokat tükrözik. Kelet-Európában mindig is inkább *alattvalók* éltek, szemben a nyugati demokráciákkal, ahol *állampolgárok*. A szovjet típusú társadalmakban hozzájárult ehhez, hogy a lakosság megregulázása az élet minden, még-annyira jelentéktelen mozzanatára is kiterjedt. A megrendszabályozott országlakók meghunyászkodása a diktatúra olajozott működését segíti. Mióta megszűnt a diktatúra, a hatóságok hangvétele is kezd civilizálódni, szorgalmasan tanulnak Nyugattól. (Némi rosszmájúsággal hozzátenném, Nyugat is kezd hasonulni Kelet-Európához, ezáltal is nagyobb a nivellálódási esély.)

Az új hatalom megszilárdulásának kétségbevonhatatlan jeleit nemcsak a kerékpáros kirándulókat igazoltató zöld ávósok szolgáltatták állandó jelenlétükkel; az élet minden szférájában mélyreható változások mentek végbe. Zemplén vármegye végóráit élte, igaz, a sorvadás Trianon után kezdődött, de csak 1950-ben fejeződött be, amikor a közigazgatás átszervezésével a többi törmelék vármegyével együtt eltűnt a térképről, illetve nagyobb egységbe olvadt bele. A töredék megyék megszüntetése racionálisnak tűnhet minden kívülállónak, hiszen a középszintű adminisztráció többé-kevésbé egyforma nagyságú egységek esetében működik a leghatásosabban, megszünteti az anomáliákat. A megyerendszer reformját Bibó István is szorgalmazta már 1946-ban, területi szerkezetük elavult volta miatt, más kérdés, hogy ami megvalósult 1950-ben, inkább II. József németesítő törekvéseinek analógiás megfelelője. II. József, kifogástalan racionalista elgondolástól áthatva, úgy vélte, birodalma adminisztrációját az ott beszélt 17 nagyobb nyelv megnehezíti, mennyivel racionálisabb lenne, ha a hivatalosság csupán egy nyelvet használna, a németet. Hiába kardoskodtak a nemes vármegyék, hogy ha már ilyen racionális reformokat kíván az uralkodó, akkor közös nyelvként a régi, kipróbált latin a legalkalmasabb, mivel az egyik népcsoportnak sem ad előnyt, lévén, hogy senkinek sem az anyanyelve. Az eredményt ismerjük, s ha nem is arra gyanakszunk, hogy II. József felvilágosodott reformja már céljában is a németesítést szolgálta volna, *de facto* mégiscsak azt szolgálta.

Az 1950-es reform kifogástalanul racionális volta ellenére szintén a központosítást szolgálta, az ország területének hatásos ellenőrzését. A régi adminisztráció radikális újraszervezését az új hatalom érdekében. Zemplénben az új rendszer csupán a kegyelemdöfést adta meg a haldokló vármegyének, és első számú áldozata a megyeszékhely, Újhely lett. Megszűntek a megyei intézmények, illetve átkerültek Miskolcra (törvényszék), az új BAZ megye székhelyére (talán nem kell külön jeleznem, hogy az újhelyiek első perctől kezdve hogyan ejtették a nevet). Apám munkahelye is megszűnt, mivel a Pénzügyigazgatóság intézményét is felszámolták, illetve korabeli eufemizmussal: racionalizálták, s így apám is a járási tanács alkalmazottja lett, ha jól emlékszem, alacsonyabb beosztásban, mint forgalmi adóhivatali főtiszt. Bár a családban nem esett szó arról, hogy fizetése csökkent volna, de az biztos, hogy nem emelkedett. Mindenesetre megúszta nemcsak a párttal való afférját, de a bélistázást is, amit már nem minden kollégája mondhatott el magáról.

Újhely hanyatlásának egyik leglátványosabb jelét a kétvágányú fővonal leszerelése szolgáltatta; legfelsőbb szintű döntés következtében az egyik vágány síneit felszedték Szerencsig. A vágány megszüntetése alkalmi munkát biztosított az elbocsátott szerencsésebb közalkalmazottaknak, akik mint szakképzetlen segédmunkások, „krampácsolók", így legalább eltarthatták családjukat. Kerékpártúráink alkalmával néztük az értelmetlen rombolást, melynek okát senki sem ismerte. Rebesgették, hogy a sínekre szükség van (akkor még nem voltunk a vas és acél országa), hogy a békeszerződés szerint a határra nem vezethet kettős vágányú vasút, hogy a Szovjetunió szedette fel katonapolitikai okokból; egyik magyarázat sem győzött meg senkit, s talán egyik sem volt az igazi.

Így fejeződött be az igen hosszúra nyúlt „fordulat éve", melyet Rákosi jelentett be 1948 nyarán kiadott könyvének címében. Igaz, ő, hogy korabeli stílusban fogalmazzak, elsősorban a „termelési viszonyok" megváltoztatásaként (a termelőeszközök államosítása) értelmezte a „fordulatot". Valójában mégis többről volt szó, a kommunista párt választásokkal elért hegemóniájának a főhatalom monopóliumává változtatásáról (Gramsci szerint ez a kívánatos hatalmi állapota a munkásosztálynak). Ehhez viszont a legerősebb ideológiai ellenfél (a katolikus egyház) kiszorítása is szükségeltetett, melyhez az első lépés az egyházi iskolák államosítása volt, hogy a kulturális élet (elsősorban az irodalom) államosításával az ellenzék hangja teljesen elnémuljon. Érdekes módon Békés István (*Napjaink szállóigéi*, 1968) elszemérmeskedi a szállóige vitathatatlan szerzőségét: „1948-ban szónoki emelvényekről, újsághasábokról... formálódott... szállóigé"-nek nevezi. Rákosi nevét nem említi.

A fordulat általam is tapasztalt mozzanatait érdemes ellentétpárokba állítani. 1948 őszén a faliújságon vidám cserkészfiú fog kezet az úttörő pajtással. 1949 őszén a cserkészet a klerikális reakció maradványa.

1948 őszén latin, modern európai nyelvek, hittanoktatás még létezik (igaz, fakultatív), 1949 végén az orosz nyelv monopolhelyzetbe került, kiszorított minden más nyelvet. Hitoktatásról már senki nem is hallott. 1948 őszén tisztes, ősz hajú hölgy érkezett látogatóba, az ostrom alatt elhunyt Szabó Dezső nővére, aki a halott nagy író üzenetét hozta el nekünk, Kis Magyar Életeknek nevezett bennünket, vélném, Szabó Dezső végakarata következtében, majd adakozásra szólított fel mindenkit. Igaz, 1946 őszén parasztpárti fiatalok még zászlóra tűzhették Szabó Dezső nevét, a nevezetes gellérthegyi sír vitájában, de 1948 ősze után már Szabó Dezső nőrokona sem járhatta tovább a Budapesttől legtávolabb fekvő középiskolákat sem, hiszen már csak az volt kérdéses, hogy milyen mértékben tekinthető „ellenforradalminak" Szabó Dezső működése. 1948 őszén tanítás előtt imádkoztunk, 1949 őszén már mozgalmi dalokat énekeltünk. (Legtöbbször a „Kovács vagyok, ifjú a lelkem" kezdetűt, ezzel lehetett a legrövidebben megadni a császárnak, ami a császáré.) 1948 őszén, Halottak Napján a gimnázium tanulóifjúsága tanárai vezetése mellett kivonult az első világháborús katonák temetőjébe, megtisztítani minden nemzet elesett fiainak gazfelverte sírját, és virágokkal leróni a kegyelet adóját. 1949 őszén ehelyett inkább makkot gyűjteni ment ki az iskola a hegyekbe, valamelyik termelőszövetkezet sertéshozamát növelni a makkal, meg irtani a kolorádóbogarat. Ez utóbbiakat (a *Pravda* szerint) imperialista diverzánsok, éberségünket kijátszva csempészték hazánkba, bár soha egy darabot sem sikerült találnunk. (A kolorádóbogár a második világháború után terjedt el Európában, nálunk Héderváron találták az elsőt 1947-ben. A keleti megyékbe csak sokkal később jutott belőlük.)

Nem folytatom, mert ingerülten megszalad a tollam (illetve gépfegyverként ropogtatom az írógépem), mint ahogy most is, igyekszem lefékezni magam, hiszen lehetetlen, hogy minden, amit az új rendszer bevezetett a negyvenes évek végén, kárhoztatandó, és hogy semmi sem tetszett belőle már akkor sem. Magamra kényszerítem az angol kritikusok aranyszabályát, minden megvizsgált műben *kell* valami dicséretre méltót találni, egyébként felbillen a kritika egyensúlya, otromba ócsárlásba fullad az írásmű (vagy ellenkező előjellel: arcpirító eulógiába, ha kritikátlanul agyba-főbe dicsérjük a terítékre kerülő munkát, hiszen a remekművekben is akad kritikai megjegyzést kiváltható mozzanat vagy fordulat). Az arányérzék elvesztése több mint hiba, főbenjáró bűn. A régmúlt holdbeli tájain botladozva mégis zavarban vagyok most, hogy mit hozzak fel mentségére a szocializmus építése legkorábbi szakaszának, melynek semmilyen formában nem voltam haszonélvezője, igaz, sem nekem, sem családomnak nem tette végérvényesen tönkre az életét, mint az ország sok más lakójának.

Hamarjában egy dolog jut eszembe, mely az egész társadalmat érintő intézkedés, s melynek én is haszonélvezője voltam. Az egészségügy alaposan megjavult, az iskolaorvos rendszeresen megvizsgált bennünket (bár igaz, hogy az ántivilágban is működött az iskolaorvos intézménye, s fehér köpenyes irányítás mellett kellően undorodva bevettük a csukamájolajat). Mindennek a nonpluszultrájaként most a BCG-védőoltást kaptuk meg, mely mesterséges fertőzéssel tuberkulózis elleni immunitást hoz létre a szervezetben. (A BCG-védőoltás anyámnak is elnyerte tetszését.) Én csak akkor figyeltem fel jelentőségére, amikor tíz év múlva, már mint a londoni egyetem postgraduate-ját, ott is be akartak oltani. Szintén nagy felhajtás előzte meg az oltást, s amikor az orvossal közöltem, hogy engem 1949-ben Magyarországon már beoltottak, hangja azonnal felcsattant: „Ki van zárva, *nálunk* (értsd: Angliában) is csak néhány éve vezették be." Azt már nem tette hozzá, hova gondolok, ha egy ilyen fejlett országban is, mint Anglia, csak mostanában vezették be, csak nem tételezem fel, hogy elhiszi nekem, Kelet-Európában ezt megelőzhették. További vitának nem volt helye, pedig azzal is érvelhettem volna, hogy Magyarországon az újszülöttek védőoltása már 1953 óta kötelező. A legkorábbi iskolai oltások pedig 1949-ben kezdődtek (még vidéken is). Az angol elmaradottság oka az itteni társadalombiztosítás fontolva (fontolgatva) haladásából következett, bár itt is 1945 után vezették be az általános és kötelező társadalombiztosítást. Szép diadalt aratott tehát a szocialista egészségügy. Megmutatta fölényét előttem is, igaz, kissé már elkésve. Ráadásul az angliai védőoltás adagját annyira túlméretezték, hogy az egyetem egy időre szinte elnéptelenedett, oly sokan belebetegedtek.

Kellemes emlékként egyedül a zakatolás maradt meg bennem; nemcsak nekem, maradandó emléke egy egész korosztálynak –, mely pár évvel fiatalabb, mint a fényes szelek nemzedéke – bár ma már ezt sokan nem hajlandók beismerni. A fülbemászó friss dallamok vérpezsdítő üteme. Az önfeledt játékosság kibuggyanó vidámsága, valami megmagyarázhatatlan, virgonc optimizmus. A lányok repülő hajfonatai, szökdécselő almái, a szoknyából elővillanó térdek. S mindezek engedélyezett, intézményesített élvezete.

Az új dallamokkal rögtön a háború után találkoztam, az egyik legnépszerűbbet, a Katyusáról szólót nem sokkal hazatérésem után hallottam, széltében-hosszában énekelték. Karády is énekelte a rádióban, sejtelmes, búgó hangján, bár emlékezetem szerint merengően elnyújtva, lassú ütemben. Karády hangjában még egy legyőzött, kifosztott ország szomorúsága bujkált. Azok viszont, amiket már mi is énekeltünk 1948 után, az új idők új élményvilágát sugározták. Hogyne lett volna bennük erő, férfiasság, optimizmus, túláradó vidámság, nemhiába mennydörögte a Vörös Hadsereg férfikórusa: „győzve győztél fasiszták hadán". Kezdtem megérteni én is, hogy ehhez az iszonyatos véráldozat árán vásárolt győzelemhez megérdemelten jutottak. Nekünk pedig fizetni kell a ránk tukmált háború miatt.

Az új dallamok nemcsak az orosz népdal kimeríthetetlen tárházából táplálkoztak, bennük vibráltak a *stetl* jiddis folklórjának felszabadulásra váró energiái is. Csak sok évvel később világosodott ez meg bennem, egy óhitű zsidó menyegzőn. Nem ismertem a dalokat, melyekre a *jarmulkás* férfiak táncot lejtettek, mégis mindegyikük ismerősnek tűnt. Ugyanaz az önfeledt vidámság áradt belőlük, mint a mozgalmi dalokból. Heller Ágnes visszaemlékezéseiből tudtam meg, hogy a *Hegyek között, völgyek között zakatol a vonat* „eredetileg a *Bein ha hárim* című cionista dal volt, akárcsak az *Amuri partizánok"*. Akinek nincs is hasonló személyes élménye, de ismeri a *Hegedűs a háztetőn* dallamvilágát, tudja, miről beszélek. Amióta pedig a jiddis folklór széles körben ismertté vált hazánkban is, egykori megfigyelésem közhelyszámba megy.

Minden vidámság ellenére mégis tudathasadással éltem meg a mozgalmi éveket. Meg sem kíséreltem összeegyeztetni a valóság összeegyeztethetetlen arculatait. Katakombákban bujkáló őskeresztény vagyok, ugyanakkor énekelek és menetelek hatalmi szóra. A kollektív éneklésnek hegyeket mozgató ereje van. Hitler és Sztalin egyaránt tudták, hogy az agymosás eszköze a közös éneklés, a lábak ütemes dobbanása. Az éneklésben feloldódik az egyén, tömeg lesz belőle. Arra megy, amerre irányítják. Szavakat tanultam meg rossz jelentéssel. *Spontán tüntetés.* Mese habbal. A spontán a hab a tetején. Mi spontaneitás van abban, ha szigorú utasítás szerint készített forgatókönyv alapján vezényelnek ki bennünket az utcára? El sem tudtam képzelni azt, hogy tüntetni saját elhatározásomból is lehet, hogy a tüntetők birtokukba veszik az utcát.

A téboly 1949. december 21-én, Sztalin elvtárs hetvenedik születésnapján tetőzött. Szándékosan írok (és mondok) Szt*a*lint, mert akkoriban még Sztalinnak ejtették a világbéke őrének a nevét (hiszen mindnyájan emlékeztünk még a szt*a*lingyertyára, a szt*a*linorgonára a háborúból, és a német VI. hadsereg is Szt*a*lingrádnál maradt ott; Németh László háború előtti esszéiben Szt*a*lint írt). Az ütemes tapsorgiák ritmusa is ehhez igazodott: „Éljen Sztalin! Éljen Sztalin!" (tehát: tá-tá/ti-ti, tá-tá/ti-ti). Bárki meggyőződhet erről, ha veszi a fáradságot, és megnézi Máriássy

Félix filmjét, a *Szabónét* (1949), de még a *Budapesti tavasz*ban (1955) is Szt*a*lint éltetik. A Sztálin ejtés csak később honosodott meg; Sztalinvárost is felváltva ejtették szókezdő *szta-*, illetve *sztá*-val. Végül a helyesírási konszenzus és a szolgálatkész Akadémia ez utóbbit szentesítette, bár ma sem mond senki sem szt*á*linizmust vagy szt*á*linistát. Ezen ma már csak a hozzám hasonló őslények háborodnak fel. Nagy úr a megszokás. Bár a rendszerváltozás idején hallatszott disszonáns hang is. Balla László, ungvári író szóvá tette, hogy „az Akadémia... törvényessé tette a két világháború közti és alatti moszkvai magyar kommunista emigráció írásmódját, amelyben... hódolat nyilvánult meg a Nagy és Bölcs iránt". (*Élet és Irodalom,* 1990.)

Készültünk tehát Sztalin elvtárs hetvenedik születésnapjára felajánlásokkal, ajándékokkal. Fel kellett ajánlani, hogy osztályzatát mindenki egy jeggyel javítja, tehát akinek oroszból elégségese volt, az legalább közepesre javít és így tovább. A felajánlások politikai súlyát a tanárok is érezték, és somolyogva megadták a kívánt érdemjegyet, hiszen ha nem teszik, kiderül erről vagy arról a diákról vagy tanárról, hogy szabotálja a felajánlást, ez pedig maga után vonhatta volna a politikai megbélyegzést: szabotőrök is akadnak köztünk. Dúltak a tanulmányi versenyek, készültek az ajándékok (vajon hova kerültek, mit csináltak velük a felelős szervek?). Énekelve meneteltünk a mozipalotába, és vörösre tapsolt tenyérrel tértünk vissza. Kicsit mindenki örült, hiszen gyakran több óra is elmaradt a készülődés és az ünnepségek miatt. Ekkoriban billent el az egyensúly a tanulmányi teljesítmény rovására, a politika javára. A mozgalmi élet prioritása kétségtelenné vált, s ez a legtöbb tanulóban aláásta a munkamorált. A magyar iskolákban eltorzult az értékrend, nem a tanulás volt a legfontosabb tennivaló.

Pedig állandóan a jövőre készültünk. Ha hetente nem is, de legalább havonta egyszer megkérdezték osztályfőnöki órán, hogy ki mi szeretne lenni, illetve ki akar továbbtanulni. Irigyeltem minden osztálytársamat, aki határozottan tudta, hogy fogtechnikus, orvos vagy mérnök akar lenni. Ez utóbbi két hivatás volt a legnépszerűbb, s ha mindenkiből orvos vagy mérnök lett, aki annak készült, akkor az országban csak mérnökök és orvosok éltek volna egy idő után. Persze, persze, én is szerettem volna gimnáziumba kerülni végre, de hogy mi legyek, erről fogalmam sem volt. Nem is emlékszem, mit mondtam a kényszerhelyzetben. Mint ahogy kisgyermek koromban sem akartam masiniszta lenni. Hiába tűnt *hercig*nek a felnőtteknek a sok kis masiniszta. Arról sem voltam meggyőződve, hogy a sok mérnökjelölt tényleg mérnök akar lenni, csak tudták, hogy ez a helyes válasz, és a tanárok erre bólintanak elégedetten.

A nyarakat továbbra is Gyöngyösön töltöttük. Folytatódott a kétlaki élet. 1949 nyarán beiratkoztam az egyik tánciskolába, tűrhetetlennek találtam, hogy nem tudok táncolni, hiszen egyrészt az angolkeringő ismerete is hozzátartozik az általános műveltséghez, másrészt a lányok társasága kezdett egyre csábítóbb lenni számomra is. A zakatolás minden izgató volta ellenére sem felelt meg a társas együttlét követelményeinek, nem adott alkalmat kapcsolatok teremtésére. Mármint bátortalan kamaszoknak. A nagyobbak gátlástalan határozottsága bennem is tudatosította félszegségemet. Tanúja voltam egyszer, ahogy a fiatal Berecz elvtárs (aki akkor 18-19 éves lehetett) randit beszélt meg az egyik copfos lánnyal, és a biztonság kedvéért hozzátette: „De ott legyél, mert leverem a derekad!" Ez a mozgalmi sváda egyrészt felkeltette irigységemet, másrészt viszolyogtam is tőle, ez nem modor, még ha a dereka leverésével megfenyegetett leányzó incselkedő kacagással nyugtázta is a durva bókot.

Az igaz, hogy a társadalmi érintkezés képzete korábban alig merült fel bennem, a tágabb családi kapcsolatokat, joggal, nem tekintettem a társadalmi érintkezés egyik formájának sem. A „társadalmi érintkezésről" apám egyik könyvéből alkottam fogalmat magamnak. Ez az illemtankönyv, mely a „svájci fiúinternátusok" számára készült, emlékezetem szerint valamikor a századfordulón, részletes utasításokkal látta el a vendégségbe igyekvő fiatalembert, kezdve az asztali modortól a leánykérésig. Egyrészt már réges-rég elavult, mert az első világháború előtti boldog békeévek középosztályának készült, másrészt nem adott felvilágosítást arra nézve, hogy bombázás vagy kitelepítés közben milyen viselkedési mintákat kövessünk, bár azt engedélyezte, hogy fogorvos várószobájában az asztalra kitett képeslapokat nyugodtan lapozgassuk, ezzel ugyanis nem kukucskálunk a fogorvos magánéletébe. Akadtak a könyvben enigmatikusabb illemszabályok is. Ha sötétedés után magános férjes asszonnyal találkozunk, ne köszöntsük, tegyünk úgy, mintha nem láttuk volna. Ezen a tanácson nagyon derültem, mert már sejtettem az okát, bár biztos vagyok benne, hogy a lényeget, a kötelező képmutatás mindenek fölötti erényét akkor még nem ismertem fel benne. A falfirkák szakszókincse után az „élet tényeiről" tudományos ismeretekre is szert tettem, amikor az előlem gondosan elrejtett *Orvos a családban* című ötkötetes munka megfelelő részeit és illusztrációit odaadó figyelemmel áttanulmányoztam. Ez a népszerű orvosi könyv minden családnak megvolt, osztálytársaim is innen merítették tudományos ismereteiket. (Éppen ezért, amikor egyetemista koromban szakérettségis évfolyamtársaim az egyetemi könyvtárban felfedezték dr. Fritz Kahn *Nemi életünk* című, alaposabb és részletesebb munkáját, felvilágosult gőggel megmosolyogtam őket.) A viselkedési normák nálunk végleg felbomlottak a háború után, a nyugati világban a hatvanas évek végére fejeződött be ez a folyamat. A popkultúra és a társadalmi mobilitás volt a sírásója.

A kuriózumnak számító illemtankönyv helyett a tánciskola jelentette a valóságot. Nagyon örültem, hogy „inkognitóban" jutottam hozzá, tehát nem Újhelyben, bár némi ismeretségi köröm Gyöngyösön is maradt, főként Tibi osztálytársaiba ütköztem bele gyakran. A tánciskolából legmaradandóbb élményem az volt, hogy a fiúk mind állították, hogy tudnak táncolni (én is), s csak a társaság kedvéért járnak. A gyakorlatban viszont a lányok tényleg mind tudtak táncolni, s a fiúk között alig akadt egy-kettő, aki nem félszeg bakugrásokkal kezdte meg tánciskolai pályafutását.

A következő nyár már kevésbé kellemesen telt el, egész nyáron dolgoztam mint figuráns, a gyöngyösi váltógyár építkezésén, egy eléggé régi vágású mérnök keze alatt. Lekezelően bánt a figuránsokkal, s foghegyről érdeklődött, mit tanultunk az iskolában. Arckifejezése szerint nem sokat, mit is tanulhatnánk a mostani iskolában? Látszott rajta, hogy mint régi szakember, pótolhatatlannak tartja magát az új rendszerben is. Remélem, szókimondó volta nem juttatta kényszermunka-táborba. Nem mondhatom, hogy élveztem a tűző napon figuránsként való ácsorgást a mércével, unalmassága miatt volt a legfárasztóbb. Kétségtelenül élményt jelentett viszont, hogy életemben először pénzt kerestem, s nem érdekelt, hogy ezzel hozzájárulok-e vagy sem a szocializmus felépítéséhez. Arról azért meg voltam győződve, hogy hasznosabb tevékenységet folytattam, mint azok a szerencsétlen krampácsolók, akik a síneket szedték fel Újhely és Szerencs között.

Egész nyáron terveket szőttem, elmúlt az általános iskola, mint egy rossz álom. Mert az 1949/50-es tanév belém sulykolta, hogy a volt polgári iskolában eltöltött idő valóban általános iskola, semmi köze nincs a gimnáziumhoz. A tanév vége előtt felmerült néhány osztálytársamban, hogy tablót kellene készítenünk, hiszen tanulmányainkat befejeztük. A nosztalgikus terv (hiszen korábban tablót csak érettségiző diákok készítettek) nem futott ugyan zátonyra, de siralmas eredményhez vezetett, melynek mozzanatait érdemes felidézni, hiszen ezek együtt jellemzik a szándék és a megvalósítás közti szakadékot. Arra nem is gondolhattunk, hogy drága fényképészre költsünk. A tornatanárunk felajánlotta, hogy ő készít felvételt mindünkről, ha a film és az előhívás árát összeadjuk. Egyik utolsó tornaórán behozta féltve őrzött fényképezőgépét, s az udvaron szabályosan a falhoz állítva bennünket egyesével, elkészítette a felvételeket. Előhívás után derült ki, hogy a képek eléggé vegyesre sikerültek, volt, amelyiket túl sok, másokat túl kevés fénnyel exponált. A gimnáziumból a padlásról kiloptunk egy üveg nélküli tablót, gazdagon aranyozott, zöld kerete miatt. (A padláson lévő tablók üvegét a háború után a gimnázium ablakainak beüvegezésére használták fel. A mi barbárságunk már nem sokat változtatott a tönkretett tablók állapotán.) Arra gondolnunk sem lehetett, hogy a keretbe paszpartu-ablakokba helyezzük a fényképeket, mint ez szokás volt. Egy papundeklire ragasztottuk fel az amatőr fényképeket, melyre egyikünk valami jövőbe mutató képet is pingált. A tablónak, mondanom sem kell, üvege nem volt. Ott virított a falon barmolmányunk, melyet azóta sem láttam.

A tablókészítés minden mozzanata híven tükrözte az akkori állapotokat, csepp volt a tengerből. Ahhoz, hogy valamit csináljunk, lopnunk kellett (az állam is ezt tette az államosítások idején), vigasztalhattuk ugyan magunkat, hogy amit elloptunk, egyébként sem jó semmire (háborús kár), szakértelem nélkül, a legprimitívebb technológiával készítettük. A fényképeken nyitott ingben álltunk hulló vakolatú fal előtt, még a hajunkat sem igazítottuk meg (nem mindegy, fő az, hogy meglegyen!). A későbbi közgondolkodásban ez a hozzáállás lett az uralkodó; a siralmas helyzethez alkalmazkodó ideológia, a pongyola ország ideológiája ekkor született (sok évvel azelőtt, hogy Hankiss Elemér nevet adott volna neki). A társadalom szövedékének legmélyére behatolt gondolkodás ma is ott kísért nyomaiban, kontrázik még az igényességnek a látszatára is. (Nem mindegy az? Neki semmi sem jó!). Egy újrakezdő társadalomból kiirtotta az igényességre való törekvést, megfogalmazta a beletörődést, megbélyegezte az igyekezetet, elnémította a kritikát. Ez a védekezési mechanizmus valóban sanyarú körülmények között született, és mint minden ideológia, túlélte önmagát.

A tabló rossz szájízt hagyott bennem. Az egész általános iskolai rémálmot szerettem volna elfelejteni már a nyáron. Belefelejtkeztem a sakkozásba. Ezen a nyáron tanultam meg sakkozni. Könyvből. Maróczy Géza művéből *(A kezdő sakkozó vezérkönyve)*. Egy-két hónap alatt jobban kiismertem a játék fortélyait, mint ha évekig pancserkodtam volna. A hozzám hasonló pancsereket legnagyobb meglepetésemre egy-kettőre megvertem, de nem lettem elbizakodott. Képzett sakkozóval még nem játszottam. Csak azt fedeztem fel magamnak, hogy egy korlátozott számú szabály által működő, 64 mezős világegyetembe kerültem, egy virtuális valóságba, melyben a lehetőségek a játék adottságai ellenére is végtelenek. Hogy az elméleti megalapozás előnyt jelent, s hogy a sakkjáték a sportnak, a művészetnek és a tudománynak különös keveréke, ezért többféle pszichológiai igényt elégít ki. Olyan univerzum, melybe érdemes beköltözni, ha minden másról szeretnék megfeledkezni. Maróczy kitűnő sakkpedagógus volt, talán az egyik legkiválóbb, aki valaha is élt. Nem adott recepteket, hanem elindította a gondolkodást olyan utakon, melyeket aztán a tanítványnak magának kell bejárnia. Egyetlen aranyszabályt írt elő a kezdő sakkozónak: ne fussunk a veszett fejsze nyele után, ha egy állás végzetesen elromlott, nem érdemes tovább játszani még akkor sem, ha egy tucat lépést esetleg mégis túlélünk. Nem csak udvariatlan az ellenféllel szemben, ha az időt húzzuk, de helyzetelemző képességünk első számú fokmérője is, hogy felismerjük, mikor kell feladni a játszmát. Ez azért lényeges mozzanat, mert a legtöbb sportágban illik végigküzdeni a reménytelen küzdelmet is. Az utolsó helyen kullogó síkfutónak is illik végigfutni az egész távot, a bokszolónak is végig kell harcolnia az utolsó menetet, a vívónak is az utolsó csörtét. Ez a *sportszerű.* Maróczy nevezetes diktuma szerint: „A vesztésre álló jászmát adjuk fel, mert az úr a pokolban is úr." A sakktábla mértani pontosságú világában nincs mire számítani, elenyészően csekély a valószínűsége annak, hogy az ellenfél agyvérzést kap, hogy az épület ránk szakad, ne tápláljunk tehát hiú reményeket. A sakk ezért sem teljesen sport, mert bár a sakkban is a győzelem a jutalom, mint a sportban, de mattot kapni a legnagyobb szégyen. Nem illik megvárni.

A sakk filozófiája sok megszégyenüléstől megóvja azt, aki tudomásul veszi: a vesztésre álló partit fel kell adni. Számtalanszor tanúja voltam szánalmas vergődéseknek, amikor a körülállók lesütött szemmel szinte várták, hogy a szalmaszálba kapaszkodó maga is felismerje helyzetét: elvesztette a játszmát. Széchenyi Döblingben, Teleki Pál a miniszterelnöki palotában megértette ezt. Kádár János viszont szánalmas figurának, formátum nélküli embernek marad meg az utókor emlékezetében, mert nem vette észre, mikor vesztette el a játszmát.

Akkor, 1950 nyarán Gyöngyösön, nem hiszem, hogy ebben a perspektívában láttam volna Maróczy diktumát. 15 évesen tele voltam reménnyel, az értelmes élet igényével, de legfőképp határtalan önbizalommal, hogy a játszmámat semmiképpen nem veszíthetem el, hiszen még csak a megnyitásnál tartok.

A nép államának gimnáziuma

Amikor 1950 augusztus végén visszatértünk Gyöngyösről, már a sátoraljaújhelyi „Kossuth Lajos Állami Általános Gimnázium" I. a. osztályának beiratkozott tanulója voltam. Reál tagozaton. Apám kész tények elé állított: „El van intézve, passz!" Köpni, nyelni se tudtam. „Miért nem humán tagozatra?" – kérdeztem a nyakamba öntött valóságtól felháborodottan. „Azért, édes fiam, mert ezt tudtam elintézni" – hangzott a megfellebbezhetetlen válasz. Nem értettem, mit kellett „elintézni" – hiszen nekem állandóan azt mondogatták a tanárok a VIII. általánosban, hogy a „tiszta kitűnő" bizonyítvány garantálja a továbbtanulást. Humán tagozatra akartam menni, nyelveket, főként latint szerettem volna tanulni és római régiségtant. (Oti hencegése a régiségtankönyvével még erősen élt bennem.) Egy ideig még ágáltam, még nem süllyedt elég mélyre a tudatomban Maróczy diktuma a vesztésre álló partiról. Apám szótlanul nézte vergődésemet, aztán vigasztalni próbált: „Feró bácsi lesz az osztályfőnököd, majd megkedvelteti veled a kémiát." (Erről a „mulattató természettani kísérletek" jutottak eszembe a *Képes Folyóirat* bekötött évfolyamaiban, s ettől kicsit megvigasztalódtam, most legalább szakszerű körülmények között kísérletezhetek.)

Szánni való naivságomban fogalmam sem volt a világ folyásáról. Felvételi vizsga nélkül, a jelentkezéssel beadott önéletrajzok alapján döntöttek a felvételről. Ekkoriban született meg a hármas származási kategória – „munkás, paraszt, értelmiségi" – szerinti minősítés. Volt ugyan még egy kategória, az „egyéb", azoknak, akik egyikbe se illettek, az ebbe tartozókat hívták köznyelven „X"-eseknek. A hátborzongató betű nemcsak az ismeretlen mennyiséget jelölte a matematikában, de Angliában például X-et kapott az a film, melynek a bemutatását ugyan még engedélyezte a filmcenzor, de már a „tizennyolc éven felülieknek" csoportjába sem illett a szexuális tabunak a mindenkori közízlésen túlmutató feszegetése miatt. Nálunk is X-szel jegyezte magát a két háború közötti titkos társaságok egyike, az Etelközi Szövetség = EKSZ = X. Akkor, 1950-ben jaj volt annak, akire rásütötték az „X"-es származás bélyegét. A felvételnél nem a tanulmányi eredmény számított elsősorban, hanem a származás. Ettől kezdve a tanárok állandóan az osztály összetételének százalékos arányait számítgatták, hogy el ne billenjen a „helyes" arány. Diszkrimináció volt ez a javából, ugyanazt az elvet követte, mint a „numerus clausus" (1920:XXV. tc.), noha annál is kegyetlenebbül alkalmazták, mert a numerus clausus, mint a nevéből is kitűnik, egy bizonyos százalékát a kitaszítottaknak megtűrte az egyetemen (középiskolában fel sem merült az elv bevezetése), viszont aki „X"-es minősítést kapott, egyetemre az ötvenes évek első felében be nem kerülhetett, s a gimnáziumokba is csak egy-két példány került közülük, mutatóba. A származás szerinti minősítés mindkét esetben a társadalom kívánatos állapotát igyekezett megvalósítani, első esetben a „nemzetidegen" réteg visszaszorításával, a második esetben az „osztályidegenek" végleges eltávolításával, hogy ezáltal a nép fiai maradéktalanul odaférjenek a tudományokhoz. A valóságban egyik esetben sem erről volt szó. A numerus clausus a „zsidótlanítás" preludiumának bizonyult, szocialista megfelelője pedig, ha nem is „új kufárhad" kinevelését célozta (amiről Illyés beszélt), sokkal inkább janicsárok seregét, melyre az új rend hatalmát alapozhatja majd. Ez a törvénybe nem iktatott intézkedés olyan gyűrődéseket hozott létre a magyar társadalom szövedékében, melyek kisimítására negyven év után semmi esély nem maradt.

A neo-numerus clausus ideológiája tetszetős volt, ez kétségtelen. Hiszen a radikális népi értelmiség is azt szorgalmazta, nem is olyan régen, a Harmadik Birodalom árnyékában: beemelni a népet a nemzetbe. A moszkovita logokraták is ezt hirdették fennen: esélyegyenlőséget az alulról érkező tehetségek számára. Igaz, az első kísérlet a népi kollégiumokkal balul ütött ki. Révainak meg is kellett szüntetnie a NÉKOSZt, kiderült, az idősebb korosztály (a fényes szelek nemzedéke) a személyiségfejlődésnek abban a szakaszában került a kommunista ideológia hatása alá, amikor az értékviláguk már kialakult, nem lehetett „internacionalistává" nevelni őket. Ezt a fiatal, népi származású írók (köztük Nagy László, Juhász Ferenc, Csoóri Sándor) botladozása, útkeresése nyilvánvalóvá tette. Ha hazalátogattak a falujukba, kinyílt a szemük. Egy idő után legtöbbjük rájött, a bolondját járatták velük.

A NÉKOSZ tündöklése és bukása után (1949 nyarán) kiderült, hogy adjuramisten alapon nem lehet a párt „aranytartalékát" (Rákosi kifejezése) megteremteni. Lejjebb kell kezdeni, középiskolás fokon. Emelni kellett a munkásosztály és a „dolgozó parasztság" fiainak és leányainak az arányát a középiskolákban. Vidéken, ahol „munkás származású" diák csak elvétve akadt (Újhelyben egyetlen nagyüzem, az 1891-ben alapított dohánygyár működött), ezt csak az „értelmiségi" származásúak rovására lehetett elérni.

Újhelyben a sok az eszkimó tipikus esete állt elő. A megszűnőfélben lévő megyeszékhelyen az „értelmiség" aránya feltűnően magas volt, még akkor is, ha minden hivatásos katonatiszt fiából „egyéb" lett, mert a magasabb beosztású közalkalmazott is értelmiséginek számított. (Emlékszem a Zombory fiúkra. Két értelmes, élénk észjárású srác. Nem vették fel őket gimnáziumba, el kellett menniök segédmunkásnak. Néhány év múlva véletlenül találkoztam velük, két micisapkás, gondozatlan külsejű, repedezett körmű siheder. Gyűlölködve néztek rám. Mondták: bazmeg, köptek. Megint bazmeg, megint köptek. Turhásat, fel a magasba. Sikeresen beilleszkedtek. Sorsok, jövők dőltek el így; a szürkeállomány esztelen pazarlása. A jövendő akadémikus, a biofizikus Damjanovich Sándor bejutása is egy paraszthajszálon múlott, s ügye csak a tanév kezdete utánra intéződött el, magántanulóként kezdte a görög katolikus esperes nagyapa miatt.)

Nem volt tehát alaptalan apám kérkedése: „el van intézve, passz!" Humán? Reál? Mindegy. Bent vagyok. Az osztályban örültünk egymásnak, mint a partot ért hajótöröttek. Valóban Feró bácsi lett az osztályfőnökünk. Dobossy Ferenc (1902–1987), aki már apám idejében is tanított (bár őt nem), hatalmas, fekete hajú, lassú beszédű, két lábon járó pisai ferde toronyra emlékeztetett testtartása miatt. Ironikus megjegyzésekért nem kellett a szomszédba mennie. Első perctől kezdve tiszteltük, és hamar megszerettük. A diák észreveszi a szigorúan igazságos tanárról is, ha szíve is van; nem számítanak az alkalmankénti maliciózus megjegyzések. Két évig volt az osztályfőnökünk, s ezalatt kémiát tanított. Azon vettem magam észre, hogy amikor nyilatkozni kell az unos-untiglan ismételt kérdésre, mi akarok lenni, egy idő után habozás nélkül azt mondtam: „vegyészmérnök". Pedig nem akartam, csak ezt én sem tudtam akkor. Amikor aztán másodikos koromban, év vége felé valami bonyolultabb kísérlet közben sikerült felrobbantani a kotyvalékomat a kémcsőben, s a benne lévő foszfor szétfreccsent és több helyen beleégett a bőrömbe, akkor rájöttem, dehogy akarok én kémikus lenni, ott egye meg a fene Nóbel Alfrédot.

Az év elején, mivel én is tudtam róla, elmentem a „nem hivatalos" *Veni Sanctéra* a piarista templomba. Meglepett, hogy milyen sokan voltunk (akkor még nem figyelték egyes tanárok, hogy kik járnak templomba, pedig éberségüket semmi sem akadályozta volna, mivel a gimnázium főépülete és a rendház a templommal a közös udvarba vezető kapu két oldalán helyezkedett el). Jólesőn nyugtáztam, barátaim nagy részét ott láttam. Meg hát a lányokat, mert 1950 után kis híján minden gimnázium koedukált lett. Volt köztük egy hamvas bőrű, kék szemű, formás teremtés, koszorúba tűzött szőke hajjal. Azúrkék, egybeszabott, elegáns szövetruhát viselt, fehér térdzoknival. Kószáló tekintetünk véletlenül találkozott, nagyfeszültségű áramütés ért. Amikor az osztályban találkoztunk, elakadt a lélegzetem. Ez nem lehet igaz! Egy osztályba járunk! Így kezdődött az első szerelem. Csupa nagybetűvel.

Az első szerelemnek (csupa nagybetűvel) csupán egyetlen bibije van: utólag senki sem tud őszintén írni róla. Erről akkor győződtem meg, amikor az egyik, egyáltalán nem színvonaltalan angol hetilap pihent agyú rovatvezetője az uborkaszezon (angolul: *silly season*) kellős közepén közismert személyiségeket – köztük politikusokat, filmcsillagokat, popénekeseket, természettudósokat és neves írókat – felkért, hogy írják meg első szerelmük igaz történetét. A válaszok minden képzeletet felülmúltak, és a történetek három fő csoportba oszthatók.

A szende szüzek és mulya fiúk esete. A történeteket a visszaemlékezők sóhajtásokkal tűzdelték meg: óh, azok a bátortalan kézfogások! óh, azok az elmaszatolt első csókok!, óh, azok az eldadogott/hadart/hebehurgyáskodott vallomások! Az ötvenszer összetépett szerelmes levelek epekedése. Az öngyilkosság gondolatával játszó, viszonzatlanul hagyott hervadozó ifjú Wertherek és Fannik! (Bár az angolok Goethét is alig ismerik, nemhogy Kármánt.)

A kacér szüzek és a rámenős fiúk esete. A történetek ifjú Casanováit (már az első alkalommal is) a céltudatosság jellemezte. Mondanom sem kell, főként filmcsillagok és futballisták esetében. Ők már akkor is tudták, mitől döglik a légy. A szakszerű(nek vélt) felkészülés leírása, gondos fogápolás, dezodor (mindenhova). Vakítóan csillogó szellemességű társalgások a biztos győzelem tudatában.

A félszegségüket humorral és/vagy közönségességgel palástolók esete. A gyomorkorgás, szellentés által megzavart első csók. A hasmenési inger leküzdhetetlensége. Az alkalmatlan pillanatban reccsenve szakadó nadrág okozta szégyenérzet. Viszontagságok a természet lágy ölén: az elővigyázatlanul hangyabolyra telepedő párok kínszenvedése (amikor a hangyák alattomos támadást intéznek az altest hasadékai ellen, s ezek messzemenően alapos részletezése).

Mondanom sem kell, ez utóbbi típus az első csoportba tartozók alcsoportja, azoké, akik képtelenek érzelmileg feldolgozni első ifjúságuk ügyefogyottságát, szemben a második csoport utólagos retusálásával, illetve az első csoport szentimentális közhelyekbe menekülésével. A megfogalmazásokon elsősorban és legfőképp az őszintétlenség érhető tetten. A szerkesztő levonta a tanulságokat, és félúton abbahagyta az emlékezések közlését. Erről tehát ennyit.

Vissza az evilági örömök közé. Mert volt belőlük jócskán. Talán még egy hónapja sem jártunk iskolába, amikor az egyik első osztályfőnöki órán Feró bácsi, a maga sajátosan humortalan humorával, váratlan bejelentést tett: „Most pedig – hatásfokozó szünet – kiosztom az *új* DISZ tagsági igazolványokat – hatásfokozó szünet –, van kérdése valakinek?" Nem volt, pedig lett volna. Mi az, hogy az *új?* Hát hol a régi? (Hiszen a DISZ június közepén alakult meg!) Láttuk Feró bácsi arcán, hogy itt nincs helye kérdésnek. Egyébként persze igazat mondott. Vadonatúj DISZ tagsági könyvecskét kaptunk. Szemben az úttörőmozgalommal, pontosan tudom, hogyan lettem a Dolgozó Ifjúsági Szövetség tagja. Így.

Hogy erre ilyen élesen emlékszem, hasznom is származott belőle. Amikor 1969-ben kivándoroltam Amerikába, a vízumkérelemhez igen részletes kérdőívet kellett kitöltenem. A procedúra egyik érdekessége abban nyilvánult meg, hogy noha feleségemmel együtt már évek óta angol állampolgárok voltunk, csak a magyar kvóta terhére igényelhettük és kaptuk meg a vízumot. (Nem lehetett Uncle Sam eszén túljárni!) A másik, hogy a vízumügyekkel foglalkozó, csinosan molett hivatalnoknő berendelt egy beszélgetésre. Valamit tisztázni kell. Lázasan gondolkodtam, hogy mit írtam rosszul a kérdőívre, talán valamelyik lakcímemet tévesztettem el, hiszen 1940-ig (!) visszamenőleg be kellett írnom minden címemet, ahol nem ideiglenesen tartózkodtam. „Csak egyetlen apróság van!" – mondta mosolyogva a londoni nagykövetség messzemenően higiénikus körülményei között a konzulasszony: „Ön azt állítja, hogy semmiféle kommunista szervezetnek nem volt tagja?" „Igen, most is azt állítom" – és várakozó álláspontra helyezkedtem. Megnézett valamit a feljegyzései között: „A DISZ-nek sem volt tagja?" Megkönnyebbülten felnevettem: „Hja, arról van szó?" – és elmeséltem az *új* DISZ tagsági könyv történetét töviről hegyire. A végén a szemüveges molettség is elmosolyodott: „Igen, így már más, nem önszántából lépett be."

Ott ült tehát az újdonsült tagság a DISZ-alapszervezetben. (Egyetlen osztálytársamra emlékszem, aki nem kapta meg a tagkönyvét, mert kiderült róla, hogy kulákszármazék, nemsokára el is tűnt.) Tagdíj: 1 forint, szeptember 1-jétől, visszamenőleg. Ezt még csak elviseltük volna. Nagyobb csapás volt, hogy hamarosan kiderült, az öntudatos DISZ-tagok békekölcsönt is jegyeznek. A legolcsóbb kötvény (akkor) 50 forintba került. Mindnyájan öntudatos DISZ-tagnak minősültünk, bár akadt stréber is, aki 100 forinttal járult hozzá az „El a kezekkel Koreától!" mozgalom sikeréhez. Otthon (nagyanyám szavával:) beállt a kravall. Anyám éppen azon háborgott, hogy apámnak fizetése arányában borsos összeget kellett jegyeznie, s ezt apám a háztartási költségvetésből levonta. Kicsit felkerekítette az összeget: „Tudod, Babykám, borravalót is kell adni nekik!" Anyám ezt nem tartotta elég humorosnak, hiába érvelt apám azzal, hogy minden kollégája ezt teszi. S erre előhozakodtam én is a saját kötvényem ügyével. Ezzel betelt a pohár. „A gyerekét is nekem kell fizetni, hiszen nincs saját keresete!" Apámmal együtt elhallgattunk, mint két megszeppent lurkó, aki rossz fát tett a tűzre. Anyám egyre jobban belelovalta magát: „hát, ha neked nincs merszed, majd én bemegyek és beszélek az igazgatóval!" Soká tartott, míg lecsillapodott, sírástól vörös szemekkel. Még egy ideig hajtogatta: „ezek a büdös kommunisták... ezek a büdös kommunisták..."

Ahogy az évek teltek, anyám is beletörődött a megváltoztathatatlanba. Mert békekölcsönt minden évben kellett jegyezni. Egyetemista koromban az ösztöndíjam rovására tapasztaltam meg a valóságát. Most, 1950-ben csak az *önként*tel voltam megakadva, miért teszem én azt önként, ami alól nem lehet kibújni? *Spontán* tüntetés, *önkéntes* felajánlás. Szaporodtak a fejemben a diktatúra által kitermelt nyelvi kétértelműségek, csak nem volt meg hozzá a rálátásom, hogy rendet bírjak teremteni a magánszférában használt szavak és a társadalomra ráerőszakolt nyelv szavai között. Nem tudtam, hogy keletkezése közben láttam az Orwell által *newspeak*nek nevezett jelenséget. (Nem tudtam, hogy minden diktatúra megtanítja *alattvalói*t a saját kommunikációs nyelvezetére, melyet az emberek zöme még akkor is használ, oda nem figyelve, amikor a saját túlélési stratégiájához nincs szüksége rá. Avagy Illyés zsenialitásával szorosra fogalmazva: „eszmélnél, de eszme / csak övé jut eszedbe".) Honnan is tudhattam volna, hiszen éppen azért voltak ezek az évek a tanulóéveim. A molett konzulnő készséges megértése természetes volt az ő világából nézve, hiszen csak azért vagyok felelős, amit szabad elhatározásomból teszek. A DISZ-be való belépésem nem szabad elhatározás eredménye volt, akkor sem, ha ebbe utólag beletörődtem. Feró bácsinak is igaza volt, bölcsességével elejét vette mindenféle bonyodalmaknak, melyek egyeseknek esetleg több mint alkalmi kellemetlenséget okozva a végeredményen semmiképpen nem változtattak volna. Mint ahogy Orwell is éppen akkoriban találta fel a *newspeak*et, Illyés zseniális elemzése a zsarnokság természetrajzáról szintén akkoriban keletkezett. Mert az *Egy mondat...* nemcsak nagy vers, hanem zseniális elemzés is: „mint víz a medret, / követed és teremted;". Az igék sorrendje miatt sokkal több ez, mint a cinikus: „ha fej, *én* veszítek, ha írás, *ők* nyernek" bölcsessége. Mert a zsarnokságot azáltal teremted, hogy követed, hiszen „mindenki szem a láncban".

„Szem" volt Feró bácsi is azáltal, hogy elejét vette a bajoknak, és szem lettem én is a láncban még a tanév elején, amikor bebizonyosodott, nem ok nélkül jegyzett mindenki önként békekölcsönt. Elterjedt a híre, hogy az egyik osztályban valaki megtagadta a békekölcsönjegyzést. Nevére nem emlékszem, bár látásból ismertem, vékony, maga elé néző, hirtelenszőke, természetellenesen fehér arcbőrű fiú volt, aki a Bodrogközből járt be minden reggel, télen-nyáron ugyanabban a rosszul szabott, szürke, konfekciós öltönyben. *Comme il faut* káder volt, nemcsak paraszti, hanem egyenesen szegényparaszti származású, ami akkoriban az arisztokratasággal ért fel (eléggé el nem ítélhető nyegleséggel mi *parasztokratáknak* nevezgettük őket egymás közt, nem minden irigység nélkül, hogy ilyen szerencsésnek születtek). Erről a jótanuló fiúról derült ki, hogy szülei valamelyik olyan szigorú szekta tagjai, mely az erőszak minden formáját elítéli, s azért tagadta meg a békekölcsön jegyzését, mert az háborús célokat szolgál!

Az izgalom tetőfokra hágott, amikor megtudtuk, hogy az igazgató példát akar statuálni a gimnázium ifjúságának az összes osztály előtt a díszteremben. A Jávor Pál-bajuszú diri, Bodnár Imre Debrecenből került Újhelybe akkor, 1950 nyarán. Senki sem ismerte, ma sem tudom, hogy milyen szakos volt. Összevissza szaladgált az épületben, hozzánk is bejött, szétnézett, és rám mutatott: „Te fogod megmondani, hogy az osztályotok mennyire elítéli az ilyen imperialista bérenceket, akik visszaélnek a beléjük helyezett bizalommal!" Álltam földbe gyökerezett lábbal. Nem értettem, mivel szolgáltam rá a megtiszteltetésre. Mukkanni sem mertem. A nagygyűlés 12-re volt meghirdetve, elmehettem az egyik üres osztályba, hogy megírjam a „véleményemet". Rajtam kívül még néhány falfehér fiú írta a véleményét, hogy mennyire elítélik ezt a szerencsétlen, a légynek sem ártó fiút. Nem mertünk egymással beszélni, pedig tanácstalan voltam. Miért is ítélem el? Hát, talán azért, mert az nem „demokratikus", hogy amíg mindenki önként jegyez békekölcsönt, addig egyesek kihúznák magukat. Hogy nincs benne „közösségi szellem". (E fontos, új jelszót már megtanultam, ezzel szokták a sorból kilógókat megregulázni. Utólag humorizálhatnék megint a magyar–magyar szószedeten: béke = háború, demokratikus = mindenkire nézve kötelező, de főként, hogy lehet megtagadni annak a teljesítését, amire önként, tehát önszántamból vállalkoztam? Akkor persze semmi sem állt távolabb tőlem, mint hogy ilyesmiken humorizáljak.)

Mint felbolydult méhkaptár, olyan volt a díszterem. Hosszú asztal az emelvényen, vörös vászonnal letakarva, mögötte a tanári kar, középen az igazgató fehér köpenyben, jobbján Bábi idegesen törölgette a szemüvegét. Fejük fölött a falon, középen a legmagasabban a sarlókalapácsos népköztársasági címer, alatta a nagy vezetők portréi: Marx, Engels, Lenin, Sztalin, Rákosi. A közönség (mármint mi) osztályok szerinti rendben. Az igazgató megkopogtatta ceruzájával az asztalt. Abbamaradt a zsongás. Síri csend lett. Beindult a vésztörvényszék mechanizmusa. Kiszólította a vádlottat. „Utoljára kérdezem, akarsz-e békekölcsönt jegyezni?" Szegény fiú még sápadtabb volt, mint máskor. Arcizma se rándult, halk, de határozott hangon szólalt meg: „Nem tehetem. Ellenkezik Isten akaratával." Ott állt emelt fővel. Vállalta a mártíromságot. A vádbeszédet Bábi tartotta. Remegett a keze, zizegtek a papírlapok. Minden második szóba belebotlott. Közelebb tartotta a papírt, majd távolabb. Nem tudom, miről beszélt. Következtek a hozzászólások. A kijelölt felsős kezdte, majd én jelentkeztem szólásra. Nem tudom, miket mondtam, mintha kívülről hallottam volna a saját hangomat. Valaki más beszélt, és én hallgattam. Csaholtam a falkával. A legutolsó mondatomra viszont pontosan emlékszem, életem legcifrább nyelvbotlását örökre megjegyeztem: „Mert, mint ahogy már Rákosi elvtárs is megmondta, *mi nemcsak rés*, hanem erős bástya is vagyunk a *bréke fontján.*" Tanteremben, felelés közben elég lett volna csak a *bréke font*ját mondani, hetekig ezen röhögött volna az osztály. Most csönd uralkodott a teremben, senki még csak el sem mosolyodott. Azt már csak én tudtam, hogy a *bréke fontja* úgy sikeredett bele a közismert idézetbe („Mi nem rés, hanem erős bástya..."), hogy menet közben észrevettem, életveszélyeset bakiztam a nemhez ragasztott *csak*kal, s a másodperc milliomod része alatt még az is átfutott az agyamon, hogy szent Isten, mi lesz, ha a diri azt gondolja, szándékosan hülyéskedtem? Ott álltam remegő lábakkal, homlokomról csorgott az izzadság, az ing a hátamra tapadt.

Akkorra tudtam újra fókuszba hozni a külvilágot, amikor már befejeződtek a megrendelt, akarom mondani önkéntes hozzászólások, és a diri felemelkedett: „Az elhangzottak után megkérdezem a tanulóifjúságot, hogy járhat-e tovább a nép államának gimnáziumába egy ilyen elvetemült alak? A DISZ-tagsági könyvetek felemelésével szavazzatok."

Magasba lendültek a vörös tagkönyvek. „Ellenpróbát kérek!" Nem emlékszem, hogy láttam volna egy tagkönyvet is a magasba lendülni. Nem akadt egy igaz ember sem Szodomában.

Már csak az ítélethirdetés maradt hátra: „Megállapítom, hogy a gimnázium tanulóifjúsága, egyetértésben a Dolgozó Ifjúsági Szövetség alapszervezetével, egyhangúlag kizárásra javasolja (itt az áldozat nevét mondta)... osztályos tanulót."

Amikor tekintetes Barcsay Ábrahám testőrkapitány Bécsben, 1780-ban felhajtotta első csésze kávéját, iszonyodott magától: „látván ... mint hörpöl ő is részt ánglusok bűnéből". Tudtam én is, nem helyes, amit teszek, hiszen még csak útjaink sem keresztezték egymást a baptista fiúval, mégis szólóénekesként kiáltottam a *pereat*ot. Meg sem fordult a fejemben, hogy valami apró jelét adjam legalább magamnak, hogy az egészhez semmi közöm, engem nem érdekel, ki jegyez békekölcsönt és ki nem. Bár, ha létezik freudi elszólás, a tudatalatti énem a kellő pillanatban a csavarkulcsot büntetésül a fölöttes én beszédmechanizmusának a fogaskerekei közé hajította, hogy örökre emlékezzem az incidensre.

Bodnár Imre igazgató úrnak, ha akarom, végső soron igaza volt. Látványosan odadobta az áldozati bárányt, kitűnően megrendezett kirakatperrel, s ezáltal egy csapásra lehűtötte a hepciáskodásra hajlamosakat. Lázongás nélkül vettük tudomásul a különféle újításokat. Először is, minden jó tanuló kapott egy „tanulópárt". (No, nem, semmi koedukáció!) Ebbe még csak belenyugodtam volna, még valami emelkedett célt és emberbaráti nemességet is felfedeztem benne. Hogy én segítek Remes Pötyinek (apám egyik kollégájának a fia volt, jótanuló bátyját, Remes Andort Rémes Undornak keresztelte el a diákhumor) megoldani a nehezebb matematikapéldákat, belejavítok a dolgozataiba, átveszem vele a kémiai anyagot és így megkedveltetem vele a tanulást. Remes Pötyi azonban továbbra is gyakran beszekundázott, habár egy idő után mindennap kellett vinnie egy írást tőlem az apjának, hogy az aznapi házi feladatot elvégezte. Remes Pötyi nem volt buta, megvolt a magához való esze, de nem érdekelte a gimnáziumban oktatott ismeretek 90 százaléka. Viszont a kilyukadt biciklibelsőket villámgyorsan megragasztotta, s azt is tudta, hogy hol van a kónusztengely, meg hogy kell a kontrafékeket szétszedni és újra beállítani. Egy idő után afféle *marriage of convenience* alakult ki közöttünk, ő tavotával újrazsírozta a sörétkosárt, én írtam a házi feladatot. Az érdekházasságok persze mindig megromlanak, én megtanultam a bicikliszerelést, de ő továbbra sem boldogult az ablativus absolutusszal. Az is igaz, hogy 1948 szilveszterén, a náluk rendezett házi mulatságon csinos nővére hosszan szájon csókolt, de ha náluk tanultunk,

1950 őszén már nem mutatott semmi hajlandóságot a bohókás pajkosságokra. Helyzetem apja előtt is megrendült, mert egy idő után könyörületből akkor is aláírtam a flepnit, ha csak éppen arra a pillanatra jelent meg, amíg aláírtam. Megbuktam mint tanulópár, szerencsére Remes Pötyi elég hamar kimaradt a gimnáziumból. Közben kitanultuk a szakmát, és a tanulópárok nemigen zaklatták egymást. Mint minden szocialista vívmányból, ebből is üresjárat lett.

Nemsokára megszületett a tanulószoba intézménye. Ahol délután a gyengébb tanulók (a bejárók nagy része) a jó tanulók felügyelete mellett készültek másnapra. Jelen volt persze tanár is, igaz, ő elmerülten dolgozatot javított. Az intézménynek két előnye is volt. Az egyik, hogy a diákotthonban lakó diákokkal és a bejárókkal együtt térítésmentesen ebédben részesültünk a rendház refektóriumából kialakított menzán, a másik, hogy a tanulószobában mindkét nembeli ifjúság együtt serénykedett. Tanulni persze nem lehetett társaságban, de eléggé kellemes időtöltésnek bizonyult az ottlét. Mivel szerettem volna ismeretekre is szert tenni, egy idő után könyveket vittem magammal, elsősorban Szerb Antal irodalomtörténetét. Nem tudom, honnan szereztem (talán Remes Pötyi lopta valahol, cserébe az aláírásokért), de egy új világot fedeztem fel benne. Ámultan olvastam frivol megnyilatkozásait, hát így is lehet az irodalomról vélekedni!

Eddig csak apám gimnáziumi tankönyvét használtam, hogy ellenőrizzem, mire is oktatnak. Prónai Antal–Alszeghy Zsolt–Sík Sándor irodalomtörténete szolid, megbízható ismereteket tartalmazott, mértéktartó értékítéletekkel, de a modern kor (tehát a nyugatosok) irodalmával már alig foglalkozott. Apám marginaliáiból észrevettem, hogy a tankönyv szövegét a tanár nem tekintette szentírásnak: kihúzatott belőle részleteket, mondatokat átalakíttatott, melyek így gyakran a szöges ellentétét jelentették annak, ami a tankönyvben eredetileg állt. Igaz, időnként mi is kihagytunk az anyagból (mert bár többször megnyertük a széncsatát, mégis szénszünetet kellett tartani a nagy hidegek idején, s ezáltal az elvégzendő anyag megrövidült), de arra nem emlékszem, hogy a tanár a tankönyvtől eltérő nézetet hirdessen.

Szerb Antal irodalomtörténete viszont izgalmas nyelvezeten tájékoztatott olyan írókról, akiknek korábban a létezéséről sem volt tudomásom. Egyik délután elmerülten olvastam Szerb szövegét, amikor lecsapott a tanári szigor, Szerb Antalt akarta elkobozni, „mert reakciós könyv”! Azzal védekeztem, hogy nem is az enyém, vissza kell adnom a tulajdonosának. A könyvet végül mégis elvette a tanár(nő?), bár a magántulajdon elve győzedelmeskedett: egy idő után visszakaptam azzal a feltétellel, máskor ne hozzak reakciós könyvet a tanulószobába. A Szerb-affért nehéz megérteni ma, amikor irodalomtörténete már a tizenvalahanyadik kiadásban forog közkézen. (Az első új kiadása a forradalom után jelent meg, egyik korai jele volt a Kádár-rendszer kulturális liberalizálódásának. Ebben már kijavították az egyik végzetes sajtóhibát. Szerb következetesen N*ie*belungenliedet írt *Nibelungenlied* helyett. Én is rosszul tanultam meg tőle, a fölösleges e betűvel.) Gazdagabb lettem egy tapasztalattal: a tanulószoba nem az „önképzés" helye. Mint az önképzőkör volt hajdanában. Mert az önképzőkör most ingerszónak számított. Az önképzőkörben a burzsujvilágban a jókat képezték, hogy még jobbak legyenek, s ezáltal is elkülönüljenek a nép fiaitól. Most bezzeg, a tanulószobán mind együtt tanulunk a nép államának gimnáziumában, hogy mind egyformán jól haladjunk a tudományokban.

Csak hát a tudás forrásával, a könyvekkel volt a legnagyobb baj. Hiába állt a tanteremben vörös betűkkel kiírva Makszim Gorkij verespéteri bölcsességű mondása: „Tanulmányozzátok a könyveket, a tudás forrását!", a könyvek szőrén-szálán eltűntek. Nemcsak a „reakciósak" a piarista rendházból, de egy alkalommal, amikor könyvet vittem vissza a Soli Deo Gloria könyvtárába, elhűlve vettem észre, hogy be van zárva, tábla az ajtón: „Átalakítás miatt zárva!", s az ablakok üvege bemeszelve, hogy ne lehessen belátni. Ott toporogtam egy ideig, hónom alatt Ráth Végh István kultúrtörténeti kuriózumaival *(Vége az emberi butaságnak)*, míg végre felvilágosított valaki, a Soli Deo Gloria könyvtárát kiselejtezték és megszüntették. Pedig jobb anyaga volt, mint a városi könyvtárnak, ahová éppen ezért nem jártam.

Igaz, a Soli Deo Gloria könyvtára a protestáns ifjúság épülését szolgálta (mikor beiratkoztam, lesütött tekintettel válaszoltam a kérdésre, hogy protestáns vagyok-e), de a két művelt könyvtáros gondoskodó figyelemmel segített könyveket választani, főként amikor észrevették, érdeklődésem messzebb terjed, mint a szórakoztató olvasmányok. Nekik köszönhetem, hogy végre elolvashattam a második világháború történetét, Henry Steele Commager testes könyvét (1947), angolból fordította egy Amerikát járt református lelkész, Máthé Elek. Ez volt hosszú évtizedekig az egyetlen könyv, melyet a témában magyarra fordítottak. Mert mondani sem kell, az „új" könyveket kezembe sem vettem; szovjet szerzőnek nem hittem. (Joggal, hiszen minden kiadvány harsogva hirdette az életszínvonal szakadatlan emelkedését, hogy „nincs a földön gazdagabb, szebb ország", s ezzel szemben egy globetrotter amerikai újságíró, Richard Halliburton riportkönyvében, *Varázscsizmában a föld körül,* arról olvastam, hogy az ukrajnai muzsikok a kolhoz búzájának vagonba lapátolása közben gyakran éhen haltak, mert nekik nem hagyott semmit az állam.) Éjfélig olvastam minden este, kialvatlanul mentem iskolába. De megérte. A részletek és az arányok most kerültek a helyükre a fejemben. Most értettem meg, hogy tényleg *világ*háború volt, s azt is, hogy Amerikából nézve nem a keleti hadszíntér volt a legfontosabb színtere a háborúnak, hogy az amerikaiak más perspektívában látták az eseményeket, mint mi. Persze hogy az oroszoknak a nagy honvédő háborúja volt, persze hogy *nekünk* az volt a fontos, ami *nálunk* történt, ám az oroszok hathatós amerikai segítség nélkül soha nem juthattak volna el a *Führerbunker* bejáratáig.

A Soli Deo Gloria megszűnte után maradt a városi könyvtár. Amikor először odamentem, két, nikotintól sárga körmű *nyanya* (ez szándékos anakronizmus, akkor még nem voltak divatban a nyanyák, vidéken csak vén szipirtyók éltek, de két ilyen kiköpött nyanyát azóta sem láttam) éppen selejtezett. Kapóra jöttem nekik, segíteném-e az olvasókat kiszolgálni, miközben ők felelősségteljes munkájukat végzik. Vágyakozva néztem a tornyosuló könyvhalmokat, ahonnan szívesen *be*selejteztem volna egy-két könyvet az ingem alá, de nem volt mese, ha *intra muros* akarok maradni, akkor végeznem kell a rám bízott társadalmi munkát. Igaz, néha kaptam egy-egy almát, s ha éppen nem volt látogató, én is cigarettázhattam. Csodáltam a két nyanyát, hogy milyen biztos kézzel tudják halomba dobálni a kiselejtezett könyveket, amíg én a pultnál elsősorban Mikszáthot, Móriczot, Gorkijt ajánlgatok (Gárdonyit, Mórát, esetleg Tömörkényt is szabad volt kiadnom, *ha kérik*). Volt nekik egy listájuk a kóser szerzőkről, ezt csak messziről láttam, mert elkapták előlem, ha én is bele akartam pillantani. Pedig hosszú órákat töltöttem a könyvtárban, hátha mégis odaférek a tudás forrásához, s az ingem alatt lophatok belőle. A két nyanya minden mézes-mázossága ellenére is vigyázott a kiselejtezett könyvekre, kellemetlen kérdéseimre, hogy most mi kerül majd a sok üres polcra, ímmel-ámmal felelgettek, hiszen az állománynak több mint a felét kiselejtezték. Megint csak „szem" voltam a láncban, a selejtezés felgyorsításával akarva-akaratlanul belesegítettem a kulturális forradalomba. Ráadásul fecséreltem a drága szabadidőmet, s csupán annyi hasznom lett belőle, hogy megtudtam, milyen könnyű az embereket befolyásolni, ízlésüknek irányt szabni. A felfedezés izgalmától megfosztani őket, kíváncsiságukat mederbe terelni. S nem is nagyon veszik észre, hogy egy 15 éves gimnazista által vannak kioktatva. Mert történetesen én álltam a pult mögött. A nyanyák felkészültségéről akkor győződtem meg, amikor többszöri vegzálásra sem tudták megmondani, ki írta *A gondolat hőseit*, melyet Karinthy idéz nyakra-főre. Borzasztóan kíváncsi voltam a könyvre, nemcsak (romantikusan) izgalmas címe miatt (Benedek Marcell fordította), hanem elsősorban azért, mert őt tartottam a mester (Karinthy) mesterének. Szerb Antal mellett Karinthy terelte irodalmi ízlésemet mederbe, akkoriban kezdtem olvasni azokat a szerzőket, akiket kifigurázott az *Így írtok ti*ben (Szép Ernőn például ma is felnevetek, annyira Karinthy szemüvegén keresztül látom modorosságait). Hamar felfedeztem a komoly, filozofikus hajlamú Karinthyt is a *Minden másképp van* című kötetben. Hogy legjobb az igazat hazudni, mert azt senki sem hiszi el. Hogy minden igazságnak az ellenkezője is igaz. Valóban emblematikus volt a korra nézve: a könyv*tár*ban nem tárolják a könyveket, hanem kiszórják. *A gondolat hőse*ire évekig vágytam, de csak tíz évvel később, a British Museumban sikerült kiderítenem, hogy William Durant *The Story of Philosophy* (1917) című filozófiatörténetére hivatkozik Karinthy oly gyakran. Nemrégiben láttam egy Váci utcai (azóta megszűnt) könyvesbolt kirakatában új kiadását. Legyintettem, nem mentem be belelapozni, most már minek, *akkor* kellett volna, több mint negyven évvel ezelőtt. Elveszítette a hímporát, legalábbis számomra.

A könyvtelen világnak ez a keserűsége a mai napig megmaradt bennem. Nem tájékozódhattam kedvem szerint a legfogékonyabb korombban. Nem járhattam be a fiatalság felfedezőútját a maga természetes kacskaringóival és lépcsőivel, ahogy következnek egymásból és egymás után. Ez nemcsak az én személyes sérelmem, egy egész korosztályé. Nekem még szerencsém volt, mert néhány év múlva Angliában elkezdhettem a pótlást, de akik otthon maradtak, s vidéken nőttek fel, tudják, miről beszélek. Az első Karinthy-monográfiában (Szalay Károly, 1961) Durant neve hiányzik a névmutatóból. Sovány vigasz, hogy *A gondolat hősei* neki sem volt a kezében. A kulturális forradalom idején eltüntetett könyvek okozta szellemi nyomor csak a nyolcvanas évek közepén kezdett enyhülni, a látogató kollégák szeme már nem fürkészte oly mohón könyvespolcaimat, itt Londonban, s a nyolcvanas évek végétől, a reprintek megjelenésével enyhült a korábban tiltott szellemi javak szűkössége, bár hiányzó láncszem még mindig akad az irodalmi tudat folyamatosságában.

Egy egész nemzedékben Jób-komplexus alakult ki. A bibliai Jób szüntelen büntetéséből arra a következtetésre jutott, hogy hiába töltötte jámborságban életét, mégiscsak kellett, hogy bűnöket kövessen el, hiszen Isten állandóan bünteti! A büntetésből indukálta tehát a bűn elkövetését. Így járt korosztályom is, olvasottságuk hiányát a kulturális politika tilalomfái okozták, de egy idő után mégis úgy érezték: tájékozatlanságuk a saját hanyagságukból fakad. Ők követték el a bűnt, nem ellenük vétettek. A magyar értelmiség ma is görcsösen túlkompenzál: *szinkronban lenni* bármi áron is mindennel, ami nyugaton történik (a szörnyű hanyagság miatt vezekelni kell!). A jelszó ma már nem annyira csatakiáltásszerű, mint korábban, bár még mindig évtizedekre van szükség, hogy alacsonyabbrendűségi érzéséből kigyógyuljon az értelmiség, hogy elmúljon a lázas színlelés: mindent, de mindent olvasott, a tegnap délutáni legfrissebb kiadványokat is.

A magyar irodalmat Győr Anna tanította több lelkesedéssel, mint szakértelemmel. Kétségtelen érdeme, hogy igyekezett az irodalmat megkedveltetni diákjaival. Csak az első három évben tanított bennünket, érettségire már nem ő vitte az osztályt. Felsőbb utasításra sugallt ötletekben nem volt hiány nála. Emlékszem egy vitára, melyet ő szervezett: „Opportunista volt-e Arany?" címmel. A vádat a már említett Czető képviselte, nekem jutott a védelem, s az osztály is részt vett a vitában. Csak homályosan emlékszem a vád főbb pontjaira: Aranyban nem volt meg az a forradalmi lendület, ami Petőfit jellemezte. Hiába ágáltam, hogy vannak alkati adottságok is, Petőfi izgága fiatalember volt, Arany visszahúzódó természetű, bár ő is írt lelkesítő nemzetőrdalt. Igenám, hangzott a vád, de nem viszonyult eléggé pozitívan az eseményekhez, pesszimista volt, s ez az opportunizmus melegágya. Ma is hallom Czető hangját, ahogy idézi: „Ah! az égő lángözönhöz / Gyenge szemünk nem szokott / Menjünk vissza börtönünkbe / Kedves félhomály van ott." Az ilyen megnyilvánulások nem vitték előbbre a forradalom ügyét. Megtorpant tőle a forradalmi fellendülés. Arany magatartása tehát elítélendő...

Amikor aztán a történelem megismételte önmagát (mert mindig megismétli), a sok harcosan optimista Czető összezavarodott. Egyikükre emlékszem Szegeden, semmiben nem vett részt, lapult, várta, hogy a vihar elcsendesedjék. Amikor bejöttem az öthalmi laktanyából tiszta fehérneműért a diákszállóba, beleütköztem a kihalt folyosón. „Hát te...?" „Babits *Amor Sanctus*át olvasom..." – s erőltetetten vigyorgott. „Nem most kell olvasni!" – mordultam rá a papírjai közt egérként mocorgó szakérettségisre. Mert a szakérettségisek mind lapultak, ott a csendesebb félhomályban, várták, hogy mi lesz.

A viták (mármint az osztályban rendezett színpadias viták) azonban mégis hasznos tanulsággal szolgáltak, a nézetek ütköztetése civilizált hangnemben a tisztázás eszköze. Akkoriban még kellett és lehetett vitázni, mindaddig, amíg az új le nem győzte a régit, a haladó a reakcióst.

Miután a *ki kit győz le* kérdése eldőlt, a következő nemzedékek megtanulták, mi a *helyes* álláspont (netán a tudományosan bizonyítható igazság), nem volt helye többé a vitáknak. Egy ország felejtett el vitatkozni, mert a mai vitákban még mindig az *argumentum ad hominem* a leghatásosabb eszköz, a sajtóban és az országgyűlésben egyaránt.

Győr Anna erőfeszítéseiből gyakran öszvér született. (Egyszer bizalmasan, lehalkított hangon megsúgta nekem, hogy ő még Szekfű Gyulát hallgatta az egyetemen.) Időnként ráébredt, hogy óráin nem eléggé vonalas, s ez nem vezethet jóra. Ilyenkor rémült igyekezetében pápább volt a pápánál, bár szenvedett tőle – elragadta az indulat, haragudott magára és sorsára, odavágta az osztálykönyvet, kivörösödve rikácsolt, és a végén könnyesen csillogott a szeme. A diák jó megfigyelő és szigorú kritikus. Átéreztük vergődését, néha még sajnáltuk is. Hiszen nyilvánosan csak azt mondhatja, amit mond. Alkalom nyílt persze arra is, hogy megmutassa, a légy nem mindig esik bele a tejbe. 1950 decemberében Vörösmarty születésének százötvenedik évfordulóját ünnepelte a gimnázium. Győr Anna is többször átszellemülten méltatta Vörösmarty jelentőségét. Nem értettem az izgalmat, miért olyan fontos az egész tanári karnak ez az évforduló. Az ünnepségek keretében a felsősök színre vitték a *Csongor és Tündét* a humán tagozat magyartanárának felügyelete mellett a városi színházban, mely így, ha csak rövid időre is, visszanyerte eredeti rendeltetését.

Mit is láttunk egyébként a színházban? A Mojszejev együttest. A Nyírfácska tánccsoportot. Akrobatákként, férfias mokánysággal járták a guggolóst, tangóharmonikával vagy anélkül. A Nyírfácska együttes karvastagságú, lenszőke hajfonatai repültek, ők maguk, fejüket félrehajtva, szűziesen tipegtek a balett-topánkákban, s hozzá váltakozva fej- vagy torokhangon, több szólamban énekeltek. Szökdécseltek a mellek, kivillantak a térdek. Ez utóbbit köszöntötte a tapsorkán. Igaz, időről időre pesti haknizó színészek is vendégszerepeltek ott, de ezek egyveleget adtak elő, s engem kínosan emlékeztettek a *Déryné* című játékfilm csepűrágóira, a *Hol az ostábla?* színészeire. Erőszakos arroganciával követelték a tapsot, s még oly kiváló komikusok is, mint Latyi, gyorsan, jellegtelenül rántották le számaikat; a filmekből megismert Latabár Kálmán halvány árnyképeként. A közönség megérzi, ha lenézik, s fagyos udvariassággal tapsolt. Esztrádműsornak nevezték az ilyen összeállításokat, amikor a színészek ugrálnak, táncolnak, steppelnek, énekelnek, jó poénokat mondanak, egyszóval örömet szereznek a szocializmus építése közben elfáradt és (most) megérdemelt pihenésüket élvező nézőknek.

Hogy a haknizó színészeknek milyen elképesztő véleményük volt a vidéki közönségről, azt Kaliforniában tudtam meg Vitray Tamástól. Whisky mellett megoldódott a nyelve, s „egy kis hazaival" kívánt kedveskedni cserébe érte. Arról beszélt, hogy ma (értsd: 1970-es évek eleje) már vidéken is sok ám a televízió nálunk (ez is eredménye a konszolidációnak, implikálta kimondatlanul). De képzeljem csak, milyen csacska a mi népünk. Mert amikor Orosházán vagy hol járt a múltkor egy turnézó színtársulattal, odajön hozzá egy kucsmás magyar ember, s kiveszi szájából a pipát: „Osztán hogy teccik bébújni abba az ókalmatosságba, a televizilóba, vagy hogy a rossebbe híjják?" Semmi kétségem nem volt, hogy Vitray igazat mond, csak nem értette, hogy a „magyar nép" is tréfálkozni kívánt vele, az illusztris televíziós személyiséggel; megható naivsággal egy az egyben értette (félre) a kedveskedést. Nem tudom, milyen arckifejezéssel hallgattam B–24-es rendszámú történetét, mert a biztonság kedvéért megismételte a népi mondatot, tudomásomra hozva, hogy nem csak angolul, de népiesül is perfektül beszél.

A *Csongor és Tünde*-előadáson ott szorongott az egész tanulóifjúság és a teljes tanári kar. Egy idő után megértettem, miről van szó: ha már engedélyt (vagy ukázt) kaptunk Vörösmarty ünneplésére, a tanárok éltek az alkalommal, s néma tüntetéssé tették az autochton magyar kultúra (akkori kifejezéssel: „haladó hagyományaink") mellett. Az előadásnak sikere volt, többször meg kellett ismételni, bár egy idő után az igazgató bejelentette, túlságosan sok idejét rabolja el a diák színészeknek felelősségteljes munkájuktól, mert a diákság feladata: „tanulni, tanulni, tanulni!". Azt hiszem, gimnáziumi tanulóéveim alatt soha többé nem került sor hasonló néma tüntetésre a rendszer ellen. Mert senki nem mondta, de mindenki tudta: a rendszer ellen tüntettünk.

Közben a helyzet „élesedett". (Csak tudnám, hogy németből vagy közvetlenül az orosz nyelv sajátos változatából, az úgynevezett komintern nyelvből kaptuk-e ezt a képtelenséget. Egy helyzet lehet feszült, de éles nem. S ha éles nem lehet, következésképp nem is élesedhet tovább. Gyanítom, talán inkább az „élesedik az osztályharc" analógiájára keletkezett a kifejezés már hazai földön, s az sincs kizárva, hogy valamelyik szellemileg virgonc újságíró leleményeként ragadt meg a mozgalmi nyelvben.) Először is ott volt a koreai háború. Erről a tanteremben úgy értesültünk, hogy valamelyik tanárunk azzal óhajtotta színesen ecsetelni az elégtelen felelet bűntettét, hogy „olyan az, mintha lelőnél egy koreai békekatonát!" Nem nagyon mertünk röhécselni rajta, merev arccal mondogattuk egymásnak: „Képzeljétek, a Pavka majdnem lelőtt egy békekatonát!", azaz oroszból csak a tanár könyörületessége miatt kapott kettest nyögésekből álló feleletére. Gáll Barna vasúti fékezője egyre több hírt hozott a jugoszláv határ menti incidensekről. („Valami készül, Jánoskám, biztos lehetsz benne!") Az MDP II. kongresszusa felemelte az ötéves terv normáit, minek következtében visszatért a jegyrendszer, s a bejárók tízóraija is megvékonyodott, bőnyésebb lett a szalonna. Apám megrendelte a *Szabad Nép*et (a háború előtt az *Új Nemzedék*et járatta), bár csupán a nagybetűs címekre pillantott rá reggeli közben. Anyám elkezdte tirádáit, hogy fogunk megélni, maholnap már semmire se telik.

Hogyan lett Maximból forradalmár?

A második félév elején új fiú érkezett Miskolcról, az igazgató hozta be az osztályba, az apja is velük volt. Már azt is nyugtalanítónak találtuk, hogy a diri személyesen mutatta be. Nagyon hamar kiderült, hogy Miltényi László politikai buzgómócsing. Az osztály ellenszenvvel figyelte kijelentéseit, tevékenységét. Mindenről határozott véleménye volt, s ezt nem rejtette véka alá. Mintha Makarenko új ember kovácsának üllőjéről pattant volna elénk. Vállalta, hogy megszervezi a szülők agitálását. Esténként és vasárnap délelőtt agitátorok kopogtattak osztálytársaik otthonába. Elbeszélgettek a pártpolitika „súlyponti" kérdéseiről. Mi a véleményük a szülőknek a koreai háborúról, az ötéves terv soron következő feladatairól, fontosnak tartják-e a békekölcsönjegyzést?

Az agitálás azóta is ingerszó nekem. Ha hallom, ma is felszisszenek, mint akit kígyó csípett meg. Mindaddig, amíg Oxfordba nem kerültem, azt hittem, hogy a kommunista indoktrináció egyedülálló produktuma, sehol máshol a világon nem kellemetlenkednek ilyesmivel embertársaiknak a felvilágosítani vágyók. Tévedtem. Még alig szoktam bele az egyetemi élet rendjébe, mikor békés vasárnap reggel kopogtatnak kollégiumi szobám ajtaján. Halkan, de határozottan. Kilenc óra se lehetett, épp elszántam magam, hogy felkelek, kávét főzök, felcigarettázom magam. Két egyetemista állt az ajtóban (rémlett, mintha látásból ismerném őket). Leültek, de a cigarettát és a kávét szelíden visszautasították. Komoly dolgokról akarnak beszélni velem. A legfontosabb dolgokról. Mikor odaértek, hogy *Jesus saves you* (Jézus a mi Megváltónk), teljesen felébredtem: ezek diákoknak álcázott agitátorok (párban!) és ájtatos manók, akik valamelyik szektának toboroznak híveket. Üvölteni kezdtem: *I am atheist! Go to hell!* (Ateista vagyok, menjetek a pokolba!)

Sokáig tartott, amíg lecsillapodtam. Mivel érdemeltem ki a sorstól, hogy most a másik oldalról támadjanak le? Hát nincs menekvés?

A családlátogató agitátorság miatt betelt a mérték, kicsordult a pohár. Tűrhetetlen lett Miltényi körül a levegő. Tízpercekben, a vécében kapkodva elszívott cigaretták mellett eddig is gyakran esett szó az új fiú okvetetlenkedéseiről, egyre gyakrabban mondogatták osztálytársai, hogy orrba kellene ütni. Most komolyra fordult a dolog, komolyan gondoltuk, hogy orrba kell ütni, tanulja meg, hol lakik a jóisten. Margitay Pista lett a főkolompos (hogy a diákhumor miért keresztelte el Kappannak, soha nem értettem, hiszen kékesfekete, gondosan borotvált állával maga volt a férfiasság megtestesítője, s állandóan a lányok körül legyeskedett).

Kialakult a terv: egyik este, amikor rosszul világított környéken halad az agitátorpár (a társagitátorról később!), zsákot húzunk a fejére, hogy ne ismerje fel a tetteseket, és alaposan helybenhagyjuk. A részletesen kigondolt terven annyit finomítottam, hogy úgy kell elbánnunk vele, ne maradjon semmi nyoma, ne legyen miről orvosi látleletet venni. Ajánlottam, húzzuk le a cipőjét és a talpára osszuk ki a „tenyereseket", ott ugyanis, ezt valahol olvastam, nem maradnak kék foltok, és komoly sérülés sem történhet. Kappan zsenialitása ismét megnyilatkozott, nemcsak a partizánemlékmű „leleplezése" idején. Egy slagból levágott két negyvencentis darabot, megtöltötte homokkal, s a két végébe dugót szögelt. Elkészült a verőeszköz, mely fájdalmat igen, de sérülést nem okozhat. A verés a megbeszélt terv szerint zajlott le, senki meg nem mukkant, mind kesztyűben és arcunkra csavart sálban voltunk. Egyedül az áldozat kiabált, s az egész néhány percig tartott.

Az eset híre futótűzként terjedt el a városban, általános volt a káröröm, úgy kell a szülőket háborgató agitátornak! Az igazgatónak megint újabb fejfájás új munkahelyén. Mindenki gyanús volt, egyesével hallgatták ki az egész osztályt. Eleinte csak mint vaskos diákcsíny szerepelt az ismeretlen tettesek rovásán, ám lassan politikai színezetet nyert az ügy. Szervezkedés, ha nem is a népi demokrácia megdöntésére, hanem csupán a DISZ munkájának szabotálására. Tettlegességgel egybekötve. Az pedig komoly dolog. Sápadtan jártunk iskolába, nem is nagyon mertünk egymással beszélni. Az osztály nagy része, még a lányok is, tudták, kik a tettesek, de akkoriban még létezett a betyárbecsület. Végül is ránk terelődött a gyanú, ezt onnan tudtuk meg biztosan, hogy egyszer óráról kihívattak bennünket, mindenkit, akinek része volt a városi gerillaakcióban: Kégl Gazsi, Margitay, Rónay, én és egy Kiss Tibor nevű szerencsi fiú, első osztálytitkárunk, aki később lett tagja az akciócsoportnak, s mint utólag megtudtuk, ő árult be bennünket az igazgatónál.

A rendőrségi vallatások igencsak emberséges körülmények között zajlottak le, s mivel Kiss Tibor árult el bennünket, amikor már nem lehetett tovább védekezni, mindent rákentünk. A nyomozótiszten látszott, inkább velünk érez, mint az áldozattal. Az igazgató is szerette volna eltussolni az ügyet, de Miltényi apja keményen fellépett megbüntetésünkért. Így 1951. április 11-én, a megyei sajtó jelenlétében Kiss Tibort mint az ügy értelmi szerzőjét kicsapták az ország összes középiskolájából, azzal a szigorítással, hogy még magántanulóként sem folytathatja tanulmányait; Margitayt, Kéglt és engem szintén kicsaptak, bár az ítéletet később módosították: magántanulóként folytathatjuk tanulmányainkat. Rónay igazgatói megrovásban részesült azzal a megszorítással, hogy újabb, még osztályfőnöki megrovás esetén is kicsapják. (Rónay a soproni Erdészeti Főiskolával ment külföldre 1956-ban, ma magas beosztású kormánytisztviselő Kanadában.) Az értesítőmbe a következő szöveg került (újabb enyhítés a fogalmazásban): „A Borsod-Abaúj-Zemplén megye tanácsa 1951. máj. 5-én kelt 1280-136-32/1951. X. o. sz. határozata alapján az 1950/51. tanévet csak magántanulóként folytathatja. 1951. máj. 15. Bodnár Imre igazgató".

Külön bírósági tárgyalásra is sor került 1951. aug. 7-én: „Könnyű testi sértés bűntette miatt Kiss Tibor és társai fiatalkorúak ellen indított bűnügyben". Szerencsére mind 16 éven aluliak voltunk a tettlegesség elkövetése idején, s így megúsztuk az ügyet. További szerencsénkre, Kappan zseniális szerkentyűje tényleg nem hagyott nyomot, hiába vett az orvos látleletet. Az áldozat néhány napot mulasztott, fájdalmas volt lábra állnia.

Külön kell szólni Kiss Tibor szerepéről. Osztálytitkárunk alamuszi fiú volt, őt sem kedvelte senki különösképpen. Gyanakodtunk, hogy az igazgató besúgója. Szerepe az ügyben arra korlátozódott, hogy be kellett avatnunk, mivel ő osztotta be a családot látogató agitátorpárokat. Vállalta, hogy Miltényit a többször szemrevételezett sötét mellékutcába viszi, a tett színhelyére, s utána kereket oldhat, otthagyva a prédát. Hogy engedte magát beszervezni az összeesküvésbe, annak csak egy oka lehetett, féltette osztálytitkári pozícióját az új fiútól, s ezért ment bele. Mivel őt tettük meg értelmi szerzőnek, két legyet is ütöttünk egy csapásra. Ugyanígy azt is elhatároztuk, hogy Rónay Sankát (a tanév elején települtek haza Kárpátaljáról) kihúzzuk a csávából, hiszen még az apjának is kellemetlensége lehetett volna az ügyből. Az összes többi szimpatizánsról hallgattunk, magunkra vállalva, hogy Kiss Tibor csak bennünket „hálózott be".

Erőt adott, hogy a közvélemény velünk tartott, hősökként ünnepeltek bennünket. Egyszerű diákcsíny esetén nem hiszem, hogy különösképpen ajnározta volna a meglehetősen konzervatív közvélemény a verekedő diákokat. Az igazgatónak érdeke volt, hogy a szervezkedést eltussolja, s ezért dőlt el a hivatalos vélekedés is az „éretlen, de goromba diáktréfa" irányába. Szerencsések voltunk azért is, hogy a megleckéztetés nem tért el a forgatókönyvtől, nem ez lett volna az első eset, hogy egy terv félresiklik, beláthatatlan következményekkel.

Mert 1951-ben ennél kevesebb anyagból is könnyedén összeállt volna egy népköztársaság elleni összeesküvés peréhez szükséges vádirat. Így viszont az egész ügy csak azt mutatta meg, hogy a magyar társadalom szövedékét még nem tépte szét az új rendszer, legalábbis vidéken, védelmi mechanizmusai működtek. Kicsapatásunk után az osztály szolidaritása szinte megható volt, osztálytársaink mindennap kötelességszerűen tájékoztattak az aznap végzett tananyagról, hogy ne maradjunk el, s én is kötelességemnek éreztem Margitay Pistával és Kégl Gazsival rendszeresen foglalkozni, főként oroszból és matematikából, hiszen korábbi teljesítményük nem kecsegtetett nagy reményekkel a közelgő vizsgákra. Mintha ők is komolyabban vették volna a tanulást, most, hogy „meg kellett mutatni".

Ami nem volt könnyű dolog, hiszen a kicsapatás az egyén felszabadulását jelentette az iskola nyűge alól. A hegyekben barangoltunk a mámorító tavaszban, s ha lenéztünk a városra, minden eltörpült, távolinak, érdektelennek látszott. Hirtelen mindenre jutott idő. Délelőttönként bejártam a városi könyvtárba kisegíteni, délután a város egyetlen eszpresszójában üldögéltünk, majd moziba mentünk lányok társaságában, akik majd meghaltak, hogy a kicsapott fiúkkal mutatkozzanak. Ekkoriban jelentek meg az olasz operafilmek (nem kellett már állandóan a *Hogyan lett Maximból forradalmár*?-t végigunatkozni), főként Verdire emlékszem, s igen nagy hatást gyakoroltak rám. Már a nyelv is, nemcsak a zene. Törtem a fejem, hogy lehetne olaszul tanulni, hiszen a mitológiai istenek nyilván olaszul beszélnek. Verdi pedig olyan volt, mintha régen elfelejtett zenei anyanyelvemet tanultam volna újra, és csodáltam, hogy lehet az érzelmeket ilyen kristálytiszta formában kifejezni. Hogy milyen sokat tud mondani szavak nélkül is a zene. Kégl Gazsi zeneileg sokkal műveltebb volt, hiszen hegedülni tanult (ma a bécsi opera egyik első hegedűse), egész másféle szorgalommal, mint oroszul, és fintorgott túlságos lelkesedésem miatt. „Azért nem ez az igazi!" – morogta, majd bebizonyítandó, kölcsönadta apja féltve őrzött gramofonját egy halom „His Master's Voice" lemezzel. Így ismerkedtem meg alaposabban Bachhal, Mozarttal és Beethovennel. Bachra érdekes módon éppen egy szovjet vígjátékban figyeltem fel. (Talán *Csak a papa meg ne tudja* volt a címe.) A fiatal szerelmesek a szocialista jelen minden újdonságáért lelkesedtek. Bezzeg a lány apja csak akkor érezte jól magát, ha orgonán Bachot játszott. A fiatalok ezen is pukkadoztak, hogy a papa milyen régimódi. Bennem mégis elsősorban Bach zenéje maradt meg, nem a bohókás fiataloknak a szocialista jövőbe vetett töretlen hite. Mozarttól csak kisebb dolgokat ismertem anyám előadásából *(Török induló)*, ugyanígy Beethoventől is. A *Für Elise* első néhány taktusát már évek óta mint füttyjelzést használtuk.

Este következett a „züllés". A helyi KIOSZ helyiségeiben söröztünk, biliárdoztunk, én főként sakkoztam. A KIOSZ majdnem „lokálnak" számított, hiszen este tízig tartott nyitva. Gimnazistának este nyolc után nem volt szabad az utcán csavarognia, a KIOSZ-ba pedig be sem tehette a lábát. Egyik este, nem sokkal zárás előtt bejött az igazgató, villámló szemekkel akart bennünket hazazavarni, de meggondolta magát. Megijedtünk egy pillanatra, de hamar észbe kaptunk, ránk nem vonatkoznak a szigorú reglamák, elvégre kicsapott diákok vagyunk. A KIOSZ-ban hetente kétszer a LOKOMOTIV SC sakkozói edzettek, sikeres vendégszereplésem után nagyon hamar leigazoltak mint játékost a klubjukba.

A sztár-attrakció Szegvári báró volt (akinek a nevét a háta mögött mindenki a „z" nélkül ejtette). Az alacsony, köpcös, öregedő férfi, roggyant térdű nadrágban, pepita csokornyakkendővel és a szájából örökösen kilógó, bealudt szivarral a biliárdasztal fejedelme volt, a „dákókirály", aki mindenkit ripityára vert. S közben ömlött belőle a szöveg a régi szép időkről, amikor még volt Újhelyben kupleráj, ahol a hozzánk hasonló mamlaszokat tapintatos kezek bevezették a nemi élet tudományába. Főként egy csodálatos Nellyt emlegetett elhomályosuló szemekkel, nyilván nála vette első leckéit. Ha sokat ivott, krákogva köpött, és Nellyt idézte: „Fiatalember, nem tud maga semmit, magának rögtön elsül. Majd én megtanítom magát..." Bánatos nosztalgiahullámai közben hosszasan krétázta a dákót, felvetette boltozatos koponyáját, és kétszer a mandínert érintve találta el a biliárdgolyót. De tudott mesteri rekuzékat és síbereket is lökni. Sajnálattal vegyes csodálkozással néztük a volt uralkodó osztály e lecsúszott tagját, noha báróságáról megoszlottak a vélemények.

Legjobban persze Máriaék kertjében éreztük magunkat. A magas falak övezte varázslatos kertben. Senki nem látott be, mert a vaskapu is magas volt, a vasrácsok közét lemezek töltötték ki. Gyakran találkoztunk itt, Palocsay Mária gyámolított bennünket, a kicsapottakat. Itt tényleg magunk között voltunk. Mária özvegy édesanyja tapintatosan nem mutatkozott. Azt hiszem, ők is tisztesen nyomorogtak. Mutatkoznia, illetve felügyelnie a serdülő lányokat tényleg nem volt oka, bár Gazsi többször megsúgta Kappannak vagy nekem, hogy a szeplős Mitró Mártának van a legerősebb „szeksze-pílje", de emlékezetem szerint még ártatlan dévajkodásra sem került sor. Gazsi, apja Voigtländerével gyakran megörökítette a társaságot, s e csoportképeken való elhelyezkedésből az elfogulatlan szemlélő alkalmasint gyaníthatott volna pókháló vékonyságú szálakat, melyek észrevétlenül fonódtak. Gyakran a boldogságról filozofáltunk, csak úgy általában, férfias komolysággal, amit a lányok félrehajtott fejjel és odaadó áhítattal (vagy áhítatos odaadással?) hallgattak.

Nem tudom, ma illik-e még egyáltalán leírni a boldogság szót, csak úgy, minden ironikus felhang nélkül? Pedig mindenki, ha nem is vallja be, a boldogság romantikus kék madarát űzi, mint hajdanvolt eleink a csodaszarvast. Arisztotelész szerint a boldogság a legfőbb érték. Igaz, a régi görögök tudomásul vették az istenek szeszélyeit, azt, hogy az istenek gáncsoskodnak. Az egyház a túlvilágon helyezte kilátásba. Thomas Jefferson és a független Amerika alapító atyái addig mentek, hogy az alkotmányba foglalták mint alapvető jogot: *the pursuit of happiness,* ami többet jelent, mintha magyarul azt mondom: „a boldoguláshoz való jog".

Bár én még nem találkoztam boldog emberrel, a Móricz Zsigmondé kivételével, de a reklámokon a televízióban gyakran látok nőket, akikről az új mosópor, vagy az éppen bemutatott arcápoló szer következtében sugárzik a boldogság, ugyanígy férfiaknál is az arcszesz mián. Hogy akkoriban mennyire mélyen szántottunk e témában, nem tudnám felidézni, mindazonáltal Máriáék elvarázsolt kertjére ma is szívesen gondolok vissza, ha éppen eszembe jut.

Észre se vettük, eltelt a rendkívüli vakáció, nem élhettük tovább világunkat. Vizsgázni kellett. Az eredmények mindenkit megleptek. Tanúja voltam, amint Margitay Pista matematikából vizsgázott Harasztos tanár úrnál, aki közben az arcát gyúrta, hogy arckifejezését ne lássa a külvilág. Biztos voltam benne, hogy Kappan megbukott. Harasztos egy idő után felnézett: „Hát, nézd fiam, gondolom, tudod te is, nem remekeltél... Nem adhatok, csak közepest!" – és merően ránézett. Kégl Gazsi is igen előkelő érdemjegyeket kapott. Csak én lepődtem meg, hogy oroszból jót kaptam, s ezzel a tiszta kitűnőnek befellegzett. Elképedt arckifejezésemet látva az orosztanár vizsga után félrevont. „Csak nem képzeled, hogy egy szervezkedés miatt kicsapott diák tiszta kitűnőre vizsgázhat a nép államának gimnáziumában? Úgy döntöttünk, hogy oroszból lesz négyesed" – mondta Mátray László, aki kazahsztáni hadifogsága idején sajátította el az orosz nyelvet, mert képesítése szerint görög–latin–olasz szakos tanár volt, s most egyikkel se ment sokra.

A magánvizsgát június 7-én tettük le, 25-én fel voltunk véve a II. osztályba, Kiss Tibor kivételével, aki eltűnt. Évek múlva a szerencsi restiben találkoztam vele. „A külügyben vagyok. Távolkeleti főcsoport részleg. Fő utca. Ha akarod, megadom a pontos címem" – és peckesen nézett. Soha többet nem hallottam volt osztálytitkárunkról. A tanév alatt történt egy szerencsétlenség is. Megalakult a Szabadságharcos Szövetség, amibe tódultak a diákok, hiszen ott motorozni lehetett! A széphalmi, négy kilométer hosszú, nyílegyenes úton gyakoroltak, illetve játszottak, ugyanúgy, mint amerikai kortársaik, rendszerint ketten rohantak egymás felé bátran, hogy az utolsó pillanatban a gyávább kitérjen. Egy alkalommal Szajkó és egy másik fiú ugyanarra az oldalra tértek ki, s teljes erővel összeütköztek. Szajkó életben maradt, bár elég sokáig volt kórházban. A baleset a Szabadságharcos Szövetség újhelyi csoportjának betette az ajtót, a szülők, érthetően, zajosan tiltakoztak az életveszélyes sporthoz alkalmat adó szocialista vívmány ellen. Bodnár Imre igazgató úr első éve az új munkahelyén igencsak eseménydúsnak bizonyult.

Mehettem Gyöngyösre nyaralni. Illetve nem is nyaralni, hanem dolgozni. Mert szükség volt arra, hogy nyáron én is keressek, ha öltönyt vagy cipőt akarok. Tibiéktől hallottam, hogy a Mátrában új utat építenek, s lehet jelentkezni talajgyalulásra, vagyis a mérnökök által kijelölt szakaszt megtisztítani a növénytakarótól, beleértve a fák gyökereit, amit nekünk kellett kiásni, azt hiszem, egy méter mélységig. Mindezért fizettek négyzetméterenként 0.98 forintot, azaz nem egészen egy forintot. Ez rendben is lett volna, amikor füves területen haladt át az út, de a nagyobb fák gyökereit kiásni néha félnapos munkát is jelentett, mint ahogy ezt Tibinek egy Győry nevű, élénk észjárású osztálytársa (aki 1934-ben született Teheránban, s ezért mindenki kellően csodálta, pedig csak arról volt szó, hogy olajmérnök apja a harmincas években Iránban dolgozott hosszabb ideig) azonnal észrevette. „Az ilyen részletkérdéseket intézzék el egymás között, azért dolgoznak brigádban! – válaszolt a diszpécser az okvetetlenkedésre. – Ha meg nem tetszik, fel is út, le is út!" Én sem értettem, hogy fogják így az egyéni teljesítményt jelentő négyzetmétereket kiszámítani, másrészt a szerencsések, illetve szemfülesek agyonkeresik magukat, hiszen egy négyzetméter füves területet megtisztítani percekig tart csupán, akinek meg bozót jut, elkecmereghet egész nap, hogy 4-5 métert haladjon. Ráadásul normára kellett dolgozni, hogy a vállalat teljesíteni tudja a tervét.

A brigádban és brigádok között nem nagyon nyilvánult meg a „közösségi szellem", napirenden voltak a veszekedések, egyszer még sztrájkra is sor került, bár azt nem tudtuk, hogy ez sztrájk. Mi, illetve azok, akiknek nagyon rossz terület jutott, abbahagytuk a munkát, s izzadtan, kimerülve hevertünk a hűvösben, mert 1951 nyarán iszonyatos hőhullám lepte el az országot, ezt még a Mátrában is lehetett érezni.

A diákbrigádokon kívül dolgoztak ott felnőttek is, csendesen, komótosan. Hozzánk nem szóltak, eleinte gyanakodva méregettek bennünket. Egymás között halkan beszélgettek, csak időnként kaptunk el egy-egy mondatot: „ne oda tegye, professzor úr!", „küldjön valakit vízért, főorvos úr!", „hol hagyta a baltát, mérnök úr?" Nem tudtuk mire vélni, hiszen eléggé élemedett korú férfiak is voltak köztük. Egy idő után kiderült a diszpécsertől, hogy azok „a nép ellenségei", és tilos velük beszélgetni. Amikor a nép ellenségei megtudták, hogy gimnazisták vagyunk, szemernyit megenyhültek irányunkban, de így is harapófogóval kellett belőlük kihúzni, hogy „ők itt laknak" és „itt kell dolgozniok". A kitelepítettek, mert kitelepítettekről volt szó, a távolságot mindvégig megtartották, s rossz néven vették, ha kalyibáik közelébe mentünk vízért. Megint tanultam valamit: az ország visszhangzik attól, hogy hány új mérnökre, orvosra van szükség a szocializmus építéséhez, s ugyanakkor kitűnően képzett szakemberek talajt gyalulnak a Mátrában.

A közvéleményt a Grősz-per foglalkoztatta, ennek a közvetítését hallgatták a szüleim is otthon a vezetékes néprádión. Senki előtt nem volt kétséges, hogy koholt per, ugyanúgy, mint a többi, a Standard Oil- vagy a Mindszenty-per. Bosszú a kivégzett Rosenberg házaspárért (ez ügyben öklünket rázva, önként megszervezve tiltakoztunk az iskolában), illetve a hívő katolikusok megfélemlítését szolgálja, a magyar püspöki kar megrendszabályozását. Amikor a megfélemlített püspöki kar letette az esküt a népköztársaság alkotmányára, lesütött szemmel hallgatott mindenki. Talán egy negyed század múlva Karinthy Cinivel beszélgettem Londonban. Dicsérte Cs. Szabó László tartását, mert „nekünk is erőt ad otthon". Majd minden bevezetés nélkül kijelentette: „Hidd el, Lóránt, én elhittem, mi elhittük, őszintén mondom, elhittük". Nem tudtam, honnan buggyant föl ebben a röhhencsmarci, jópofáskodó magyar íróban az önvád, és főként mivel kapcsolatban. „Elhittük a pereket. Mind. A Rajk-pert, a Mindszenty-pert." Az önvád e színpadias megnyilvánulására először azt akartam válaszolni: „elhittétek, mert el akartátok hinni!", de meggondoltam magam, s csak ennyit válaszoltam: „Miért nem látogattál el valamelyik vidéki gimnáziumba, ott bárki megmondta volna neked az igazságot". Elmúlt a hangulatunkat beárnyékoló felhő, elnevettük magunkat, tovább jópofáskodtunk.

Végtére kedveltem én is fiatalkorom bálványának fiát, mint mindenki. Londonban már tudtam, hogy annak idején kisebb koccanásai neki is voltak a párttal, egyrészt Devecseri Gáborral együtt az „úrifiúk klikkjéhez" tartozott, s a kiemelt káderek nem nézték jó szemmel komolytalankodásait, másrészt a pártvezetőség orra alá is borsot tört, amikor a meteorként gyorsan fel- és eltűnt többszörös sztahanovistát, Muszka Imrét (nomen est omen!) kereste, illetve félreállításának okait feszegette a *Szabad Nép*ben. (Ezzel meg is tréfáltam egyszer, nem sokkal a rendszerváltás előtt. Krassó Gyuri lakásáról elváltoztatott hangon felhívtam, hogy a jelen lévő demokratikus ellenzéknek kis örömöt szerezzek. „Az író úr? Tényleg az író úrral beszélek?... Hát a Muszka Imre fija vagyok Angliából. Bányász vagyok, de nem kell ám sztahanovistának lenni ottan, mint a szegény faternek... Hogy miért hívtam az író urat? Csak megköszönni... megköszönni, amit a faterért tett... Isten áldja az író urat... a királynő is üdvözli...")

Talán egy hónapig bírtam a talajgyalulást, keveset kerestem, mert mint „idegen fiúnak" örülnöm kellett, hogy tekintettel Tibire a gyöngyösi gimnazisták maguk közé engedtek. Nem számíthattam arra, hogy a hangadók bevesznek a buliba, s időnként könnyen megtisztítható füves területet kapok. Kezembe került egy könyv a jógáról, Selva Raja Yesudian munkája, s megtanultam jógázni, szorgalmasan végeztem az előírt gyakorlatokat, és órákig ültem az eléggé fárasztó pózokban. Ez sokkal kellemesebb időtöltés volt. Egyszer, már Londonban, Vásáry Tamással beszélgettem egy vacsoratársaságban, s a jógára terelődött a szó. Mint kiderült, ő is jógázott annak idején. Büszkén mondta, hogy személyesen ismeri a jóga magyarországi elterjesztőjét, Selva Raja Yesudiant, akinek szintén villája van Luzernben. Yesudian Magyarországon élt, jól megtanult magyarul, és 1956-ban ő is kijött nyugatra. Gyakran összejártak Vásáryval, és Yesudian kérésére csak magyarul beszélgettek, így védekezett magyartudásának kopása ellen. Arról nem szólt Vásáry, hogy Svájcban is a jóga apostola maradt-e, kötve hinném, mert a jóga a hatvanas évek végén, az indiai kultúra elterjedése idején az egész világot bejárta, nem volt szükség már a misszionáriusi buzgóságra. Yesudian a Nobel-díjas Rabindranath Tagore nyomában járva jutott el Magyarországra a harmincas években, megkedvelte a magyarokat, s ott ragadt.

Az acélt megedzik

Az 1951/52-es tanév elején új DISZ-titkárt kaptunk Miltényi László személyében, aki igyekezett palástolni irántunk érzett ellenszenvét, s nem utált bennünket jobban a kelleténél. Megkomolyodott, tanult az esetből. Sajnos, mi nem. Fejünkbe szállt a dicsőség, az ünneplés. Nehéz volt visszaszokni a taposómalomba, egyszer már megszagoltuk a semmittevés édes illatát. Az órákra hol készültem, hol nem, így gyakran beszekundáztam a legkülönbözőbb tárgyakból. Még magyarból is sikerült elégtelen dolgozatot készítenem. Móricz regényét olvastuk, a *Rózsa Sándor*t. Győr Ancsa megint valami izgalmasan újszerűt kívánt tőlünk: írjunk egy betyártörténetet Móricz nyomán. Nekem se kellett több, hiszen Karinthyt olvastam legszívesebben. Gyártottam egy nagylöttyös Móricz-novellát, melyben a főhős azon töpreng, ki tudja jobban, mi jár a fejében, Móricz Zsigmond-e, vagy a tanárnőnk. Szóval, pimaszkodtam az osztály szórakoztatására. Győr Anna megsértődött, s elégtelent adott. Ha jó pedagógus lett volna, nem vesz róla tudomást, nem engedi ugratni magát. Észrevette, hogy a memoriter verseket nem tanulom meg, s rendszeresen felszólított. Cirkuszi jelenet következett. Az igaz, hogy a verseket egyszeri olvasásra megjegyeztem, de nem teljesen pontosan, s amikor felmondtam, gyakran bele kellett költenem, ha nem találtam meg a rím párját. Kibuggyanó nevetés fogadta igyekezetem gyarló eredményét.

Sokat mulasztottunk, a hegyekben csavarogtunk, élveztük az aranyló vénasszonyok nyarát. Legszívesebben a ledöntött Magyar Kálvária valamelyik bástyaszerű stációjának a tetején sütkéreztünk az őszi verőfényben. Kappan lógatta az orrát, teljesen el volt keseredve, most, hogy újra komolyan kellett tanulnia. „Disszidálnunk kellene, elmenni nyugatra... van is egy disszidációs kisládám, mindent összekészítettem benne, amit vinni akarok... A Nagy-Milicnél átszökünk Szlovákiába, s a hegyeken átvágva meg sem állunk Ausztriáig" – fejtegette gondterhelten. Ilyenkor levette szemüvegét, s míg törölgette, vaksin pislogott. (1956-ban a fáma szerint kétszer is nekivágott a határnak, de mindkétszer pechje volt.) Borongtam én is, és grafittót gyártottam: „Nemo beatus ante mortem" karcoltam bele a stáció kövébe, Senecát idézve. (Nero öngyilkos nevelőjének velős mondásain mindig is fanyalogni illett, stílusának „talmi" csillogása miatt.) Nem szívleltem meg Dudus nagyanyja tanácsát: a magány rossz tanácsadó.

Közben teljesen belefeledkeztem a sakkozásba. Apám, hogy kielégítse (szerinte eléggé rossz irányba terelődő) érdeklődésemet, megrendelte a(z éppen akkoriban megindult) *Magyar Sakkélet*et. Egyre jobban ment a játék, mert szorgalmasan tanulmányoztam a megnyitáselméletet, és hamar megszereztem a II. osztályú minősítést. Akkor nem is tudtam, milyen kivételes konstelláció részese lehettem; a helyi LOKOMOTÍV csapat védnöksége alatt pezsgett a sakkélet, számos nemzetközi mester és nagymester itt kezdte a pályáját, köztük az akkor érettségi előtt álló Dely Péter volt a legszínesebb egyéniség. Engem és Bokor Istvánt (az osztályban Bokorsteinnek hívták à la Bronstejn) kezdő korunkban vakszimultánban megvert (noha Bokorsteinből is nemzetközi mester lett).

Dely Péter már csak külseje miatt is a különc benyomását keltette. A volt törvényszéki bíró fia már kora ősszel (és még késő tavasszal is) télikabátba bugyolálva ült a sakktábla mellé. Még fűtött helyiségben sem húzta le a kesztyűjét, folyton a sálját igazgatta fázósan, és enerváltan köhécselt. Dús, dióbarna, hátrafésült haját (tanárai szerint) eléggé gondozatlanul viselte. Fejét kissé félrehajtva nézte a sakktáblát, és mestere volt a sakkozáshoz olyannyira szükséges bemondásoknak: „alkalmasint a-tempó", mondta szerényen, mikor végzetes vezérszárnyi gyalogrohamot indított. Mivel érettségi előtt bejutott a magyar bajnokság középdöntőjébe, otthagyott csapot-papot (végül is csak magánúton, külön engedéllyel érettségizhetett), bár a Magyar Bajnokságot csak pályája delén, 1969-ben nyerte meg. 1952-ben az akkori újdonsült világbajnok, Botvinnik Miskolcon járt, és szimultánt játszott BAZ megye legjobb sakkozói ellen. Növekvő érdeklődéssel figyeltük Dely játszmáját, pozícióelőnyös végjátékra sikerült egyszerűsítenie. Botvinnik szekundánsa komoran nézte az állást, valamit mondott a világbajnoknak, aki kezet nyújtott és remit ajánlott. Mire Dely észbe kapott, a szekundáns már felborította a bábukat, és örülhetett a világbajnoktól kicsikart döntetlennek. Igaz, hogy nyerésre állt, de szovjet világbajnok nem veszít partit még szimultánban sem.

Mi sziporkázó szellemességét legalább annyira csodáltuk, mint amennyire tudását becsültük. A csapat sokat utazott vasárnaponként, s ha Pesten játszottunk, hajnalban keltünk és késő éjjel érkeztünk vissza. Hétfőn álmosan szekundáztam be, ha a tanár, könyörületet nem tanúsítva, kihívott felelni. Az utazások alatt Dely Péter gondoskodott a szórakoztatásunkról. Nemrégiben tiszteletbeli nemzetközi nagymesteri címet kapott a FIDE-től. Akkor nyilatkozta sztoikusan: „Ha valamivel korábban születek, a Don-kanyarban végzem, ha disszidálok, mint megfordult a fejemben, nem valószínű, hogy olyan országba kerülök, ahol úgy megbecsülik a sakkot, mint Magyarországon az elmúlt évtizedekben." A disszidálás bizony megfordult a fejében, már 1952-ben. Ideálja az Amerikában élő Koltanowski mester volt, valahol olvasta, hogy honorárium ellenében elemzést vállalt, hogy szekundánsként igyekezett megkeresni a kenyerét. Így szeretett volna ő is utazgatni Amerika-szerte. Hamar rájöttem, hogy a sakk nem csak tehetséget kíván, hangyaszorgalom is szükségeltetik, ha valaki komolyan akar versenyezni. Az egész embert igénybe veszi. Erre nem vállalkozhattam, egyetemre szerettem volna menni, igaz, még egyetemista koromban is játszottam versenyszerűen, hébe-hóba, Szegeden (és Oxfordban is), de már érettségi előtt letettem arról, hogy a mesteri fokozatot valaha is megszerezzem.

A kicsapatás összekovácsolta a baráti társaságot. Sülve-főve együtt voltunk, leggyakrabban Margitayéknál. Dr. Margitay István a háború előtt a MÁV miskolci üzletvezetőségnél dolgozott magas beosztásban, most, azt hiszem, ő is krampácsolt. A fárasztó munka után a nagydarab férfi megnyugodva pöfékelt családi körben, s szívesen meghallgatta fia osztálytársainak a világról alkotott véleményét. Akkoriban kezdte meg a Szabad Európa Rádió sugározni adásait, s aki tehette, feszült figyelemmel hallgatta. Margitay apja is. A háború után kevés világvevő készülék maradt magánkézen, a megszálló oroszoknak egyik legkeresettebb árucikke volt az óra mellett. Margitayéknál túlélte a világégést, az egyik ruhásszekrényben rejtegették, úgy, hogy ott lehessen működtetni. (A szekrény hátul ki volt fúrva, ott csatlakozott a villanyáram vezetéke és a földelés. Szépséghibája volt a rejtett rádiónak, hogy a földelés egy, a parketta rései közé dugott késsel volt megoldva, s ezt jól lehetett látni, hiába került a rádió a szekrény fenekére.)

Időnként én is hallgattam az adást, s a sok recsegés közben arról értesültem, hogy a „Fekete Hang" Újhelyből jelentkezik, a helyi potentátokat fenyegeti. Színes, izgalmas helyszíni beszámolót kerekített belőle az álnév mögé rejtőző rádiós. Mindent tudott, kivéve egy dolgot:

az ördög a részletekben lakik. Hogy beszámolóját hitelesebbé tegye, élményszerű leírásokkal színezte. Azt hallom egyszer: „Éppen a Mártírok útja macskakövein csattogtak lépteim, mikor..." A Mártírok útja, hogyne, igen, ott laktak Feszt Tibiék, s nevét a háború után kapta, a börtönlázadás lemészároltjainak emlékére. A léptek is csattognak a macskakövön. A baj csak az volt, hogy a Mártírok útját nem macskakővel burkolták, hanem sima betonút volt már a háború előtt is. Ez az apróság az egész történet hitelét elrontotta, legalábbis előttem. Járhatott a „Fekete Hang", ahol akart, nem hittem, hogy betette a lábát Magyarországra. Pedig a helyszíni riportok pszichológiai hatása óriási volt, kárörömmel vettük tudomásul, figyelik a kommunistákat, s egy szép napon majd lecsapnak rájuk.

A Fekete Hang adta az utolsó lökést: ilyeneket én is tudnék írni. Mivel Pavka technikai adottságokkal és mikrofonnal rendelkezett, elhatároztuk, hogy egy mikrofont rákapcsolunk a rádióra, s az általam megírt műsort két beolvasóval közvetítjük Margitay apjának, hogy végre azt hallja, amit igazán szeretne. A hitelesség kedvéért, amíg egyikünk olvassa az izgalmasabbnál izgalmasabb híreket, a másik fésűre tett papírt fújva zizeg, amivel a próbák alkalmával élethűen utánozta a zavaróállomások hangját. Stúdiónak a Margitayék ebédlőjébe vezető kettős ajtó közét használtuk, mivel a párnázott ajtó hangszigetelt bennünket a külvilágtól, tehát titkos adónk leleplezésétől. Amikor elérkezett a rádióhallgatás időpontja, a stúdióba osontunk Pavkával, és az igazi adás szünetjele után Kappan a másik szobában, ahol a társaság várta a híreket, átkapcsolt az ideiglenes stúdióba:

„Halló, halló, figyelem! Itt a Szabad Európa Rádió, a szabad Magyarország hangja!!

Műsorunkat mindennap a 31, 41.9 és az 52 méteres rövidhullámon közvetítjük.

Híreink állandóak és megbízhatóak!

Magyarok! Testvéreink! Életeteket állandóan figyelemmel kísérjük! A moszkovita banditák minden lépéséről tudunk!

Most átadjuk a szót Boda Bálintnak, aki ismét járt Magyarországon. Észak-magyarországi körútjáról fog beszámolni.

Kedves hallgatóim! Ismét otthon jártam. A határon úgy szöktem át, mint szoktam. Kijátszottam a buta juhokhoz hasonló kék ávósokat, pedig szendvicset akartak belőlem készíteni. (Egy szabad ember két ávós között.)

Megint volt alkalmam meggyőződni, magyar testvéreim, hogy milyen rossz a helyzetetek! Veletek érzünk és veletek vagyunk, mikor sorban álltok a rossz minőségű kenyérért, a dohos lisztért, az avas zsírért. Az elsikkasztott élelmiszerek tonnáiért még felelni fog valaki! Itt, Borsodban és Tokaj-Hegyalján a következők aljas üzérkedéseit leplezem le, akiket feketelistára helyezünk:

Zsigmondy Gyula, újdiósgyőri párttitkár elvtársat, aki két szerencsétlen proletárgyereket elvitetett az ÁVÓ-val, mert az élelmiszerellátás miatt elégedetlenkedtek, beteg édesanyjukra hivatkozva. Hallod, Zsigmondy elvtárs! Reszkess! Az éhező gyerekek köhögése hallatszik az égben!

Feketelistára helyeztük Csetovics Izidor volt panmindzsoni nagykövetet, aki Miskolcon az ÁVÓ fő besúgója.

Éliás Bertalan perecesi vájárt, aki munkafelügyelőként működik a B/13-as aknában, társait hajszolja az embertelen normák teljesítésére. Kitüntetésekkel, sztahanovista jelvényekkel kecsegteti őket. Nagyon sajnálatos, hogy ilyen törtető, karrierista alakok kezébe van letéve bányászaink egészsége! Ez a szocialista egészségvédelem! Három műszakban dolgozó vájáraink tudnának róla beszélni!

Böhm József sátoraljaújhelyi rendőrfőnököt, aki a rendszer ellen jogosan kifakadó szegény munkásokat csukatott le, mert sorban állás közben szidták a rendszert. De arról megfeledkeztél Böhm elvtárs, hogy nálatok mázsaszámra felhalmozva áll a liszt, cukor, zsír. A megvesztegetett népboltos kikotyogta. Jellemző a szocialista erkölcsökre!

(...)

[folytatjuk] *kommentárainkat a nap eseményeihez.*

New York, [1952.] *április 12.*

A Reuter Iroda jelenti: Mister Gross, az USA képviselője az ENSZ kongresszusának szűk körű, csak a szabad világbeli küldöttei előtt megtartott beszédében hangsúlyozta, hogy a vasfüggöny mögötti államokban a helyzet tarthatatlan. Illegális magyarországi hírügynökségek szerint Magyarországon zavargásoktól tartanak. Éppen ezért Linz és Urfahr térségében az amerikai csapatok és szövetségeseik seregtest-összevonásokat végeztek, és lábhoz tett fegyverrel várják, hogy a Magyarország felszabadítására induló expedíciós hadsereg indulási parancsot kapjon. Ugyanakkor Tito csapatai Barcs városával szemben készen állnak, hogy a Dráván átkelve stratégiai jelentőségű hídfőállást építsenek ki – fejezte be mister Gross beszámolóját. Az ENSZ titkos ülésén részt vevők egyhangúlag megszavazták az inváziós költségeket.

(...)
Megerősítetlen hírek és ellenőrizhetetlen hírforrások szerint Joszif Visszarjonovics Sztalin egy ideje már nincs az élők sorában, dolgozószobájában pokolgépes merénylet áldozata lett. Akit ti láttok, magyar testvéreim, a filmhíradókban, nem más, mint a Sztalinnak maszkírozott Nyikoláj Cserkaszov színész... Íme, így taktikázik a fondor lelkű moszkvai briganti társaság, de a szabad világ ébersége lerántja róluk a leplet, és feltárja az igazságot.
(...)

A jelen lévő, beavatott társaság szerint Margitay Pista bácsi szomjasan itta a híreket, pipáját izgalmában a szája egyik sarkából a másikba helyezve. Hiszen a tízperces, két hangon beolvasott közvetítés, mint ama bizonyos állatorvosi ló, mindent tartalmazott, mi szem-szájnak ingere: részletezte az életszínvonalra vonatkozó panaszokat; sejtette a küszöbönálló felszabadulást; és végül bosszút ígért a sérelmekért, különös tekintettel a helyi igényekre (bár emlékezetem szerint, a szatirikus műsorban szereplő nevek mind légből kapottak voltak), és ráadásként Sztalint nem egészen egy évvel halála előtt eltette láb alól, olyan módon elégítve ki a bosszúfantáziát, hogy a hírek megbízhatóságáról azért kétely maradjon a hallgatóságban. (Bár látnoki híreim hamarabb beteljesedtek, mint gondoltuk: Sztalin 1952 őszétől tényleg nem mutatkozott a nyilvánosság előtt.)

Nem tudnám megmondani, hogy Margitay Pista bácsi tényleg elhittee a közvetítést, vagy csupán bölcsességében úgy vélte, nem ronthatja el kicsapott fia és a barátai kedveskedő tréfáját. Az adás technikai lebonyolításáért Dolinay Tibor, alias Pavka ma állami kitüntetést érdemelne, mert ennél egyszerűbb közvetítés közben is számtalanszor gikszer csúszik be szakképzett hangmérnökök tevékenységébe, ahogy erről a technika minden fejlettsége ellenére nap mint nap meggyőződhetünk, legyen rádiós vagy televíziós közvetítésről szó, nem is beszélve egy előadóterem behangosításáról. Hitte, nem hitte Pista bácsi, mindenki jól szórakozott, és legendák keletkeztek a Szabad Európa Rádió alkalmi és megismételhetetlen közvetítéséről. (Csupán a SZER igazgatója, Bede István nem találta mókásnak az ügyet, amikor egyszer Münchenben elmeséltem neki, bizonyítandó a Rádió népszerűségét.)

Borbándi Gyula nemrégen megjelent könyvéből (*Magyarok az Angolkertben,* 1996) értesültem több mint negyven évvel később, hogy a Fekete Hang Igady-Kiss Sándor műsora volt, melyet hamar megszüntették, mivel „az információk tekintetében fennállott az elfogultság, rosszindulat vagy a magánbosszú gyanúja", azaz, az újonnan érkező menekültektől származó értesüléseket a SZER vezetősége nem föltétlenül tartotta megbízhatónak. Igady-Kiss Sándort „oly mélyen érintette az esetleges tévedések és méltánytalanságok lehetősége, hogy utána soha többé nem állt mikrofon elé, s nem szólalt meg a műsorban" – fűzi hozzá Borbándi. Az általam leírt eset is egy kétes hitelességű adásnak köszönheti születését. Könyvéből az is kiderül, hogy a szatirikus közvetítésemben szerepeltetett Boda Bálint Lázár Miklós rádiós álneve volt.

Margitay Pista bácsinak minden oka megvolt, hogy találjon valamit, amin derülni tud. Nemcsak a fiát csapták ki a gimnáziumból, de felesége súlyos asztmarohamokkal küszködött. Ha lányuk, Ica, nem áldozza fel fiatalságát arra, hogy az anyját ápolja, nem tudom, hogy viselte volna el utolsó éveit. Margitayné körben felfésülve viselte ezüstszínű haját, szabályos vonásait nem torzította el az állandó szenvedés, plédbe burkolva üldögélt a szabadban, ha kisütött a nap. Mikor ott voltunk, még mosolyogni is igyekezett. Ica ápolónővérként dolgozott az SZTK-ban, de a háztartást is neki kellett vezetnie. Türelemmel viselte sorsát, töltötte az asztmacigarettákat, nem keseredett meg, érdeklődött az irodalom iránt. Ő szólt nekem egyszer, hogy az orvosok irodalmi estet rendeznek az SZTK előadótermében, meghív, jöjjek vele, tudja, hogy érdekel az irodalom. Az irodalmi est eléggé illegálisnak tűnt, a közönség ünnepélyes, bár tartózkodó. Tekintetek meredtek felém, amíg észre nem vették, hogy Ica hozott magával. Az esten főként verseket szavaltak, olyan költők verseit, akiknek legtöbbjéről akkor hallottam először: Apollinaire, Baudelaire, Rimbaud, Paul Geraldy. Utólag úgy vélem, Szabó Lőrinc *Örök barátaink*ból (1941) vagy Szerb Antal *Száz vers*éből (1943) készült az orvosok repertoárja, bár a legjobban Edgar Allan Poe *Holló*ja ragadta meg a képzeletemet, ami egyik gyűjteményben sem szerepel. Titokzatossága, enigmatikusan ismétlődő üzenete: „S szólt a Holló: »Soha már!«". (A fejemben megőrzött verssor miatt tudom, hogy Tóth Árpád mesteri átköltését szavalta az alkalmi színművész.) Ez igen, ez költészet volt a javából! Miért nem ehhez hasonló verseket tanítanak a gimnáziumban? Mert nem Nazim Hikmet, Pablo Neruda vagy Aragon a világirodalom, hanem ezek a költők. Az orvosok műkedvelő irodalompártolását mégis kissé fenntartásokkal fogadtam. Egyrészt kétségtelen, hogy ők az igazi irodalmat kedvelték és terjesztették egymás között, titokban, mint az összeesküvők, másrészt előadóikat szenvelgőnek, modorosnak tartottam, annak ellenére, hogy a mai színésztársadalom ugyanebben a stílusban *szavalja* (azaz nem *mondja*) a verseket a rádióban és a televízióban. (Valamelyik századvégi kritikus eléggé epésen a „síró-deklamáló” iskola stílusának nevezte ezt az előadásbeli modorosságot. Élénken emlékszem már Szegeden egy Palotai Erzsi-estre. A pályája csúcsán lévő előadóművész József Attila-verseket szavalt eltúlzott, hatásfokozó szünetekkel, az érzelmek túlszínezésével. Ezen persze nem lehet csodálkozni, nem Somlay Artúrtól tanult verset mondani, a háború utáni kabaréból indult.)

Valamit Icával is közölhettem fenntartásaimból, mert többet nem hívott meg a konspirációs irodalmi estekre. Ica anyja halála után Pestre került, a Szovjetunióból 1955-ben hazatért Lengyel József titkárnője, ápolónője, mindenese lett. Valamikor a hatvanas években majdnem találkoztunk Bécsben, de csak telefonon beszéltünk hosszan, bár váltig unszolt, Lengyel József is szívesen találkozna egy kinn élő fiatal irodalmárral, hogyan látja az országot egy olyan emigráns, aki az ottani világba beilleszkedett. Sajnos, nemet kellett mondanom. Ica végig kitartott a betegségekkel egyre többet küszködő író mellett, ahogy ez kitűnik Lengyel József naplójának számtalan, szeretetet sugárzó bejegyzéseinek egyikéből: „Ha nem volnának antibiotikumok és Ica ápolása, már régen elpatkoltam volna.” A vége felé már Lengyel hűséges ápolója is betegeskedik, s ez izgatja halála előtt néhány hónappal a 79. esztendejét taposó írót: „A farkasréti temetőben Németh Lászlót temették, Sátoraljaújhelyen az öreg Margittay Istvánt... Sajnálom az előbbit és az utóbbit is, de kapcsolatom – se jó, se rossz – nem volt velük. Közömbösek voltak; az öreg Margittayt soha még csak nem is láttam. Ami izgat: Ica, fájdalmas derék- és medencecsont idegekkel ment le a temetésre [ti. Sátoraljaújhelybe]. Kiegyenesedni sem tudott. Őt féltem! Mert rajta kívül nincs senkim!” (*Lengyel József noteszeiből, 1955–1975.* 1989)

Azt hiszem, Margitayéknál történt egyszer, hogy Pista valami régi bútort szétszedett. Ámulva láttuk a tintaceruzával beírt szöveget a deszka belső oldalán: „Éljen a szocziáldemokráczia! 1905”. Lám-lám, tűnődtem a hajdani asztalossegéd (vagy inas) csínytevésén, mégiscsak volt szervezett munkásmozgalom Magyarországon, nemcsak a tankönyvek állítják! Kőfalszerű ellenállásomban a rendszer minden megnyilatkozásával szemben hajszálrepedés keletkezett. Mert Pavkának, aki váltig bizonygatta, hogy Illés Béla regénye, a *Kárpáti rapszódia* jó olvasmány, továbbra sem adtam hitelt, úgy véltem, betűéhségét kielégítendő mindent elolvas, ami a kezébe kerül. Az új idők új könyvei és új hősei mégis behatoltak a tudatunkba, a kicsapatásunkat megelőző rendőrségi vallatások idején az *Ifjú Gárda* hőseinek, Oleg Kosevoj, Uljana Gromova, vagy egy másik partizánlány, Zója Kozmogyemszkaja konok hallgatásával erősítettük magunkat, akik nem vallottak, amikor a németek elfogták őket – bár Fagyejev regényét egyikünk sem olvasta. Mindez csak azt bizonyítja, hogy az ideológiai indoktrináció sem mindig úgy sikerül, ahogy a diktatúra szeretné. Mert az *Ifjú Gárda* hőseitől nem a szovjet haza szeretetét tanultuk meg. Éppen ellenkezőleg.

Az összeszokott társaság végül is nem bomlott fel egészen érettségiig. Eleinte „bringabrigád"-ként emlegettek bennünket, mivel minden alkalmat megragadva együtt kerékpároztunk nyolcan-tízen, kora tavasztól késő őszig, sokszor csak virtusból lerohantunk Patakra fagylaltozni, vagy az ottani strandra, s ebből gyakran verekedés kerekedett a helyi gimnazistákkal. Télen együtt síztünk a hegyekben, bár akkoriban még nem volt sífelvonó és ugrósánc a Magas-hegyen. Érthetetlennek tartom, hogy a tanárok hogyan nyugodtak bele az egyéni sportolásba, hiszen fel voltam mentve tornából. Dr. Gáll Barna adott egy írást, miszerint „szívbeidegződési zavarok" miatt nem javasolja, hogy a tornaórákon részt vegyek.

Minden alkalmat megragadtunk, hogy tréfás csomagolásban tüntessünk rendszerellenességünkkel. Egyszer kémiaórán az elemek periódustáblázatából Kappan kiokoskodta, hogy a vas is fém, és azonnal észrevette a rigmusos mondóka belső ellentmondását: „Gyűjtsd a vasat és a fémet, ezzel is a békét véded!" A hibátlan ősi nyolcasban megfogalmazott pleonazmus érdekében sok használható tárgynak lába kelt a városban, mint minden kampányban a szocializmus korai (ellentmondásokkal teli) szakaszában, itt sem érvényesült a józan ész. Ha nem akadt ócskavas vagy fémhulladék, annak kinevezett tárgyakat vitt a lakosság a kijelölt gyűjtőhelyekre, mivel mindenki csak a kampány tessék-lássék megvalósításában volt érdekelve – ne lehessen azt állítani, hogy pártunk célkitűzéseit valaki is szabotálja. Ennek a tessék-lássék tevékenykedésnek a beidegződöttségeit a magyar társadalom a legutóbbi időkig megőrizte, az egyén védelmi mechanizmusa ez a „rálőcsölt" extramunka ellen, nemcsak a közértekben és a közhivatalnoki gondolkodásban. Igaz, a magánszférába került kisvállalkozó hamar megtanulta, hogy „a kecske is jóllakjon, a káposzta is megmaradjon" filozófiája idejét múlta. A Kádár-rendszer sikeresen bevált túlélési stratégiája csődöt mondott.

A felnőtté válás ideje minden társadalomban a legnehezebb problémák elé állítja az egyént. Személyes problémái mellett a sikeres társadalmi beilleszkedés tétje forog kockán a hagyományos társadalmakban is, és ha nem törekszik beilleszkedni a fiatal felnőtt, deviáns viselkedése miatt a társadalom peremére szorul. Ha ehhez hozzáadjuk, hogy Kelet-Európában a kommunista társadalmi berendezkedés nem bírt elfogadható jövőképet felmutatni, amelyet a felnövekvő fiatalok maradéktalanul magukévá tehettek volna, mivel a személyiség jogos és indokolt kívánalmai legtöbbször ütköztek a társadalmi elvárásrendszerrel, a legtöbb fiatal, mert képtelen volt kompromisszumot találni, cinikus magatartásformák kialakításával védekezett az őt érintő társadalmi igazsgátalanságokkal és visszásságokkal szemben. Az már csak alkat kérdése, hogy a deviancia megvalósításában meddig megy el egy-egy fiatal. Tételem, hogy a kommunista társadalmi berendezkedésben a deviáns magatartásra való hajlam olyanokban is kialakult, akik hagyományos társadalmakban könnyen és gyorsan konformizálódtak volna. Maga 1956 is ezt bizonyítja, békés, szobatudós alkatú egyetemistákat is a barikádra kényszerített.

Manapság szokás a Kádár-rendszer érdemei között felsorolni (ugyanúgy, mint Hitler érdemei között az autópálya építését), hogy nálunk alig volt fiatalkorú bűnözés. Ez így nem igaz már az 1950-es évekre sem, bár a közbiztonság akkoriban lényegesen jobb volt. Kégl Gazsi gyakran járt Pestre, és mivel egyik rokona a fiatalkorúak bíróságán dolgozott mint ügyvédbojtár, számos tárgyaláson jelen lehetett. Elképesztő sztorikat hozott a Gellért-hegyen működő galerikről, akik a békés polgárokat és fiatal párokat molesztálták. Csakhogy ezekről az újságok nem írtak egy sort sem, az ötéves terv túlfeszített normáinak teljesítése közben. Ezek a galerik szórakozásból kötekedtek a Himfy lépcső környékén, illetve ahol alkalom adódott. Egyik humorosnak szánt akciójuk a következő forgatókönyv szerint zajlott le: odamegy a galeri hangadója egy békésen andalgó párhoz, s megkérdezi a fiút: „Kell neked a nyakkendőd?” Ha a megkérdezett igennel válaszolt, levágta egy késsel és odaadta: „Tessék, itt van!”, ha nemmel, akkor is levágta: „Köszönöm, nekem jó lesz!”. Ha az áldozat okvetetlenkedni próbált, a galeri tagjai előugrottak rejtekhelyükről, s alaposan összeverték. Még örülhetett, ha a társaságában lévő lányt nem erőszakolták meg.

Már a tanév első felében megromlott körülöttünk a hangulat. Nemcsak igazságosztásunk romantikája kopott meg, de az osztály nagy része növekvő ellenszenvvel figyelte jópofaságunkat, azt, hogy akik nem tartoztak a belső körhöz, éretlen tréfáinknak gyanútlan áldozatai lettek. (Karinthy *Tanár úr, kérem!*-jének minden beugratását felhasználtam szórakoztatásul. Komoly arccal odamentem valamelyik bejáróhoz, óvatosan szétnéztem, és a fülébe súgtam: „Gyere velem, valami nagyon fontos történt, meg akarom mutatni, csak neked!” S már indultam is az iskolaudvarról a legfelső emeletre. A beugratott fiú egyre izgatottabban rohant utánam, fel az emeleteken, a padlás bejáratáig. Semmi nem történt, csak az osztálytársai jelentek meg harsányan röhögve. Lassan megértette, hogy az ő beugratásán nevetünk. Élet és irodalom így találkozott, bár a tréfa kieszelése előtt magam sem hittem, hogy sikerülni fog az ugratás, hogy akadjon valaki az osztályban, aki nem olvasta a *Tanár úr, kérem!*-et. Mert a produkció szóról szóra megtalálható Karinthynál.)

Elégtelen feleleteim alaposan megtépázták a tekintélyemet. Figyelmeztetést is kaptam, a lányok részéről, Mikuláskor. Összebeszélve, mikulási meglepetést tartogattak mindenkinek, kis ajándékkal és névre szóló üzenettel. Az enyémben ez állt: „A lejtőn nem lehet megállni!" A rajz egy bősz sízőt ábrázolt, amint száguld a lejtő aljában tátongó szakadék felé, nyakába akasztott sakktáblával. A lányok kedveskedő meglepetéséből is majdnem baj származott, elvégre 1951-et írtunk, s az ő ártatlan „csínytevésük"-et (mit csínytevés! – a közösség összetartozásának szép jele) is a „klerikális reakció" megnyilvánulásának könyvelte el a hivatalos vélekedés (Püspöksüveges Mikulás nincs! Télapó van!), s az értelmi szerző, Palocsay Mária éppen csak megúszta a kicsapást. (Az egyik bátyja Recsken törte a követ.) Többször falfehéren jött vissza az igazgatói irodából. Talán az mentette meg, hogy az osztály egyik kitűnő tanulója volt. Buzgó vallásosságát egyre inkább rejtegetnie kellett. Mire érettségire kerültünk, megtalálta a modus vivendit: matematika szakra jelentkezett, és tanárnő lett belőle. Talált egy olyan életformát, melynek nem volt ideológiai vetülete. Hitt a kétszerkettő megdönthetetlen igazságában. Pedig nem volt könnyű dolog kitartania a maga választotta igazsághoz való ragaszkodásban. A két kitűnő tanuló lányt, őt és Biasztika Líviát gyakran kínpadra feszítette Harasztos Gyula, amikor feleltek. Ha egy bonyolultabb levezetésbe idegességükben belezavarodtak a táblánál, Harasztos tanár úr, a hímsovinizmus prototípusaként elkezdte a szakállát markolászni: „Nem való lányoknak a tudomány, miért nem maradnak a főzőkanál mellett?" Ilyenkor sajnáltam őket, megszégyenítésüket fölöslegesnek tartottam harminc fiú előtt. Bár hősiesen viselkedtek, könnyeiket visszatartva tértek vissza a helyükre; enyhe pír jelezte, mi megy végbe bennük. Nem értettem, Harasztos tanár úr hogyan lehetett ennyire érzéketlen pedagógus a lányokkal.

Félévi bizonyítványosztás után alaposan lehűltem. Nemcsak magatartásból kaptam „tűrhetőt", de három komoly tárgyból is csak „jót" kaptam, és ráadásul tornából „közepest". (A tornatanár válasza a sítúrákra és dr. Gáll Barna felmentésére.) A tűrhető magatartás a legrosszabb érdemjegy, mert a „tűrhetetlen" automatikusan maga után vonja az iskolából való eltávolítást. S ezzel már nem jár semmiféle népszerűség, mint a látványos kicsapatással az előző tanévben. Igyekeztem tehát kissé meghúzni magam, jelentkeztem a Rákosi Mátyás 60. születésnapját megünneplő tanulmányi versenyre (ezúttal tényleg önként) magyarból és történelemből. Az igaz, hogy a nevem még a dicséretes dolgozatok szerzői között sem szerepelt, de tanáraim megenyhültek irányomban, tudomásul vették az igyekezetet, és év végére már csak egy négyesem maradt, fizikából, s eltűnt a tűrhető magatartás szégyenbélyege is, „jót" kaptam, ugyanúgy, mint tornából. Mulasztásaimból azonban nem tudtam magam teljesen kibeszélni, maradt igazolatlan óra is bejegyezve. Bizonyítványosztás előtt az igazgató magához rendelt, és kifejtette, látja, már nincs velem annyi baj, de nem ártana, ha jelentkeznék Sztalinvárosba, hogy fizikai munkával vegyek részt a szocializmus építésében. Nem volt választásom, igent mondtam. Ezért nem lepett meg, mint korábbi önként jelentkezéseim, amikor az évzáró ünnepélyen a Sztalinvárosba jelentkezők között a nevemet hallottam.

Először is Gyöngyösre utaztam, mint minden évben. Jártam a strandra, jógáztam és megnyitáselméleti munkákat tanulmányoztam. Legfőképpen persze az olimpia közvetítését hallgattam én is álmélkodva, mint az egész ország. A legyőzhetetlen Papp Laci, Iharos, a vívóink, Gerevich Aladár, Kovács Pál – minden győzelem szép volt, és szorongattam volna (az akkor fénykorát élő) Szepesinek is a kezét: az ő közvetítésének oroszlánrésze volt abban, hogy a 16 olimpiai bajnokság aranyesőjét otthon is élvezhettük. Volt ezüst- (10) és bronzérem (16) is bőven, alig akartuk hinni, a világ két nagyhatalma mögött, a nem hivatalos rangsorolásban harmadikok lettünk. Végre valaminek maradéktalanul örülhettünk. Nem a szocializmust kellett éltetni, hatalmi szóra tapsolni. Nem untuk meg a himnuszt hallgatni, egy ország úszott az öröm- és diadalmámorban.

Az olimpia záróünnepélye alatt (augusztus 3.) utaztam Sztalinvárosba, még mindig tele lelkesedéssel. Az osztályból emlékezetem szerint csupán néhányan, köztük Miltényi László vállalkozott a szocialista építőmunkára. Lehet, ő adta az ötletet az igazgatónak, hogy azt kapjam büntetésül, ami neki jutalomként jutott, hiszen egy DISZ-titkárnak illett jelentkeznie. Sztalinváros bizony nem olyan volt, mint a híradókban, ahol a hős olvasztárok csapolták az acélt, hogy bölcs vezetőnk mondása – „a vas és acél országa vagyunk" – beteljesüljön. (Talán éppen ekkoriban járt ott egy íródelegációval Örkény István, s hallgatta ámultan a csoportot körbehordó párttitkár dicsekvését az agyonreklámozott Vasműben: az öntödék ennyi és ennyi vasat termelnek... itt ennyi és ennyi acél fog folyni... Örkény észrevette, hogy a párttitkár egyre csak őt nézi. A végén félrehúzta a delegációtól: „Nem az Österreicher patikus úr fia tetszik lenni?" Örkény igenlő bólintására így folytatta: „Akkor megmondom én az író úrnak, ne legyen félreértés, lófasz fog itt folyni, nem acél!")

Azt hiszem, két brigádban dolgoztak az újhelyiek. Az első héten mindent megtettünk, mégis csak a norma 60-70%-át sikerült teljesítenünk. Vastraverzeket mozgattunk a felvonulási területen egyik helyről a másikra. Már az első nap véresre törte tenyerünket az óriás hajtűre emlékeztető, 6-8 méter hosszú (ezért volt felébe hajlítva), 2-3 centiméter átmérőjű csavart drótszál, melyet kiegyenesítve, méretre szabva és összeforrasztva rácsokként építettek a betonfalakba, hogy ezáltal az építmény szilárdságát biztosítsák. Kettőt-hármat összefogtunk, s mint lovak a hámban, vonszoltuk terhünket. Nehéz volt kiszabadítani a traverzeket, mert amikor a teherautó platójáról lezúdították a szállítmányt, összegubancolódtak, s ebből a gubancból kellett külön-külön kihúzni minden egyes szálat. A teherautós rakodók még röhögtek is hozzá: „itt az új adag a gimnazista uraknak! mi az, még az előbbi rakományt sem szállítottátok el?" Úgy éreztem magam, mint a kényszermunkára ítélt rab. Miltényi a helyzet magaslatára kívánt emelkedni, bár ő sem volt vasgyúró. Becsülettel igyekezett példát mutatni, ahogy klottgatyában, sűrűn verejtékezve, lúdtalpasan csoszogva húzta az igát.

A norma nem teljesítése a szabotálás rémét állította elénk: nincsen elég szocialista öntudatunk. Pedig csak arról volt szó, hogy a megerőltető fizikai munkát nem ismerő fiúk nem bírták az iramot. Ebből veszekedések lettek, az erősebb (paraszti munkához szokott) fiúk az anyánk istenét emlegették, hogy miattunk kell nekik többet dolgozni, pedig ők is tudnának lazsálni, mint mi. A szocializmus embertelenségében nem vette figyelembe, hogy 15-16 éves fiúk nem tudnak olyan teljesítményt elérni, mint a felnőtt melósok. Emlékszem egy első gimnazista, vézna fiúra, Sütő Lászlónak hívták, többször összeesett, eleredt az orra vére. Emberi együttérzés helyett ellenséges tekintetek méregették: gyengélkedik itt, ahelyett, hogy dolgozna. (Sütő 1956 után nyugatra ment, és Utrechtben védte meg francia nyelvű PhD disszertációját. Noha a hollandon kívül jól megtanult németül, franciául és angolul, amikor a nyolcvanas évek vége felé javaslatomra felvették a BBC-hez, kollégái marakodása miatt távoznia kellett. Szemére hányták, hogy az egyik adásban Dohnányi nevét véletlenül, holland kiejtés szerint, h nélkül, Donányinak ejtette. Mekkora műveletlenség! – óbégattak a csak angolul tudó kollégák.) A brigádmunka megmutatta a szocializmus embertelen arcát, az egy közösségben dolgozókat egymás ellen uszította. Hányszor hallottam, mondták nekem is, másoknak is: „Nem vagy közösségi ember!" Igen ám, csakhogy teljesen más egy organikusan kialakult közösség, és az, amelyet egy külső erőszakszervezet szorított közös gyűrűbe, az kreálta a „közös érdeket".

Egy idő után megkaptuk a „védőeszközt". Egy téglalap alakú bőrdarabot, melynek egyik végétől pár centire egy bevágás volt. Ezen átdugtuk a kezünket úgy, hogy a bőrdarab nagyobbik fele a tenyerünk elé kerüljön. A bőr egészen biztosan nem erre a célra készült; vastag, jó minőségű bőrt szabdaltak szét, bár mindezek ellenére a hasíték könnyen tovább szakadt, s akkor már nem lehetett a csuklónkra húzni. Ilyenkor a diszpécser utasítására újabb hasítékot vágtunk, s megint újabbat, a tenyerünket és ujjainkat oltalmazó darab egyre kisebbedett. Amikor már nem lehetett tovább használni, a rozsdásodó traverzek tovább roncsolták a kezeket, de ezzel senki nem törődött. Mit számít egy esetleges vérmérgezés a szocializmus felemelő céljaihoz képest, hiszen első szocialista városunkat építettük.

Megismerkedtünk a szocialista munkásosztállyal, mely munka után vedelte a sört és randalírozott. Napi munkájukat végezve, ha nem is vasba öltözve (mint József Attilánál), hanem csak micisapkába, köpködtek és káromkodtak, fogdosták a malteroslányok feszesen domborodó elejét vagy hátulját, ahogy kézre esett. Ez a munkásosztály nem is igazi munkásosztály volt, hanem falusiak, akik folyton az aszályról beszélgettek, az iszonyatos hőségben kiég a termés. De nekik legalább volt overalljuk, mi a saját ruhánkat nyűttük. Hogy a munkásosztály mennyire öntudatos volt, azt a büdös budikban (az különbözteti meg a latrinától, mely a pöcegödör felett keresztbe fektetett gerenda, hogy a budinak van oldala és ajtaja) tudtam meg a feliratokból. Ezek szellemesek voltak: „Itt van a szar temetője, / élmunkások pihenője!". Leginkább a következőt kedveltem, a bravúros asszonánc miatt: „Tiéd a vécé, magadnak szarsz, / ezt tanítja Engels és Marx."

Sátortáborban laktunk, hatan (vagy nyolcan?) egy sátorban. Ha megfordultam, akaratlanul is orrba ütöttem könyökömmel a mellettem fekvőt. Reggeliről magunknak kellett gondoskodnunk, ebédet az egyik üzemi konyhán kaptunk, híg löttyöket krumplival, gerslivel. Este a délben lopott, megszáradt kenyérszeleteket majszoltuk, és kimerülten aludtunk. Nem nagyon volt kedve senkinek sem randalírozni. Vasárnap (nem volt szabad szombat) lementünk a Dunára fürdeni az égető hőségben, kivárva, amíg a rendőrségi rocsók elviharzottak. A vízbe merészkedőket szedték ki, mivel „a Dunában fürdeni tilos és életveszélyes!". Erkölcsrendészet nem létezett, hiszen „gyereket szülni anyának kötelesség, leánynak dicsőség!" – vélte a korabeli aranymondás. A cigányok el-elkaptak egy malteroslányt, partiba dobták, megdugták mind, aztán lucskosan útjára engedték. A lányok vihogásából arra lehetett következtetni, bár szégyenlősen igazították szoknyájukat és kibomlott hajukat, nem is nagyon bánták. Egyszer nekem is meggyűlt a bajom a cigányokkal. Osztálytársaim kiabáltak: „Czigány, Czigány, gyere csak!" Meg is jelent 3-4 füstösképű: „Mi az? Valami hézag van?" Kínos volt a magyarázkodás, de megúsztuk a verést.

Lassan eltelt a három hét, ütött a szabadulás órája, mehettünk haza. Előkerült a bérelszámoló, megkaptuk a számfejtett bért, melyből a szállást és az étkezést levonták. Nekem huszonhárom forint nyolcvan fillér ütötte a markomat, és három darab felhasználatlan étkezési jegy, amit nem váltottak vissza. Jó mulatság, férfimunka volt. A pesti gyorson hazafelé beültem az étkezőkocsiba és szalonnás tojást rendeltem (9,60 Ft), rá megittam egy pohár sört (2,20 Ft), és hogy teljes legyen a dorbézolás, még egy dupla feketét (2,80 Ft) is felhajtottam. A villásreggeli után úgy éreztem magam, mintha a velszi herceg lennék, hiszen majdnem egyhavi nettó keresetemet költöttem el. (Összesen 227,57 forintot kerestem, 84%-os átlag normateljesítés mellett mint szakképzetlen segédmunkás, naponta átlagosan tízórás munkaidővel.)

Örültem, hogy túléltem a munkatáborban eltöltött heteket, örültem, hogy láthattam az olimpikonokat (köztük Papp Lacit), amikor felkeresték országos körútjuk alkalmával a Sztalin Vasmű dolgozóit is, hogy személyesen beszámoljanak (a minket oly közelről érintő) élményeikről, de mi tagadás, legfőképp annak örültem, hogy mehetek haza.

Álmodozások kora

Az új tanév elején megint csak az igazgatónál kellett jelentkeznem. Leültetett a párnázott ajtajú irodában, már azt hittem, cigarettával is megkínál. Jávor Pál-bajusza mosolygós szájat takart. Messziről kezdte. Hogy mennyire örül, hogy ilyen derekasan megálltam/megálltuk a helyünket a szocializmus hősi vívmányainak építése közben Sztalinvárosban. Arról is értesült, hogy az osztály megvonni készül a jelenlegi alapszervezeti DISZ-titkártól a belé helyezett bizalmat, új emberre van szükség, aki rugalmasabban kezeli a problémákat, és van tekintélye az osztály előtt... mint például nekem. Arckifejezésemet látva a diri megérezte, hogy túlságosan ajtóstul tört rám a megtiszteltetéssel, kulcscsomóját csörgetve hozzátette: „természetesen nem kell most azonnal válaszolnod, gondolkozz el rajta, de hidd el, hogy tanáraid örülnének és én is, ha elvállalnád ezt a szép munkát". Amikor makogva védekezni kezdtem, hogy nem vagyok én politikailag elég fejlett... hirtelen eltűnt a Jávor Pál-bajusz alól a mosoly, és hangot váltott: „Vedd tudomásul, nem szeretem a klikkesedést, s te klikkvezér vagy, az osztályban hallgatnak rád", majd megint incselkedőre váltott a figyelemre méltó színészi képességekkel megáldott igazgató: „A lányok majd bepisilnek tőled..." Befejeződött az audiencia, melynek alapgondolata abból a népi bölcsességből táplálkozott, hogy rablóból lesz a legjobb pandúr.

A tanév elejére ezúttal Kossuth születésének 150. évfordulója esett. A születésnapon, tehát szeptember 19-én rendezték meg a nagyszabású ünnepséget, s megállapodott a gimnázium ifjúsága „alulról jövő kezdeményezésként" (tehát nem igazgatói direktívára), hogy ez a nap mindig is az öregdiákok találkozójának a dátuma lesz. (Nem tudom, mennyi ideig élt az új keletű hagyomány, nekem egy találkozóra se sikerült eljutnom.)

Feró bácsitól elbúcsúztunk, mert kémiát csupán az első két évben tanultunk, és azt hiszem, mi is, mint az előttünk és az utánunk járó korosztályok, örökre a szívünkbe zártuk. Embersége, igazságosságán alapuló tekintélye mindenkit lefegyverzett. Politikai véleményt soha nem nyilvánított (legalábbis előttünk); a rendszerről se jót, se rosszat nem mondott. Őt és Harasztos Gyulát megkímélte az igazgató a „társadalmi munkától", elvégre ott voltak a fiatal kollégák. Azok tartották a buzdító beszédeket. Az osztályfőnöki órákon sem nyilatkozott a DISZ-t érintő kérdésekben, hagyta Miltényit érvényesülni, csak akkor köszörülte meg a torkát, ha látta, hogy osztálytitkárunkat elragadja a hév agitációs munkája közben. Az igazgatónak igazat mondtam, hogy politikailag éretlen vagyok, mert a brosúrák világa távol állt tőlem, s arra korlátozódott, hogy amikor a gimnázium DISZ-titkára megkérdezte nagyhatású beszéde előtt, hogyan ejtik Duclos elvtárs nevét, felvilágosítottam. Félve kezdtem neki tehát osztálytitkári tevékenységemnek: egyvalamit határoztam el, hogy a „tanulmányi munkát" komolyan veszem, s igyekszem osztálytársaimat baráti alapon rászoktatni, vegyék ők is komolyan a tanulást, bár akkor még nem tudtam, a „non scholae, sed vitae discimus"-nak az ellenkezője igaz, vagyis hogy nem az életnek, hanem az iskolának tanultunk. Mikor a dirivel közöltem DISZ-titkári programomat, a Jávor Pál-bajusz széthúzódott: „Jól van, édes fiam, ne hőzöngj!"

Az új osztályfőnök, Mátray László (1916–1972), az orosztanárunk lett. Magas homlokával, klasszikus arcélével és a napfényben meg-megcsillanó aranykeretes szemüvegével maga volt a megtestesült, kiismerhetetlen szigorúság. Hátrafésült, fekete hajába a kazahsztáni tartózkodás ősz szálakat csempészett. Mint osztálytitkár nem csak az órákon vagy tízpercekben láttam; legalább hetente egyszer magához rendelt a kollégiumba, ahol nevelőtanár volt. Egy idő után másról is beszéltünk, látta, hogy félrehajtott fejjel igyekszem a degeszre tömött polcokon sorakozó könyveinek a gerincén lévő szerzőt, címet elolvasni. Egyet-egyet levett, kezembe adta. Az egyikben beírás: „Mátray László, Róma, 1938". Talán egy Amazonas menti őserdőben élő indián sem nézhette volna tágranyíltabb szemekkel: „Róma, 1938!" Szentségesúristen! Ez az ember JÁRT RÓMÁBAN! Gyönyörködhetett a műkincsekben, tanulhatott olaszul. S ugyanolyan, mint mi: két keze, két lába van, nem visel táblát a hátán: „Én jártam Rómában!" De hát ez nagyon régen történt, a vízözön előtt, évezredekkel ezelőtt. Ma már senki sem jár Rómába. Életemben először minden tartózkodás nélkül irigyeltem valakit. A Collegium Hungaricumban volt ösztöndíjas. Szerencsésebb nemzedékek meg sem érthetik, miről beszélek. (Amikor először tanítottam az Eötvös Kollégiumban 1986-ban, saját okulásomra statisztikai felmérést készítettem hallgatóimról. Megtudtam többek között, hogy egyetlen olyan hallgatóm sincs, aki legalább egyszer ne lett volna külföldön, azaz nyugaton, 18 éves kora előtt.) Mátray tanár úrral gyakran beszélgettem, később már többedmagammal is. Általában könyvekről. Felvilágosított, hogy nem kell minden könyvet elolvasni, van olyan, amelyikbe elég, ha belenézünk, s van olyan is, amit kézbe venni sem érdemes. 3-4000-re tehető azoknak a könyveknek a száma, amit viszont el KELL olvasni, ha a műveltségnek még csak a látszatát akarjuk kelteni is. Mindent elolvasni egyébként is lehetetlen, mert az emberi élet erre rövid. Illusztrálta szánalmas lehatároltságunkat.

Ha valaki 15 és 60 éves kora között minden nap elolvas egy könyvet, az se túl sok. Tegyük fel, hogy egy könyv átlagosan 200 oldal. Tegyük fel továbbá, hogy heti hat könyvet olvas el valaki (ne vegyünk hetet, mert nem mindig van alkalom), az havonta 25 könyv, évente 250 darab (mert betegségek, más tennivalók miatt csak tíz hónapot reális számolni). 45 év alatt, amit tekinthetünk egy átlagos, munkában eltöltött életnek, bizony csak 11-12 ezer kötet. De már ez is képtelenség, mert nagyon kevés az olyan ember, aki egy élet alatt ezt a tervet következetesen végre tudná hajtani, végső soron mindegy, hogy önhibáján kívül, vagy érdeklődés hiányában. Még ha megduplázzuk a számot, és kereken 20 ezer kötetet olvasna el valaki, akkor sem jutott sehova, mert magyarul is ennél több könyv jelent meg! Elkeserítő távlatok nyíltak meg előttem pondró voltunkról, ahogy araszolunk a könyvhegyek és betűtornyok között. (Mátray tanár úr kézenfekvő bölcsessége pár évvel később a British Museum könyvtárában jutott eszembe. A Shakespeare-ről szóló könyvek címlistája [akkor] három fólió alakú, háromhasábos kötetet töltött meg a katalógusban, átlagban 600 oldalon, egy hasábon 40-60 tétellel. A számításokat mellőzve, ezeket végigolvasni 25 ember élete is kevés. Szerénységre intő példa ez komoly tudósoknak is. Horváth Jánosnak a teljes élete kevés volt ahhoz, hogy megírja a magyar irodalomnak egy olyan történetét, mely a legaprólékosabb ismereteken alapszik. Az általa publikált részmonográfiák teljesítménye így is megismételhetetlen.)

Azt persze én sem gondoltam (akkoriban sem), hogy a mindentudás igénye ne lenne hiú ábránd, de végességünk, számokra lebontva, megdöbbentett. Hogy az elsajátítható kivételes műveltség is néhány ezer kötetre támaszkodik, 2-3 nyelven! Orosztanárom pragmatikus gondolkodása kijózanított mindenféle ifjú titánkodásból. Mátray tanár úr a könyvek válogatás szerinti olvasását minden bizonnyal Francis Bacon esszéjéből merítette: „Some books are to be tasted, others to be swallowed, and some few to be chewed and digested" *(Of Studies)*. Csak arra nem válaszolt sem ő, sem Francis Bacon, hogy, válogasson az, aki olvasói pályája elején áll. Amikor éppen azt nem tudja, hogy melyik könyv fontos neki. Utólagos bölcsesség ez, melyet előbb-utóbb a saját kárán mindenki megtanul.

Mivel tudta, hogy az ivarérett ifjúság érdeklődése mennyire egyirányú, e téren is szívesen osztott tanácsokat. Persze, persze, tudja, hogy a klasszikus erotikát ismerjük (Apuleiustól az *Aranyszamár*t és Boccaccio *Dekameron*ját), de a magyar irodalomban is vannak irodalmi színvonalú erotikus alkotások, nemcsak Babits *Eratój*a, más nyugatos szerző is alkotott, ha nem is örökbecsűt, de irodalmi mércével mérhetőt. Elsőnek Gellért Oszkár *Ophélia térdein* (1911) című verseskötetét említette, mert mindenben „az esztétikumot kell keresni". Ezen jól mulattunk, mert nem sokkal előtte Damjanovich Sanyi mutatott egy „igazán" erotikus mondatot egy svédből fordított regényben: „s akkor a felhevült férfi egy rántással letépte az énekesnőről a zöld selyemkombinét". Ez volt az igazi erotika, a zöld selyemkombiné!

Damjanovich Öcsivel egyébként is egyre többet voltunk együtt. Kétlaki életet éltem, egyrészt a vagánykodó társaságot is kedveltem (bár Margitay Pista azzal vádolt, hogy mióta DISZ-titkár lettem, nem vagyok a régi, s gyakran kihívott gombostűpárbajra a görög katolikus templom mögötti tisztáson), másrészt szellemi érdeklődésemet nem elégítette ki a diákhumor, az örökös ugratások, a csínytevések. Damjanovich Öcsi volt az ügyeletes matematikai zseni a gimnáziumban, nekem viszont egyre nehezebben sikerült matematikából a jelesemet megtartani. Lábos Elemérrel, aki eggyel alattunk járt, főként bonyolult matematikai levezetések megoldásán törték a fejüket, bár hazudnék, ha utólag azt állítanám, hogy érdeklődésük csupán az integrálszámításra korlátozódott (ami a mi időnkben nem volt gimnáziumi tananyag). Rajtuk keresztül ismerkedtem meg a párhuzamos osztályba járó Király Erzsike idősebb férfi rokonával (bátyja, unokabátyja volt-e, nem emlékszem), aki mentorukként lépett fel, és zártkörű társaságban gyűjtötte maga köré az arra érdemeseket. Miután túlestem a Szondi-teszten, engem is meghívtak (vélném, Damjanovich Öcsi ajánlására). Király Dundi magas, sovány, égő szemű, nagyon komoly fiatalember volt, talán tíz évvel is idősebb, mint mi. Először is tájékoztatott a teszt interpretációjáról, melyet írásban is megkaptam, s ebből elsősorban az derült ki, nagy önfegyelemre van szükségem, hogy képességeimet a helyes ösvényre tereljem, mert jelenleg túl sok minden érdekel, és ha nem vigyázok, bekövetkezhet a teljes szétszóródás. Azóta is igyekszem komolyan venni az önjelölt cserkészfőparancsnok intelmeit, bár egy idő után nem kaptam meghívást a találkozókra, talán megérezte, hogy tekintélyét nem tekintem abszolútnak, s a magukra erőszakolt komolykodást sem igyekszem elsajátítani.

Szondi Lipót (1893–1986) a sorselemzés *(Schicksalanalyse)* megalapítója mielőtt Svájcba költözött volna, még a harmincas években kidolgozta a róla elnevezett tesztet, melynek az alapötlete Lombroso zsenielméletére támaszkodik. Lombroso szerint a lángész az őrültséggel határos, és a körülmények döntik el, melyik irányba fejlődik. A teszt a Szondi által meghatározott hat ösztönkört (pl. szexualitás), melyeket faktoroknak nevezett el (pl. P. faktor), nyolc fényképpel illusztrálta (ezeket vette részben Lombrosótól), az arcképek közül négy a negatív, négy a pozitív irányba kiteljesedett bűnözőt illetve zsenit ábrázolt. A teszt alá vetett alanynak azt kellett eldöntenie, hogy az arcképek közül melyiket találja szimpatikusnak, illetve antipatikusnak. A hatszor nyolc arcképet tartalmazó sorozatot a kísérleti alanynak többször is megmutatták, s így az ösztönélet pillanatnyi hullámzásának feltérképezése közepette kirajzolódtak a konstansok, melyek értékelésével a tesztalany személyisége megbízhatóan megállapítható. Mint minden pszichológiai tesztet, a sorselemzés tudományos megbízhatóságát is sokszor, sokan kétségbe vonták. Az elemzés kardinális tétele, hogy mindenki a neki szimpatikus arcokat választja, a *similis simile gaudit* több ezer éves közhelyére megy vissza, melynek érvényességét ostobaság lenne vitatni, bár azt igen, hogy ennek alapján lehetséges-e egzakt méréseket végezni. Egy idő után saját magunkon végeztük a teszteket, igaz, szarvashiba volt, hogy mikor már ismertük az arcképek szimbolikus jelentését, ez befolyásolta választásunkat, s ezzel az egész tesztelés a társasjáték szintjére zuhant. Elveszítettem az érdeklődésemet.

Ebben a társaságban hallottam először Hamvas Béláról, aki mentorunknak is első számú guruja volt. Sajnos, egy sora sem került a kezembe akkoriban, a már többször emlegetett könyvhiány miatt. (Az viszont talán jó is, hogy nem tudtuk róla, ez a reneszánsz szellemiségű ember – mint ahogy Madách megjósolta a borsóra térdepeltetett Platón figurájával a falanszterben – ekkoriban Inotán vagy Tiszapalkonyán megtűrt raktárosként tengette életét, bár nem engedte, hogy a lét meghatározza tudatát, a sanyarú körülmények ellenére is alkotó maradt.)

Damjanovich Öcsiéknél láttam először nyugati képeslapot (az ún. „glossy magazine"-t), ámultam a színes műnyomó papíron készült képeken, melyek tágas luxuslakásokban boldogan élő Apukákat, Anyukákat és illedelmes, jól fésült kisfiúkat és copfos húgaikat ábrázolták.

Egészséges fogaikat kivillantva a családi élet egy-egy bensőséges pillanatához statisztáltak. Nem volt nehéz rájönni, hogy az ideális család csupán díszlet Apuka új golfütőjéhez, Anyuka villanyvasalójához, porszívójához, netán a család örömére beszerzett hűtőszekrényhez (amit akkor még jégszekrénynek hívtak), vagy az illedelmes kisfiú fényesen csillogó kerékpárjához, melyet természetesen csak Apuka engedélyével használt. A fogyasztói társadalom legújabb vívmányai iránt nem mutattam kellő érdeklődést, bár az ízelítőt e csodálatos és elérhetetlen világból egy ideig kellő áhítattal nézegettem, anélkül hogy a reklámszakemberek szerint oly könnyen felcsigázható bírvágy hatalmába kerített volna. Az is bosszantott, hogy Damjanovich Öcsi olyan arckifejezéssel mutogatta a képeslapokat, mintha ezáltal az ábrázolt javak az ő tulajdonába mentek volna át. Jobban örültem volna, ha ilyen papíron művészeti alkotások sokszorosítványait láttam volna viszont, mert a kezembe kerülő fekete-fehér, silány minőségű reprodukciókról nehéz volt elhinni, hogy csodálatos színekben pompázó festményeket ábrázolnak.

Sokkal inkább érdekelt a szintén Damjanovich Öcsi által kölcsönadott, lebilincselően izgalmas könyv, Sir Arthur Eddington *A természettudomány új útjai.* A cambridge-i asztrofizikus bonyolult természettudományos kérdésekről közérthetően írt, és izgalmas távlatokat villantott fel a kozmosz keletkezéséről, az anyag szerkezetéről, a relativitáselméletről, a tér görbületeiről és az időkontinuum érthetetlen hiátusairól. Érdekelni kezdett a fizika is, amit Titkos Erzsébet tanított, szertartásosan kimért mozdulatokkal. Az alacsony, de termetes tanárnő korábban apáca volt, s szigorúan betartotta a hallgatólagos egyezséget: ő a legjobb tudása szerint tanít, és ezért cserébe békében hagyják a ninivei hatalmak. Tőle kaptam egyik legtanulságosabb leckémet matematikából már negyedikben. Az eléggé nehéz évzáró vizsgadolgozatban a háromismeretlenes egyenletet szerencsés intuícióval hamar megoldottam, viszont az ismeretlenek behelyettesítésénél egy elemi feladatot (közös nevezőre hozott törtszámokat kellett összeadni és leegyszerűsíteni) elkapkodtam, s így a végeredmény, bár a levezetés hibátlan volt, nem felelt meg a valóságnak. „Nézze, kiscigány, én elhiszem, hogy törteket már 10 éves korában is tudott egyszerűsíteni, és a levezetés kifogástalan, de nem adhatok jelest, mit szólnának azok, akik nem követtek el nevetséges elemi hibát. Nem kellett volna kiszaladni az osztályból, ahogy kész van, egy-két percet szánhatott volna arra, hogy ellenőrzi, amit csinált, s akkor biztosan nem hagyta volna benne vizsgadolgozatában a csúfságot." Az utolsó év végi bizonyítványt negyedikben le is rontotta a matematikából adott négyessel. Nagyon érzékenyen érintett az ügy, de tanultam belőle, az elbizakodottság ördögét kiűzte belőlem. Móresra tanított a rendjéből kényszerítő körülmények miatt kilépett apáca. Ma is becsülöm érte.

Az igazság az, ha arra gondoltam, hogy Damjanovich Sanyinak jelese van matematikából, akkor bizony nekem a jó is kitűnő. Ezt homályosan már harmadikban is éreztem, s azt is láttam, Lábos Öcsivel sem tudok versenyezni, hiába fiatalabb, mint én. Egy idő után, tapintatosan, nem is beszéltek előttem matematikáról, maradt éppen elég közös téma, s nekem vigaszul szolgált, hogy sakkozásban éppen annyira lemaradtak mögöttem, mint én matematikából mögöttük. Ez viszont a két Öcsit bosszantotta, hiszen a közvélekedés szerint a sakktehetség és a matematikai érzék kéz a kézben járnak. Matematikában sem volt könnyű dolguk, hiszen őket pedig a néhány évvel idősebb Corradi Körcsi nézte le, akit az egyetem elvégzése után azonnal kineveztek adjunktusnak az ELTE-n. Corradi papa olasz származású volt (furcsa módon Újhelyben több olasz származású család élt, például egyik osztálytársamnak, Sebestyén Gyurkának a nagyapja is Olaszországból jött Pestre a század elején mint kőfaragómester az Országház építkezésén dolgozni, magyar nőt vett feleségül és letelepedett), és felesége gimnazista lányuknak gyakran rendezett zsúrokat, felváltva Bisztikáékkal, ahol illedelmesen viselkedve csodáltuk Corradi Mici ébenfekete haját, mely, ha nem tűzte koszorúba, karvastagságú fonatban a szoknyája szegélyéig ért. A lányok visszafogottan kacérkodtak, mi pedig lagymatag érdeklődést mímelve illedelmeskedtünk a mamák figyelő tekintete mellett, és játszottuk az ilyenkor szokásos társasjátékokat. A zsúrok kissé avítt voltát a lányos mamák is felismerték egy idő után.

A mi családunkban Halottak Napja volt a legfontosabb ünnep. Apám gondterhelten, vizes kefével távolította el fekete télikabátjának bársonygallérjáról a láthatatlan porszemeket. Sötét öltönyt vett, sokáig kötögette a fekete nyakkendőt. Anyám meghozta a megrendelt koszorúkat, és megindult a menet. Ha húgaim bámészkodtak, vagy oda nem illő megjegyzést tettek, mérgesen megrántotta a kezüket. Apámnak volt oka az emlékező szertartásra, anyját és nagyapját nemrégiben veszítette el, és két testvére is a Magas-hegy lábánál fekvő temetőben porladt. „Nekik nem adatott meg... " – mondogatta, és a semmibe nézett. A koszorúk elhelyezése és a gyertyák meggyújtása után hosszasan szemlélte tevékenysége eredményét, igazított a szalagokon, a lobogó gyertyákon, hogy oltalmazza az erdők felől érkező, az elszáradt levelek susogását hozó szélfuvallatok ellen. Álltam én is az ismerős és ismeretlen rokonok sírjánál, akik már az út végéhez értek. A ceremóniamentes szertartás után átsétáltunk a Hősök Temetőjébe, ahol egyforma fejfák alatt ismeretlen magyar, német, orosz, cseh katonák feküdtek, felsorakozva, mintha díszszemlén parádéztak volna. Ez a temető a kopár bokrok mögött az enyészet kertje volt, csak az első világháború halottait temették ide, az iskolák már nem jártak ide október végén, hogy a közelgő ünnepre megtisztítsák a gazfelverte sírokat, lekaparják a mohát a szabvány kőlapokról, hogy a feliratok újra olvashatók legyenek. Nem volt gazdájuk.

Az őszirózsa ünnepélyes szirmai, a koszorúk gyertya által megpörkölt fenyőgallyainak illata örökre megmaradt érzékszerveim birtokában, bár felnőtt koromban Halottak Napján soha nem jutottam el temetőbe, még szüleim sírjához sem. Ha visszatekintek, ezt sajnálom a legjobban. A temetői látogatások belém vésték, hogy a halottak *számítanak,* ők vannak többen, ők mozdulnak velünk és bennünk, a névtelen ősök nemzedékei elszáradt kezükkel igazgatják életünket, hogy úgy cselekedjünk, ahogy ők megkívánják. A legmélyebbről jövő igazság ez, hiszen a halottak kultusza, az ősök tisztelete az emberiség gyerekkorába nyúlik vissza, már akkor is éppen olyan erősen élt, mint a közelmúlt évezredei alatt, a tételes vallások idején.

Néha, kijózanító hajnalban, éjszakázás után, amikor az érzékszervek hirtelen újból élesen működnek, egy belső hang könyörtelenül vádol, jóvátehetetlen mulasztással. Hiába vigasztalom magam azzal, hogy életem alakulása és külső tényezők lehetetlenné tették a rítus betartását. Itt, Angliában a nemzeti egyháznak (az anglikán egyház azért vált ki, mert a pápa nem járult hozzá VIII. Henrik válásához) az ősök tisztelete talán még hangsúlyosabb, mint a kontinentális országokban. Egyértelműen a hősök napja, éppen ezért nem november 1-jén, hanem november 11-én, az első világháborút befejező fegyverszünet évfordulóján ünneplik a *Cenotaph*nál. (Kevés olyan politikai botrányt látott Anglia, mint amikor a munkáspárti Michael Foot egyszer az alkalomhoz nem illő módon öltözve jelent meg az ünnepségen.) Nekik a pipacs szolgál krizantémul. Jótékonykodó hölgyek árulják a plasztikpipacsot az utcán, de lakásokba is becsengetnek napokkal a megemlékezés napja előtt, s mindenki viseli munkahelyén, utcán, a televízió bemondója is gomblyukba tűzött pipaccsal olvassa be a híreket. Ilyenkor valamiféle senki által ki nem mondott, láthatatlan közösség keletkezik, az összetartozás jelképe ez a virág. Amikor a British Museumban dolgoztam, csak nekem nem virított pipacs a gomblyukamban. Senki nem vetette a szememre, mégis tudtam, kirívok a többiek közül. Soha nem gondolkoztam rajta, miért nem tartom be az íratlan szabályt. A választ egy magyar munkástól kaptam meg. Egy időben a londoni csehszlovák klubban szoktunk vacsorázni barátokkal. Sokan jártak oda magyarok, az ismerős ízek miatt. Egyszer eléggé hangos magyar társaság telepedett mellénk. Arról folyt a szó, hogy munkahelyén egyikükkel erőszakoskodtak a szakik: tűzze gomblyukába a pipacsot. „Nem tűzöm én – válaszolt magából kikelve a magyar szaki –, ha az én halottaimat nem gyászolhatom! Különben is, ellenségek voltunk." Lám, lám, semmit sem oldott békévé az emlékezés, hiába ágált pedagógiai célzattal a rakodópart alsó kövén ülő költő. Előbuggyant a primordiális gyűlölködés.

A köztudat szerint, legalábbis Kelet-Európában, az Ismeretlen Katona sírjában egy ismeretlen személyazonosságú, megállapíthatatlan nemzetiségű katona nyugszik, pedig 1920. november 11-én az Arc de Triomphe alá egy Verdunnél elesett ismeretlen *francia* katonát temettek, az angolok pedig ugyanakkor a Westminster székesegyházba, a királysírok közé egy ismeretlen *angol* katonát, akit a flandriai fronton ért utol a halál. A győzőknek könnyebb lenne a nagylelkűség és megbocsátás erényét gyakorolni, mint a legyőzötteknek, legalább egy szimbolikus cselekedet erejéig. Mégis, a ki nem mondott közmegegyezés nem bírta volna elviselni, hogy az Arc de Triomphe alá, vagy a Westminster székesegyházba véletlenül egy ellenséges katona kerüljön. Az atavisztikus törzsi összetartozás ereje győzött a magyar szaki esetében is, az egyéni túlélésnek a józan ész által diktált stratégiája ellenében, az asszimilációs kötelezettséggel szemben.

Mindez valószínűleg sohasem fogalmazódott volna meg bennem sarkított és artikulált formában, ha felnőtt életem nagy részét nem külföldön töltöm. Így ébredtem rá lassan, hogy mindenkinek elsősorban saját halottait kell eltemetni, s nekem elsősorban emigráns társaim iránt van kötelezettségem; ők az én szűkebb családom. Gondolhatná valaki, hogy afféle pótcselekvés, mert legközelebbi hozzátartozóim sírjába nem dobtam rögöt, hogy tompán puffanhasson a még elföldeletlen halott koporsóján. (Amikor 1980 őszén Kovács Imre váratlanul elhunyt, kimondatlanul is Szabó Zoltánra hárult a kötelesség, hogy elparentálja régi harcostársát, a Márciusi Front egyik alapítóját. Szabó Zoltán azonban már elfáradt, belefáradt az evilági dolgokba, nem vállalta. Cs. Szabó minden tartózkodást félretéve, magából kikelve hörögte a telefonba: „Ezt nem teheti meg Zoltán! Ezt nem teheti! A halottainkat nekünk magunknak kell eltemetnünk!" Ma is hallom vádló hangját.)

Temetésre nem járok szívesen, de képletesen minden magyar író sírjára helyeztem egy szál virágot, egészen a legutóbbi időkig. Vastag kötetet tenne ki, ha magyar és angol nekrológjaimat kiadnám. Az évek folyamán, ha megjelentem a BBC magyar szerkesztőségében, riadt tekintetek fogadtak: „Mi az, megint meghalt valaki?" (Ugrattak is, miért nem írom a *Ki kicsoda* utolsó rovatába, amikor arról faggatják az életrajz alanyát, mi a hobbyja: nekrológírás. Nem lett volna precedens nélkül mint különleges hobby. Hugh MacDiarmid skót költő így válaszolt: anglofóbia a hobbyja.) A *Times* szignálatlan szerkesztőségi nekrológjait évtizedekig én írtam, ha magyar intellektuelt kellett elparentálni. Amikor Hevesy Pali bácsi, az Osztrák–Magyar Monarchia utolsó élő diplomatája 104 éves korában meghalt, a lányom esküvője alatt kellett félrehúzódnom, hogy telefonba diktálhassak valamit a *Times*nak. Soha semmilyen írásmű elkészítésével kapcsolatban nem éreztem azt a belső kényszert, mint a nekrológírás miatt. A Kant által emlegetett kategorikus imperatívusz ebben a formában érvényesült maradéktalanul az én esetemben.

Amikor 1953 elején Sztalin egészségi állapota válságosra fordult, mindenki az orvosok által kibocsátott bulletinokat tanulmányozta a *Szabad Nép*ben, még a világ végén, Újhelyben is. Sem előtte, sem utána nem emlékszem, hogy emberek ilyen lázas érdeklődéssel olvasták volna a *Szabad Nép*et, fogyasztották volna (a korabeli politikai jelszóval) „mindennapi kenyerünket". Hogy Sztalin halálát mindenki izgatottan várta, azt az ellenőrizhetetlen forrásokból táplálkozó mendemondák bizonyították legfényesebben. (Nem kelthettem volna Sztalin halálhírét, még a Szabad Európa Rádió „álhírei" között sem, ha az emberek vágyálmaik miatti hiszékenysége nem tette volna őket fogékonnyá a rémhírekre, hogy Sztalin már nem él, és nyilvános szereplései alkalmával dublőrök helyettesítik.) Amikor az orvosi bulletinek elszaporodtak, sokan előre ittak a medve bőrére. Korábban arról suttogtak, Sztalin az év legrövidebb, tehát legsötétebb napján született, s hogy halálát viszont a tavasz hozza meg.

Sztalin rohamosan romló egészségi állapota Magyarországon, vidéken egyértelműen optimizmus forrása volt. Egyik barátom, Bocsor Ernő, aki festőművésznek készült, s élete fő céljának azt tekintette, hogy „szabad pályára" léphessen tanulmányai befejeztével, már február végén karikatúrákat készített (azóta is őrzök e karikatúrák közül kettőt), melyeken az ördög éppen elviszi Sztalint, vagy felravatalozva fekszik kandeláberek között, jellegzetes orra és tömött bajusza profilból megrajzolva. Ez utóbbi rajz kísérteties élethűséggel emlékeztetett Sztalin *de facto* halála után a *Szabad Nép*ben megjelent hivatalos fényképekre, ahogy fekszik a katafalkon. Az osztályban körbejárt a karikatúra, a tanárok úgy tettek, mintha nem vették volna észre.

Akárhogy erőltetem emlékezetemet, nem tudok felidézni senkit se, akit ne villanyozott volna fel „a világbéke őrének" aggasztó egészségi állapota. Egyesek túlzásokra ragadtatták magukat. Ethey Zsolt apja kijelentette előttünk, hogy ha Sztalin meghal, a 24 személyes étkészletből (nem tudom, herendi volt-e vagy Zsolnay-porcelán) a levesestálat a földhöz vágja. A KIOSZ-ban félrehúzódva a szeparékban mindig akadt egy-két kisiparos, aki a részeg kornyikálás közben a közismert slágereknek a saját, átköltött változatát énekelte: „Ölelj át, és mondd, hogy Sztalin, súgd fülembe, Szovjetunió..." (Ad notam: „Ölelj át, és mondd, hogy szeretsz." Legszívesebben természetesen a magántulajdon védelmében léptek fel: „Ki tanyája ez a nyárfás? / Enyém, tiéd, övé, elvtárs! / Ha visszajön a gazdája, / Mehetünk a bús picsába!".)

Ahogy előbukkannak az idézetek az emlékezés mély vizéből, magam is megdöbbenek. Ilyeneket énekeltek 1953-ban? Anélkül, hogy a következményekre gondoltak volna? Vidéken persze egy kicsit minden másképp van. Az éberség is csak akkor fokozódik, ha felülről számon kérik. Mert egyébként csupán az egymásrautaltak kis közössége létezik, a helyi kis potentátok is tudják, hogy mindent nem lehet betiltani, engedni kell az embereket bolondozni; kell a biztonsági szelep, hogy leengedjen a feszültségből. Ezeket az apró, megtorlás nélkül maradt kihágásokat lehet majd felhasználni, ha X-re vagy Y-ra egyéb, nyomós okból kell, hogy lecsapjon a „népharag". Másrészt (talán) ekkoriban alakult ki a politikai viccek iránti tolerancia, amit (később) sokan a Kádár-rendszer legfontosabb vívmányának tekintettek. (Harminc év múlva a Magyar Népköztársaság diplomatái sokszor azzal nyitottak emigráns társaságban, hogy obszcén politikai viccet meséltek. Ezzel egyrészt megtörni kívánták a jeget, másrészt megmutatták, hogy ők is „rendes" emberek, egy kis közvetlenkedésért nem kell a szomszédba menniök, és boldogan vállalják érte akár a *nyekulturnij cselovek*ség vádját is.)

Amikor aztán Sztalin tényleg meghalt március elején, eltűntek a vigyori ábrázatok, gyászba borult Újhely is. Lobogtak a fekete és vörös zászlók: ezzel nem lehetett viccelni. A külterületeken, eldugott magános házakban, vagy a Zsólyomkán talán igen, de a főutca és környéke gyászba öltözött. A bizalmik gondoskodtak róla. A gyászünnepség-sorozat (nekünk külön a gimnáziumban, de még a sakkszakkörnek is külön!) fő eseménye a színházban zajlott le; az ünnepélyesen sápadt gyászoló közönség előtt hangzottak el a kicirkalmazott gyászbeszédek, szavalatok. Az emelvényen a járási és a városi pártszervezet vezetői, mögöttük a MÁV fúvószenekara és énekkara. (Sakkedzéseken nehezen viseltük el a zenekar tevékenységét, esténként gyakoroltak ugyanabban az épületben. Hacsaturján *Kardtánc*át ütemenként tanulták és számtalanszor ismételték, mindig egy taktussal tovább lépve, rázkódott még az agyvelőnk is a magas decibelszámtól.)

Az ünnepségen viszont kitettek magukért a *Munkás gyászindulóval*. A fúvósok és a dalárda is. A komor, lassú, méltóságteljes hangvételű indítás után *(A zsarnokság dőzsölt és ülte torát...)* a refrén szinte a túlvilágra transzponált zenét, hallgatóságot *(S ím, eljött az új élet és új világ...)*; valami különös, érthetetlen hangulat lett úrrá rajtunk, hiszen *tényleg* erről volt szó: a zsarnokság dőzsölt, de az esemény, melyen részt veszünk, nem jelentheti-e, hogy új élet és új világ következik? Hittel, reménnyel teltünk meg, megint a negatív effektus érvényesült, ugyanúgy, mint Oleg Kosevoj és Zója Kozmogyemszkaja esetében, kicsapatásunk idején. Hogy e dallamnak, melyet a mindenkori bölcs vezetők temetésén szoktak előadni (utoljára Tito temetésének televíziós közvetítésén hallottam), vannak különleges kvalitásai, akkor győződhettem meg, amikor Pasolini remekművének (*Az evangélium Szent Máté szerint*, 1964) kísérőzenéjében találkoztam vele: Bach, Mozart és Prokofjev társaságában. Nem rítt ki közülük. Ugyanez már nem mondható el a *Sztalin-kantátá*ról, amit szintén előadott a MÁV-dalárda. A barokkosan cirkalmazott, dallamhajlításoktól terjengős eulógia örökre a személyi kultusz éveinek émelyítő emblémájaként maradt meg bennem.

Amikor Kádár meghalt, nem sokkal a Nagy Imre-temetés előtt, éppen Budapesten tartózkodtam, a budai hegyekben rejtőzködő Olimpia Szállóban. Ott, a nyilvánosság kizárásával éppen a Magyarok Világszövetségét igyekeztünk, nem sok sikerrel, megreformálni. Mikor értesültem a hírről, rohantam a *Magyar Nemzet* szerkesztőségébe, hogy felhívjam a *Times* nekrológrovatának szerkesztőjét, aktivizálják a már évekkel korábban megírt szerkesztőségi, többhasábos, szignálatlan nekrológomat, és a telefonban kusza mondatokkal igyekeztem felfrissíteni az anyagot. Mégis erre az írásomra vagyok a legbüszkébb. Azóta is várom, hogy egyszer interjúban megkérdezik tőlem, mire vagyok a legbüszkébb, s eldicsekedhetek: a tekintélyes angol napilap véleményét én fogalmaztam meg, én álltam ott Kádár sírjánál, s én mondtam meg, hogy ő ki volt (Illyés zsarnokság-versére rímelve: „...Ott áll eleve sírodnál, ő mondja meg, ki voltál, porod is neki szolgál”), nem pedig fordítva.

Kádár halálának híre délelőtt terjedt el, Pesten érzékelhetően különös hangulat lett úrrá. Este a hotelben vacsoráztam a húgommal, zongorista klimpírozott, nem tudta, mit akar játszani. Azon veszem észre magam, hogy a *Munkás gyászinduló* első taktusait hallom. Többben felkapták a fejüket, a zongorista is riadtan felnézett, majd futamokkal Erkel-operarészletre tért át: „Meghalt a cselszövő, nem dúl a rút viszály..." Figyelni kezdtem, mintha láthatatlan erő kényszerítette volna: felváltva játszotta a *Munkás gyászindulót* és a közismert áriát a *Hunyadi Lászlóból*. Eleinte pianissimo, majd megbátorodott és teljes hangerővel: „Országunk élni fog..." De az ördög tovább incselkedett vele, mégiscsak a *Munkás gyászindulóval* fejezte be ünnepélyesen. A külföldi vendégek tovább zörögtek evőeszközeikkel, de a hazaiak tapsoltak. Nagy tapsot kapott. A kis szürke emberke akkor baktatott a buszmegállóhoz, mikor a húgomat kísértem. Úgy tűnt neki, mintha követnék. Gyakran visszanézett a válla felett, s nem mert odajönni a megállóhoz, tíz lépés távolságban toporgott, amíg a busz meg nem érkezett. Szemlátomást meg volt rettenve. Mit lehet azt tudni, ki követi és miért? Viselkedése hitelesen kifejezte az ország paranoiáját és felemás érzéseit.

A gyászünnepség kötelező komorsága hamar és nyomtalanul elmúlt. Mindenki várta, mit hoz a jövő; indokolatlan bizakodás költözött belénk. Közben kitavaszodott: békés, andalító idő. Tanulmányi eredményeim csorbáit kiköszörültem, egyszóval jól éreztem magam, maradt bőven időm, hogy elgondolkozzam azon, ami éppen izgatott. Mi is izgatott? Minden. Az anyag szerkezete: a mikrokozmosz, a világegyetem: a makrokozmosz. Még az iskolai mikroszkópok is pazar részleteket tártak fel egyszerűnek vélt tárgyakban. Csodálattal bámultam e rejtett világ izgalmas titkait. Hol volt már Demokritosz és az ókoriak hite: az anyagi világ atomokra, azaz tovább már nem osztható alkotóelemekre bomlik. Furdalt a kíváncsiság, bepillanthatunk-e az atom belsejébe. Látni szerettem volna, hogy mi van benne. Közben azon gondolkoztam, van-e megállás, nem lehetséges-e, hogy minden újabb részecske megint csak újabb részecskékből áll, *ad infinitum*? Ugyanígy, hol a világegyetem kiterjedésének határa? Egyre erősebb teleszkópokkal egyre távolabb nézünk, és ott sincs vége a világegyetemnek. Egyáltalán, hogy lehetne elképzelni az anyagi világ kiterjedésének határait?

Amikor matematikából a fekvő nyolcassal ábrázolt végtelent tanultuk, nem tudtam napirendre térni azon, hogy Titkos Erzsébet szerint (s természetesen nem csak szerinte) a végtelennel nem lehet műveleteket végezni. Egyik tízpercben odamentem hozzá: hogyhogy nem? Ha a végtelent elosztom végtelennel, akkor nem nullát kapok? Nem, mondta a tanárnő, ha végtelenhez végtelent adok, vagy belőle végtelent akarok kivonni, akkor továbbra is végtelen az eredmény, mert nincs 1 darab végtelen, amiből 1 darab másik végtelent kivonhatok (vagy hozzáadhatok), éppen azért végtelen a végtelen. Ha elosztom vagy beszorzom végtelennel, akkor sem kaphatok nullát, illetve végtelent a négyzeten, mert a végtelenben a végtelen végtelenszer van meg, s végtelenszer végtelen is csak végtelen. Tehát nem alkalmas matematikai műveletek végzésére. Gondterhelt ábrázatom látva hozzátette: „Ne gyötörje magát, kiscigány, a végtelen miatt, nem tudjuk felfogni, csak tudomásul venni. Miért nem megy inkább moziba?" Bosszantott, hogy az osztályban mindenki lenyelte a végtelen békáját. Azt fel sem tételeztem, hogy aki ugyanúgy nem érti első hallásra, mint én, meg se mukkanjon. Aztán egy idő után mégis rájöttem, senki sem érti a végtelent, csupán egyszerűbb hallgatni az ügyben, akkor nem áruljuk el végtelen naivságunkat. Csak Shakespeare merte odavágni Hamlettel: „There are more things in heaven and earth, Horatio, Than are dreamt of in your philosophy." (*Hamlet*, I/5; Arany János fordításában: „Több dolgok vannak földön és égen, Horatio, mintsem bölcselmetek álmodni képes".)

Nehezen hajlottam az absztrakciók megértésére, hiszen ha a tanárnő vonalat rajzol a táblára és azt állítja, csak egy irányú kiterjedése van, s a pontnak pedig nincs kiterjedése, ez egyszerűen nem igaz, mert a táblán lévő pontnak és vonalnak mérhető, háromirányú kiterjedése van, hiszen a táblára dörzsölt kréta anyaga is háromdimenziós, néhány millimikron vastagságú „anyag". Minek azt elképzelni, ami nem létezhet? Azt morogva tudomásul vettem, hogy matematika nélkül sehol nem lennénk, hiszen ennek az imaginárius világnak nagyon is gyakorlati eredményei vannak. Ugyanígy, a világ végtelensége is zavart. Ha a világ végtelen, abba belefér az anyag előfordulásának összes variációja, tehát több olyan naprendszer is, amelynek egyik bolygóján ugyanúgy emberek élnek, mint a mienkben, s a különbségek minimálisak, az egyikben kettővel több német él, a másikban egy késnek hamarabb kicsorbul az éle, a harmadikban mérgezők az almák, a negyedikben másféle matematikát találtak fel... s így tovább. Ha kínzó kétségeimet megosztani kívántam, arcokra fagyott mosolyokkal találkoztam, s egy idő után beláttam, jobb, ha hallgatok, mert a külvilág észreveszi, hogy egy kerékkel több van a fejemben. Bele kell nyugodni, hogy a világ érthetetlen, megmagyarázhatatlan és végső fokon megismerhetetlen; minden újabb részeredmény, bár gyakorlatilag igen hasznos lehet, a problémák megoldását csupán elodázza, újabb problémákat vet fel, majd megoldásuk után ismét újabbakat. És mivel ez az emberiség 99%-át nem érdekli, igaza van a volt apáca tanárnőmnek, egyszerűbb, még ha csak képletesen szólva is, ha elmegyek a moziba. Évekkel később némi elégtétellel olvastam Pascalnál, hogy a világ nemcsak a makrokozmosz, de a mikrokozmosz irányában is végtelen. (Ma már gátlástalanabbak a természettudósok is. Feltételezik, hogy a mi világegyetemünkkel párhuzamosan más világegyetem[ek] is létezhet[nek], más fizikai törvényekkel. Még a fény terjedési sebessége sem azonos minden irányban a mi univerzumunkban sem! Erről írt izgalmas könyvet Martin Rees: *Before the beginning. Our universe and others,* 1996.)

Egy ideig azzal vigasztaltam magam, hogy a hit megadja a végső válaszokat. Ehhez viszont a racionalizmus kikapcsolása szükséges, egyébként megmarad a bizonytalanság, a bizonyosság ára éppen az, hogy *credo quia absurdum,* ahogy Szent Ágoston alázatosan beismerte, tehát ha nem tudom az értelmemmel megközelíteni, elhiszem. Nehéz volt a hittel leszámolni, hiszen védekezésül az ellenséges külvilággal szemben, ösztönösen ragaszkodtam hozzá, erőt adott, működtette a belső áramfejlesztőt. Amikor azonban az egyre jobban ébredező racionalizmus nem tudott észokokat találni a lélek létére, jobban mondva halhatatlanságára, végleg megingott és összeomlott bennem a hit. Egy csapásra elveszítettem a szilárd talajt magam alatt. Helyette nem maradt semmi, főként amikor arra is rájöttem teljesen magamtól, hogy a vallást a primitív népek éppen azért találták fel, hogy a rítusokkal leküzdjék félelmüket a természet erőinek megmagyarázhatatlan jelenségeivel szemben.

Ezt a megalkuvást az emberi intellektusban megvetettem, egyrészt törhetetlen optimizmussal szaval, hogy a megismerésnek nincs határa, másrészt nem képes szembenézni a végső kérdésekkel, csak a hit segítségével, amiről a sunyin lapuló intellektus tudja, hogy saját megnyugtatására találta ki, s a kérdéseket úgy fogalmazza meg, hogy ne kelljen a ráció tartományán kívüli tájakra merészkedni. Talán József Attila is ezen gyötrődött: „Tejfoggal kőbe mért haraptál? / Miért siettél ha elmaradtál? / Miért nem éjszaka álmodtál?..." Hol vannak a gondolatnak azok a híres hősei?

Ha az ág, amin képletesen szólva ücsörögtem fennkölt gondolataimmal, nagyot reccsenve nem tört is le alattam, mint történt ez Csongor Sancho Panzájával, Balgával, hogy szó szerint a realitás talajára kerüljön („Leszakadtam, mert a madzag gyenge volt."), én is lehuppantam a mozi proszcéniumpáholyának bársonyülésére, ha nem is fizikatanárnőm javaslatára, bár annak (is) eleget téve. Akkoriban egy Csertő Klári nevű dundi kislány körül legyeskedtem, bár kevés sikerrel, mert Klári eltökélt demi-vièrge volt, s pontosan tudta, hogy mit, mennyi ideig és hogyan engedhet meg magának (és természetesen elszánt udvarlójának is). Sokkal érdekesebbnek találtam Editet, akivel Kégl Gazsi járt.

Edit akkor első gimnazista volt, de érett nő benyomását keltette, sziporkázóan szellemes, okos, felvágott nyelvvel és fölényes ismeretekkel a képzőművészet világáról. Nem állíthatom, hogy szépség volt, de nem lehetett nem észrevenni. A karvastagságú Gretchen-koszorúba font, vagy máskor kontyba feltűzött rozsdabarna haj nem magas, de érdekes homlokot koronázott. Dús, merész vonalú szemöldökének íve alatt a két nagy, leírhatatlan zöldességű szeme szabadra állított lámpásra emlékeztetett. Tekintete macskaszerű, értelmes és áthatóan éles. Tulajdonosát pár száz évvel azelőtt mint boszorkányt égették volna meg érte. Erős vonalú, érzéki száj alatt kemény áll, melyen csinos gödröcske jelent meg, ha nevetett. Bőre fehér, finom és hamvas. Az orra két oldalán elpettyentett szeplő még érdekesebbé tette az arcát. Szóval, nem tudom. Biztosan nem volt szép, de érdekes és izgató, kihívó állával, vakmerő zöld szemével. Alakja nyúlánk, szinte fiús, bár a feszülő blúz és szoknya domborulatai ezt cáfolták.

Egy idő után, hiába voltunk négyesben, egyre inkább csak vele beszélgettem, mintha Kégl Gazsi és Csertő Klári nem is létezett volna. Szóval az irodalom érdekel! Írtam-e már verset? Bevallottam, nem, és nincs is szándékomban. (Szemben a legtöbb fiatal filosszal és öregedő prózaíróval, tényleg soha meg se kíséreltem verset írni.) Minden alkalommal záporoztak a kérdések. Ismerem-e Benvenuto Cellini önéletrajzát? Mi a véleményem Shakespeare szonettjeiről? Olvastam-e Oscar Wilde-től *A kritikus mint művészt*? Igen, ő az iróniát szereti Heine *Atta Troll*jában. Néha az eszpresszóban találkoztunk külön is, bár még semmit sem sejtettem. Csak azt éreztem, hogy képzőművészeti ismereteim borzasztóan hiányosak. Színes képeslapok összemosódott egyvelege, amit anyám gyűjteményében nézegettem gyerekkoromban. Most megszereztem tanárom, Harasztos Gyula könyvét (*Műalkotások ismertetése*, 1934) és gondosan áttanulmányoztam kezdetnek, hogy a fejemben kavargó nevek és reprodukciók között rendet rakjak. Harasztos tanár úr könyve kiválóan megfelelt céljának, röviden ismertette a nyugati művészetek történetét (a bevezetésben helyhiányra való – jogos – hivatkozással a keleti művészeteket kizárta), a könyv második fele pedig fekete-fehér illusztrációkat tartalmazott. (Amikor ismét elővettem negyven év után, meglepődve láttam, hogy viszonylag modern munkából ismerkedtem az alapelemekkel. Nemcsak Rodint és az impresszionistákat tárgyalta, de a preraffaelitákat és a Bauhaust is, sőt a magyar expresszionistákról is beszélt. A végén a magyar művészek sanyarú sorsára utalt: Trianon óta beszűkültek a lehetőségeik, pedig a Lechner Ödön által kimunkált „új magyar stílus" egy még mindig kiaknázatlan formavilágot rejt magában. Optimistán fejezi be: „ki fogjuk bírni Trianont is". Kibírtuk, csak ezt a meghatóan magabiztos optimizmust veszítettük el menet közben.)

A presszóbeli beszélgetések a művészetről mindkettőnknek kapóra jöttek. Szükségünk volt valakire, akivel „komoly" dolgokról is érdemes beszélgetni. Editnek már kora gyerekkorában megmutatkozott a rajztehetsége. Eszmélkedése hajnalán festőművésznek készült, és a velem való megismerkedése idején éppen a preraffaelitákért rajongott. Mentorra lett volna szüksége, aki átsegíti az autodidakta útkeresés buktatóin. Nekem szintén hiányzott a népes baráti körben a velem egyívásúak társasága, mert „komoly" barátaim a két Öcsin (Damjanovich és Lábos) kívül nem voltak, de nekik már szakosodott az érdeklődésük a matematika felé, s Lábos Öcsi, a fiatalabbakra jellemző hetykeséggel, engem csak mint afféle „bibliográfust" emlegetett (bár nem vagyok meggyőződve, hogy pontosan tudta a szó jelentését).

Tette ezt azért, mert eleinte nekik mutattam meg, illetve olvastam fel irományaimat, melyekben Karinthyt alkalmaztam népi demokráciánk világára. Első, már irodalmi igénnyel írott szatírám a *János vitéz* persziflázsa volt. Ebben János Iván elvtárs, Iluska Natasa. Jancsi egy kuláknak őrzi a nyájat, a juhok a szomszéd téeszcsébe disszidálnak, amíg ők kéz a kézben egy népnevelő brosúrát olvasnak, s Jancsinak világgá kell mennie. Natasa a klerikális reakció karmaiban vergődik, apácát akarnak nevelni belőle, de amikor a helybeli vénasszonyok látják, hogy ez nem megy, jobboldali szociáldemokrata uszításra meggyilkolják. Jancsi a baktériumháborúban sikerrel hadakozik az imperialisták ellen (Méray Tibor, mikor nyugatra került, megtagadta a baktériumháborúról szóló riportjait), sikereiért a Szovjetunió az elvtárs név használatának engedélyezésével tünteti ki. Kalandjai közben szerez egy üveg bűvös Coca-Colát és békeport hint az imperialisták szemébe. Natasát a Központi Bizottság Rákosi elvtárs utasítására feltámasztja, Natasa beszámol égi kalandjairól (az arkangyalok között terjed a demokratikus centralizmus); várják az új Istent (Sztalint). A béketábor végleg legyőzhetetlen lesz, János vitéz Inotára megy a szocializmust építeni, s miután tudatosította Natasához való viszonyát a dolgozók széles tömegeivel, az üzemi bizottság áldásával egybekelnek. A kis Dunnyuskát bölcsődébe helyezik és élnek boldogan, míg meg nem halnak a most már tényleg megoszthatatlan béketáborban.

A kézenfekvő aktualizálásokat tartalmazó humoreszk mindenkinek tetszett (már akinek megmutatni mertem), kivéve Editet, aki szerint túlírtam, túl sok volt benne az önmagáért való humorizálás. „Ennél többre vagy képes..." – mondta komolyan. Nekem a lényeg az volt, hogy akadt végre valaki, aki kritikus megjegyzéseket tett és biztatott az írásra, bár önérzetem kissé feszengett: egy tizenöt éves kamaszlányt egyenrangú partnernek fogadtam el. De igazam volt, mindketten autodidaktának számítottunk, éppen olyan területen, ami a legjobban érdekelt. Vázlatait és tusrajzait nem merte megmutatni: „Á, nem jók még azok..." Helyette a művészetről beszélgettünk, csak úgy, általában. Egyszer, egy hosszú beszélgetés után hirtelen rátámadtam: „Írd le az egészet, hogy elgondolkozhassam rajta..." Másnap, egyik tízpercben átadott egy borítékot: „Itt van, de csak otthon nézd meg." A borítékon egyenes szárú, mákszemnyi betűkkel a nevem állt. Benne rajzironnal teleírt papírlap:

„Sokszor hallom, hogy a művészet megtanít az élet mélyebb megismerésére, a szebb, jobb életre stb. No jó – mondom –, van benne valami, de ez nem lényeges.

Látok egy Michelangelo-freskót: Utolsó ítélet. Látom és tudom, hogy nem annyira szép mint... szóval olyan, hogy nem lehet utána tejcsárdába menni és joghurtot inni. Érted?

Mert ez olyan, hogy nem a szemem, de az egész emberi lényem érzi, és annyira érzi, hogy szinte fáj.

Én mindent úgy akarok érezni, annyira érezni, hogy fájjon.

Nehéz ezt így elmondani, talán nem is lehet.

A Művészettel valahogy úgy van az ember, ahogy a lány az első csókkal: kell, mert gyönyörű, de borzong tőle. Vagy a megáradt folyó: szeretnék beleugrani és együtt rohanni vele, de valami köt a földhöz. Valami kis, nyomorult, nagyon emberi érzés: a félelem.

A nagy mű elszomorít.

A nagy mű borzasztó gyönyörűség. Örök bizonytalanság a két véglet között.

Szóval az Élet. Az ember tragédiája.

Ezenkívül vannak különböző, gyanús ízű mellékzöngék is, tanulság a jobb életre, a jövő perspektívája, példamutatás, amint már mondtam. De ezeket legtöbbször csak a szocial. realista „művek" tartalmazzák.

Minden időknek más a művészete. És nekünk a MA művészetét kell megtalálnunk.

Szeretném én is megtalálni.

....

Amit itt írtam, biztosan megírta már valaki előttem, természetesen érthetőbb formában. Lehet, hogy másolok, a másolásom mindenesetre őszinte.

[...] Köszönöm Neked a szerda estét."

Nem vettem észre a jelzéseket. Egy tizennyolcadik életévét taposó férfiú csak a nagy összefüggéseket képes érzékelni, azt is kozmikus szinten, a finom jelzések iránt érzéketlen. Időről időre találkoztunk, egyszer, a tanév vége felé Edit bejelentette, hogy felvették a Képző- és Iparművészeti Középiskolába, az 1953/54-es tanévre. Egy pillanatra meghökkentem, de kivágtam magam: „Gratulálok... akkor majd egy év múlva folytatjuk beszélgetéseinket, hiszen érettségi után én is Pesten leszek!" A leírhatatlan zöldességű szemek kicsúsztak a fókuszból. Tulajdonosuk nem szólt semmit. Én pedig nem tudtam, mekkorát tévedtem.

Egyelőre tehát a gondolat hőse maradtam. Edit tudta, hogy mint Mórickának, mindenről *Az ember tragédiája* jut az eszembe. Erről okítottam állandóan, talán ezért is került bele a művészetről megrendelt házi feladatba *Az ember tragédiájá*ra való utalás. Téziseimet kívülről fújta. Igaz, hogy a nyugati kultúrát a fausti ember építette fel, de arroganciája nem ismer határt, mindent tudni akar és mindenbe beavatkozni. Elbizakodott bátorságában nem ismeri fel korlátait, beavatkozási ingerei miatt ellenszenves. Akkor már inkább Peer Gynt, aki megtanulja, hogy a szakadatlan kutakodás nem vezethet eredményre, a konvenciók meggátolják, forduljunk befelé, nem lehet más célunk, mint önmagunk megvalósítása, „légy hű önmagadhoz!" – hangzik az első és legfőbb parancsolat. Persze Madách Ádámja a legbölcsebb. Bölcsességére az űrrepülés közben ébred rá: „A célt, tudom, még százszor el nem érem. / Mit sem tesz. A cél voltaképpen mi is? / A cél, megszűnte a dicső csatának, / A cél a halál, az élet küzdelem, / S az ember célja a küzdés maga." Rezignáltan tudomásul veszi az emberi lét hiábavalóságát. („Mit sem tesz.") Igaz, nem önmagától jött rá a nagy titokra, hanem az Úr által reábocsátott didaktikus álmok által. A színek értelmezése egyszerű – Ádám mindig egy archetípust képvisel (egyetlen emberi tulajdonság kinagyítva, tehát a fáraó a hatalomvágyát tökéletesen megvalósító egyén, a despota, Athénben éppen az ellenkezője, mint Miltiadész, Rómában pedig a *carpe diem* hedonizmusától csömörlik meg, és így tovább). Természetesen Szerb Antal értelmezéséből indultam ki, de úgy éreztem, Szerb a hegeli tézis-antitézis-szintézis kényszerzubbonyába öltözteti Ádámot, s ez nemcsak erőltetett, de valószínűtlen is. Szerb Antalra egyébként is kezdtem egyre inkább megorrolni, túlságosan vállonveregetően kezeli tárgyát, fanyalogva állandóan a magyar „finitizmusra" hivatkozik, ami végső soron egyfajta provincializmus. (A finitizmust Prohászka Lajostól tanulta el, csak ezt akkor én még nem tudtam.)

Mindezt részletesen kifejtettem egy közel húsz oldalas dolgozatban Győr Ancsának, a tanév vége felé. Győr Ancsa hároméves uralma alatt minden évben egy-egy művet elemeztünk részletesen, először is óra alatt, szereposztásban elolvastuk. (Elsőben a *Csongor és Tündé*t, majd a *Bánk bán*t és végül harmadikban Madách művét.) Mikor egy-egy részt befejeztünk, megbeszéltük, és végül nagydolgozatot írtunk róla. Akkor úgy véltem (én is), Győr Ancsát a kényelmi szempont vezette, sokkal könnyebb foglalkoztatni az osztályt, mint tanítani. Lehet, hogy ez is belejátszott tanárnőnk terveibe, de ilyen ráérős körültekintéssel megismerkedni egy irodalmi művel, nagy szerencsét jelentett, annál is inkább, mert akkoriban még nem találták fel a „műközpontú" elemzést. Leggyakrabban csak a nagy összefüggésekről esett szó, arról, hogy az írók kiszolgálták az uralkodó osztályok ízlését, nem a nép érdekeit tartották szem előtt, eltekintve egy-két „haladó írótól". Még ha történetesen kényelmi szempont vezette is Győr Ancsát, az eredmény számít. Mindez csak azt bizonyítja, hogy nem a szándék a döntő, hanem a végeredmény.

Amikor visszahozta és megjegyzéseivel kiosztotta a dolgozatokat, az enyémre nem került sor. Illetve, hatásfokozó szünet után, legutolsónak. Győr Ancsa arckifejezéséből sejteni lehetett, hogy ceruzatörés és osztálykönyv-csapkodás következik. Azzal kezdte, hogy a központozásra nem fordítottam kellő figyelmet, ami igaz, bocsánatos bűn, bár a külalakra elégtelent kellett adnia. Látja továbbá, hogy mennyire foglalkoztatott a téma, s azt is látja, hogy sokat olvastam hozzá, többet, mint amit egy harmadik gimnazistától elvárhat a tanárja. De nem érti, hogy szorulhatott ennyi pesszimizmus egy fiatalemberbe, aki előtt még ott van az egész élet! Honnan veszem ezt a konok nihilizmust, hogy az életnek nincs értelme, hogy csak kis céljai lehetnek az embernek, s hogy még ezekbe is folyton belebukik. Hát, ha három év alatt ezt tanultam meg az irodalomból, akkor semmi értelme nem volt annak, amit csinált! Ő nem megátalkodott nihilistákat akar nevelni. Az eszkimó-színen háborodott fel a legjobban, hogy az emberiség reménytelenül visszasüllyedt az állatvilágba. (Vártam, hogy mérgében most töri el a ceruzáját.) Jól van no, a tartalomra megérdemelném a jelest, de csak jót adhat, és vegyem tudomásul, elkobozza a dolgozatfüzetemet, felejtsük el az egészet. Tényleg nem adta vissza Madách művéről írott fejtegetéseimet (és még a negyedszázados érettségi találkozón is emlegette). Így aztán érett fővel soha nem tudtam hűvös megfontolás tárgyává tenni, mit is vétettem a fennálló világrend ellen. Biztos vagyok benne, hogy nem adhattam mást, „mint mi lényegem".

Annyiban igaza volt a magyartanárunknak, hogy Madách műve nem föltétlenül alkalmas optimista életigenlés kialakítására a serdülő ifjúságban. Meg hát ott van a falanszter-jelenet is, amiről Győr Ancsa is tudta a tudnivalókat, tehát, hogy Madách csak az utópista szocialistákat (Saint-Simon, Fourier) ismer*het*te, és ezért szükségképpen torz szocializmust rajzolt. Erre a magyarázatra még azok is gúnyosan bólogattak, akik alig értették, hogy végeredményben miről is esik szó a Tragédiában, csak annak örültek, hogy Madách sem volt megelégedve a szocializmus vívmányaival. (Hogy ezt miként kommentáltam elkobzott dolgozatomban, nem tudnám megmondani. Talán kendőzetlenül osztottam Madách nézetét a szocializmus inherens hibáiról, ezért is vonta ki Győr Ancsa dolgozatomat a forgalomból.)

Volt persze nekem is problémám Madáchcsal. Amikor a negyedik színben Ádám mint Tankréd keresztes hadak élén tér vissza a Szentföldről, az egyik konstantinápolyi polgár útját állja, vajh nem eretnek-e ő is: „Mondd, mit hiszesz, a Homousiont, vagy Homoiusiont?" Ádám nem is érti, miről van szó. Csak a Patriarchától tudja meg, hogy az eretnekek, vagyis „... e gonosz hitűek / A szentháromság rejtélyes tanában / A homoiusiont hirdetik, / Míg az egyház a homousiont / Alapítá meg a hit cikkeül." Tanárnőnk utalt a (Madáchnál is említett) nicaeai zsinatra, amelyik eldöntötte, hogy a három isteni személy *egyazon lényegű* (homousion), szemben az ariánusok tanításával, mely szerint csupán *hasonló természetű* (homoiusion). Tankréd, vele Madách, az értelmezők serege, és természetesen tanárnőnk is azon méltatlankodott, hogy egy betű különbségen vitatkoznak, ahelyett, hogy összefogva a pogány ellen mennének. („adjátok fel, barátaim, azt az i-t, / Szebb áldozat lesz életmegvetéstek / A szent sírért vivandó hős csatában.") Bosszantott, s nem is értettem: egyáltalán nem mindegy az az i betű – nagyon is lényeges a különbség, nem dogmatikai szőrszálhasogatás. Hogy lehet egy kardinális tétel körüli vitát ennyire elbagatellizálni? Formális elemeire redukálni? Nem tudom, mertem-e szólni, de évtizedek múlva jóleső érzéssel nyugtáztam, (a más hitben boldogságot kereső) Lukács is felháborodott gimnazista korában a vita sommás elintézésén. Más kérdés persze, hogy ötvenhat fényében ma már igazat adok Madáchnak: amikor cselekedni kell, minden vita irreleváns, doktriner jellegű, és nem jár semmi haszonnal.

Kétségtelen, hogy a Madách-problematika azóta is foglalkoztat. Akik nem ismerik alaposan Madáchot, vagy világirodalmi rálátásukat akarják fitogatni, elintézik a Tragédiát azzal, hogy *Faust*-imitáció, nem merik, vagy nem akarják felismerni, hogy autochton remekmű, mely

Madách olvasmányaira (persze a *Faust*ra is) támaszkodik. Látomásainak bátorsága egyedülálló és koncepcionálisan eredeti. A marxista bírálók (élükön Lukáccsal) pedig a forradalom utáni vidéki, liberális magyar nemesség pesszimizmusát vélik felfedezni benne. (Annyiban persze igazat adhatunk Lukácsnak, hogy Madách belenyugvása az emberi küzdelem céltalanságába valahol összecseng Kemény Zsigmond forradalom utáni kiábrándultságával, ahogy ő is az „ember küzdj" igéjét hirdeti: „...ha a magyar az erejéhez mért vágyak által törekszik sorsának naponkénti javítására, akkor... akkor nem fogja elérni, amit álomlátói neki jósoltak, de azért még boldog lehet." *Forradalom után,* 1850.) Lukács Madách felkészültségét is hajlamos kétségbe vonni, meg hát hogy is láthatná a világot a maga bonyolultságában egy anyjával és feleségével hadakozó, elmagánosodott Nógrád megyei kisnemes, hiszen nem részese „a kor nagy áramlatainak", nem lehet a kor szintjén álló *Weltanschauung*ja, és pesszimizmusa csupán a középnemesség forradalom utáni kilátástalanságának a lecsapódása. Olcsó fogás lenne Ibsenre hivatkozni, aki szintén nem tocsogott a kor nagy áramlataiban, s éppen ezért volt képes olyan problémákat feszegetni, melyeket kortársai eleinte alig értettek. Úgy találtam, hogy a *Faust*-analógia angol nyelvterületen soha nem kísértett; James Joyce (silány) olasz fordításban olvasta a Tragédiát, és használta fel az *Ulysses*ben. A Bloomsbury intellektuelek saját patinás kiadójukkal, a Hogarth Press-szel adatták ki, s Bertrand Russell emlékiratai szerint Virginia Woolftól a közgazdász J. M. Keynesig gondolatébresztő olvasmánynak tartották. A Tragédia hazai recepciójának legtöbbet a hegeliánus Erdélyi János ártott, aki szerint helyesebb lett volna, ha Madách „Az ördög komédiája" címet adja művének.

Az alapprobléma a Tragédia értelmezésében, mármint a nagy célok hiányának beismerése a XIII. színben, azaz, hogy az élet célja a halál (erre szokta mondogatni nem minden szarkazmus híján Kandó László, Cs. Szabó László festőművész barátja és kollégája a Képzőművészeti Főiskolán: „... és én művelt hulla szeretnék lenni"), olyan béka, amit sem a túlvilági, sem az evilági üdvözülésre készülők (tehát sem a keresztények, sem a marxisták) nem bírtak lenyelni. Az ember lelkisége úgy van megalkotva, hogy szüksége van perspektívára, távoli nagy célokra, amiként érdemes élnie. Ha ezt elvesszük, mi marad? A biológiai determinizmus, a túlélés és a fajfenntartás vastörvénye, mint az állatvilágban, mely csupán ezeket a célokat ismeri. A földi küzdelem céltalanságának beismerése olyan vereségélmény előrevetítése, amivel igen nehéz szembenézni. Belátni, hogy a cél a küzdés maga, mert ezzel elfoglalja magát az ember, nem valami felemelő gondolat, elviseléséhez heroikus pesszimizmusra van szükség. Minden rendben van, ha úgy nézzük, mint Madách, aki megtalálta rá a megoldást az Úr végső szavaiban, amit talán úgy lehetne kevésbé magasztosra parafrazeálni (és könnyen érthetővé és megnyugtatóvá bagatellizálni): „Ember, végezd a dolgod, a többit bízd rám!" Olyan fokú alázatra azonban, mely ennek tudomásulvételével jár, az emberi elme képtelen. Én végső sorban sohasem tudtam eldönteni, mi is rosszabb, Don Quijoténak vagy Sancho Panzának lenni, azaz tovább vívni a szélmalomharcokat, vagy a négyökrös szekérrel baktatni a göröngyökön. Hogy ez így benne lett volna az elkobzott dolgozatban, erősen kétlem, de hogy akkor fogalmaztam meg először a Tragédia értelmezésének itt felvázolt lehetőségét, ebben egészen biztos vagyok. Bár akkor inkább előre néztem, nem pedig vissza, mint most. Közben persze túléltük a falanszter-színt, ficánkolva repülünk az űrben, s nem gondolunk az eszkimó-színre, hiába növekednek ökológiai gondjaink.

Az évzáró ünnepélyen kihirdették, kik utazhatnak jutalomüdülésre a Balatonhoz. Én is szerepeltem a szerencsés kiválasztottak között. Meglepetésemre szolgált, minden disztitkárkodásom ellenére. Az is megfordult a fejemben, hogy mások talán jobban megérdemelték volna. A beutalás Keszthelyre szólt, (addigi) életem legszebb heteit töltöttem ott. A teljes felelőtlenség állapotában nagyon jól éreztem magam. A Balaton és a környék varázslatos szépsége megfogott, a Festetics-kastély kincsei lenyűgöztek. Fürödtünk, sakkoztunk, pingpongoztunk, moziba, táncolni jártunk. De megmaradt bennem emléknek más is. A koreai fiúk.

Talán egy tucatnyian voltak, velünk egykorúak, megkülönböztethetetlenek. Főként egymás társaságában érezték jól magukat, bár egy idő után összebarátkoztunk, kikérdeztük őket töviről-hegyire. Elég nehezen ment, zárkózottságuk egyik oka magyartudásuk hézagosságában rejlett. Egyszer, hatalmas platánfa alatt ültünk, megkérdeztem, hol élnek Koreában. Egyik sem felelt, örökké vidám, mandulavágású szemük még jobban elszűkült. Gondolhattam volna, hogy nem nyaralnak – hadiárvák, sem szüleik, sem testvéreik. Ostobaságot követtem el. Illetve, most éppen nyaralnak ők is, de már a magyar iskolával birkóznak, befogadtuk őket.

A gondtalan nyaralás díszletei közt hirtelen mint kísértet, megjelent a koreai háború. Az igazi, nem az, amelyiknek a békekatonáit rossz feleletekkel le-lelőttük egy-két évvel ezelőtt, jókat röhögve. Életemben először iszonyatos haragra gerjedtem az amerikaiak ellen. Egészen biztos, hogy e fiúknak a szülei nem jártak Amerikába bombázni. Miért nem hagyják békében őket? Nincs mentség arra, amit velük tettek. Túlnéztem a fenségesen mosolygó víztükrön, s láttam az elnéptelenedett tájat, a bombatölcséreket a szántóföldeken is, megőszült, zavaros szemű embereket, örökre megnyomorított gyerekeket. A szép, színes táj kifakult, eltávolodott, s újból hallottam a bombák sivító zaját, a borzalmas detonációt, amire már egyre ritkábban füleltem az éjszaka csöndjében, amikor felmerültem álmomból csuromvizesen, levegőért kapkodva. Miért ölték meg Kuk Li apját, miért irtották ki Nam Jon Kin családját? A fülem mellett eleresztett politikai szólamok most testet öltöttek, tartalmuk lett, megteltek valósággal. A béke ügye az én ügyem, a mi ügyünk, mindnyájunk ügye. És zengett bennem a mozgalmi induló: „Új tűzkohót szít a tőkés nyugat...". A koreai fiúk többet tettek jelenlétükkel, mint a legszakszerűbb propaganda, s életemben először azonosultam a rendszerrel.

Mikor aztán én is „koreai menekült" lettem három év múlva, sokszor eszembe jutottak a Balaton partján megismert koreai fiúk. Most én is olyan csodabogárrá váltam, mint ők voltak. Nem tudom, hogy éppen közülük került-e nyugatra valaki. De voltak köztünk koreai és görög „magyar menekültek" is. Bécsben nézegették őket a tisztviselők, vállat vontak, majd beírták a passzusukba: „Ungarischer Flüchtling". Egy görög képzőművészeti főiskolással találkoztam néhányszor Londonban. Árván került Pestre 1949-ben többedmagával, tehetségesen rajzolt. 1956-ban védte a Képzőművészeti Főiskolát a többiekkel. Most, itt Londonban magyarul azt magyarázta, hogy valójában ő görög királyfi. Majd kiváltják a szülei innen, hazaviszik és megkoronázzák. Görögül jóformán nem tudott. Egy másik volt főiskolás, Herpay Zoltán igyekezett ügyelni rá. Aztán hirtelen megharagudott a magyarokra, és eltűnt, talán királyságát foglalta el, mely nem e világból való volt. Hiszen csak azt akarta, amit Tamási Áron: valahol otthon lenni a világban.

A Balatonról visszafelé már magától értetődő mozdulattal szálltam fel az étkezőkocsiba. Villásreggeli után néztem a tájat, az elsuhanó, muskátlis állomásokat – virágágyak, kaviccsal hintett, szemétmentes utak és palacsintasütős forgalmisták, jól vasalt egyenruhában. Mindez és a második pohár sör jókedvre hangolt. Tervezgettem. Még egy év, és Pesten leszek egyetemista, feljöhetek a végekről Pestre, ahol minden történik. Előttem az élet. Igaz, hogy most dolgozni kell mennem, de milyen kellemes volt eddig a nyár!

Közvetlenül Újhelybe utaztam, mert a cséplési ellenőröknek először tanfolyamot kellett végezniök. Bizalmi állás, és nagy felelősség nyugszik minden egyes ellenőr vállán, hiszen az ország kenyeréről van szó. Ezt hangsúlyozta az előadó elvtárs, meg azt, hogy a parasztság számos, különféle elemekből tevődik össze. A zsírosparasztok, például, meg akarják rövidíteni népgazdaságunkat azáltal, hogy a termés egy részét eldugják, hogy majd feketén értékesítsék. Ennek megakadályozása súlyponti kérdés. Ámult-bámult a sok 18 és 60 év közötti jelentkező, népi demokráciánk alkalmi támogatói. Felhívták a figyelmünket, milyen bajba kerülhetünk, ha a rendellenességeket nem jelentjük. Még börtönbe is juthatunk bűnrészességért.

Mielőtt megkezdtem volna tevékenységemet, apám is beszélt velem. Az ő eligazítása ellenkező előjelű volt. Meg ne őrüljek a szabályok szigorú betartásával, mert könnyen beleeshetek figyelmetlenség következtében egy vasvillába. Ha behívnak ebédelni, fogadjam el, és egyáltalán nem kell sietnem az ebéddel. Megvan az oka, ha sokáig tart. Egyáltalán, óvatosan járjam a tojástáncot, mert itt is beleléphetek valamibe, meg ott is. Ha látják, hogy megértő vagy, vigyáznak rád. Valaki mindig figyeli, mikor jön a főellenőr, s figyelmeztetnek idejében. A parasztok ismerik a játékszabályokat, ravaszkodással éltek túl mindent. Az állam emberemlékezet óta elsősorban őket rabolja ki, az elmúlt években sokszor még vetőmagjuk sem maradt. Megtermelik, amit eszünk, de nekik alig jut valami.

Amikor aztán kimentem a területre, hamar beletanultam a szakmába. A bodrogközi falvakban dolgoztam: Karos, Karcsa, Pácin, Ricse, Rozvágy. Hétfőn hajnalban 2 órakor felkapaszkodtam a megbeszélt helyen egy teherautóra, ami az üres tejeskannákat vitte vissza. Két cajgruhás, micisapkás férfi már szendergett a platón, felnéztek, de ők se szóltak. Első munkahelyemen virradatkor megkezdték etetni a cséplőgépet. Ültem a kisszéken egy felfordított láda mellett, ez volt az íróasztalom, s nekem kellett beírni a mázsálások eredményét és összesíteni, majd aláírni és aláíratni a gazdával.

Az aratás és cséplés nagy munka, de ünnep is. A magára valamit is adó gazda kitesz magáért, jóltartja az alkalmi munkások seregét. A legtöbb helyen hatalmas edényben főzték a levest, benne tyúkhús, és disznó vagy marha, sok zöldséggel. Ilyen erős levest soha életemben nem ettem. Laktató volt és nagyon zsíros. Lassan hozzászoktam. Volt persze olyan porta is, ahol már érkezésünkkor láttam, nem nagyon lesz mit enni. Keszeg paraszt, elnyúzott felesége és sok gyerek. Segítség is alig volt, mégis hamar végeztünk. Miből fognak élni? Éhen vesznek a télen. Én meg itt ülök drága pénzért, s vigyázok, ne lopják meg az államot. Hiszen a betevő falatjáért dolgozik, arca verejtékével. Volt olyan hely is, ahol semmivel nem kínáltak meg, ellenségesen méregettek. Nem haragudtam rájuk, magatartásukat teljesen jogosnak éreztem. Hiszen én is vérüket szívó, nadrágos ember vagyok.

Valamelyik faluban idős özvegyasszonynál kaptam szállást, fia református pap, valahol a környéken. A tisztaszobában tanyáztam; üvegszekrényben a távollévő tiszteletes úr könyvei, afféle reakciós, háború előtti könyvek, Szabó Dezső, meg főként a népi írók művei. Ezeket olvasgattam a petróleumlámpa pislákoló fénye mellett. Egy idő után úgy éreztem magam, mintha antropológus vagy szociológus lennék, terepmunkán, és kiabálni szerettem volna a felfedezés lázában, hiszen itt semmi sem változott! Ugyanúgy élnek, mint mindig, mint ahogy a népi írók leírták. És egykedvűen tűrik, hiszen ez a világ rendje. Mi történt a falvak villamosításával? Hol vannak a kultúrházak? Hol vannak azok a jövőbe néző tekintettel dolgozó parasztok, kiknek felesége babos kendőben szeli a hófehér kenyeret, s az iskolás fiú a *Szabad Nép*ből olvas fel, mint a plakátokon? Hogy a környéken voltak-e szövetkezetek, nem tudom, a cséplési ellenőrök az egyéni gazdálkodókra vigyáztak.

Néha beszélgettem is a helybeliekkel. Hajnalban, munka előtt ledöntötték a házi gyártmányú törkölypálinkát, ilyenkor megkérdezték, hogy mivel foglalkozom „rendesen". Azaz, ha nem ülök itt az ő nyakukon. Ebéd közben egy-két vicc is elhangzott, szexuális tartalmuk illedelmesítve, mivel zsindely van a háztetőn, azaz az én jelenlétemre való tekintettel. Néhány házban, a tisztaszobában, ahol ettünk, a mestergerenda alá Petőfi-kötetet is láttam begyűrve, a háború előtti filléres kiadást, a piros borítójút. Az egész magyar történelemről annyit tudtak, hogy itt járt a török, meg a tatár, de negyvennyolcban Kossuth apánk „kivívta a magyar szabadságot". Meg hogy Petőfi szép verseket írt, ismerem-e azt, hogy Ej mi a kő, tyúkanyó kend... A társadalmi élet színhelye a füstös, rosszul világított kocsma, a legények szombat esti találkozóhelye. Merev csuklóval hajtották fel a féldeciket, egy idő után a falat csapkodták, öklöllel.

Egy tömzsi Toldi Miklósra emlékszem. Munka alatt is ő volt a megtestesült virtus, zsíros katonasapkában, szemöldökéig behúzva, fél kézzel dobta fel a búzászsákot a vállára. Ennek megvolt a trükkje. Megragadta a zsák bekötött száját, teljes erőből billentett rajta egyet, mire a zsák megemelkedett, aláhajolt, s már a vállán is volt. Ezt a mutatványt egy féldeciért gyakran megismételte, mindenki tisztelettel nézte. A gazdák kedvelték, keze alatt égett a munka. A kocsmában kitértek az útjából, ha döngő lépteivel megérkezett. Ide egyébként sem volt tanácsos idegennek belépni, minden szem rászegeződött, mint egy westernbeli ivóban. A szombat esti társadalmi együttlétek általában verekedésbe torkolltak, de hétfő hajnalban mindenki ott állt a „munka frontján", kivéve, akit megbicskáztak. Rendőrt sohasem láttam.

Egyszer bebiciklizett a főellenőr. Szerencsére tudtam, hogy jön, jó előre beharangozták a rajtaütésnek szánt látogatást. A sötét bőrű, fekete szemű, formás, de eléggé ellenszenves lányt nálam néhány évvel idősebbnek véltem. A rábízott fèladatot nagyon komolyan végezte, alaposan kikérdezett, Czigány elvtársnak szólított, és szemmel láthatólag élvezte, ahogy kissé megszeppenve válaszolgattam neki. Egy idő után közölte velem, hogy neki itt kell maradni Karcsán éjjelre, mert holnap még rengeteg dolga van, hiszen ma még csak engem volt ideje ellenőrizni, bár itt, ahogy nézi, egy-kettőre végzünk. „Van-e valami látnivaló itt, vagy a környéken?" Már majdnem azt válaszoltam neki, hogy az út porában száradó tehénszaron kívül nem tudok mire gondolni, de jobb belátásra bírtam magam: „Hogyne, az Árpád-kori templom, de azt mindenki látta!" „Én nem!" – válaszolta kihívóan, megmutatnám-e neki? Erre nem mondhattam mást, mint igent.

A karcsai Árpád-kori templomot tényleg mindenki ismerte, a rá vonatkozó legendával együtt, amit Tompa Mihály megverselt. („Ott látsz álmélkodással egy / Veres márványból alkotott / Ős régi templomot. Falán száz domború alak / Mesés csoportja látható...") Mert a helybeliek szégyellték, hogy nekik nincs rendes templomuk, csak ilyen felemás, még tornya sincs. Tündérek építették, s nem tudták befejezni, ezért ilyen. Az archeológusok persze már a múlt században megállapították, hogy a be nem fejezett (vagy kibontott) Árpád-kori körtemplomból lett a szentély, és ehhez ragasztották a román stílű hajót. Ami ránk maradt, ebben a formájában is egyik legbecsesebb korai építészeti emlékünk.

Megmutattam tehát a templomot, ami szemmel láthatólag alig érdekelte, bár záporoztak a kérdései. Közben besötétedett, javasolta, hogy sétáljunk egyet, korán van még. Felkelt a hold, s egy idő után a temetőben találtuk magunkat, két sírhant közötti mélyedésben. Mivel már a templomban kezdtem gyanítani, hogy meghódítható és nem is annyira ellenszenves, mint először gondoltam, nem lepett meg, hogy kevés ellenállásba ütköztem, csak az, hogy egy idő után mennyire készségesen segédkezik, sőt, mondhatnám, tapintatosan átveszi az irányítást. Amikor végeztünk, elfogott a csömör. Ezt megérezhette, mert halkan megjegyezte: „Most mit fogsz gondolni rólam?" Ettől nevethetnékem támadt, hiszen minden jól nevelt úrilány kötelezően ezt mondja már az első csókolódzás után, bár itt a sírhalmok aljában, a gyors kifejletű események után, bizarr megjegyzésnek tűnt. Elég hamar útra készen állt, de távozófélben hetykén megjegyezte: „Engem a cséplési ellenőrök érdekelnek, ezért elhatároztam, hogy megkóstolom mind. Egész jóízű vagy!" – s ezzel elkerékpározott az éjszakába. Talán tíz óra is lehetett már.

Egy ideig reméltem, hogy új ellenőrzésre kerülhet sor, de elmaradt. Ehelyett előkerült eléggé lógó orral Kappan. Valamelyik szomszéd faluból, kerékpáron. Az orra azért lógott, mert az orosz pótvizsgája nem sikerült. Ha vége a cséplési ellenőrségnek, állás után kell néznie. Hogy felvidítsam, elmeséltem hódításomat, kellően részletezve és kiszínezve, főként ellenállhatatlanságomat ecsetelve. Kappan türelmesen és figyelmesen végighallgatott, majd kirobbanó röhögéssel tudtomra adta: ő is megmutatta a karcsai templomot a főellenőrnek. Ezen nevetgéltünk egy ideig az egyre jobban ízlő savanyú lőre mellett, amit hozott.

Amikor befejeződött a cséplési szezon, s megkaptam a fizetésemet, nem akartam elhinni, hogy ennyit kerestem. Kétezer forint felett kaptam. Akkoriban 800-1000 forint jó fizetésnek számított, családos, felnőtt embernek. Meglesz tehát érettségire a sötétkék öltöny, de még egy világosszürke, tropikálöltönyt is csináltathatok. Hogy az államot becsapva jutottam a rengeteg pénzhez, meg sem fordult a fejemben. Sokkal inkább megmaradt emlékezetemben a bőrükre ragadt pelyva alatt még jobban izzadó, gürcölve robotoló parasztok embertelen sorsa. Nekik segítettem, közben jól jártam. Így kezdődnek az egyéni értékrend torzulásai diktatúrában.

Nálunk már tavasz van

Elmúltak a sztalinizmus legszebb évei, ha nem is nyomtalanul. Gáll Barna magánkívül volt, amikor apámmal közölte, persze még mindig visszafogott hangon, hogy az ÁVÓ rettegett fejét, Péter Gábort letartóztatták. Joszif Összevisszaszarjonovics Sztalin (ahogy egymás közt hívtuk) után ő is eltűnt a süllyesztőben. Az új amerikai elnök, Eisenhower (nálunk: Ejzen*haver*) egyik beszédét a *Szabad Nép* közölte teljes terjedelemben. Talán ez volt az első olyan politikai cikk, amit önszántamból, összpontosított figyelemmel olvastam el. A beszéd félre nem érthető formában foglalkozott a rab nemzetek *(captive nations)* helyzetével, a reménységet táplálta bennük. Eisenhower síkraszállt a mi jogainkért is, ezt olvastuk ki belőle, óriási jelentőséget tulajdonítottunk neki, vágyaink távolába néztünk. (Most, utólag újraolvasva, úgy látom, nem voltunk naivak, ha ettől az elnöktől azt vártuk 1956-ban, amit hiába vártunk: „...minden országnak elidegeníthetetlen joga az, hogy saját választása szerint alkossa meg kormányzati formáját és gazdasági rendszerét [...] nem igazolható egyetlen országnak olyan kísérlete sem, hogy kormányzati formát kényszerítsen más országokra [...] a kelet-európai országok teljes függetlensége Európa mai, természetellenes kettészakítottságának végét jelentené." Eisenhower beszéde természetesen a *Pravda* vezércikkben adott, teljes oldalas válaszával kezdődött: „Az elnök beszédében megkülönböztetett figyelmet szentel Kelet-Európa népeinek. Szavaiból az következik, hogy a kelet-európai országok kormányzati formáját kívülről kényszerítették rájuk, bár ez ellentmond az általánosan ismert tényeknek..." Még azt sem volt hajlandó beismerni a *Pravda,* hogy „Joszif Sztálin halálával véget ért egy korszak".

Tudtam továbbá, hogy most éppen „olvadás" van, s hogy ez jót tesz majd az irodalomnak. Ennek kézzelfogható példája az *Olcsó Könyvtár* megindulása volt. Háromforintos egységáron végre olvasni való könyveket is lehetett vásárolni. Az *Olcsó Könyvtár* „olcsó" fogással élt: ugyanolyan méretben és sárga borítóval jelent meg, mint a *Pesti Hírlap* 28 filléres ponyvaregényei a háború előtt (csak a borító rosszabb minőségű papírból készült). Ezzel a jó ügy érdekében elkövetett ravaszkodással igyekezett a kiadói apparátus átnevelni a ponyvaregényhez szokott magyar kispolgári rétegeket. „Nemes ponyvát" adott a kezükbe, Heltai, Karinthy, Mikszáth, Verne Gyula, H. G. Wells, igaz, suttyomban közéjük csempészték Illés Bélát, Howard Fastot is, de hát aki tudott válogatni, az nem vette meg mindegyik kötetet. (A tiszta búzába ocsút keverni fontos taktikai húzása volt a kulturális politikának, így osztották a Kossuth-díjat is: egyet Horváth Jánosnak, egyet Gergely Sándornak.)

Mindnyájunkat megcsapott az új szakasz frissítő szele, bár nem hiszem, hogy Nagy Imre nevét már akkor megjegyeztem volna. Bizakodó hangulat lett úrrá tanáron, diákon. Azon vettem észre magam, hogy egy-kettőre nyakamon az érettségi, maturandus gimnazista lettem, ahogy mondani szerettem volna, idejétmúlt kifejezéssel. Már rég beletörődtem, hogy bár a piarista gimnázium falai közt, de egy másik világban fogok érettségizni.

Némi változás a tanári karban is történt, bár nem politikai jellegű. Visszakaptuk Harasztos Gyulát, ő tanította az ábrázoló geometriát, amit nagyon hamar megkedveltem, és könnyen boldogultam vele. „Van térlátásod" – mondta Harasztos tanár úr. Mivel a dicsérettel általában fukarkodott, nagyon örültem a megjegyzésének. Talán már említettem, hogy az első világháború vége óta tanított a gimnáziumban; ő képviselte a folytonosságot, és majdnem dinasztiát alapított. Lánya 1950-ben érettségizett, és nem sokkal később hozzáment Mátrayhoz. Fia, Harasztos Öcsi Dely Péter osztálytársa volt, és igencsak lekezelően viselkedett a fiatalabbakkal. Nem tudom, felvették-e egyetemre, de amikor 1959-ben Heidelbergben látogattam a nyári egyetemet, megérkezésem után az a szomorú hír járta a magyar egyetemisták között, hogy Harasztos Öcsi szívszélhűdés következtében belefúlt a Neckarba. Sajnáltam, hogy csak meghalni jutott ki nyugatra.

Mátrayt sikerült rábeszélnünk, hogy néhányunknak tanítson olaszt mint rendkívüli tárgyat. Nagy lelkesedéssel tanultam, a latin sokat segített. Ám a legizgalmasabb mégiscsak az volt, hogy új magyartanár, Csuka Andor vitt bennünket érettségire. Első pillantásra ellenszenvesnek találtam a zárkózott, motyogó tanárt. Hamar kiderült, irodalomból egyedül Ady Endre költészete érdekli, ha Adyról beszélt, mérsékelten tűzbe jött. Adyt, persze, én is nagyon szerettem, ő volt nekem *a* költő. Szerb

Antal leszólását, miszerint sok a rossz, „muszáj Herkules”-verse, afféle intellektuális nyafogásnak tartottam. (Hangulat kérdése, hogy melyik Ady-verset mikor tartja valaki jónak vagy rossznak.) Nem értettem, hogy mit nem lehet érteni „A fekete zongorán”. Főként Adyról beszélgettünk Konstantin Jóskával, a hosszú, unalmas vasúti zötyögések alatt, amikor sakkversenyre utaztunk valahova. Csodáltuk ezer arcát, szerepeit, a fenegyerekeskedéseit, azt, hogy az én menyasszonyom „mit bánom én, ha utcasarkok rongya, de elkísérjen egész a síromba”. Ki mert volna ilyesmit írni akár harminc-negyven évvel később is? Az eltévedt lovas vak ügetését hallottam Kaliforniában, a sivatagban, a forró nap után hirtelen lezuhanó estében, kristálytiszta ég alatt, de hallottam Londonban is az utcánk végi parkban, a Hampstead Heathen, amikor a frissen nyírott, méregzöld gyepre ködfoltok települtek, vagy *Oktoberfest* után a bajor erdőben: „Volt erdők és ó-nádasok láncolt lelkei riadoznak”. Ady mítoszteremtő ereje páratlan a világirodalomban, mégsem becsüljük kellőképpen, s könnyen feledjük, hogy állandóan idézzük, könyvcímekben, beszédünk fordulataiban.

Pedig Csuka tanár úr buzgósága következtében majdnem megcsömörlöttem Adytól, ahogy színtelen hangon öntötte ránk a versekből vett idézeteket. Nyilvánvaló, őszintén szerette Adyt és lelkesedett érte, mégis lepergett rólunk, amit mondott, csak arra kaptuk fel a fejünket, ha másról volt szó, és végül mégis Adynál kötött ki. Írtam is egy szatirikus Karinthyádát két színben róla:

„*A PUSZTÁBA KIÁLTÓ SZAVA*”

avagy

MAGYAR ÓRA A NÉGYÁBAN

Színmű

kétszáz tanítási napban és azon belül számtalan verejtékszagú magyarórában.

Mottó: *A magyar irodalom: az Ady.*
A többi az nem irodalom, tehát a tanár nem adi.

I. SZÍN

Diák szobája. Kellékek: több bukott diák bőrébe kötött, nehézsúlyú Ady-kötet. A falakon Ady-idézetek, Ady-fényképek és Ady-festmények. Az asztalon egy Ady-dolgozat. A mellékhelyiségben szögön Révai Ady-tanulmánya.

Diák: (ül a középen, lábát mossa egy lavórban, amiben szimbolikus költemények áznak. Kezében Ady-kötet, és magol. Tudatalattija Révai tanulmányát emészti, bal kezével verselemzést, jobb kezével dolgozatot ír, lábaival egy Ady-breviáriumban lapoz. A levegő Ady-szagtól terhes, a sarokban a Disznófejű Nagyúr számolja az aranyait, a távolban Halál-tó országa látszik, s közben magol):

Hogy ragya verjen, marjon mindenütt,
Hogy jőjjön a döghullák varja

(itt megáll, magyartanárjára gondol, hiába no, nagy költő volt Ady... magol tovább):

Hogy tébolyodva lelje meg eszét...

(megint megáll, s megint a magyartanárjára gondol és dühöng, hogy nem tudja mind a 9237 verset egyszerre megtanulni. Magol tovább):

Hogy fussanak rá minden nyavalyák
Hogy a törés jó kedvvel törje...

(Megint megáll, mint fent... Közben hajnalodik. Féléjulva, haldokolva, fuldokolva magolja):

Ez a gazember még lakolni fog.

(Igen, igen, érzi ezt ő is. Közben megéhezik és elfogyaszt három darab frissen szervírozott irodalmi tanulmányt Adyról, körítésként pár százat az új versekből. Nagy kortyokban dekadens, individualista víziókat iszik rá és krákog. Gyorsan kiköp néhány szimbólumot, metaforát és alliterációt, megnézi az óráját és siet az iskolába.)

II. SZÍN

(Szabályos osztályterem, benne 28 diák. Szemükben rémület, kinek adi a tanár Adyt.)

Tanár (bejön. Hóna alatt makro Ady-kötet. Ruhája Ady újságcikkekből varrva. Kedélyesen megszólal):

No, fiúk, mi volt feladva?

Első Eminens (Feláll, előkapja mind a huszonnyolcezer oldal jegyzetét és hadarja):

Ady forradalmisága, Ady szimbolizmusa, 197 költemény memoriterre, 19 Ady dolgozat, 53 verselemzés, 6 irodalmi tanulmány Révaitól, 318 méter Ady-strófa, 57 gramm metafora, és 27 pár Ady-versláb szimboleum-nadrágba dugva.

Tanár (bólogat):

Igen, igen, de elfeledkeztél az ismétlési anyagról: Ady hatása a költészetre a mohácsi vésztől napjainkig. (Elégedetlenül csóválja a fejét, majd elkezd magyarázni): Hát, kérem szépen, Ady verseket írt (könyvbe les), olyan szimbolista verseket. De nem ez a lényeg (már nem les a könyvbe), Adyt ismerni kell, Adyt szeretni kell, Adyt imádni kell, Adyban gyönyörködni kell, Adyt érteni kell, Adyt tanulmányozni kell (belejön, egyre nagyobb pátosszal): mert ha nem ismerjük, nem szeretjük, nem imádjuk, nem gyönyörködünk benne, nem értjük, nem tanulmányozzuk, akkor mondhatjuk, hogy Ady dekadens volt, magyartalan volt, erkölcstelen volt, istentelen volt, ködös volt, zavaros volt, marha volt, hülye volt... (megáll, a felhevüléstől levegőért kapkod, elveszíti a gondolat fonalát és szórakozottan ismétli önmagát) igen, marha volt... (közben csengetnek) No, nem baj, a jövő órán folytatjuk...

Nem tudnám megmondani, miért kaptunk új magyartanárt, vajon Győr Anna teljesítménye elégedetlenségre adott-e okot, politikai vétséget követett-e el, vagy pedig egyszerűen csak túl volt terhelve magas óraszámmal. Csuka Andortól nem hiszem, hogy sokat tanultam. Mindenesetre jól megvoltam vele, gyakran megtörtént, hogy a házi feladatot az éppen kezem ügyébe eső füzetből olvastam fel, matematika-, biológia-, mindegy hogy melyik, folyamatosan és rutinnal olvastam, s mivel nem szokta láttamozni a füzeteket, soha nem derült ki, hogy a dolgozatot ott, a helyszínen költöttem. Baráti társaságunkat akkoriban már „Czigány-kollégiumnak" hívták, nem pedig „bringabandának". Nem mondhatnám, hogy az osztály legjobb tanulói tartoztak oda, de mivel az osztályfőnökünknek, Mátraynak megígértem, hogy senki sem fog megbukni közülünk, elnézte, hogy az osztályban van egy vagánykodó társaság, azzal a feltétellel, hogy ha bármelyikük megbukik, abból a tárgyból nekem is lerontatja az osztályzatomat. Megúsztam: senki sem bukott meg az érettségin sem.

Már az első félévben komolyra fordult a helyzet a pályaválasztással is, nem lehetett már tovább halogatni a színvallást, hogy mi akarok lenni. Hosszas töprengés után úgy döntöttem, hogy a Külügyi Akadémiára jelentkezem. Mérhetetlen naivságomban arra nem gondoltam, hogy semmi esélyem, hiába igyekeztem nyelveket tanulni, minden disztitkárkodásom ellenére nem a megfelelő háttérrel rendelkezem. A Külügyi Akadémiára való jelentkezés önmagától megoldódott; már nem emlékszem, hogy még az előző tanév végén, vagy most, az 1953/54-es tanévben szüntették-e meg az intézményt, de az biztos, hogy felvételre jelentkezni már nem lehetett. Ezért, némi habozás után, újságíró szakra adtam be a kérvényt.

Az egyetemi jelentkezésekkel kapcsolatban az egyik fő foglalatoskodás az önéletrajzok írása. Mielőtt nekikezdtem volna, apám magához rendelt, hogy beavasson az önéletrajzírás műhelytitkaiba, bár egyáltalán nem tetszett neki pályaválasztásom. A jó önéletrajz három részből áll, kezdte, az első részben a családi hátteret ecseteled, hangsúlyozva, hogy az elmúlt népelnyomó rendszerben mennyit kellett küszködniök nagyszüleidnek, hogy apádat iskoláztassák, és hogy apád már akkor is haladó gondolkodású ember volt. Néztem apámat, ezt a volt m. kir. tartalékos tisztet, aki fogságból hazatérve magával hozta a rendfokozatát jelző aranycsillagot, a vállpántot és a sapkarózsát. Néha megjegyezte: „én már elolvastam az élet könyvét". Azt olvasta ki belőle, hogy meg kell tagadnia a múltját, örülhet, hogy állása van, hogy nem firtatták, hol esett fogságba: – hogy neki is lyuk van az életrajzában. De most rólam volt szó, az én életrajzom szépségtapaszairól beszéltünk. A második részben, folytatta, részletezed a tanulmányaidat az elért eredményekkel. Itt kell megemlítened, hogy a szocializmus építésében fizikai munkával is részt vettél, a te munkád is beleépült a Sztalin Vasműbe. Ezenkívül részletezed a tanulmányi versenyeket, a társadalmi és a mozgalmi munkát, és az érte kapott jutalmakat. A legfontosabb a vége: ott kell hangsúlyoznod, hogy ha megszerezted a képesítésed, abban a szakmában állod meg a helyed legjobban a munka frontján, ahová jelentkeztél; ott leszel a társadalom legnagyobb hasznára. Ez a mérvadó: akik olvassák, lássák, hogy a társadalom hasznos tagja akarsz lenni. És még valami: az életrajz ne legyen szószátyár, egy-másfél oldal a kívánatos terjedelem. Nem beszélt ugyan róla, de mégis tudtam, marhaságnak tartja az újságíró szakot. Nem tetszett, amit apám mondott, nem tetszett, ahogy kioktatott. Az életrajz műfajában én is, mint kortársaim, egyedül József Attila *Curriculum vitae*jét ismertem, s abban tényleg az életről volt szó, nem pedig arról, hogy a vas- és fémgyűjtés terén elért eredményeimért megkaptam Sztalin elvtárs „válogatott beszédeit a békéért", piros bársonykötésben.

Elkezdtem tehát az életrajzokat gyártani. Az első fennmaradt önéletrajzom 1953. december 20-i dátumú. Gondolom, ez még a Külügyi Akadémiára beadott (fölösleges) felvételi kérvényhez készült bejlágnak. Olvasom: „Apám a múlt rendszerben mint szegény szülők gyermeke csak nehéz körülmények között tudta középiskoláit elvégezni." Íme, a gondosan megválogatott szavakkal való fogalmazás bája. Mert a piarista gimnázium is középiskola, nemdebár? Minek akkor részletekbe bocsátkozni? Középiskola, passz. (Bár szerintem érdemes lett volna beírni, hogy a klerikális reakció hittanból megbuktatta apámat a piarista gimnáziumban. Apám nem találta eléggé humorosnak ezt az ötletet.) Apám most „pénzügyi dolgozó", és szerényen eldicsekedtünk vele, hogy „jó munkájáért több alkalommal jutalmat kapott". Ezzel letudtam az egyenes ági felmenőmre vonatkozó legfontosabb tudnivalókat. Most következtem tehát én. „Általános iskolát Sátoraljaújhelyben végeztem, kitüntetéssel." Ez a megfogalmazás nem sikerült tökéletesre, mert ha „végeztem", akkor ott végeztem mind, ami nem elég szabatos megfogalmazás. De minek itt belekeverni, hogy Gyöngyösön kezdtem? Hogy évet veszítettem a háború miatt? Egy pillanat, és felfeslik az egész gazdagon hímzett szöveg.

Egy következő változatban (1954. április 8-i dátummal) már csiszoltabb a megfogalmazás: „Az általános iskolát Sátoraljaújhelyben fejeztem be 1950-ben, kitüntetéssel." Ez már döfi. Ha ott „fejeztem be", a kezdés helyszíne nyitva maradt. Mert abból, hogy ott fejeztem be, nem következik sem az, hogy máshol kezdtem, sem pedig az, hogy ott kezdtem volna. Hogy hol kezdtem, különben is nevetségesen fontoskodó apróság, mi szükség van rá az egyetemi felvételi kérvényhez? Megtudjuk továbbá, hogy „élénken részt veszek az iskolai DISZ-szervezet munkájában", valamint még továbbá, hogy „A DISZ-en, szemináriumokon kívül önképzéssel fejlesztem magam, nyelveket szeretek tanulni, előadó-képességemet fejlesztem, és úgy érzem, népköztársaságunkat ezen a munkahelyen tudnám legjobban szolgálni". Mármint, ugye, diplomáciai szolgálatban. Távol Moszkvától, persze. Mégis túllőttem a célon. Mi az ördögnek akartam „a DISZ-en, szemináriumokon kívül" még „önképzéssel is fejleszteni magam"? Elvégre azért voltak a szemináriumok, hogy ott mindent megtudjunk a világról, amire egy népköztársaságban szükség van. Apám is felelős, engedte, hogy flancoljak. Amikor elkészült az egyeztetett változat, bevitte a hivatalba, és valamelyik titkárnővel legépeltette. Profi munka, hibátlan gépelés, másfeles sorközzel éppen egy oldal. Semmi szükség most utólag azon morfondírozni, hogy életem legnehezebb fogalmazási gyakorlatán estem túl, ahol a szavaknak súlyuk volt, és nem maradhatott elvarratlan szál. Megint csak nincs jogom panaszkodni, az Elbától keletre milliók tanultak meg önéletrajzot írni, sokkal kacifántosabb háttérrel magyarázták a bizonyítványukat. Megtanultak szisszenni minden kis szilánkhoz, mint József Attila favágója.

Az említett második változat, mely, gondolom, az újságíró szakra készült, már áthelyez némely hangsúlyokat: „sokat olvasok és mint a magyar szakkör vezetője, élénk figyelemmel kísérem az irodalmi eseményeket". Így utólag, megint csak nem tudom, helyes-e, ha valaki a világ végén „élénk figyelemmel kíséri" az irodalmi eseményeket. Tehát nem a DISZ munkájában veszek részt „élénken", hanem az irodalmi eseményeket követem „élénk figyelemmel". Kitűnő szó az „élénk", melléknévi formájában éppen úgy, mint határozószóként: „élénken". Nincs benne túllihegés, mintha azt állítanám, hogy „odaadó figyelemmel", nem is komolykodó, mint a „fokozott", vagy lapos, mint a „nagy figyelemmel", eleven, friss, mozgékony, virgonc szellemi érdeklődést árul el. Erre van szükség az újságíró szakon.

Mert való igaz, hogy az irodalmi eseményeket figyeltem. Az *Irodalmi Újság* olykor a kezembe került a városi könyvtárban, és a nyanyák mindig felhívták a figyelmem, hogy mit olvassak el benne, bár én csak tömény unalomra emlékszem, üzemlátogató írók jövőbe néző riportjaira, „épülő-szépülő" hazánk legújabb eredményeit lihegve ajnározó versekre; ezeket lehetetlenség lett volna élénk érdeklődéssel olvasni. Igaz továbbá, tényleg értesültem egy „irodalmi eseményről", ami ugyan nem az *Irodalmi Újság*ban, hanem a *Művelt Nép*ben látott napvilágot; erre is a nikotintól sárga körmű nyanyák hívták fel a figyelmem. Ez az esemény Márai verse, a *Halotti Beszéd* volt, Tamási Áron válaszával. A nyanyák néhány évvel korábban Márait is kiselejtezték, most mégis azt mondták: „*a* Márai verse". Tamásit jól ismertem az Erdélyi Szépmíves Céh nagyanyáméknál meglevő (nem halinakötéses) munkáiból, bár első sikertelen ismerkedési kísérleteim óta nem vettem a kezembe műveit, modorosságait nem szenvedhettem. Márait pedig mint afféle „nőírót" könyveltem el; anyám és barátnői egymásnak kölcsönözték *A gyertyák csonkig égnek*et, meg a *Válás Budán*t. Erre a szintre azért mégsem ereszkedhettem le, mindennek van határa ugyebár. De, ettől függetlenül, mindkettejüket *igazi* írónak tartottam. Hogyhogy Márai verset ír? – töprengtem. Nincs ebben valami csalafintaság? Tamási Áron szép, aggódó írásán érződött, nagyon-nagyon meggondolja, mit ír. Az ő írása győzött meg, hogy a Márai-vers hiteles. Máraival kapcsolatban az lepett meg a legjobban, hogy él, hiszen özönvíz előtti időkből, egy elsüllyedt Atlantiszból bukkant elő. Érdekes módon ez volt az egyetlenegy irodalmi esemény, amiről mindenki tudott Újhelyben, izgatottan suttogtak róla Márai titkos hívei a városban.

Más irodalmi eseményt tehát nem tudnék felhozni, amivel életrajzomban kérkedhettem volna, de hát, gyarló az emberi elme, bizony, azt sem tudnám megmondani, hogy mit is csinálhattam mint „a magyar szakkör vezetője", illetve mivel töltöttem időmet a szemináriumokon (alap- és középfokú); hiszen a brosúrák nyelv(ezet)ét nem értettem meg. (Lukácsot sem értettem, még egyetemista koromban sem, csak Londonban, angol fordításban. Mikor nagy divatja lett Lukácsnak a hatvanas években mint az új baloldal gurujának, a frankfurti könyvvásáron összes műveinek német kiadója keservesen panaszkodott, hogy igazán jobb német fordítót érdemelne, mert így, ahogy van, németül nagyon nehézkes olvasmány.)

Szemben velem, Pavka továbbra is elolvasott mindent, ami a kezébe került. Amikor bejelentettem neki, hogy „lapot kéne alaptani" (à la Karinthy: „Ó Hatvany, ó Hatvany, lapot kéne alaptani"), felcsillant a szeme. „Címe már van!" – jelentettem ki diadalmasan, hiszen tudtam, hogy az ige akkor lőn testté, ha megnevezik. – „*Lámpaláz*, mit szólsz hozzá"? Tele voltam tervekkel, írok például egy önéletrajz-paródiát a tökéletes káderről. Meg is írtam. Hangsúlyoztam benne, hogy mindig tervszerű életet éltem, először megszülettem, s csak később fogok meghalni. Születésem a Kilenchónapos Terv keretében történt, miután a Szaporodási Hivatalban lekonkretizálták helyzetemet a fölémeső szervek. Négyéves koromban vezércikket írtam a *Proletár Kisded* című, haladó szellemű, illegális sajtótermékbe. Mivel beoltottak proletárgőggel, újraoltásom idejére már teljesen immúnis voltam a rothadó kapitalista világrend csábításaival szemben. Elismeréssel emlegettem nagy tanítómat, Sztalint, aki időközben jobblétre szenderült, s Rákosit, aki még nem... Szóval, ömlöttek belőlem az ötletek, csak azt nem értem, honnan vettem a bátorságot, hogy elmerészkedjek az igazgatóhoz lapalapítási tervemmel. Annyi eszem azért volt, hogy nem részleteztem, miket akarunk humoros formában megjelentetni, csak annyit mondtam nagy óvatosan, hogy a „diákélet fonákságait kívánjuk kipellengérezni", meg hogy magunk állítanánk elő a lapot az iskola házi sokszorosítóján.

Szegény Bodnár Imre úgy hallgatta terveim, mintha azt jelentettem volna be, hogy a Szabad Európa Rádiónak kívánok helyszíni tudósításokat küldeni Újhelyből. Ha ehhez még hozzáadjuk, hogy akkoriban a magánkézben lévő írógépeket a rendőrségen be kellett jelenteni, s ugyanúgy csak az engedélyezett tulajdonosa használhatta, mint a lőfegyvert, s hogy a gimnázium őskori stencilmasináját hét lakat alatt őrizték, akkor tényleg csak arra tudok gondolni, hogy a dirinek teljesen igaza volt, amikor azzal küldött ki a rövidre sikerült audiencia után az igazgatói irodából, hogy meg vagyok őrülve, elment a józan eszem, s még napokig csóválta a fejét, ha a folyosón véletlenül találkoztunk.

A *Lámpaláz* tehát halva született. Pavka, közös terveink ellenére zárkózott maradt, mindig magános sétái közben találkoztam vele, illetve egy idő után nem csak vele, hanem Gabival is, akit aztán feleségül vett. Hogy mit írt volna a *Lámpalázba*, soha nem tudtam meg, erről nem nyilatkozott, csak lelkesen bólogatott mindenre. Az érettségi bankett idején derült ki, mekkora szatirikus véna lapult benne ugrásra készen. Az osztály minden egyes tagjáról ő írta a csasztuskát, ezek találóak voltak, metszően gunyorosak, de egy-egy kedveskedő fordulattal mindig helyrebillentette az egyensúlyt, senki sem sértődött meg. A Miltényiről szólóra a mai napig emlékszem, nyilvánosan talán ebben hangzott el először az ÁVÓ neve, legalábbis a gimnázium épületében: „Egyszer volt egy krumpliszsák, / Mucuskára ráhúzták. / Rendőr, ÁVÓ nyomozott, / Míg a tettes bujdosott..." (*Ad notam:* Egyszer volt egy kemence...). Egy ideig még beszélgettünk elvetélt szellemi gyermekünkről, s mint önjelölt „főszerkesztő", óra alatt papírgalacsinokon üzengettem Pavkának: az e havi fizetéséből *is* levonok ötven dollárt, mert továbbra is Sztyepanov világhírű regényét, a *Port Arthur ostromát* olvassa.

A virágforradalom idején Kaliforniában tanítottam: a kellős közepén, Berkeleyben. Még az orosz szakos hallgatók is haladni kívántak a korral, s az egyik tanszéki értekezleten radikális képviselőjük bejelentette, hogy ők a hétköznapi orosz emberek életét és gondolatait kívánják megismerni, s ezt a klasszikusokból nem lehet. A hétköznapi, szürke emberek csak a másod- és harmadrangú írók műveiben hitelesek. Ilyesmiket akarnak olvasni. Tanszékvezetőnk hápogni sem tudott a forradalmi követeléstől, de (az akkor még nem Nobel-díjas) Czesław Miłosz hirtelen felnézett bozontos szemöldöke alól. „Olyan könyvekre gondol, mint Katajev: *Belejet parusz ogyinoki* (Távolban egy fehér vitorla)?" Zajos tetszésnyilvánítás. Ebből nem maradhatok ki. „Vagy ott van Azsajev: *Daljeko ot Moszkvi* (Távol Moszkvától)" – mondtam. Összevillant a szemünk Miłosszal. A busa szemöldökű költő licitálni kívánt: „Kravcsenko: *V Sztaroj Dubrovke* (Az új legyőzi a régit)". „Polevoj – védekeztem – *Poveszty o nasztojascsem cselovjeke* (Egy igaz ember)". Miłosz tűzbe jött: „Bek: *Volokalamszkoe sossze* (A volokalamszki országút)". Görögtüzes párviadal kezdődött: „Szimonov: *Dnyi i nocsi* (Nappalok és éjszakák)". A végén mégiscsak sikerült kivágnom az adut: Sztyepanov: *Port Arthur ostroma*, igaz, kínomban, mert *A gyár épül az őserdőben*nek nem jutott eszembe a szerzője (Sztrokovszkij), és az orosz címe sem. Hála Pavka jártasságának a Nagy Szomszéd irodalmában, megérdemelt sikert könyvelhettem el. Az értekezlet után mint két csínytevő gyerek nevetgéltünk: „Csak hadd olvassák, ha ez kell nekik!" Orosz szakos kollégáinknak a lengyel–magyar barátság jegyében nem árultuk el különbejáratú ismereteink forrását.

Végül is belenyugodtam első irodalmi ambícióm gyászos kudarcába, ez a világ rendje, gondoltam, nem is sejtve, hogy vannak országok, ahol nem tiporják el azonnal azt, aki úgy érzi, a tehetség kukaca rág benne. Akkoriban láttam egy tanulságos csehszlovák mesefilmet, melynek az volt a csattanója, hogy a hol volt, hol nem volt ország lakói boldogan és békességben éltek igazságos és jóságos királyaik alatt, csupán nevetniök nem volt szabad, még a saját házukban sem. Ha rájuk jött a nevethetnék, nem volt mit tenni, gyorsan átszaladtak a határon túlra, könnyesre hahotázták magukat, s komoly ábrázattal hazatértek. Nekünk nem volt hova kiszaladnunk nevetgélni (gondolom a cseheknek sem, ezért készítették a filmet), még az olvadás idején sem. Lám, lám, mégis hazánkból lett a legvidámabb barakk a béketáborban!

Szóval belenyugodtam, de azért eléggé elkedvetlenedve kóvályogtam az utcákon, a sakk csapatversenyeken se szerepeltem ragyogó eredménnyel, az intéző egyre lejjebb rakott az erőlistán, hetedik-nyolcadik táblán játszottam, nehezen koncentráltam, pozícióelőnyös állásban elnéztem a győzelmet jelentő gyalogot, vagy rossz sorrendben egyszerűsítettem. Kétszeresen bosszantott, ha a mérkőzés után Bokorstein (aki, mióta Dely leérettségizett, gyakran az első vagy második táblán játszott) kimutatta, hogy döntetlent azért kicsikarhattam volna, ha nem nyugszom bele eleve a vesztésbe.

Legszívesebben Schopenhauert olvastam, meglepett, hogy milyen egyszerűen tud írni, és az összes klasszikus szerzőt idézi – görögül és latinul. A sztoikusok után (Seneca, Marcus Aurelius, akiket főként csak magvas idézetek formájában ismertem) Schopenhauer volt az első filozófus, akit rendszeresen olvasgattam, s meg kell mondanom, Madáchabb volt Madáchnál. Őt ugyanis nem lelkesítette semmi, még pillanatnyilag sem, mint Ádámot, kegyetlenül rámutatott, hogy a biológiai lét szükségletei és a fajfenntartás vastörvénye határozza meg cselekedeteinket. (*Életbölcselet* volt az egyik kötet címe, *Szerelem, élet, halál* a másiké.) Noha ilyen imponáló arzenálját még nem láttam a filológiai felkészültségnek vagy a világirodalmi tájékozottságnak, mégis voltak eszmefuttatásai, melyeket nem bírtam elfogadni, vagy nem tartottam igaznak, illetve nem eléggé általános érvényűnek. Minden deprimáló pesszimizmusa ellenére, most visszatekintve, tőle tanultam a legfontosabbat, azt, hogy mindent kritikusan kell szemlélni; ha valaki szellemi pályára készül, a kritikai szemlélet, magyarán a szkepticizmus az első és legfontosabb parancsolat, még akkor is, ha az ember olykor túllő a célon ítélőképességének kiforratlansága, vagy felkészültségének elégtelen volta következtében. Hiszen ha az előttünk járó tekintélyek soha nem tévedtek volna, azokat a témákat, amelyekkel foglalkoztak, csak megtanulni lett volna érdemes, továbbgondolni nem. Fontos felfedezés volt ez egy olyan világban, amikor tudományos tálalásban hirdették az egyedül érvényes igazságot, amit kötelező volt elfogadni azzal, hogy minden más eleve ostobaság, vagy legalábbis tudománytalan. Pedig nagyon szerettem volna én is (mint mindenki) abszolút, kétségbevonhatatlan igazságokra szert tenni, melyeknek ismeretében helyesen és okosan cselekszem. Szilárd világképre csak azok tesznek szert, akik képesek elnyomni magukban a kétkedés hangját, melyről az egyház azt állította, hogy az ördögtől vagyon, az új vallás pedig „téves polgári nézet"-ként bélyegezte meg, ami hát végső soron szintén az ördögre való utalás. Nietzschéről is hallottam, bár gimnazista koromban egyetlen munkájához sem sikerült hozzájutnom.

A karácsonyi szünet alatt összefutottam Edittel, aki hazajött a vakációra. Meghívtam egy feketére, tele volt tervekkel, egy ismeretlen, távoli világból hozott üzenetet, izgatottan kérdezte, mi foglalkoztat, miket írok, milyen szakra jelentkezem. Alig tudtam valamire felelni, mikor váratlanul megjegyezte: „Rossz bőrben vagy, el vagy kámpicsorodva! Testmozgásra van szükséged! Nekem sem ártana egy kis mozgás, jársz-e még sízni?" „Igazad van, Gretchen, tűzre a fóliánsokkal, ki a szabadba, ki az életbe!" – idéztem fejére szabadon és erőltetett iróniával Ádám/Keplert, de úgy, hogy Faustot is belekeverjem.

Elkezdtünk sízni járni a hegyekbe. Edit persze soha életében nem sízett (bár váltig bizonygatta, hogy leckéket vett a Normafánál, mielőtt hazajött volna), így tehát fölényeskedhettem kedvemre. Megadóan (odaadóan?) tűrte, a leírhatatlan zöldességű szemek lámpása szabadra volt állítva. Most kezdtem ráébredni, mennyire hiányzott a társasága, mióta elment. Magunkban voltunk a világgal, a délutáni alkonyban sejtelmesen fehérlő hegyekkel, csak a hó csikorgott a síbakancs alatt, ha lecsatoltunk, hogy beüljünk egy pohár forralt borra a turistaházba. Ott sem volt senki rajtunk kívül. Egyáltalán, csak mi ketten voltunk az egész világon. Az örökkévalóságig tartó karácsonyi vakáció mégis pillanatok alatt eltelt, hallgatagon kísértem ki a pesti gyorshoz. Pár nappal később felmentem a magas-hegyi kilátóhoz. Igen, a frissen lehántott kéreg helyén ott volt a tintaceruzás felirat a fenyőfa oldalában: „Itt járt két bősz turista".

Az utolsó, rövid félév azzal kezdődött, hogy megint tanulmányi versenyre kellett jelentkezni, osztályfőnökünk fennhangon megsúgta, hogy az egyetemi felvételihez jót tesz, ha a választott szaktárgyból jelentkezünk. Megadóan jelentkeztem magyarból, és oroszból is, mert nem akadt elég jelentkező, s mint osztálytitkárnak példát kellett mutatnom. Alaposan készültem József Attilából. Kijegyzeteltem Bóka László tanulmányát, bár közben egyszer-kétszer a zsebemben kinyílt a bicska. Fontoskodó, líraian elmélyült, de ugyanakkor tudományosan megalapozott szenvelgést írt. Otthon megvolt a *Magyar Szemle,* átlapoztam az utolsó évfolyamokat, hogy mit írtak benne József Attiláról. Mert ugyebár azt tanultuk, hogy a Horthy-rendszerben nemcsak a halálba kergették, de „a hivatalos körök" költészetét nem vették tudomásul. Megint csak hazugságon kaptam a rendszert. (Először a Mindszenty-per idején értem tetten a rendszert. Dörzsöltem a szemem a *Janika* [1949] című film vetítése alatt [Turay Idával a főszerepben], amikor az Amerikából hazatért [látogató?] újságíró [Szabó Sándor] hangulatos éjféli mise után kinyitja noteszát, és a „nincs" oldalra beírja: vallásüldözés, a „van" oldalon pedig azt látjuk: árubőség.) Mert a legkonzervatívabb folyóirat, a *Magyar Szemle* is többször írt József Attiláról. Szép, értő tanulmány jelent meg költészetéről halála után. Azt is kijegyzeteltem, hogy legyen valami többlet a tarsolyomban. Ha emlékezetem nem hagy cserben, a *Külvárosi éj*t kellett elemezni. Ezúttal sem arattam sikert, dolgozatomat nemcsak hogy nem küldték tovább a megyei döntőbe, de még a dicséretet kapottak között sem említették a nevem. Ez fölöttébb bosszantott, hiszen sokkal többet tudtam az anyagról, mint egy átlagos jó tanuló. De hát, senki sem tudja a saját árnyékát átugrani. Annyira még nem lehettem érett, hogy tudjam, egy tanulmányi versenyen nem a sokféle vélemény latolgatása számít, hanem a helyes véleményt kell félre nem érthető módon képviselni, amiből kiviláglik a mi társadalmunk felsőbbrendűsége, és amellyel leleplezem az elmúlt rendszer fondorlatait, ahogy meghamisítják a legnagyobb proletárköltőt. Ez nyilván nem világlott ki egyértelműen dolgozatomból. Nem volt érzékem a bemagoltatott igazságok szóvirágokba öltöztetéséhez. Kilógott a lóláb, s tanáraim nem kívánták megyei szinten blamálni magukat velem.

De nem ezért emlékszem ilyen részletekbe menően erre a (nekem legalábbis) utolsó tanulmányi versenyre, bár a *Magyar Szemle*-incidens miatt is megmaradt volna örökre az emlékezetemben. Ez a szemtelen hazugság egy életen keresztül elkísért, s kedvenc példáim közé tartozott, ha az élenjáró marxista tudomány objektivitásáról esett szó. Eddig is kritikával fogadtam mindent, amit a katedráról vagy a tankönyvből kaptam, de ez volt az utolsó csepp, amitől kicsordul a pohár; még a ténybeli hamisítás is megengedett, nemcsak az elhallgatás vagy a mellébeszélés. Szóval, éppen töltőtollam fedelét csavartam vissza, és megadóan vettem tudomásul, hogy megint minden ujjam tintás, mint mindig, amikor belibegett az igazgató és egyenesen hozzám jött, széles mosollyal: „Szerelmes leveled van!" – mondta behízelgő csúfondárossággal. Szélütötten álltam, nem tudtam, milyen tréfát eszelt ki. De hamar megoldódott a rejtély. Apró névjegyborítékot adott át, azonnal megismertem rajta Edit hosszúkocsányú mákszem betűit. Közömbösséget mímelve felbontottam: apró, négyrét hajtott cédula esett ki belőle, „Nálunk már tavasz van és rengeteg Karinthy-könyvet olvasok, irigyelhetsz! Edit", és egy igazolványkép méretű fénykép a levél írójáról. Hát tényleg korán érkezett a tavasz Pestre, 1954. március 8-át írtak a naptárak, mivel Rákosi pajtás születésnapja előtti napon rendezték a Rákosi tanulmányi versenyt.

Felgyorsult az idő, azt még engedélyezte az igazgató, hogy Karinthy jelenetét, a *Visszakérem az iskolapénzt!* előadjuk. A szereposztásnál arra ügyeltem, hogy a darabbeli tanárokat úgy-ahogy igazi tanárainknak maszkírozzuk, a rendezésnél pedig arra, hogy modorosságaikról is felismerjék őket. Az igazgató csodálatos ívű Jávor Pál-bajuszt kapott, és állandóan a kulcscsomóját csörgette. A számtantanár a szakállát markolászta, mint Harasztos. A tanári kar elértette a tréfát, senki sem haragudott meg érte. Az igaz, hogy Karinthy eléggé közvetlen hangú aposztrofálásaiból a próbák alatt egyet-kettőt kihagytam; Wasserkopf nyelvezetét a színpadon, iskolában túl erősnek találtam. Karinthy, mint mindig, egyetlen ötletre építette a bohózatot, s most, hogy majdnem fél évszázad után újraolvastam, egy féltucat szóviccet leszámítva eléggé kidolgozatlannak, darabosnak tűnik a jelenet. Ez Karinthy legnagyobb hibája: ragyogó ötleteit általában nem volt kedve, vagy ideje kidolgozni, és a jelen esetben a hatásos csattanóról is megfeledkezett. Iskolai előadásban persze mindent kárpótolt a darab aktualitása, főként érettségi előtt. (Elsőéves egyetemista koromban új rendezői megoldásokkal, újból előadtam Karinthy darabját, kiderült, az egyetemen távolról sem bizonyult annyira hatásosnak. Egyik professzorom, Koltay-Kastner Jenő megdicsért a rendezésért.)

Az igazgató mégsem engedte, hogy a szokásos májuséjszakai vigalom keretében, melyet a színházban rendezett a gimnázium minden évben, s melyet táncmulatság követett, szintén bemutassuk. „Így is másfél órás a műsor – mondta –, a közönség nem élvezné, iskolai humor." Látta, hogy elszontyolodom, kis habozás után hozzátette: „Jól van, te fogsz konferálni". Tényleg rengeteg számot adtak elő, talán mintha Kégl Gazsi is hegedűszólóval lépett volna fel, szavalatok, énekszámok. S mind nagyon komoly. A közönség ünnepélyes, elég borsos belépőt fizettek, s ráadásul a májuséjszakai mulatságra a bálteremben külön belépődíjat szedtek. Jót tett volna az ünnepélyességnek Karinthy.

Megint tanultam valamit. A közönség elvárása a döntő. Nem lehet oda humort csempészni, ahol merev szertartásossággal várakozik a közönség, mert valami felemelőben lesz része. Erre konferálás közben rájöttem. Gondosan készültem a szereplők bemutatásával, s azt is tudtam, rövidnek kell lennem. Eleinte igyekeztem valami élénkítő humort csempészni szövegeimbe, de mikor láttam, hogy nem ülnek a poénok, a közönség halálosan komoly kíván maradni, abbahagytam. Az ünnepélyeskedés minden szinten jelen van a mi társadalmunkban. Voltam akadémiai előadáson is, ahol a külföldi professzor élénkíteni szerette volna előadását; nem sikerült neki: a közönség merev arccal hallgatta. Nem erre volt felkészülve. Annyi ünnepélyesen átszellemült arcot soha életemben nem láttam egy rakáson, mint magyar költők szerzői estjein. Nem arra gondolok, hogy tragikus sorskérdések tárgyalása közben szellemeskedni kellene, vagy ezoterikus verseken kacarászni, hanem arra, amit Albert Pál, párizsi kritikus úgy fogalmazott meg, hogy „a magyar költő minden lében ünnepélyes kanál". Bár a ló másik oldalára sem kellene átesni. Többször vettem részt angol temetésen, s mindig akadt olyan gyászszónok, aki a megboldogult humorát kívánta példákkal szemléltetni, melyen a nem közvetlenül érintettek, tehát akik nem az elhunyt hozzátartozói, kedélyesen nevetgéltek. A nemzeti jellegben alig hiszek, de minden társadalomban kialakulnak a rituális viselkedési normák, melyek áthágása szigorúan tilos. Jól ráérzett erre az asszimiláns családból származó Petőfi: „Magyar vagyok. Természetem komoly, Mint hegedűink első hangjai; Ajkamra fel-felröppen a mosoly, De nevetésem ritkán hallani."

Edit is itthon volt, vele mentem májuséjszakázni. Méghozzá az osztály költségére jött haza, mi fizettük a vasúti jegyét, hogy a tablónkat megtervezze és kivitelezze. Nagyon erősen élt bennem az általános iskolai tabló megszégyenítő emléke, s annyi ízléstelen, giccses tablót láttam évről évre, hogy sikerült rábeszélni az osztályt, vele terveztessük meg, legyen igényes munka. Editen báli ruha volt (nem tudom, hol szerezte), erősen dekoltált (no, nem a mai értelemben), és a kontyba tűzött rozsdabarna hajtól kecses ív vezetett a váll fedetlen vonalán a ruha ujjáig. Mérgelődtem, hogy nem láthatta rendezésemet (mielőtt nekikezdtem volna, több, színjátszóknak készült brosúrát áttanulmányoztam), Edit pedig társalgott, érdeklődött. Szemmel láthatólag jól volt tájékozódva az újhelyi ifjúság intim ügyeiről. Valicáról érdeklődött legfőképpen, a párhuzamos osztályba járó, fekete hajú, formás lányról, legutóbbi, sok rosszmájú megjegyzést kiváltó hódításom tárgyáról. Valica ugyanis hosszabb ideje a tornatanárral járt, akinek komoly szándékai voltak mindaddig, amíg én meg nem jelentem a színen. Edit kérdései nem számonkérőek voltak, nem is lehettek azok, de eléggé kényelmetlenül éreztem magam. Miután kiélvezte, hogy mindenféle átlátszó hazugságokba kevert, hirtelen hangot váltott, megjelent a csinos gödröcske az állán, és a zöld szempár mélyére lehetett látni: „Ja, el is felejtettem, hoztam neked egy apróságot ajándékba, egy Robert Burns-vers, Szabó Lőrinc fordításában. Biztosan tetszeni fog!"

Van itt valaki? Ki kopog? –
Én vagyok, mondta Findlay.
Takarodj, senki sem hívott! –
Ugyan már, mondta Findlay.
Lopni indultál? Mit csinálsz? –
Megsúgom, mondta Findlay.
Valami rosszban sántikálsz. –
Nem rossz az, mondta Findlay.

Ha most kinyílna ez a zár –
Csak nyílna, mondta Findlay.
Nem alhatnék el ujra már. –
Nem bizony, mondta Findlay.
Ha benn volnál, szobámban, itt –
Bár volnék, mondta Findlay.
Itt rostokolnál hajnalig. –
Hát hogyne, mondta Findlay.

Ha itt maradsz ma éjszaka –
Maradok, mondta Findlay.
vigyázz, hogy épen juss haza! –
Vigyázok, mondta Findlay.
S bármi essék is idebenn –
Hadd essék, mondta Findlay.
Mindhalálig titok legyen! –
Titok lesz, mondta Findlay.
(Wha is that at my Bower Door?)

Ezt nem lehetett félreérteni. A tabló ürügyén sülve-főve együtt voltunk. Főként náluk. Volt egy nagyon szeplős, kissé ellenszenves, de szintén csinos nővére, Kaláris, aki állandóan a húgát igyekezett leégetni, vagy legalábbis kellemetlenkedni neki. Apja, Barcsay Szabó bácsi, aki nevét a demokratikusabb B. Szabóra rövidítette, joviális öregúrnak tűnt nekem, bár nem hiszem, hogy apámnál idősebb lett volna. Szóval, nagy gonddal készült a tabló. Edit több vázlatot hozott magával, a legegyszerűbbre szavaztunk, fontos volt az arányosság, és a betűtípusok megválasztása. „Az üres helyet majd kitöltöm valami díszítőelemmel, bízd csak rám." Edit akkoriban éppen a szecesszióért bolondult, s rajongása átragadt rám is, bár a szecessziót csak harminc évvel később fedezték fel újra mint művészeti divatot. Szecessziós folyondárok, kacskaringók töltötték ki tehát az üres helyeket, szimmetrikusan; a visszafogott színek gazdagsága hatásában elengánsan egyszerű volt. Nagyon meg voltam elégedve vele, s Edit is örült, hogy első megrendelésre készült munkájával sikert aratott. Az osztályban nem mindenkinek tetszett, többen kérdezték, mit ábrázol az egész. Egy biztos, utólag is, ez volt talán az egyik első, elszigetelt lépés a szecesszió újra felfedezésére Magyarországon.

Egyrészt vidéken, az isten háta mögött, senkinek az ízlését nem tereli mederbe az éppen kötelező „trend", másrészt a spanyolviaszról tudva lévő, hogy már fel van találva. Amíg viszont nincs feltalálva, semmit sem lehet tenni. Mert a spanyolviaszt nem mindenhol lehet feltalálni, csak ott, ahol az erre illetékesek szokták. Kicsit elvontabb szinten: az utánzó társadalmakban mindig csak az éppen divatos dolgoknak van ázsiója, amit a fő utánzók már szentesítettek. Magyarán: a szecessziót Újhelyben (illetve Kőszegen vagy Debrecenben) csak akkor lehet újra felfedezni, ha Pesten már tudnak arról, hogy Nyugaton divatba jött (és politikailag nem ártalmas). Az Elbától keletre ez a „vidék", illetve a „vidékiség" egyik fő ismérve. De Pesten is hiába fedezi fel valaki például Kondor Bélában a reneszánsz mesterek méltó párját, ha Nyugaton nem veszik tudomásul. Legfeljebb Szegeden vagy Veszprémben lehet elfogadtatni ezt a véleményt. Utánzó társadalmakban életrajzi lexikonokba ilyen mondatok kerülnek: „a spanyolviasz méltatlanul elfelejtett feltalálója, aki messze megelőzte korát".

Mindez csupán annyiban releváns a mi szecesszió-mániánkhoz, hogy minden „újrafelfedezésnek" számtalan elszigetelt előzménye lehet, s Edité is az volt. Később, főiskolás korában tanárai igyekeztek szemléletét megszabadítani a „burzsoá giccstől", köztük Kisfaludi Stróbl is. („Bözsi néném itt van... Cipeljük egymást múzeumba és kiállításra, amelyek olyan vacakok most, hogy Böschi néném nem győz dühöngeni. Giccsfaludi Stréber, azaz Kisfaludi Stróbl Zsigmond kiállítására például el se megyünk, olyan a híre. Én ugyan a tanulság kedvéért már titokban meglátogattam, mondhatom, undorítóan stréber dolgok vannak ott..." – vélekedett Edit jövendő tanáráról 1954 őszén.)

A tablókra akkoriban divatos jelszót is illett biggyeszteni: ebből is sok vita kerekedett, többen ellenezték az általam javasolt Seneca-mondást: *Vivere est militare*, élni annyi, mint harcolni, vagy egyszerűbben: az élet harc, az élet küzdelem. Az igazgatót kegyes hangulatban találtam, beleegyezett, bár utána elnézett a távolba, s megjegyezte: „Kicsit militarista jelszó, nem gondolod?" Tényleg nem gondoltam, bár azt tudomásul vettem, hogy egy igazgatónak illik körültekintőnek lennie. Pár évvel korábban biztos nem hagyta volna jóvá választott jelmondatunkat az igazgatói cenzúra. Mostanában azonban enyhébb szelek fújdogáltak.

A szinte közhellyé csiszolt mondás (klasszikusoknak mindig is szabad volt közhelyszerűen fogalmazni, ennek Goethe a legeklatánsabb példája) nekem mást mondott, nem az agresszivitásról beszélt, hanem azt a fátummal szembeszegülő gondolatot hirdette, hogy a lélek belső várában sohasem szabad letennünk a fegyvert, hogy nem szabad a bennünket ért vereségekbe belenyugodni. Nemcsak az egyén, hanem a nemzet túlélési stratégiájának is ez a titka. Lelkünkben ugyanis nagy teljesítményű áramfejlesztő rejlik, s ha ezt rendszeresen feltöltjük, azaz, ha saját hagyományainkat őrizzük és védjük, ha úgy adódik, akár naponta is, kiapadhatatlan erőforrással rendelkezünk.

Hogy ez így megfogalmazódott bennem, bennünk, ha talán kevésbé artikulált formában is, az a hely őrszellemének, a *genius loci*nak tudható be. Mert igenis a tájnak és a bennünket körülvevő környezetnek van emberformáló hatása. Számít, hogy Kazinczy naponta itt gyalogolt a főutcán a levéltárba, hogy Kossuth és mindkét Andrássy itt járt gimnáziumba, hogy Rákóczi a szomszéd faluban, Borsiban született, számít, hogy a Bodrog játékosan bodorog, hogy a Ronyvából határfolyó lett, hogy bevethetem magam a hegyek időtlen, emberelőtti világába, ahol bársonyderekú őzek húzódnak le a zúzmarás téli hidegben a város fölé, hogy a Popelyás minden tavasszal a vadvirágok pazar színeibe öltözik, és hogy mindez az enyém, mert ide tartozom. Szóval, a kitéphetetlen gyökerek.

Ma csak annyit tennék hozzá, hogy ez a gondolat Németh Lászlóval felesel, aki „hagyományaink belső udvarába" kívánt húzódni, és inkább a *Szerelmes földrajz* írójának, az idősebb, bölcs emigráns-társnak,

Szabó Zoltánnak ad igazat, aki „egy önös érdekű baráttól" szellemi honvédelemmel kívánta oltalmazni a hazát nehéz órájában, amikor az ítéletidő közelgett 1944-ben. Nekem harminchárom éves emigrációm alatt elég volt (mindenkori) dolgozószobám falán a bekeretezett tablóra nézni, hogy tudjam, mi a dolgom.

Egyébként is a sztoikusok, és különösen Seneca nem volt sem militarista, sem imperialista. Egyrészt a humanizmus egyik ősforrása is sztoikus filozófus (Cicero), másrészt Seneca különösen meg volt győződve arról, hogy az élet célja és jutalma a halál, éppen ezért nála, ugyanúgy, mint Madáchnál, különleges hangsúlyt kap e mondás, hogy az élet küzdelem. Nem felszólítást rejteget, hanem a természet örök törvényét veszi tudomásul. Voltak persze, akik elengedhették a fülük mellett Seneca intelmét, elsősorban Gandhira gondolok, aki a passzivitást választotta az erőszakkal való szembeszegülés helyett. Ezt a fényűzést egyének és kis nemzetek nem engedhetik meg maguknak. Vallom tehát ma is, hogy vivere est militare, még akkor is, ha Maróczytól ennek a szöges ellentétét tanultam meg, nevezetesen azt, hogy a vesztésre álló játszmát fel kell adni. Mindez, persze, végső soron csupán az igazság viszonylagos voltára helyezi a hangsúlyt, annak a lehetőségét veti fel, hogy mindennek az ellenkezője is igaz lehet, hogy nincsen abszolút érvényű igazság. Még a közmondásokban kikristályosodott népi bölcsességek is ezt bizonyítják. Aki mer, az nyer, de jobb ma egy veréb, mint holnap egy túzok. Igaz, hogy bátraké a szerencse, de a szerencse forgandó, tehát leghelyesebb, ha nyugtával dicséred a napot, és addig nyújtózkodsz, ameddig a takaród ér. Másnap, ha korán kelsz, még mindig lelhetsz aranyat, és így tovább.

Elkészült tehát a tabló, és Edit visszautazott Pestre a megnyúlt hétvége után. Szalagavató, és május 8-án már ballagás. Pár nap múlva megkezdődtek az írásbelik, majd hosszú, idegtépő szünet, az érettségi tételek kidolgozása, és június 28-án, hétfőn délután 2-kor szóbeli. Alaposan felkészültem, volt alkalmam bőven ismételni is, hiszen a „Czigány-kollégium" több tagját rendszeresen korrepetáltam. Szerdán, június 30-án eredményhirdetés. Rémülten láttam a zsebnaptáramban, hogy aznap teljes napfogyatkozás (nálunk csak részlegeset lehetett látni), de fölösleges volt rossz ómennek tartanom: tiszta kitűnőre sikerült az érettségi! Este bankett, erre már Edittel mentem, pár nappal korábban érkezett haza.

Közben folyt a futball-világbajnokság, egy ország lázban égett, kirobbanó jókedvünket fokozta, hogy a londoni 6:3 óta az aranycsapat nyerő szériában volt. A budapesti 7:1-es visszavágón már nem is csodálkoztunk (talán egy hónappal a világbajnokság előtt), s lassan azon se, hogy a futballnagyhatalmak (Nyugat-Németország, Brazília) egymás után terítékre kerültek; a bankett már megkezdődött, de még folyt a hosszabbítás Uruguay ellen (4:2). Ez is fokozta eufóriánkat.

Másnap, meglehetősen másnaposan utaztam Pestre felvételizni. Az utolsó pillanatban meggondoltam magam, és magyar–latin szakra jelentkeztem, amiben volt egy kis „politika" is, nyilván kevesebben jelentkeztek latin szakra, mint újságírónak. Mivel tiszta kitűnővel az írásbelit elengedték (az én időmben legalábbis), nem jelentem meg az írásbelin. Mint kiderült, az ELTE-n mindenkitől megkövetelték az írásbelit. Ma is bosszant, hogy a magyar oktatásügyben sem tudta a jobb kéz, hogy mit csinál a bal(fasz). A gimnáziumban nem hangoztathatták volna a tanárok, hogy a kitűnő rendűek mentesek az írásbeli felvételitől, ha erre központi rendelet nem vonatkozik, és ha az egyetemeket nem utasították volna ilyen értelemben (hiszen nem létezett egyetemi autonómia!). Annak idején arra gondoltam, hogy a budapesti egyetem „osztályon felülinek" képzelte magát, ezért ragaszkodnak az írásbeliztetéshez. Évekkel később, már itt, Londonban, a feleségemtől megtudtam, náluk Kalocsán szintén ezzel bocsátotta őket útjukra a gimnázium, s a szegedi egyetemen mégis megkövetelték tőle (is) az írásbeli felvételit. Ezek szerint elmaradt az egyeztetés az egyetemekkel. (Amikor a forradalom után kiáramló diákokra vonatkozó iratok kutathatók lettek Londonban, egy a magyar felsőoktatásról készített alapos angol *aide mémoire*-ból kiderült, hogy a kitűnően érettségizetteket Magyarországon rendelettel mentesítették az írásbeli felvételi vizsgától.) A magyar működési mechanizmusok történetében nyilván nem ez volt az utolsó eset, hogy egymásnak ellentmondó intézkedések láttak napvilágot. Más kérdés, hogy ma az írásbeli elengedését én is ellenőrizhetetlen értékű privilégiumnak látom, hiszen mint mindenhol, a középiskolák színvonala nálunk is, az egységes tanterv ellenére, igencsak különböző.

Másnap került sor a magyar szóbelire, ahol alaposan és soká faggattak. Egy korabeli feljegyzésem szerint álltam a sarat, s mindenre kimerítően válaszoltam. Kelepcébe csak a végén estem, amikor arról kérdeztek, hogy miket olvasok, úgy egyébként. Megmondtam az igazat: Szabó Lőrinc, Karinthy, Arthur Rimbaud, Paul Verlaine, Baudelaire és Oscar Wilde. Ez utóbbira a soktagú bizottságból egyesek felkapták a fejüket. Mi a véleményem a *l'art pour l'art*-ról? Megértettem a kérdés teljes súlyát. Hosszasan magyarázni kezdtem, hogy például *A readingi fegyház balladája* egyáltalán nem öncélú művészet, hiteles és megrendítő, ahogy a művész egy halálraítélt lelkivilágát ábrázolja. Nem kísérli meg leírni, hogy mi játszódott le a halálraítéltben, mert azt nem tudhatja (ajjaj, én viszont nem tudtam, hogy a lélek mérnökei ezt is tudják!), hanem azt, ahogy társai látják megnyilatkozásait, és idéztem a szép hűtlen, Tóth Árpád fordításában: „fején krikett-sapkát viselt / és víg ütemre járt, / de még sohasem láttam szemet, / napfényre oly sovárt."

A bizottság fitymálóan hallgatott, éreztem, hogy ellenséges, süket csönd támadt. Zavarba jöttem és kissé bocsánatkérően arról kezdtem beszélni: friss olvasmányélményem nincs, nem volt könyv a kezemben, érettségire készültem éjjel-nappal. Ebbe ismét belekötött az egyik felvételiztető: „Miért, a tankönyv nem könyv?" Mire észbe kaptam, kiszaladt a számon: „Nem!" Ettől megijedtem, de az ördög, vagy ahogy manapság illik hívni, a Lacan-féle „ellenakarat" tovább dolgozott bennem, és különösen a negyedikes magyar irodalom könyvet kezdtem bírálni; némely nagy íróval igencsak kurtán-furcsán bánik el... Végül megkérdezték, hogy mennyi ösztöndíjra tartok igényt.

A döbbenetes az egész felvételi korabeli leírásában csupán az, hogy a megfogalmazásból az tűnik ki, sikeresnek ítéltem meg szereplésemet, bár arra is van utalás a feljegyzésben, hogy az egyik bizottsági tag megjegyezte a szóban forgó tankönyvről, őt különösen érdeklik kritikus észrevételeim, mert ő írta. Most utólag, kizárásos alapon arra gondolok, hogy csak Pándi Pál okvetetlenkedhetett (legyen neki könnyű a föld!), bár szerzőségét nem állt módomban ellenőrizni; első elemitől az egyetemi jegyzetekig gondosan megőrzött tankönyvgyűjteményemet, mikor anyám eladta a házat, ki kellett dobnom. Az egészről pedig ma ismét Oscar Wilde jut eszembe ellenkező előjellel. Szerinte ugyanis a cinikus ember mindennek tudja az árát, de semminek sem ismeri az értékét. Én viszont naiv ember voltam, már ismertem a dolgok értékét, de fogalmam sem volt semminek sem az áráról...

Utaztam tehát vissza Újhelybe, mint aki jól végezte dolgát; jött, látott és győzött. Éppen folyt a nyugatnémet–magyar döntő a futball-világbajnokságon, és a forgalmista minden állomáson ujjaival mutatta az eredményt (akkoriban még nem volt táskarádió). Még Újhely előtt megtudtuk a lesújtó végeredményt (3:2). A vereség napokig mindenre rányomta a bélyegét, bár a pesti tüntetésekről nem hallottunk. Az ország hangulatát Szabó Lőrinc őrizte meg a legszebben a *Vereség után*ban, ami csak tíz évvel később jelenhetett meg; Képes Géza adta ki a *Kortárs*ban. Csak Szabó Lőrinc szűk baráti köre tudta, hogy „mintha én volnék a Nép s a Tizenegy", és „tízből kilenc millió szorongva leste" a „Bernben küzdő tizenegy" játékát. Feleségének virágnyelven írt leveléből tudjuk (Kabdebó Lóránt adta ki, *Holmi,* 1990), hogy Boldizsár Iván „politikai" versnek tartotta a „berni vers"-ként emlegetett költeményt, és megjelentethetetlennek ítélte. A „nemrég hadvert nép"-re nagyon elkomorult. De az is csak évek múlva került nyilvánosságra, hogy a nyugatnémeteknek ugyanúgy élet-halál kérdése volt sikerélményt szerezni, mint nekünk, hogy a háború után valaminek végre emelt fővel örülhessenek. A sors kegyetlen iróniája (irányunkban), hogy ez az „utolsó csatlós" legázolásával sikerült is nekik. Mert, mondjuk, egy nyugatnémet–angol döntő esetében, győzelmük csak újabb fejfájásra adott volna okot. Azzal vigasztaltam magam, hogy én legalább szépen játszottam végig a magam világbajnokságát az érettségi írásbeliktől a felvételiig. Enyém a világ, ősszel mehetek Pestre, egyetemre, Edithez.

Hosszú levelet kaptam Otitól, afféle cinikusan szarkasztikus *Parainesest* unokaöccséhez. A Híradónál dolgozott, nevét gyakran láttam, operatőr lett. Nehogy azt gondoljam, hogy érettebb vagyok, mint az érettségi előtt egy nappal. (Pedig életemben először és utoljára azt hittem, hogy kimunkált „általános műveltség" birtokában leledzem.) Amit tanultam, annak nagy részét könnyű szívvel felejtsem el, soha többet nem lesz rá szükségem. Matematikából sem a végtelen, vagy a Ludolf-féle szám a fontos, hanem csak annyi, hogy a fizetésem megszámolni tudjam, és hogy ellenőrizni tudjam, a visszajáró pénzt a boltban hiánytalanul megkaptam-e. Cinizmusa megdöbbentett, hiszen nem ismertem, nem tartottuk a kapcsolatot. Talán már a finnek mellett sem állt volna ki fiatalos idealizmussal, mint 1944 hosszú nyarán.

Eszembe se jutott Gyöngyösre menni a családdal, Újhelyben maradtam apámmal, aki majdnem mindig külszolgálatban volt, én pedig Edittel jártam kerékpártúrákra a hegyekbe, meg a Bodrogra fürdeni, a Szúnyogszigetre. A teljes felelőtlenség állapotában, hiszen mint Mohamed koporsója, lebegtem a gimnázium és az egyetem között. Valami alkalmi kiadványban (talán az *Est-hármaskönyvé*nek egyikében) felfedeztem Szabó Lőrinc ismertető esszéjét az avantgarde-ról, és ezen jókat nevettünk napozás közben. Egyszer Edit hirtelen elkomolyodott és kutatóan rám nézett erősvonalú szemöldöke alól: „Mit fogsz csinálni, ha végeztél?" Éppen a Magas-hegy enyhén meredek oldalán heverésztünk, ahonnan Borsin túl Királyhelmecig láttunk a ragyogóan kék ég alatt. Még el se kezdtem az egyetemet, s már azon töri a fejét, hogy mihez kezdek magammal, ha végeztem! Hirtelen felültem, és valami ironikusan nagyképűt akartam mondani, de mielőtt eszembe jutott volna bármiféle szellemesség, kiszaladt a számon: „Írok egy jobb irodalomtörténetet, mint a Szerb Antalé!". Kijelentésemen magam lepődtem meg a legjobban, nem akartam elhinni, hogy ekkora becsvággyal vert meg a sors. De Editnek legalább nem okoztam csalódást, őt is kellően meglepte a kijelentésem. Teljesen letaglózva, hallgatagon bicikliztünk hazafelé. (Amikor Londonban, több mint húsz év múlva befejeztem az angol nyelvű kéziratot, Edit már nem élt.)

Aztán lecsapott a derült égből a villám. Megjött az értesítés az ELTE-ről: a felvételin megfeleltem, de „férőhely hiányában" nem tudnak felvenni. Vége az álmodozások korának, nem lesz belőlem egyetemista Pesten. Editnek napokig nem mertem megmondani. Apám csak annyival kommentálta: „ gondolhattam volna". De még nem volt minden veszve, mehettem július végén pótfelvételire Debrecenbe, magyar–orosz szakra. (Ide a kérelmet osztályfőnököm, Mátray tanácsára adtam be: „Ha minden kötél szakad...") Ott volt tehát a pótkötél, Debrecen. Hiszen papírforma szerint az újhelyieket Debrecenbe szokták felvenni. (Ebben is megnyilvánult a tervgazdálkodás racionalizmusa: mindenki a lakóhelyéhez legközelebb eső egyetemre járjon. A legtöbb osztálytársam oda is került, már akik egyetemre akartak menni, és nem olyan szakra jelentkeztek, amelyik csak Pesten volt.) Július végén volt a felvételi. Debrecenben már mint felvételizésben tapasztalt férfiú néztem a sok ideges kortársamat, kifaggattam őket (mint kiderült, Pestről is többen használták a pótkötelet). Itt nem bizottság elé kerültem rögtön, egy dús hajú, tanársegéd életkorú, nálam 6-8 évvel idősebb fiatalember matatott a papírjaim között, egy titkárnő jelenlétében: „Aha, szóval Újhelyben érettségizett, aha, látom, szóval tiszta kitűnőre, látom..." - gondolkodik, mit kérdezzen. Aztán kivágta: „Mondja csak, tanultak maguk ott, Újhelyben magyar nyelvtant?" Már nem voltam egyáltalán megilletődve a felvételizés tényétől, s főként nem a felsőbbrendűségi érzését alig palástoló ifjú titántól. Iszonyatos erőfeszítésembe került, hogy tagoltan és megemelt hangsúly nélkül válaszoljak: „Tanár Úr kérem, én úgy tudom, az ország összes középiskolájában tanítanak magyar nyelvtant". Az erőfeszítés ahhoz kellett, hogy ne tegyem hozzá: „Miből méltóztatik gondolni, hogy Újhely kivétel lenne?" Talán a sorvadó tővégi magánhangzók egyik jeles kutatóját leptem meg válaszommal, de ő is igyekezett uralkodni magán, s néhány többszörösen összetett mondatot végigelemeztetett velem mondattani szempontból. Hogy kikkel és miről kellett még beszélnem a maradandóság városában, arra viszont nem emlékszem. Nem ért váratlanul, mikor megkaptam az elutasító választ augusztus közepén. Elszakadt tehát a pótkötél is, az igazság az, nem is örültem volna, ha felvesznek orosz szakra.

Editék családlátogató körútra indultak, apám gondterhelten fütyörészett, amikor elolvasta a „férőhely hiányára” hivatkozó második elutasítást. Népköztársaságunk biztosítja a tanuláshoz való jogot – hajtogatták a felelős pártvezetők. Becsaptak a tiszta kitűnő érettségi bizonyítvánnyal. Itt álltam mindenemből kifosztva, kitaszítva. Elsőben talán ötvenen is voltunk, huszonnyolcan jelentkeztünk érettségi vizsgálatra, ebből huszonhatan sikeresen, köztük hatan tiszta kitűnőre érettségiztünk. A kitűnőek aránya magas volt; viszont utólag senkiről sem derült ki, hogy érdemén felül jutalmazták.

Hogy a felvételiztetés nem egyszerű dolog egy népköztársaságban, arra két év múlva jöttem rá, amikor mint kezdő újságíró mintegy „profilból” láttam, hogy és mit beszélnek a tanárok előtte és utána. 1956 nyarán végigültem egy egész napot a szegedi egyetem magyar történelemből felvételiztető bizottságában. Karácsonyi Béla (történész, párttitkár) elnökölt. Jöttek a jelentkezők, megfigyeltem, hogy az eredményt előre lehetett tudni. Karácsonyi elvtárs referált a bizottságnak, szociális helyzet, tanulmányi eredmény, esetleg egy-két soros idézet a csatolt életrajzból. Bólogattak, és mindig kijött a papírforma.

Egy esetre emlékszem hihetetlen élességgel: pesti lány, makulátlan tanulmányi eredmény, igaz, „értelmiségi” származású. Ezen hümmögtek. Karácsonyi elvtárs nézegette a felvettek listáját. „Már nyolc értelmiségi származású van. Nem lesz jó az arány. No, majd meglátjuk.” Megjelent a szerény, szolid külsejű leányzó az előírásos sötétkék szoknyában és fehér blúzban. Jól kifaggatták. Ámultan hallgattam, olyan dolgokat is tudott, főként történelemből, amikről nekem négy szemeszter után (mindig 4,5 fölötti átlaggal) fogalmam sem volt. Nyúzták a szerencsétlent talán háromnegyed óráig is. Mindent kivédett. A bizottság tagjai összenéztek, majd segélykérően Karácsonyi elvtársra. Hát akkor következzenek az általános műveltségi kérdések, mondta, és elkezdte: „Ha hajóval utazna Hullból Valparaisóba, milyen kikötőket érintene a hajó?” „Ki a koreai kommunista párt főtitkára?” „Van-e Bolíviában szervezett munkásmozgalom?” „Nevezzen meg egy haladó szellemű dán írót!” (Ez könnyű volt, még én is tudtam, hogy csak Nexøről lehet szó.) És így tovább. Végül az obligát kérdés az ösztöndíjról. Halál sápadtan, üveges szemekkel tántorgott ki a leányzó. Talán egy általános műveltségi kérdésre nem tudott válaszolni, de érezte, hogy vallatócsizmába szorították. A bizottság lesütött szemmel habozott. Egy idő után Karácsonyi elvtárs elkezdett hangosan gondolkozni, hát nem a legjobb..., persze, egészen jó, de hát mit csináljunk vele...

lerontaná az arányt. (A jelentkezők közül százat hívtak be felvételire, és harmincötöt vettek fel. Akkoriban még nem volt tízszeres túljelentkezés.) A bizottság hallgatott, a szimpatikus Pósa Péter, aki világirodalmat tanított, egyszer ugyan megköszörülte a torkát, de Karácsonyi elvtárs halszemeivel ránézett, és jobbnak látta nem szólni. (Az enyhülés után, tehát a hatvanas évek közepén gyakran küldött krimi-listákat, Agatha Christie-ért rajongott a legjobban, szerezzem be neki. Ezt meg is tettem. Egyszer aztán hallom, öngyilkos lett.) A bizottság tudomásul vette Karácsonyi elvtárs végzését, és kérték a következőt. Megint csak nem akadt egy igaz ember sem Szodomában.

Tehát nem a fejben tárolt ismeretanyag számított ebben az iszonyatos rablógazdálkodásban; hiába veszi valaki a fáradságot, és megtanulja még a mongol Nagy Népi Hurál elnökének a nevét is, labdába se rúghat. Ekkor értettem meg József Attila igazát (akiről minden héten legalább egyszer hallottuk, hogy „eltanácsolta az egyetem fura ura"), kisebb módosítással: Miért ne mondjam meg az igazam? Kiterítenek úgyis! A TTK-s felvételikre is elmentem, ott azért nem volt annyira megideologizálva az ügyintézés, mint nálunk, a bölcsészkaron. Nem emlékszem, milyen riportot sikerült összekalapálnom, de vétkesek közt cinkos voltam én is némaságommal.

A pesti lány megvárt a felvételik után, szemében elszántsággal vegyes irgalomért könyörgés: „Tanár Úr, remélhetek?" Megmondtam, hogy nem vagyok tanár, pláne a felvételi bizottság tagja, csak riportot írok a felvételikről, és ahhoz gyűjtök anyagot. Nem akartam megszégyeníteni azzal, hogy megmondom, három évvel idősebb egyetemista vagyok. Vigasztalni igyekeztem, szerintem nagyon jól szerepelt, csodálatos a felkészültsége. Nagyon sajnáltam, beültem vele egy kávéra a Virágh cukrászdába. Alaposan kifaggattam. Nem emlékszem a részletekre, de igencsak *déclassée* családban nyomorogtak. Neki Szeged volt az utolsó szalmaszál. Vádoltak a szemei: ilyen nagy bűn az, ha valaki tanulni akar? Csak az ítéletet akarta megtudni, a bizonyosságot, hogy ne reménykedjék hiába. Szomorú szemei arról beszéltek, hogy ezért mindenre, de mindenre kapható lenne. De az igazat, azt, hogy egészen biztosan elutasították, nem tudtam megmondani neki. Remélem, hogy Amerikában egyetemi tanár, és nem lett belőle malteroslány.

Egyszerűen nem akartam hinni a történteket. Már egy ideje volt valami állásom a járási tanácsnál, de most menekülni szerettem volna. „Hazamegyek, Gyöngyösre!" – mondtam apámnak, és mivel Editék már elutaztak, mentem én is Gyöngyösre, amit apám nem ellenzett.

A „hazamegyek”-et viszont nehezményezte, többször mondta: „neked itt van a hazád, Újhelyben”. De megértette, hogy menekülni akarok. Még valami végkielégítés-félét is kicsikart a járási tanácstól, hogy legyen valami pénz a zsebemben. „Ha majd visszajöttök, beteszlek a járási tanácshoz, hogy legyen állásod.”

Hogy mit csináltam Gyöngyösön augusztus második felében, nehezen tudnám megmondani. Kapkodtam, mint a fuldokló, minden szalmaszál után. Elmentem a helyi sakkcsapat intézőjéhez, hogy igazoljon át. Miután a gyöngyösi csapat nem volt olyan jó, mint az újhelyi, betettek az erőlista közepére, és vittek magukkal Egerbe. Erre a mérkőzésre emlékszem még ma is. Egy teljesen zárt állásban sikerült az egyik bástyámat úgy beszorítani, hogy ez gyakorlatilag azt jelentette, ha az ellenfél gyalogáldozattal felrobbantja az állást, egy-kettőre kész vagyok. Ezért csak tologattam a bábukat, és ellenfelemnek nem sikerült kihasználnia az előnyét. Kihúztam döntetlenre, és a csapat ünnepelt, a fél pontra is szükség volt. Jókedvűen mentünk megnézi az egri várban lévő feltárt részeket és a Gárdonyi-múzeumot. (Az egri vár feltárását még negyed század múltán se fejezték be. Mint az Anyanyelvi Konferencia vendége láttam legközelebb. Vezetőnk izgatottan mutogatta a kazamatákat, a kiásott és kiállított elrozsdállt fegyverdarabokat. Egy lebontott résznél málladozó freskórészleteket láttam emelet magasságban, melyet letakartak ugyan fóliával, de az idő vasfoga ugyancsak beleharapott, s ott, ahol a szél cibálta a fóliát, az eső tette meg a magáét. Kérdem tudós vezetőnket, aki legyintve mondta: „Á, az semmiség, jellegtelen XVIII. századi freskók”. Mert ugyebár nálunk még a panellakásokba is jut egy-egy jellegtelen, XVIII. századi freskó. Akkoriban kezdtem gyanakodni, hogy a tatár és a török nem ártott sokkal többet műkincseinknek, mint a saját nemtörődömségünk, amit rendszerint tudományos szakvéleménnyel szoktunk leplezni.)

Legizgalmasabbnak a Gárdonyi-múzeumot találtam. Ablaktalan dolgozószoba, tetővilágítással; a falakon mennyezetig érő polcok, dugig könyvekkel. Itt lehet dolgozni! Kizárni a külvilágot. S behúzódni a belső végtelenbe. Pedig Gárdonyi egyik hőse, Szunyoghy Dániel nem úgy imádkozza a Miatyánkot, hogy „szabadíts meg minket a gonosztól”, hanem hogy *Sed libera nos a phantasia nostra*, azaz szabadíts meg bennünket a fantáziánktól. A fantázia pedig a bensőnkben működik, ha elszigeteljük magunkat a külvilágtól. A könyvek sem arról árulkodtak, hogy Gárdonyi saját képzeletvilágától kívánt megszabadulni, hiszen a polcokon buddhizmus, teozófia, antropozófia (Rudolf Steiner több munkája), ezoterika, okkult tudományokkal foglalkozó munkák, mind olaj a tűzre. Hogy lehetőségeim nullára csökkentek, nagyon vágytam ebbe a világba, ahol legalább a képzeletet nem kell béklyóba verni.

Ezért szívesen látogattam a főtéren, a nagytemplom mögötti régi városháza épületében elhelyezett tudományos könyvtárat, melyben a ferences rendházból elkobzott nagy értékű anyag Gyöngyösön maradt részét tárolták, és nyilvános könyvtárként üzemeltették, parányi olvasóteremmel. Hogy miért engedélyezte ezt az OSZK, melynek felügyelete alatt ún. „zárt gyűjteményként" kezelték, nem tudhatni, bár magam is meggyőződhettem róla, gyakran mint az egyedüli olvasó, hogy az anyag nagy része latin nyelvű, és tartalmazott egy több mint száz kötetes XVIII. századi német lexikont is. Itt kellemesen elfeledkezhettem reménytelen helyzetemről *in angulo cum libello,* s a régi könyvek szagát is szerettem. A kurrens periodikák között egy *Magyar Hírek* című képesújság keltette fel a figyelmemet. Kiderült, hogy egy Magyarok Világszövetsége nevű szervezet adja ki a nyugati világban élő magyaroknak. Ámultan lapozgattam, s nem gondolhattam, hogy hosszú évtizedekig fogom majd kapni én is a lapot, melyet az emigráció éveiben „hazacsalogató újság"-nak nevezgettünk. A forradalom után néhány évig szünetelt, s új évfolyamszámozással indult újra, bár egy idő után a szerkesztők tapintatosan visszaigazították az évfolyamok számozását.

A kikapcsolódást Edit levelei jelentették, melyek gyakran jöttek (bár nem elég gyakran) Karcagról, Szegedről, Mórahalomról; Edit nagyvilági utazóként csevegett mindenről: „a sors Téged soha el ne vessen Karcagra. Istentelen egy hely: kétannyi lakása van, mint Újhelynek, de 5-6-szor akkora a területe. És Keresztmamiék a 'város' közepén laknak. Gondolhatod, nyeltük a port, gyalogoltunk az utcák lázgörbéin át a szörnyű községben. A téglázott járdák mellett méter mély árkok poshadnak, és minden 3-400 méterre van egy artézi kút..." Aprólékos leírás mindenről, mindenhol, csak egy témáról írt habozva, hogy mi lesz velünk szeptemberben. („Nem tudok beletörődni, nem tudom elképzelni, hogy Te ősszel nem jössz fel Pestre. Nevezz hülye optimistának, de én most is hiszem, hogy minden sikerül, s felvesznek Téged, ha nem is szeptemberben.") Nem hiszem, hogy egy levélre is válaszoltam volna, hiszen a leveleket apám küldte utánam Újhelyből, s nem ismertem a folyton változó címeket. Eltettem őket Rodin *Örök tavasz*a mellé, az erről készített finom vonalú kisplasztika volt Edit felvételi munkája, amit még a tavasszal nekem ajándékozott.

Egyre mélyebbre merültem a benső végtelenben, amikor augusztus vége felé távirat érkezett apámtól: „Azonnal gyere haza!" Nem tudtam mire vélni, miért a távirat. Aztán összerezzentem, szentségesatyaúristen, hiszen egy elkeseredett pillanatomban legeslegutolsó szalmaszálként a néphadsereg sárospataki kiegészítő parancsnokságán jelentkeztem tiszti iskolára. Mérnöki karra, azt hiszem, a hadmérnöki szak tűnt olyasminek, ahol, ha tanulni nem fogok is, de valami szakmára szert teszek, elvégre reálgimnáziumban érettségiztem, s az mégiscsak jobb lesz, mint az újhelyi járási tanácsnál írnokoskodni. Teljesen elfeledkeztem róla, kiment a fejemből, hiszen sem előtte, sem utána, soha nem gondoltam egy pillanatra sem, hogy mundérba bújjak. Most mi lesz velem? (Vagy harminc évvel később Gombár Csabának említettem, hogy amikor nem vettek fel egyetemre, elkeseredésemben a kiegészítő parancsnokságon tiszti iskolára jelentkeztem, hátha így sikerül továbbtanulnom. „És mi lett belőle?" – érdeklődött Csaba. „Soha még csak választ sem kaptam." – feleltem. „Örülj neki! Megúsztad. Mert a magyar néphadsereg olyan volt, mint az idegenlégió, ha egyszer önszántadból beléptél, nehéz lett volna kikecmeregned belőle" – mondta elkomorult tekintettel a volt tiszti iskolás.)

Apám várt az állomáson, de nem volt hajlandó a kérdéseimre válaszolni. „Majd otthon." Otthon leültünk, kiöntött egy stampedli szilvóriumot, megkínált cigarettával, koccintottunk, már kezdtem gyanítani, hogy nem a kiegészítő parancsnokságtól jött levél, annak nem kerítene ekkora feneket, hanem lehet, hogy mégiscsak... valami történt, Editnek igaza lett. Valami jó. Meg vagyok váltva, csak vicceltek velem, csak ki akartak próbálni. De hol? És ki? Most viszont már nem teketóriázott sokat apám: „El van intézve... Fel vagy véve. Két helyre is mehetsz, neked kell választanod. Vagy Pestre, a jogi karra, vagy Szegedre, magyar–történelem szakra. El van intézve... passz!" – mondta rekedtes, agyoncigarettázott hangján. Hát persze hogy Pestre, akartam mondani, bár a jogászság taszított. A jogászokról annyit tudtam, hogy mindegyik „doktor úr", pepita csokornyakkendőt viselnek, és obskúrus birtokörökösödési perekben csavargatják a paragrafust. Ez a kép természetesen nem az életből volt ellesve, belejátszottak Dickens figurái és Jókai Tallérossy Zebulonja is, olvasmányélmények, de leginkább az volt a baj, hogy tudtam, az ügyész és a bíró az állam szolgája, aki az állam mindenkori akaratát hajtja végre, bár alkotmánytanban azt tanultuk, hogy a törvényhozó, végrehajtó és a bírói hatalom el van választva egymástól a népi demokráciákban. Igen, de hát Edit Pesten van. Apám kitalálta a gondolataimat. Szegedre nem végleg kell menned, ha megállod a helyed, másodéves korodban könnyű lesz áthelyeztetned magad Pestre, másodévre mindig van lemorzsolódás.

Itt álltam tehát érett fővel, s apám nélkül nem jutok be az egyetemre. Szégyelltem nyíltan megkérdezni, kivel, hol tárgyalt, körülményes puhatolódzásaimat pedig kivédte. Azt ugyan gondoltam, hogy Pesten járt a minisztériumban, de hogy kivel miről tárgyalt, nem részletezte. „Nem érdekes az egész, fő az, hogy van ott még egy-két *régi* ember." Tehát a minisztérium vett fel, felvételi nélkül. Apám szerint az a fontos, hogy a jó szakra menjek. S neki Kontraszty Dezső, hajdanvolt történelemtanára volt a tekintély, akit gyakran emlegetett. „Tanár leszel, és közben, ha kedved tartja, írogathatsz is. Passz." Hamar kellett döntenem.

Ez volt életemben az első alkalom, hogy választási lehetőség *(freedom of choice)* előtt álltam. Nem is tudtam, hogy mi az, és azt sem, hogy a nyugati társadalmakban ezt tartják az egyéni szabadság után a legfőbb értéknek a szabadságjogok között. A keleti társadalmak a parancsuralmi rendszerben elszoktak ettől az egyén számára oly fontos értéktől. A választási lehetőség, akár a cselekvés módozataira, akár materiális javakra vonatkozik, kétségkívül az élet minőségének egyik fokmérője. De mielőtt hozsannázni kezdenék a fogyasztói társadalmak felsőbbrendűségéről, vessünk egy pillantást a ló másik oldalára. Az árubőséget a szabad verseny teremti, de az erősebb kutya elve beszűkíti. Elfajulhat a helyzet pontosan olyanra, mint amit a marxizmus klasszikusai kritizáltak. A piackutatás modelleket készít a legkelendőbb árutípusról, s minden vállalat kötelezőnek érzi a modell követését, hogy versenyképes maradjon.

Még az intellektuális életben is érvényesül a modell. Az 1970-es évek elején Berkeleyben járt egy magyar tudósküldöttség. Kerekasztal-beszélgetésben védték a szocializmus kulturális vívmányait. Csak akkor keskenyedtek el az arcok, amikor egy ottani fiatal, militáns professzor az egycsatornás magyar televízió beismerése után, melldöngetve bejelentette, hogy ott, Berkeleyben kilenc csatorna műsorkínálata között válogathatunk, és akkor még a kábeltelevízióról nem is beszélt. *What wonderful freedom of choice* (Minő csodálatos választási lehetőség)! – fejezte be felsőbbrendűségének bizonyítását. Ez már nekem is sok volt, pedig egy oldalon ültünk. „Igen, de mind a kilenc csatorna ugyanúgy westernt vetít, lehetőleg John Wayne-nel a főszerepben." A hátba szúrt kolléga elnémult. A nagy mell behorpadt. Piacgazdaságban a konformizmus ugyanúgy maga vájja és követi medrét, mint Illyés Gyulánál a zsarnokság.

Ettől függetlenül a fekete-fehér, igen-nem, az nem választási lehetőség, csupán alternatíva. A cselekvésnek pedig mindig van alternatívája, de ez könnyen és előre látható következményekkel jár. Az, hogy Keszthelyre megyek nyaralni, könnyen eldönthető igen-nem választási lehetőség. Megyek vagy maradok. De ha az a rendkívüli helyzet állna elő, hogy mehetek Keszthelyre, Szigligetre, Ausztriába, vagy esetleg az olasz tengerpartra (ha ennek megvannak az anyagi feltételei, tehát nem szűkül le a kérdés arra, hogy Keszthelyt megengedhetem magamnak, de az olasz tengerpartot nem), akkor tényleges választási lehetőségem van, latolgathatom mindegyiknek az előnyét és a hátrányát, mielőtt döntök. De nem sorsdöntő választás, mint az, hogy Pestre vagy Szegedre megyek-e egyetemre. Egy más szinten a triviális példa, tehát a nyaralás helyének megválasztása is lehet sorsdöntő, hiszen ha Szigligetre megyek, lehet, hogy belefúlok a Balatonba. Ez a tényező mégis elhanyagolható, mint ahogy az is, hogy ha tíz perccel később ülök kocsiba, elkerülhetek egy egész életemre kiható balesetet. Mégsem érdemes töprengenünk rajta, mert mindig, minden cselekedetünk beláthatatlan következményekkel járhat, bár az esetek nagy többségében ezek a „beláthatatlan következmények" nem következnek be. Korántsem ez a helyzet, ha sorsdöntő kérdésekben kell választanom két vagy több járhatónak tűnő út között. Döntenem kell, s utólag is csak kivételes esetekben tudom meg, hogy ha másként döntök, az rám nézve kedvezőtlenebb lett volna-e. Hogyan alakul sorsom, ha Pestre kerülök, jogi karra?

Életem legnehezebb döntése előtt álltam tehát, le kellett küzdenem Pest vonzását, belenyugodnom, hogy nem lehetek Edittel. Megkönnyítette a döntést az, hogy nem tekintettem véglegesnek, hogy csupán pillanatnyi kitérőnek tartottam, és menet közben visszakanyarodhatom a célegyenesre. A jogászság ellen szólt az is, ne kelljen végre olyan tárgyakkal foglalkoznom, melyeket tehertételnek éreztem és/vagy nem érdekeltek. Keserűen nyugodtam bele döntésembe, utólag viszont megnyugvással tölt el, hogy a magamnak kijelölt célt nem adtam fel, kitartottam mellette. Hogy alanya voltam cselekedetemnek, nem pedig a körülmények sodortak bele (bár, végső soron éppen a körülmények miatt keveredtem bele a választás dilemmájába).

Edit elutazott, elkísértem Patakig a vonaton, utána összevissza kódorogtam, beesteledett, álldogáltam a Bodrog-hídon, halogattam a visszautazást Újhelybe. Néztem az utcai lámpák csillogását a Bodrog sötét tükrében. Végül is megmondtam Editnek, hogy fel vagyok véve Szegedre, a jogi karról hallgattam, inkább azt részleteztem, hogy ha a második szemeszterre nem is, de a következő tanévre biztosan átkerülök Pestre. Megüvegesedett szemmel hallgatta. Mielőtt én is kiröppentem volna, hatalmas levélpaksamétát kaptam tőle (meg is portózta a posta), melyben mindenről beszámolt: „... tehát III/b osztályos vagyok, szobrász szakos, egy olyan rohadt osztály tagja, amilyet el se tudsz képzelni.

Szobrászok összesen heten vagyunk az iskolában és együtt járunk 30 festőcsemetével... Beszélgettem a szobrásztanárral [Martsa István, 1912–1978], elmondta, hogy milyen esélyeim vannak... Az egyetlen bibi a dologban az, hogy rendelésre kell dolgozni, azt ugyan nem mondják meg, hogy mit csinálj, csak azt, hogy pl. a bányásznapokra kell egy emlékmű... Viszont én remélem, hogy a bányászemlékművek és a Sztalin-portrék nem fogyasztják el a véremet és tudok előállni olyan dolgokkal, ami művészet... elsősorban művész akarok lenni... Mikor a vonaton mögöttem álltál, és minden perccel közelebb kerültünk a pataki állomáshoz, nevess ki, de én akkor minden erőmmel belekapaszkodtam az óramutatóba, ahelyett, hogy kihasználva az időt, elmondtam volna Neked mindent, amit el akartam mondani, és amiből egy árva szót sem tudtam kimondani... Ma vártalak iskola után, valami buta érzésem volt, hogy itt vagy az iskola előtt, és ahogy megszólalt a csengő, rohantam. Persze, nem vagy itt, messze vagy, majdnem 300 km-re, ez nagyon sok, de mi még sokkal messzebbről is meg fogjuk találni egymást..."

Végre mehettem én is; Szegedről visszaigazolták, hogy a Juhász Gyula diákszállóban kaptam elhelyezést. Apám kikísért az állomásra, láttam rajta, búcsúbeszédet akar rögtönözni, aztán mégse mondott semmit se, legyintett valamelyik belső monológjára. Nem sokat beszélgettünk korábban sem, most pedig elválnak az útjaink. Elfutott előttem egész élete, ugrásokkal, mint egy rosszul összevágott dokumentumfilmben: leránt bennünket az asztal alá bombatámadás közben, karácsonyi szózatot intéz a „bandához", izzadó homlokát törölve mondja: „... akkor neked kell vigyázni a testvéreidre", megszólítja anyámat: „Babykám, nem ismersz meg?", védekezik: „Akkor miből tartlak el benneteket, Babykám?" Néztem ezt a 44 éves, javakorabeli férfit, mélyen barázdált arcát, őszülő haját, aki tudta magáról, hogy már kiolvasta „az élet könyvét", ahogy mondogatni is szerette. Most megelégedetten mehet vissza a hivatalba, elegyengette egyetlen fia útját, most már rajta nem múlik semmi sem, betette az egyetemre. „Vége a dalnak, passz." Én pedig csak azt éreztem, hogy minden önérzetességem ellenére nem sikerült megállni a saját lábamon. Ezt persze akkor kellett volna beismernem, de erre akkor nem voltam képes.

Sátoraljaújhelyből Szegedre utazni talán a leghosszabb vonatút az országban. Mire Miskolcot elhagytam, Újhely a messzességbe költözött az Ady-verssel: „... ujjongtunk, nincs tovább, Most gyertek szabad mellű örömök, S pusztuljatok bilincses iskolák". Hát igen, a fergeteges eufória nem tartott soká, nagyon hamar elkezdett az Élet csörtetni körülöttem is. (Ady a leglefordíthatatlanabb költőnk: „szabad mellű örömök" és „Körülöttünk már az Élet csörtetett" két olyan kép, amivel semmire se megyünk idegen nyelven, s nem azért, mert folklorisztikus, vagy lábjegyzetet kíván, hanem mert kvintesszenciálisan sajátos költői tömörítés, mindkét kép az élmények olyan mögöttes tartományából fakad, amit soha, senkivel nem fogunk tudni megosztani. Csak a miénk, s nem provincializmusa miatt, nem valami különlegesen „magyar" élményt takar, nincs benne szó a kisnépek félreértettségéről, bánatáról, sanyarú sorsáról, nincs benne önsajnálat, kishitűség, csak *par excellence* költészet.)

Vámosgyörkön felriadtam, igen, nem kell átszállnom Gyöngyös felé, megyek tovább Pestre. Pesten Marton rokonoknál töltöttem az éjszakát, s Edittel szerettem volna találkozni, de nem sikerült. („Akkor reggel hét után kaptam meg a telefonüzeneted, rögtön tudtam, hogy Te vagy, és gondoltam arra is, hogy Szegedre mégy. Rohantam hát a Nyugatihoz, de a villamosok olyan lassan mentek, mintha három víziló húzta volna őket visszafelé. Háromnegyed előtt öt perccel érkeztem oda, és hűlt helyedet találtam" - írta Edit.) Előző este telefonáltam neki, de olyan későn, örülhettem, hogy az éjjeli portás átvette az üzenetet azzal, hogy a reggeli váltás majd átadja.

A Nyugatiból idegen vizekre hajóztam, soha életemben nem jártam az Alföldön. Érdekes módon, Debrecenbe menet orosz tankönyvembe mélyedve nem nagyon néztem ki az ablakon, nem láttam semmit, nem „vettem észre" az Alföldet. Szegedről annyit tudtam, hogy dóm, hogy itt született a „szegedi gondolat", s friss képek Editről a Széchenyi téren. Az egyetemről sem tudtam semmit. Az ablakból bámultam a tájat, ahogy ellapályosodott Petőfi tengersík vidéke, de erről a tájról is Ady jutott eszembe (nem tudom, mit gunyoroskodtam Csuka tanár úron), a füstös vonatablakból Adyt dübörögték a kerekek, ha nem is az Értől az Óceánig vitt sorsom, de legalább a Bodrogtól a Tiszáig. Nyargalt velem a gőzös a fátlan síkon. (Németh László bezzeg megvédi az Alföldet a fátlanság vádjától: „A pesti agyvelő fogalomtárában az Alföldhöz három jegy tartozik: lapos, kevés rajta a fa, csúf egyforma városokkal ásít fel az égre. Furcsa, hogy ebből a három vonásból egyik sem igaz... Még kevésbé igaz, hogy az alföldi irtózik a fától; Ady is csak Várad és Szolnok közt találhatta ezt ki.")

Szerintem mégiscsak Adynak van igaza, legalábbis a vonatablakból neki adtam igazat, illetve az ő szemével láttam a tájat (Németh László esszéjét nem ismertem), pedig egyáltalán nem voltam, nem lehettem „pesti agyvelő", csak hát az összefüggő növénytakaróhoz szokott szem kopárnak látja az Alföldet. Mindenek ellenére nagy élményt jelentett az út, annyira más a vidék a végtelenbe hajló látóhatárral és jellegzetes „Alföld-szagával". Az Alföldet mégsem az első benyomások alapján szerettem meg, s nem is a szegedi éveim alatt, hanem jó tíz év múlva Jancsó Miklós filmjéből, a *Szegénylegények*ből, már itt, Londonban. Az irodalomnak Petőfi fedezte fel az Alföldet, de képileg és intellektuálisan Jancsó Miklós, ő elemezte ki belőle a vízszintesek és függőlegesek könyörtelen törvényét: messzire látsz, de téged is messziről látnak, nincs hová bújnod. Mióta Jancsó Miklós felnyitotta a szemem a síkság értelmére, Beöthy Zsolt „volgai lovasát" (*A magyar irodalom kistükre,* 1896) sem látom olyan nevetséges alaknak, mint ahogy a „pesti agyvelő fogalomtárából" átkerült a köztudatba. (Mikor először láttam repülőről a holland tájat, azonnal megértettem, hogyan keletkezett a holland absztrakt festészet, a jellegzetesen mondriani formák, térbeosztás.)

Akkor persze nem ez foglalkoztatott, hanem az idézett Ady-vers (szerintem) kulcs-versszaka: „Hajh, alföldre lenyargalt, Szűk, vén fejü, magyar nép, Be elmultak a multak s lovaid lesántultak."

III.

Csillag esik, föld reng: jött éve csudáknak!
(Arany János: *Buda halála, IX.*)

A tudás forrásánál

Jó néhány nappal a tanév kezdete után érkeztem tehát Szegedre. Bőröndöm súlya alatt görnyedezve gyalogoltam a bölcsészkar Ady téri épületéhez, mely a villamosmegállótól eléggé messze esett. Nyüzsgött az élet, déltájt lehetett a szeptember eleji hőségben, s a portásfülke parancsnoka azonnal lefülelt, mi járatban vagyok. Miután papírjaimat a hely szelleméhez illő módon tudományos körültekintéssel áttanulmányozta, kimondta a szentenciát, Gábris elvtársnál kell jelentkeznem, ő tudja majd, mi a teendő: „Első emelet, jobbra, a dékáni hivatal mellett." A bőröndömet ott hagyhattam, felelősséget természetesen nem vállal*hat* érte.

Gábris elvtárs igen nagy úr lehetett, ő volt a „káderes", s ennek teljes tudatában nézett rám seszínű szemével és bamba arckifejezéssel. (Utólag megállapítottam, hogy méltó párja volt az ELTE-n szorgoskodó Patyi elvtársnak, mert a keze alól kiszabadult pesti bölcsészek Oxfordban minden egyes alkalommal tűzbe jöttek, ha neve valamilyen összefüggésben felmerült.) Miután Gábris elvtárs szűkszavúan részletezte a tennivalókat, szedhettem a cókmókomat, és irány a Juhász Gyula diákszálló, Tolbuchin sugárút 43. Újabb villamosozás és gyalogtúra után a 219-es számú, nem túl tágas szobában találtam magam, melyet négy darab emeletes vaságy és négy darab fiókos asztal töltött ki. Jövendő szobatársaim ellenségesen méregettek: „Itt már nincs szabad hely" – mondta egy szeplős, szemüveges, erősen raccsoló fiatalember. Kisebb huzavona után kiderült, mégiscsak van, sőt, az egyik asztal fiókjához és a folyosón elhelyezett szekrények egyikéhez kulcsot is kaptam. Nyolcadmagammal végre én is oda voltam engedve a tudás forrásához; mind gólyák és magyar–történelem szakosok voltunk, nagyon vidékiek, bár még a szakérettségisek sem voltak megszeppenve. Évfolyamtársaim kíváncsian nézegettek, mert felvételi nélkül, „minisztériumi rendelettel" kerültem közéjük, továbbá, mert a világ végéről érkeztem, ők pedig mindnyájan az ország déli részéből jöttek, kivéve egy-két pestit (ez utóbbiak nyilván „utolsó szalmaszálasok" voltak).

Napra kiszámítva, pontosan harminc évvel József Attila után kerültem a Szegedi Egyetemre. Annak idején, mikor ez a tény véletlenül tudomásomra jutott, rettenetesen büszke voltam rá, jó jelnek tekintettem. Nem tudom megmondani, hány nap késéssel érkeztem Szegedre, illetve a József Attila-irodalomból kellene megállapítanom, hogy 1924. szeptember hányadikán került József Attila tizenkilenc évesen a később róla elnevezett egyetemre. Azt viszont ma sem bánom, hogy késésem miatt nem tettem le a kötelező, ünnepélyes esküt az Auditorium Maximumban a többi gólyával, hogy népköztársaságunkat töretlen hűséggel fogom szolgálni, s így nem érhet vád, még a magam részéről sem, hogy esküszegő lettem azáltal, hogy az előbb említett állam ellen később fegyvert fogtam. A véletlenek összjátéka miatt történt így, s ha ott vagyok az évnyitón, minden gondolkodás nélkül letettem volna én is a kötelező esküt. (Az eskütétellel máskor is szerencsém volt. Amikor 1963-ban megkaptam az angol, pontosabban a brit állampolgárságot, szintén ünnepélyes esküt kellett volna tennem, hogy Őfelsége II. Erzsébet hűséges alattvalója leszek, ám ez az eskütétel is elmaradt, az ügyemet intéző fiskális eltekintett tőle, merő formaságnak tartotta, és kiadta az angol állampolgárságot bizonyító okiratot. Ez is véletlenül történt így, mert mint sorstársaimtól megtudtam, mindenki formális esküt tett, jobb kézzel a Biblián, bal kéz a magasba emelve, az ügyvéd után ismételve az ünnepélyes szöveget. Nem állítom, hogy valaha is fondorkodtam volna az Egyesült Királyság uralkodója ellen, vagy hogy valaha is szándékozom, mégis örülök annak ma is, hogy a formális eskütétel elmaradt. Így tehát egyetlen hűségesküt tettem életemben, 1990. szeptember 12-én, amikor Göncz Árpád, a Magyar Köztársaság elnöke kinevezett rendkívüli követté és meghatalmazott miniszterré. Igaz, hogy nem a Szent Koronára esküdtem fel, de így is érvényesnek tekintem. Annak idején, amikor Oxfordban mint frissen menekült kézbe vettem Márai naplójának éppen megjelent kötetét, ámultan olvastam benne a *blasé* világpolgár elérzékenyülését, amikor letette az amerikai állampolgársági esküt. Meghatódottsága átsüt a közömbösséget mímelő sorokon. Hová tűnt sokat emlegetett *européer*sége? Hiszen néhány évvel korábban azt nyilatkozta a Szabad Európa Rádióban: „Nem vándorlok ki. Itt akarok maradni a többi 400 millió európaival".)

Ott tocsogtam tehát a tudás forrásában. Számos bevezető kurzussal. Bevezetés a nyelvtudományba, például. Megint csak egy ifjú titán tanársegéd (mint Debrecenben a felvételin), előtte feltornyozott kézikönyvek: a Czuczor–Fogarasi-szótár, Szinnyei tájszótára, az oklevélszótár és más nyelvészeti alapmunkák. Olyan arckifejezéssel mutogatta őket és használatukat, mintha mindegyiket betéve tudná. Kellően meg voltunk illetődve tőle, és hitetlenkedve ámultunk, hogy ezeket a kézikönyveket majd mi is ilyen magabiztosan fogjuk forgatni. Ezeket a rettentően tudományos könyveket. Zúgott a fejünk: Szamota, Zolnai, Tolnai, Zsirai. Kedvet is kaptam a nyelvészkedéshez, elhatároztam, alaposan beleásom magam. Az ifjú titán azonban a következő órán már nem jelent meg; helyette levelét olvastuk a faliújságon, miszerint ő most már mint általános iskolai tanár folytatja munkásságát valamelyik környékbeli faluban, talán Szőregen, és ott éppen olyan buzgalommal fogja szolgálni népköztársaságunk oktatásügyét, mint tette volt ezt az egyetemen. Hát ilyen gyorsan eltüntethetnek valakit a tudás forrásának környékéről, gondoltam összeszorult szívvel, mert biztos voltam benne, politikai okokból kellett megválnia a nyelvészeti pályától.

Azt vettem észre, hogy még valaki olvassa elmerülten a kirúgott tanársegéd levelét, velem egykorú fiú, vékony, értelmes szemű. Mivel tekintetünk egy pillanatra találkozott, valami megjegyzést akartam tenni, cinkosan összekacsintót, hiszen nyilván egy másik gólya állt mellettem. „Olvasgatunk, olvasgatunk...” – mondtam. A másik fiú szeme azonban meg sem rebbent, végigmért, és bement a tanterembe, ő ugyanis a tanrendet nézte, hogy hol van órája. Halász Előd volt a másik „gólya”, ahogy rebesgették róla: „Közép-Európa legfiatalabb professzora”, bár nem 24 évesen nevezték ki, mint Nietzschét. Akkor a harmincas évei elején lehetett, de évekkel korábban megkapta professzori kinevezését. Legendák keringtek róla: ha úgy adódott, akár May Károly remekművéből, a *Winnetou*ból is oldalakat idézett németül, hogy a német irodalom klasszikusait ne is említsük. Pajtáskodó kötözködésem nem nagyranőtt önérzetemből fakadt, Halász Előd nem tűnt nagymellényű professzornak, hanem magunkféle diáknak, aki, mint később kiderült, rendszeresen járt futballmeccsre (a szegedi Haladás megingathatatlan szurkolójaként), és ott micisapkában köpködte ő is a tökmag héját, mint a többiek. Legendás volt lustasága is, miután kiadta a német–magyar nagyszótárt (1952), a rossz nyelvek szerint pihent babérain, csupán a Szegedi Haladás mérkőzéseiről készített tudományos körültekintéssel megírt elemzéseket a *Szegedi Egyetem*be, főként miután a csapat bekerült az NB I-be. Se a tökmag, se a fiatalos külső nem ártott meg azonban intellektuális tekintélyének, még állítólagos lustasága sem, ha speciálkollégiumot hirdetett meg, fürtökben lógtak a hallgatók a teremben, már majdnem azt mondtam, még a mennyezetről is. Magam is beiratkoztam regényelméleti speciálkollégiumára, de az első, nagy sikerű bevezető előadást nem követte több. A forradalom után őt nevezték ki dékánnak, apolitikus magatartása kapóra jött.

De vissza a nyelvészekhez. Volt ott nagyágyú bőven. A legnevezetesebb Klemm Antal, a magyar történeti mondattan megalapozója. Akkoriban már hetven fölött járt, mi voltunk az utolsó évfolyam, amelyet még tanított, mert 1955-ben nyugalomba vonult. Végül is, azt hiszem, ő vezetett be bennünket a nyelvtudományba. A volt Benedek-rendi áldozár kedvenc történetei közé tartozott, hogy rejtegette reverendája alatt a Tihanyi Apátság Alapítólevelét, amikor bevonult a szovjet hadsereg. Neki mint nyelvésznek ez volt a legfelbecsülhetetlenebb értékű nemzeti kincsünk. Még akkor, 1955-ben is látszott rajta, hogy akár az élete árán is hajlandó lett volna megoltalmazni az első összefüggő szövegrészt (azt a bizonyos, sokat emlegetett „fehervaru rea meneő hodu utu rea" sort tartalmazó, 1055-ből származó nyelvemléket), mely anyanyelvünkön maradt ránk. Tettéért méltó jutalmat kapott: mikor az akadémiát megtisztogatták a „reakciósok"-tól, őt is megfosztották tagságától. Kisebb szépséghibája volt az ügynek, hogy a szovjet akadémia, nyilván adminisztratív tévedés folytán, elfelejtette kizárni tagjai közül. Tekintélyéhez nem fért kétség, áhítatosan ittuk minden szavát; szárazon, tagoltan beszélt: a tudomány aurája lengett körülötte.

A másik nagyágyú, Mészöly Gedeon még idősebb volt, mint Klemm, s ha emlékezetem nem csal, már csak speciálkollégiumokat hirdetett meg. Egyre, azt hiszem, én is beiratkoztam, talán másodéves koromban. Orákulumszerű kijelentéseit tanársegédig bezárólag tisztelettel hallgattuk, a kritikának vagy a kételynek még az igénye sem merült fel bennünk, hiszen egyik legnagyobb élő nyelvtudósunk személyesen nyilatkozott a legfontosabb nyelvtörténeti kérdésekben. Az ő *Halotti Beszéd*-értelmezése volt a bibliánk, érdekes módon ez országosan használt segédkönyv lett; egyébként Bárczi Géza bevezetéseit használtuk. Mészöly kitűnő író volt, tanúsítja ezt egyéni hangú Homérosz-fordítása, és szeretett kombattáns hangnemben vitatkozni kollégáival. Kedvenc kifejezései közé tartozott: „A pesti kollégák ezt nem így tanítják!". Ezt buzgón ismételgették tanítványai is. (Egyszer, már itt, Londonban Lőrincze Lajos nálunk vacsorázott, s fehér asztal mellett felmerült a nyelvészek „szegedi iskolája". A „pesti kollégák" említésére Lőrincze minden epésség nélkül megjegyezte, nem is lett Mészölyből akadémikus. Nem válaszoltam, mert nem akartam rápirítani tudós nyelvművelőnkre azzal, hogy Mészöly igenis akadémikus volt, bár az 1949-es tisztogatások idején őt is kiebrudalták az akadémiából. Mészöly első számú bűnének talán az számított, hogy a két háború közt ő találta ki Horthy hivatalos megszólítását: „főméltóságú úr". Cikkében ragyogóan érvelt, hogy a méltóság*os*, ha elé illesztjük is a „fő"-t, hogy ezáltal megkülönböztessük a többi méltóságostól, mégsem hangzik jól, olyasmi, amit egy cigány mondhat mulatozás közben a homlokára százpengőst ragasztó úrnak, ha nagyon meg akarja szolgálni a borravalót. A főméltóság*ú* pedig pontosan azt fejezi ki, amit kell: a beszélő az ország első számú közjogi méltóságának viselőjét szólítja meg. Valóban ez a megszólítás illette Horthyt országlása idején. Erről sem beszéltem Lőrinczének, hiszen róla viszont úgy tudta a fáma, hogy Aczél beszédeiből ő szokta az idegenes hangzású fordulatokat kiirtani. Hogy sikerült-e időnként egy-egy népi szólást is elültetnie a magyar kultúra legfőbb letéteményesének beszédeibe, ezt kétlem, s könnyen lehet, hogy Lőrincze szerepe egyébként is csak kitaláció, hogy ezáltal kétségtelen nyelvművelő érdemeire, háttérsuttogásként ugyan, a legfelsőbb szentesítés rákerüljön.) Mészöly arra is mert utalni, hogy Horger Antal, József Attila ide vagy oda, a legjelentősebb kutatója volt a történeti hangtannak. Mindenek ellenére, Mészölyt a Nagy Imre-féle új kormányprogram idején kitüntették.

A nyelvészeti tanítás dandárját Nyíri Antal docens végezte, egy Velcsov Mártonné nevű, ugyancsak magabiztos tanársegéddel. Mindketten „mészölyisták" voltak, és Nyírit már akkor is „Nyíri papa"-ként emlegették a hallgatók, nem életkora miatt: öregesen mozgott. Kerekre fogalmazott mondatokban, akkurátusan beszélt, előadásait szó szerint lehetett jegyzetelni. Korai lelkesedésem a nyelvészet iránt elég hamar megcsappant, amikor szemináriumi dolgozatokra készülve, kézbe vettem a „forrásokat" és „tekintélyeket". Már elsőéves koromban gyanakodni kezdtem, igen-igen ingatagok a magyar nyelvtörténet pillérei. Legtöbbször csak a hit segít, mert feltételezések halmazára újabb feltételezések épülnek, s az éppen uralkodó nézet képviselői tűzzel-vassal irtják a „helytelen" nézeteket, és a kételkedni merő kollégákat kiszorítják a tudományos életből. A kritikai szemlélet kialakításához jó előtanulmány volt a „szegedi iskola" eretnek nézeteit hallgatni; kérdőjeleik és argumentációs rendszerük eltérő volta önálló gondolkodásra szoktatott. Gyakran kiderült azonban, hogy mind a pesti, mind a szegedi elmélet kétségbe vonható tételeken nyugszik, egyik sem állta meg a helyét.

A legeretnekebb nyelvészeti nézeteket Moór Elemér (1891–1974) képviselte (az *Új magyar irodalmi lexikon* még a nevét sem ismeri, pedig a szegedi főszerkesztő, Péter László nem vádolható azzal, hogy lokálpatriotizmusát túlságosan féken tartotta volna), aki a főiskolán tanított, s én csak mint a sakkcsapat veteránját ismerhettem meg, munkásságát pedig már csak a londoni egyetemen tanulmányozhattam. Az életrajzi lexikon szerint „a magyar őstörténet kérdéseiről vitatható nézeteket vallott". Egyrészt én nem találkoztam eddig egyetlen olyan nyelvésszel illetve történésszel sem, aki nem „vitatható" nézeteket vall a magyar nyelvtörténet, etimológia, őstörténet rendkívül bonyolult kérdéskomplexumában, másrészt Moór Elemér alapos tárgyi tudása és jártassága az egzotikusabb kihalt és élő belső-ázsiai nyelvekben mégiscsak arra kényszerítette az akadémiát, hogy gondolatébresztő vizsgálódásainak az eredményét közzétegye, hiába működött félreállítva a végeken.

A két háború közti nyelvészetben dúló csaták, már ahogy ez nekem egyetemista koromban a folyóiratokból kibontakozott, igencsak ordináré hangnemben folytak, a legfőbb argumentum legtöbbször arra volt kihegyezve, hogy amit az ellenfél állít, az „tudománytalan", s aki ezt a nézetet képviseli, annak legjobb esetben is nincs ki mind a négy kereke, ha nem is teljesen „habókos", mert az észbeli gyarlóságot ritka tájszavakkal szerették derék nyelvészeink kifejezni; ritkábbnál ritkább szinonimákért nem kellett a szomszédba menniök.

Ezt a kakofóniát sikeresen megszüntette az egy akolba terelt nyelvészek egyetlen pásztora, aki rövid ideig maga Sztalin elvtárs volt nyelvtudományi cikkeivel, melyekben egy szerencsétlen, Ny. J. Marr nevű nyelvészt tépett ízekre. Marr kaukázusi nyelvekkel foglalkozott, és már régen halott volt, amikor Sztalin megtámadta a „marrizmus" modelljét, és leszámolt ezzel a „téves burzsoá nézettel" is. Még utólag is pirulok, ha arra gondolok, hogy szegény Klemm Antal első előadásának elején deklaráltan elhatárolta magát a „tudománytalan" marrizmustól. Igaz, utána többet szó nem esett se a marrizmusról, se a nagy vezetők nyelvészeti munkásságáról; letudta érzelemmentes arckifejezéssel, megadta a császárnak, ami a császáré. (A marristák, ha valaki még emlékszik rá, a nyelvet a társadalmi felépítmények közé sorolták, mely így, az alap megváltozásával, maga is változik. Marr mutatott rá továbbá a nyelv „osztályjellegére". Meddő téma lenne a marristák nézeteit ismertetni, és nem is szükséges, aki tud angolul például, abban fel sem merülhet, hogy a nyelv osztályjellegét vitassa, annyira nyilvánvaló. Erről szól G. B. Shaw *Pygmalion*ja. Egyébként is, első pillantásra világos, hogy Sztalin elvtársnak mi nem tetszett a marrizmusban, illetve implikációiban.)

A nyelvészetből kiábrándultam tehát, mielőtt igazán beleszerettem volna, bár eleinte elhittem, hogy a megválaszolhatatlan kérdéseket, azaz a józan ész kétkedéseit csupán nem kellően megalapozott tudásom miatt fogalmazom meg. Külön bosszantott a sikkes „ö"-zés, főként a lányhallgatók szenvedtek ebben a neofita buzgóságban, mivel Nyíri docensről tudták, hogy a dialektológia egyik jeles művelője; szögedies beszéddel kívánták nyelvészeti vonzalmukat nap mint nap bizonyítani. Tájszólást azonban csak az anyatejjel lehet magunkba szívni, egyetemista korban már késő. Visszatekintve, úgy vélem, hogy a magyar nyelvtudományt óriási mulasztások terhelik, bár monolitikus szemlélete nemcsak a sztalinizmus terhes öröksége, s talán a mindenkire érvényes dogmatikus szemlélet miatt alakult úgy, hogy a nyelvészeti érdeklődésű hallgatók hamar az általános nyelvtudomány kevésbé viharos vizeire eveztek (persze, azért is, mert az általános nyelvészeti témákban külföldi konferenciákon könnyebb otthon hasznosítható babérokra szert tenni).

A történettudományba Karácsonyi Béla docens vezetett be bennünket, aki az egyetemi pártszervezet oszlopa és országgyűlési képviselő volt. Kifejezéstelen arcú, halszemű, puritán lénynek tűnt; piperkőcsége mégis a perverzitást súrolta. Gondosan borotvált arcáról pacsuliillatok lengtek felénk, szinte manikűrözöttnek tűnő körmei furcsán ellentmondtak nagydarab kezének, melyből ritkán hiányzott a legolcsóbb (8 filléres) Sellő cigaretta. Visszafogott színű öltözékében maga volt a megtestesült pártfunkcionárius. Puritanizmusát másra is kötelezőnek érezte. Egyszer egy Sebestyén nevű évfolyamtársam kikiricssárga nyakkendőben jelent meg a bölcsészkar folyosóján. Karácsonyi elvtárs ruganyos lépteivel azonnal mellette termett, megfogta a nyakkendőt, és közel hajolva megkérdezte: „Sebestyén elvtárs, nem *túl* sárga ez a nyakkendő?" Szegény Sebestyén Jóska sápadtan mesélte el a történteket, szemmel láthatólag be volt rezelve. Utána egy ideig még a szipkáját sem merte hetykén az égnek meredeztetni a fogai között, ahogy szokta. Karácsonyi elvtársról suttogva azt mesélték, hogy *echt* munkáskáder, maga Rákosi elvtárs fedezte fel 1946-ban, amikor egy Angyalföldön tartott beszédéhez hozzászólt.

Karácsonyi elvtárs mindezek ellenére kiváló pedagógusnak bizonyult, ő volt a tökéletes középiskolai tanár. Tisztán, érthetően fogalmazott bonyolult kérdések tárgyalása közben is, neki köszönhetem, hogy marxizmusból szilárd alapozást kaptam. Pontosan tudta, mit kell felírnia a táblára, hogy ezáltal örökre bevésse hallgatói emlékezetébe. Ma is látom, ahogy írja: „Györffy György: *Krónikáink és a magyar őstörténet,* 1948". Ha u betű is előfordult a felírt névben illetve szóban, pedánsan félholdat helyezett fölé krétával, nehogy véletlenül n-nek olvassuk. Ő volt az egyetlen Kossuth-díjas előadónk, ma sem tudnám megmondani, miért kapta, tudományos munkásságot alig folytatott, talán egy-két középiskolai tankönyvnek volt a társszerzője; ehelyett inkább a klerikális reakciót üldözte könyörtelen következetességgel. Mosolyt soha nem láttam az ajkán, némi gunyorosságot viszont gyakran megengedett magának. Megkeseredett ember lehetett, aki a saját, jól kidolgozott modorosságai mögé rejtőzött. Halálosan szorongva kollokváltam nála, már kifogytam a mondanivalóból, akadoztam. „Köszönöm, elég, Czigány elvtárs" – mondta egy idő után, majd beírta az érdemjegyet, úgy, hogy ne lássam, és becsukva visszaadta az indexet. Csak a folyosón mertem kinyitni. Reméltem, hogy jót kaptam, de ahhoz túlságosan sokáig írt. Be voltam gyulladva, azért talán elégségesnél jobban szerepeltem. Legnagyobb meglepetésemre jeles állt a kézjegye előtt. Jól megtréfált.

Az ókori történelmet Szádeczky-Kardoss Samu adta elő. Első örömömbe, hogy végre utolértem magam, az olyannyira áhított római régiségtan közelébe férkőztem, nagyon hamar üröm csöppent, ekkora mennyiségű anyagon, ha semmi mással sem foglalkozom, akkor sem sikerül keresztülrágnom magam két szemeszter alatt. A többkilós, „szovjetből" fordított tankönyvek (külön az ókori kelet egy Gyakov–Nyikolszkij nevű szerzőpárostól, külön kötetekben a görögség és Róma történelme) – mióta Marx talpára állította a történelmet azzal, hogy az osztályharc történetére helyezte a hangsúlyt a „törzsi történelmek" helyett – elsősorban tömény unalmukkal leptek meg. Mi lesz velünk? Bizony, igencsak behorpadtak az év eleji nagy mellek. (Mikor Oxfordban felvételiztem, történelemből is faggattak. Igen, hogyne, magyar történelmet tanultam és még... egyetemes történelmet... jó, jó, persze, de melyik ágazatát? Akkor derült ki, hogy amit mi elsőéves korunkban tanultunk, az Angliában egy melléktárgy nélküli, diplomára vezető stúdium három évre. Hitetlenkedve csóválták a fejüket a derék *don*ok, hogy még modern európai történelmet is tanultam? Meg középkorit is? Ha nem lettem volna különleges figyelemre érdemesített, menekült magyar diák, minden bizonnyal úgy kirúgnak szemtelen nagyzolásom miatt, hogy a lábam sem éri a földet... Azt akarom bemesélni nekik, hogy évente, kétszakosként elvégeztem azt, amivel Oxfordban kétszer három év alatt két diplomát szerezhet egy hallgató.)

Szádeczky-Kardoss tisztelt hallgatóimnak szólított bennünket, és egyenletes hangnemben öntötte ránk a tudnivalókat. Verejtékezve jegyzeteltünk, pedig csak a kiszemelt epizódokat részletezte, s közben súlyosbodó nyombélfekélyére hivatkozva, sűrű bocsánatkérések közepette egymást után fogyasztotta a kétszersülteket. Az elbeszélt történelem sodrása néha magával ragadta. Midőn az ókor egyik legvéresebb csatája után, mely valahol az Eufrátesz környékén zajlott le, a megvert és megtépázott görög hadsereg több ezer kilométeres visszavonulás és viszontagságok sorozata után végre megpillantotta a Fekete-tengert, Xenophón szerint tízezer torokból tört fel az ujjongás: „*Thalatta! thalatta!*” A tenger! a tenger! (*Anabázis* 4:7). Szádeczky-Kardoss Samu ókortörténész, majdnem két és fél ezer évvel az események után maga is megittasult hangon kiáltott fel előadása közben: thalatta! thalatta!

(Amikor váratlanul feltárult előttünk a Csendes-óceán végtelen víztükrének lélegzetelállítóan fenséges látványa a Halfmoon Bayben, nem sokkal Kaliforniába költözésünk után, feleségemmel kiugrottunk a kocsiból és a meredeken lezuhanó part széléig szaladva, szinte önkívületben kiabáltuk mi is a tudat legmélyebb régióiban megőrzött görög szót, mintha összebeszéltünk volna. Valahonnan motoros *patrolman* került elő, s udvariasan megkérdezte, van-e valami baj, segíthet-e. Széles jókedvünket nem értette. Gyanakodva hol ránk, hol a tengerre pillantott, majd fejcsóválva elhajtott.)

Ámultan tiszteltük ezt a nagy tudású férfiút, aki csak úgy, mellékesen bejelentette, hogy bizonyos források tanulmányozása végett a nyáron meg kellett tanulnia albánul. Akkoriban a numizmatika római érmékre vonatkozó ágazata foglalkoztatta, s felemelt ujjal figyelmeztetett bennünket, hogy az Augustus kori érmékből a legszebb példányok a British Museum éremtárában találhatók. (Erről alig másfél év múlva magam is meggyőződhettem; egyik első utam a British Museumba vezetett.) Azzal igyekeztünk vigasztalni magunkat, hogy előttünk mások is elvégezték a magyar–történelem szakot.

A másik főtárgyhoz, a magyarhoz nem tartozott semmiféle „Bevezetés az irodalomtudományba”, mert az „irodalomtudomány” *(Literaturwissenschaft)* még nem volt igazán feltalálva; az 1956-ban alapított Irodalomtudományi Intézet is a szerényebb Irodalom*történeti* Intézet nevet viselte egy ideig, mindaddig, amíg az irodalmárok meg nem irigyelték, hogy a történelmi stúdiumokat történettudománynak nevezik a kollégák. Így tehát „bevezetés” nélkül rögtön a régi magyar irodalomnak estünk neki. Koltay-Kastner Jenő tanította, akinek véletlenül ismertem a nevét az olasz szótáráról (1930), még gimnáziumi olaszóráim során használtam Mátray tanár úr példányát. Cikkeire is emlékeztem a *Magyar Szemlé*ből, és arra is, hogy nevét megtaláltam a *Révai nagylexikona* pótkötetében. Ez csak növelte a tekintélyét előttem. A korpulens, de (nemcsak szellemileg) fürge professzor hatvan fölött járt, arany töltőceruzájával és pecsétgyűrűjével a választékos eleganciát testesítette meg. A volt Eötvös-kollégistát, aki a Sorbonne-ra is járt, 1949-ben szintén megfosztották akadémiai levelező tagságától. Bár csekély szónoki képességgel adta elő mondanivalóját, mégis érdemes volt odafigyelni minden szavára. Évfolyamtársaimtól rossz néven vettem, ha nyögésekkel megtűzdelt, nehézkes stílusa miatt a háta mögött idétlenkedve kifigurázták. Előadásait apró, mozaikszerű tényekből rakta össze, s aki figyelt, annak a fejében távlatos képpé állt össze az anyag. Tetszett ez a módszer. Szemben a szokásossal, amikor az előadó a nagy összefüggéseket villantotta fel, s a részleteket csupán illusztrációs anyagként használta az „élenjáró elmélet" igazolására. Gyanítom, Koltay-Kastner professzor úr még a pozitivizmus igézetében nőtt fel a század elején, innen eredhetett „az apró, jelentős tények" tisztelete nála, a pozitivista közelítésmód, melyet akkoriban csupán becsmérlően illett említeni.

Módszertanilag tőle kaptam a legtöbbet: a nagy összefüggések felvillantása fabatkát sem ér a filológiai aprómunka nélkül. Ezzel a módszerrel írtam meg első szemináriumi dolgozatom Balassi és Dobó Krisztina kapcsolatáról. A versek és az életrajzi tények nagyító alatt. Igaz, kissé szerbantalos frivolsággal fogalmaztam, mert éreztem, hogy a filológiai aprómunkáról le kell törölni a verejtékszagot, egyébként élvezhetetlen. Ez a hányaveti fogalmazás nem tetszett neki, de gondolom, életkoromnak tudta be. A szemináriumon mégis megdicsért, és behívott az irodájába beszélgetni. Kikérdezett, és mindenre bólogatott. Eldicsekedtem, hogy ismerem egy-két cikkét a *Magyar Szemlé*ből. Nagyon megtisztelően „Lóránt"-nak szólított, egyébként mindenki „Czigány elvtárs"-at mondott, volt olyan tanárunk, Heller Manfrédre emlékszem, aki kikérte magának, hogyha „tanáruraztuk". Ezen nem is csodálkoztam, elvégre oroszt tanított.

A régi magyar irodalomról szóló jegyzetet Klaniczay Tibor írta. Sokat vesződtem vele, nagyon marxista szagú, osztályharcos szemlélet áradt belőle. A központi egyetemi jegyzeteket egyébként is cenzúrázva olvastam, a fontos részeket aláhúztam, bizonyos részeket pedig keményen áthúztam. Időnként megmutattam észrevételeimet Koltay professzor úrnak azzal, hogy „a Klaniczay ezt írja". Ilyenkor óvatosan hümmögött: „Ez a Tibor, ez a Tibor..." – de nem merült részletekbe. Látszott rajta, kényelmetlen helyzetbe hoztam „árulkodásommal", ugyanúgy, mint amikor a *Magyar Szemle*-beli cikkeit említettem.

A magyar irodalomhoz is hosszú kötelező olvasmányjegyzék tartozott a kétkötetes, több mint ezer oldalas szöveggyűjtemény mellett, mely a régi magyar irodalom alig hozzáférhető, és tegyük hozzá rögtön, alig olvasható darabjait tartalmazta. Olvastunk éjjel, olvastunk nappal, és jártunk a kötelező előadásokra; heti 32–36-ra rúgott a kötelező órák száma. A tanterv és az elvégzendő anyag a mindentudás igézetében készült a magyar egyetemeken. Aki azt állítja, hogy egyetemista korában átrágta magát a kiszabott anyagon, hazudik, még akkor is, ha kivételes elszántsággal és szorgalommal vetette bele magát az egyenlőtlen küzdelembe. Mindent elolvasni fizikai lehetetlenség lett volna. Erre magunktól is rájöttünk elég hamar, felosztottuk az anyagot, és egymás jegyzeteit használtuk. Tudomásom szerint az egyetemen az elvégzendő anyag azóta is dagad, bár a koponyák befogadóképessége bizonyára nem növekedett a megfelelő arányban. (Az angol oktatásügy már az én időmben segített magán. Mikor Oxfordba kerültem, a mellettem lévő szobában egy francia szakos hallgató lakott. Hogy világirodalmi jártasságomat fitogtassam, a francia irodalomról beszélgettem vele. Kiderült, hogy az általam nagyra becsült szerzők közül nem nagyon ismerte egyiket sem, még Stendhalt is csak névről, mert mint kijelentette, nem érdekli, ő a *Grand Siècle*-lel foglalkozik. Akkori megdöbbenésemet ma már mosolyra sem érdemesítem, ma már én is biztos vagyok benne, hogy három oxfordi év alatt nem lehet megismerkedni a francia irodalommal olyan részletekbe menően, ahogy a magyar felsőoktatás akarta megismertetni velünk a magyar irodalmat négy év alatt. Ugyanúgy, mint a történelem esetében. A legjobb ezt idejekorán belátni. Ezért specializálással segített magán az angol egyetemi oktatás. Nem két lábon járó lexikonokat termelt, hanem módszert adott a hallgató kezébe, melyik végéről kell megfogni az irodalmat, hogy boldoguljon vele, s ez egy kiválasztott korszak módszeres tanulmányozása révén is megvalósítható.)

Ráadásnak ott voltak még a melléktárgyak. A kötelező oroszt már említettem. Oktatása ugyanazon a szinten folyt, mint a gimnáziumban, s legtöbbünknek nem okozott fejfájást, hacsak azért nem, mert semmi gyakorlati haszonnal nem járt. Latinra viszont szükség lett volna a középkori források miatt, s latinul a szakérettségisek nem tanultak, a gimnáziumot végzettek pedig a helyi adottságok szerint, néhány évig vagy tanultak, vagy nem. Mérgesen nézett ránk Brutusnak titulált tanárunk, egy öregedő adjunktus, mihez kezdjen velünk, hiszen nemsokára a krónikákat kell eredetiben olvasni. (Latinból aztán végképp nem volt „szegedi iskola”, mégsem a Szentpétery-féle *Scriptores*t használtuk, hanem a szegedi Juhász László Anonymus kritikai kiadását, melynek filológiai apparátusa, ezt ma is állítom, kifogástalan. Ezt a kiadást mégsem ismerik a szakmában, a bibliográfiák is mellőzik.) Végül is azokat, akik két évnél kevesebbet vagy egyáltalán nem tanultak latinul, a gondjaimra bízta, hogy megismertessem őket a declinatiók és conjugatiók titokzatos világával. Másodéves koromban már az elsőéveseket gyorstalpaltam, én pedig határtalan lelkesedéssel elkezdtem görögül tanulni, de hamar rájöttem, hogy nekem a göröggel ugyanúgy semmi esélyem, mint szakérettségis társaimnak a latinnal. „A klasszikus műveltség” álma így szertefoszlott. (Közben a világ nagyot változott, ma már Oxfordban sem néznek enyhe megvetéssel arra, aki klasszika filológiai alapok nélkül jelentkezik. Hajdan a gyarmatokról érkező törzsfőnök fiának elnézték e hiányt, elvégre latin–görög nélkül is képes lesz a törzs ügyes-bajos dolgait intézni a Kalahári-sivatagban vagy valamelyik csendes-óceáni szigeten.) Tanultunk még finnül is, amire a finnugrász nyelvészpalánták kivételével senkinek sincs semmi szüksége (a finnugrászoknak is kevesebb, mint az ugor nyelvekre, hiszen a magyar–finn rokonság távolabbi, mint mondjuk az angol–orosz az indoeurópai nyelvcsaládban), főként a jövendő középiskolai tanároknak.

Ugyanígy kiegészítő tárgy volt az első évfolyamon a pszichológia, másodikon a pedagógia. A pszichológiát egy rokonszenves adjunktus, Király József adta elő, s már az első órán szívünkbe lopta magát azzal, hogy felemelte a Tyeplov nevű szovjet kiválóság oroszból fordított tankönyvét azzal, hogy ez egy igen kitűnő tankönyv, ehhez neki semmit nem kell hozzátennie, s mivel mind felnőtt egyetemi polgárok vagyunk, magunk is elboldogulunk vele. Ő viszont inkább „a téves polgári nézetek” bírálatával kíván foglalkozni, hogy biztosan eligazodjunk ezekben a „burzsoá áltudományokban”. Ezt is tette, bár egy idő után nem a bírálatra helyezte a hangsúlyt, hanem arra, hogy például a freudizmussal jól megismerkedjünk. Mind a mai napig hálás vagyok neki, hogy pszichológiából megbízható alapokat rakott le, legalábbis az én fejemben.

Híre mehetett Király előadásainak, nemcsak az egyetemi hallgatók között, a „burzsoá áltudományok” üldözői is értesültek eretnek pszichológiai nézeteiről, talán besúgóktól, s színvallásra kényszerítették. Kétrészes, hosszú cikket írt Király a *Szegedi Egyetem*be *Mi igaz a freudizmusból?* címmel. Most, hogy utólag megint elolvastam, nyugodtan kijelenthetem, Király adjunktusnak nem kell pirulnia egykori cikke miatt. A megszabott terjedelemhez képest igen alapos és kiegyensúlyozott esszéjében bírálja ugyan a freudizmust (manapság ki nem?), de az írás érdeme, hogy nincs benne csúsztatás, belemagyarázás, ugyanakkor megadja a császárnak is, ami a császáré: „A freudizmus ideológiai funkciója világos, habár nem teljesen egyértelmű. Vannak mozzanatai, amelyek a polgári társadalom széles rétegeinek, elsősorban a kispolgároknak a megbotránkozását váltják ki. De ez nem zavarja társadalmi és ideológiai funkciójában. A pszichoanalízis elsősorban nem ezekhez a rétegekhez szól, hanem a kozmopolita nagypolgársághoz és intellektuelekhez. Ezek szemében viszont éppen megbotránkoztató és valláselIenes tételei miatt tűnik haladónak, sőt forradalminak. Nem terjedt el a tanítás a proletariátus soraiban, habár szociáldemokrata vezetők nagy számban tették magukévá..." Ügyes megfogalmazása ez egy szinte kihívóan elitista véleménynek (mármint hogy nem terjedt el a proletariátus soraiban). Végkövetkeztetése alig vitatható: „Kétségtelen, hogy a freudizmus a tudatalatti felkutatása felé terelte a figyelmet... Az is tény, hogy egyes idegbetegségek értelmezéséhez, gyógyításához új ötleteket adott..." Király adjunktus sikeresen megmagyarázta a bizonyítványát anélkül, hogy handabandázásba keveredett volna. Még annyira sem, mint Lukács a szocialista realizmus-vitában, amikor sarokba szorították. Igaz, ő, Lukács, utólag visszaemlékezve a szégyenteljes vitára, beismerte, hogy nem merte saját nézeteit hangoztatni, bár „Hegelt nem árultam el".

A pedagógiát Tettamanti Béla adta elő, aki első óráján vérfagyasztó hangon kijelentette, hogy ő meggyőződéses kommunista, neki kommunista múltja van, s ezért üldözték, és ő kommunistákat akar nevelni. Emellett József Attilát tanította Makón. Ez utóbbi ténnyel már nem ő dicsekedett el, ez benne élt a köztudatban. Mégsem tudtam rá kellő tisztelettel nézni, előadásaira mint hisztérikus hőbörgésekre emlékszem vissza, némi sajátságos humorral ízesítve. Többször hangsúlyozta: „Most úgy beszélek, mint a szocialista nevelés egyik szerény képviselője". Előadásait gyakran nem tudta befejezni: „A kommunizmusba való átmenet... A fene egye meg, elment az idő..., szóval, nem fejezem be, majd itt folytatom." Emelt fővel mentem hozzá vizsgázni, végre egy olyan tárgy, melyhez az összes kötelező olvasmányt becsületesen elolvastam. (Nem a szorgalmam miatt, hanem olyan kevés volt az anyag, megengedhettem magamnak ezt a fényűzést.) A kollokviumon, azt hiszem, tűrhetően reprodukáltam a kívánt anyagot, amikor Tettamanti professzor elvtárs (őt sem volt szabad professzorurazni) félbeszakított: „Ha valakit behívnék az utcáról, az is jobban elmondaná az anyagot, mint maga! Csak azért adok elégségest, hogy ne kelljen még egyszer találkoznunk!" Mikor kijöttem a vizsgáról, a folyosón várakozók először azt hitték, viccelek, csak a leckekönyvemnek hitték el a meglepő eredményt, és halálos rémületbe esve várták, hogy velük mi történik majd. Semmi sem történt, mindenki a várakozásoknak megfelelően szerepelt. Ma sem tudom, mivel érdemeltem ki haragját, az órákon csendben jegyzeteltem, s egyébként nem találkoztam vele. Megmagyarázhatatlan pikkje volt rám a szocialista neveléstudomány eme megteremtőjének, mint Frölich tanár úrnak Karinthyra.

Sorolhatnám még a melléktárgyak kellemetlenségeit, a marxizmus–leninizmust, amit egy fiatal ókorász, Czuth Béla adott elő. Tehetségének köszönhette, hogy benntartották az egyetemen, bár csak a marxizmus–leninizmus tanszéken találtak helyet neki, pedig szakdolgozatáért, mely az egyik rabszolgafelkeléssel foglalkozott (*Aetius élete, különös tekintettel a bagauda mozgalomra* – azóta sem hallottam a bagaudákról) akadémiai jutalmat kapott. Kényszerpályás indulás volt, tőle tudtam meg, mivel gyakran beszélgettünk, bár szigorúan „Czuth elvtárs", „Czigány elvtárs" alapon. A tárggyal magával nem sok bajunk volt, a történészeket Karácsonyi Béla jól előkészítette, szerencsénkre sok volt az átfedés a két kurzus között. Czuth Béla szívesen beszélt volna a saját bajáról, hogy mivel kell foglalkoznia ókori történelem helyett, de az egyetemi hierarchiában elfoglalt helyünk közti különbség miatt nem tudott teljesen feloldódni, bár figyelmes hallgatóságnak bizonyultam Tisza-parti sétáink alatt. Minden visszafogottsága ellenére is megéreztem, nem ilyennek képzelte el tudományos pályáját. Megkeseredettségét nagyképűséggel igyekezett leplezni: tudományos munkájához olyan könyvekre is szüksége volt, melyekhez csak a madridi, volt királyi könyvtárból tudott hozzájutni nemzetközi csere útján. Nem tudom, mi lett vele, kósza hírek szerint egy idő után ideggyógyászati kezelésre szorult, s önkezével, fiatalon vetett véget életének.

Ugyanúgy, mint az a másik adjunktus, a már említett Pósa Péter, aki hatalmas *élan*nal adta elő a világirodalom történetét (többkilós szöveggyűjteménnyel). Kedvenc fogásai közé tartozott, hogy amikor a saját véleményét mondta el például az *Oidipusz Kolonoszban*ról, látványosan lelépett a dobogóról, nehogy kijelentését *ex cathedra* kinyilatkoztatásnak vegyük. Ezt a tényt, mármint hogy nem „ex cathedra" nyilatkozik, minden alkalommal külön tudomásunkra is hozta, nehogy esetleg elmulasszuk észrevenni. Élvezettel beszélt, megkedveltette velünk a klasszikus auktorokat. Könnyű dolga volt persze, ez volt az egyetlen olyan tárgy, amelyből csak ritkán lógott ki a marxista lóláb.

Az oktatott tárgyaknak még e vázlatos és távolról sem teljes katalógusából is azonnal kiviláglik az akkori magyar felsőoktatás reménytelenül elhibázott volta: tölcsérrel tölteni a tudományt a pattanásig feszülő koponyákba. (Aztán ha valaki valamennyire megállta a helyét, mehetett Szőregre, osztatlan általános iskolába tanítani.) Joggal beszéltünk túlterhelésről. És egyre többet. Ekkorra lett nyilvánvaló, hogy a magyar felsőoktatás reformja elkerülhetetlen. Ez nem csak nekünk, gólyáknak volt kétségtelen, bár akkoriban magam inkább azt hittem, hogy kifogásokkal élünk, lusták vagyunk, nem akaródzik a kötelességünket teljesíteni. (Egy korabeli feljegyzésemben utaltam is rá: „Annyit tanítanak, hogy nem marad időm tanulni".) Hogyan is indulhatnék szellemi felfedezőútra, ha verejtékezve igyekszem magam átrágni a rámdobált ezeroldalas tankönyvek betűmiriádjain. Kimondatlanul a tanárok is tisztában voltak vele, a vizsgákon mindig kiderült, akiben látták az igyekezetet, az aránylag kevés ismeret birtokában is egészen jó érdemjegyeket szerezhetett. A mindentudás humbugját átérezték. (Magyarországi tanítási tapasztalatom a nyolcvanas években arról győzött meg, hogy a helyzet azóta sem változott sokat. Egyrészt most is mindent tudni kell, másrészt ha egy hallgatónak közepest akartam adni, kollégáim felhördültek: csak jeles és jó létezik mint osztályzat.) Akkoriban érdekvédelmi szervezetre senki sem gondolt, mégis úgy vélem, hogy a MEFESZ megalakulásának csírái a túlterheltségben keresendők, bár nem hiszem, hogy az érdekvédelmi szervezet gondolata már akkor, 1954-ben valakiben felmerült volna.

Mégis örülhettem, hogy odaengedtek a tudás forrásához. Hiszen egyébként esélytelenül eltűntem volna örökre, mint annyi más társam, ott, az ötvenes évek embertelen szellemi rablógazdálkodásában. Mit is tehettünk reménytelen helyzetünkben? A régi magyar irodalom szöveggyűjteményében volt egy intelmes példázat, Barlam és Jozefát történetében, mely tudvalevőleg a Buddha királyfi megtéréséről szóló, indiai legenda keresztény átdolgozása. Ebben található az intelmes példabeszéd a verembe esett emberről, aki az egyszarvú elől menekülve esik a verembe, aminek a fenekén egy rettenetes sárkány várja. Igaz, a menekülő megkapaszkodott egy kis bokorban, s lábát megvetette egy omladó lyukban, de a bokrot egerek rágják, s a lyukból mérges kígyó tekeredik elő. Mit tesz a balga ember szorongatott helyzetében? Lát a bokor tetején egy nyalintás mézet, s minden bajáról megfeledkezve az után kap. Az intelmes példázat (melynek legősibb forrása a *Mahábhárata*, XI. r., bár erről nem tájékoztattak bennünket a szöveggyűjtemény tudós szerzői) az emberi életről szól: a halál elől menekülve a szerencsétlen halandó a világ hamis gyönyörűségei után kapkod. Egyrészt sajnáljuk a botor embert, aki megcsalattatik, mert nem látja a rá váró veszedelmet, hirdeti a történet morálja és a magyarázók serege, másrészt (de ezt már csak mi gondoltuk) mi mást tehet a bolond emberiség: szorult helyzetéből nem menekülhet, legalább azt az egy csepp mézet élvezze, amit a vakvéletlen kínjai enyhítésére rendelt. Ezen morfondíroztunk pohár bor mellett a diákszállóban a tankönyvhegyek árnyékában görnyedezve.

A túlsó part a lehetetlennel

Alighogy nagy keservesen beleszoktam az egyetemi élet taposómalmába, máris mocorogni kezdett bennem a honvágy Újhely és a régi barátok után. Napokon belül szeptember 19-e lesz, s szerettem volna ígéretemet betartani, hazamenni a találkozóra. Hamar rájöttem, hogy efféle kéjutazásokra nem telik, még akkor se, ha a legmagasabb ösztöndíjat és szociális segélyt kapom, 520 forintot, ami akkoriban elég szép pénznek tűnt, legalábbis papíron. Miután kifizettem a diákszálló havi bérét, megvettem a menzajegyeket (reggeli nélkül), színházi bérletet váltottam, kiszámoltam a havi cigaretta-fejadag költségét, be kellett látnom, nincs miből ugrálnom.

Volt ugyan milliomos is az évfolyamon, két kalocsai lány, mindketten Rákosi-ösztöndíjat kaptak, kerek nyolcszáz forintot. El se tudtam képzelni, micsoda élkáderek lehettek, amellett, hogy nyilván két lábon járó zsenik is. (Másodévre aztán kiderült a turpisság: dehogy voltak élkáderek, csak vakmerőek. Abból kiindulva, hogy nagyobb bajuk nem származhat belőle, mint hogy nem kapják meg az ösztöndíjat, megpályázták. Aki mer, az nyer. Mivel csak ők ketten pályáztak, s az éberség nem működött eléggé, bátorságukat siker koronázta. Túljártak a rendszer eszén, nem kapta el őket a gépszíj. Évekig nevetgéltünk az ügyön feleségemmel, ő volt ugyanis az egyik kalocsai lány, nem éppen a legkifogástalanabb szociális háttérrel: apja üzletét 1949-ben államosították, még a pénztárcáját is le kellett adnia az üzlet kulcsaival, és priusza miatt őt egy ideig nem vették fel a gimnáziumba.)

Mivel életemben soha nem laktam nyolcadmagammal egy szobában, a diákszállót nehezen viseltem. Menekültem, ahova tudtam, legszívesebben és leggyakrabban az egyetemi könyvtárba, ahol legalább nem kérdezték meg a szomszédaim, hogy mit írok, olvasok, vagy mi jár az eszemben, békén hagytak. Bár az egyetemi könyvtár ege sem volt felhőtlen. Amikor először hallottam az egzisztencialistákról, megnéztem a szót az *Idegen szavak marxista magyarázatokkal* című kézikönyvben, de nem lettem tőle okosabb. Az olvasószolgálathoz fordultam, mármint ugye, hogy tájékozódni szeretnék. Miután kinyögtem, magam is beismerem, eléggé obszcén kívánságomat, a teremfelügyelő rám ripakodott: „minek az magának, nem filozófia szakos!" Ezt nyugodtan mondhatta, Szegeden nem volt filozófia szak. (Most, utólag azzal mentegetem a tudós könyvtárost, hogy esetleg zavarba hoztam, felkészületlenségét takargatta a rámripakodás, nem pedig az ideológiai fertőzést óhajtotta megakadályozni.)

A diákszállóban értesültem társaim magánéletének minden mozzanatáról, hódításaik részleteiről. Nyilatkoznom kellett a konklávé előtt, hogy „ez a nyakkendő" „megy-e ahhoz az inghez". Megmutattam, hogy kell háromszögre kötni a „nyaksit". Randihoz kölcsönkérték 65 forintos Gamma öngyújtómat. Megvitattuk, hol csináltathatnak spanyolöves „nacit". Vagy, hogy merjék-e tizennyolcasra csövesíteni a nadrágot, netán elégedjenek meg a húszassal. Akkoriban mindenki „jampisan" igyekezett öltözni, csőnadrág, brillantinos „hári", gojzervarrásos, triplatalpú cipő, csattal. (A legeszményibb jampec viseletet Csoóri Sándoron láttam, amikor Szegeden fellépett az írószövetségben. Elakadt a lélegzetem, hát Pesten ennyire mernek! Mert a jampi viselethez nemcsak pénz, bátorság is kellett.)

Mivel saját dolgaimról nem szívesen beszéltem, elég hamar enyhén ellenséges légkörben találtam magam: „nem vagy jó közösségi ember" – mondták ki a verdiktet. Ha levelet kaptam Edittől, az egész szoba tudott róla, a leghelyénvalóbbnak azt tartották volna, ha felolvasom, mit írt a „pesti csaj". Mit rejtegetem? Legalább a fényképét mutassam meg! A „közösségi szellem" örökre ingerszó marad a szótáramban. Azzal vigasztaltam magam, hogy guggolva is kibírom, dehogy leszek én itt másodéves koromban! Pedig ott voltam másodévesen is, igaz, akkor hirtelen elviselhető lett a helyzet, harmadmagammal kaptam egy szobát, két eléggé magának való évfolyamtársammal. Sokszor, ha látták, hogy írok, figyelmesen magamra hagytak, bár ahhoz viszont ők ragaszkodtak, hogy lámpaoltás után ne dohányozzam. Az igazság az, hogy szegedi egyetemista koromban (később sem az oxfordi illetve a londoni egyetemen) barátságnak nevezhető viszonyba nem kerültem évfolyamtársaimmal, magam sem tudnám megmondani, miért nem. Igaz, jártunk együtt sörözni néha a Hágiba vagy a Hungiba, de szabad időm nagy részét inkább lányok társaságában töltöttem. (Egyszer, még zöldfülű koromban, hódításom társaságában fél liter vörösbort rendeltem. Tüzes bor volt, szentigaz. Mikor fizetésre került a sor, így a pincér: „Ötven forint!” Hápogni sem tudtam. Tíz-tizenkét forintos cechre számítottam. „Miféle bor volt ez?” – kérdeztem megrökönyödve. „Ez kérem tisztelettel, könnyű francia vörös volt” – vetette oda hanyagul a dörzsölt pincér. Azóta is töröm a fejem, hogy importáltak francia bort Szegedre, 1955-ben.)

Most azonban csak azon járt az eszem, hogyan juthatnék el haza, a találkozóra. Hívtak a hegyek, a szoros baráti szálak, a hírek, kivel mi történt, mióta kirepültünk a világba. De nem mentem. Meg is haragudtak érte a fiúk. „Tróger vagy!” – jelentették be egy képeslapon. Nagyon rosszul esett. De tényleg tróger voltam, mert Pestre azért felmentem, hogy Editet láthassam. Editnek sikerült kiköltöznie az általa ugyanúgy gyűlölt Somlói úti diákotthonból, nagy családi civakodások után, egy Czuczor utcai albérletbe, valamiféle szegről-végről rokonokhoz. Ültünk a Gellért-hegy oldalán a bágyadt őszi napsütésben mint két száműzött, nekünk megvoltak a saját varázslatos hegyeink és a saját folyónk; itt hemzsegtek az emberek, gyereksírás, repülő labdák, vakkantó kutyák, fagylaltos. (Már jó ideje megszakadt köztünk a kapcsolat, amikor váratlanul, 1956 őszén elégikus hangú levelet kaptam tőle: „... engedd, hogy írjak Neked, mert kinek is írhatnék a Bodrogról másnak? Olyan gyönyörű itt minden, vad, gondozatlan – kövér és hófehér ludak tanyáznak a partján. A víz sima és magas. Elöntötte a Szúnyog-szigetet félig. Ott, ahol tavaly tanyáztunk, dús, zöld a fű. Pedig már ősz van; mint a felhő, úgy fut át a varjúsereg árnyékában a homokszem. Ó, egészen néma lettem. Senki, senki se jár már ide, a Diána-kertben strand van. A kicsi halakat figyelem, napról napra nőnek, erősödnek[...] A Bodrog őselem, napfény, gondolkodás, szent Kábakő, amelyhez mindig vissza kell térnem[...] a folyó üdvözöl, hajnalonként szúrós pára lengi körül és tudd, hogy ez nagyon szép mindörökkön örökké, a homok, a füzes, a fatuskó és a túlsó part a lehetetlennel.”)

A Lánchídon bandukoltunk, eléggé későre járt. Az elnéptelenedett, pesti hídfőnél alacsony lánc szegélyezte a járdát. Mire Edit, pesti őshonos, figyelmeztetni tudott volna, átléptem, hogy átvágjunk a túloldalra. Ott termett egy rendőr a semmiből: „Megbüntetem tíz forintra!” Nem volt apelláta. Én voltam a falusi kislány Pesten. A szabály az szabály, még ha egy fia biciklis sem közlekedett a környéken. Még levertebben mentem a Nyugatiba a szegedi gyorshoz.

Edit leveleiből áradt az optimizmus, a bizakodás, mindenről beszámolt, tényleg irigyelhettem... Látta az *Othello*-felújítást, Ibsen *Nórá*ját és a *Három nővért*, micsoda szereposztásban: Kiss Manyi, Dayka Margit, Tolnay Klári! Tárlatok, hangversenyek. Egyre jobban haragudtam Szegedre, bár minden ok nélkül. Szerencsémre nem nagyon értem rá a helyzetemen filozofálgatni, volt mivel foglalatoskodnom. Törtem a fejem, hogyan tehetnék szert egy kis pénzre, ha időnként Pestre akarok látogatni. Hallottam, hogy a teherpályaudvaron egy éjjel meg lehet keresni száz forintot egy vagon paprika kirakásával. Elmentem én is. Megmutatták a vagonokat, az egyiknek eltolták az ajtaját, zúdult kifelé a paprika. „Nyert ügyem van – gondoltam jókedvűen –, már a fele kinn van. Gyerekjáték!" Azt is mondták, ha valaki este nyolckor nekifog, 4-5 óra alatt, éjfél utánra kirakja. Ha valaki nagyon tökös, két vagonnal is kirakhat egy éjjel. A gyakorlatban teljesen másképp történt. Éjfélre a lapát alaposan feltörte a tenyerem, és még mindig félig volt a vagon. Hajnalodott jócskán (sajnos, nem mondhatom, hogy „még alig pitymallott"), mire úgy-ahogy végeztem. Megkaptam a százast, és tudtam, hogy soha többet nem fogok paprikalapátolással pénzt keresni. Mindkét tenyerem tele vízhólyaggal, másnap csak délben mentem be az egyetemre, zsibongó izomlázzal, megmerevedett derékkal, kóválygó léptekkel.

Talán még egyszer sikerült feljutnom Pestre a félév alatt, a „Nagy Októberi Szocialista Forradalom" ünnepét megelőző hétvégén. (November 7-e vasárnapra esett 1954-ben.) Edit leveleiben tartózkodóan, de állandóan hívott és várt: „A napok mintha csirizzel lennének összeragasztva: unalmasak, nyúlósak, szürkék. Reggel összefagyva ébredek, a kávé úgy nyomja a gyomrom, mint a kő. A hídon elrohan előttem hatszáz gémberedett egyetemista, és a tízpercekben csinálom a házi feladataimat. Télen nem fázok úgy, mint most. Szeretném, ha melegítenéd a kezemet..." Mégis, mikor találkoztunk, egyre többet és nagyobbakat hallgattunk. Mind a ketten elég érettek voltunk ahhoz, hogy tudjuk, ez nem megy. Csak nem akartuk tudomásul venni. Edit leveleiben rendületlenül csevegett, de már erőltetett vidámsággal: „Még tehát 12 nap van. Rém sok, nem? 18-án kapjuk a szünetet, ti mikor? Utazzunk együtt haza? Vagy csak később jössz? Ebben az esetben egy vigaszom van, hogy az utazás és az együttlét örömeit kicsit megpaprikázná a borzalmas karácsonyi forgalom, mely telerakja a kupékat bagószagú zsíroskalaposokkal, tízbatyus halaskofákkal, nagyszájú fogatlanokkal és bősz kártyásokkal. A postás az előbb volt itt, egy óriás kannyulat hozott. Mindjárt hegyi levegőt éreztem rajta, és egy cseppet sem csodálkoztam, amikor kiderült, hogy Anyámék küldték. A bácsi rögtön a szegre akasztotta és szegény nyuszi most már megnyúzva, soványan lóg fejjel lefelé és vérkönnyeit egy bádogvederbe hullatja. Alakra olyan, mint Kernstock aktjai és a húsa bordóból sötétlilába megy át" – tájékoztatott a Czuczor utcai ifjabb Madame Sevigné – majd így folytatta: „Éjfél van... gondolom, még ébren vagy és szédületes ambícióval tanulsz. Tanulj is, drága (fiacskám), mert különben nincs Eötvös Loránd tud. egy., nincs Edit, nincs Pest, csak a ronda Szeged van és 200 km távolság..."

Pár napra sikerült Újhelybe eljutnom a karácsonyi szünet alatt, és rohanhattam a fél országon keresztül vissza Szegedre. Edittel mégsem sikerült egymásra találnunk, nem kerültünk azonos hullámhosszra egy pillanatra sem. Pedig figyelmessége nem ismert határt, még egy verseskötettel is megajándékozott karácsonyra, *Gorgó mereng* volt a címe. Merengtem én is a hosszú út alatt visszafelé, ahogy a gyenge világítás mellett, szemeimet meresztgetve a peloponnészoszi háború egyik részletére, Alkibiádész szicíliai vállalkozására igyekeztem figyelmemet összepontosítani. Nem ment. Szegény nyuszi voltam, megnyúzva, aki vérkönnyeit tankönyvre hullatja, Mme Sevigné zsánerképe nyomán. Valami eltört, elszakadt bennem végérvényesen, csak nem volt erőm beismerni, még magamnak sem, hogy mi. A második szemeszter alatt nem leveleztünk, bár visszautazásom után, januárban, még kötelességszerűen „sok boldog névnapot" kívánt Edit. Szenvedtem, mint a kutya, de nem jelentkeztem. Hazudok. Mert majdnem jelentkeztem. A tavasszal haza kellett utaznom, hogy segítsek a szüleimnek Gyöngyösre költözni, apám beadta a derekát, áthelyeztette magát Gyöngyösre. Visszafelé Pesten megszakítottam az utat. Rohantam a Czuczor utcába, de a sarkon megtorpantam. Egy ideig ügyefogyottan tébláboltam, rágyújtottam, de csak nem akart a lábam továbbvinni. Mivel állítsak be? Nem vár. Eltapostam a csikket, mentem a Nyugatiba, megettem egy adag grízes tésztát az Ilkovicsnál, s a következő vonattal tovább Szegedre.

Közben persze mesterkedtem, ügyeskedtem. A tanév vége felé értesítést kaptam az ELTE-ről, van számomra hely a második évfolyamon. Örömömet azonban hamar lehűtötte a dékán, Baróti Dezső. Sétálgattunk a folyosón, kíméletesen akarta közölni velem a hírt, mint a nagybeteggel: „Nézze, Czigány elvtárs, ez nem fog menni. Egyáltalán nincs rendben, hogy ha valaki egy kicsit is tehetségesnek érzi magát, mindjárt a fővárosba igyekszik..." – mondta a volt Szegedi Fiatal. „Decentralizáció van, Czigány elvtárs, a felsőoktatásban is. Decentralizáció. Értse meg. Hova jutna az ország, ha mindenki szedné a sátorfáját, és Pestre menne?" Költői kérdés volt a javából. Utólag elgondolkodva időbe tellett, míg megértettem, hogyan nyugodhattam bele a röghöz kötött jobbágyi állapotba. Miért nem hagytam ott csapot-papot? Hát persze, jutott eszembe egy idő után, Gábris elvtárs nem adta volna ki az indexemet, csak dékáni utasításra. Index és papírok nélkül pedig hogyan állítottam volna be az ELTE-re? Mivel igazoltam volna, mit tanultam, milyen eredménnyel? (Első évben összesen 14 kollokvium alatt csupán háromból vizsgáztam jóra.) Nem lehet csak úgy, az utcáról beállítani.

Talán az is hozzájárult Baróti hajthatatlanságához, hogy az egyik magyar–orosz szakos évfolyamtársamat, Wald Palit viszont el kellett engednie, mert Pesten laktak a szülei. (Wald a Sorbonne-on fejezte be tanulmányait, és a többnyelvűség szociálpszichológiájával foglalkozik Párizsban.) Ha esetleg nem hittem volna a Barótival folytatott „baráti beszélgetésnek", egy idő után, már a nyári szünet alatt megjött a hivatalos irat is: „Az Oktatásügyi Minisztériumhoz benyújtott kérelmére, amelyben a budapesti egyetemre való átiratkozását kérte, értesítem, hogy kérelmét nem áll módomban teljesíteni, mivel felvétele és beiskolázása a Karunkra történt meg. Szeged, 1955. július 21. Kedves András, kari titkár." Kedves András pöffeszkedő fogalmazásában a „nem áll módomban" kissé túllépte kompetenciáinak kereteit, de nem tehettem semmit.

Pedig Editnek a nem remélt sikertől megrészegedve már megírtam kellő nagyképűséggel expressz levélben, hogy 1955 őszétől „az Eötvös Loránd Tudományegyetem fog belém járni". Hirtelen megindult a levelezés, jöttek a levelek a tapolcai katonai táborba. („...nagyon várlak... Azt hiszem, mondtam már, hogy nekünk pokolian meg kell küzdeni mindenért, érzem és mindig erre gondolok. Gyere! írj rögtön, ahogy tudsz. Csajkán, egészségügyi papíron, mindegy... küldök két fényképet, gyorsan írj, és gyere, mert nagy elmaradásunk van.") Leszerelésem után rohantam Újhelybe, keresztanyámékhoz kéredzkedtem be, hiszen szüleim már Gyöngyösön laktak.

Jártunk a Bodrogra, minden a régiben. Mintha semmi sem történt volna. Áhítatosan néztem, ahogy a kert végében berendezett szobrászműhelyében tevékenykedett, segédkeztem az öntésnél. (Bár az áhítatosság nem akadályozott meg abban, hogy később ironikus hangú karcolatot ne írjak róla *Szobrászinas leszek* címmel, akkoriban már rendszeresen publikáltam.) De nem bírtam előhozakodni azzal, hogy Szegedről nem adtak ki. Halogattam. Múltak a napok. Aztán az utolsó napon nem lehetett tovább halasztani. Rettentő nagy vödör hideg vízzel zuhintottam nyakon. Akkor láttam először, hogy Edit sírni is tud, könnyek nélkül. Hallgattunk. Majd erőt vett magán, vigasztalni igyekezett, nincs semmi baj. Rá se rántsunk. 1955. augusztus 12-e volt. Onnan tudom, mert aznap mondta be a rádió: Thomas Mann, „a nagy német humanista író" elhunyt. Biztos vagyok benne, mert aznap láttam Editet életében utoljára.

Amikor végül is Londonban lehuppantam, s újra szélcsend támadt, hirtelen erős és megmagyarázhatatlan vágy kerített hatalmába, hogy írjak neki, hogy elmondjak mindent, mi történt velünk, és hogy partra jutottam, révbe értem, egyenesben vagyok, hogy most már tényleg ott vagyok a tudás forrásánál, Oxfordba kaptam ösztöndíjat, hogy én is fausti ember lettem, kezembe vettem a saját sorsom intézését, nem vagyok többé röghöz kötött jobbágy. 1957. Vízkeresztkor válaszolt Újhelyből: „... boldog új évet kívánok neked az új hazában. Olyan nekem, mintha meghaltál volna. Mert tudom, nem látlak már. Nem irigylünk, s hősnek se tartunk benneteket, hogy elmentetek. Mehettünk volna mi is, Isten a tudója, miért nem gondoltunk soha erre. Hogy nehéz itt az élet, az bizonyos [...] Igyekszünk befejezni, amit kezdtünk. És hiszünk benne. Ki akarunk jutni külföldre is. Jövőre, azután, vagy azután. De nem így. (Bocsáss meg, hogy ezt írtam, de úgy hiszem, nem gondoltátok meg komolyan a távozást. Háború lesz tán.) [...] rád gondoltam, mert síelni voltam a Magas-hegyen. És újra láttam az őzeket a bársonyderekú, kövér bakkal. És persze nem foglak elfelejteni. Majd ha jobb lesz az élet és tűrhetetlenül hiányzik egy Madách-, József Attila-, vagy Ady-kötet, írj, és elküldöm. Lényegében a barátod maradok, mert sokra tartlak. Nehéz lehet Neked [...] Én itt igyekszem jó szobrász lenni. És leszek tán. Egyáltalán nem félek az élettől. Szeretném, ha hallanék rólad. Üdvözöllek mindörökre: Edit."

A búcsúlevél írója még nem töltötte be a 18. életévét. Már leélte fél életét. Haláláról több mint egy év elteltével, véletlenül értesültem Párizsban egy Magyar Műhely-konferencia után. „Maurer Dóra és férje, Gáyor Tibor visznek ki a Gare de l'Est-re. Dóra a képzőművészeti gimnáziumba járt, és ismerte Editet. »Igen, most halt meg – magas, szőke lány volt, erős szemöldökkel.« »Miben?« »Fehérvérűségben. Dolgait a szecesszió korai hatása jellemezte. Férje csinál neki emlékkiállításokat.« A hőségben már ott is vagyunk a pályaudvaron. Szélütötten állok, patakzik rólam a víz. Mindjárt indul a vonatunk a repülőtérre..." (*Napló*, 1976. júl. 4.)

A *Magyar Életrajzi Lexikon* szerint: B. Szabó Edit (Debrecen, 1938. jan. 18.–Budapest, 1975. ápr. 18.) 1956–1961 között végezte el a Képzőművészeti Főiskolát. „Munkásságából különösen jelentősek kisplasztikái, és finom vonalú, lírai hangú rajzai." A finom vonalú, lírai rajzok közül én csupán azt a naplót helyettesítő sorozatot ismerem, melyet nekem készített 1954 nyarán. Ámde ezeket a rajzokat, rajtam kívül, soha nem látta senki.

Az irodalmi piacon

„Az irodalmi piacon / mindig a legnagyobbszájú / kofák szabják meg az áru / minőségét és az árát: / figyeld hát a kofák száját, / ha ügyes vagy még neked is / csurranhat egy kis haszon / az irodalmi piacon" – vélekedett Thinsz Géza, a Svédországban elhunyt költő, sorstársam az emigrációban. Ez a törvényszerűség mindig is nyílt titok volt; semmi különös nincs a szarkasztikus megfigyelésben. A magyar irodalom mélyhűtött korszakában azonban a többszörös csomagolás miatt csupán a tűz közvetlen közelében üldögélők előtt olvadt le a több rétegből álló ideológiai burok, s rajzolódott ki a gondosan takargatott érdek.

Teljesen járatlan voltam az irodalmi piacon, bár már elsőéves koromban az volt a nem is olyan nagyon leplezett vágyam, hogy publikációs lehetőséghez jussak, hogy végre nyomtatásban megjelenjek, elvégre írói ambíciókat dédelgettem. Azt se tudtam, hogy kezdjek hozzá, mert az én (élet)koromban költeményekkel illett a szerkesztőségekben jelentkezni, s bízni benne, hogy a mindenható szerkesztő talál a versekben egy-két olyan hasonlatot, képet vagy rímet, minek következtében közlésre érdemesíti. Tudtam jó néhány évfolyamtársamról, hogy a verslábaknak legalább akkora figyelmet szentelnek, mint az éppen soron következő szívükhölgye bájainak, s ez utóbbiakat ecsetelik is gyatrácska vagy utánérzett fordulatokat tartalmazó verseikben, valamint perzselően égető érzelmeiket is részletezik a szóban forgó szívükhölgye iránt (olykor csak irányában).

Mivel biedermeier érzelmek sohasem lángoltak keblemben, mondhatnám, már Karinthy megrontott kamaszkoromban, mindennek a fonákját is azonnal láttam, vagy legalábbis azt képzeltem, hogy látom, s így tanácstalan voltam, hogy kezdjem meg a szárnybontogatást. Korábbi írásaim majdnem kivétel nélkül megmutathatatlanok voltak, nem is annyira szatirikus hangvételük, mint inkább témaválasztásuk miatt. Ennek ellenére mégis elhatároztam, hogy humorista leszek, mert a humorista sokkal többet kimondhat humoros álcázással, mint más halandó. Igaz, éppen akkoriban olvastam Darvas Szilárd krokiját a *Ludas Matyi*ban, mely az ominózus *Hogy köhögjünk, mit köhögjünk?* címet viselte, s melyből kiviláglott, hogy a humoristának sem fenékig tejfel, tudnia kell, hogy mikor köhöghet, s mikor sok már az is, ha csak megköszörüli a torkát.

Mindenesetre, szemben szülővárosommal, Szegeden legalább létezett, bár pezsgőnek alig nevezhető, irodalmi élet. Szorgalmasan eljártam tehát az írószövetségbe, illetve meghirdetett rendezvényeire, hogy legalább közelről lássak eleven írót. Így sikerült egyszer Gergely Sándor felolvasóestjére bejutnom, amikor ez a megkeseredett, szerencsétlen (majdnem teljesen vak) moszkovita indulatoktól fröcsögő hangnemben talán a *Rögös úton* címmel készülő emlékezéseiből olvasott fel. Ő is Kossuth-díjas óriásaink közé tartozott. Lassan megismertem a helyi nagyságokat is, azt persze nem várhattam, hogy szóba ereszkedjenek velem, de legalább emberközelből bámulhattam nagyságukat és hallhattam részleteket gyönyörűségesnél gyönyörűségesebb műveikből. A szegedi irodalmi piac keresztapja Nagy Sándor volt, Sztalin-díja és mozgalmi múltja miatt. (Az orosz intézet előtt a folyosón tárlóban volt kiállítva *Megbékélés* című művének *Primirényie* címmel megjelentetett orosz fordítása – ezért kapta a Sztalin-díjat.) Ő emelte magasra a jobboldali elhajlás elleni küzdelem zászlaját a márciusi határozatok után. (Sok-sok év után azt hallottam róla, hogy az albán rádió magyar adásának főerőssége lett.) A költőóriás Lődi Ferenc névre hallgatott, verseiben kitartó rendszerességgel túlnyalt. („Ahogy halad az út Vecsésre, / ott állnak büszkén, – bronzban élve. / Olyan ez a két szobor nékem, / mint tulajdon két vértestvérem. // Testvéreim, kik értem haltak, / Hogy születhessek más magyarnak." – nyilatkozott Osztyapenkóékról. Így ötvözte össze a proletárnemzetköziség és az új típusú honszerelem témáját a Somogyi Könyvtár kiemelt igazgatója.) Fontos prózaírónak ott jeleskedett a savanyúképű Dér Endre... Folytathatnám, de minek? Van-é valaki, ki e neveket ismeri? Akárhogy töröm a fejem most, negyven évvel később, egyetlen nevet sem tudok előkaparni emlékezetem lomtárából, melyet mint irodalomtörténész leírhatnék, legalább azzal a minősítéssel, hogy futottak még... Eltűntek a szegedi nagyságok mind. Nyomtalanul. Mondhatná valaki, hogy távol az irodalmi élet központjától a provincializmus mindent beborít. Ez nem igaz. Juhász Gyula, Móra és Tömörkény élvonalbeli írók voltak, bármilyen mércével mérem őket, noha *regionális* színt képviseltek az egyetemes magyar irodalomban. A regionalizmus azonban nem provincializmus. Ha viszont az ötvenes éveket nézem, ami akkoriban történt az irodalmi életben, annak még a mellékes mozzanatai sem Szegeden játszódtak le.

Lapozgattam a helyi folyóiratot, a *Tiszatáj*t, leginkább persze azért, hogy irigykedjem, ha kortársaimmal találkoztam benne, legtöbbször természetesen szösszenetnyi verssel. Mert az „eszmei tisztaság" ürügyén zajló hirigelések vagy a „zavaros szemléletű" írások elleni ádáz acsarkodás ugyanúgy nem érdekelt, mint a „kritikánk időszerű feladatai" címmel ellátott denunciálások, illetve „irodalmunk néhány kérdése" örve alatt elkövetett bicskázások. Ennek legkirívóbb példáját egy jobb sorsra érdemes főiskolai docens, Vajtai István cikke, *A költészet varázsa* (*Tiszatáj,* 1955/1) szolgáltatta. Előugrottak a kultúrsmasszerek és a különítményesek, előkerültek a halefek és a bugylibicskák, és nekiugrottak, hogy ledöfjék. Mit is állított ez a szerencsétlen tanárember? Csupán annyit, hogy a költészetnek van egy rejtett dimenziója, s ezt nehéz szabatosan leírni az új irodalomtechnikusoknak, mert túlmutat a racionális közelítésmódon. S ez a költészet lényege. Mi, fiatalok úgy láttuk, hogy aki ezt nem hajlandó tudomásul venni, az azt se tudja, hogy a költészetet eszik-e vagy isszák. Nem így az írástudók. A mondvacsinált vita felhallatszott Pestig. Hermann István az *Irodalmi Újság*ban (1955/19) kilógatta a lólábat: a szubjektív és objektív összezagyválásával vádolja a szerzőt, a tartalom és forma dialektikájának felrúgásával, mert Vajtai szerint hiteles élményanyag nélkül nem születhet hiteles vers. Ez volt tehát a baj: a lihegő költők (akkori szóval) sematizmusának kipellengérezése. Ez bizony főbenjáró vétség, mert a sok csengő-bongó klapanciában megírt eulógiákat Vajtai István kitessékelte volt a költészetből. A vita még a MEFESZ 1956. okt. 20-i nagygyűlésén is előkerült, Vajtai rehabilitálását követeltük, bizonyítva, hogy a bölcsészek és a jogászok nem nyelték le meghurcoltatását.

Legszívesebben mégis az *Irodalmi Újság*ot vettem kézbe, egyre gyakrabban találtam benne olvasnivalót. Az egyetemi könyvtár kurrens folyóiratai némi kitekintést engedtek, bár volt az akkori irodalmi életnek nem egy olyan jellegzetessége, amivel egy-kettőre torkig lettem. Az illusztrációk. Olvasó nő, olvasó olvasztár, sztahanovisták könyvvel, úttörők a könyvek között, egyszóval mindenki minden körülmények között olvasott üdvözült mosollyal, a szocialista jövőbe tekintve, olajfestményen, akvarellen, fényképen, kisplasztikán; a képzelőerővel fogyatékosan megáldott képzőművészek között alig akadt valaki, akinek más jutott volna az eszébe, s magát valamire tartó folyóirat minden számban megjelentetett legalább egy olvasó nőt, illetve okuláréval olvasó parasztembert.

Volt persze ennek az eszelős műveltséghajhászásnak hasznos következménye is. Mert kétségtelen, hogy a hatalom sznobsága végső soron idealizmusból táplálkozott: eltüntetni a műveltség fehér foltjait, és a kultúra áldásait minél szélesebb körben ismertté tenni. „Nálunk már a taxisofőr is Stendhalt olvas!" – dicsekedett Köpeczi Béla egyszer Párizsban a franciáknak, valamikor a hatvanas években. Magam is bizonyíthatom igazát. Oxfordban az iható feketét felszolgáló egyetlen olasz eszpresszóban üldögéltünk naphosszat (ha időnk éppen engedte), összebeszélés nélkül szoktunk oda. Járt oda rajtunk kívül néhány régi (tehát nem 1956-os) magyar is, köztük egy afféle régimódi (bár korántsem koros) úriasszony is, aki mint úri hölgyhöz illik, jótékonykodással ütötte agyon az idejét. Egyszer egészen feldúltan érkezett meg. Egy beteg magyar munkást látogatott meg a kórházban, s ez dúlta fel. Mert, kérem, olvasnivalót akart vinni a munkásembernek, hogy valamivel elszórakozzék. És mit gondolunk, miket kért tőle? Hát, kérem szépen, ez a munkásember Thomas Mannt, József Attilát és Ady Endre verseit kérte! Hát, mit szólunk hozzá? Hát a kommunizmus alatt a munkások Thomas Mann regényeit olvasták? Hogy van ez? Magyarázzuk el neki! Hát megérti egy munkásember, miről vitatkozik Settembrini úr és Naphta? Szerényen somolyogtunk, nem akartuk kiábrándítani a kacér szemű úri hölgyet, hogy maga Naphta (Thomas Mann Lukács Györgyről mintázta Naphta alakját) a felelős a munkásosztály műveltségéért. Mi tagadás, mégis örültünk. Labdába rúgtunk a letűnt uralkodó osztályok emez Oxfordba került tagja előtt.

De a mi tevékenységünk is találatot ért el. Vasárnaponként rendszeresen és alaposan végiglátogattuk az összes oxfordi múzeumot. Csengtek-bongtak a kollégiumok harangjai, mi pedig látogattuk a múzeumokat, megint csak anélkül, hogy összebeszéltünk volna. Egyszer a Kelet-Ázsia Múzeum került sorra, az Ashmoleum mellett. Be volt zárva a kapuja, hiába hirdette a réztáblácska, hogy nyitva a közönségnek minden vasárnap 11-től 1-ig. Csengettünk, s nagy sokára előkerült egy cerberus, s amikor meglátta a majdnem húszfős tömeget, ijedten becsapta az ajtót. Újabb csengetésünkre egy őszülő *gentleman* került elő, maga a kurátor. Érdeklődött, mi járatban vagyunk, s mikor tudomására hoztuk, hogy *Hungarian refugee students* (menekült magyar diákok) vagyunk, szélesre tárta a bejárat ajtaját. *You are welcome* – invitálta befelé a mezei hadakat. És mi mind orientalisták vagyunk? Nem, nem, dehogy, csak érdekel bennünket a Kelet művészete is. Hát ez nem igaz, ez nem lehet igaz, ismételgette magánkívül, hát ilyen nincs! Teljesen meghatódott, s maga vezetett körbe bennünket a kicsi, de igen jelentős anyagot tartalmazó múzeumban. Mindnyájunkkal kezet fogott, amikor távoztunk, jöjjünk máskor is! Már több éve áll a múzeum élén, de ilyen tömeglátogatásra még nem volt példa. Hát Magyarországon ennyire fontos az orientális kultúra? Nem, nem, szabadkoztunk, de nekünk csak most nyílt alkalom, hogy általános műveltségünk tátongó szakadékait eltüntessük. Jöjjünk máskor is, mindig, mindig szívesen lát bennünket, akkor is, ha éppen nincs hivatalos nyitvatartási idő. Hol is van Magyarország? Persze, persze, gondolhattam volna: Arminius Vambery, Sir Aurel Stein! Meg hát az a tibetológus, Alexander Csoma de Körös, érti, persze, most már mindent ért. Mert az teljesen rendben van, ha valaki azt a görög vázát szeretné látni, melyhez Keats ódát írt, de a balinéz kultúra (igen jelentős) alkotásai kit érdekelnének?

Létezett ezenkívül egy négyoldalas „üzemi lap" *Szegedi Egyetem* címmel, 1953 elején indult. Helyi érdekű híreket és beszámolókat közölt az egyetem életéből, sőt, elvétve irodalmi próbálkozásokat is. Itt kezdtem el fiatalíróskodni én is. Természetesen egészen véletlenül. Király József, aki egyetemi előadásaiban oly szorgalmasan bírálta a freudizmust, hallatlan energiával igyekezett az egyetemi ifjúságba némi műveltséget csepegtetni, zenetörténeti előadásokat is tartott, amire tódultunk. Izgalmas témákkal nyitott. Gershwin *Porgy and Bess* című dzsesszoperája és az akkoriban nálunk is igen divatos, négy oktáv hangterjedelmű dél-amerikai énekesnő-csoda, Yma Sumac. Az előadásokhoz tartozó zenét (az újdonságszámba menő) mikrobarázdás hanglemezekről hallgathattuk meg. A dzsessz minden formájában tiltott gyümölcsnek számított, a dekadens Nyugat legdekadensebb terméke. Király adjunktus azonban nem a falvédőről lépett le, és tudta, hogy kell csomagolni. A *Porgy and Bess* az elnyomott, kizsákmányolt négerek sanyarú sorsának művészi tolmácsolása opera formájában.

A dzsesszel, korai érdeklődésem ellenére nem sikerült megbarátkoznom. Amíg otthon voltam, természetesen én is lelkesedtem, mint mindenki minden tiltott gyümölcs iránt. De hát akkor nem a saját ízlésem, hanem a korosztályomat meghatározó közízlésnek megfelelően vélekedtem és viselkedtem. (Jártam „csörögni", és mély átéléssel fújtam: „Nem kell nékem Nizza, Párizs, engem rádumálni kár is". Vagy ha kedvünk úgy hozta: „Mrs West vagyonos csikágói lakos...") A magammal Angliába hozott „dzsesszkultúra" következtében rohantam a Royal Albert Hallba, Paul Robeson ércesen recsegő basszusát meghallgatni. Sőt, a hatvanas évek elején a dzsessz történetéről még rádióelőadás-sorozatot is készítettem a Szabad Európa Rádiónak. (Természetesen álnéven.) A SZER hamar felismerte, hogy a hazai fiatalokhoz ez a legbehízelgőbb út, hallgatottságukat ugrásszerűen megemelte.

Mégis, a dzsessz és a magas decibelszámú zene iránti botfülűségem Angliába érkezésünk után majdnem azonnal megnyilvánult. A *rock and roll*-kultusz 1956 őszén már dühöngött, csak mi nem tudtunk róla semmit. Bevetődtünk egy moziba, ahol (mint kiderült) éppen a kultusz egyik legfontosabb amerikai filmjét adták (*Rock around the clock*, 1956), telt ház előtt. A közönség magánkívül volt, ritmikusan vonaglott, a lányok sikoltoztak, a fiúk felugráltak a helyükről és járták a rázkódóst *(jive)*. Dermedten néztük a különleges szertartást, semmit nem értettünk. Nem ismertük fel, hogy a XX. század második felének legelterjedtebb kultusza születésének vagyunk a tanúi. Később, mikor elemista lányom, iskolából hazajövet énekelni kezdte: „She loves you, yeah, yeah", tanácstalanul néztem a feleségemre: „Mi ez? Mintha már hallottam volna." A Beatlesek létéről már csak így értesültem.

A nyugati világban a rock 'n' roll-őrület a szülők és a társadalomban uralkodó viselkedési formák és normák elleni lázadás kezdetét jelezte (eléggé hangosan), főként Elvis Presley sikere nyomán. Ekkoriban lett a kamaszokból és a bakfisokból *teenager*, akinek a média a mai napig udvarol. Erről, az egyént teljesen felszabadító mozgalomról, értetlenségem miatt lemaradtam. A rock behatolt Magyarországra is, hiába kísérelt meg gátat emelni az apparátus, a Prágai Tavasz idejére nálunk is fénykorát élte. Csak a fiatalabb nemzedékhez tartozó írókkal (Temesi Ferenc, Krasznahorkai László, Kukorelly Endre) folytatott hosszabb beszélgetésekből értettem meg, hogy náluk a popzene egybefonódott a rendszerellenességgel; ez lett szinte egyetlen formája (akkoriban) a protestálásnak. Megpendültek tőle és maradéktalanul azonosultak vele.

Yma Sumacról pedig Veres Péter is írt az *Irodalmi Újság*ban, természetesen a népi művészethez, a népdalokhoz kötötte. Előadás után hitelességet árasztó szavakkal gratuláltam Királynak, aki lelkesültségemet azzal nyugtázta, hogy miért nem írok az eseményről a *Szegedi Egyetem*be. Még aznap este megírtam a beszámolót, és bevittem a bevakolt Aba-Novák-freskót rejtegető Hősök Kapuja közelében lévő szerkesztőségbe. („Yma Sumac felidézett bennünk mindent, amit tudtunk az inkákról, erről az ősi, ezeréves kultúrájú népről. Yma Sumac az Andok üzenetét hozta, a füstölgő tűzhányókét, a hógalléros hegyekét, a sima tükrű tengerszemekét, a párás illatú őserdőkét és legfőképpen az ott élő népét [...] Hangját agyondicsérték. Négy oktáv [...] érzelmi skálája legalább még egyszer akkora [...] Valahogy úgy érezzük, hozzánk közelebb áll [...] Mi mást látunk benne. Kodály és Bartók hazájában jobban becsülik, mint ott, ahol csak szenzáció és a bevétel teszi érdekessé...") A titkárnő beengedett a szerkesztőhöz, aki, üzemi lap ide vagy oda, párnás ajtó mögött szerkesztgetett. Azonnal el is olvasta a cikket, és nyilatkozott: „Príma kis írás, Czigány elvtárs! Közöljük. Írjon nekünk máskor is." Úsztam a boldogságban. Aztán jöttek a részletmegfigyelések: az amerikai négerek helyzetét (akkoriban nagy port vert fel a Little Rock-i incidens) talán kissé részletesebben kellett volna elemeznem, de hát, talán így is rendben van. Hümmögött.

Kiss Lajos, a szerkesztő, egy nálam talán tíz évvel idősebb, langaléta fiatalember, saját bevallása szerint: esztéta volt. Akkor láttam életemben először eleven esztétát, bár ezt nem jelentettem be olyan rabulejtő őszinteséggel neki, mint Petőfi, amikor először látott eleven grófot, Teleki Sándor személyében Koltón, s így Kiss Lajos sem szellemeskedhetett vissza, hogy döglött esztétával találkoztam-e már? Ma sem tudnám megmondani, hányadán álltam ezzel az esztéta szerkesztővel. Kétségtelen, hogy személyemben kapott egy lelkes kisbekusst, akit hasznosítani lehetett a szerkesztőségben, és az is kétségtelen, hogy nem tarthatott teljesen tehetségtelennek, hiszen akkor nem közölte volna egyre gyakrabban, egy idő után tárcában, szatirikus karcolataimat.

Az is igaz, hogy valamikor hajdanában az egyetemi lapok a diákság humorát tükrözték, szórakoztattak (például a pesti műszaki egyetem patinás *Vicinális Dugóhúzó*ja), nem pedig a párt- vagy a DISZ-szervezet munkáját ismertették, illetve az elhajlásokra figyelmeztették a tagságot. Mert Szegeden még meg sem kezdődött az olvadás, máris a jobboldali elhajlás rémétől reszkettek a kulturnyikok. Nyakkendős újság volt a *Szegedi Egyetem* is a javából, nemhiába panaszkodott még Déry Tibor is, hogy a párt nem engedi az íróknak, hogy nyakkendőjüket meglazítsák. Kiss Lajos árgus szemekkel vizsgálta írásaimat, gyakran visszadobott közülük, és félreérthető nyelvöltögetéseimet, ha észrevette, kigyomlálta. De hát ő sem lehetett elég éber, mert egyszer a marxista tanszékről kaptam kritikát egy *Diákforradalom* című hosszabb karcolatomért, melyben, úgymond, a „trockista, elhibázott koncepciójú permanens forradalom mellett teszek hitet". Nem mertem megkérdezni az esztétikában járatos szerkesztőtől, hogy mi fán terem a „permanens forradalom", főként annak a Trockij által képviselt változata, ezt az ideológiai hiányosságot csak évtizedek múlva, már itt, Londonban, Krassó Miklós küszöbölte ki nálam azzal, hogy elmagyarázta: Trockij a sztalinizmus megcsontosodását kívánta kivédeni az állandó jelleggel meghirdetett forradalmisággal.

Az viszont kétségtelen, hogy ezek ellenére egyre nagyobb mértékben vettem részt a lap munkájában. Ötleteket adhattam a laptervhez, sőt, egy idő után a szerkesztőségi üléseken is részt vehettem, ahol természetesen Karácsonyi elvtárs töltötte be a szürke eminenciás tisztét, ugyanúgy, mint a *Tiszatáj*nál. A komoly és hosszú ideig tartó szerkesztőségi gyűldéken persze, mondanom sem kell, meg sem mukkanhattam a saját szakállamra, de így is rendkívül tanulságos volt az éjjeliedény nagyságrendű lapban dúló viharokat figyelni. „Fontos" feladatot kaptam én is az említett nagyságrend arányában. Végiglátogattam a menzákat, hogy milyen az egyetemi hallgatók ellátottsága, ugyanígy valamelyik szerkesztőbizottsági tag kitalálta, hogy az egyetem különféle intézményeinek a faliújságjait nézzem végig, hogy megfelelő szintű ideológiájú munka folyik-e a faliújságokon. Fogalmam sem volt róla, hogy ezzel a különböző érdekcsoportoknak ütőlapot adok a kezébe, már amivel egymást üthetik. Becsületesen végigcaplattam az intézeteket, s némi iróniával fűszerezve, tényfeltáró riportokat írtam. Bámultam a hatást, frissen kiállított faliújságok díszlekedtek nagyon hamar a régiek helyén. Mégiscsak világlap volt ez a *Szegedi Egyetem,* számított, hogy mi jelenik meg benne! Végső és megdönthetetlen bizonyítékot erre nézve akkor kaptam, amikor egy pesti témájú karcolatban *(Budapesti kaland)* pikírt megjegyzéseket tettem a nem működő vagy vandalizált telefonokra, és levelet kaptunk a Magyar Postától, hogy csak mondjam meg pontosan, hol találkoztam a hiányosságokkal, és ők bizony mindent el fognak követni, hogy kiküszöböljék. Ez egyenlő volt a világhírrel. Írok egy karcolatot ott, Szegeden, és még olyan fontos intézmény is olvassa, mint a Magyar Posta Budapesten. Ez igen! A toll hatalma. Még a komolykodó esztéta szerkesztő is nevetéstől felcsukló hangon adta át a levelet.

Írásaimat egyébként igen komolyan kritizálta nyelvi szempontból (már az irodalmi igényűeket). Emlékszem egy parázs vitánkra, amikor arról igyekezett meggyőzni, ne írjam, hogy „lila hangulat terpeszkedett fölénk", mert ez képzavar. A hangulatnak nem lehet színe, és főként nem terpeszkedik. Berzsenyivel védekeztem, mert szerintem már Kölcsey tévedett, amikor Berzsenyit képzavarral vádolta nevezetes bírálatában (1817), ilyen kifejezések miatt, mint a „ditirambok lángköre", vagy hogy a „hamvvedrek mohait bíborral festeni", mert ezek igenis erőteljes költői képek, ez a költészet. És nem tudom, mit lehet rajtuk nem érteni. Az esztéta meghökkent, hogy klasszikus bírálatokra hivatkozom.

Néha én is megosztottam vele töprengéseim gyümölcsét. Amikor felfedeztem magamnak Németh Lászlót (nem tudom, hogy adták a kezembe az egyetemi könyvtárban *A minőség forradalmát*), magamon kívül lejtettem a haditáncot, hiszen ez az ember mindent tudott a kommunizmus bajairól, mielőtt még megérte volna! Erről azért óvatosabban nyilatkoztam, mint a képzavarok ügyében, a faarcú esztéta szótlanul hallgatott, s azzal zárta az egyoldalú vitát: „Majd kinövöd Németh Lászlót, kinőttem én is". Nem értettem, mire céloz, ma sem értem, bár igaza lett: kinőttem. De nem a kritikus Németh Lászlót, hanem a fantasztát, aki a Debreceni Kátéban a tökéletes társadalomról és Kert-Magyarországról álmodozott; a fehér kezeslábasba bújtatott, természetközelben élő értelmiségi társadalomról, melyben Csokonai-verseket idéznek, miközben a szőlőt metszik. Igen, kinőttem a különbejáratú magyar szocializmusról álmodozó *Schöngeist*et, aki a világ valós dolgai felől elindulva eléggé doktriner módon közlekedett az álmok világában. Talán Szabó Zoltán sokszor ismételt tanácsa járult hozzá a legerősebben, igen, olvassuk Németh Lászlót és tanuljunk tőle, de orvosságnak ne nézzük. Hogy Kiss Lajos hogyan nőtte ki Németh Lászlót, soha nem tudtam meg.

Egyszer neki is volt egy kifakadása, ami nem az én fülemnek volt szánva. Akkoriban jelent meg Lukács György monográfiája, *Az ész trónfosztása* (1954), ezt lapozgatta eléggé feldúlt kedéllyel, kinyitotta, becsapta a német irracionalizmus eredetéről szóló vaskos kötetet, de nem volt hajlandó nyilatkozni, hogy min akadt fenn a műben. Köszörülte kritikusi pengéjét, hogy majd nekiveselkedik. Nyilván úgy gondolta, hogy nem vagyok szellemileg eléggé érett, hogy kételyeit megossza velem. Ebben alighanem igaza is volt.

Slapajkodásom alatt persze nagyon sokat tanultam. Megismerkedtem azzal, hogy készül egy lap, hogyan kell tördelni, korrektúrát javítani. A nyomdában találkoztam olyan szedővel, aki még Móra Ferenc kézírását is képes volt kisilabizálni annak idején. Tisztelettel néztem az öreg szakira – valamiféle, ha csak cérnavékony folytonosságot jelentett az igazi irodalom felől. Minden műfajban ki kellett próbálnom képességeimet, még rejtvényrovatot is szerkesztettem egy időben; ha ilyen komolytalan dologra volt éppen szükség a lapban, a szerkesztőbizottság egy emberként mindig rám tekintett, biztosan tudok valami ötletet adni. Nekem persze nem ez volt a lényeg, hanem az, hogy valahol közölhettem egyre sűrűbben papírra kívánkozó humorisztikus novellacsíráimat, melyeket én humoreszkeknek neveztem, de Kiss Lajos is úgy nyilatkozott, hogy ezekben több van, irodalmi igényű karcolatok ezek. Amiből csak az következik, hogy a humoreszk igen lenézett műfajnak számított. Egy idő után kitaláltam magamnak egy Drengubák Elemér nevű „alanyi költőt", aki persze dekadens volt, nem a kor problémáival foglalkozott és dacosan azt hirdette: „elhajlok, tehát vagyok". Vagy ha a helyzet úgy kívánta: „A Kuczka el van vetve" – nyilatkozta lényegre törően. A sorozat történeteibe mindig sikerült valami időszerűt is belecsempésznem, de ezeket ügyesen rákentem a dekadens alanyi költőre.

Persze, akármilyen szemszögből veszem szemügyre irodalmi ambícióim korai történetét, zsákutcás kezdet volt az enyém is, mint az egész nemzedéké. Dolgozott bennem a belső cenzor, amiről már Heine gúnyosan beszél; meg kellett elégednem meg egy-két dolog kimondásával, hiszen mindent veszélyeztetek, ha vérszemet kapok. A magyar irodalomnak ezt a legsötétebb szakaszát egyébként is az értékrend torzulása jellemezte, nemcsak a hivatalos értékrendé, hiszen én is, mint mások, a legnagyobb értéknek a dolgok kimondását tartottam. Hogy ki mit mer kimondani. Ez persze semmit nem von le Illyés Gyula Bartók-versében tett megállapításából: „Ím, a példa, hogy ki szépen kimondja a rettenetet, azzal fel is oldja." A magyar irodalomban sokan, olykor még a legjobbak is, Kuczka *Nyírségi napló*jától (1953) Nagy Gáspár *Öröknyár: elmúltam 9 éves* (1983) című verséig, tehát harminc évig ebből éltek, a kimondásból. Ki mennyit mert. Mert valóban, a kimondás, a dolgok néven nevezése nagy érték, de csak a zsarnokság korában. Ezt is tudja már mindenki, hiszen ma nem könnyű akkorát rikkantani, hogy valaki is odafigyeljen, ha hiányzik az írásműből a személyeskedő él. Akkoriban a személyeskedést illett ideológiai bírálatba csomagolni az irodalmi piacon.

De ismétlem, éppen ezek az évek a kimondás évei lettek, az írók egyre bátrabban viselkedtek, persze nem mind, csak azok, akik úgy érezték, mint Orwell, hogy az igazságot, ha ismerem, ki kell mondani. Szegeden nem túl sokan érezték úgy. Éppen ezért az írók forradalmából vajmi kevés játszódott le ott, Szegeden. Ma már azt is tudjuk, hogy a kimondás csak addig a legfőbb érték, amíg nem lehet az igazságot kimondani. Ezért mondtam, hogy torzult értékrendet eredményez, ha az írók egyénenként vagy együttesen úgy vélik, hogy a kimondás bátorsága kárpótol mindenért, esetleg a tehetség hiányáért is. Ezt persze akkoriban én sem tudtam, mint ahogy nem is tudhattam, hiszen abban a társadalomban, melyben éltem, ez a gondolat fel sem merülhetett, nemhogy bennem, de még a legjobbakban sem. Még a zsibvásártól legtávolabb élőkben sem. Azokban sem, akik nem közéleti íróknak számítottak. Személyes tapasztalatból beszélek, hiszen a magyar irodalom színe-javát a hatvanas évek végére már személyesen ismertem, Illyéstől Ottlikon és Vas Istvánon keresztül Nemes Nagy Ágnesig vagy Pilinszkyig. Hiszen gyakran vetették szemünkre, ha Londonban jártak, hogy nem foglalkozunk eleget a hazai problémákkal, van, amit nekünk kellene kimondani. Pedig foglalkoztunk, de megengedtük magunknak azt a fényűzést is, hogy kíváncsiságunk által vezérelt felfedezőutakra induljunk, aminek semmilyen revelanciája nem volt a magyar valóság felől nézve, hacsak az nem, hogy magyar ember nem látta tájakon kóboroltunk.

Ha tehát most elfeledkezem a „bátor" irodalmi alkotásokról, mi tartotta izgalomban az irodalmi közvéleményt? Elsősorban Juhász Ferenc, *A tenyészet országa* (1954) és *A virágok hatalma* (1955) című köteteivel. *A tenyészet országa,* noha a Dózsa vezette parasztlázadásról szólt (alaptéma a magyar irodalomban), formailag hozott újat, és utólag visszagondolva, megmagyarázhatatlanul a forradalomra utalt. Én nem lelkesedtem érte kellőképpen (talán mert nem voltak költői ambícióim), *A virágok hatalma* viszont már csak Oxfordban került a kezembe, állítólag mindössze 500 példányban jelent meg, s ott, Oxfordban, az ember utáni csöndben, a smaragdzöld gyepek világában elveszítette hímporát, legalábbis számomra. Hazai irodalomtechnikusok az ötvenhatos nemzedék költészetében Juhász Ferenc hatását szinte mindenkinél kimutatták, nem teljesen átgondoltan, bár egy esetben, Gömöri György címadásában kétségtelenül igazuk volt *(Virág-bizonyság,* 1958). Érdekes módon éppen Gömöri mondta ki azt, ami mindnyájunkban élt kimondatlanul, már a forradalom előtt: „Istenem, ki a forradalmat / eszméletünk mélyén sugalltad, / ki öntudatunk vézna lángját / szítottad, hogy égig lobogjon..." (*Aki még hisz, így könyörög,* 1957).

Sokkal inkább megkapott Hemingway kisregénye, *Az öreg halász és a tenger* (1956) Ottlik Géza fordításában. (Ottlik Cipi még évek múltán is emlegette egy londoni látogatása során, hogy a címért megtámadták az *Irodalmi Újság*ban, mivel, úgymond „pontatlanul" fordított. A cím szó szerinti fordításban „Az öreg ember meg a tenger" volt. Ez kellett volna a botfülű, mekegő ítészeknek!– háborgott.) A Nobel-díjas író egyszerűségével hatott, s otthon a próza útját évtizedekre meghatározta, kintről nézve szinte már-már a nevetségességig. Persze, én is hibátlan prózai alkotásnak tartottam a művet. Emlékszem, Oxfordban mennyire örültem, hogy Hemingwayt eredetiben olvashatom, és novelláiból elkezdtem fordítani. Hamar tudomásul vettem, erre semmi szükség, Oxfordban nincs értelme senkit sem magyarra fordítani. De akkor, otthon nagyon felvillanyozott a könyv. Hemingway a világirodalom, nem Pablo Neruda vagy Anna Seghers.

Még 1954 őszén, azt hiszem az *Irodalmi Újság*ból értesültem, hogy *Az ember tragédiáját* felújítják. Ez teljesen lázba hozott, nekem ez volt a legfontosabb irodalmi esemény. Terveztük Edittel, hogy együtt nézzük meg a Nemzeti előadását (Major Tamással, Bessenyei Ferenccel és

Szörényi Évával). Mire azonban erre sor kerülhetett volna, 1955 tavaszán, megszakadt a kapcsolat köztünk. (Igaz, hogy nem véglegesen, bár akkor ezt még nem tudhattam.) Egyedül pedig semmi kedvem nem volt hozzá. Ezt utólag igen-igen sajnálom. Mert korábban, ha valamit nem olvastam el, az nem az én hibám volt, jogosan okolhattam a körülményeket. Most viszont mulasztást követtem el. Igaz, élénk figyelemmel kísértem a bemutató körül kialakuló vitát, hogyan igyekeztek védői a Tragédiát átmázolni, optimista kicsengésűvé varázsolni. Hogyan igyekezett ezzel szemben Waldapfel József már az új kiadás előszavában, de legfőképp Lukács György, helyre tenni szerzőt és művet egyaránt. Lukács intellektuális arroganciája nem ismert határt, amikor a *Szabad Nép*ben mintegy összefoglalva az addigi vitát, kinyilatkoztatta az „objektív igazságot". Szögezzük le elsőnek, hogy Lukács abszolút botfülű volt az irodalomhoz. Az igaz, hogy Ady mellett nagyon korán kiállt, de a Balázs Béla-affér idején kiderült, hogy a költészetben is a téziseket keresi, nem pedig a poézist. Akkor, 1955-ben ezzel természetesen nem voltam tisztában, azt viszont világosan láttam, hogy mi baja Madáchcsal. A „pesszimista perspektívátlanság", az, hogy Madách nem hisz a társadalmi haladásban. Lukács tanítványai (pl. Hermann István) tudták, mit kell Madáchban bírálni: a forradalom utáni kisnemesi kiábrándultságot, azt, hogy Madách nem „általános érvényű" kérdésekre keresi a választ, hiszen nem is keresheti, mert „a lét meghatározza a tudatot".

Madách tehát csak Nógrád megyei perspektívából láthatta a világot, a kisnemesi lét határozta meg tudatát. Amit viszont a marxisták nem akartak tudomásul venni, hogy kiemelkedő szellemek esetében éppen fordítva áll a dolog: a nagy szellemiségeket éppen az jellemzi, hogy létük nem határozza meg tudatukat, a tudat függetlenülni képes a kisszerű léttől. Hamvas Béla tudatát nem az határozta meg, hogy Tiszapalkonyán segédraktárosként dolgozott, a Tahitiben alkotó Gauguin sem élt a kor áramlatainak középpontjában; remekművek születnek elszigeteltségben is, nem csak akkor, ha alkotójuk, mint Balzac, vagy Thomas Mann „a kor nagy áramlatainak" középpontjában élnek és alkotnak. Ennek beismerésére Lukács is rákényszerült elhíresedett „Himalája"-hasonlatában, mely a kortárs szocialista irodalom „nyulacskáira" vonatkozott: hiába másztak fel ugyanis a Himalájára (a leghaladóbb, marxista világnézet csúcsára), nyulacskák maradtak, az elefántok (a „kritikai realizmus" nagy alakjai) mégiscsak a völgyben éltek és alkottak. Lukács szerint Madách tragédiája a „becsületes, okos, liberális magyar nemes tragédiája". Ma már semmi kétség nincs bennem, hogy Lukács, Adyval szólva, a „ködevők" kasztjába tartozott.

Ekkoriban fedeztem fel magamnak Illyést. Középiskolás koromban, mivel szerepelt a tankönyvben, őt sem tartottam sokra, nem vettem komolyan, mint ahogy egyetlen élő szerzőt sem, akit tanítottak. De a Bartók vers, az más volt: „»Hangzavart«? – Azt! Ha nekik az, ami nekünk vigasz!" Hát igen, ha *nekik* az. Mindenki tudta, hogy kik a *nekik*. (Ezt aztán egy meghittre sikerült beszélgetésben el is mondtam Illyésnek, egyik londoni látogatása alkalmával. Beszűkült szemekkel, komolyan hallgatta, hogy nem csak nekem volt ez a véleményem, egy korosztálynak ártott meg az iskolai Illyés, de azt is megértette, hogy most már hűséges külhoni apródjai társaságában van.)

Bartók egyébként is fontos volt nekem. A Gazsitól kölcsönkapott His Master's Voice lemezek egyikéről ismerkedtem meg vele, s hogy erős nyomot hagyott bennem, kiderül egy későbbi feljegyzésemből. „Bartók különleges, nem értem, de ma nem is divat érteni. Ady verseit is divat volt egy ideig nem érteni. Ma sem érthetőbb, mint a húszas években volt és mégis mindenki érti [...] Bartók titokzatos, ő megtalálta az utat az egyszerűtől a bonyolultig. Csodálni tudom, és már négy évvel ezelőtt is csodáltam, pedig akkor nem volt Bartók-láz [...] Igen, néha azt hiszem, Bartóknak sikerült megfejtenie zenei anyanyelvünk ékírásos rejtélyét [...]" (*Napló,* 1955. dec. 24).

Az évfolyamon zeneileg, azt hiszem, Széles Klára volt a legérzékenyebb fülű az újra. Tőle hallottam Cziffra Györgyről, aki bárzongoristaként kereste a kenyerét, évekig félreállítva; szegedi fellépése egyik legkorábbi alkalom volt nyilvánosan hallani mint koncertpianistát. Azt hiszem, Sebők Györggyel, egy szegedi születésű, szintén mellőzött zongoraművésszel, és a fiatalabb Vásáry Tamással léptek fel egy sorozatban. Széles Klári Sebőköt kifinomultabb technikájú, tágasabb érzelmi tartományú zongoristának tartotta. Nekem viszont Cziffra játéka tetszett jobban, erőteljes, férfias, bátor virtuózó. Liszt *Esz-dúr zongoraversenyé*t és a *Második magyar rapszódiá*t senki nem tudta oly eréllyel előadni, mint ő. Mindhárman „hírhedett" zenészei lettek a világnak. 1956 után hamar az élvonalba kerültek külföldön. Közülük csak Vásáry Tamás térhetett vissza megérdemelt helyére mint a Magyar Rádió Szimfonikus Zenekarának az igazgatója.

A „Bartók-láz", mely Bartók halálának tizedik évfordulójával kapcsolatban tört ki, persze nem volt egyértelmű, művei egy részének „problematikus" volta miatt (előtte négy-öt évig nem játszottak Bartókot). Vonatkozik ez talán elsősorban a *Concertó*ra (1943), melynek egyik tételében a „Szép vagy, gyönyörű vagy Magyarország" (Weöres Sándor találó szavával) „áthallás" csendül fel. Ez a népszerű, irredenta időkben felkapott operettsláger a háború után be volt tiltva. Az akkori Bartók-értelmezés a jól ismert dallam megjelenését Bartók nyomasztó honvágyának tudta be, egyébként hogy lehetett volna, hogy egy világhírű zeneszerző érzelgős operettmelódiát (Vincze Zsigmond: *A hamburgi menyasszony,* 1926) komponál be egyik legjelentősebb művébe. Amiről persze nem beszélt a fáma, illetve csupán a hozzáértők tudták, Sosztakovics *Hetedik szimfóniá*jának, az ún. „crescendo-témája" is felcsendül, eléggé ironikus hangszerelésben ugyanabban a tételben. Persze, persze, Bartók óriás, de a műveiben megjelenik a kor „ellentmondássossága", ugyanakkor természetesen antifasizmusához nem férhet kétség, vélekedtek a magyarázók.

Kiszélesedett a látóhatár a moziban is. A kulturális élet államosítása után az olasz neorealizmus egy-két valóban kiemelkedő alkotását (*Biciklitolvajok,* 1949, *Csoda Milánóban,* 1950) leszámítva művészi értékű nyugati filmet nem mutattak be. Most hirtelen felemelkedett a kulturális vasfüggöny, és módjával ugyan, de 1954 után elkezdtek beáramlani, néhány év késéssel az ötvenes évek nagy filmjei (*A félelem bére,* 1951; *Egy nyáron át táncolt,* 1951; *Özönvíz előtt,* 1953), az igényes irodalmi feldolgozások, elsősorban Stendhal regényeiből (*Pármai kolostor* I–II; *Vörös és fekete* I–II), valamint a szintén színvonalas szórakoztató filmek, leggyakrabban Gérard Philipe-pel a főszerepben, aki természetesen a lányok bálványa lett. Időnként mégis előfordult némi disszonancia. *A zavarosan folynak a vizek* (1953) drámai értékéből sokat levont, hogy a végén a főhős a szakszervezeti mozgalomról kezdett eléggé brosúraízűen beszélni. A közönség beleszisszegett, -tapsolt a sötét nézőtéren. Meg voltunk győződve, hogy a szakszervezeti mozgalom dicséretét utólag doktorálták bele a filmbe. (Csak Oxfordban tudtam meg egy Gyurkó nevű fiatal filmestől, hogy egy idő után, a Magyarországon forgalmazott kópiákból diszkréten kivágták a szakszervezeti utalásokat, hogy a pesti mozikban elejét vegyék az egyre kényelmetlenebb füttykoncerteknek. Fogalmunk sem volt akkoriban a dél-amerikai baloldali mozgalmak hitelességéről és erejéről.) Hogy Marina Vlady titokzatosan zöld szeme mekkora hatást gyakorolt a hímnemű közönségre, az csak negyedszázaddal később derült ki, amikor újból előkerült Jancsó Miklós filmjében (*Sirokkó,* 1969), bár már csillaga leáldozott. Mikor erről beszélgettem Jancsóval egy hollandiai vendégszereplésén, meg sem próbálta tagadni.

Az igényes nyugati filmek forgalmazásának komoly következménye lett, egy nemzedékben kialakult az a téves nézet, hogy a nyugati filmek, ha különböző szinten is, de legtöbbször felülmúlják, nem csak a kivitelezésben, a szocialista tábor legjobb filmjeit is. Naivságunkból egy idő után gyógyultunk csak ki, mert Oxfordban a Scala mozi a filmművészet temploma volt, ahol minden filmet megnéztem én is, mint a többiek, s panaszra nem volt okunk, hiszen a korszak nagy filmjeit játszotta a *La Stradá*tól *A hét szamuráj*ig. Egy-két éven belül azonban meggyőződtünk róla, hogy a „nyugati" filmek négyötöde, még némi jóindulattal szólva is szemét, akármilyen szemszögből nézzük.

A magyar filmgyártás is kezdte megemberelni magát, először a történelmi színes filmekkel (*Rákóczi hadnagya,* 1954), azután a kortárs témákkal (*Körhinta, Gázolás, Egy pikoló világos* – mind a három 1955-ben), melyekből üdítően hiányzott a didaktikus jelleg, a rendezők megkísérelték a lehetetlent, jól-rosszul, de emberi sorsokról igyekeztek filmeket forgatni. Ami nem volt könnyű, már csak a közönség elvárásai miatt sem. Emlékszem a *Hannibál tanár úr*ra (1956), mely az akkoriban kiadott Móra-regényből készült, nem teljesen vásári eszközökkel, de a közönségnek mégiscsak az volt a filmben a „nagy szám", amikor Nyúl Béla otthonában elkezdi egy banán héját lefejteni. Szinte egy hangon hördültek fel a nézők: „banáán!". Hiába játszódik a harmicas években, olyan közönségnek nem lehet banánt mutatni, mely utoljára a háború előtt látta kirakatban az egzotikus gyümölcsöt. Kitűnően ellenpontozza a történetet negyed század múlva a *Szindbád* (1970). Amikor Vendelin, a pincér óriási, aranyló velőscsontot tálal Latinovits elé, a közönség, ezúttal Kaliforniában, a berkeleyi magyar filmfesztiválon szintén egyszerre hördült fel: „velőőscsoont". Ebből nem csak az derült ki, hogy a közönség nagy része magyar volt, hanem az is, hogy a legtöbben, noha anyagilag megengedhették volna maguknak, hogy mázsás tételekben vásárolják a velőscsontot, nem láttak ilyesmit évtizedek óta, mert a higiénikus amerikai szupermarketek a belsőségeket és csontokat kidobják, illetve állateledelnek dolgozzák fel. A közönség esztétikai ítéletét előnytelenül befolyásolta a *ritkaságérték* (banán és velőscsont), erre emlékezik elsősorban, nem a rendező szándékára.

Szegeden kezdett megszűnni a könyvhiány is. Nemcsak azért, mert az Egyetemi és a Somogyi könyvtárban ha nem is mindenhez, de a legtöbb keresett könyvhöz hozzáfértem, hanem azért is, mert Szegeden antikvárium is árusított. A Rákosi-rendszerben a vidéki antikváriumokat, egy-két egyetemi várostól eltekintve, bezárták. Ez is hozzátartozott a vidék elvidékiesítéséhez. A háború előtt még Sátoraljaújhelyben is több könyvkereskedés volt. A legnagyobb, Szabó Pálé, antikvár részleggel. Ott vettem elemista koromban első zsebatlaszomat, megtakarított pénzemből. E hasznos művecske végén lévő statisztikai adatokból értesültem hihetetlen dolgokról: Az USÁ-ban minden ötödik (!) embernek van autója (1938), és arról is, hogy milyen sok magyar él más országokban. A háború után könyveket vidéki városokban tényleg csak „a ponyván" árultak, hetivásár alkalmával. Ott természetesen elsősorban csakugyan ponyvaregényeket árultak; időnként előbukkant valódi könyv is, s ezeket olcsón megszereztem, mert a fejkendős nénik tudták, hogy egy Merezskovszkij-regény, hiába van bekötve, sokkal kevesebbet ér, mint egy légiósregény. Ezek a nénikék tisztában voltak a kereslet és kínálat vastörvényével. Ha pedig rákérdeztem ravaszul: „nem valami reakciós könyv ez?", rögtön leengedtek 1-2 forintot az árból, csak tűnjek el minél előbb. Az antikváriumi anyag Szegeden híven tükrözte, hogy egyetemi város, klasszikusokkal jól volt ellátva. Időnként böngészés közben fel-felbukkant a századvég kismestereinek, illetve a Nyugat körüli íróknak néhány műve. Gyarapíthattam könyvállományomat, ahogy a pénztárcám engedte.

Szorgalmasan jártam színházba, végre igazi színészeket láthattam, nem haknizó mulattatókat. A Szegedi Nemzeti Színházban operákat is előadtak (Verdi: *Trubadur, Traviata, Álarcosbál;* Mascagni: *Parasztbecsület;* Mozart: *Don Juan;* népszerű operetteket: Lehár: *Luxemburg grófja,* Jacobi: *Leányvásár*). A színdarabok is távoli világba kalauzoltak (Sartre: *A tisztességtudó utcalány,* Ben Jonson: *Volpone,* Eduardo de Filippo: *Vannak még kísértetek,* Csehov: *Cseresznyéskert,* Mérimée: *A művésznő hintaja*). Sorolhatnám még a bemutatókat. Most utólag értem meg, hogy miért volt olyan fontos a színház még a Kádár-rendszerben is, és miért hanyatlott le a magyar színházkultúra napjainkban. Kivonulást jelentett a szocializmus ügyes-bajos dolgaiból. Számos tehetséges balerinára is emlékszem (azt hiszem, vendégszerepeltek csupán): Csinádi Dóra, Pásztor Vera, Szarvas Janina. Persze ők is külföldre mentek. Mind. (Megint Atlantiszról tudósítok, ugyanúgy, mint a zongoristák esetében.) A színészek között kirobbanó tehetség volt Domján Edit, aki a Szegedi Nemzeti Színházban debütált 1954-ben: vígjátékokban kamatoztathatta kedvesen csengő hangját és graciőz mozgását. Voltak titkos imádói: Király Józsefet mindig ugyanabban a páholyban láttam, többször is megnézte Domján Editet ugyanabban a darabban. Népszerűségben, szubrett létére fölényesen lekörözte Horváth Teri komoly tehetségét. Az egyik újságíróbálon megismerkedtem vele: emberközelben éppen olyan elragadó teremtés volt, mint a színpadon. Nagyon hamar Atlantiszra költözött ő is, negyvenedik születésnapja másnapján öngyilkos lett. Mi történhetett vele? Hova lett a kirobbanó jókedv, amivel megjelent a színen a *Leányvásár*ban, ahogy a kórus énekelte: „Nincs még egy ily csoda gazella-termet..."

Diktatúrában a színház egy alternatív világegyetemben helyezkedik el. A színpadon kimondhatnak olyan dolgokat, melyeknek az utcán való kimondásáért börtönbe kerülhet kimondója, a színpadon viszont kedvenc színészeitől elvárja a közönség a burkolt politikai utalásokat, akik élnek is az alkalommal, hogy aktualizáljanak egy-egy helyzetben. Ha a szörnyeteg III. Richárd jelent meg a színen a Nemzetiben az 1955-ös felújításban, mindenki tudta, melyik zsarnokra kell gondolnia. A Szegedi Nemzeti Színházban is beletapsoltak az előadásba a nézők 1956 őszén, amikor az *Ármány és szerelem*ben Ferdinánd a közönséghez fordulva szól: „De azelőtt nem ismertünk ilyen rettenetes elnyomást, mint amilyen most nehezedik országunkra". Palotai Erzsi is vastapsot kapott, amikor József Attilát szavalva tagoltan mondta ki a nevezetes sorokat: „Adj magyarságot a magyarnak, hogy mi ne legyünk *német* gyarmat..." A színpadon szabad teret kapnak a legtitkosabb reménységek. Talán ezért volt akkora sikere Szegeden Huszka Jenő operettjének (*Szép Juhászné,* 1955). Megdöbbenve jegyeztem fel: „... Huszka új operettjének a premierjén voltam, és Anno Domini 1955 a közönség, ez a csörgésbe belefeledkezett jampec társaság kirobbanó lelkesedéssel, ütemesen tapsolt a záró nagyjelenetnél. Mi tagadás, elérzékenyültem én is. Hát létezik még hazafias lelkesedés, méghozzá bubifrizurás fejekben és csőnadrágos jampikban is. Hiszen akkor nincs veszve semmi sem!" (*Napló,* 1955. máj. 27.)

Koestler írja emlékezéseiben, hogy neki 1919-ben, 14 éves fejjel a forradalmat Chopin *Gyászinduló*ja jelentette. Egészen biztosan igazat írt; vannak dallamok (nem csak a fülbemászóak), melyek kedvező konstelláció esetén örökre, kitörölhetetlenül a lélekbe vésődnek. Nekünk ott, Szegeden ugyanezt a szerepet a Szabadság-kórus töltötte be a *Nabuccó*ból (1842). A szabadságvágyat soha más zeneszerzőnek nem sikerült ennyire dinamikusan megfogalmaznia, mint Verdinek. A bibliai témát a *risorgimento* fehér izzásba hozta a kortárs olaszoknak, nekünk, több mint száz évvel később maradéktalanul megőrizte üzenetét, szívünkbe oltotta a forradalmat, örökre és kitörölhetetlenül. Chopin romantikája a felemelt fővel elviselt vereségről szól, arról, amikor „ünnepélyes, lassú gyászzenével / a hősöket egy közös sírnak adják", a Szabadság-kórus érzelmi telítettsége „zúgva, bőgve törte át a gátot", és nincs az a földi erő, mely nemhogy megállítani, de még csak lefékezni is bírná.

A *Nabucco* feljegyzéseim szerint nem szerepelt a Szegedi Nemzeti Színház műsorában egyetemi éveim alatt. Az opera leírása hiányzik az akkoriban bestsellernek számító *Operák könyvé*ből is (IV., bővített kiadás, 1955), melyben, minden népszerűsége ellenére, a kort híven tükröző jellemzések találhatók. Verdiről például: „Ezek a dallamok nem egy finnyás, szenvelgő, a tömegektől elzárkózó kisebbség ízlésére hivatkoznak", hirdetik a szerzők a kor antielitista nézeteihez igazodva, de éppen a Verdi-életrajzban mondják el kristálytiszta fogalmazásban a *Nabuccó*ról azt, amit mi is éreztünk: „A *Nabucco* a babiloni fogságban sínylődő Izraelről énekel, de a közönség jól tudja, hogy e jelképes történet az olasz nép rabságát, szenvedéseit és legyőzhetetlen szabadságvágyát jeleníti meg." Honnan tudtuk mindezt, ha a *Nabuccó*t nem láttuk? A már említett, Király József által szervezett mikrobarázdás hanglemezestekről. Mert ez a kissé mindig ironikus adjunktus, aki oly nagy figyelmet szentelt annak, hogy a freudizmust kellőképpen megbírálja, 1955. október 8-án „A szabadság élménye a zenében" címmel rendezte meg egyik legsikeresebb és leghosszabbra nyúlt estjét. Az *Eroicá*val kezdődött, részletek a *Fideliób*ól, talán még egy-két más műből, és a végén a zsidó rabszolgák kórusa a *Nabuccó*ból. Tizenegy óra is elmúlt már, amikor elindultunk haza a diákszállóba, mi zsidó rabszolgák, szívünkben a kiolthatatlan szabadságvággyal.

Forr a világ...

Az osztrák államszerződés megkötése után (1955. május 15.) ki nem mondott kérdések születtek (ha az osztrákoknak sikerült, akkor talán...). Amikor a nagyhatalmak Genfben összeültek a nyáron, hogy rendezzék dolgaikat, bár már tagjai voltunk a varsói paktumnak – mégis megtáltosodtak a képzeletek. A vezércikkek nyakra-főre a „genfi szellemet" emlegették, és röpködtek a békegalambok. Azt hittük, itt az igazi tavasz, hiába jött vissza Rákosi, sejtettük, éreztük, hogy hajszálrepedések keletkeztek a béketábor erős bástyáin (amin ugyebár mi nem rés voltunk). Felvettek bennünket az ENSZ-be, szem előtt vagyunk. Egyre több szó esett a személyi kultusz káros következményeiről. Nagyobb szerepet kapott a Hazafias Népfront, arra is szavaztunk mindnyájan (97,9%). Finom megkülönböztetés a szavak használatában: 1947-ben *választások* voltak, 1954-ben *szavazás*. Ez utóbbi nemcsak joga volt, hanem kötelessége is az állampolgárnak. Magyarán, már az is tiltakozásnak számított, ha valaki nem ment el szavazni. Nem emlékszem, hogy az egyetemen valaki is meg merte volna tagadni ezt a „kötelező jogot". Ám mégis pezsgett az országban az ájer...

Szegeden persze minden egy kissé másképp alakult: még istenigazában meg sem indult az olvadás, máris a jobboldali elhajlás veszélyének jeleit szimatolták az apparátusban. A bölcsészkar Ady téri épületében eléggé áporodott maradt a levegő. Mintha mi sem történt volna. A tanév elején tüneményesen lihegő beszámolót olvashattunk a faliújságon Kalocsai Elvira tollából, aki a nyáron részt vett a révfülöpi DISZ-iskolán. Házi feladata átkerült a *Szegedi Egyetem*be, vezércikknek. Nem élcelődés ürügyén idézek a cikkből, hiteles korhangulatot elevenít: „Vasárnap volt, 1955. augusztus 14. Szombaton tudtuk meg, hogy jön Rákosi elvtárs... akit mindnyájan szerettünk volna látni... Csak hozzánk jön, csak velünk fog beszélni!... fél kilenckor már sorban álltunk, pedig tudtuk, hogy csak fél tízkor jön... Énekeltünk... a régi mozgalmi dalok eszünkbe juttatták azokat az időket, mikor még elvtársaink feláldozták életüket azért, hogy most mi boldogan tanulhassunk... mindenki egyszerre vette észre. Ő az, Rákosi elvtárs! Ott ült a gépkocsivezető mellett... ki nem fejezhető lelkesedéssel tapsoltunk... elhárítóan intett a taps miatt. De mi nem tudtuk abbahagyni. Ekkor megszólalt: »De, elvtársak...!« ... beszélt a kül- és belpolitikai helyzetről. Percek alatt tisztázódtak az addig legbonyolultabbnak látszó kérdések is... Tizenkét óráig beszélgettünk... mielőtt elment, mindnyájónkkal kezet fogott... soha nem fogjuk elfelejteni! Újra és újra emlékezetünkbe idézünk minden apró mozzanatot... Mindig érezni fogjuk, hogy milyen nagy erőt jelent az, hogy velünk volt Rákosi elvtárs..."

Nyilván Rákosi diadalkörútjának egyik állomása volt a DISZ-iskola, ahol, ha nem is kendőzetlenül, de mégiscsak azzal kérkedhetett, hogyan sikerült visszaszereznie a hatalmat a „Nagy Imre-klikk"-től. Az „addig legbonyolultabbnak látszó kérdések" egyikére válaszolt sikeresen, bár alig hinném, hogy részletekbe bocsátkozott volna. Diadalkörútja nem lepett meg senkit (engem sem), hiszen már az előző tanév végén, pár héttel Nagy Imre pártból való kizárása után megkezdődött a „legbonyolultabbnak látszó kérdések" tisztázása. Kiss Lajos a DISZ KV eligazító értekezletére engem küldött Pestre, hogy a lapot képviseljem. Mikor megkaptam a megbízást – „Megbízom Czigány Lóránt elvtársat, szerkesztőbizottságunk tagját, hogy a DISZ KV május 3-iki értekezletén szerkesztőségünket képviselje. Szeged, 1955. V. 2. Kiss Lajos szerkesztő" –, kissé talán értetlenkedve nézhettem, hiszen alig három hónapja kisbekusskodtam a lap körül, s eddig senki sem közölte velem, hogy a szerkesztőbizottság tagja lennék. Az esztéta-szerkesztő gondolatolvasónak bizonyult: „... hát, csak azért, hogy megtanuld a dörgést..." Pesten a fejtágítás alatt félre nem érthető hangnemben közölték velünk, hogy a „jobboldali elhajlás veszélye ellen" kell fegyverkeznünk, percnyi pihenő nélkül, tollal vagy anélkül. Az is megvilágosodott bennem, hogy miért nem akadt fontosabb személy, aki a *Szegedi Egyetem*et képviselje az eligazításon, mikor a szegedi marxista tanszék docensét, Kalocsai Dezsőt az előadók között láttam viszont. (Ő csak annyiban volt nevezetes ideológus, hogy Descartes nevét Deszkartesznek ejtette.) Kiss Lajosnak tehát nem volt szüksége tényleges tájékozódásra, hiszen Kalocsai elvtárstól mindenről értesülhetett visszatérte után, *von Haus aus*. Tőlem csak annyit kérdezett: „No, jól érezted magad?" „Igen – válaszoltam –, tanszékvezető egyetemi hallgatónak éreztem magam a fontos megbízás miatt." (Enyhébb kiszólásaimat nem vette rossz néven.)

Így utólag, Kalocsai Elvira pillanatfelvétele a Rákosi-látogatásról elsősorban azért dokumentumértékű nekem, mivelhogy Rákosi „a gépkocsivezető mellett" ült. Tehát nem a hátsó ülésen. Az egalitáriánus képmutatás kötelező volt a béketábor legjobb vezetői között. Mindig előre ültek, a sofőr mellé, ezzel is fényes bizonyítékát adva, hogy számukra nincs különbség ember és ember között. *(Bár a bőre barna vagy fehér.)* Ez a szemforgató szokás meggyökeresedett az apparátusban és túlélte a rendszerváltást (ezért várják el a taxisofőrök még ma is, hogy az utas előre üljön). Igaz, hogy ma a *pilótát* (tehát nem a sofőrt, illetve a gépkocsivezetőt) Jánosnak szólítják, aki viszont tisztelettudóan elvtársazta kenyéradó gazdáját a legutóbbi időkig. A „pilótázást" már diplomata koromban tanultam meg. (Először azt hittem, helikopteren megyünk.) Számtalanszor tanúja voltam ennek a mélységesen emberi magatartásnak, s csak akkor irányítottam könyökénél fogva az egyik államtitkár urat magam mellé a hátsó ülésre, amikor nem a saját pilótánk röpített bennünket egy tárgyalásra, hanem az angol külügyminisztérium küldött kocsit értünk. „Meg ne őrülj – mondtam a meglepett államtitkárnak –, Angliában az utas nem a sofőr mellé ül, esetleg még félreérti, azt gondolja, hogy személyi vonzalomnak köszönheti a megtiszteltetést."

Az 1955/56-os tanévben csupán annyi változás mutatkozott, hogy szaporodott a szabadon választható tárgyak száma, de ezeket csak a kötelező tárgyak mellett vehette fel a mindenre elszánt bölcsészhallgató. A dékánt, Baróti Dezsőt kinevezték rektornak, ennek ellenére ő tanította a reformkori magyar irodalmat. („Bokros rektori teendőim közepette" – ahogy mondogatta enyhén raccsolva. A lányok nevetgéltek, nem elég, hogy Ba*r*óti p*r*ofessz*or* ú*r* volt ez ideig, még *r*ekto*r* is lett belőle.) Barótit szigorúan professzor uraztuk, ő képviselte előttünk a megtestesült européerséget. A magas, megtermett férfiról sötétkék kordbársony zakójában sugárzott a lezserség és hanyag elegancia. Amikor megjelent a tanterem ajtajában, felmérte a helyzetet, és ha nem volt elég világos odakint, rászólt Kordé Imrére, a tanársegédjére: „Imre, gyújtsd föl a villanyt, kérlek!" Előadásának koreográfiája változatosságával kötött le bennünket. Beült a katedra mögé, hátrarúgta a széket, felállt, visszaült, de előbb elhúzta a széket az asztaltól, megint felállt, mindkét kezét zsebre vágta (néha csak az egyiket), keresztbe vetette a lábát, felvágta a fejét, beletúrt az ezüstösen csillogó, elválasztva viselt hajkoronába. Ilyen világfit még életemben nem láttam.

Européerségének legdiszkrétebb megnyilvánulásáról sok-sok év múlva értesültem. Szabó Zoltánhoz vittem látogatóba Béládi Miklóst és Bene Edét. Vacsora után valahogy szóba kerültek a Szegedi Fiatalok, és Bene előrukkolt egy anekdotával. 1956 augusztusában montpellier-i egyetemisták látogattak Szegedre. A francia követ és Sőtér kísérte őket (az ő sleppjébe tartozott Bene Ede). Monsieur Jean-Paul Boncour-t Baróti szűk körű vacsorára hívta meg a Halászcsárdába, mely a halászléről és nem a mellékhelyiségeiről volt nevezetes. Amikor a követ feszengeni kezdett, Baróti karonragadta őexcellenciáját, és levitte a Tisza-partra, hogy egy régi szép szegedi szokásnak áldozzanak. Így tehát egymás mellett állva gazdagították a Tisza folyadéktartalmát. A követet elbűvölte Baróti, ahogy beavatta e szép szegedi szokásba, mely szerint, ha a látogató belevizel a folyóba, biztosan viszontlátja megint a szőke Tiszát (à la „Ki a Tisza vizét issza...").

Előadásai közben egy pillanat alatt kiszabadultunk a Nagy Magyar Elzártságból, a Szajna partján kószáltunk a Latin-negyedben Radnóti és Baróti társaságában. Eleven tanúnk volt rá, hogy a rue de Cujas sarkán tényleg kissé lejt a járda, nemcsak a Radnóti-versben. Sokat beszélt Joseph Kosmáról is, életszagú anekdotákat hallottunk az elszármazott zeneszerző hazánkfiáról, akinek fülbemászó slágeréért *(Hulló falevelek...)* Yves Montand előadásában mind egyformán rajongtunk. Ezek az elkalandozások képezték előadásai sava-borsát.

Mondandójából kevésre emlékszem, mert gyakran rögtönzött, és nem egy igencsak érdekesnek ígérkező fejtegetéséből csak nehezen bírt kilábalni. Egyszer Csokonai szimbólumainak elemzése közben belemelegedett az erotikus jelképek részletezésébe („Te lehetsz írja sebemnek, Gyönyörű kis tulipánt!"). Ilyen rejtett összefüggésekről eddig még nem hallottunk a magyar irodalmi prüdéria hosszan tartó fénykorában, a lányok a hajuk tövéig elvörösödtek, de hát a női fantázia sokkal tárgyiasabb, mint a hímnemű. A professzor úr észbe kapott és elkanyarodott a témától. A „preromantikáról" megtudtuk, hogy bár izgalmas konstrukció, mint minden szellemtörténeti építmény, ám Szerb Antal nem gondolta át eléggé az elméletét, de azért csak ismerjük meg, bár óvatosan.

Néha tetten érte önmagát, hogy előadásai nem tükrözik kellőképpen az előírt osztályharcos szemléletet, s ilyenkor marxista rögtönzésekkel remekelt. Vörösmarty *Szép Ilonká*jának elemzése közben például: „Áll-e még az ősz Peterdi háza" – tette fel a kérdést a költővel a professzor úr – „Él-e még a régi harc fia" – folytatta, és rögtön megadta a választ – a „régi harc" ugyebár a Napóleon elleni nemesi inszurrekcióra vonatkozik, majd így folytatta: „Áll a ház még, bár fogy gazdasága" – állítja Vörösmarty, s joggal állítja, mert a napóleoni háborúk utáni dekonjunktúra a magyar középbirtokos nemesség gazdasági hanyatlását eredményezte – fejezte be a gondolatmenetet. Így szervesült egységes egéssze az alap, mármint a gazdasági alap és felépítmény, mármint, ugyebár, Vörösmarty költészete. *Trouvaille* volt ez a javából. Méltó a mesterhez. Kortévesztő iróniával azt mondanám, még egy Derrida is megirigyelhetné ezt a marxista dekonstrukciót.

A romantikával kapcsolatban nagy figyelemmel olvastam Farkas Gyula könyvét (*A magyar romantika,* 1930), amit igencsak gondolatébresztőnek találtam. Igaz, nem szerepelt még csak az ajánlott olvasmányok listáján sem. Kíváncsi voltam Baróti véleményére, mert mintha fél mondatban utalt volna a könyvre valamelyik előadásában. Az egyik szünetben odamentem hozzá a folyosón, s nekiszegeztem a kérdést. „Farkas Gyulával óvatosan kell bánni, ellentmondásos szerző, bár vannak kétségtelen érdemei, de veszélyes dolgokat *is* hirdet." Ámultan hallgattam, hiszen én csak azt vettem észre Farkas Gyula könyvében, hogy megkülönbözteti a dunántúli katolikus és a keleti protestáns alkatot, illetve szellemiséget. Amiben ma sem látok semmi falrengetőt vagy egetverőt. Újabb szavak kerültek ingerszótáramba: „ellentmondásos", „óvatosság". Az ellentmondásosnak már megismertem a magyar jelentését: „olyan szellemi jelenségre vonatkozik, amit nem lehet a szőnyeg alá söpörni azzal, hogy tudománytalan vagy velejéig reakciós, ámde hiába nem teljesen kóser, bizonyos vonatkozásaira szükségünk van nekünk is". Az „óvatosság" pedig bőszített, ingerelt, idegesített. Ha hallom, azóta is táguló orrcimpákkal kapom fel a fejem, mint csatamén roham előtt. Óvatosan kell olvasni Farkas Gyulát, mint ahogy a tűzszerészeknek is óvatosan kell szétszedniök a döglött aknát. A marxista kánonjog is rendelkezett *Index Librorum Prohibitorum*mal, tiltott könyvek jegyzékével, amit a hívek nem olvashatnak, és a szemináristák, tehát mi, a jövő szellemi emberei pedig legyenek óvatosak, ha kézbe veszik.

Persze mások is gyakran intettek bennünket óvatosságra. Egyszer becses történelmi emlékeinket megtekinteni Visegrádra kirándultunk, és valahogy Huxley antiutópiája *(Szép új világ)* került szóba a vonaton. Nacsády adjunktus komoran pipázott beszélgetés közben, de részt vett a vitában Lehel István is, aki Bartucz Embertani Intézetében tevékenykedett. (E titokzatos intézetnek nem voltak hallgatói.) Lehel festőművész volt és főként a fejformákat tanulmányozta. Egy Seres nevű évfolyamtársunkról megállapította, hogy teljesen egyiptomi alkatú, nemcsak a feje alakja, a szeme állása, homloka és széles vállai, az egész ember olyan, mintha most lépett volna elő valamelyik királysírból. A vita, amelyben Lehel István volt a hangadó, természetesen akörül forgott, hogy Huxley látomásában utal-e valós veszélyekre, s hogy könyve implikál-e valamit a szocializmust építő országok jövőjével kapcsolatban. Nacsády pipája bodor füstfellegei mögött fölényes mosollyal hallgatott, mint aki tudja, amit tud. Csak akkor szólt közbe, amikor az emberi élet elszürküléséről vitatkoztunk a túlságosan is rendszabályozott utópiában. „Ugyan kérem, nevetséges, Huxley egy fantaszta, akit rendkívül óvatosan kell olvasni." Terelgette báránykáit a szellem elaknásított terepén. Ebből a szellemi kisdedóvóból csak akkor kerültem ki, amikor elhagytam az országot. Soha többet senki sem ügyelt arra, hogy a tilosba ne tévedjek. (Sok-sok évvel később Oltványi Ambrustól, nemzedékem talán legkiválóbb filológusától értesültem a marxista kánon ellentmondásos álláspontjáról: „Farkas Gyulát képzett filosznak *illik* alaposan ismerni, de erről *nem illik* beszélni, kérem szépen.")

A második szemeszter vége felé egyre gyakrabban esett szó arról, hogy ideje elgondolkozni, mit választunk szakdolgozati témának. Nekem semmi kétségem nem volt: Karinthyt. Már jelentős mennyiségű bibliográfiai tételt is összegyűjtöttem, elsősorban azért, mert így a háború előtti és közvetlen utáni folyóiratokat kikérhettem az olvasóterembe „szakdolgozati témához" felkiáltással, és minden óvatosságot félretéve olvasgathattam. Folyóirat-böngészéseimbe némi irigység is belejátszott, hiszen az akkor utolsó éves Grezsa Ferenc és Ilia Mihály igencsak tudományos arckifejezéssel dolgozgattak a Somogyi könyvtárban. Kutattak. Iliától azt is megtudtam, hogy a Juhász Gyula kritikai kiadáshoz gyűjti az anyagot a szegedi újságokból. Tisztelettel tekintettem rá, hiszen még egy évvel sem idősebb, mint én, és lám, milyen felelősségteljes kutatói feladatot végez. „Hej! ha én is köztetek lehetnék, / Szép magyar vitézek, aranyos leventék!" – ábrándoztam sóvárogva.

De mégsem panaszkodhattam, mert Karinthy ürügyén én is a tiltott gyümölcsökben dúskálhattam. Micsoda pezsgő irodalmi élet zajlott az országban a háború után! A csemegézésből egy cikk ugrik most elő élesen: *Jöjjön haza, Molnár úr!*, bár megjelenési helyére és a szerző nevére (Bónyi vagy Stella Adorján?) nem emlékszem. Talán Molnár Ferenc hetvenedik születésnapjára készült (1948-ban), és szívhez szóló hangnemben hívta haza „Molnár urat", hiszen magyar drámaírónak itthon a helye. Elmerengtem én is egy pillanatra, tényleg, miért is élt ott a messzi idegenben? Aztán hirtelen magamhoz tértem álmodozásaimból, hiszen nem 1948-at írtunk, hanem 1955-öt, Molnár Ferenc már elhunyt New Yorkban, s különben is, mihez kezdett volna monoklijával ebben a világban, a komlói vájárokról írt volna „exportdrámát”? (A kifejezést Szerb Antal népszerűsítette, de Révai találta ki, amikor még Kassák valamelyik lapjában kacérkodott az avantgarde-dal.)

Az év végén jelentkeztem egy Szekeres László nevű tanársegédnél, vele kellett „előbeszélgetéseket” folytatni a majdan megírandó szakdolgozat ügyében. Persze, csak úgy, nagy vonalakban, azoknak, akik magyarból és nem történelemből kívántak disszertálni. Úgy véltem, szűz területen járok, Karinthyról monográfiának számító munka még nem jelent meg. „Karinthyról szeretnék írni, még nem tudom pontosan, mit, de már el is kezdtem az anyaggyűjtést.” Nem kellett volna ajtóstul rátörnöm Szekeresre, megtanulhattam volna már, hogy a tanársegédek borzasztóan kényesek tudományos tekintélyükre. Visszakézből leütötte a labdát: „Nem jó, nem aktuális.” Nem merült a részletekbe, hogy miért nem időszerű. Elöntötte szememet a vörös köd. „Jó, akkor elkezdem P. Howardhoz gyűjteni az anyagot.” Talán éppen az időszerűségről asszociáltam P. Howardra. Itt-ott cikkek is kezdtek megjelenni róla, hogy P. Howard azért „nem olyan ponyva, mint a többi ponyva”, hosszabb regényei eléggé igényesen vannak megírva, persze nem irodalom, ugyanakkor humora egészen egyedülálló – vélték a bátortalan hangú cikkek. Tényleg komolyan gondoltam, hogy érdemes lenne Rejtő Jenő munkásságát módszeresen megvizsgálni. A tanársegéd úr azonban csak azt látta, hogy valaki itt, tojáshéjjal a fenekén, ágál. (Gondolom, azóta jó néhány szakdolgozatot írhattak P. Howardról.) Az ötvenes évek közepén persze főként arról cikkeztek, hogy miért hajlandó valaki 100 (egyszáz) forintot áldozni egy rongyosra olvasott Nova-kiadású P. Howardért az Ecseri úti piacon. (Ez esetben is a paternalista Kádár-rendszer kultúrpolitikájának köszönhetjük, hogy a magyar dolgozók 1957-től kezdve rendszeresen megkapták a maguk P. Howard-adagját.) Szekeres végül is nem rúgott ki, egy idő után felfogta, hogy nem vagánykodásból, hanem rossz irányba tévelygő érdeklődésem miatt javasoltam P. Howardot, és jóindulatáról biztosítva abban maradtunk, hogy egyelőre nem maradunk semmiben. Következésképp, most már soha nem fogom megtudni, miről írtam volna szakdolgozatot, ha a történelem forgószele nem sodor el Szegedről, illetve miben állapodtam volna meg Szekeres Lászlóval, ha a forradalom után helyén maradhatott volna.

Abban viszont korábban tévedtem, hogy irodalomelméleti képzés híján maradtunk. Igaz, első évben tényleg nem volt „Bevezetés az irodalomtudományba”, de másodéves koromban hallgattam egy kötelező „irodalomelméleti” kollégiumot, melyet a már említett Nacsády József adott elő. Senki nem vette komolyan ezt a „nyugatiul” retorikának nevezett tantárgyat (a retorika magyarul ékesszólástant jelent!), amihez bőven elég volt a középiskolából hozott ismeretanyag. Az órák nagy részét elmulasztottam, vizsgázni is készületlenül mentem, mégis minden különösebb hűhó nélkül beírta a jelest a lányok által „pipamocsok"-nak csúfolt Nacsády adjunktus, akit természetesen 1956 után szintén eltávolítottak az egyetemről, hiába kutatta mégoly buzgalommal Mikszáth szegedi éveit.

Az enyhülés jelei a szabadon választható tárgyakban nyilvánultak meg. Művészettörténetet Vinkler László főiskolai tanár adott elő, maga is festőművész. Műelemzései lekötöttek bennünket, vetített képes előadásait az Auditorium Maximumban kellett megtartania, olyan sokan felvették fakultatív. Főként a XVIII. századi francia rokokó festőket (Boucher, Fragonard, Watteau) ismertette. Portréelemzései *(A bohóc, A gitáros)* lebilincselőek voltak. Megtanultuk, hogy kell egy képet nézni, hogy mennyi mindent leolvashatunk egy arcról.

Felvettem még az olasz nyelvet is, bár már kialakult bennem a meggyőződés, hogy nyelvet tankönyvből, iskolában vagy akár egyetemen nem lehet megtanulni. Valami alapjaim voltak Mátray tanár úr magánóráiból, és a szövegeket könnyen fordítottam magyarra. Természetesen nem különleges nyelvérzékem miatt, hanem azért, mert ugyanazok a szövegek voltak olasz fordításban, melyeket orosz eredetiben már ismertünk, vagy még a középiskolai vagy pedig az egyetemen oktatott oroszból. Borzasztóan bosszantott, hogy továbbra is „Sztalin esküjét" és más cikkeiből vett szemelvényeket olvasunk, ezúttal olaszul. Vajon, ha tamilt vagy valamelyik bantu néger nyelvet tanulnánk, akkor is ugyanazokat a szövegeket tálalnák a központi tankönyvírók?

Az olasz csoport eléggé leapadt, az év végén, azt hiszem, hármannégyen maradtunk. Akkor vettem magamnak a bátorságot és feltettem a kérdést Benedek Nándornak, nem lehetne-e valami érdekesebb anyagot olvasni, nemcsak azt, ami *orosz* eredetiben már a könyökömön jön ki? Benedek tanársegéd nem szólt semmit, megvonta a vállát, de a következő órára az *Oggi* című képeslappal jelent meg, s elkezdtünk egy fényképekkel gazdagon illusztrált cikket olvasni a Petőfi-körben zajló vitákról. Kiszáradt torokkal fordítottuk a tudósítást, hogy miről vitatkoznak Pesten a Petőfi-körben, hiszen az egészről alig hallottunk érdemlegeset. Benedek faarccal segített, a cikk tartalmát nem kommentálta, nem is kellett. Akkor, 1956 kora nyarán igen megnőtt az olasz nyelv ázsiója előttem. Teli szájjal beszéltem frissen szerzett ismereteimről a diákszállóban és a menzán vacsora közben. Megtehettem, kezdett felbolydulni a méhkaptár.

A kötelező középkori történelmet Kulcsár Zsuzsa docens adta elő, az anyag kevésbé volt megterhelő, mint az ókor. Másrészt bizonyos marxista modelleket már megtanultunk, és ráhúzhattuk az új anyagra. A dolgozókat a középkorban éppúgy kizsákmányolták, mint az asszír vagy a római birodalomban. A társadalmi igazságtalanságoknak éppen olyan jelentősége volt az osztályharc keretében és így tovább: hangsúly a parasztlázadásokon. Hasonló bölcsességek és néhány név ismeretében elfogadható látszatát lehetett kelteni a tárgyban való jártasságnak. Kulcsár Zsuzsa Pestről ingázott repülővel (akkor még léteztek helyi járatok Szegedre, Miskolcra, Debrecenbe, a szegedi járat ugyanannyiba, 90 forintba került, mint a gyorsvonat első osztály). Kulcsár docens jó előadó volt, s mikor 1956 után eltávolították az egyetemről, fontos dokumentumokat adott ki a szegedi boszorkányperekről.

Egy dolgot nem értek vele kapcsolatban ma sem. Szemináriumi dolgozatnak az anabaptistákat kaptam, s közölte velem, hogy a legfontosabb forrásokat hollandul adták ki. Elképedt tekintetemre megnyugtatott, ne izguljak, lefordítja nekem, hiszen nyilvánvaló, hollandul nem tudhatok. Talán két délutánt is eltöltött velem, ő fordított, én jegyzeteltem. Már akkori fejemmel is úgy véltem, sokkal hasznosabb tennivalókkal is tölthetné idejét, mintsem hogy egy II. éves egyetemi hallgató szemináriumi dolgozatához szakirodalmat fordít. (Amikor megismerkedtem Oxfordban a *tutorial* intézményével, akkor sem változott meg a véleményem. Oxfordban a tutor már a kész dolgozatot beszélte meg a hallgatóval.) Kulcsár Zsuzsa fordítói tevékenységét – más hallgatóknak is fordított – tehetsége és ideje haszontalan elfecsérlésének tartottam.

A magyar történelmet továbbra is Karácsonyi Béla adta elő, továbbra is Molnár Erik és Mód Aladár szellemében. (Szemben a nyelvészekkel, nem volt szegedi „történésziskola".) Hallgattunk egy különleges tárgyat is, a népi demokráciák történetét. Egy vaskos, Pankratova által írt tankönyvet használtunk hozzá. A népi demokráciák története valójában a szláv népek történetéről szólt, vagy ha megértőbben kívánnék fogalmazni, Kelet-Európát (nem teljesen indokolatlanul) külön entitásnak tekintette. Rühelltük mindnyájan.

A kelet-európai történelemben előfordult egy sajátságos társadalmi forma: *a katonai demokrácia.* Mikor Angliában kapcsolatba kerültem a *New Left Review* zászlaja alatt menetelő angol új baloldallal, ezek a jól képzett marxisták kétkedve ingatták a fejüket, ha valamelyik vita hevében szóba hoztam a félnomád társadalmakban uralkodó katonai demokráciát. Okvetetlenkedéseimet a magyar nacionalizmus egyik, a marxizmus mögé bújtatott formájának tekintették. Ezen nem is csodálkozhattam, hiszen társaságukban én voltam a nacionalista, házi használatra engedélyezett jobboldali elem.

A katonai demokrácia fogalmát Morgan amerikai etnológus találta fel mint a társadalom politikai szervezetének korai formáját a homéroszi görög társadalomra vonatkoztatva, és (nyilván) az amerikai indiánok etnológiai vizsgálatából kiindulva. Ezzel hasznos átmeneti modellt teremtett, melyet a marxizmus klasszikusai is adaptáltak. Mégis disszertációt érdemelne annak megvizsgálása, hogyan csempészték be (a hazai? kelet-európai?) ideológusok az öt elfogadott (ősközösségi, rabszolgatartó, feudális, kapitalista, szocialista) termelési mód közé. Tehát a rabszolgatartó athéni demokráciára való kacsingatás az ősforrás. Hiszen a steppei nomád társadalmak kétségtelenül rendelkeztek rabszolgákkal is, de azt a legfelkészültebb ideológus sem bírná kimutatni, ha csak a látszatát is meg szeretné őrizni az írott források figyelembevételének, hogy ezen nomád törzsek társadalmi berendezkedése és „termelési módja" rabszolgatartáson alapult, ha például Herodotosz szkítáira vagy Tacitus germán törzseire gondolunk. Az angol újbaloldaliaknak tehát annyiban kétségtelenül igazuk volt, hogy a katonai demokrácia szakkifejezés alkalmazói adósok maradtak a termelési mód megnevezésével, mert a katonai demokrácia már nem ősközösség, de még nem osztálytársadalom. A „termelési mód"-nak ezt az ellentmondásosságát nem tudom, hogyan oldották fel a későbbi marxisták, ezen igyekezetüket, ha volt ilyen, fájdalom, már nem kísértem figyelemmel.

Akkor, 1956 tavaszán persze nem a katonai demokrácia mibenléte izgatott, hanem elsősorban a XX. kongresszus. Eleinte nem értettem az izgalmat, hiszen állandóan egymást követték a különféle párt- és DISZ-kongresszusok, „felszabadulásunk tizedik évfordulója" és hasonló rendezvények. Miben különbözhet ez a többitől? A sajtóbeli cikkekről legurult a szemem, nem tudtam elolvasni a beszámolókat. Mivel nekem is részt kellett vennem a korrektúraolvasásban, azt hiszem, egyedül a *Szegedi Egyetem* vezércikkét olvastam el. A közhelyektől hemzsegő írásban egy mondat ütötte meg a szemem: „Ezen a pártkongresszuson a szovjet emberre jellemző nyíltsággal és őszinteséggel kerültek felszínre a két kongresszus közötti időszak hibái és fogyatékosságai is." Majd egy idézet Hruscsov beszédéből: „Aki fél a hibák és a gyengeségek beismerésétől, az nem forradalmár!" Ez megerősítette bennem azt a mendemondát, hogy Hruscsov többórás beszédben leleplezte a sztalinizmus bűneit, ám ennek szövegét nem hozták nyilvánosságra. Csak annyi tűnt biztosnak, hogy ezentúl Lenin egyedül mutatja majd az utat.

A szerkesztőbizottsági ülések izgatott légkörben folytak le még ennél a négyoldalas, kéthetente megjelenő világlapnál is. Karácsonyi elvtárs szenvtelen arccal hallgatott, látszott rajta, többet tud, mint mi, de nem örül annak, amit tud. Kiss Lajos is mintha össze lett volna zavarodva. A szerkesztőség fejbólintójános tagjai egyre gyakrabban szólaltak meg. Hamu alatt parázsló viták bukkantak elő. Erre korábban nem volt példa. Éreztem, véres tetemrehívások folynak, és csak én nem tudom, miről van szó. Ezért óvakodtam, hogy beleszóljak.

Annál is inkább, mert engem elsősorban az izgatott, hogy a tavasszal hatalmas árvíz rohant végig a Dunán, és óriási károkat okozva elöntötte a Mohácsi-szigetet. Segítségre lenne szükség. Mi lenne, ha mi egyetemisták is segítenénk? Felhívást kellene közzétenni a *Szegedi Egyetem*ben, biztosan bőven akadna jelentkező, aki hajlandó az árvízkárosultakat két keze munkájával segíteni. Mint marslakóra néztek rám a szerkesztőbizottság tagjai, felmerülve az ideológiai mélyvizekből. Eleinte nem is értették, miről beszélek. Akadozva újra ismertettem tervem. Mikor megértették, egy emberként Karácsonyi elvtársra tekintettek. „Nagyon jó ötlet, Czigány elvtárs" – mondta egy idő után az illetékes. „Kitűnő ötlet!" – egészen meg volt könnyebbülve. Kiss Lajosra nézett: „Írja meg a cikket a Czigány elvtárs!" Meg is írtam, bár nem jelent meg a következő számban, kicsit elfektették. Aztán megjelent, de szignálatlan szerkesztőségi vezércikként. Az általam adott cím *(Egyetemisták a gátra!)* megmaradt, de a lelkes sorok nagy részét kihúzták, s mivel közben a DISZ KV áldását adta az egyetemisták segítőkész akciójára, a cikket megfejelték azzal, hogy ez a szegedi egyetemisták válasza a DISZ felhívására. Mindegy. Május elején több mint ötvenen utaztunk a Mohácsi-szigetre, és Dunaszekcső újjáépítésében vettünk részt. Ezúttal úgy éreztem, hasznos munkára fogtak bennünket.

A lényeg az volt, hogy én tudtam, nem felsőbb „sugallatra" lelkesedtünk, mint eddig. Egyébként is, mindenkinek merész ötletei támadtak. Kezdtünk beletanulni abba, hogy a saját gondolatainkat nyilvánosságra hozzuk. A szellemi érdeklődésében tűzrőlpattant Széles Klára azon buzgólkodott, hogy vegyük fel a kapcsolatot a kolozsvári egyetem hallgatóival és látogassunk el Erdélybe! „Képzeletünk egyre merészebb lett – írja egyik tanulmánykötetének (*Szeged–Kolozsvár,* 1993) bevezetőjében –, miért ne lehetne, akár egy félévre, helyet cserélni, vendéghallgatóként egymás egyetemén tanulni?... miért ne lehetne túllépni határainkon, más nyelveket, országokat megismerni, nyelveket eleven gyakorlatban elsajátítani? Akárcsak évszázadokkal ezelőtti elődeink tették, a peregrinusok?... Ezeket a lázba hozóan nagyszerű gondolatokat attól az évfolyamtársamtól hallottam először, aki ma egy londoni nagykönyvtár igazgatója..." (Mit ad Isten, a kolozsváriaknak is ez jutott az eszükbe, képeslap érkezett tőlük, mielőtt a levelünket megkapták volna!) Megkezdődött az izgatott levelezés, de a vérmes reményeket elfújta a forradalom forgószele. (A *Szegedi Egyetem* utolsó, október 21-i száma már hírt adott róla, hogy a III. éves bölcsészek Kolozsvárra készülnek.) Az ötlet gazdája, feleségem, (akkor még) Salacz Magda másokkal együtt kényszerű peregrinus útra kelt. Bár a kapcsolatok, elsősorban Széles Klára és Lászlóffy Aladár között, megmaradtak, talán ennek köszönhető, hogy Széles Klára az erdélyi magyar irodalom lelkes kutatója lett. Egy másik évfolyamtársunk, Zsuppán Tibor, aki később egy skót egyetemen tanított történelmet, Londonban találkozhatott először hajdani levelezőpartnerével, Julikával, Bálint Tibor feleségével, jó harminc év múlva, aki csak akkor mondhatta el, itt, a lakásomban, hogy a Securitate mennyit zaklatta az ártatlan levelezés miatt.

Ennek a kolozsvári kapcsolatnak szerintem az volt az előzménye, hogy 1956 ígéretes tavaszán egy romániai akadémikus látogatott Szegedre Kolozsvárról, és békülékeny hangnemben kimutatta a „dákó-román kontinuitás" elméletéről, hogy tudományosan tarthatatlan álláspontot képvisel, melyet a szocialista Románia nem vállal. Ettől én is tűzbe jöttem, ismertetni szerettem volna az előadást a *Szegedi Egyetem*ben, de óvatos szerkesztőm leintett: „Nem aktuális". (Ez a kifejezés is bekerült ingerszótáramba.)

Mondom, szaporodtak az ötletek. A március közepén újjászervezett egyetemi énekkar, Mihálka György irányításával április 19-én mutatkozott be a Diák-klubban. Utolsó tételük (Kodály–Berzsenyi: *Forr a világ...*) hegyeket mozgató erővel hangzott fel: „Ébreszd fel alvó nemzeti lelkedet! Ordítson orkán, jöjjön ezer veszély... szabad nép tesz csuda dolgokat..." Az énekkar tervei közt szerepelt, hogy részt vesznek Walesben a Llangolleni Fesztiválon, ahová a világ minden részéből érkeznek a vetélkedő kórusok. A hírre több mint száz új tag jelentkezett az énekkarba, egy nemzedéknek került emberközelbe a külföldi utazás lehetősége. Bár nem voltam tagja az énekkarnak, magam is izgatott figyelemmel kísértem terveik alakulását: határozott ígéretet kaptam, hogy tudósítóként velük utazhatom. Az énekkar turnéja azonban „adminisztratív okok" miatt hajótörést szenvedett. Ezen nem is lepődtem meg különösebben, hiszen az egész utazás már eleve egy kissé hihetetlennek tűnt nekem, az egyszerűen nem lehet igaz, hogy a szegedi énekkar külföldre utazzék, méghozzá nyugatra.

Végül mégiscsak eljutottam Llangollenbe, 1991-ben mint a Magyar Köztársaság diplomatája. Az *eisteddfod* a walesi bárdok hagyományait újította fel, eredetileg bárdtalálkozó volt, az 1991-es fesztivál viszont már bejáratott nemzetközi nagyvállalkozásként működött. Némi borongós nosztalgiával kószáltunk feleségemmel a jellegtelen walesi kisvárosban: a volt tudósítójelölt és az énekkar volt tagja. Csak annak örültem, hogy az egyik magyar együttes díjat nyert, és én adhattam át elsőnek a Magyar Köztársaság köszönetét kiváló szereplésükért, sok évvel az elcsitult orkán után...

A XX. kongresszus lényegéről még mindig nem tudtam eleget, bár sokkal bővebb információs forrás állt rendelkezésemre, mint a legtöbb egyetemi hallgatónak. A *Szegedi Egyetem* ugyanis, hiába számított üzemi lapnak, valami adminisztratív figyelmetlenség következtében ugyanúgy megkapta az MTI teljes kőnyomatosát, beleértve a titkosított részt is (tehát a nem közlésre, hanem tájékoztatásra szánt anyagot), mint bármelyik országos napilap. Kiss Lajos időnként megmutatott egy-két érdekesebb rezümét a nyugati újságokból fordított cikkekből, és egy idő után belenyugodott, hogy én is kézbe veszem az MTI-anyagot, igaz, a titkárnője, ha a szerkesztő házon kívül tartózkodott, nem adta ki az újabb anyagot a páncélszekrényből. A titkárnőt nem hagyta cserben az éberség, szemben a főnökével, aki szívesebben imponált a „helyettes alszerkesztőinasnak”, mintsem hogy az éberséget gyakorolja.

Hruscsov Sztalint leleplező beszédének a részletei természetesen nem az MTI-anyagból, hanem a Szabad Európa Rádió adásaiból terjedtek el. Nem emlékszem, hogy egyetemista koromban alkalmam lett volna-e a SZER műsorát hallgatni, hiszen a diákszállóban csupán vezetékes rádió volt, de tudom, sokan hallgatták az egyetemen, elsősorban a helybeliek és azok, akik albérletben laktak. Lázasan tárgyaltuk a részleteket, általában a hírforrás megnevezése nélkül. Az a tény, hogy annyi évtizedes hazudozás után a szovjet párt első embere beismerte, hogy nemcsak hibákat, de súlyos bűnöket is követtek el a sztalinizmus évei alatt, határozottan felvillanyozott. Hiszen mi bajom volt nekem voltaképpen a rendszerrel? Nem az, hogy a szociális igazságtalanságokat jóvá akarta tenni, hogy mindenkinek jusson darab kenyér, hanem elsősorban az, hogy a kritika hangját elnyomta, hogy béklyóba verte a szellemi életet. Hinni kezdtem, hogy a kritika által nyesegetve, tanulva a múlt hibáiból, lehetne egy olyan új világot teremteni, melyben otthon érzem magam. Ehhez arra lenne szükség, hogy mi, fiatalok minél többen belépjünk a pártba, és saját képünkre és hasonlatosságunkra átalakítsuk. Hiszen ha mi is benne leszünk, az egy *más* párt lesz! Már-már ott tartottam, hogy kérem a felvételemet az MDP-be. Igaz, eddig az egyetemi DISZ munkája iránt nem mutattam érdeklődést (hiába volt a DISZ a párt aranytartaléka), a megújulást mégis a párton belül képzeltem el. Arra gondolni sem mertem, hogy az egypártrendszert felszámolni lehessen, azt a Szovjetunió úgysem engedné meg. A tagjelöltségi kérelmet azonban mégsem nyújtottam be, és a gyorsuló események a gondolatot is kiverték a fejemből.

Alulnézetben azonban egy kicsit minden más. Valami rendezvény után többen összeverődve kis pótszórakozásra mentünk a Jégkunyhóba, ez a „lokál" képezte Szeged éjjeli életét. Letelepedtünk, rendeltünk, s csak utána veszem észre, kikkel is vagyok együtt. Nem messze tőlem Karácsonyi elvtársat láttam, Sipos István, a kari DISZ-titkár és Görög József, az évfolyamunk DISZ-titkára társaságában. Fél kevert és kávé mellett arról beszélgettek kellő komolysággal, mi a klerikális reakció elleni harc soron következő feladata az évfolyamon. Karácsonyi elvtárs szerint a lányok közül még mindig sokan hordanak keresztet a nyakukban, s ez DISZ-tagokhoz nem méltó (azt hiszem, az egyetemen is mindnyájan DISZ-tagok voltunk, mint a középiskolában). A szakérettségis Görög, akit első perctől kezdve ellenszenvesnek találtam, a hatalomvédte bensőséghez *(machtgeschützte Innerlichkeit)* való tartozásának arrogáns fitogtatása miatt – már a cigarettát is úgy tartotta nikotintól sárga ujjai között, hogy azon látszott a pártfegyelem (tagjelölt volt) –, szóval Görög elvtárs pedig bólogatott és hozzátette, hogy az ő évfolyamán két lány vergődik a klerikális reakció karmaiban, és megnevezte a két kalocsai, volt Rákosi-ösztöndíjast. Ámultan hallgattam beszélgetésüket, „jelentettek", nem törődve azzal, hogy olyanok ülnek köztük, akik távolról sem tartoznak a „hatalomvédte bensőség" köreibe. Felfordult a gyomrom, ezek az emberek itt, amikor annyi izgalmas dolog történik az országban, azon gyötrődnek, hogy ki jár vasárnaponta templomba. Ma sem tudnám megmondani, hogy aminek tanúja voltam, felhívás volt-e keringőre, vagy egyszerűen nem törődtek a kívülálló, véletlenül odakerült közönséggel. Természetesen már másnap megsúgtam Fekete Manyinak és Salacz Magdának is, hogy figyelik őket. (Talán éppen ezért hallgathattam a beszélgetést, hogy „megsúgjam" nekik.)

Újságírói munkám közben persze gyakran találkoztam hasonló esettel. Ha riportot készíteni mentem valahová, mindig akadt egy suttogó hangú, denunciálni vágyó titkárnő, aki a riport előtt vagy után „jelentett", hiszen ha újságíró vagyok, rendszerhűségemhez kétség sem férhet. Ezek az árulkodások mindig személyi sérelmek megtorlását igyekeztek elérni. Mert ügybuzgalomban Szegeden nem volt hiány. Azt is elképedten vettem tudomásul egy alkalommal (még elsőéves koromban) a *Délmagyarország* szerkesztőségében, ahol valami egyetemi tárgyú cikket diktáltam a gépírónőnek, ahogy „besegített". Lediktáltam a

„lendületes" cikket, és a gépírónő kedvesen mosolyogva azt mondja, hogy a végére kívánkozó idézettel ne törődjek, majd ő kikeresi a DISZ II. kongresszusának „hívó szavait". Belenyugodtam, hiszen az újságírást egyébként sem tekintettem hivatásomnak, azt viszont tudomásul kellett vennem, hogy muszáj-Herkulesek nélkül nem publikálhatok.

De kezdett végre benőni a fejem lágya. Amikor 1956 tavaszán Kiss Lajos átvette a *Tiszatáj* szerkesztését Nagy Sándortól, igyekezett engem is bevonni a szerkesztői munkába. Kezembe nyomott egy könyvet ismertetésre. Karel Čapek: *Harc a szalamandrákkal.* Mikor rájöttem, hogy már megjelent magyarul 1948-ban, visszaadtam. (Azért lett volna fontos írni róla, mert szegedi volt a fordítója.) Ez volt az első alkalom életemben, hogy szerkesztői megbízást visszautasítottam. Ennek örülök. Bár nagyon szerettem volna én is folyóiratban megjelenni, mégsem voltam hajlandó olyasmiről írni, amire nem éreztem belső késztetést.

Lektorálni viszont szívesen lektoráltam. Általában saját kortársaim verseit kaptam meg Kiss Lajostól ilyen célból. Kik fiatalíróskodtak akkoriban Szegeden? Negyven évvel később bizton mondhatom, nem volt köztük kiugró tehetség, vagy ha volt, az elkallódottak között volt. A prózaírók közül eléggé ígéretesen indult Nagyfalusi Tibor, mi lett vele, nem tudom. Alattam járt az egyetemen Bárdos Pál és Fenákel Judit, akiket mindig együtt láttam, mindketten számos regényt tudhatnak maguk mögött. Idősebb fiatal írónak számított Tóth Béla, az írószövetség párttikára, aki a Juhász Gyula diákszálló igazgatója volt; íróságáért megszenvedett. A legtehetségesebb szegedi prózaíró nyugaton bukkant fel: Halász György orvostanhallgató, aki már Svédországban kezdett el írni 1956 után, sajnos, hamar elhallgatott.

A költők közül nekünk, akkor, Németh Ferenc tűnt a legkiemelkedőbbnek. 1956 örökre kerékbe törte pályáját, nem csak az elszenvedett börtön miatt. Már 1956 őszéről emlékszem egy indulatos versére („Gyerünk szambázni, rongybabák"), melynek nyilvános előadása mindig sikert aratott. Papp Lajos évfolyamtársam volt, számos verseskötete jelent meg azóta, első versét nekem sikerült becsempésznem a *Szegedi Egyetem*be, többszöri nekifutás után; Kiss Lajos mindig kiszerkesztette, ha észrevette. Ugyanígy Kovács Sándor Ivánt, aki akkor még versírással kísérletezett, amit tudósi pályája kezdetén, természetesen, abbahagyott. Föltétlenül tehetségesnek tartottam a jogász, igencsak bohém Magyar V. Lászlót, aki 1956 után Párizsba került. Többször megkíséreltem felkutatni, sikertelenül. Írásait sem láttam sehol. 1956 nyarán végzett az András Sándor néven író Sándor András, akit lektori jelentésekben nem dicsértem agyba-főbe, viszont nyugaton végül is én adtam ki mind a két verseskötetét a Szepsi Csombor Kör Kiadványai sorozatban, s nekem egy, nem sokkal a forradalom után írt verse miatt ma is a legfontosabb nemzedéki költőm. Pregnánsan sikerült megfogalmaznia egy életérzést, amit mindnyájan vallottunk, akik fiatalon nyugatra kerültünk: „Én, András Sándor, Autonóm Köztársaság / kérem, hogy vegyenek fel a hatalmak körébe, / mert megcsalt mind, ki eddig képviselt, [...] Faképnél hagytam minden hatalmi tömböt, / mely harsogta, hogy életem érte boldogan adom [...] A föld üres sakktábla, s nélkülem nincsen játék, / mert én vagyok mind a két támadó csapat: / e kuncogó világban önmagam ellensége, aki elvetemülten a torkomon ragad. / ..." (*Az ASAK beadványa az ENSZ-hez,* 1958)

Magammal nem tudtam mit kezdeni. Nehezen ment ez az irodalmi „szárnybontogatás", hiszen mindenki lemetélni akarta a szárnyakat, még mielőtt verdeshettem volna velük egy kicsit. Könyvismertetéseket nem volt kedvem írni, ráadásul ma is úgy vélem, egy 20-22 éves fiatalember ne írjon kritikát, ebből csak éretlenségek születnek. A kritikus ugyanis (szemben a költővel) nem születik, hanem beletanul a szakmába. Életveszélyes dolog például egy fiatal költő kezébe egy másik fiatal költő kötetét odaadni, mert elfogult a vetélytárssal szemben, és még egyébként sincs rálátása a költészetre, a saját botladozásait tartja az egyetlen lehetséges útkeresésnek. A magyar irodalmi életben régi hagyománya van a fiatal kritikusoknak, a kritikaírást ujjgyakorlatnak tartják a szerkesztők. Ma is így van, de az ötvenes évek közepén annyival rosszabb volt a helyzet, hogy még az „eszmei tisztaságra" is ügyelni kellett.

A szegedi irodalmi élet bűzös belvizeit okoltam azért, hogy egy helyben toporgok, pedig még magam sem tudtam pontosan, mit akarok, csak azt, Karinthyval szólva, hogy a számat szétfeszíti a szó, s mégis nehezemre esik megformálnom a szavakat. Bezzeg ha Pestre kerültem volna, minden másképp lenne – gondoltam. Amikor még Edittel kapcsolatban voltam, időnként elküldtem néhány szatirikus írásomat neki. „A magyarórán megmutattam Vajda bácsinak. Véleménye szerint – azon kívül, hogy jó, izmos írás – mint minden humorérzékkel megáldott irodalmár, rém komoly alak lehetsz" – továbbította Vajda György Mihály szentenciáját. Akkor nagy elismerésnek tartottam a semleges forrásból érkező véleményt, hiszen Vajda György Mihály a rádióban is többször tartott előadást (például Schillerről), ma viszont tudom, tényleg az lehettem, egy komolykodó humorista. Elevenemre tapintott a hivatásos ítész. Útkeresés közben arra az elhatározásra jutottam, hogy ha tényleg humorista akarok lenni, a *Ludas Matyi*ban kellene publikálnom. Fogtam magam és rövid kísérő levéllel elküldtem egy hosszabb írásomat (talán a *Futballizmust*) Darvas Szilárdnak, mert őt tartottam az akkori humorista garnitúrában a legjobbnak. Meglepetésemre, majdnem postafordultával válaszolt: „Kedves Czigány elvtárs, írása kissé körülményeskedő és hosszú lére eresztett, nem egyenletes, ennek ellenére kétségtelen humorizáló tehetségről tanúskodik. Én húzásokkal közölhetőnek tartanám. Ezzel a megjegyzéssel továbbítom a szerkesztőségnek, mert a döntés tőlük függ. Szeretettel üdvözli: Darvas Szilárd. Budapest, 1956. május 31."

Darvas Szilárd kritikája nem kedvetlenített el, hiszen a szigorú szavak ellenére is közölhetőnek tartotta írásomat: rövid levele nem volt vállonveregető, jobban esett, mintha egy-két dicsérő jelző után azzal zárja sorait, hogy még „kiforratlan" írás, ám csak kísérletezzen tovább. Kezdtem egyre inkább meggyőződni, hogy talán mégsem a humoristáskodás a műfajom, hiába ismerték már a nevem egyetemista körökben. Igaz, néhány novellatöredéket is rejtegettem kéziratban, azokkal viszont én sem voltam megelégedve, sem a témákkal, sem a kidolgozásukkal. Nem voltak eléggé komolyak, a bennem mocorgó kisördög mindig kiöltötte a nyelvét, és félrevitte az írást. Mondhatni, nem sikerült megtalálnom a saját hangom, és egyébként is két tétért versengtem, nemcsak írni akartam, hanem a tudományos munka is egyre jobban érdekelt.

Töprengeni sem volt időm sokat, mert nyakamon a vizsgák fenyegető réme, aztán bevonultam katonának, aztán pedig négyzetes gyorsulásba kezdett az idő, és mire magamhoz tértem, egy oxfordi kollégium kolostori csöndjében találtam magamat.

Mi lesz, komám-uram?

„Mi lesz, komám-uram” – nevetgéltünk hajdanában a kifacsart értelmű latin mondaton *(miles comam uram)*, mely, természetesen csupán a diákhumor szintjén, azt bizonyította volna, hogy a latin nyelvet magyarul is „megértjük”. Igaz, a nagy körültekintéssel (és mesterségesen) összeválogatott szavak latinul persze egészen mást jelentenek, mint ha magyar kiejtés szerint olvassuk őket: „Ha katona leszek, leégetem a hajam”. Pogonológiai kutatásokra volna szükség annak megállapítására, hogy vajon a római légiók tényleg ezzel a módszerrel érték-e el a haj kívánatos hosszát, vagy (a *coma* szőrzetet jelent, a latinban nem létezik a szőr-haj megkülönböztetés) csupán arcukról távolították el a szőrt (gondolom, nem rendszeresen) égő gyertya segítségével.

Az viszont kétségtelen, hogy az újoncoknak minden modern hadseregben levágják a haját, illetve levágták, egészen a legutóbbi időkig. (Azt hiszem, Európában a holland hadsereg volt az első, mely engedélyezte a hosszú haj viselését a katonáknak, bár a rend kedvéért előírta, hogy hajhálót viseljenek.) Az újoncok kopaszra nyírása kettős célt szolgált. Egyrészt a másodlagos nemi bélyeg minden nyomának a fejről való eltávolításával egyformásította a hadsereg tagjait, másrészt megszégyenítette őket a különböző stílusban viselt férfiúi hajék teljes eltüntetésével. Bár ez utóbbi okról, mármint a megszégyenítésről nem esett szó, mert a modern hadseregek a higiénia ürügyén (tetvesedés elkerülése) vezették be a hajtalanítást (fogolytáborokban az altesti szőrzetet is lenyírták; a szovjet lágerekben ezt a feladatot leggyakrabban nőnemű felcserek végezték), ám a kívánt pszichológiai hatást mindenképpen elérte az intézkedés: a sok egyforma rekruta megszeppenve várta a dresszúrát, amit aztán meg is kapott.

Gyerekkoromban még általános érvényű igazságnak tartották a „hosszú haj, rövid ész" filozófiáját, és legalábbis vidéken ennek a bölcsességnek a szellemében nyaranta kopaszra nyírták az elemistákat, „ne izzadjanak a hőségben" felkiáltással. Ami persze akkor sem volt igaz, mert a haj nem „melegít", hanem szigetel, éppen úgy, mint az Alföld kellős közepén búsuló juhász subája a tűző napon. A hatvanas években a nyugati diáklázongások aztán elsöpörték az efféle bölcsességek érvényességét. (Ezen a kiváló képességű nyomozó, Kojak kopaszsága sem változtat.) Külön tanulmányt érdemelne a hosszú haj elleni küzdelem, mely a XX. század első felében érte meg fénykorát, hogy aztán a társadalmi normák szemétdombjára kerüljön. (A tolerancia nehezen alakult ki, és nyugatról, tehát a kaliforniai tengerpartról haladt kelet felé. Emlékszem egy Fest Tibi nevű osztálytársamra, aki kamaszkorában egészen különleges, sapkára emlékeztető hajviseletet alakított ki, amiért tanárai rendszeresen megfeddték, osztálytársai pedig bosszantották. Mivel egyébként az osztály egyik legjobb tanulója volt, és békés természetű, kivéve, ha valaki különleges hajkoronáját megérinteni akarta, egy idő után kialakult a tolerancia. Különleges viselkedése és hajviselete, vélném, nyilván pubertáskori zavarokra volt visszavezethető, és a tanári kar pszichológiai érzéke, így utólag, egészen kivételesnek tűnik; egy idő után mindenki békén hagyta. Élni hagyták. Más kérdés, hogy ezek ellenére eléggé fiatalon öngyilkosságot követett el. Az eset azért is említésre méltó, mert nálunk még a hetvenes évek elején is előfordultak rendőrségi „kényszernyíratások", amikor minden teketória nélkül megnyírták a hosszú hajú egyént.)

A kopaszra nyírást én megúsztam gyermekkoromban (eléggé traumatikus élmény volt, amikor ötéves koromban levágták a körhajamat), s mivel sorkatona sohasem voltam, az újoncoknak kijáró megkopaszítást is. Most viszont, egyetemista koromban komoly veszély fenyegetett, mielőtt a nyári katonai táborba bevonultunk volna, szigorú parancsot kaptunk, hogy a haj maximális hosszúsága nem lépheti túl az öt centimétert, ezt vonalzóval ellenőrzik, s akinek hosszabb, azt kopaszra nyírják! Be voltunk rezelve mindnyájan, nézegettük a brillantinos hárikat, hogy és mennyit lehet megmenteni belőle, mielőtt bevonulunk „nyári Mikulásnak". (Az elnevezés a ténylegesektől származott és az egész egyetemi katonáskodás idétlenségét kívánta megjelölni.)

Nem vettük komolyan, bár az egyetemen heti három órában oktattak honvédelmi ismereteket elsőéves korunktól, minden szemeszterben. A katonai tanszék parancsnokát, Országh István őrnagyot alig ismertük, óráin megtartotta a távolságot. Annál inkább Lazúr Barnát, egy nálunk öt-hat évvel idősebb főhadnagyot, aki afféle „stramm" katonatiszt volt, szemben a m. kir. honvédség „snájdig" tisztjeivel. Noha mindkét minősítés valószínűleg még a K. u. K. hadsereg öröksége, mégis hűen kifejezi a két hadsereg tiszti ideálja közötti különbséget. Igaz, mindkét jelző olyan tisztekre vonatkozott, akik a leányszíveket megdobogtatták, mégis volt a két jelző között hajszálfinom különbség, ha nem is tudnám pontosan megmondani, micsoda.

Az egyetemisták katonai oktatása azt a célt szolgálta, hogy mozgósítás esetén megfelelő létszámú tartalékos tiszti keret álljon a hadsereg rendelkezésére. Ezt az elképzelést valósította meg a négy éven keresztül folyó katonai oktatás, melyet a nyári szünetek alatt kétszer egy hónapos kiképzőtábor egészített ki. Majd az egyetem után (ha jól emlékszem) még egy három hónapos laktanyai tanfolyam, s ezt követte a már megrostált személyi állományból a tartalékos hadnagyok kinevezése. Ebből következett, hogy a forradalom alatt az egyetemisták (az elsőéveseket leszámítva) a gyalogsági fegyverek (puska, géppisztoly, golyószóró, géppuska) működését és használatát ismerték. Népköztársaságunk előzékenyen maga gondoskodott erről. (Hiába állították a Kádár-féle ellenforradalom szem- és tollforgatói, hogy avatatlan kezekbe kerültek a fegyverek.)

Az elméleti oktatást, nem tagadom, részben szórakoztatónak találtuk, főként a nyelvezete miatt. A csodálatos rövidítések! Ezeket már gyerekkoromból jól ismertem. Az ellenség mindig „elg", a parancsnok „pk" és így tovább. A rövidítésekből mókás mondatok állíthatók össze. „Az elg pc ho-val támad, pk-juk egy vk ezds. Nekünk 2 kho áll rendelkezésünkre Vasvári vörgy pk alatt, aki pcs-ot kapott 1 gk dd bevetésére is." Magyarul: „Az ellenség páncélos hadosztállyal támad, parancsnokuk egy vezérkari ezredes. Nekünk két könnyűhadosztály áll rendelkezésünkre Vasvári vezérőrnagy parancsnoksága alatt, aki parancsot kapott egy gépkocsizó dandár bevetésére is." Ezeket a rövidítéseket a régi „reakciós" hadseregből örököltük, némi módosításokkal.

Elsőnek az M–48-as kispuska alkatrészeit tanulmányoztuk a „hornyokkal" és a „fülecsekkel". A legvérfagyasztóbb elnevezéssel a szovjet hadseregtől kapott szuronyon ismerkedtünk meg: a szurony hegyétől kiindulva négy darab „vércsatorna" tette lehetővé, hogy az elg vére akadálymentesen folyjék kifelé. Szókincsünk azután a katonai táborban tovább színesedett. De mielőtt oda kerültünk volna, még 1954 decemberében mint katonaköteles korúak, „összeírásra" kellett jelentkeznünk a Szegedi Honvéd Kiegészítő Parancsnokságon, hogy azután

„T" jelzésű (nem „titkos" és nem is „tartalékos", hanem „tanulmányi") szolgálathalasztásban részesüljünk egy évre.

Az összeírást azonban megelőzte a megjelentek megvizsgálása, hogy alkalmasak-e katonai szolgálatra. Az orvos gyorsan kimondta a boldogító igent (mármint hogy alkalmas) az anyaszült meztelenre vetkőztetett, és vihoghatnékjukon nehezen uralkodó ifjaknak. Lengemagyartól megfosztva léptünk tehát a bizottság elé, mely az adatokat dolgozta fel, s amelyben egy nagyon szigorú, szemüveges és fehér köpenyt viselő hölgy is helyet foglalt. A szokatlan helyzetben akadt olyan végtag, mely nem engedelmeskedett tulajdonosa óhajának, hogy maradjon nyugton. Volt, amelyik csak megnyúlt kissé, vagy himbálódzott, de egy esetre emlékszem, amikor a (hadseregben) „maroklőfegyvernek" titulált testrész harcra készen felágaskodott, az asztal mögött ülő hölgy szemüvegétől nem egészen fél méter távolságra. Ez a szemléző hölgynek soknak bizonyult, bár először mindenkit teste közepén célzott meg szemüvegével, és onnan siklott fel tekintete az arcra; most azonban megrebbent a szemüveg mögötti szem és tulajdonosa rekedtes hangon rászólt a zavarában fülig vörösödő újoncjelöltre: „Ne marháskodjon itt nekem!", mire a regruta kezével igyekezett szégyenét eltakarni. A pironkodó regrutának sovány vigaszt jelenthetett, hogy a fehér köpenyes hölgy, aki bizton látott már hasonló öntevékeny testrészt, szintén kissé zavarba jött, vélném, a látványos méret miatt. (Még egyszer kellett életemben parancsszóra meztelenre vetkőznöm. Az Ady téri bölcsészkar legfelső emeletén Bartucz Lajos, a honfoglalás kori magyarság kiváló kutatójának az Embertani Intézete kapott helyet. Méréseket végeztek rajtunk, majd elölről, hátulról, valamint profilból teljes nagyságú fénykép is készült minden egyes hallgatóról.)

Kétszer vettem részt tábori kiképzésen, 1955-ben Tapolcán (a Balatont messziről sem láttuk) és 1956 nyarán Kiskőrösön. A két tábor közül egyik sem tett szert olyan hírnévre, mint a böhönyei, melyről már a mi időnkben is színes legendák keringtek az ország egyetemi ifjúsága köreiben. (Ugyanúgy, mint a leghírhedtebb, *Kocsedó*nak titulált debreceni diákszállóról.) A böhönyei katonáskodás a túlélők szerint csak a légiósregények algériai Colomb-Béchar büntetőtáborában eltöltött időhöz volt hasonlítható. (Valamikor a hatvanas évek végén Jóború Magda, az Országos Széchényi Könyvtár akkori igazgatója ellátogatott a British Museumba. A legmagasabb szintű látogatás nekem is szerény szerepet juttatott; a háttéranyagot kellett előkészítenem, és mondanom sem kell, tolmácsoltam. Egyszer a főigazgatói slepptől elmaradva egy velem egyidős, nagyon öltönyös apparatcsik társaságában találtam magam. Már egy ideje figyelt, s most, eléggé alacsonyan, hogy a többiek ne lássák, felemelte a mutatóujját: „Böhönye?” Bátorság kellett a játékos fenyegetéshez, hiszen idegenek talán valamiféle előre megbeszélt, titkos jelszónak is vélhették az enigmatikus kijelentést. „Nem – válaszoltam hunyorítva –, én már nem Böhönyén voltam.” Az apparatcsik a nemleges válaszomtól is megnyugodott, mégiscsak találatot ért el, hiszen a beismeréssel az életrajzomat eredményesen körülcövekelte: „ötvenhatos disszidens” vagyok, s egyúttal sikerült a *rapprochement*-t kialakítania, elvégre ezért kapta a kiküldetési napidíjat.)

Az első gyakorlati kiképzést Tapolcán kaptuk, a kaszárnyaéletet ízlelgettük a legszigorúbb napirend mellett. Ébresztő 05.30 órakor, félóra a körlet és magunk rendbehozására. A szalmazsákokat szögletesre kellett kitömnünk, hogy éle legyen, s ez „elvágólag” helyezkedjék el a többi szalmazsákhoz viszonyítva. 06.10 órakor gyülekező a gyakorlótéren, bemelegítő testedzés, mely részben az MHK-gyakorlatra emlékeztetett, de fontos részét képezte a kiképző tisztesek által „családalapító gyakorlatnak” nevezett fekvőtámasz is. 07.00 órakor parancskihirdetés (akkor tudtuk meg, hogy mi vár ránk aznap), majd azt követően szakaszonként alaki kiképzés, „eligazítás” és reggeli. A tényleges tisztesek és tiszthelyettesek kiélvezték a nyári mikulásokkal való foglalkozás minden pillanatát. Volt, akinek kétszer is szétdobták az ágyát, mert nem volt eléggé „elvágólag” vagy szögletes. Fegyvertisztítás esetében mindig találtak még porszemet a huzagolásban, lihegve kezdhette elölről a delikvens, mert az óramű szerint működő napirend az efféle „pótcselekvésekre” nem hagyott időt. A kapca feltekerésének művészetét igen nehezen sajátítottuk el, az első hét végére mindenki sántikált, mert a rosszul feltekert kapca önálló életre kelt, vándorútra indult, és ahol megcsomósodott, ott feltörte a lábat.

Felszerelésünk eléggé viseltes szovjet típusú ruházatból állt (nincs kétségem, hogy a szovjet hadseregből kimustrált anyagot igazították át a „helyi viszonyokra”.) Az első nyáron kimenőről szó sem esett, a laktanyát csak a gyakorlótér irányában hagytuk el. Részesültünk egyszer egy igencsak pedagógiai célzatú oktatásban is: részt vettünk egy hadbírósági tárgyaláson. A vádlott egy tényleges szolgálatot teljesítő kiskatona volt, a vád: dezertálás. A katonaszökevény története halálos rémületet keltett bennünk (ezt is akarta a hadbíróság elérni). Szabadságról visszafelé lekéste a csatlakozást, bánatában megivott néhány féldeci rumot sörrel, és fél nap késéssel jelentkezett a laktanyában eléggé kapatos állapotban. Valójában nem volt katonaszökevény, hiszen önszántából jelentkezett, és a védelem nem ellenőrizte, igazat mond-e, pedig gyakorlatból mindnyájan tudtuk, hogy a szárnyvonalakról késve érkező szerelvényt gyakran nem várta be a fővonalon közlekedő gyorsvonat. Az egyszerű, nem túl értelmesnek tűnő közvitéz megadással várta az ítéletet, tudta, hogy aki a fogaskerekek közé kerül, azt menthetetlenül összezúzza a gépezet, nem teketóriáznak vele. Nem emlékszem, mire ítélték, de iszonyatos büntetést kapott. A védelem nem talált enyhítő körülményt. Az ítélet után egy tiszt (talán egy hadbíró százados) „átbeszélte" velünk a tárgyalás lefolyását, és a joghallgatók igen sok érvet sorakoztattak fel az enyhítő körülmények figyelmen kívül hagyása ellen. A tiszt nem tűrte a fogadatlan prókátorok ellenvetéseit, a végén kijelentette: „A hadseregben nem érvényes a polgári perrendtartás, a katona csak akkor kap felmentést a parancs teljesítése alól, ha meghal." Egyenes beszéd volt. Tudtuk, hányadán állunk.

A politikai tiszttől is sok hasznos ismeretre tettünk szert. Megtudtuk, hogy a régi hadseregben „alázatosan" kellett jelenteni a feljebbvalónak, néphadseregünk viszont elengedte ezt a megalázó formulát, mert mi „a dolgozó népünket szolgáljuk, nem pedig a horthysta reakciós urakat". Naprakész információi alapján arról is tájékoztatott minket, hogy az imperialisták ugrásra készen állnak, s ezért pártunk és kormányunk mint a Varsói Szerződés tagállama még szorosabbra fűzte (eddig is szoros) kapcsolatát a Szovjetunióval, mely most már megbonthatatlan. (Azért volt politikai tisztünk információja naprakész, mivel a Varsói Szerződés dokumentumain még meg sem száradt a tinta; bevonulásunk előtt nem sokkal ratifikálta a parlament.)

De mégsem a tapolcai kiképzés, hanem a kiskőrösi volt az igazi. Ott már tényleg az idegenlégióban éreztük magunkat az alföldi homoktengerben, mindennap újabb sóvirágot rajzolt gimnasztyorkánkra az izzadság. Sátortáborban is laktunk, és részt vettünk egy hadgyakorlaton tényleges alakulatokkal közösen. Előzőleg éleslövészetre jártunk az akasztói gyakorlótérre, és jaj volt annak, aki legalább a céltáblát nem találta el. Gondosan felkészítettek bennünket az atomtámadásra is. Ilyenkor az előadó kiosztotta a „T"-vel jelölt (ezúttal a „T" titkosítottat jelentett) füzeteket, csak ebbe volt szabad jegyzetelnünk, s az előadás végén beszedték a füzeteket, nehogy avatatlan kezekbe kerüljenek. (A titkosításról már volt fogalmunk: Szegeden a Tisza-hídnál tábla jelezte, hogy: „Fényképezni tilos!" Ez persze nem akadályozta meg Népköztársaságunkat, hogy a Tisza-hídról készített fényképet levelezőlap formájában minden szegedi trafikban árulják.) Valamelyik jogász (a jogászok nagyon elszemtelenedtek) megkérdezte, hogy minek jegyzetelünk, ha utána nem tanulmányozhatjuk a jegyzeteinket. „A katona nem vitatkozik!" – hangzott a válasz.

De így, a titkosított füzet nélkül is megmaradt bennem egy hasznos ismeret, örökre. Amikor a szabadban vagyunk és atombombát dobnak ránk, a vezénylő tiszt, miután észlelte az atomtámadás tényét, elkiáltja magát: „Villanás balról!". Erre a harcos azonnal hasra vágódik jobbra, azaz elfordul a villanástól, de úgy, hogy testével eltakarja lőfegyverét, mert ha a závárzat megolvad, a lőfegyver használhatatlanná válik, s a harcos elveszíti hadászati jelentőségét. Ezen már nevetni sem volt kedvünk, mert ha az edzett acélból készült závárzat megolvad, mi történik a závárzatot testével oltalmazó girhes katonával?

(Ha valaki azt gondolná, hogy atomtámadásra csak a Varsói Szerződés országaiban készültek ilyen megfontolt körültekintéssel, csalódást kell okoznom. Az 1980-as évek elején Angliában jótékony kezek kiszivárogtatták a *Civil Defence* atomtámadásra felkészítő könyvecskéjét, mely eléggé felizgatta a közvéleményt, meg kell mondanom, nem csak a baloldali sajtót. Amikor bejelentik az atomtámadást, a közigazgatás gerince visszavonul az (atom)bombabiztos bunkerekbe, hogy ezáltal működését zavartalanul folytathassa. A lakosság saját lakásában megkeresi a legbiztosabb zugot, s ezt bútordarabokkal még biztonságosabbá teszi, esetleg még könyvhalmokkal is körülbástyázza. A gondosan kialakított bunkerbe apuka védelme alatt bevonul a kis család, a gyerekeknek legfeljebb egy darab játék engedélyezhető (a legkedvesebb), élelmiszerről anyuka gondoskodik, apuka táskarádiója keresőgombját csavargatja, hogy a hatóságok utasításairól kellő időben értesüljön. Ily módon értesül arról is, hogy mikor hagyhatják el az alkalmi óvóhelyet. A testi szükségletek biztonságos elvégzésére nem vonatkozott utasítás.)

Kínunkban röhögtünk. Nem az atomtámadáson, hanem a hadsereg sajátlagos nyelvezetén. A harcos nem lézenghet, mindig „tevékenykedik", persze nem öntevékenyen. Már bevonulásunk előtt is számtalan katonaviccet hallottunk, ez hozzátartozott az egyetemi élet folklórjához. (A legjobban azon nevettünk, amikor a kiképző tiszthelyettes megkérdezi: „Hány érettségije van?" De minden relatív. Angliában jogos a kérdés. Ott ugyanis az érettségi megfelelőjét [GCE = General Certificate of Education] tényleg tantárgyként számolják.) Én a viccek nagy részét apokrifnak véltem, de az élet rácáfolt. Az rendben van, hogy gimnazista koromban Karinthy *Tanár úr, kérem!*-jéből egyes ötleteket aktualizáltam, de azt nem gondoltam volna, hogy szakállas katonavicceket valaki is újra használni merjen. Megint csak a jogászok jeleskedtek, közülük is kimagaslott Vető Miklós (ma filozófiaprofesszor a rennes-i egyetemen). Egyszer árnyékban hűsölve talált rá az egyik tiszthelyettes. A kérdésre, hogy mi a foglalkozás tárgya, Vető közlegény vigyázzba kapta magát: „Jelentem, meditálok!" „No, hát azért mondom!" – hangzott az elbizonytalanodott válasz. Vető vérszemet kapott. Egyik nehéz hadgyakorlat előtt gyengélkedőbe jelentkezett, mert tudta, hogy a gyengélkedők csak a körletet sepregetik. A teljes menetfelszerelésben felsorakozott század előtt kellett jelentenie a gyengélkedés okát: „Pragmatica sanctióm van" – mondta szemrebbenés nélkül. Ezen elröhögtük magunkat, alapvicc volt a javából. A kiképző tiszthelyettes ránkripakodott: „Mit röhögnek, nem látják, hogy ez az ember beteg?" Ha nem vagyok szemtanú, soha senkinek nem hiszem el, hogy megtörtént. Persze a kiképző tisztesek is visszavicceltek. Bejön a körletbe az egyik: „Ki tud zongorázni?" Többen fürgén jelentkeznek, alkalom a lógásra. „No, akkor maguk mennek a konyhára krumplit pucolni!" Nagyon meggondoltuk, mire jelentkezünk, rájöttünk, a legjobb semmire sem jelentkezni.

Kaptunk hátborzongatóan komoly feladatokat is. Őrség. Az őröknek, jelentette ki a kiképző tiszthelyettes, ha a saját parancsnokuk igyekszik megközelíteni is őket, netán az őrségbe állított katona édesanyja, ha a közelelő nem tudja az éppen érvényes jelszót, az őr köteles tüzet nyitni. Vérfagyasztó történeteket hallottunk őrszemekről, akik a saját parancsnokukat szitává lőtték. És a hadbíróság felmentette őket, mert a kötelességüket teljesítették. Nem tudom, hogy ilyen eset valóban megtörtént-e; amikor én álltam őrségben, semmi nem zavarta békés szendergésemet. Volt néhány altiszt, akit szívesen szitává lőttünk volna, ha erre alkalom adódik. De nem adódott. Az elrettentően intelmes történetek inkább a megfélemlítésünket szolgálták, vegyük komolyan a feladatunkat, mert ha őrség közben valaki, akár csak viccből is, elveszi fegyverünket, ezért hadbíróság elé állítanak.

Akárhogy volt is, a második táborozás alatt belerázódtunk a katonaéletbe (hogy „gyöngyélet a katonaélet", azt azért nem állítottuk). A magyar néphadsereg nem tartotta feladatának, hogy felhizlaljon bennünket. Többlethez csak úgy jutottunk hozzá, hogy a kákabélűekkel megutáltattuk, amit a kondérból kimertek. Egy gyanús löttyre magam is megjegyeztem: „Most látom, ebbe patkányembriók agyvelejét főzték bele! Nagyon magas a tápértéke". Többen káromkodva lecsapták a kanalat, megehettük az otthagyott adagokat. Igazam volt: aki éhes, ne finnyáskodjék. A ténylegesek minden alkalmat megragadtak, hogy virtuskodjanak. Az egyik kiképzőtiszt például, igaz, rohamsisakban, felrobbantott egy kézigránátot a feje fölé tartva, amit megtehetett a hosszú nyelű szovjet gránáttal, hiszen a bádogburkolatú gránát repeszei, a ballisztika törvényei szerint, mint a szökőkút vize, felfelé terjednek, s csak egy idő után terülnek szét; mindenki tudja ezt, aki tűzijátékot látott. Persze így sem volt a virtuskodás veszélytelen, s nem hiszem, hogy ezt a mutatványt második világháborús kukoricagránáttal meg merte volna tenni bárki is, annak nehéz repeszei voltak.

Mi viszont az akasztófahumorban éltük ki magunkat. Hazafelé a gyarkorlótérről, kimerülten, még nótázni is kellett. Egyik alkalommal, amikor elhangzott a parancs: „Nóta, fiúk!", nagy átéléssel rázendítettünk a partizánindulóra: „Rongyosak vagyunk ma és éhesek..." Ezt a parancsnok nem vette jó néven, kinyomozta, ki kezdeményezte, s a (megint csak jogász) delikvensnek golyószóróval a vállán kellett a hazafelé masírozó szakaszt körbe-körbe szaladnia, míg össze nem rogyott. Visszatréfált a parancsnok. Hamar megtanultuk, hogy a hadseregben mindig a feljebbvaló marad a győztes. Ezt józan ésszel be is láttuk, a gyakorlatban viszont nem volt könnyű lenyelni, hogy egy nyári mikulás labdába se rúghat.

1956 nyarán az egyik kiképzőtisztünk egy tartalékos páncélostiszt volt, aki minden szombat délben, mivel maga is rühellé a prófétaságot, otthagyott bennünket, és igyekezett az állomásra, hogy a pesti gyorsot le ne késse. A szombat délelőtti foglalkozás tárgya egyébként is elméleti oktatás volt, ami azt jelentette, hogy az árnyékban, a parancsnok köré heveredve hallgattuk a történeteit. A történetek leggyakrabban az erdélyi harcokról szóltak, hogyan védték az Ojtozi-szorost mostani szövetségesünk ellen a román átállás után, 1944 kora őszén, s hogy mégis fel kellett adni Székelyföldet és visszavonulni, mert a Vörös Hadsereg egy-kettőre Dél-Erdélyben termett a Déli-Kárpátok hágóin keresztül. Őt és egységét a tordai csatában vetették be, amikor a magyar hadvezetés lefékezni akarta a szovjet előnyomulást, hogy időt nyerjen a Székelyföld kiürítésére és hogy Kolozsvárt megvédjék. Hetekig tartották a frontot többszörös túlerővel szemben. Számtalan példán szemléltette a közkatonák személyes bátorságát, leleményességét a harcokban. Ittuk a szavait, eszünkbe se ötlött, hogy egykori ellenségeinkkel most megbonthatatlan szövetségben állunk, és egészen más irányból készülődő agresszió ellen képeznek ki bennünket. A magyarországi harcokról jóformán semmit sem tudtam, hiába olvastam el annak idején nagy figyelemmel a második világháború vaskos történetét, abban csak félmondatos utalások fordultak elő Magyarország szerepéről. Ismertem természetesen az egyiptomi tíz csapás korszerű csomagolásban tálalt változatát, a „sztalini tíz csapás" fegyvertényeit, hogy mikor érte el a szovjet hadsereg hazánk (mai) határait, és mikor verte ki az utolsó harcoló egységeket az ország területéről a generalisszimusz hadereje; ezekről a tényekről akkor is tudomásom lett volna, ha süketnémának születek. A harcok részleteiről azonban semmit, de semmit nem tudtam, hiszen Magyarország szerepével a háborúban nem dicsekedtek a tankönyvek, elvégre „Hitler utolsó csatlósai" maradtunk. Más forrás pedig nem állt rendelkezésünkre, csak amire személyesen emlékeztünk.

Visszagondolva, egyáltalán nem értem, honnan vette a bátorságot ez a páncélos hadnagy, hogy a tizenkét évvel azelőtti harcokra emlékezzen, még akkor is, ha csupán mint harcászati feladatok megoldásának a szemléltetésére hozta fel példának a saját háborús tapasztalatait. Mit írt a jelentéseibe, mire oktat bennünket? Nem kellett az oktatandó anyagot előre láttamoztatnia a politikai tiszttel? Nem félt, hogy besúgó akad köztünk, aki beárulja, hogy a „fasiszta" hadsereg hadműveleteit ismerteti, ha nem is dicsőíti? Nem tudok a kérdésekre józan és kielégítő választ adni. Hacsak azt nem, hogy akkor, 1956 nyarán volt valami a levegőben, aminek a jelenlétéről nem tudunk számot adni, nem tudjuk leírni, szavakba önteni, de ott volt, bennünk volt, megvolt. Valami indokolatlan bizakodás, reménykedés, várakozás, jókedv, sejtelem, derűlátás. Lehetséges, hogy a Hegel által gyakran emlegetett *Zeitgeist* mégiscsak létezik? S amit megpendít bennünk, arra rezonálunk egész valónkkal, és irracionális cselekedetekre is hajlandók vagyunk?

Arról se tudnék számot adni, ki fogta a ceruzámat, ki diktálta az eléggé hebehurgya naplóbejegyzést: „Mióta harsogó tavasz van, valahogy másképp járok az életben, valahogy más embernek érzem magamat, úgy érzem, ismét megtaláltam a célt[...] Mostanában mindig verssorok jutnak eszembe. Arany: *Csillag esik, föld reng, jött éve csudáknak...* Ady: *Várjuk már, már várjuk az új magyar csodákat... Csönd van, mintha nem is rezzennénk, s rohanunk a forradalomba..."* (*Napló,* 1956. júl. 8.) Ma is lúdbőrzik a hátam, ahogy az utolsó sort olvasom: *...rohanunk a forradalomba.* Persze, persze, közismert, elcsépelt verssorok, melyik középiskolás ne ismerné, pláne két évvel érettségi után? Az első Ady-idézet aktualizálása is megdöbbent: *várjuk már, már várjuk...* (természetesen a második „már" nem szerepel az eredetiben). De itt, az idézetben az ismétlés sokat ad hozzá: „*már* várjuk" – felszólítás, kihívás, hangsúlyozás rejlik az önkéntelen elírásban. Eljött az idők teljessége: „(most) már (joggal) várjuk". Annál is inkább, mert az aznapi bejegyzés, párhuzamosan, elidegenedésről beszél: „... idegennek érzem magam nagyon; hogy kerültem ide most – mondjuk – Kiskőrösre, egy laktanya udvarára? Előttem egy gimnasztyorka, páncélosparolival, őrvezetői csíkkal, rettentően koszos. Érdekes, ez az enyém? Mit keresek itt? De ha hanyatt fekszem a felhőtlen nyári ég alatt és a hűvösből meglátom az akácfákat, behunyom a szemem, és megnyugtat az ismerős, leírhatatlan kedvességű, nyári légydöngés...” *(uo.)*

Az egyik szombat déli elutazásakor a páncélos hadnagy nem talált hivatásos tiszthelyettesre, aki átvegye tőle a szakaszt, hogy délután kettőig folytassa a foglalkozást, és utána visszavigye az egységet a laktanyába. Szombat délután kötetlen foglalkozás következett a laktanyában: tisztálkodás, levélírás, a körlet takarítása. Egyre idegesebben nézte az óráját, majd hirtelen ötlettől vezetve rám mutatott: „Czigány őrvezető! Átveszi a parancsnokságot a maradék időre, és 13.30 órakor visszamenetel a szakasszal a laktanyába!” „Értettem, hadnagy elvtárs!” Arra már nem volt idő, hogy megkérdezzem, mi legyen a foglalkozás tárgya, hadnagyunk rohamlépekben eltűnt a kaszárnya irányában. Megkönnyebbülten heherésztünk, le a csizmákkal, kiteregettük a kapcákat, elő a kulacsokkal, s megindult a búcsújárás a gyakorlótéri kút felé. A rendnek és a fegyelemnek az utolsó maradványai is eltűntek. Még jó fél óra volt hátra. Egy idő után hírnök pihegve jő a szomszédos szakasztól, mely egy tényleges tiszt vezetése mellett tevékenykedett: „Megbízott parancsnok, jelentse foglalkozás tárgyát!” „Foglalkozás tárgya tíz perc pihenő!” Hírnök, szemében irigység a kirándulókra emlékeztető, hiányos öltözékben heverésző alakulat látványától, pihegve el.

Rossz érzésem támadt, ennek nem lesz jó vége, elvégre nem osztálykiránduláson vagyunk. Egyre határozottabb hangon kérlelni kezdtem a szakasz tagjait – legalább a lövészárokba hasalva napozzanak. „Mit ugrálsz itt, örülj neki te is, hogy lazsálhatunk.” Az újabb futár nem pihegett, hanem parancsot hozott: „Öt perc múlva teljes menetfelszerelésben jelentkezik a szakasz egységem parancsnokánál, ellenkező esetben a megbízott parancsnok egyenesen a fogdában találja magát parancsmegtagadás miatt.” Most értettem meg, milyen veszélyes helyzetbe sodródtam saját évfolyamtársaim miatt. Parancsmegtagadás minden hadseregben egyenértékű a lázadással, ezért hadbíróság előtt kell felelnie a tettesnek. Kiszaladt a fejemből a vér. Fellőttem a rám bízott rakétapisztolyból a teljes készültséget jelentő (azt hiszem) piros színű rakétát, és tényleges kiképzőtisztre emlékeztető hangon, magázva a sok harcost („Mozogjon, Juhász harcos!”), helyreállítottam a fegyelmet, és rendezetten átmeneteltünk jelentkezni. A parancsok meghallgatta, és kiadta az újabb parancsot: „Irány a laktanya! Menet, indulj!” Mivel a jogászszakasz pár száz méterrel utánunk menetelt a hivatásos tiszt vezénylete alatt, nem kockáztathattam semmit. Szakaszom még mindig nem értette meg, nekik lehet, hogy igen, de nekem nem babra megy a játék. Mivel nótázni nem voltak hajlandók rendesen, felvetettem a szakasszal a gázálarcot. Ez volt a legnagyobb büntetés, a hőségben a gumi az arcra tapad, és levegőt sem kap rendesen, aki viseli. Egy-két „villanás balról” és „villanás jobbról” után kezes bárányként viselkedett a szakasz. Beértünk a laktanyába, szétfolyva, mocskosan, kimerülten, feldúltan.

Este még lámpaoltás után is veszekedtünk. Nem akarták megérteni, hogy nem én vállalkoztam a feladatra, kijelöltek, s hogy bárki, aki helyettem odakerül, ugyanúgy bajba jut, ha nem csinál rendet, mint én, és hogy ráadásul még ki is röhögtek, amikor hadbírósággal fenyegettek. Ehelyett elvárhattam volna némi szolidaritást, s akkor sokkal kellemesebben úsztuk volna meg a dolgot. Egy idő után néhányan pártomat fogták, s megoszlottak a vélemények. Nekem rendkívül tanulságos volt az eset. Egyrészt a hivatásosak csak úgy emlegettek bennünket, hogy „az a szakasz, amelyik fellázadt”, másrészt alkalmam volt elgondolkodni a kutyaszorítók természetrajzáról.

Civil életben könnyű kibúvót keresni, bár elismerem, nem minden esetben. Hadseregben nincs kibúvó, csak a parancs teljesítése vagy hadbíróság. Harci helyzetben ez nem sok teketória után falhoz állítást jelent. Lukács György például, mikor megjelent a tiszai hadszíntéren 1919 áprilisában mint (önkéntes!) politikai népbiztos, és látta, hogy a demoralizált Vörös Hadsereg megfutamodik, úgy csinált rendet, hogy nyolc vöröskatonát Poroszló főterén főbe lövetett, s ezzel életút-interjújában Eörsi Istvánnak el is dicsekedett. Nem hinném, hogy hivatásos katonatiszt büszkélkedett volna a véres incidenssel. Ennyit a filozopterről katonaruhában. Az efféle példát statuálásnak megvoltak az áldozatai minden hadseregben. A somme-i nagy vérveszteséggel járó vereség után az angolok tiszteket is kivégeztek „megfutamodásért”, pedig a tiszt: *officer and gentleman*, durva magyarsággal: a mi kutyánk kölyke. Van persze ellenpélda is. H. P. abban az évben érettségizett, mikor visszakerültem Újhelybe. Öregdiák volt a javából. Dániában (!) harcolt alakulatával a háború utolsó heteiben, Waffen-SS parancsnokság alatt. Pergőtűzben szöktek meg, miután lelőtték német parancsnokukat. Így került haza, gimnáziumi tanulmányait befejezni. Tényleg dezertált. De mint mondta, egy reggel felébredtek, s arra gondoltak, miért harcolnak ők Dániában?

A mi, pontosabban az én esetemben nem erről volt szó. Nem élesben ment. Minket csak az érdekelt, hogy minél előbb túlessünk a katonaság kellemetlenségein, s mehessünk haza, ne csikorogjon a fogunk között az alföldi homok. És lenéztük a hivatásosakat. Éppen ezért a hivatásos parancsnok szívesen csinált volna ügyet a „lázadásból". Ezért tudtam, hogy mennyire veszélyes helyzetbe kerültem, hiszen a legenyhébb büntetés esetében is társaim hazamennek, én pedig mint „büntetős" maradok; még ha csak a tanév elejéig is. A többieknek ez nem volt nyilvánvaló, csak azt érezték, hogy irigylem tőlük a fél óra lazsálást. Mikor rádöbbentem, hogy nekem kell „elvinni a balhét" (bár akkoriban még nem dívott ez a kifejezés), akkor keményedtem meg, felmondtam a „haverséget".

Erre az incidensre sokszor gondoltam azóta is. Amikor hirtelen magára marad valaki. A sors harangozni kezd, és peregnek az események. Hiszen kibogozhatatlan helyzet szülte a bonyodalmat. Nem voltam „rangidős", a szakasznak majdnem a fele megkapta a vállára az őrvezetői „gerendát", a csíkot az első kiképzőtábor után, ha jól emlékszem, éleslövészetben kellett elérni egy bizonyos pontszámot. Természetes tehát, hogy „tekintélyem" nem lehetett a szakasz tagjai előtt. Erre nem is vágytam. És háborúsdit sem akartam játszani, megvoltak hozzá az élményeim. Miért éppen engem szemelt ki a tartalékos páncélos hadnagy (hogy ne mondjak t. pc. hgy.-ot)? Miért engem szemelt ki Soltész tanító úr, hogy az „adj király katonát" ostoba játékban én legyek az egyik vezér? Miért engem szemelt ki Densz tisztelendő úr, hogy az osztályt képviseljem a püspöki látogatás idején? Miért nekem kellett felköszöntenem Demjanovich tanító nénit? Miért nekem kellett megmondanom, hogy mennyire elítélem az imperialista bérenceket, akik nem fizetnek békekölcsönt? Miért? Ma sem tudok válaszolni.

Annyit tanultam az esetből, hogy ha többen vagyunk együtt, igyekszem hátul állni vagy ülni, lehetőleg lesütött szemekkel, ne adjak alkalmat senkinek, hogy valamilyen feladat végrehajtására engem szemeljen ki. Előadásokon, összejöveteleken, rendezvényeken az utolsó sorban szoktam ülni, lehetőleg a sarokban. Biztos, ami biztos. *Stand up and be counted,* mondja az angol arra az esetre, amikor valakinek nyilvánosságra kell hoznia, milyen színekben indul. Erre vártam én is, hogy a cselekvés alanya legyek, ne tárgya, hogy én döntsem el, milyen mezben akarok kifutni a pályára, hogy csak abba keveredjek bele, amit én akarok, ne szemeljenek ki, ne válasszanak meg, ne jelöljenek ki. Most már talán van esélyem, hogy megúszom a hátralevő éveket, hiszen kifelé megyek. De akkor, 1956 nyarán nem tudtam, milyen közel állok ahhoz, hogy magamtól álljak fel megszámláltatáshoz, hogy megmondjam, ide tartozom-e vagy oda.

A katonaság egyetlen eredményének azt tartottam, hogy összebarátkoztam a jogászokkal. Tetszett, ahogy éneklik: „Nem ütik a jogászt agyon...", élveztem akasztófahumorukat. Már-már sajnáltam, hogy annak idején nem mentem jogásznak Pestre. Hazafelé együtt utaztunk. Elkomorultan készültek szeptemberre halasztott vizsgáikra. Egyikük gondterhelten olvasta a *Bevezetés a statisztikába* című egyetemi jegyzetet. Elkértem tőle, megnézni, mit is tanulnak. Elolvastam az első mondatot: „A statisztika pártos tudomány". Meghökkenve gondolkoztam egy ideig. Hogyhogy pártos tudomány?

Hirtelen nagyon megörültem, hogy nem jelentkeztem a jogi karra.

A szegedi diéta

„Hogy az Úristen megtűri a történészek létezését – hangoztatta Samuel Butler, a viktoriánus kor szatirikus hajlamú esszéírója –, annak egyes-egyedül az az oka: olyasmit tudnak tenni, amire még ő maga sem képes – meg tudják változtatni a múltat.” A múltról pedig tudvalévő, hogy csak addig múlt, amíg el nem múlik, mert addig jelen van nemcsak az emlékezetünkben, gondolattársításainkban és cselekedeteinkben, hanem a bőrünk alatt cipeljük, érzékelhetetlenül tevékenykedik, mint a radioaktivitás, indulataink titkos rugója, váratlanul tör tudatunk felszínére, soha nem henyél, hanem alkot és rombol, módosít és kiegészít; egyszóval: nem múlik el. Mihelyst elmúlik: történelem lesz belőle, de előzőleg mindenki macája, *Mädchen für alles,* mindeneslány, *ancilla historiae*, a történelem szolgálólánya, akit mindenki ott és akkor erőszakol meg – erre utal Butler –, ahol és amikor csak akar. A múlt bennünk él, a történelem papírlapokon, a múlt személyes, az, amit átéltem, a történelem személytelen, az, amire tanítottak, amiről olvastam. Emberi gyarlóságunkból adódik, hogy egy idő után a múlt és a történelem összekeveredik a fejünkben, s egyszer csak azon kapjuk magunkat, hogy a történelemre emlékszünk, mert a múlt végérvényesen elmúlt, nem bírjuk többé kihámozni a történelem burkából, megtörtént a fosszilizáció, megkövesedett lelet lett a múltból, saját múltunkat is kezdjük a történész szemével nézni. Egy múltbeli esemény túlélőinek fogyó serege előbb-utóbb őslénnyé változik, egyszerre megbámult és hitetlenkedve tekingető őslényekké, fogyó emlékekkel, melyekre a történettudomány egyre kevésbé kíváncsi.

1956 nyarán, nem sokkal leszerelésem után indulhattam Prágába a szegedi egyetemisták mintegy húszfős csoportjával: csehszlovákiai egyetemisták látogatását viszonoztuk. A „baráti” országok közötti mini-vasfüggönyök éppenhogy leomlottak, útlevél nélkül utazhattunk, Krajkó elvtársnál volt egy lista rólunk, ezenkívül megkaptuk a nemzetközi diákigazolványt, Jiři Pelikán aláírásával (a Prágai Tavasz után ő is nyugatra került). A DIVSZ (= Demokratikus Ifjúsági Világszövetség) igazolványa persze csak a második és a harmadik világban volt érvényes, „világszövetség" volta ide, vagy oda.

A hálókocsis expresszvonat ablakából bámulva a szlovákiai tájat megkíséreltem elhessegetni magamtól a gondolatot, hogy nem „igazi" külföldre utazunk, hiszen a Monarchia területét nem hagyjuk el. A Balkánról Prágába igyekvő expresszvonatban persze így is túláradó jókedvvel viselkedtek az utasok, átérezték kivételezettségüket, öntelt felsőbbrendűségi érzés dagasztotta a kebleket, mi olyan fontosak vagyunk a rendszernek, hogy lám, külföldi utat kaptunk jutalomként! Közönséges második világbeli halandók akkoriban nem is gondolhattak külföldi útra, főként a saját erejükből nem. Összeismerkedtem egy fiatal bolgár művésszel (*ja hudozsnyik* – mondta, kijelentése fontosságát átérezve), aki művészi élményekkel *(perezsivanyie)* kívánta magát Prágában gazdagítani. Hősiesen törtem az oroszt, de beszéltem, szemben az orosz szakosokkal, akik nem mertek megszólalni a béketábor *lingua francá*ján, bár ha egy igének eltévesztettem a vonzatát, utána tapintatosan mindig felhívták rá a figyelmem. Nekem teljesen mindegy volt, életemben először valami hasznát láttam orosz nyelvi ismereteimnek.

Ebben a kivételezett társaságban kakukkfiókának éreztem magam, egészen pontosan magam sem tudnám megmondani, hogyan kerültem közéjük. Nyilván Kiss Lajos ajánlására tettek be valaki helyére, aki az utolsó pillanatban lemondta az utat. Aminek csak igen nyomós oka lehetett, hiszen egyébként ki őrült volna meg egy ilyen életre szóló élmény lehetőségét elszalasztani? Akárhogy történt is, ott voltam én is, és azóta sem villanyozott fel ennyire külföldi út, talán még az sem, amikor először láttam Párizst. Egy idő után annyira beleéltem magam a külföldi kirándulásba, hogy az egyik társas vacsorát követően, miután az igazán kitűnő cseh söröket annak rendje-módja szerint sorban végigízleltük, Kovács Sándor Ivánt, szállásunkra igyekezve, az egyik telefonfülkében (hogy a többiek ne lássák) térden állva megeskettem, hogy az idén legalább még egyszer eljutunk külföldre, ezúttal már igazán nyugatra. Legalább Bécsbe. Bár Prága is nyugatnak tűnt akkori szememnek, a Mala Stranával és számtalan barokk palotájával. (Magam sem hittem, hogy milyen könnyen sikerül majd fogadalmamat valóra váltani. Igaz, Bécsbe évekig nem jutottam el.)

Prága persze akkor tetszett meg nekem igazán, amikor egyszer-kétszer sikerült egyik kirendelt vezetőnkkel megszökni a csoporttól, és ketten kószáltunk Dagmarral az augusztusi napfényben csillogó-villogó város pezsgő forgatagában. Dasenka egy babaarcú, formás cseh lány volt, óriási zöld szemekkel, akibe, mondanom sem kell, első látásra beleestem, és nem is reménytelenül. A dühöngő szerelem két nem várt következménnyel járt: egyrészt óráról órára egyre jobban ragoztam az orosz igéket, másrészt a bizalmas viszony alkalmat adott arra, hogy kölcsönösen tájékoztassuk egymást: a látogatók illetve a vendéglátók között ki előtt kell vigyázni, hogy mit is mondunk. Én Krajkó elvtársat említettem elsőnek, akivel nem az volt a fő baj, hogy a cseh konyha fölséges knédlijeire állandóan panaszkodott, vagy hogy egy alkalommal, fölbátorodva az én szegényes szókincsű orosz nyelvű társalgási mutatványaimon, megkockáztatott egy orosz nyelven megformált kérdést: „kudá igyos*unk most*?" (amin az orosz szakosok nem mertek derülni), hanem elsősorban az, hogy mindenről tudni akart, ki kivel, miről beszélgetett, és állandóan a csoport tagjait számolgatta.

A kirendelt tolmács egy (Milina vagy Malina nevű) tót liba, és nem számít – biztosított Dagmar –, magyar szakos Pozsonyban, és csak a nyelvtudása miatt került ide. A harminc év körüli *prepodavatelj*, aki a fő gondviselőnk volt, az már teljesen más káposzta, intett frissen szerzett barátnőm, ő az, aki közvetlenül a DIVSZ-nek jelent, s ha valakiről rosszat jelent, az nem egyhamar utazik DIVSZ-tagsági igazolvánnyal. Ez a prepodavatelj megtalálta a kívánatos egyensúlyt a csodálatos múzeumok, képtárak és a szocializmus vívmányainak általunk való megismerésében: váltakozva ámulhattunk gyárlátogatásokon a cseh szocialista nehéz- és könnyűipar növekvő eredményein. A gyárlátogatások Prágától délre, vidékre vezettek bennünket. Egyik kisvárosban, a magyar beszédre, néhány helybeli csatlakozott hozzánk az utcán. Szomorúan és halkan mondták, hogy ők is magyarok; a háború után kitelepítették őket a Felvidékről, úgy kerültek ide. Ekkor hallottam először a kitelepítettek sorsáról. Ahogy a prepodavatelj megjelent, sietve eloldalogtak. Cseh vezetőnket bosszantotta az ügy. Felvilágosítás helyett gondoskodott politikai képzésünkről is, tőle értesültünk a szuezi válságról: Nasszer államosította a Szuezi-csatornát, s ebbe az imperialisták nem fognak belenyugodni – jelentette ki gondterhelten. Hogy ennek hatása lehet a mi életünkre is, képtelenek voltunk felfogni, hiszen otthon egyre jobb hírek keringtek, Rákosi megbukott, és a személyi kultusz maradványai elleni harc került napirendre, a szocialista törvényesség maradéktalan tiszteletben tartása jegyében. (A szuezi válságról Szegeden, néhány héttel a forradalom előtt, a nyugati világot első emigrációjából jól ismerő Pálóczi Horváth György tartott előadást, akkor sem figyeltünk oda, pedig akkor már illett volna.)

Nem sokkal azután, hogy a vizuális (Prágában láttam először televíziót: a magyar *színes* televízión dolgozó elektromérnököket Londonban ismertem meg, az egész stáb eljött) és szenzuális élményektől megittasulva visszaérkeztem Gyöngyösre, táviratot kaptam az egyetemről, melyben közölték velem, hogy a tanév kezdete előtt a DISZ értekezletet tart, melyen részvételemet elvárják. Nem tudtam mire vélni, kérdezősködésemre, már a helyszínen, megtudtam, majdnem mindenkit váratlanul ért a megtisztelő meghívás. Direktívára történhetett, utolsó percben. Az egyetemi Diák-klubban aztán minden kiderült, „a diákifjúság jogos követeléseivel" kívánnak a felelős szervek megismerkedni. Az egyre jobban megbátorodó hozzászólásokban főként és elsősorban a túlterhelés csökkentéséről esett szó, meg a minden szakon kötelező oroszoktatás nyűgéről, hiszen más nyelveket is szerettünk volna tanulni. Az egyetemi oktatás minden ágazatára kiterjedő reformjavaslatokat mézes-mázos kedvességgel, bólogatva hallgatták a DISZ- és pártvezetők, köztük a fő mézes-mázos egy pesti elvtárs volt, a DISZ KV tagja. Nem tudtuk mire vélni az egészet, érthetetlennek tűnt ez a hirtelen támadt, már majdnem azt mondanám, előzékeny engedékenység, a széles mosollyal bólogató DISZ- és pártfunkcionáriusok bennünket olyannyira kitüntető figyelme. Látványos tervek merültek fel, Szegeden is megalakul az Eötvös-kollégium, a Petőfi-kör mintájára szabad vitafórumot szervezünk, melynek a helyi hagyományokhoz szorosan tapadó neve József Attila-kör lesz.

A tanév ebben a szellemben indult meg. Alig maradt kötelező tárgy (természetesen a marxizmus, honvédelem és orosz kivételével), szabadon választhattunk izgalmasabbnál izgalmasabb címmel meghirdetett előadások között. „Francia dráma", „Latin költők" olvasom hitetlenkedve az 1956/57 I. félévre szóló, véletlenül előkerült órarendemen. Igaz, ott terpeszkedik rajta kétszer két órában a politikai gazdaságtan, egy kiegészítő kétórás szemináriummal. Tényleg megalakult az Eötvös-kollégium is, a lányok diákszállójában (az Irinyi József kollégiumban) különített el a rektor erre a célra néhány helyiséget, ami a diákszállóban rossz vért szült, hiszen a lányok eddig is 8-10-en laktak egy szobában. Évfolyamunkról, emlékezetem szerint Széles Klára lett az egyetlen Eötvös-kollégista. Péter László, aki folklórt tanított és a szegedi hagyományokat ápolta, a József Attila-kör szervezésében buzgólkodott.

Új hallgatók érkeztek, a mi évfolyamunkra is, a „rehabilitáltak", akiket korábban politikai okokból nem vettek fel az egyetemre, nálunk négy-öt évvel idősebbek voltak, most róluk is kiderült, hogy koholt vádak alapján tartóztatták le, illetőleg börtönözték be őket. Csendesen, meggondoltan jártak-keltek, nem szívesen beszéltek arról, hogy honnan jönnek, vagy hogy mi történt velük a közelmúltban. Megértően viselkedtünk. Velük egyszerre érkezett a hányatott gyerekkorú Ratkó József is, magyar–orosz szakra került, plebejus indulattal szívta cigarettáját, és köhögve verskéziratokat mutatott. A megszomorítottak és megnyomorítottak hangja szólalt meg verseiben. A kéziratokból elkértem, talán néhányat közülük el tudok helyezni a *Szegedi Egyetem*ben. Tágult a látóhatár más irányba is, ösztöndíjasokat kerestek, hogy Kínába menjenek tanulni hat évre. Juhász Ottó jelentkezett az évfolyamról. Ennyire keletre, ilyen messzire legtöbbünk nem vágyott.

Izgatottan mentem az év eleji szerkesztőségi értekezletre. Szavam egyre többet nyomott a latban, egyre gyakrabban vették figyelembe, hogy mit mondok, én voltam az egyetlen egyetemi hallgatói státusban lévő szerkesztőbizottsági tag. S most a diákok szavára illett figyelni. Fel se merült, hogy valaki más is megírhatná az évnyitó, szignálatlan vezércikket. Lázas önkívületben, ott a helyszínen megírtam, s mielőtt még a szerkesztő belepillanthatott volna, már diktáltam is a gépírónőnek: „Ab urbe condita – a város alapításától, így számították a régi rómaiak az időt. Népi demokráciánk pedig a XX. kongresszussal új időszámításba kezdett... Mi, diákok, a tanév megnyitásától számoljuk napjaink múlását... ekkor születnek újra mindennapi gondjaink, ekkor rugaszkodunk neki ismét, hogy tovább keressük a betűk között rejlő igazságot... a mi nemzedékünk sorsa valahogy összefonódott a népi demokráciáéval, a fordulat éve táján együtt kamaszodtunk... bizony, mutált egy kicsit a hangunk, bármilyen szép és komoly ügyről is akartunk beszélni... Valójában a mi nemzedékünk mindig is kísérleti nyúlként szerepelt a magyar oktatásügy számára, mindig rajtunk hajtotta végre jól-rosszul sikerült iskolareformjait. Gimnazisták voltunk és általános iskolásokat csináltak belőlünk, egyetemisták lettünk és középiskolásokká akartak nevelni bennünket, és fejbólintók kórusát alakították ki belőlünk... Most újra szeptember van, és mi újra itt ülünk az öreg padokban, és ígérjük, hogy most már az életnek akarunk tanulni, és nem az iskolának fogunk tanulni. A mi nemzedékünk újra akar mindent megtanulni, újra meg kell tanulnunk írni és olvasni, most már helyesen, hogy soha többé ne kelljen visszamennünk az első osztályba..." *(Évnyitó gondolatok)*

Olvastam az újságban, hogy élő személyekről nem fognak többé utcát elnevezni. Én ennél is tovább mentem volna. Miért ne lehetne az utcákat személytelenül „Bölcs Vezető" utcájának, „Baráti Állam" körútjának, „Nagy Államférfi" terének nevezni? Akkor mindenki az éppen aktuális névre gondolhat magában, vagy arra, ami szerinte a helyes. Mennyi pénzt lehetne megtakarítani azzal, hogy nem kellene állandóan a táblákat cserélgetni. Kiss Lajos sokáig csóválta a fejét. „Ezt nem adom le, elbagatellizálod Pártunk egyik fontos határozatát. Írásodban nincsen építő kritika." Nem éppen építő kritikának szántam, csak nevetségesnek tartottam, hogy az utcákat mindig hamarjában nevezik el, s e pártos szeleburdiság miatt állandóan változtatni kell a neveket. (Ma sem örülök, amikor az újságokban olvasói levelekben panaszkodnak, hogy erről vagy arról a fontos hazánkfiáról még nincs utca elnevezve.)

Pezsgett az irodalmi közélet is, most már azonnal idehallatszott, mi történik Pesten. Az egyik örvendetes hír az volt, hogy végre ablakot nyitunk Európára, megjelenik egy új, világirodalmi folyóirat *Nagyvilág* címmel. Már a nyáron elterjedt a híre, az első számot októberre tervezték a szerkesztők. Soha nem került a kezembe az első és egyetlen 1956-os szám, pedig izgalmas, ismeretlen szerzőket ígért: Dylan Thomas, Hermann Hesse... Éppen ideje volt már, hogy egy ilyen folyóirat nálunk is megjelenjék, hiszen nemcsak az oroszok világirodalmi folyóiratát *(Inosztrannaja Lityeratura)* láttam az egyetemi könyvtárban, de Prágában a cseheké is a kezembe került, büszkén mutatták vendéglátóink.

Az *Irodalmi Újság*ot rongyosra olvastuk a könyvtárban, igen nehéz volt az utcán hozzájutni, a kioszkokban félretették a vásárlók törzsgárdájának. Hogyne olvastuk volna rongyosra, hiszen most már az „igazi" irodalom vitte benne a prímhegedű szerepét. Illyés nagy versei *(Hunyadi keze),* Déry legjobb novellái *(Szerelem, Téglafal mögött)* mellett részletes cikkeket találtunk benne a Petőfi-kör vitáiról. Most utólag értesültünk az író-memorandumról is, amelyben 63 aláíró párttag (mind elismert művész) 1955 októberében tiltakozott az *Irodalmi Újság* elkobzott száma miatt, *Az ember tragédiája* betiltása ellen és a *Csodálatos mandarin* bemutatása körüli huzavonák ügyében, amiről eddig csak elharapott félszavakból tudtunk, hiszen éppen a márciusi határozatok után és a XX. kongresszus előtt történt, (mai szóval) a visszarendeződés idején, hogy ilyen bátran felléptek a pesti írók. Most persze már *post festa* voltunk, a gátszakadás megtörtént. „Minden madár énekeljen", harsogták a címek, „az író igazat mondjon", követelték önmaguktól az írók. Pesten. Mert itt, Szegeden az apparátus nem félt a gátszakadástól, vagy ha félt is, félelmük kimondása nem fiatal füleknek volt szánva. Igaz, a fiatalok által közkedvelt Németh Ferenc a nyáron bekerült az Írószövetség szegedi csoportjának a vezetőségébe, és igaz, hogy a fiatal írók szeptember végén bemutatkoztak egy sikeres esten a Diák-klubban, de ott is az egy király, egy cigány elve érvényesült: Németh Ferenc, Farkas László, Magyar V. László, Ratkó József mint púpot, a hátukon cipelték a sztalinistákat (például Lődi Ferencet). Izgalmasabbnál izgalmasabb szamizdat kiadványok is forogtak közkézen. (Bár akkor még nem szamizdatnak nevezték őket.) A pesti bölcsészek *Tiszta szívvel* címmel indított lapjában például hajdani osztálytársam, Kabdebó Lóránt állt ki a népi klasszicizmus Horváth János-i ideálja mellett *(A népi klasszicizmus reneszánsza)*. A beköszöntő névtelen megfogalmazója látnoki hangnemben jelentette ki: „... nemzedékünkben, mint a föld gyomrába rejtett, formálni kész tüzek, gyűl az erő [...], hogy ne hozzunk szégyent a fejlődésre, ha a harc csak a mi vállainkra nehezedik majd...".

A helyi megmozdulások közül talán egyedül a regionális hagyományok ébresztése tekinthető maradandónak. A nyáron Juhász Gyula végre szobrot kapott, és október 2-án, Babits Mihály halálának 15. évfordulóján a szegedi hagyományokat azóta is eréllyel ápoló Péter László kezdeményezésére emléktáblát lepleztek le a Vitéz utca 16. alatti ház falán: itt lakott Babits Mihály szegedi tanárkodása idején (1906–1908). Az emléktábla felavatásán Baróti Dezső mondott beszédet. Ez volt életem első *igazi* irodalmi eseménye, mert az ünnepélyen Szabó Lőrinc is jelen volt, és este a Juhász Gyula Művelődési Otthonban telt ház előtt beszélt a Mesterről. Végre megértem ezt is, *igazi* írót láthattam, annyira emberközelből, hogy a nagy tolongásban, azt hiszem, Baróti, be is mutatott neki, néhány más írópalánta társaságában: „Ők még meg akarják váltani a világot!" – mondta enyhe iróniával a rektor. Nem tudom, hogy a nagy megilletődéstől sikerült-e valamit is kinyögnöm, hogy milyen régóta ismerem és tisztelem munkásságát, hogy mennyit tanultam tőle a modern áramlatokról, hogy a világirodalom legszebb verseit az *Örök barátaink*ból ismerem, ő szólaltatta meg azokat a költőket nekem, akiket nyelvtudásom gyatra volta miatt nem olvashattam eredetiben. Csak a külsejére emlékszem, kissé hajlott hátú alakjára, hátrafésült, bár kétoldalt engedetlenül lehulló, és egyáltalán nem őszülő fekete hajára, és a vastag, fekete csontkeretes szemüvege mögül előkandikáló élénk szemére, ahogy körültekintett az őt kipirult arccal ünneplő fiatalok seregén. Kézfogása egyszerre volt melegen puha és erőteljes, nekem felért a lovaggá ütéssel, az örökbefogadással, hiszen lelenc voltam az irodalomban és társtalan, leszámítva egy-két velem egyívású, helyi pályatársamat, akik nem csaptak fel janicsárnak; a személyesen ismert írókat nem sokra tartottam, pöffeszkedő nagyképűségükkel, leereszkedő kegygyakorlásukkal, unos-untiglan ismételt anekdotáikkal, és legfőképpen éjjel-nappal működő radarkészülékükkel, mellyel állandóan a politikai konstellációt igyekeztek bemérni, hogy szemüket és tollukat az éppen érvényes jelzések szerint forgathassák.

Szabó Lőrinc 1956 nyarán látványosan bukkant fel az őt sodró mélytengeri áramlatokból, ahol ellenségei lenyomva tartották. A Magvető a könyvhétre kiadta válogatott verseit Illyés Gyula előszavával. Illyés nemcsak imponáló bátorsággal állt ki Szabó Lőrinc, „az egyik legelszántabb moralistánk" mellett, hanem kijelentette, hogy egyenrangú fél Babits és Tóth Árpád társaságában, és talán századunk legnagyobb költője. A kötet még a könyvhéten elfogyott, jelezve az érdeklődést, és hamarosan elkészült az utánnyomás, s hogy ezt nem követte újabb kiadás, annak elsősorban a forradalom utáni zűrzavar és apátia volt az oka. Szabó Lőrinc több helyre elfogadott meghívást az országban, vélném, így került Szegedre is. Mindenütt ünnepelték, neki pedig jólesehetett a személyét újból körülvevő szeretet és tisztelet.

Válogatott verseit minden igyekezetem ellenére már csak Oxfordban sikerült megvásárolnom, Szegeden csupán belepillanthattam egy szerencsésebb kortársam jóvoltából, aki ügyeskedve szerzett egyet a Szegedre eljutó néhány példányból. Különös szerencsének tartottam viszont, hogy élete végén láthattam a század nagy költőjét, szinte az utolsó pillanatban, hiszen egy év múlva halott volt. Évtizedekkel később figyelmes kezek eljuttatták Londonba Apró Ferenc könyvét (*Babits Szegeden,* 1983), abban láttam legnagyobb meglepetésemre, hogy az egyik fényképen Szabó Lőrinc társaságában szerepelek, mintegy bizonyságként, nem álmodtam a találkozást, melyet ma is mint a legbecsesebb szegedi irodalmi élményemet tartok számon.

Elkezdett minden egyszerre történni. Izgatott lengyel diákok érkeztek látogatóba, igen, Poznańban a munkásosztály tüntetett, nem ellenforradalmár grófok, igen, Gomulka is a megújulást akarja, mint nálatok Nagy Imre. Pesten az Írószövetségben új vezetőséget választottak, ezúttal demokratikusan; nehézsúlyú káderek buktak ki a vezetésből. Híre érkezett az „íróhajónak" is. Magyar írók Bécsbe látogattak október elején, és ámultak a fényes, jól kivilágított utcákon, árubőség, luxus, tatarozott épületek. (Persze minden relatív. Amikor 1959-ben először jártam Bécsben, meglepett a város, nem ezt vártam London és

Párizs után, nem úszott fényárban, olyan volt, mintha visszakerültem volna Budapestre.) Vágyakozva olvastuk Aczél Tamás ódáját Európához az *Irodalmi Újság*ban: „felszakadnak a határok hálói... ma Bécs, holnap Párizs és holnapután London, nem elérhetetlen álom ez, ne higgyétek... valljuk be, egy kissé rongyos rokon lettél, Magyarország... én is vettem egy banánt a lányomnak... elég volt elzártan élni, félrelökve az útból... prédikáltak a bölcsek, a dogmák papjai, akiknek nyirkos érintésétől megdermedtek a lelkek..."

Szinte észre se vettük, mindent ki lehetett mondani, üvölteni lehetett, hogy a „szocialista törvényességet" nap mint nap lábbal tiporták. Az utolsó lökést a *Hannibál tanár úr* bemutatója adta. Ó, nem a film (bár az is, azzal, ahogy Nyúl Béla kiállt az igaza mellett, dacolva a hatalmasságokkal), hanem a híradó miatt. A híradó ugyanis a Rajk-temetésről tudósított. Megdöbbenten néztük a komor, de ünnepélyes hangulatú tömeget, hallgattuk az emelkedett gyászbeszédeket, és mint az illumináció, a megvilágosodás hasított az agyakba, amit eddig is tudtunk, bár nem ilyen élesre fogalmazva: *ezek* egymást is gyilkolták, és most melldöngetve szánják-bánják bűneiket.

Közben szinte nevetséges epizódok is történtek. Velem. Kizártak a DISZ-ből. Egy évvel (mit egy évvel, pár hónappal!) korábban ennek még csak a lehetőségétől is megrettentem volna. Most nem tudtam komolyan venni ezt a mini-vésztörvényszéket. Voltak, akik pártomat fogták. Merték. Egy Varga Márti nevű magyar–orosz szakos hallgató. (Heidelbergben fejezte be tanulmányait.) Derűs nyugalommal hallgattam, ahogy egyre élesebb hangnemben követelték vádlóim, hogy gyakoroljak önkritikát, mert egyébként kizárnak az évfolyam alapszervezetéből. Mintha nem is rólam lett volna szó. Elhangzottak a fő- és mellékvádbeszédek, hogy nem tanúsítok öntudatos DISZ-taghoz méltó magatartást, hogy egy Julien Sorel (!) vagyok. (Mi tagadás, ezt bóknak vettem. Akkoriban játszották a *Vörös és feketét* a mozikban, Gérard Philipe-pel a főszerepben.) Várták, hogy majd megtépem az ingem. De nem 1951-et írtak a naptárak, hanem 1956 október eleje volt. Így tehát meguntam az acsarkodást, felálltam és tagoltan csak annyit mondtam: „Le vagytok szarva. Mind!" Nem vártam meg, hogy a taggyűlés utolsó, rám vonatkozó napirendi pontjában szavazásra kerüljön a sor. Döngött az ajtó, ahogy bevágtam magam mögött. Tényleg, miért is voltam én tulajdonképpen DISZ-tag? Felszabadultságot és megkönnyebbülést éreztem: valaminek pontot tettem a végére.

Néhány nap múlva felkeresett az egyik jogász, Lejtényi András, akivel a nyári katonai táborozás alatt barátkoztam össze. Nagyon titokzatos arccal fordult hozzám: „Jó lenne, ha átjönnél hozzánk a 213-as szobába, lesz ott egy megbeszélés, rád is számítunk." Komolyan beszélt, rögtön láttam, nem beugratásról van szó, nem valami éretlen jogásztréfa szenvedő alanyául szemelt ki. A megbeszélt időpontban megjelentem. A kis szobában egy tűt sem lehetett volna leejteni. Lehettünk vagy nyolcan, elsősorban jogászok, köztük Abrudbányai Iván és Tóth Imre. Ha emlékezetem nem csal, még egy bölcsész volt jelen: Vezényi Pál, akivel olaszórákon az *Oggi*t olvastuk. Lejtényi vitte a szót, ők, jogászok, már egy ideje gondolkodnak azon, hogy független, új diákszervezetet kell alapítani, mert a DISZ lejáratta magát, a DISZ-nek vége. Nekik már névelképzelésük is van: MEFESZ, azaz Magyar Egyetemisták és Főiskolások Szövetsége. (Egyikünk sem tudta akkor, hacsak Lejtényi nem, hogy a MEFESZ, a koalíciós idők diákszövetsége azonos néven futott. Az akkori mozaikszó a Magyar Egyetemisták és Főiskolások *Egyesületeinek* Szövetsége névből állt össze. A mi MEFESZ-ünkben a hiányzó „E"-t sokan „Egyesült"-nek vagy „Egységes"-nek oldották fel, bár a leggyakrabban, a rávonatkozó történeti irodalomban is nagy a bizonytalanság a mozaikszó helyes feloldásában.) Ez a szervezet a XX. kongresszus elvei alapján állna – folytatta Lejtényi –, és nem politikai, hanem elsősorban érdekvédelmi szervezetnek szánjuk. Nem akarunk szembeszállni az egyetem adminisztrációjával, segítő-tanácsadó testületként működne a MEFESZ, és abban kíván legfőképpen segédkezni, hogy azt az időt, amit az egyetemen töltünk, hasznosan töltsük el. Zajosan helyeseltünk. Nekem már egyébként sem volt semmi közöm a DISZ-hez. Megállapodtunk, hogy mindenki beszél évfolyamtársai közül azokkal, akikben megbízik, és összehívunk egy nyilvános előkészítő ülést a Diákklubban, és addigra, természetesen a jogászok, kidolgozzák az alapszabály-tervezetet.

Ez bizony már szervezkedés volt a javából. Igaz, nem a Népköztársaság „törvényes rendjének" a megdöntésére. Néhány szürke kis veréb levert egy kis havat az ágról, amin ültek. Nem tudhattuk, hogy mire a völgybe ér, a lavina milyen iszonyatos dörgéssel temet majd maga alá mindent, ami az útjába kerül. Én arra vállalkoztam, hogy a „sajtó felé leszek összekötő", illetve hogy a *Szegedi Egyetem*et megnyerem, ne csak a DISZ, hanem a MEFESZ hivatalos lapja is legyen. „Ha nincs szócsövünk, nem létezünk!" – hajtogattam Lejtényinek.

A 16-i előkészítő ülés híre futótűzként terjedt el az egyetemen, és megrendezésére az Ady téri Auditorium Maximumban került sor. Farkas László versével *(Nagy út előtt)* kezdődött az est, melyben arról beszélt a költő, hogy „tíz év mocskától" kell megszabadulnunk. Rögtön lehetett látni, hogy többről van szó, mint a MEFESZ megalakításáról, hiszen hogy születhetett volna meg egyébként a mindenre elszánt jelszó: „Hideg fejjel, forró szívvel, tiszta kézzel!" Igen, többről volt szó, valami nagyobbról. A DISZ-vezetőségből senki sem jelent meg, bár bejelentették részvételi igényüket. A nagygyűlés percről percre radikalizálódott, a hangulat egyre forróbb lett. Már olyan vélemények is elhangzottak, hogy ha továbbra is kötelező marad az orosz, sztrájkba kezdünk. Elhangzottak szélsőséges közbekiabálások is. „Kötelet Rákosinak!" – bömbölte egy TTK-s, név szerint Mónus Áron, de szavait csak derültség fogadta, egyáltalán nem uralkodott vérszomjas, még csak bosszúálló hangulat sem a teremben.

Az október 16-i gyűlés egy héttel a forradalom kitörése előtt zajlott le. Miket beszélek, dehogy egy héttel, egy évszázaddal korábban! De már akkor, 16-án ijedt táncot roptak Szegeden a tatár agyvelők. Mert ezúttal nem Debrecenbe üzent be a Hortobágy, mint Adynál az eredetiben, hanem a maradandóság másik városába, Szegedre: „mert holnap délelőtt nagy baj lészen!" Ha nem is vörösen, de bejönni készült a délibáb. Erre fel, 17-én megjelent Kónya Albert, az oktatásügyi miniszter. Délben találkozni kívánt a MEFESZ és a DISZ vezetőivel. A rektor, Baróti kísérte. Perbíró professzor volt a házigazda. Óriási tömeg a jogi karon. Kónya nagyon békülékenyen, de eléggé lagymatagon kezdte: ő személy szerint mindig is örült a diákság kezdeményezéseinek, mert ez azt jelenti, hogy önállóan gondolkodunk, de gondoljuk meg, hogy ez hova vezethet – vélekedett eléggé dodonai módon. Ezt *(mit??)*, ugye, mi sem akarhatjuk, hiszen felelősségtudattal rendelkező, józan egyetemi polgárok vagyunk. Fűt-fát megígért, de végül minden elmaszatolódott (ha a szó maga nem lenne anakronizmus). Kielégületlenség maradt bennünk, pedig legtöbbünk (akkor) még girondista volt. Leszerelni akarnak bennünket. Ugyanakkor Kónya látogatása olajat öntött a tűzre, kiderült, hogy Pesten is berezelve nézik, mi készül Szegeden.

A következő napokról nem tudnék számot adni. Folytatódott az ideges szaladgálás, mindenhol ellenőrizhetetlen hírek garmadája. Felhívások, röpcédulák, azt sem tudom, az egyetemen megtartották-e az órákat, s mire észrevettem, már szombat volt, 1956. október 20-a. Az Auditorium Maximumban az alakuló nagygyűlés délutánra volt meghirdetve. Noha korán érkeztem, mégsem fértem be a zsúfolásig megtelt terembe, a bal oldali bejárat mellett szorongtam, s a tömeg közben egyre nőtt, már a lépcsőházban sem volt hely. A szervezők azonban mindenre számítottak, hangszórók kerültek az ablakokba, s az épület homlokzata előtt tolongó tömeg is tisztán hallott mindent. Utólagos becslések szerint két-háromezer résztvevője volt a nagygyűlésnek, nem csak diákok, a gyárakból munkások is érkeztek. („A munkásosztály velünk tart" – terjedt szájról szájra.)

A gyűlést Perbíró József nyitotta meg és vezette le mintaszerűen, megnyerő modorával és alig palástolt rokonszenvével kézben tartotta az óriási tömeget. Az első sorban ült az egyetem rektora, Baróti Dezső és a kétszeres Kossuth-díjas Fodor Gábor professzor, az egyetemi pártbizottság elnöke. Az emelvényen a MEFESZ Ideiglenes Intézőbizottságából Lejtényi András, Kiss Tamás és még néhány más egyetemista és főiskolás. Jókedvű, fesztelen hangulat, mindenki tele várakozással, de pisszenés sem hallatszott, amikor az elnöklő Perbíró megnyitotta a nagygyűlést, a szegedi diétát. Táviratokat olvastak fel, az ország minden részéből, egyetemek és főiskolák üdvözölték a MEFESZ megalakulását, bejelentették csatlakozásukat, sikert kívántak. A napirend főbb pontjai az alapszabályok ismertetését, indoklását, megvitatását, valamint a követelések pontokba foglalását tartalmazták.

Az alapszabályt Lejtényi András ismertette, tipikus diákvezér, világosan, erőteljesen csengő hangon fogalmazott, uralta a hangulatot, a szópárbajokat fölényes csörtékben mindig megnyerte, ami nem volt könnyű dolog, hiszen a mindenre kiterjedő szervezeti szabályzat a maga jogászos körültekintésével és aprólékosságával nem éppen gyújtó hatású politikai beszéd, de Lejtényi úgy tudta olvasni a paragrafusokat, hogy egyrészt azonosultunk vele, másrészt mi is fontos politikai cselekedetnek tartottuk: részt veszünk a törvényhozásban. (Lejtényit ekkor láttam utoljára, a forradalom bukása után állítólag Kanadába került, s bár többen megkísérelték hollétét kideríteni, ez soha senkinek nem sikerült. Mint a forradalom előjátékának üstököse tűnt fel és el.)

A hozzászólások rövidek, indokoltak és szakszerűek voltak, és az derült ki, hogy nemcsak egyetemisták és főiskolások szoronganak a teremben, hanem középiskolások és munkások is. Ha időnként valaki nem a tárgyhoz tartozó hozzászólásba kezdett, Perbíró professzor megvonta tőle a szót. Olajozottan működött a diákparlament. A pontokba foglalt követelések konkrét sérelmekre vonatkoztak, oktatásügyi reformokat javasoltak, s a vége felé egyre inkább radikális politikai követelések hangzottak el az elfogadott húsz pont részeként. Ezt a hallgatóság összetétele indokolta.

Engem már rögtön a második pont közelről érintett: „A *Szegedi Egyetem* az egyetemi és főiskolai hallgatók sajtóorgánuma legyen, ez tükröződjék tartalmában és formájában." Amikor benn a teremben felvetődött a javaslat, tekintetem véletlenül Kiss Lajoséval találkozott, aki legnagyobb meglepetésemre szintén jelen volt, de ő még nálam is távolabb rekedt a folyosón. Szólásra jelentkeztem, hogy megmondjam, a *Szegedi Egyetem* ügye már kézben van, erről már beszéltünk Lejtényivel, és mivel a lap felelős szerkesztője is jelen van, helyes lenne, ha nyilatkozna ebben az ügyben. Ám jelentkezésemet bent a teremben az elnökség nem vette észre, hiszen többé-kevésbé háttal ültek nekem. Kiss Lajos eléggé elfehéredve figyelte mocorgásomat, s csak akkor nyugodott meg, amikor a *Szegedi Egyetem* ügyéről elterelődött a figyelem. Bár a sajtóról nem. Felmerült annak a kérdése, honnan fog az ország népe értesülni követeléseinkről. Erre bajuszos, szemüveges, deresedően disztingvált úr kért szót és bemutatkozott: „Boldizsár Iván vagyok, az újonnan alakult *Hétfői Hírek* főszerkesztője" és biztosította a „diákparlamentet", hogy hétfőn részletes tudósítás fog majd megjelenni a történtekről. (A *Szabad Ifjúság* és a *Délmagyarország* riporterei is jelen voltak. A *Hétfői Hírek* beszámolóját a szintén jelen lévő Halász Péter készítette el, aki a forradalom után nyugatra ment és a Szabad Európa Rádió munkatársa lett.)

A követelések első tíz pontja helyi érdekű volt: „A védőnőképzőt emeljék főiskolai rangra" (10), vagy a túlterheltség megszüntetése érdekében a honvédelem oktatását heti három óráról csökkentsék kettőre, s a nem szaktárgyakból csupán „megfelelt", illetve „nem felelt meg" osztályzatot lehessen adni (5). (A kötelező orosz ügye már fel sem merült, az oktatásügyi miniszter az előző nap, 19-én bejelentette a fakultatív oktatás bevezetését, és erről Lejtényiék tudtak.) Tartalmazott a naivság határát súroló kívánalmakat is: külföldi utazások szervezése keletre és nyugatra (7), kedvezményes jegyek minden kulturális rendezvényre (8). A tizenegyedik ponttól hirtelen radikális nagypolitikai követelések következtek:

> *(11) Követeljük, hogy állítsák bíróság elé azokat, akik felelősek az elmúlt időszak bűneiért. E tárgyalásoknak a legnagyobb nyilvánosság előtt kell lefolyniok!*
>
> *(12) Követeljük a tájékoztatás szabadságát!*
>
> *(13) Követeljük, hogy Nagy Imrét és Lukács Györgyöt válasszák be a Központi Vezetőségbe!*
>
> *(14) Bérügyi reformot követelünk, az alacsony bérek felemelése ütemének gyorsítását, az államtól származó összjövedelem felső határának megállapítását!*

(15) Követeljük a halálbüntetés eltörlését a politikai bűncselekményeknél!
(16) Új alapokra fektetett, szabad választási rendszert!
(17) Követeljük, hogy az egyetemi ifjúság nagyobb részt kapjon az ország politikai és egyéb ügyeinek intézésében!
(18) Március 15-e legyen nemzeti ünnep!
(19) Követeljük az egyetemi autonómiát és ennek gyors végrehajtását!
(20) Követeljük az 1848-as Kossuth-címer visszaállítását!

A szegedi húsz pont utólagos tanulmányozása néhány tanulsággal szolgál. Egyrészt a nagyságrendi különbségek, másrészt a radikalizálódás. A 17–20. pontok a helyszínen születtek. Mégis érdekes, hogy a gyűlés vége felé, amikor burkoltan felmerült a szovjet csapatok kivonásának követelése, Baróti idegesen, de imponáló bátorsággal közbeszólt és lehűtötte a kedélyeket, legyünk észen, ennek követelése nem esik a mi kompetenciánk körébe. Érthető volt, hogy felmerült, mert a hangváltás a 11. ponttal kezdődött, s ez elsősorban a Rajk-temetés által kiváltott felháborodást tükrözte. A Népköztársaság szimbolikájának kicserélése (18, 20) már így is felért egy trónfosztással. A legradikálisabb, a *forradalmi* követelés a 16. pont volt, melynek békés úton való végrehajtása is alapjaiban ingatta volna meg az egész 1945 utáni társadalmi berendezkedést. A kocka el volt vetve. Már a megfogalmazás formájában is. Az első tíz pontban csupán egyszer fordult elő a radikális *követeljük* (4. Követeljük a szabad, elvi viták rendezésének jogát!). A második tíz pontban viszont szinte mindegyik a radikális *követeljük* szóval kezdődik. Már nem arról volt szó, hogy „Még kér a nép..."
A végtelenségbe nyúló nagygyűlés után diadalittasan tértünk haza. A fellegekben jártunk. A diákszállóban mindenki a rádiónak esett, lázasan keresgéltünk az éterben, bár józan ésszel nem lehetett hinni, hogy a hírekbe bármi is belekerült volna a szegedi diétáról. Ám csakhamar körbefutott a hír, hogy a Szabad Európa Rádió az éjféli hírekben röviden beszámolt az Auditorium Maximumban történtekről.

Ezen a lehetetlennek tűnő eseményen azóta is töröm a fejem. Kacsa lett volna? A felizgatott képzelet játéka? Valószínűtlen. Valaki átment volna a pár kilométerre húzódó jugoszláv határon, és onnan adta volna le a hírt telefonon? Utólag kiderült, hogy jelen volt a MEFESZ-nagygyűlésen egy amerikai újságíró, Leslie Bain, kivándorolt magyar szülők gyermeke, aki forrásértékű könyvet írt a magyar forradalomról *The reluctant satellites,* (Az engedetlen csatlósok) 1960 címmel, s ebben hitelesen írja le a szegedi eseményeket. Másnap (vagy talán még az éjjel?) ő vitte fel Lejtényit Budapestre. Ő adott volna le egy rövid jelentést telefonon az amerikai követségnek, s ezt továbbították Bécsbe?

Életem egyik legnagyszerűbb élményét szerezte nekem Kiss Tamás, az Auditorium Maximumbeli nagygyűlés egyik agilis szervezője és a követelések felolvasója – akit a szegedi MEFESZ-per elsőrendű vádlottjaként nyolcévi börtönre ítéltek első fokon –, amikor néhány éve megajándékozott a nagygyűlésen készült hangfelvételről másolt három kazettával. A felvételt állítólag a rádió készítette, de nincs kétségem, hogy a Belügyminisztérium utasítására. Amikor végighallgattam a majd négyórás anyagot (ami, szerintem, mégsem a teljes anyag) a zajokkal, a lelkes tapsokkal, közbekiáltásokkal, maradéktalanul felidézte bennem az est fehérizzásban lévő hangulatát. Kiss Tamás elévülhetetlen érdeme, hogy az anyag *transcript* formájában nyilvánosságra került. Évekig kitartóan nyomozott, s több zsákutcás nekifutás után sikerült megszereznie. Hogy ennek az eseménynek a felidézése nemcsak nekem, a résztvevőnek jelentett megrendítő élményt, kiderült a MEFESZ megalakításának negyvenedik évfordulóján, amikor az Írószövetség székházában az egybegyűlteknek egy rövid összeállítást játszott le belőle Kiss Tamás. Nem maguk az elhangzó szavak, hanem az egész hangfelvétel metakommunikációs ereje, a hangulat forrósága, a többször felcsattanó viharos taps fogta meg a döbbenten hallgató közönséget. A negyven év előtti hangok egyvelegének eleven ereje mindenkit elnémított, a jelen bemaszatolt, piszlicsáré ügyei nevetségesen eltörpültek.

A szombat esti diákparlament után kissé másnaposan ébredtem, bár nem hiszem, hogy akár egy korty italhoz nyúltam volna hazatértünk után. Túl nagy volt az élmény, minden porcikám sajgott. Kétségek gyötörtek. Erőt vett rajtam a kicsinyhitűség. Túl messzire mentünk, nem lett volna szabad ilyen sok mindent követelnünk. Hogy jövünk mi ahhoz, hogy általános bérrendezést követeljünk? Hogy Nagy Imre és Lukács központi vezetőségi tagságát követeljük, hiszen nem vagyunk párttagok. Nem értettem meg, hogy a forradalmi cselekedet lényege éppen az, hogy konvenciókat, játékszabályokat, egyszóval mindent felrúg.

Déltájban azonban mégiscsak elfogott a cselekvési vágy, ömlött az adrenalin. Elkezdtem a MEFESZ Ideiglenes Intézőbizottságának a tagjait hajkurászni, elsősorban Lejtényit, de senkit sem találtam az ismerősök közül. A szobatársak szerint, lehet, hogy még az éjjel, de legkésőbb reggel elutaztak Pestre, szanaszét az országba, hogy mindenhol mozgósítsák az egyetemi ifjúságot. Pedig fontos lett volna, hogy a *Szegedi Egyetem* ügyében találkozzunk, s megbeszéljük a teendőket. Erre nem kerülhetett sor.

Hétfőn, 22-én délelőtt a kíváncsiságtól hajtva bementem az egyetemre. Egy dologra emlékszem élesen. A faliújságról minden letépve, csupán egy cikk rajta. Így kezdődött: „Történelmi időket élünk..." Nem tudom, miről szólt, ki írhatta, nyilván lelkesült cikk volt. Bennem csak ez maradt meg: „történelmi időket élünk..." Hát ilyenek a történelmi idők – méláztam. Utólag csak azt tudom mondani, hogy a lelkesült cikk írójának volt igaza: történelmi időket éltünk, csakhogy ezt a hangya nem veszi észre. A faliújság sarkában karikatúra. Csak a feliratra emlékszem: „Gyarmatot a Holdon!", vagy „Magyar zászlót a Holdra!". Igazolva láttam kicsinyhitűségemet. Mások is úgy vélik, túlságosan sokat markoltunk, kevesebb több lett volna. Torkunkon akadhat a falat.

Amikor Bill Lomax disszertációját írta a University of Sussexen a magyar forradalomról a hatvanas évek legvégén, a szegedi eseményekről feleségemmel és velem 1969. október 1-jén interjút készített. A faliújság karikatúrájának mozzanata akkor is eszembe jutott, ezzel illusztráltam a megtorpanást. Lomax érdeklődését is felkeltette ez a defetista szemléletű karikatúra. Szegeden, ahol a forradalom szikrája kipattant, egy pillanatra megtorpant a lendület, és ettől a megtorpanástól kezdve Szeged csak követte az eseményeket. Ez beleillett koncepciójába, mert a forradalmat csak a munkásosztály vívhatja meg. (PhD disszertációját 1974-ben védte meg, ennek alapján írt könyvét 1976-ban adták ki, magyarul Krassó György fordításában és kiegészítéseivel jelent meg 1981-ben.)

A Bill Lomaxszal folytatott beszélgetések fájdalmas adósságra figyelmeztettek. Még 1959-ben, korosztályunk talán legtehetségesebb tagja Oxfordban, Zádor István (1933–1960) biztatott nem sokkal tragikus halála előtt, hogy írjam meg a szegedi diákparlament történetét. „Kötelességed megírni, azért vagyunk külföldön, hogy mindent megírjunk." Átható tekintetére ma is élesen emlékszem. Örülök, hogy mulasztásomat annyi év után, ha tökéletlenül és töredékesen is, végre bepótolhattam.

A reggelit és ebédet helyettesítő lángos vége felé jártam, amikor Király József adjunktus belépett a büfébe. Köszönésemet barátságosan fogadta, és együtt hagytuk el a helyiséget. A folyosón szétnézett, és a karomra tette a kezét: „Gratulálok! Nagyon jól csináltak mindent! De csak óvatosan, nagyon vigyázzanak a provokációkra!" Választ sem várva, elsietett. Most az enyhén szardonikus mosoly sem bujkált a szája szögletében.

Gondoltam egy nagyot, bemegyek a szerkesztőségbe, Kiss Lajossal tárgyalni, hogyan szervezzük át a lapot, és mi jelenjék meg benne a MEFESZ megalakulásáról. Emlékezetem szerint az elmúlt héten már jártam a szerkesztőségben, de még a titkárnőt sem találtam, be volt zárva. Most azonban éppen szerkesztőbizottsági ülés zajlott. Ez igencsak meglepett, mert az ülésekre minden alkalommal formális meghívót szoktam kapni. Nem voltak sokan, Karácsonyi elvtárs sem volt jelen. Nézem a laptervet, mert a langaléta szerkesztő kelletlenül a kezembe nyomott egyet, de sehol nem látom benne a nevem, még a hírrovatnak is más volt a felelőse. Ki voltam hagyva! Mikor vitára került a sor és szót kaptam, nyugalmat erőltetve magamra, és merően Kiss Lajosra szegezve a tekintetem, elkezdtem mondani a mondókámat. Nem tudom, az elvtársak értesültek-e arról, hogy szombat este tömeggyűlés volt, a diákság nagy nyilvánosság mellett megalakította a MEFESZ-t, s erről a mai *Hétfői Hírek*ben és a *Délmagyarország*ban is hosszú riport jelent meg. A *Szegedi Egyetem*et is meg kell reformálni, hogy valóban a diákság lapja legyen, és én ennek semmi nyomát nem látom a legfrisebb laptervben. Azzal kell kezdenünk, hogy egy nyilatkozatot teszünk közzé, melyben tudomásul vesszük a történteket, és deklaráljuk, hogy ennek szellemében kívánjuk a lapot szerkeszteni. Fagyos tekintetek fogadtak; itt nem volt fehérizzásban a hangulat. Rádöbbentem, hogy „partizánakcióba" keveredtem, s ha talán nem is kellett volna néhány MEFESZ-vezető társaságában a *Szegedi Egyetem*et lefoglalni a nép, vagyis hát a MEFESZ nevében, mint tették ezt a márciusi ifjak (mentségemre szolgáljon, hogy mi 20-22 évesek voltunk, szemben a 24-26 éves márciusi ifjakkal, s ez a néhány év óriási különbség ebben az életkorban), de meggondolatlanság volt egyedül beállítanom a szerkesztőségbe. Egyedül álltam szemben hűvös ellenfelekkel. A szerkesztőbizottság úgy vélte, hogy fogalmazzunk meg egy nyilatkozatot Kiss Lajossal, és még valaki vegyen benne részt az egyetemi oktatók képviselőjeként. Bánkuti Imre jelentkezett, a történeti tanszéken volt tanársegéd, és a Bocskai-szabadságharc történetét kutatta. (A forradalom után elbocsátották.) A szerkesztőbizottság tagjai halaszthatatlan teendőikre hivatkozva elpárologtak. Mivel Bánkuti Imre határozottan az én, illetve a MEFESZ oldalán állt, mégsem maradtam egyedül.

Félreültem, és percek alatt megírtam ceruzával az egyflekkes nyilatkozatot, lediktáltam a gépírónőnek, aki három példányt készített, s most már mindenki szöveggel a kezében, leültünk, hogy kialakítsuk a végleges változatot. Kiss Lajosnak két érdemi korrekciója volt az első változattal kapcsolatban. (1) Maradjunk a kaptafánál, ne azzal kezdjük, hogy üdvözöljük a MEFESZ megalakulását, elég annyi, hogy a „diákgyűléseken" elhangzott, ránk vonatkozó bírálatot tudomásul vesszük. Ebbe kénytelen-kelletlen beleegyeztünk Bánkutival, ha „*jogos* bírálatokról" beszélünk. (2) Amikor a nyilatkozat végén a „szabad vita" mellett kötelezem el magunkat, azt csak a következő megszorítással fogadja el: „ha az nem fordul szembe népi demokratikus államrend*ünk*kel". Erre Bánkuti is úgy nézett, mint aki vackorba harapott, s igen határozottan felléptünk a birtokos személyrag használata ellen. Elég a „népi demokratikus államrend"-ről beszélni. (Döbbenetes, hogy alig egy hónappal korábban, ukmukfukk leírtam vezércikkemben a birtokos személyragos alakot: „népi demokráci*ánk*"-ról beszéltem! És biztos vagyok benne, hogy egy hónappal korábban Bánkuti szemét sem sértette volna a birtokos személyrag. Vagyis észre sem vettük, hogy elhatároltuk magunkat a fennálló társadalmi rendtől.) Kiss Lajos vonakodva beleegyezett.

Most következett a java a pacalnak. A stiláris javítások, a szőrözés. Ekkor tanultam meg végérvényesen, hogy a stiláris javítás mögé mindig valami más van bújtatva. A legjobban a következő mondat ellen berzenkedett Kiss Lajos: „egyes szervek vagy érdekelt személyek *szájízét* igyekezett szolgai módon kiszolgálni" (már ti. a *Szegedi Egyetem*). Ez a „szájíze" nagyon nem tetszett az esztétikus hajlamú szerkesztőnek, pedig Szegeden tényleg erről volt szó elsősorban, a helyi potentátok rémuralmáról. A „szájíz" Bánkuti szerint is a megfelelő szó volt, hiszen nem a pártot támadtam, szolidan fogalmaztam, „szervekről" beszéltem. (Ha tényleg finnyás stiliszta lett volna a *Szegedi Egyetem* szerkesztője, nem foggal-körömmel védekező apparatcsik, akkor a „szolgai módon kiszolgálni" ügyetlen tautológiája no meg egyáltalán, a „szájíz-kiszolgálás" képzavara ellen kellett volna ágálnia.) Végül is benne maradt a szövegben, cserébe egy, Kiss Lajos személyes mártíromságára vonatkozó mellékmondatot vettünk bele, természetesen az ő javaslatára, ez lett volna a megfelelő stiláris fordulat a *szájíz* helyett: „a szerkesztők jogainak és személyes elképzeléseinek megnyirbálását" is elleneztük.

Elkészült tehát a *Nyilatkozat,* alá is írtuk Bánkutival. Mielőtt Kiss Lajos elzárta volna a végleges változat egy példányát a páncélszekrénybe, azzal, hogy mielőtt aláírja, meg kell mutatnia a szerkesztőbizottság többi tagjainak, Bánkuti és én is ráütöttük a szerkesztőség pecsétjét a titkárnővel, és eltettük a saját példányunkat. Mivel az én példányom az eredeti kézirattal és a munkapéldánnyal együtt megmaradt, a korabeli széljegyzetek és javítások alapján tudtam a vitát ennyire részletekbe menően rekonstruálni. Íme a végleges változat:

Nyilatkozat

A Szegedi Egyetem Szerkesztőbizottsága helyesli az egyetemi ifjúság jogos bírálatát, ami a lap szerkesztésével kapcsolatban merült fel a diákgyűlések hozzászólásai során.

Az elmúlt években a Szegedi Egyetem valóban nem állt hivatása magaslatán. Hosszú időn keresztül – néhány kivételtől eltekintve – szürke, sematikus cikkek sorát közölte, melyek magukon hordták az elmúlt korszak hibáit és bűneit; az élettől és az olvasók érdeklődési körétől távol eső álproblémákkal foglalkoztak. Mint „üzemi lap" sok közös vonást mutatott a többi azonos céllal szerkesztett újsággal, melyek mindegyike magán hordta annak bélyegét, hogy felsőbb szervek – oktatásügyi és pártszervek – számára íródott. Ez a gyakorlat a szerkesztők jogainak és személyes elképzeléseinek megnyirbálását, cikkek „átdolgozását" és „átdolgoztatását", a sajtószabadság alapvető megsértését eredményezte, és így a Szegedi Egyetem nem a valóságot tükrözte, hanem egyes szervek, vagy érdekelt személyek szájízét igyekezett szolgai módon kiszolgálni.

A Szerkesztőbizottság, miután felülvizsgálta munkáját, elhatározta, hogy alapvetően új elvek szerint fogja azt végezni: a lap profilját meg kell és meg fogja változtatni – ezentúl következetesen fog harcolni azért, hogy a lap a diákifjúság kérdéseivel, kéréseivel és követeléseivel részletesen foglalkozzék, és hogy az egyetem igazi arcát, az igazi egyetemi életet mutassa be.

A Szerkesztőbizottság elhatározta, hogy minden olyan hozzá beérkező írást vagy levelet közzétesz (fenntartva a minimális stilisztikai korrigálás jogát), amely szabadon, vitázó hangnemben hozzászól bármilyen kérdéshez, ha az nem fordul szembe a népi demokratikus államrenddel. Hogy munkáját eredményesen tudja végezni, ahhoz kéri és várja a különböző javaslatokat tartalmazó leveleket az olvasótól.

Kiss Lajos
Bánkuti Imre
Czigány Lóránt

Utólag olvasva ezt a sokszor megrágott nyilatkozatot, habár helyenként éles hangon, de már *passé,* idejétmúlt dolgokkal foglalkozott. Mi is állt benne? (1) Önkritika a múltbeli tevékenységről, (2) szándéknyilatkozat a lap megújításáról és (3) vitafórum létesítéséről. A három aláíró, az apparátus, az egyetemi oktatók és a MEFESZ illetve a diákság képviselője ekkor találkozott utoljára. Egyikünk sem gondolta, hogy egy *de facto* már megszűnt lap legutolsó aktusában vettünk részt. Én még kardoskodtam a mellett, hogy a MEFESZ alapító nyilatkozatát és szervezeti szabályzatát első oldalon kell közölni, de közben beesteledett. Kiss Lajos megadóan bólogatva szedelődzködött, és csakhamar ki-ki ment a saját dolgára. A diákszállóban továbbra sem találtam senkit sem az általam ismert MEFESZ-vezetők közül, nem volt kinek beszámolnom tevékenységemről, melyről én is éreztem már akkor is, hogy majdnem fölösleges tiszteletkört futottam az egyezkedéses fontolva haladás eszméje előtt.

Azt sem hiszem, hogy a MEFESZ aktív vezetői közül valaha valakinek is eszébe jutott volna a négyoldalas, jelentéktelen lapocska, 1956. október 22-e után.

A forradalom közkatonája

Amerikában, de Angliában is gyakran felmerül a kérdés vetélkedőkben, hogy ki mit csinált 1963. november 22-én. Beugratós kérdés a javából, senki sem szokta tudni, ám mielőtt a megkérdezettek felháborodottan tiltakoznának, a játékvezető/tréfamester megelőzi a protestálást: csak azért kérdezi, mert aznap gyilkolták meg az Egyesült Államok elnökét, John F. Kennedyt. Ja, derülnek fel az arcok, akkor én itt és itt voltam, és azonnal fújják a körülmények pontos adatait. Mi tagadás, én is pontosan tudom, hogy a Prompt Corner nevű kávézóban sakkoztam Maxszal, egy Bécsből Londonba származott, mestererejű amatőrrel. Délután három óra után lehetett, amikor a görög tulajdonos felerősítette a pult mögött álló táskarádiót, és elkezdtek ömleni a merényletről szóló hírek.

Hogy 1956. október 23-án mit csináltam este hat óra előtt, nehezen tudnám megmondani. Mint ahogy azt is, vajon bejártam-e az egyetemre, mert se tanárokról, se előadásokról semmiféle emlékem nincs az 1956/57-es tanév igen-igen csonka első szemeszteréből. Hiába nézegetem a már említett tanrendet, semmiféle fogódzót nem nyújt. Ha nem ismerném fel a saját kézírásomat, hajlanék arra, hogy talán nem is az én órarendem fölött gyötröm az emlékezetemet, hanem valaki másét őrzöm, ami véletlenül valahogy a papírjaim közé keveredett.

A szélesvásznú, színes film viszont fél hatkor elkezd peregni. Kívülről látom magam premier plánban, ahogy az egyetemi könyvtárban az órámra nézek, fél hat, mehetek haza a diákszállóba, mert a gyomrom már korog, a menza hatkor nyit, s mivel csak vacsorajegyem van, a déli kifli és pohár szódavíz után végre meleget ehetem. Mégis korán értem oda, a bezárt ajtó előtt toporgunk jó néhányan, s várjuk a nyitást. A habfehér köpenyes, jó alakú, hirtelenszőke menzatündér mosolyogva fogad: „A maga kedvence van: szalontüdő! Hány adagot akar?" – kérdezi kedveskedve, és kérdezhette is, mert a diákszálló lakói szinte összeesküvésszerűen utálták a szalontüdőt, s rövid habozás után potyogtak elém a menzajegyek: „Nesze! Edd meg az enyémet is!" Az adakozók megvetettek elferdült ízlésem miatt, én viszont, minden szégyenkezésem ellenére, néha három-négy adagot is bepofáztam, ilyenkor laktam jól. Nyugodtan tehettem, nem kellett a vonalaim miatt aggódnom, úgy hagytam el Magyarországot, hogy nem sikerült elérnem a hetven kilogrammos testsúlyt.

Most viszont alig hogy felvágtam a zsemlegombócot, s megállapítottam, hogy ruganyosra főtt, bekaptam hozzá egy-két kanállal a pájsliból, máris nagy robajjal kivágódik a menza ajtaja, s megjelenik egy poros, csapzott, borostás állú, izgatott, lázban égő szemű, lemberdzseket viselő fiatalember: „Most jövök Pestről motoron. Az egyetemisták tüntetnek, a munkásság is csatlakozott, menjetek ti is az utcára! Tüntessetek! Nekem még máshová is be kell szólnom!" Mire felocsúdtunk, hírehamva se volt a tüneménynek.

Csörögtek a lecsapott evőeszközök. Érdekes, hogy bizonyos esetekben mennyire nincs szükség tanácskozásra, vezetőkre, mindenki tudja, mi a teendő. A bejárat előtt gyülekeztünk, s amikor 40–50-en lehettünk (a Juhász Gyula diákszállóban összesen 220-an laktunk), elindult a menet. Egy évfolyamtársam arcára emlékszem, a lányok által incselkedve Cupidónak hívott Horváth Dezsőére. (Talán már nyugdíjba ment a *Délmagyarország* szerkesztőségéből.) Egymás mellett haladtunk. Az első száz lépés után majdnem megtorpantunk: ha felvonulunk, énekelni szoktunk. Tanácstalanul és segélykérően tekingettünk egymásra az esteledő utcán, főként mozgalmi indulókat ismertünk, s mindenki érezte, ennek most nincs helye itt. Most *mi* tüntetünk, mert *mi* akarunk tüntetni. Valaki rákezdte, talán valamelyik öblös hangú jogász: „Előre ország népe... ma harcra hív hazád... ellenünk tört a kény uralma..." Mire a bátortalan szólóénekes odaért, hogy „Hajrá, fegyverbe hát..." – mind teli torokból fújtuk, érces, elszánt hangon. Hát persze, hogy a *Marseillaise* a mi indulónk!

Ahogy haladunk a Tolbuchin sugárúton, egyre dagad a menet, nemcsak a hazafelé bandukoló éhes egyetemisták, de a járókelők közül is csatlakoznak. Senki sem tudja, hová megyünk, én sem. Befelé menetelünk a város központja felé. Mire a Dugonics tér közelébe értünk, már a teljes úttestet elfoglaltuk; zászló is lobogott valakinek a kezében. Utolért bennünket a villamos. A vezető először csengetett, aztán belenyugodott, hogy csak a mi tempónkban haladhat, mert azért mégis a víz az úr, nem a gálya. Akkor már jelszavakat is kiabáltunk: „Aki magyar, velünk tart!" A villamosról is leugráltak az utasok. Aznap este, úgy tűnt, az utcán mindenki magyar volt.

A Dugonics tér sarkán összenéztem egy Sarkadi Sándor nevű IV. éves bölcsésszel (jól ismertem, igen tájékozott volt a pesti irodalmi ügyekben). Egyszerre mondtuk: „Be az egyetemi könyvtárba!" Kifulladva, hármasával vettük a lépcsőket, az ajtót majd betörtük igyekezetünkben. A teremfelügyelő szólni akart, hogy csitt, csendesebben, de letorkoltuk: „Pesten tüntetnek! Mi is tüntetünk! Gyertek velünk!" Mint a bomba robbant a kiáltás. Egy pillanat alatt felbomlott a rend a tudományszagú csöndben. Sokan azonnal szedelődzködni kezdtek, s ahogy leértek, meghallották a vérpezsdítő dallamot: „Hajrá, fegyverbe hát! Ma harcra hív hazád..." Talán már harmadszor énekeltük.

Hirtelen ötlettől vezetve otthagytam a menetet. Mindenkire szükség van, mindenki tüntessen! Loholtam Újszegedre, az ápolónőképző diákotthonába. Ott be a menzára, ugyanazt tettem, mint a motoros nálunk a Juhász Gyulában. (Ezt az epizódot mégis tökéletesen elfelejtettem, soha nem jutott volna eszembe, ha a forradalom után jó néhány évvel, már itt, Londonban Fehérvári Géza – akkor *postgraduate*, majd professzor az egyetemen – be nem mutatja a feleségét. „Inci vagyok. Jé, én magát ismerem, maga jött ki hozzánk Újszegedre akkor este, hogy menjünk tüntetni.") Nyargaltam vissza, igazam volt, hogy személyesen mentem, tüntetésre nem lehet telefonon toborozni a résztvevőket. Csak a hírközlés legősibb módja szerint: élőszóban. A kifulladtan érkező hírnök mindig hiteles.

Tüntetés. Forradalom. 1956. október 23-án este nem hiszem, hogy valaki is tudta volna Szegeden, hogy kitört a forradalom. Mint ahogy napokkal korábban azt sem tudtuk, hogy „történelmi időket élünk". A Kádár-féle ellenforradalom apológiájában általánosan elfogadott tétel volt, hogy a forradalmat külső erők hozták ránk. Ezzel a tétellel ma már vitatkozni sem érdemes, hiszen a „külső erők" (értsd: az imperialisták) legalább annyira meg voltak lepődve, mint a készületlenül talált hazai apparátus. A forradalom bennünk volt, csak mi sem tudtuk. Forradalmat csak forradalmi szituációban lehet kirobbantani, bármennyire tetszetős is a konspirációs történelemszemlélet. Pár száz embert ki lehet vinni az utcára szervezkedés alapján. A Gömbös-szobrot fel lehet robbantani. Ugyanakkor sok pénzébe került az amerikai titkosszolgálatnak a Bay of Pigs-beli fiaskó. Igen, égő gyufákat lehet dobálni, de csak a benzineshordó robban fel tőle. Vagy a rekkenő nyári hőségben teljesen kiszáradt erdő borul lángba, amely szinte várja, hogy valaki felgyújtsa. 1956. október 23-án elmúlt, megszűnt a félelem. Nem egy-két tucat emberben, hanem egy országban. A sok irányból, különböző szinteken csörgedező elégedetlenség összefolyt, dagadt, és áttörte a gátat. Az áradat felszínre dobta a vezetőit. Egyszerűen ennyi történt.

Talán még hét óra sem lehetett, mikorra visszaértem a belvárosba. Tömeg. Mindenütt. Minden irányból ömlik a Széchenyi tér felé. Senki ismerőst nem látok, felszívódtak a sokaságban. Viszont a pártbizottságból jönnek kifelé a pártvezetők. Karácsonyi elvtárs meglát, és jön felém felgyorsított, de ruganyos lépteivel: „Mi történik, Czigány elvtárs?" – a hangjában nem felelősségre vonás, hanem riadt értetlenség. Büszkén válaszolok: „Tüntetünk, Karácsonyi elvtárs!" Ekkor láttam életemben utoljára, ekkor szólítottam valakit utoljára, hivatalos megszólításként, elvtársnak.

A tömegben a felszabadultság érzete. Kirobbanó jókedv. Teljesen ismeretlen emberek úgy beszélnek a mellettük állókhoz, mintha gyerekkoruk óta ismernék egymást. Folyik az öntájékoztatás. „Mindenki a Széchenyi térre!", „A Klauzál téren lesz a nagygyűlés!" Zászlók lobognak. A Klauzál téren valaki egy nyilatkozatot olvas fel: egyetértünk a pestiekkel, és rokonszenvünket nyilvánítjuk ki. Éljenzés. Aztán a *Himnusz* és a *Szózat*. Motorkerékpáros igyekszik áthaladni a tömegen, dudál, berregteti a motorját. Noha a tömegben semmiféle feszültség, ingerültség vagy agresszivitás nincs, nem értik, mit furakodik, hát nem látja, mi történik? Ma sem tudnám megmondani, félig részeg volt-e a motoros, vagy tényleg provokálni akarta-e a tömeget. Valaki elkiáltja: „provokátor!", lelökik a motorjáról, körülveszi néhány tagbaszakadt munkás, és felpofozzák. Eleredt az orra vére, motorját otthagyva iszkirizik elfelé. Akik látták: „Úgy kell neki!", „Többet érdemelt volna!". Utólag is helyeslem a kiosztott pofonokat. Mert aki belehajt egy *Himnuszt* éneklő tömegbe, lett légyen bármilyen pártállású is, megérdemli az erélyes rendreutasítást.

Tovább a Széchenyi térre. De előtte még a Klauzál téren megszólal a hangosanbeszélő, Gerő beszédét közvetítik. Gerő Ernő szenvtelen hangon, de mégis arrogánsan beszél: „Kedves elvtársak, Magyarország dolgozó népe!" Ádám-Évánál kezdi. A tömeg mocorog, alig bírja kivárni, hová akar kilyukadni. „Szélesítjük és mélyítjük a demokráciát... a napirenden lévő kérdéseket majd megvitatja a Központi Vezetőség... addig is éberségre van szükség, nehogy ellenséges elemek megzavarhassák pártunk, munkásosztályunk, dolgozó népünk erőfeszítéseit... Pártszervezeteink fegyelmezetten, teljes egységben lépjenek fel minden rendbontó kísérlettel, nacionalista kútmérgezéssel, provokációval szemben..." Nem is értjük, mit mond, persze hogy szocialista demokráciát akarunk mi is, nem burzsoá demokráciát, de hát tudja ez az ember, hogy mi történik az utcán? Valahol valaki elüvölti: „Vesszen Gerő!" A tömeg ütemesen ismételni kezdi: „Vesz-szen Ge-rő! Vesz-szen Ge-rő!" Kezd a hangulat felpaprikázódni. A párt Szegeden is elvesztette a játszmát.

A Széchenyi téren valaki hangszóróval ismerteti a pesti eseményeket, egymást követik a szónokok, izgatottság. Abban egészen biztos vagyok, hogy a Rádió ostromáról még senki sem hallott, lyukas zászlót sem hiszem, hogy láttam volna. Pedig minden zászló címer nélküli trikolór volt, emlékezetem szerint. Amikor a jelszavakat ütemesen kiabáló tömeg a Nemzeti Színház elé ér, az előadást megszakítják, és Bitskey Tibor kiáll az erkélyre, elszavalja a *Nemzeti dal*t. Hosszasan éljenzik. Utána megint a *Himnusz*. A Nemzeti Színháznál sereglő tömeg megint csak mámoros, boldog, diadalittas. Éjfél jóval elmúlhatott, mire hazakerültem. Én is mámoros, boldog és diadalittas voltam. Tettünk valamit. Megmutattuk, milyen egy igazi tüntetés. Amelyik forgatókönyv nélkül pereg. *Spontánul.*

A diákszállóban mindenki izgatott, mindenki beszél. Egyre-másra térnek haza a diákok, mindenki híreket hoz, mindenki hírekre kíváncsi. Pesten a Rádió előtt a békésen tüntető tömegbe állítólag belelőtt az ÁVH. Sokan életüket vesztették. Nem akarjuk elhinni. Ez nem lehet igaz. A rádióból lehetetlen tájékozódni. Senki nem tud semmit. Rettentően fáradtan és rettentően elégedetten mentem aludni.

Másnap, október 24-én korán ébredek, azonnal ki a városba, tájékozódni. Az igazán korán kelők már tudják, mi történt Pesten, a hajnali hírekből, melyet gyakran megismételnek: „Fasiszta, reakciós elemek fegyveres támadást intéztek középületeink ellen, és megtámadták karhatalmi alakulatainkat. A rend helyreállítása érdekében további intézkedésig tilos minden gyülekezés, csoportosulás és felvonulás..." Magam is hallottam, többször bemondták. Tehát igaz. Pesten kitört a forradalom. Gyönyörű őszi nap, ragyogó kék éggel, a Széchenyi tér platánfái színorgiába öltözve. A tér tele emberekkel; hiába cirkálnak páncélozott járművek, hiába a sok rendőr. Mint szabad vegyértékükhöz társat kereső molekulák keringünk, főként diákok. Tudjuk, tilos mindenféle csoportosulás, hogy négy-öt ember már csoportosulásnak számít. Úgy játsszuk ki a tilalmat, hogy amikor valaki csatlakozik egy csoporthoz, másvalaki távozik. Mosolygó daccal járkálunk, egyre többen nemzetiszínű szalaggal a gomblyukban, melynek közepére fekete csík került: gyászoljuk az elesett pestieket.

A Tisza-híd felől egyenletes robajlás zaja hallatszik. Elmegyek megnézni, mi történik. Páncélosok végeláthatatlan hada. Sokan nézzük, döbbenten. Mégsem kellett volna tegnap este kiabálni, hogy „ruszkik haza!”. Mert egy idő után ez lett a mindent elsöprő jelszó. Most görcsöt éreztem a gyomromban. Baj lett belőle. Nemhogy hazamentek volna az oroszok, de jönnek dübörögve. Az egyik tanársegéd mellett találom magam. Borsányi György, aki évtizedek múlva Kun Béla-életrajzával szerzett magának nevet, győzködni igyekszik: „*Bennünket* jönnek megvédeni!” Nyilván elszontyolodott arckifejezésem miatt mondja. Nyilván én is afféle megtévesztett fiatal vagyok. Először nem is értettem, mit mond. Hogyhogy bennünket? Kik azok a „bennünket”? Mióta vagyunk mi egy táborban? (Utoljára marxizmus–leninizmus szemináriumon találkoztunk. Az „igazságos háború” ismérveinek megvitatása közben. Az első világháborúban a „reakció” oldalán álltunk. Ezért kaptuk Trianont. „A soproni népszavazás is »reakciós« lett volna? – kérdeztem kihívóan –, pedig ennek köszönhetjük, hogy Sopron Magyarországon maradt.” Nem tudom már, milyen rabulisztikával kente el a kérdést. Ezek szerint megint „reakciósok” vagyunk?) Végigmértem, és faképnél hagytam.

(Pár hónap múlva Oxfordban hiába igyekeztem a Pestről jött egyetemistákat meggyőzni, hogy az oroszok már 24-én hajnalban kezdtek beáramlani az országba, hitetlenkedve leintettek: fontoskodni akarok, nagyot mondani. Ma már köztudott, hogy a Romániában állomásozó 33. gépesített gárdahadosztályt még előző este fél tizenegy körül riasztották, és délelőtt keltek át a Tiszán. Amiből csak az a tanulság, hogy mint ahogy mi sem tudtunk sok mindenről, ami Pesten történik, Pesten sem tudtak mindenről.)

A tankok komor oszlopa még ilyen gyönyörű, késő őszi napon is letaglózó látvány. Pedig nem viselkedtek fenyegetően, a katonák fáradtaknak tűntek, és egyáltalán nem harciasnak. Otthagytam a Tisza-hidat, elhatároztam, benézek az írószövetségbe, meghallgatni a legfrissebb híreket. Tudják-e, mi dübörög a Tisza-hídon? A bejáratnál társaság. Köztük Bárdos Pál, írójelölt. Mielőtt kinyithattam volna a számat, megigazította a szemüvegét, s kérdőre vonó hangnemben rám szólt: „Mi az, Czigány elvtárs, te is a fasisztákkal tartasz?” Kiment a fejemből a vér, mit képzel ez a nyikhaj, ha valaki nemzetiszín szalagot visel gyászcsíkkal, az már fasiszta? Megint csak nem mondtam semmit, de végre értettem: vannak *ők*, és vagyunk *mi*. Aki közéjük tartozik, azokhoz semmi közöm, szóba sem állok velük. Bárdos Pali azért „ők”, mert a rádió által besulykolt vonalhoz alkalmazkodik megjegyzésével, onnan értesült a „reakciós fasiszta elemekről". Tegnap még azt hittem, csak *mi* vagyunk, az egyetemisták és a tanárok, mindnyájan *mi* vagyunk. Azt a néhány idősebb, frissen rehabilitált hallgatót, aki nem nagyon mozdult ki a diákszállóból, megértéssel néztük. Hirtelen kerültek ki a napfényre, vaksin hunyorogtak, nem értették a világot, amibe váratlanul belecsöppentek.

A felbolydult embersereg délutánra újra csak tüntetést akart, most már az oroszok ellen, akik közben áthaladtak a városon, Pest felé. Össze-vissza kószálok a városban, de most inkább szemlélője vagyok az eseményeknek, mintsem résztvevője. A lányok bátrabbak, most ők szervezkednek. Este a diákszállóban folytatódnak a viták és élménybeszámolók. Igen, a rendőrség egy idő után beavatkozott, erőszakkal oszlatták szét a tüntetőket. Zűrzavar, sikoltozás, könnygáz, botozás, mintha egy-két figyelmeztető lövés is eldördült volna. Sokan kék foltokkal, vérző fejjel térnek vissza, ám lelkesedésük nem csappant meg. Még derültség is támadt. Amikor az egyik csoportot gumibottal feloszlatták, több rendőr Zsuppán Tibor nyomába eredt, s egyikük rárivallt: „Fusson, azannyaistenit!" „Futok!" – szólt vissza engedelmesen Zsuppán, és meg sem állt a diákszállóig. Közben zaj, sikoltozás a bejáratnál, egy tucatnyi lány érkezik egymás hegyén-hátán. Baróti járta a várost a rektorátus kocsiján, s szedte össze a menekülő egyetemistákat, hogy mielőbb fedél alá kerüljenek, biztonságba. A lányokat is ő küldte a Juhász Gyulába. Beszélt az igazgatóval, Tóth Bélával, a menza helyiségében alakították ki az ideiglenes hálótermet. Egy ideig Baróti is ott maradt, csillapítani a kedélyeket. Késő éjjel ment el, fáradtan, meggyötört arccal. Mint a tulajdon gyermekeit védte az egyetemistákat.

Október 25-én arra ébredtünk, hogy Szeged katonai megszállás alá került. A városban harckocsik, rohamlövegek cirkáltak, katonák páncélautóban. Nem volt tanácsos az utcára menni, kettesével-hármasával mégis egyre többen kimerészkedtünk. Sétáltunk, most már eltűnt a felszabadultság érzése, nem majális ez, még csak deres majális sem. A katonák nem vetemedtek tettlegességre, beszélgettek is velünk. A fiatal kiskatonák csak azt ismételgették, hogy miért nem megyünk haza, akkor ők is visszatérhetnének a laktanyába. Este megalakult a Juhász Gyula Diákotthon Forradalmi Bizottsága. Az igazgató, Tóth Béla az elnöke. A jelen lévő Németh Ferenc megígéri, hogy követeléseinket holnap megjelenteti a *Délmagyarország*ban. Senkit sem nyugtat meg ez a zajos, házon belüli értekezlet. Most már mindenkiben ott lobogott a tettvágy. Nemcsak a MEFESZ jelentősége szorult háttérbe, hiszen ki beszél már egyetemi reformokról, hanem lassan mindenen túllépett a munkásság radikális követeléseivel. A gyárakban beszüntették a munkát. Sztrájk. Másnap délelőttre tüntetés és nagygyűlés lett meghirdetve a Széchenyi térre.

Október 26-án leállt a közlekedés. Mindenki az utcákon. Már előző este megkezdődött a csillaghullás. A délelőtti emberáradat iszonyatos nagyságrendű, komor, mindenre elszánt. A Széchenyi teret lezárta a karhatalom, egyik utcából sem lehetett megközelíteni. Az egyetemisták a Takarékpénztár utca felől érkeznek, élükön a rektorral, Baróti Dezsővel és a dékánokkal, köztük a bölcsészkar dékánja is, Nyíri Antal, nyelvész és párttag. Mivel hátulról egyre inkább nekiszorították a tömeget a fegyveres kordonnak, a parancsnok sortüzet vezényelt, először a levegőbe, aztán a tömegbe. Schwarcz Lajos, egy tizennyolc éves munkás, aki a szegedi kenderfonóban dolgozott, a helyszínen meghalt. Többen megsebesültek. Pánik tört ki, mindenki menekült, sokan a földre zuhantak, a tumultusban egymást tiporták az emberek, köztük a mi dékánunkat, Nyíri Antalt is megtiporták. Aki ott volt, ha fegyver van a kezében, visszalőtt volna.

A munkásfiatalt, a munkások és parasztok államának első halottját Szegeden, összeeszkábált hordágyon az egyetem aulájába vitték, ott ravatalozták fel, s tódultak az emberek a végtisztességet leróni a nagyon hamar virágerdőben fekvő áldozat előtt. (A Takarékpénztár utcai sortűz ügyében 1993. november 12-én elrendelt nyomozást a Budapesti Ügyészségi Nyomozó Hivatal 1994. május 31-én megszüntette, „mivel a széles körben lefolytatott eljárás adatai szerint a polgári lakosság háború idején való védelmére vonatkozóan az 1949. évi genfi nemzetközi egyezményekben meghatározott emberiség elleni bűncselekmény elkövetése nem volt megállapítható" – tájékoztatott Dr. Csevér Antal, legfőbb ügyészségi ügyész, 1995. július 31-i levelében. Ha jól értem az indoklást, a Magyar Néphadsereg 1956. október 26-án háborút viselt a magyar nép ellen.) Az épület mögötti sportpályán egyre nőtt a tömeg. Itt megerősödött bennem is, másokban is a vélemény, fegyverre csak fegyverrel lehet válaszolni, és aki a másik oldalon áll, arra lőni kell. Megverten és tehetetlenségi érzéssel mentünk haza a diákszállóba. Nem tudtunk mihez kezdeni magunkkal. A rádióból sem lehetett megtudni, mi történik. Véget nem érő zene, a slágerek is bánatosan hangzanak: „Hoppsza, Sári, hoppsza, hopp…", közlemények, felszólítás a fegyverletételre, helyreigazítások, a felkelők letették a fegyvert, az amnesztia meghosszabbítása azoknak, akik leteszik. A Minisztertanács közleménye. Az ellenforradalmi erők garázdálkodása, kijárási tilalom, zűrzavar, zagyva bárgyúságok; nyugalomra van szükség, de a zagyvaságokból is kiderül, hogy Budapesten még mindig harc folyik, s ránk, mint a türelmes birkákra, ránk lőttek. Bőszítő tehetetlenségi érzés. Igaz, a vörös csillagokat már leszedték a tömeg követelésére, ahol pedig nem, ott a tömeg verte le. Közben pedig az utcán látjuk a volt szegedi egyetemista proletárköltő szavait megelevenedni: „az elnyomás csapatban károg". Enyedi Ferenc, egy nyurga évfolyamtársam Öcsödről, hogy ez is rímeljen József Attilával, feltépi az egyik utcára néző ablakot az emeleten, és torkaszakadtából elüvölti magát: „Gyilkosok!" A csattogva, csikorogva haladó páncélautóból géppisztolysorozat a válasz. Üvegcsörömpölés, vakolat potyog a mennyezetbe fúródó lövedékektől, szerencsére senki nem sérült meg, Enyedi sem, vértelen arccal ugrik vissza, és leül. Nem merünk kinézni, hallgatjuk a nagy robajjal járőröző páncélosokat. Egy idő után fegyveres rendőrök törnek be a diákszállóba, akit látnak, ütnek. Megverték az igazgatót is, Tóth Bélát, hiába igyekezett tiltakozni, hogy ez itt diákszálló, ő párttag, ő gondoskodik róla, hogy itt rend és nyugalom legyen. A verőembereket nem érdekelte; a diákok mind fasiszták, ellenforradalmárok. Szegény Tóth Bélát ma is sajnálom, lelkes párttag volt, de tisztességes ember, mi játszódhatott le benne, hogy volt képes az eseményeknek ezt a fordulatát feldolgozni?

Itt elszakad a film, a következő egy-két napról nem tudok számot adni, csak azt tudom, hogy a forradalom győzött, Szegeden is, vértelenül. Megalakultak a forradalmi bizottságok és a munkástanácsok. A párt vezérkara eltűnt, Baróti felment a marxista tanszékre, és bejelentette: „Uraim, a maguk ideje lejárt! El vannak bocsátva!" A tanszéket lezáratta és lepecsételtette. Ez volt az Egyetemi Forradalmi Bizottság egyik legelső határozata. (Hogy az egyetemen is megalakult a Forradalmi Bizottság, erről már csak a feleségemtől értesültem itt, Londonban, ő is tagja volt. Elsősorban a múltat akarták eltörölni, a káderlapok összegyűjtése, lefoglalása és kiosztása lett volna az egyik feladatuk.)

Néhány nap múlva megjelenik Lazur Barna a diákszállóban, mert közben a Városi Forradalmi Bizottság, melynek Perbíró József lett az elnöke, megszervezte a forradalom karhatalmát, a nemzetőrséget, és Lazur Barnát nevezték ki főparancsnoknak. Lazur Barna úgy döntött, hogy külön egyetemi zászlóaljat állít fel. Ezért jött a diákszállóba, hogy felszólítson bennünket a csatlakozásra. Lelkesedésben nem volt hiány, megértettük a forradalom hívó szavát. Lazur nyilván azért szorgalmazta a külön egyetemi zászlóalj felállítását, mert minket személyesen ismert, hiszen ő oktatta a honvédelmet, s azt is tudta, hogy nem kell a fegyverforgatás elemeibe bevezetnie bennünket, hiszen a nyáron fegyverekkel gyakorlatoztunk, és éleslövészeten is részt vettünk.

Tódultunk a Dózsa György laktanyába, ott alakult meg a nemzetőrség. Az új hatalom lefoglalta, senki sem ellenkezett, a katonák átálltak vagy szétszéledtek. A forradalmi karhatalom gyorsan szerveződött, egy írnok készítette a névsort. Neve? Czigány Lóránt. Hol tanul? Bölcsészkar, magyar–történelem szak, III. évfolyam. Rangja? Tizedes. Egy másik írnok már állította is ki a nemzetőr-igazolványt. Nem kellett orvosi vizsgálaton átesnem, mehettem egy piros-fehér-zöld karszalagot, egy géppisztolyt és két darab, 72 töltényt tartalmazó dobtárat átvenni. Első feladatunk az érkező, újabb fegyver- és lőszerszállítmányok átvétele. A szalmaláng-lelkesedés lelohadt, gépiesen végeztük a dolgunkat. Hirtelen rövid géppisztolysorozat hallatszik, és vágódik a mennyezetbe. Dermedt csend támadt, de csakhamar észrevettük, hogy a Szalontai Misi, IV. éves magyar szakos hallgató (később egy ideig a *Magyar Nemzet* kulturális rovatát szerkesztette) nyakában lógó géppisztoly kibiztosítódott, és az adta le a sorozatot. Szalontai nagyon megijedt, bár szerencsére senki sem sérült meg, falfehéren letette a fegyvert: „Gyerekek, ne haragudjatok, a feleségem a kilencedik hónapban van, nem maradhatok itt." Tényleg, a közelgő szülésre való tekintettel, a Diákklubban kapott ideiglenesen egy szobát, hogy összeköltözhessenek. Senki sem tett megjegyzést, megértettük különleges helyzetét, hiszen nem volt köztünk családos ember. Forrófejűség volt részéről, hogy egyáltalán jelentkezett nemzetőrnek.

Éppen egységekre igyekeztünk tagolódni, amikor odajön Lazur Barna a mi csoportunkhoz. Tudomásomra jutott, mondja, hogy az egyik melléképületben gyanús elemek tartózkodnak. Ebben a laktanyában engedélyem nélkül nem tartózkodhat senki. Szükségem van néhány bajtársra, hogy kifüstöljük őket. Egy emberként jelentkeztünk. Kigombolta pisztolytáskáját. „Én most bemegyek, s ha öt perc múlva nem jövök ki, vagy bentről lövést hallotok, az ablakokon keresztül azonnal nyissatok tüzet. Ne álljatok közel egymáshoz, hogy minél kisebb célpontot mutassatok."

Soha nem felejtem el azt a néhány rövid percet. Hiszen már a szó szoros értelmében szagoltunk puskaport, a fülem még csengett Szalontai véletlen sorozatától. Felhúzott géppisztollyal néztem farkasszemet az egyik ablakkal. Nem tudtam, mi történik mögötte. Nem tudtam, kik voltak a társaim. Csak a homályos ablakot láttam, ahonnan váratlanul bármikor tüzet nyithatnak rám. Csak azt tudtam, Lazur Barna az életét bízta ránk, mert bízik bennünk, és ez kötelez. Idegtépő két-három perc múlt el. Váratlanul kinyílt az ajtó, feltartott kezekkel négy-öt ember jelent meg, mögöttük Lazur Barna, pisztollyal a kezében. A kijárathoz kísértük őket, s lerakták a fegyvert és zsebből a kézigránátot. Szedett-vedett népség volt, most utólag azt mondanám, olyanok, mint a *Ludas Matyi* karikatúráin „az állig felfegyverzett ellenforradalmárok". Lazur Barna megmutatta, hogy milyen stramm fickó. És ami a legfontosabb, helyreállította a forradalom rendjét. Mert a forradalomnak is van rendje.

Ezen a jeleneten többször és sokat gondolkodtam. Legfőként azon, hogy az adott helyzetben hogyan cselekedtem volna, ha kenyértörésre kerül a sor. Lett volna-e bátorságom tüzet nyitni, ha eltelik az öt perc, ha belülről ránk lőnek, vagy rémülten elinaltam volna-e, ha ez utóbbi történik? Akkor persze nem tépelődtem, hanem szinte transzba esve figyeltem. Utólag nem azért gondolkoztam, hogy a hősiesség pózában tetszelegjek, vagy (várható) gyávaságom kipellengérezzem, hanem mert rájöttem, hogy nem csak mások esetében nem tudom megmondani, hogy egy rendkívüli helyzetben hogyan cselekszik majd valaki, a személyiségéről kialakult elvárásoknak megfelelően-e, vagy pedig éppen ellenkezőleg. Nem mondhatnám, hogy sokszor voltam személyes sorsfordító események tanúja, de az a néhány eset is mindig meglepetéssel szolgált. Láttam bátornak vélt embereket (képletesen) megfutamodni, és láttam gyáva hősöket is. Láttam megalkuvásra hajlamos embereket konok makacssággal kiállni vélt vagy valós igazuk mellett. Egészen biztos vagyok benne, hogy senki sem tudja megmondani, hogy fog viselkedni rendkívüli helyzetekben, még azt sem, hogy ha ugyanaz a helyzet megismétlődik, akkor ugyanúgy viselkedik-e majd, mint előzőleg.

Délutánra minden elrendeződött, az egységek védelmi parancsokat kaptak, ki biztosítja a parancsnokságot, a szerkesztőségeket, a Tisza-hidat, azaz minden olyan objektumot, melynek ellenőrzése elengedhetetlen a hatalom megszilárdításához. Az én egységemet az öthalmi ávóslaktanyába vezényelték, annak őrizete volt a feladatunk, és fegyverszállítmányok kiadása Lazur Barna írásos meghatalmazására. A laktanyához ugyanis föld alatti M-raktár tartozott, nehézfegyverekkel. Parancsnokunkat nem ismertem, de mivel Lazur Barna nevezte ki, megbíztam benne. A különítményünk 20-25 főből állhatott, köztük ismerős jogászok és bölcsészek. Teherautóval mentünk Öthalomra, melyet azóta sem találtam meg semmilyen térképen sem. A Pest felé vezető út mentén volt, talán öt-hat kilométerre Szegedtől.

A laktanyát óvatosan közelítettük meg, nem tudhattuk, kik tartózkodnak benne. Nagyon hamar kiderült, a helyőrség kutyafuttában hagyta el: a kantinban félig üres tányérok az asztalon, derékszíjak, tányérsapkák a fogason, de minden kísértetiesen kihalt. A volt elitalakulat tagjai elmenekültek, senki sem akart az új hatalom képviselőivel találkozni. Miután meggyőződtünk, hogy nincs itt egy teremtett lélek sem rajtunk kívül, a lőtéren belőttük fegyvereinket, mind gondosan karbantartott davajgitár volt, kifogástalanul működött. Megnyugodva megszerveztük az őrséget: ketten a kapuban, ketten az M-raktár bejáratánál, ketten látcsővel a tetőn, ketten pedig mint összekötők cirkáltak az őrségek és a parancsnok között.

Az M-raktárban csupán gyalogsági nehézfegyvereket találtunk: aknavető, Maxim géppuska, golyószóró. Egy irgalmatlanul nehéz Maxim géppuskát felcipeltünk a legfelső emeletre, az épület lapos tetejére azonban csak szétszedve lehetett feladogatni az alkatrészeit a szűk feljáraton, fenn kellett összeszerelni. Ámultan néztem „Totyá"-t (Tóth Imre III. éves joghallgató, a MEFESZ egyik fő szervezője – a MEFESZ-perben tíz évet kapott mint másodrendű vádlott), akit a nyári táborból ismertem, s mint beceneve is mutatta, nem túlságosan siette el a tennivalókat, legszívesebben még a lövészárokban hasalva is Schopenhauert olvasott. Most viszont éppen fürgeségével tűnt ki, percek alatt összeszerelte a géppuskát, és tüzelőállásba helyezte.

Az Öthalmon eltöltött napok összefolynak az emlékezetemben, a külvilág megszűnt, legalábbis számomra. Eleinte, míg csak az egyik raktárból nem vételeztem egy ávós gyapjútrikót, sokat fáztam, mert hirtelen esős hidegre fordult az idő, és a hosszú őrségekben, főként éjjel, fagyoskodva toporogtam ballonkabátomban. Állandóan kialvatlan voltam és fáradt, sokat voltam szolgálatban, mert nem voltunk elegen ahhoz, hogy kétóránként váltsuk egymást. Tudtam, hogy Lazur Barna a Juhász Gyulába tette át a főhadiszállását, telefon-összeköttetésben álltunk. A legfelső emeleten nagy teljesítményű, rövidhullámú rádió adóvevőt találtunk. Mivel volt közöttünk olyan, aki értett az amatőr rádiózáshoz, a világ legkülönbözőbb adóit fogtuk: a Szabad Európa Rádió adása is teljesen tisztán bejött. Utólag belegondolva, ez a monstre rádióberendezés egyben zavaróállomás is lehetett. Jó volt tudni, hogy most már mindenhol a világon ránk figyelnek, és büszkéknek kellene lennünk. Az idegen nyelvű adásokban is állandóan Budapest, Nagy Imre, Magyarország neve hangzott el a leggyakrabban. Magyarul pedig biztattak, hogy tartsunk ki, legyőztük a Szovjetuniót. Ezt nem nagyon hittem, ha a tankok végeláthatatlan sorára gondoltam. A Szabad Európa pedig néha egyenesen irritált, amikor egy Bell ezredes nevű katonai szakértőjük elsősegélynyújtási tanácsokat osztott, olyan szinten, amit mindenki, aki valaha is cserkész vagy úttörő volt, maga is tudott. (Csak nemrégiben értesültem Urbán György könyvéből, hogy az „igazi" Bell ezredes, azaz Borsányi Julián, a m. kir. honvédség volt törzstisztje nem volt hajlandó végrehajtani az „amerikai tanácsadók" utasítását. Így „Bell ezredes" szerepére a rádió egy másik munkatársa vállalkozott, ő oktatta a „partizánháború" alapismereteit.) Mégis bizakodtam, hogy valami csak történik. ENSZ-csapatok jönnek, vagy akármi. Hittem, mert hinni akartam, az nem lehet, hogy cserbenhagynak bennünket.

A legidegfeszítőbb az éjjeli őrség volt a tetőn. A forgalom éjjel sem szűnt meg teljesen az országúton, s ha magányos fénycsóvát láttunk közeledni, mindjárt arra gondoltunk, orosz egységek gördülnek felénk. Szigorú parancsunk volt, hogy Lazurnak bármiféle fegyveres mozgást azonnal jelentsünk. Hiszen Pest felől mi biztosítottuk a várost. Egyszer tényleg lassan közeledő fényeket észleltünk és erősödő morajlást. Kitört az izgalom, felébresztett parancsnokunk általános riadót rendelt el. Golyószórókkal kihasaltunk az országút két oldalán húzódó árokba, és szívdobogva lapultunk, várva a parancsot, hogy tüzet nyithassunk. A lapos tetőről fellőttek egy rakétát, s akkor láttuk, hogy mentőautó közeledik. Megkönnyebbülve megállítottuk, vajúdó asszonyt hozott a kórházba, azt készültünk kilőni. A fáradtság, a kialvatlanság, az éjszaka megtréfálta az idegeinket, hallucináció volt az orosz egység érkezése, megfeszített idegállapotunk borzalmas tréfája, hiszen könnyen tragédiába torkollhatott volna. Így csak kényszeredetten nevettünk utána.

Egyre jobban elfásultunk, a tisztálkodási viszonyok sem voltak kielégítőek, borotválatlanul szenderegtünk, hideget ettünk: a konyhához tartozó raktárhelyiségben bőven volt élelmiszer, konzerv, minden, főzni meg sem próbáltunk. Nem tudtuk, meddig kell maradnunk, nem láttuk, mi lesz a megoldás. Egyszer aztán telefonüzenet jött Lazur Barnától. Az oroszok általános támadást indítottak Budapest ellen. Szegeden összesen két zászlóalj nemzetőr van: az egyetemi és a munkászászlóalj. Együttesen talán 500 fegyveres. Nehézfegyverünk a Tisza-hídnál felállított két páncéltörő ágyún kívül nincs. Szeged katonailag tarthatatlan. Lazur Barna azt javasolta, tegyük le a fegyvert, és egyesével hagyjuk el a laktanyát. Érzelmesen elbúcsúzott. Ő néhányadmagával átmegy Jugoszláviába, s ha segítséget kapunk Nyugatról, visszatér, és újraszerveződés esetén számít ránk.

Borúsan meghánytuk-vetettük a helyzetet. Voltak köztünk harciasak, akik azt javasolták, hogy egy ideig tartsuk a laktanyát, mutassuk meg az oroszoknak... Mások úgy vélték, hogy a laktanya egy nagy egérfogó, hiszen csak egy kijárata van. Azt hiszem, Totya javasolta, hogy a két méter magas betonkerítésbe vágjunk vagy robbantsunk egy lyukat.

S ha fel kell adni a laktanyát, ott szökjünk ki Szeged felé egyesével. El is kezdték nagy buzgalommal a munkát, szikrázott a csákány a betonon. Tanácstalan voltam, valahogy nem így képzeltem el az egészet. Egy kenyérzsákot megpakoltam élelmiszerrel, a parancsnoki irodában magamhoz vettem a nyugati határ részletes térképszelvényeit, kiálltam az országútra, s felemelt géppisztollyal leintettem az első teherautót. A platón három-négy puskás ember, valamit izgatottan tárgyaltak, nem zavartatták magukat, de bevittek Szegedre.

A Juhász Gyula előtt tettek le. Bementem. Ugyanaz az élmény, mint Öthalmon, teljes felfordulás, sehol egy teremtett lélek. Felmentem a szobámba, s azonnal tudtam, itt nem maradhatok. Összecsomagoltam a holmimat, némi gondolkodás után a géppisztolyt az egyik sarokba állítottam, s elhatároztam, hogy elmegyek Csetriékhez. Csetri Marica kedves évfolyamtársam volt, néhányszor jártam náluk látogatóban. Talán megengedik, hogy meghúzzam magam náluk egy-két napig. Aztán csak lesz valami.

Szívesen fogadtak, az élelmiszerrel pedig egyenesen sikert arattam, hiszen kávé is volt közte, s ezekben a napokban nem volt könnyű bármit is beszerezni. Csak arra kértek, ne nagyon mutatkozzam, mert a házban többen láttak fegyverrel. Másnap, november 5-én az oroszok megszállták a várost. Nem volt ellenállás. Szeged mindig fáziseltolódásban szenvedett, itt még november 4-e is 5-re esett. Kijárási tilalom, és sötétedés után gyakran lövöldözés hangja. A híreket a fiatalabb Csetri fiú, Csaba hordta, aki mint cselédkönyves orvos dolgozott a kórházban, volt engedélye a kimaradásra. Állandóan a rádió mellett ültem, s most bontakozott ki bennem, hogy mi is történt az országban. Persze nem a magyar rádióból, hanem a külföldi magyar nyelvű adásokból. Csetriéktől értesültem a szegedi eseményekről. A diákok nagy része október végén hazautazott, főként a lányok. A diákszállókat mind bezárták, tehát csak azok maradtak itt a nem helybeliek közül, akik az egyetemi zászlóaljban szolgáltak.

(Így ért véget a forradalom Szegeden, ahonnan szikrája kipattant. Noha a forradalmárok a védőőrizetbe vett ávós tiszteknek egy hajuk szálát sem görbítették meg, „terrorcselekményekre" sem került sor, mégis aránytalanul nagy büntetést kaptak a résztvevők: Perbíró József, Baróti Dezső és az illegalitásban újjászerveződött MEFESZ vezetői, Kiss Tamás, Tóth Imre és társai. Én Nyugaton 1989-ig úgy tudtam, hogy parancsnokunkat, Lazur Barnát kivégezték.)

Nem nagyon tudtam mihez kezdeni magammal. Úrrá lett rajtam a letargia, hiányzott belőlem az akaraterő a cselekvésre, semmi nem érdekelt. Fásultan hallgattam a Szabad Európát, egyre több üzenetet közvetített azoktól, akik elmentek. A forradalom utáni első naplóbejegyzésem szerint: „Lehet, hogy a dátumot eltévesztettem, könnyen meglehet, de mostanában nem tudjuk a napokat számlálni, csak azt látjuk, hogy világos van vagy sötét... Az ENSZ, ez az impotens szervezet nem segít, ülésez-nek, éppen úgy, mint elődje, a Népszövetség is csak addig állt hivatása magaslatán, amíg cselekvésre nem volt szükség. Az ENSZ hagyja és hagyni fogja, hogy a Szovjetunió felfaljon bennünket, hogy úgy és olyan megtorlást alkalmazzanak, amilyet csak akarnak... Barátok, ismerősök tűntek el, anyagi javak mentek tönkre... szomorú tél vár a magyarokra... Nem tudok olvasni sem, írni sem, csak valami nagy fájdalom és tehetetlenség uralkodik rajtam... Mi lesz itt? Haynau rémuralma vagy kiegyezés? A Sztalin-szobor felirata volt: »Az ő vetésük érik az egész világon«. Hát itt, nálunk Magyarországon, már megért..." (*Napló,* 1956. nov. 10.?)

Talán egy hétig nem mozdultam ki a házból. Egyszer aztán megembereltem magam, elmentem élelmiszert keríteni, hiszen ingyen vendégeskedtem Csetriéknél. Marica apja régi vágású úriember volt, esténként a társalgásban állandó optimizmusával tűnt ki, igyekezett megőrizni a látszatot, mintha minden a legnagyobb rendben lenne. Mintha kedélyes családi vendégeskedésben játszaná a pater familias szerepét. Hálás voltam, hogy befogadott, hiszen családja biztonságát kockáztatta vele.

Egyre gyakrabban kezdtem kijárni. Napközben békés volt a hangulat, bár a sztrájkok még folytak. A Kárász utcában zajlik az élet. A Virágh-cukrászdában orosz tisztek udvarolnak magyar nőknek. (Ekkoriban írta Eörsi elhíresült versében, mely nem egyértelműen tetszett nekem, amikor a gyorsan terjedő másolatban a kezembe került: „Te asszony, ha ez megölelhet, csókjától rohadjon széjjel a tested" – *Szóba se állj vele).* Egészen biztos, hogy egy másik bolygóra kerültem. Ezekhez az emberekhez semmi közöm. Egyszer véletlenül összefutottam az ígéretes fiatal költővel, Magyar V. Lászlóval. Elmerülten fényképezgetett. A levert csillagok hűlt helyét. Ballonján neki is ott volt a megkülönböztető bélyeg: az ovális alakú olajfolt. A géppisztoly dobtára okozta. (Mikor Oxfordban végre tisztítóba adtam a ballonomat, fejcsóválva adták vissza: „Valami különös zsiradék ez, kérem, nem veszi ki semmilyen vegyszer. *Sorry.")* Erőltetett humorral megkérdeztem: „Mondd, mit csinálsz, mióta nem vagyunk ott, ahol *nem is voltunk?"* – utalva az öthalmi „kirándulásra". Egykedvűen vállat vont: „Látod, emlékeket gyűjtök." Majd visszakérdezte: „És te mit csinálsz, mióta eljöttél onnan, ahol nem voltál?" Szomorkásan nevettünk.

Csetriéknél egyre többen tanyáztunk. Először beköltözött Csetri Csaba menyasszonya, Márta. Aztán megérkezett Kalocsáról Magda, kíváncsiságtól tágra nyílt szemekkel, mi történik Szegeden. Majd Bátori István (a koblenzi egyetem későbbi finnugor-professzora). Minden délután a látogatók tömege, évfolyamtársak. Egyszer beállított Bánkuti Imre is, Pestről jött. (Ő viszont az idősebb Csetri fiúnak, az irodalomtörténész Csetri Lajosnak volt a barátja.) Letette kucsmáját, és ömlött belőle a szó a pesti eseményekről, majd előadta a „vásárfiát". Az *Irodalmi Újság* november 2-i számát mindnyájan akkor láttuk először. Csetri papa őskori írógépén azonnal lemásoltam több példányban Illyés Gyula versét, az *Egy mondat*ot.

November közepe volt. Ez így nem mehet tovább, mi, a három idegen (Bátori Pista, Magda és én) nem maradhatunk tovább a Csetri család nyakán. Lassan érlelődött bennem a döntés: elmegyek Nyugatra. Kupaktanácsot hívtam össze, s megmondtam, hogy döntöttem. Még be se fejeztem, Magda máris nyilatkozott: „Én is." Hát jó, menjünk együtt. Hírlett, az egyetemen felvehetjük az ösztöndíjat. A tanulmányi osztályon Gábris elvtárs fogadott, és mintha mi sem történt volna, kifejezéstelen tekintettel hozzájárult, hogy felvegyük a novemberi és decemberi ösztöndíjat.

Korábban egyszer-kétszer óvatosan beszéltem diáktársaimmal arról, hogy a Szabad Európában milyen sokan üzentek haza, hogy szerencsésen eljutottak Ausztriába. Szalontai Misi nagyon kikelt magából, amikor említettem neki: „Meg vagytok őrülve, el ne menjetek Nyugatra éhen halni!" Mások úgy vélték, hogy igen, hogyne, néhány napja még nyitva volt a határ, de most már késő. (Született pesszimista nép vagyunk. Pesten ugyanígy vélekedtek, igen, hogyne, néhány napja még... de most már... a határon is úgy vélték, igen, tegnap még lehetett...) Eszembe se jutott, hogy Jugoszlávia felé lépjem át a határt. (Hát ha még tudtuk volna, hogy november 19-én, épp aznap, amikor indultunk, adták ki a jugoszlávok parancsnokunkat, Lazur Barnát és társait, köztük „öcsödi komát", Enyedi Ferencet, Röszkénél a karhatalmistáknak.)

Nem mondanám, hogy túl sok poggyásszal utaztunk, mindhármunknál csak aktatáska volt egy váltás fehérneművel, és a kincseim: az Illyés-vers és Tamási Lajos verse: *Piros a vér a pesti utcán.* Hosszas tusakodás után a határra vonatkozó térképszelvényeket, melyeken az ott állomásozó egységek is be voltak jelölve, a bőröndömbe rejtettem, és Csetriéknél hagytam a többi holmimmal. Minden térképre rá volt nyomtatva: „Szigorúan titkos! A Magyar Néphadsereg Vezérkari Főnökségének tulajdona." (Amikor először jártam otthon, 1965-ben, ki akartam hozni Nyugatra a forradalom alatt gyűjtött újságokkal és röplapokkal. Péter László még a forradalom első napjaiban felhívást tett közzé a helyi sajtóban, hogy gyűjtsük az aprónyomtatványokat – a legtöbb egyoldalas újság is annak számított –, és mielőtt Öthalomra mentem volna, szorgalmasan gyűjtöttem is a dokumentációt. Már a Keletiben voltunk, útban visszafelé Londonba, amikor indulás előtt hirtelen felugrottam a helyemről, be az egyik váróterembe, ahol pufajkás őrök álldogáltak, és az összehajtogatott térképeket villámgyorsan az egyik szemétládába dobtam. Helyesen cselekedtem, hiszen Tóth Imre, a szegedi MEFESZ-per másodrendű vádlottja azért kapott összesen tíz évet, tehát két évvel többet, mint az elsőrendű vádlott, mert az ítélet szerint: „... államtitok jogosulatlan megszerzése és illetéktelen személlyel való közlése bűntettében" is bűnösnek mondták ki. 1965-ben viszont, ha nálam megtalálják a térképeket, ez kimerítette volna a kémkedés bűntettét is. Az újságok miatt nem idegeskedtem, feltűnő helyre, zakóm külső zsebébe helyeztem őket. Amikor a vámvizsgálat alatt a vámos rákérdezett, nyugodtan mondtam: „Olvasnivaló az útra... újságok meg ilyesmi...")

Pestig Bánkutival utaztunk, neki is azt mondtuk, hogy „haza" megyünk. Nem firtatta a részleteket, de egészen biztosan tisztában volt mindennel. Erőteljesen fogott kezet mindegyikünkkel, és sok szerencsét kívánt az Egyetemi Forradalmi Tanács egykori tagja.

A vonat sötétedés után érkezett Pestre, és nem hagyhattuk el az állomást, kijárási tilalom volt. A várótermek fűtetlenek, karhatalmisták cirkálnak, igazoltatnak. Egy idő után visszaültünk a vonatba, ott melegebb volt, amíg ki nem hűlt. Reggel összegémberedve, kábán indultunk tovább gyalog, mert villamosok és autóbuszok nem jártak. A város látványa minden képzeletet felülmúlt. Olyan volt, mint 1945-ben, amikor az ellenkező irányban keltem át rajta. Füstös romok, kiégett villamosok. A tereken sírok, összevissza, mindenütt. A Múzeum-kertben is ismerős látvány fogadott, orosz katonák táboroznak, tűz mellett melegednek, a „vércsatornás" szuronnyal ellátott puskák gúlába rakva. Egyikük éppen újabb bútordarabokat hasogatott és dobált a tűzre. A Déli pályaudvarra igyekeztünk, de a Kálvin tér felé mentünk, mert Magda föltétlenül el akart menni nagybátyjához a Ferencvárosba. Szerencsénkre a testmozgástól és a novemberi napfénytől felmelegedtünk, sőt még jókedvünk is kerekedett, főként amikor frissen sült kenyér illatát hozta felénk a szél. Beálltunk a sorba, és egy teljes vekni birtokában folytattuk az utunkat, közben törtük és faltuk a meleg kenyeret – Szegeden ettünk utoljára.

Magda nagybátyja, a segédmunkás hajdani Pater Jusztin nem volt otthon a hónapos szobában, s így Magda a szállásadónőnél hagyott dodonai üzenetet neki, hogy elmegy. Kora délutánra értünk a Déli pályaudvarra. Ismerős kép fogadott, senki nem tud semmit, ma már nem indul vonat, sztrájk van, bár minden vonatban ültek utasok. Egyszer elterjedt a hír, indul egy vonat Szombathely felé, de nem megy el odáig. (Szegedről is így indultunk, sztrájk van, ma nincs vonat, esetleg Kecskemétre. Mégis megérkeztünk Pestre.) A vonat azonnal zsúfolásig megtelt, tele a szombathelyi rokonokhoz igyekvő látogatókkal. Ennek ellentmondott, hogy a férfiakon három ing, síbakancs, pulóver, hátizsák. Egy szomorú szemű leányzó szorított helyet maga mellett. Nagyon hamar bevallotta: a Kilián laktanyában volt ápolónő, nincs senkije, és most elmegy... Várta, hogy közvetlensége engem is hasonló vallomásra bír. Konok hallgatásba burkolóztam. Mikor elindult a vonat, mindenki megkönnyebbült, az emberek hangosan kezdtek beszélni, még viccelődők is akadtak. Csak akkor keletkezett feszült csönd, ha egy állomáson túl sokat vesztegeltünk, vagy ha nyílt pályán állt meg a vonat. Ilyenkor mindenki az igazoltatástól félt, mondogatták betanult szövegeiket, miért is utaznak a nyugati határra.

Amikor Vép és Porpác között megint csak megállt a vonat, egy derék vasutas, aki a kereket ütögette kalapáccsal, tudomásunkra hozta, hogy akik nyugatra készülnek, itt szálljanak le, mert Szombathelyen az oroszok ellenőriznek mindenkit. Másodpercek alatt, futótűzként terjedt el a hír. Közben besötétedett, és a foszladozó felhők alól kibukkanó hold fakó fénye mellett megindult a népvándorlás. Lehet, hogy a vonatban nem maradt senki. Nem tetszett nekem ez az elővigyázatlan csörtetés, toronyiránt a negyven-ötven kilométerre húzódó határ felé. Síró kisgyerekek, totyogó öregek, málhákkal terhelt bőrkabátos férfiak. Ezeket eddig nem láttam. Legtöbben persze fiatalok, a mi korosztályunk. Mondom, nem tetszett nekem ez az eszelős törtetés, láttam már ilyet 1944-ben. Elhatároztam, hogy lemaradunk. Pislákoló fényeket láttunk, bezörgettünk. Világosabb lett, felcsavarták a petróleumlámpát, és beengedtek. Nem kellett sokat magyarázkodnunk. „Sokan mennek el – mondta a gazdasszony –, de azt mondják, ma már nem lehet átmenni, az oroszok lezárták a határt... Éhesek, ugye?" Meleg leves került az asztalra. A tisztaszobában aludtunk, kockás dunyha alatt. Reggel pénzt akartunk adni nekik, de a magyar nép nem fogad el egy fillért sem vendéglátásért, pláne amikor megmondtuk, hogy egyetemisták vagyunk. Nem volt akkor fényesebb rang, mint az egyetemistáké.

Reggel hírek jöttek, hogy a több ezer csörtető embert az orosz járőrök megállították. „Mi nem megyünk – mondta búcsúzóul a gazdasszony –, mi lesz akkor a földdel?" De megmutatták, merre menjünk, mert Szombathelytől északra katonai repülőtér van, és azt nagyon erősen őrzik. Megint kisütött a nap. Hárman bukdácsoltunk szántóföldeken, árkon-bokron keresztül. Sötétedés után megérkeztünk Bucsuba. Útközben földeken dolgozó parasztokkal találkoztunk. „Hát maguk is elmennek...” – mondta lemondóan a legtöbbje. Egyszer bekecses, fejkendős, sovány nénike bukkant elénk, olyan volt, mint a boszorkány a népmesékben. „Maguknak szerencséjük lesz... Ha megérkeznek, üzenjenek a rádióban *Tyúkanyó* jeligére, hogy megtudjam, átértek-e.” Fogatlan szájával vigyorogva hirtelen otthagyott bennünket.

Elmentünk a megadott címre, az egyik vezetőhöz. A gyülekező menekülők kisebb csoportokban indultak. „Gyerekekkel nem viszek senkit; ha felsír, mindenkit elárul” – mondta a vezető. Előttünk ment, s hiába vigyáztunk, csak megcsörrentek a száraz gallyak az avaron. Megint holdfényes este volt. Egyszer csak felemeli a kezét a vezető, megmerevedik, leveszi a fejszéjét a válláról, és elkiáltja magát: „Állj, ki vagy?” Egy ideig néma csend. Egy másik visszatérő vezetővel találkoztunk, jól megijesztették egymást. Szidták is egymást, mint a bokrot. Nem sokkal ezután megint megállt. „Eddig megyek, ezen a felszántott területen átmennek, látják a túloldalon pislákoló fényeket? Az már Ausztriában van. No, Isten velök!” Odaadtuk neki megmaradt pénzünket, nem lesz szükség most már forintra, és nekiindultunk, magunkra hagyva.

Évszázadokig mentünk, meg-megbotolva ebben-abban. Csak nem akart a szántóföldnek vége lenni. Távolból időnként puskaropogást hallottunk. Egyszer rakéta gyulladt ki fölöttünk, sziszegve súgtam: „Hasra!” A jelenet megismétlődött néhányszor. Magda idegei felmondták a szolgálatot. „Nem jól megyünk, visszakanyarodtunk! Tudom, hogy visszafelé megyünk!” Megrántottam, mint a gyereket. Elég volt nyűgnek az a pesti pár, egy velem egyidős, igencsak jampecos külsejű fiatalember s vele egy tizenöt év körüli csinibaba, magas sarkú cipőben a szántásban, akit a fiúja folyton azzal fenyegetett, hogy felpofozza. Nem velünk jöttek, de azért velünk tartottak. Egy idő után én is kezdtem elbizonytalanodni... Lehet, hogy tényleg?... (Csak miután sokszor, sok menekülés történetét meghallgattam, akkor döbbentem rá, hogy az „eltévedünk és visszafordulunk” fontos toposza a menekülés élményének. Mindenki történetében volt egy hirtelen fordulat, amikor az elbeszélő izgalommal a hangjában így folytatja: „... és tudjátok, ott, ahol mi mentünk, a határban egy furcsa kiszögellés van, és hirtelen visszaértünk Magyarországra.” A felajzott idegek kegyetlen tréfája ez a traumatikus határkiszögellés. Nem lehet annyira girbegurba az osztrák–magyar határ, mint ahány történetben szerepel.) Aztán hirtelen orra buktam valamiben, egy eke volt. Mikor megnéztem kezemmel eltakart gyufa lángjánál a rajta lévő táblácskát: „Jennersdorf", ordítani szerettem volna. Meg vagyunk mentve! Jennersdorf Burgenlandban van! Hirtelen hangokat hallottunk, majd zseblámpa fényében álltunk elvakítva és megmerevedve, mint tapsifüles nyuszik. Végül mégiscsak elfogtak. Hívtak bennünket. De németül! Ezek tehát már az osztrák határőrök. Ketten voltak, puskával, és barátságosan mosolyogtak, miután magukat is megvilágították a zseblámpával. A puskacső végén nejlonkupak, *tüchtigkeit,* nehogy beleessen az eső, mert közben befelhősödött az ég, és elkezdett cseperegni. Bekísértek a faluba, Rohoncra. Be a Gasthausba. Meleg. Vidám beszélgetés, poharak csengése. Ettől kirobbanó jókedvünk lett. Ránézek az órámra, nyolc óra múlt. Azt hittem, jóval éjfél utánra jár az idő. „Mit isznak?" – kérdezte az egyikük. „Coca-Colát" – válaszoltuk kórusban. Elment a derék osztrák sógor, de megnyúlt ábrázattal tért vissza: „Sajnos, nincs... Hát akkor mit?" – kérdezte újra. „Mir ist es ganz egal!" – mondtam beletörődve, hogy Nyugatra érve sem sikerült belehörpölni az imperializmusnak eme bűnös italába, amiről annyit hallottam, és amire időnként én is, mint mindenki, vágyakozva gondoltam.

Nem emlékszem, hogy milyen eufóriás gondolatok száguldhattak összevissza a fejemben akkor, 1956. november 21-én este nyolc óra után Rohoncon. De egyet biztosan tudok. Arra semmiképpen sem gondoltam, hogy végérvényesen befejeződtek a magyarországi tanulóéveim.

Másnap leesett az első hó, és árulkodó fehér lepelbe burkolta az irántunk még jóindulatú közönyt tanúsító, határ menti sötét szántóföldeket és irtásokat.

(London, 1996. február–1997. december)

Tartalom

Köszönetnyilvánítás

Köszönet illeti Hegedűs B. Andrást, az Oral History Archívum igazgatóját, akinek felkérésére Hegedűs István életútinterjút készített velem 1988 novemberében. Ez serkentett arra, hogy magam is tollat ragadjak.

De köszönet illeti a *dramatis personæ* közül azokat, akik megosztották velem emlékeiket. Feleségemnek köszönöm, hogy az emigráció éveiben volt kivel beszélgetnem a forradalom soha el nem múló élményéről, hiszen együtt vettünk részt benne és együtt maradtunk, immár negyven esztendeje. Osztálytársaim közül dr. Bisztika Lívia mindig szívesen elevenítette közös emlékeinket. A szegedi évek leírásában dr. Ilia Mihály segített emlékezetből kihullott nevek pótlásával. Volt parancsnokom, Lazur Barna, és a MEFESZ szervezői közül Kiss Tamás és Tóth Imre szégyenteljes meghurcoltatásuk dokumentumait bocsátották rendelkezésemre. Kabdebó Lóránt a gyöngyösi évek vakfoltjainak eltüntetésében segített. Szülővárosom, Sátoraljaújhely levéltárosa dr. Hőgye István mindenkor készségesen állott rendelkezésemre. A gimnázium igazgatója, dr. Daragó Ferenc meghívásai segítettek abban, hogy újra felfedezzem magamnak Újhelyt.

Az egész kéziratot gondosan elolvasta Tárnok Zoltán, a *Kortárs* olvasószerkesztője. Adatokkal segített Varga S. Katalin, az Irodalomtudományi Intézet könyvtárának igazgatója; az OSZK-ban Tokaji Nagy Erzsébet; az Írószövetség könyvtárában Győri László és még sokan mások, akiknek nevük említése nélkül is hálás vagyok.

Czigány Lóránt

A Kortárs Kiadó
1998. második félévi kiadványa

Czigány Lóránt: AHOL ÁLLOK, AHOL MEGYEK
Magyarországi tanulóéveim
(Önéletírás)

Horváth Orsolya: KIHAGYOTT HELYEK
(Versek / ÚjLátószög-könyvek)

Kánya Emília: RÉGES-RÉGI IDŐKBŐL
Egy tizenkilencedik századi írónő emlékiratai

Lászlóffy Aladár: FELHŐSÖDIK
A MONDATOKBAN
(Versek)

Monostori Imre: RÉG MÚLT?
Utak és útkeresések
(Tanulmányok)

Pék Zoltán: BARÁTOK ÉS EGYÉB UTÁNFUTÓK
(Elbeszélések / ÚjLátószög-könyvek)

Szepesi Attila: PLANÉTA
(Versek)

Vasadi Péter: CSOPORTKÉP
(Kritikák)

Zalán Tibor: PAPÍRVÁROS
kimerülve,
- egy lassúdad regény, egy -